Werner Bräuninger

Hitlers Kontrahenten in der NSDAP
1921–1945

Werner Bräuninger

Hitlers
Kontrahenten
in der NSDAP
1921–1945

Mit 42 Abbildungen
und Faksimiles

Herbig

Besuchen Sie uns im Internet unter:
http://www.herbig-verlag.de

© 2004 by F. A. Herbig Verlagsbuchhandlung GmbH, München
Alle Rechte vorbehalten
Schutzumschlag: Marianne Hartkopf, München
Schutzumschlagmotive (von oben nach unten):
O. Pittinger (s. Bild 8), E. Anrich (s. Bild 21), O. Abetz (s. Bild 34),
W. Kube (s. Bild 26) und K. Strölin (s. Bild 35)
Herstellung und Satz: VerlagsService Dr. Helmut Neuberger
& Karl Schaumann GmbH, Heimstetten
Gesetzt aus der 10/12,5 Punkt Times
Druck und Binden: Ueberreuter Buchproduktion, Korneuburg
Printed in Austria
ISBN 3-7766-2367-5

Inhalt

5

7

Einleitung

*Es ist nicht ohne Sinn, sich das Schicksal Hitlers
auszumalen, wenn die Geschichte ihm jene Umstände vorenthalten hätte, die ihn überhaupt erst
erweckt und zum Sprachrohr millionenfacher
Empörungs- und Abwehrkomplexe gemacht
haben: ein ignoriertes Dasein irgendwo am
Rande der Gesellschaft, das sich, verbittert und
voller Misanthropie, nach einem großen Schicksal sehnt und dem Leben nicht vergeben kann,
daß es kein Einsehen gehabt habe, als es ihm die
allesüberwältigende Heldenrolle verweigerte.*
JOACHIM FEST

Ohne Kenntnis der zutiefst kulturpessimistischen Tendenzen in der Zeitstimmung des ausgehenden 19. und beginnenden 20. Jahrhunderts, ihrer Ängste und Überwältigungsprophetien, in denen sich eine ganze Ära fasziniert wiedererkannte, sind Wesen und Wirken Adolf Hitlers kaum zu erklären. Ein Foto aus der Neuen Reichskanzlei zeigt auf Hitlers Schreibtisch liegend ein foliantenartiges Buch mit dem Titel *Die Rettung der Welt.* Und tatsächlich wurzelten Selbstverständnis und Bewußtsein eines »Erlösers«, welche sich mit der Erinnerung an seine frühe Lieblingsoper *Lohengrin* verbanden, tief in Herkunft und früher Prägung des Führers der NSDAP.

Friedrich Gundolf, dem Kreis des Dichters Stefan George entstammend, hat das unsichtbare Signum, welches über den ersten Jahrzehnten des vergangenen Jahrhunderts stand, in gültige Worte gefaßt:»*Mag jedes Zeitalter sich anders nach den ewigen Sternen richten: das pure ›Zeit‹-alter, unseres, ist das erste, das die Aufhebung aller Maßstäbe theoretisch wünscht und praktisch bestätigt. Nicht die Umwertung des bisherigen Wer-*

8

tes, sondern die Entwertung aller Werte: der ›absolute Relativismus‹. Nicht kühne Neuerer und folgerechte Verbrecher wollen das, sondern Quallen und Wellen, und die sind diesmal nicht wie ehedem die Nachzügler und Mitläufer, sondern die Vorläufer des Zeitgeistes, sein fortgeschrittenstes Stadium.«[1] Es könnte dies auch in einer Retrospektive auf die Ära des »Weltbürgerkrieges« geschrieben worden sein. Und Gundolfs Meister Stefan George ergriff »*die schmach von stadt und reich verheert durch falsche führer*«, wie es in seinem Gedichtzyklus *Der siebente Ring* über Dante hieß. Symptomatisch für all die politischen Opiate des Zeitgeistes und totalitären Versuchungen im Europa des 20. Jahrhunderts.

1918 stand das alte Europa vor den Trümmern seiner selbst. Der revolutionäre Umsturz in Deutschland hatte niemals die Gefühle der Menschen ergriffen. Oswald Spengler sah in seiner Schrift *Preußentum und Sozialismus* die Akteure der Novemberrevolution als »*ein Pack, mit dem Literatengeschmeiß an der Spitze, das in Aktion trat. Der echte Sozialismus stand im letzten Ringen an der Front oder lag in den Massengräbern von halb Europa, der, welcher im August 1914 aufgestanden war und den man hier verriet*« und traf mit dieser Feststellung eine weit verbreitete Epochenstimmung[2]. Es formierte sich der Widerstand gegen die Demokratie von Weimar, beginnend mit den Freikorps, über die Zirkel des »Neuen Nationalismus« bis hin zu Hitlers NSDAP und den linksradikalen Kräften.

Die Janusköpfigkeit sei der eigentliche Grundzug von allem gewesen, was sich in der inneren Anarchie des NS-Systems abspielte, so der Publizist, Politologe und Kunsthistoriker Armin Mohler[3]. Die vorliegende Arbeit soll einen Versuch darstellen, dieses Phänomen aufzuzeigen.

In meinen Veröffentlichungen über Personen und Gruppen der systemimmanenten Opposition im Nationalsozialismus sowie über den Grafen Stauffenberg und dessen Herkunft aus dem »Geheimen Deutschland« mußte *ein* maßgeblicher Faktor jedoch weitgehend unberücksichtigt bleiben, nämlich der Umgang Adolf Hitlers mit jenen Reformern, Oppositionellen oder auch regulären Gegnern, die in der Hauptsache seinem *eigenen* Lager entstammten[4]. Diese finden nunmehr Berücksichtigung, verkörpert in den bayerischen Separatisten Ballerstedt und Pittinger, die der nationalsozialistischen Bewegung in ihrer Frühzeit schwer zu schaffen machten, der innerparteilichen Opposition gegen Hitlers Allmachtsanspruch in der Führung der noch jungen NSDAP, den deutschvölkischen Aktivisten vom Schlage eines Albrecht von Graefe und Dr. Artur Dinter, dem Monarchisten Joseph Graf von

Soden-Fraunhofen, der Rebellion des SA-Führers Walter Stennes, der von Ernst Anrich angeführten Opposition im NS-Studentenbund, der Häresie Günter Kaufmanns als Hauptschriftleiter des HJ-Führerorgans *Wille und Macht*, dem frankophilen deutschen Botschafter im besetzten Paris Otto Abetz, dem NS-Oberbürgermeister von Stuttgart Dr. Karl Strölin, der schließlich den Weg in den Widerstand fand sowie den Reformbestrebungen innerhalb der »Gauleiteropposition«, deren Repräsentanten aus den unterschiedlichsten Gründen bei Hitler in Ungnade fielen. Auch jene Personen, die nicht dem Widerstand zuzurechnen sind oder sich nicht unmittelbar an dem Geschehen des 20. Juli 1944 beteiligen konnten oder wollten, versuchten das Schlimmste an Auswüchsen innerhalb des NS-Regierungssystems zu verhüten.

Die Krisen um die Brüder Otto und Gregor Strasser sowie um Ernst Röhm und Teile der SA-Führung wurden weitgehend ausgeklammert, da sie für sich genommen zu komplex sind und den Rahmen dieser Darstellung sprengen würden. Zudem wurden die Geschehnisse an anderer Stelle hinreichend dokumentiert[5].

Erstmals finden auch die Beleidigungsprozesse, die Adolf Hitler gegen seine Kontrahenten anstrengte, ausführliche Erwähnung, stellen sie doch eine bislang viel zuwenig beachtete Quelle in der Beurteilung der Entwicklung von Adolf Hitlers Charakter dar[6]. So werden auch vermeintlich nebensächliche Episoden, die Hitlers Weg während des Kampfes um die Macht begleiteten, wie etwa der Streit des schon einflußreichen Parteiführers mit dem Bamberger Domkapitular Georg Sponsel, an das Licht gehoben.

Weitgehend unbeachtet blieb in der Forschung bisher auch, daß sich Hitler bis 1933 oft sehr ausführlich mit dem genannten Personenkreis auseinandersetzte, zumeist in sogenannten »Offenen Briefen«, aber auch in persönlichen Korrespondenzen, öffentlichen Reden und Ansprachen. Dem steht ein Grundsatz Hitlers gegenüber, nach dem ein Politiker möglichst wenig private Briefe schreiben solle, da alles Geschriebene zur Ursache späterer Umdeutungen und Mißverständnisse werden könne: »*Alles das, was man besprechen kann, soll man niemals schreiben, nie! ... Es wird zuviel geschrieben; das beginnt bei Liebesbriefen und endet bei politischen Briefen. Es ist immer etwas Belastendes bei der Sache dabei.*«[7]

Bemerkenswert ist in diesem Zusammenhang um so mehr das »Dokument Hermann Friedrich«, in welchem Hitler Zeit, Mühe und mehrere Seiten aufwendet, um – im Stile friderizianischer Rapporte –

einen einfachen Parteigenossen zu maßregeln. Auch die harschen Repliken gegen den völkischen Politiker Albrecht von Graefe, den Kabinettschef Kronprinz Rupprechts Joseph Graf Soden oder den Vorsitzenden der Bayerischen Volkspartei und späteren Bundesministers der Finanzen und der Justiz Fritz Schäffer fanden in der einschlägigen Forschung bislang nur marginale Beachtung.

Sehr hilfreich war für den Autor die verdienstvolle, vom Institut für Zeitgeschichte veranlaßte Herausgabe von Hitlers Reden, Schriften und Anordnungen aus den Jahren 1925–1933. Deren ausführliche Zitierung war daher zum Verständnis des Gegenstandes unverzichtbar. Gleiches gilt auch für die häufige Verwendung von Zitaten aus den Tagebüchern von Dr. Joseph Goebbels, welche nach wie vor eine einzigartige Quelle von höchstem Rang darstellen, vor allem auch deshalb, weil sich von den ehemaligen Gauleitern der NSDAP, welche die Ära des Nationalsozialismus überlebten, lediglich vier nach Kriegsende schriftlich geäußert haben[8].

Die Schilderungen in den einzelnen Kapiteln werfen ein bezeichnendes Licht auf die Machtkämpfe innerhalb der NS-Parteiführung. Schon in der sogenannten »zweiten Kampfzeit« der NSDAP (1925–1933) waren Absetzungen von Führungskadern, die Auflösung ganzer Ortsgruppen, fortwährende Rivalitäten unter den führenden Nationalsozialisten, Parteiausschlußverfahren und anschließende Wiederaufnahmen an der Tagesordnung. Der Fall des Mecklenburger Gauleiters Hildebrandt mag hier exemplarisch für viele Beispiele stehen. Die Geschichte der NSDAP ist eine einzige Kette von Machtkämpfen. Es entstand schließlich nach 1933 ein institutionelles Chaos, das, um ein Diktum Hitlers umzukehren, »*nur mit dem alten Ägypten, Babylon oder Rom vergleichbar*« war[9].

Hitler ließ dem freien Spiel der Kräfte innerhalb seiner Bewegung grundsätzlich sehr viel Raum und wurde immer erst dann aktiv, wenn er selbst sich existentiell bedroht fühlte. »*Ich sehe dem immer eine gewisse Zeit lang zu*«, sagte er in einer Rede aus dem Jahr 1941, »*aber dann kommt der Augenblick, an dem ich blitzartig zuschlage.*« Wie einer der Cicindelen verhielt er sich zunächst still, schoß dann auf sein Ziel zu, um ebenso unvermittelt wieder für lange Zeit zu verharren[10]. Die Charakterisierung Hitlers als »schwacher Diktator« muß daher als unzulässig betrachtet werden[11]. Eines der Hitlerschen Organisationsprinzipien, niedergelegt in seiner *Denkschrift über die inneren Gründe für die Verfügungen zur Herstellung einer erhöhten Schlagkraft der Bewegung* vom 15. Dezember 1932, lautete: »*Man organisiere nicht mechanisch, was man organisieren kann, sondern nur, was man organisieren muß«*! Standen dann aber folgenschwere Entscheidungen an, so wurden manche Probleme von zwei Seiten zugleich angefaßt, was neben unübersehbaren Vorteilen auch größte Verwirrung mit sich brachte.

Hitler ließ die Dinge lange Zeit in nachlässiger und auch sozialdarwinistischer Manier treiben, aber er war dennoch zu jeder Zeit auf der Höhe der Situation und Herr seiner Entscheidungen. So überwand er alle Krisen und Angriffe. Sein oberstes Ziel bestand hierbei in der Wahrung der eindeutigen Zielsetzung, die er der NSDAP mit sympathetischem Akzent bereits 1920 gegeben hatte. *»Die Nationalsozialistische Partei«*, so betonte er auf dem Höhepunkt der Otto-Strasser-Krise, *»wird, solange ich sie führe, kein Debattierklub wurzelloser Literaten oder chaotischer Salon-Bolschewisten werden, sondern sie wird bleiben, was sie heute ist: eine Organisation der Disziplin, die nicht für doktrinäre Narreteien politischer Wandervögel geschaffen wurde, sondern zum Kampf für eine Zukunft Deutschlands, in der die Klassenbegriffe zerbrochen sein werden und ein neues deutsches Volk sich selbst sein Schicksal bestimmt!«*[12]

Mit der Überwindung der inneren Auseinandersetzungen des Jahres 1930, dargestellt an den Geschehnissen der Rebellion in der Berliner SA um Walter Stennes und den meuternden Studentenfunktionären Ernst Anrich und Reinhard Sunkel, gab es in der Partei keine Autorität mehr, die nicht von Hitler abgeleitet war. Jetzt zeigte sich auch Hitlers Prinzipienlosigkeit gegenüber vermeintlich unumstößlichen Glaubenssätzen der Partei, was etwa sein Verhalten in der Südtirolfrage illustriert, das Fallenlassen der ursprünglichen wirtschafts-politischen Programmatik oder die Flexibilität im Bündnis mit Japan, bei dem er die Rassentheorie kurzerhand beiseite fegte. *»Die Ideen unseres Programms«*, so hat er in einer Rede erklärt, *»verpflichten uns nicht, wie Narren zu handeln.«* Um so erstaunlicher muß man daher Hitlers Mangel an Flexibilität im Herannahen der Niederlage beurteilen, seine starrsinnige Weigerung, die militärische Strategie den veränderten Gegebenheiten anzupassen oder einen Rückzug – und sei es auch nur vorübergehend – auch nur in Erwägung zu ziehen. Für den Vormarsch im Rausch des Sieges war alles akribisch geplant gewesen, für den Rückzug aber gab es keine Pläne.

Der süddeutsche Befehlshaber der SA August Schneidhuber hat 1930 bemerkt, daß die wachsende Anziehungskraft der Bewegung nicht das Verdienst der Funktionäre sei, sondern es vielmehr die geheimnisvolle Chiffre *»Hitler«* wäre, unter der alle Gegensätze verschwinden würden[13]. Jetzt erst erwuchs *»der Führer«* in *»Bereiche einsamer Monu-*

mentalität«, »unerreichbar für alle Reflexion, für Kritik oder innerpar-
teilliche Abstimmungsergebnisse«.[14]
Die Methodik des Absolutheitsanspruchs wandte Hitler auch in seinem Kampf um die Macht an, bis sie ihn schließlich zum Siege führte.
Tatsächlich war es irgendwie so, wie es Axel Eggebrecht 1932 in der
Weltbühne formulierte:*»Wir sind dabei, uns selbst aufzugeben ... es ist*
vorbei. Man legt die Hände in den Schoß und wartet auf Hitler.«[15] Ein
solcher Satz erinnert in seiner Klarheit an die Einfalt biblischer Senten-
zen. Zuweilen hat man denn auch von dem »eigentümlich kryptischen
Charakter der geistigen Vorbereitung« der nationalsozialistischen
Machtergreifung und von Hitler als dem »Genie des Dilettantismus«
gesprochen[16]. In seiner Person vereinte Hitler Tradition und Moderne,
und er war ein Revolutionär, auch da, wo er in mittelalterlichen Kategorien dachte. Der Reichsdenker Christoph Steding hatte die Moderne
den »Aufstand der Kultur gegen das Schicksal« genannt[17]. In diesen
Motivzusammenhang gehört auch jene Deutung, die Adolf Hitler
gleichsam als folgerichtige Erscheinung des »faustischen Wesens« und
»Endfigur in der Krise der Moderne« dem Realen entrückt. Hitlers
Drittes Reich aber war in hohem Maße modernefähig.
Der im Mythos verhaftete Stefan George äußerte einmal zu Michael
Landmann über die NS-Bewegung:*»Es gibt über jeden wirtschaftlichen*
Vorteil hinaus etwas, was man nennt die Ehre eines Volkes. Wenn die ver-
loren ist, ist alles andre gleichgültig. Als die Nationalsozialisten zehn
Abgeordnete hatten, hat man über sie gelächelt. Seit sie hundertsieben
haben, hat sich in all den Ämtern, wo bisher recht lumpig verfahren
wurde, das Blättchen ein bißchen gewandt. Mich geht nicht der Inhalt,
sondern nur der Impuls der Bewegung an.«[18]
Bei alldem bleibt die Frage nach den psychologischen Voraussetzungen von Hitlers Herrschaft und die Beantwortung des *»Wie kam er hier-*
her?«, so daß noch ein Blick auf seine Jugend geworfen werden muß.
Denn Hitlers ganzes Tun, auch das folgend geschilderte, wurzelt zu
einem sehr großen Teil in diesen Jahren. Dr. Eduard Bloch, der jüdische
Arzt, der in Linz Hitlers an Brustkrebs erkrankte Mutter behandelt hat,
äußerte noch in seinem US-Exil, daß der junge Hitler wohlerzogen und
sauber gekleidet war; blaß und groß sei er gewesen und habe älter ausgesehen, als er tatsächlich war. Nach jeder seiner Arztvisiten habe er
vor ihm eine Verbeugung gemacht und gedankt. Seine Augen seien wie
die der Mutter gewesen,*»groß, melancholisch und nachdenklich. In sehr*
hohem Maße lebte dieser Bub nach innen. Welche Träume er träumte,

weiß ich nicht«. Jahre später erkannte Hitler seine Mutter auf einem von Franz von Stucks »Medusen«-Bildern wieder[19].

Und es existiert ein weiteres Gemälde Stucks aus dem Geburtsjahr Hitlers 1889, das er als sein »erstes« bezeichnete und auf dem der Kriegsgott Wotan zu sehen ist, dessen Züge denen des Führers stark ähneln. Die ins Gesicht fallende schwarze Haarsträhne, Schnurrbartbürste, der heroische Blick und die Hand fanatisch zur Faust geballt, alles ist auf eine eigentümliche Weise vorhanden[20]. Begleitet wird Wotan von einem Wolfsrudel. Hitlers Deckname in der »Kampfzeit« war »Wolf«. Die Kinder Siegfried und Winifred Wagners etwa, kannten ihn nur unter dem Namen »Onkel Wolf«. »Hier spricht ›Kapellmeister Wolf‹« meldete er sich telefonisch bei Winifred. Den jugendlichen Bohemien erkennt man immer wieder im Habitus des späteren Parteiführers und Reichskanzlers.

Adolf Hitler als Vollender der deutschen Geschichte, das war wohl auch ein Motiv, welches Hubert Lanzinger zu seinem Gemälde *Der Bannerträger* veranlaßt haben mag. Hitler sitzt hier, gleichsam als deutsche Jeanne d'Arc in mittelalterlicher Ritterrüstung zu Pferde, in der Faust eine aufgepflanzte Hakenkreuzfahne und den Blick entschlossen und kämpferisch in eine unbestimmte Ferne gerichtet.

Der Arzt Anton Neumayr hat in einer tiefschürfenden Studie versucht, die Formationsjahre des jungen Hitler zu deuten und greift bei seinen Analysen auf den Psychoanalytiker Erik Erikson zurück, der *sagte:* »*Eine entscheidende Phase der Identitätskrise ist das sogenannte ›Moratorium‹, in welchem das Individuum introvertiert und wie in sich versunken seine Tage verbringt, bevor seine endgültige, ausgeformte Gestalt an die Oberfläche dringt, die dann seinen späteren ›Namen macht‹.*«[21] Erikson sagt weiter, daß insbesondere die späte Adoleszenz und das frühe Mannesalter das eigentliche Wesen eines Menschen konsolidiere und für die Entwicklung der Persönlichkeit entscheidend sei, keineswegs in erster Linie die Kindheit bis zum fünften Lebensjahr, wie die überkommene Psychoanalyse zumeist annehme. Betrachtet man den Weg des jungen Adolf Hitler in Linz und Wien, wie er uns von seinem einzigen Jugendfreund Kubizek überliefert wurde, und er sich nach eigener Aussage ein »granitenes Weltbild« verschaffte, so trifft dies zweifellos auf Hitler zu. Betäubt vom Lärm der Metropole Wien sehnte er sich nach Anerkennung und Zugehörigkeit – und erfuhr doch größtenteils nur Ablehnung und Zurückweisung. So entwickelte er sich zu jenem »Mann wie eine verirrte Kugel«, als den Alexander Kluge ihn apostrophierte[22].

14

Solcherart waren die Voraussetzungen, die es Hitler ermöglichten, der Führer einer von Männern dominierten Millionenbewegung zu werden.

Eine Besonderheit unter den folgenden Darstellungen stellt die Erscheinung der Gauleiter und der »Gauleiter-Opposition« dar, wenn man es denn darauf anlegt, diese so zu benennen. Ihre Gestalt könnte ambivalenter nicht sein. Wir finden unter ihnen eine Anzahl äußerst negativer Figuren, wie den Despoten Odilo Globocnik und den Verbrecher Erich Koch, die korrupten »Gaufürsten« Martin Mutschmann und Julius Streicher, den unfähigen Karl Weinrich oder den durchschnittlichen Typus vom Schlage eines Jakob Sprenger oder Fritz Wächtler, die vor Eintreffen der feindlichen Truppen aus ihren Gauen flüchteten und die ihnen anvertrauten Menschen einem ungewissen Schicksal überließen. Neben dem Typus des Parteisoldaten wie Joachim Eggeling, Friedrich Karl Florian, Dr. Otto Hellmuth, Dr. Hugo Jury, Karl Kaufmann, Wilhelm Loeper, Wilhelm Murr, Otto Telschow und Karl Wahl, findet man fanatische aber undogmatische jüngere Gauleiter wie Rudolf Jordan, Hartmann Lauterbacher, Dr. Gustav Adolf Scheel und Dr. Siegfried Uiberreither, aber auch bei der Bevölkerung ihrer Gaue ungemein beliebte Repräsentanten wie Hans Schemm, den Gauleiter des Gaues Bayerische Ostmark und Führer des NS-Lehrerbundes oder den Pfälzer Josef Bürckel. Auffallend ist die sehr große Anzahl ehemaliger bzw. entlaufener Volksschullehrer; von dreiundsiebzig Gauleitern stammten nicht weniger als zwanzig aus dem Lehrerberuf[23].

Der ehemalige Chef des Generalstabs des Heeres, General Heinz Guderian, meinte: »*Die Gauleiter ... wurden auf Grund ihrer Wirksamkeit in der Partei ernannt, nicht nach ihren Fähigkeiten auf dem Gebiet der Verwaltung oder nach der Güte ihres Charakters. Daher findet man unter ihnen neben sehr achtenswerten Persönlichkeiten eine Anzahl unerfreulicher Elemente.*«[24] Das Gauleiterkorps bildete einen exemplarischen Teil der NS-Polykratie, was auch die hier dargestellten Lebenswege von Artur Dinter, Wilhelm Kube, Josef Wagner, Alfred E. Frauenfeld und Carl Röver illustrieren[25].

Von Röver, Gauleiter Weser-Ems, stammt der Satz: »*Durch die Treue, die der Führer seinen Gauleitern angedeihen läßt, ist die Stellung der Gauleiter in Deutschland unanfechtbar geworden.*«[26] Ihre Ernennungen behielt Hitler sich selber vor. Meist wurden sie nach 1933 noch mit staatlichen Ämtern gesegnet, wie denen des Reichsstatthalters in den ehemaligen Ländern oder des Oberpräsidenten in den preußischen

Provinzen. Martin Moll hat in seiner Studie über die Tagungen der Reichs- und Gauleiter der NSDAP nachgewiesen, daß diese doch bedeutungsvoller waren, als bislang vermutet worden ist[27]. Die Gauleitertagungen seien ein »ernst zu nehmendes Instrument regimeinterner Koordination und Information« gewesen. Wenn Hitlers Ausführungen vor seinen Gaufürsten auch jeglicher Kritik entzogen gewesen seien, so Moll, so könne man doch nicht behaupten, sie hätten lediglich Akklamationscharakter gehabt.

Für Goebbels gar, waren die Gauleiter ein »mit allen Wassern gewaschenes« kritisches Publikum, vor dem »man nicht mit Erklärungen bestehen (kann), die nur wenig Substanz besitzen«.[28] Es gab allerdings auch andere Stimmen, wie die des ehemaligen Hamburger Gauleiters Karl Kaufmann, der während des Nürnberger Prozesses zu seinem Verteidiger Dr. Robert Servatius sagte: »(Die) *Diskussionsmöglichkeit auf Führerbesprechungen hat etwa bis zum Weggang von Strasser 1932 uneingeschränkt bestanden, beschränkt bis zum Weggang von Heß und war ausgeschlossen, nachdem Heß nicht mehr da war. Von diesem Zeitpunkt an waren die Tagungen ausschließlich Befehlsausgaben, auf denen Möglichkeiten zur Diskussion oder zu Anfragen nicht mehr gegeben waren. Diese Tagungen wurden von Bormann geleitet.«*[29]

Martin Bormann war schon als Stabsleiter von Rudolf Heß bemüht gewesen, die Leitungsfunktion seines Wirkungsbereiches deutlich zu machen, was eine Vielzahl von Rundschreiben und Bekanntmachungen belegt. Während des Krieges sorgte er dafür, daß die Gauleiter kaum noch zu Hitler vorgelassen wurden, während sie in den ersten Jahren noch relativ leicht seine persönliche Entscheidung zu verschiedenen Fragen einholen konnten. Sie mußten sich auch einer nachrückenden Konkurrenz erwehren, die aus jungen, ehrgeizigen Kreisleitern, Gauamtsleitern oder gar stellvertretenden Gauleitern bestand.

Solange sie nicht gegen Hitler persönlich intrigierten, fiel es diesem sichtlich schwer, sich zu einer Absetzung zu entschließen; nur äußerst widerstrebend tat er dies bei seinen Statthaltern in den Gauen. Allerdings hatten trotzdem nur die Hälfte der zwischen 1925 und 1931 ernannten Gau-Hoheitsträger ihr Amt bis 1945 inne. Allein 16 verloren ihre Stellung bis zum Jahre 1928.

Es ist daher unzutreffend, wenn eine bekannte Studie über *Führerstaat und Verwaltung* das Gauleiterkorps als quasi »sakrosankt« bezeichnet[30]. Aus Gauleitern dürften keine Reichsfürsten werden, war Hitlers in seinen »Tischgesprächen« überliefertes Motiv. Hitler entschloß sich auf

16

anderen Sektoren sehr viel leichter zur Absetzung ihm nicht mehr genehmer Führungspersonen, so etwa in den Fällen des Unterstaatssekretärs im Auswärtigen Amt Martin Luther, des Reichsbauernführers Walther Darré und des Berliner Oberbürgermeisters Julius Lippert[31]. Gegen einen Führerentscheid wagte sich kaum jemand aufzulehnen, und wo dies dennoch geschah, wurde er umgehend unter Hitlers Willen gebeugt. Auch das war ein Kennzeichen der »autoritären Anarchie«, als die der konservative Publizist Walter Petwaidic das Dritte Reich bereits 1946 bezeichnete[32]. Es bleibt die innere Widersprüchlichkeit der Tatsache einer konstitutionellen Un-Ordnung innerhalb des »Führer-Staates«, gefördert von einer Vielzahl umstrittener Führerbefehle. Dennoch unternahmen die hier vorgestellten Gauleiter den Versuch, jeder auf seine Weise, die Folgen von Hitlers Vabanquespiel abzumildern.

Es galt im NS-Staate auf nahezu allen Ebenen das Wort, das Werner Willikens, Staatssekretär im preußischen Landwirtschaftsministerium, in einer Rede aus dem Februar 1934 prägte, die Formel »dem Führer entgegenarbeiten«. Ian Kershaw, der Hitlers Herrschaft Max Webers Begriff der »charismatischen Herrschaft« zugrunde legte, hat sie in seiner großen Hitler-Biographie aufgegriffen, um stereoskopische Einblicke in die Funktionsweise des Dritten Reiches geben zu können[33]. »*Als ich auf der Piazza Belgioioso sagte*«, so Benito Mussolini 1930, »*das faschistische Regime habe sechzig Jahre vor sich, waren wir in den ersten Zeiten. Heute sage ich euch in aller Gewissensruhe, das 20. Jahrhundert wird das Jahrhundert des Faschismus sein.*«[34] Aber es kam anders. Die Ära der Faschismen blieb Episode, in Italien ebenso, wie im übrigen Europa. Und so endete auch der Nationalsozialismus in der Götterdämmerung. »*Es ist mir keine Zeit geblieben, die Menschen für meine Politik heranzubilden*«, beklagte Hitler in seinen berühmten »letzten Gesprächen«, und er ergänzte: »*Ich hätte zwanzig Jahre dazu gebraucht, eine neue nationalsozialistische Auslese heranreifen zu lassen … Es ist die Tragik der Deutschen, daß wir nie genügend Zeit haben. Immer werden wir durch die Verhältnisse gedrängt.*« Alles was danach gekommen sei, wäre eine Folge dieser Tragik, auch der Mangel an innerer Balance. Erst im Bunker unter der Reichskanzlei in Berlin begriff er es als sein persönliches »*Verhängnis, daß ich einem Volk mit einer tragischen Vergangenheit diene, so unbeständig wie das deutsche, so sprunghaft, je nach den Umständen mit einer seltsamen Gelassenheit von einem Extrem ins andere fallend*«.[35]

Nach Jakob Taubes, dem jüdischen Denker und Rabbiner, nahm der Nationalsozialismus das Selbstverständnis des Katechon für sich in

Anspruch, die Verkörperung des Reiches als »Aufhalter des Bösen«, jener Figur einer politischen Theologie, welche Menschen und Dinge überhöht. Mit dem schwindenden Kriegsglück griffen die Machthaber auf die revolutionäre Symbolik aus der Frühzeit ihrer Bewegung zurück. »Mit dem Hakenkreuz«, mutmaßte Christian Böhm-Ermolli, »schuf Hitler ein Symbol für die corporate identity aller Deutschen«[36]. Doch auch die Symbolik konnte den Niedergang nicht aufhalten. Von der expansiven Sprengkraft des Nationalsozialismus, der für lange Zeit in einem Crescendo die ganze Welt in Hochspannung hielt, war 1945 nicht mehr viel übriggeblieben. So erwies er sich zuletzt lediglich als Zivilisationsbruch und als System einer politischen Eschatologie.

Nach der Katastrophe von Stalingrad gab es kein Staatsoberhaupt mehr, in dessen Hände Hitler sein Amt hätte zurücklegen können. Nur sein rechtzeitiges Selbstopfer hätte dem Reich noch die vage Chance einer politischen Friedenslösung gegeben. Aber Adolf Hitler war nicht der Mann, der sich der Staatsraison hätte unterordnen können, wie dies etwa der von ihm bewunderte Friedrich der Große getan hätte. Oft hatte er in den letzten Wochen seiner Laufbahn in der Nacht beim Schein einer unruhig flackernden Kerze im Wohnraum des Führerbunkers vor dem Graffschen Portrait Friedrichs des Großen gesessen, wie in einer Art Trance auf das Bild gestarrt und stumme, gedankenverlorene Zwiesprache mit dem Preußenkönig gehalten[37]. Doch der Geist des »alten Fritz« ging nicht auf ihn über und gab ihm nicht ein, was in dieser Stunde zur Rettung des Reiches hätte geschehen müssen. Deutschland und sein Name, das waren für den deutschen Führer unauflösbar miteinander verbundene Größen. Dabei hätte man wissen können, daß das Wort »Kapitulation« in Hitlers Vokabular nicht vorkam. Erst nach einer Kette von Katastrophen und Niederlagen ließen sich auch viele hohe NS-Amtsträger von ihrem Glauben an Hitler abbringen. So wenig wie die Deutschen selbst hatten sie begriffen, daß das treibende Motiv in Hitlers Leben der letzte Einsatz war, der letzte Einsatz um jeden Preis.

Adolf Hitler hat noch kurz vor seinem Ende von sich als »Europas letzte Chance« gesprochen. Aus dieser Selbsteinschätzung heraus wollte er die Welt, die er zu schützen vorgab, verteidigen – bis zu deren völliger Zerstörung.

Frankfurt/Main, im November 2003   *Werner Bräuninger*

»Als Redner war Ballerstedt mein größter Gegner.«

Ein bayerischer Separatist gegen Hitler

Unter den föderalistisch-partikularistischen Vereinigungen in der Zeit nach Ende des Ersten Weltkrieges nahm der »Bayernbund« unter Führung des Ingenieurs Otto Ballerstedt eine Sonderstellung ein. Schon 1919 hatte er sich in seiner Schrift *Großpreußen und Reichszertrümmerung. Der deutsche Partikularismus und Deutschlands Zukunft* heftig gegen eine preußische »Vormachtstellung« im deutschen Reich gewandt. Er forderte eine »Massenbewegung« gegen »Großpreußen« und mobilisierte die rechten politischen Kräfte Bayerns für ein »Großdeutschland« auf extremer föderativer Grundlage. Dieser offen zur Schau gestellte Separatismus mußte den Zorn Hitlers und seiner Bewegung unweigerlich herausfordern[1]. Bei seiner ersten Begegnung mit der rechtsradikalen Splittergruppe Deutsche Arbeiterpartei (DAP) im Herbst 1919, damals noch kaum eine Partei im engeren Sinne, sondern eher ein Verein in der für das München jener Jahre typischen Mischung aus Geheimbund und Dämmerschoppen, hatte der junge Hitler sein erstes rhetorisches Erweckungserlebnis, indem er während einer »freien Aussprache« die Argumente seines Vorredners, welcher die Lostrennung Bayerns von Preußen gefordert hatte, derart demontierte, daß dieser »wie ein begossener Pudel das Lokal verließ«. Ballerstedts Ziel war es eindeutig, Bayern wieder vom Reich zu trennen. Gegen den ausgesprochenen Separatisten Ballerstedt wandte sich die Propaganda in der Frühzeit der NSDAP mit besonderer Wucht.

Schon im August 1920 sprach Hitler in München über Ballerstedts Absicht einer »Donaukonföderation«. In den *Münchner Neuesten Nachrichten* konnte man dazu lesen, daß Hitler gesagt habe »*eine Donaukonföderation heißt für Bayern Abhängigkeit von tschechischer und französischer Kohle. Nie und nimmer darf es dazu kommen. Lieber ein bolschewistisches Großdeutschland als ein von Franzosen und*

Tschechen abhängiges Süddeutschland!«[2]. Otto Ballerstedt, der sich unter den Zuhörern befand, wurde unter den Rufen »Verräter! Spion!« von Hitleranhängern aus dem Saale geworfen. Immer öfter veranstaltete die NSDAP Schwerpunktveranstaltungen gegen die Separatisten, in dem besonders Hitler mit der »separatistischen Brut« abrechnete[3]. Eine Versammlung des Bayernbundes mit Ballerstedt als Redner wurde im *Völkischen Beobachter (VB)* mit zynischer Freude angekündigt: »*Am Mittwoch, dem 23. Mai* (1921, W.B.) *spricht im Mathäsersaal Otto Ballerstedt. Damit Ballerstedt nicht vergißt, daß er nur Diplomingenieur, aber nicht Politiker sein darf, erscheinen zu der Versammlung die Abteilungen zwei und vier, sowie möglichst viele Parteigenossen der inneren Stadt.*«[4]

Im Januar 1921 kamen Hitler und andere führende Mitglieder der Partei erstmals wegen Sprengung einer Ballerstedt-Versammlung vor Gericht. Die Presse berichtete hierüber und mutmaßte, Hitler sei »*ein gerissener Judenfeind, trotz seiner früheren Verlobung mit der Tochter eines aus Galizien eingewanderten Ostjuden*«[5]. Hitler wurde zu eintausend Mark Geldstrafe, Ballerstedt zu zweihundert Mark verurteilt; beide wegen »übler Nachrede«. Bereits am 27. Januar 1921 fand eine dreitägige Verhandlung vor dem Münchener Schöffengericht über eine Beleidigungsklage statt, die Ballerstedt gegen Hitler wegen ehrverletzender Artikel und Plakaten erhoben hatte. Die der NSDAP nicht eben wohlgesonnenen *Münchner Neuesten Nachrichten* gaben einen umfassenden Bericht über den Prozeß ab:

»*In zweieinhalbstündiger temperamentvoller Rede begründete Hitler seinen Standpunkt und das Programm der Nationalsozialistischen Deutschen Arbeiterpartei gegenüber den Bestrebungen Ballerstedts. Eingangs bemerkte er, daß nicht Drexler die Verantwortung für den unter Klage gestellten Inhalt des Plakates und des Artikels im ›Völkischen Beobachter‹ trage, sondern er, Hitler, als der Leiter des Propagandadienstes. Zur Sache betonte Hitler, er bestreite die Form der Angriffe gegen Ballerstedt, gebe aber zu, daß sie dem Sinne nach so gefallen sind, wie behauptet wird; er sei bereit, den Beweis dafür anzutreten, daß Ballerstedt durch seine Preußenhetze auch den Freunden des Anschlusses Deutsch-Österreichs an Deutschland den letzten Rest von Hoffnung genommen habe. Ballerstedts Tätigkeit wirkte im wahrsten Sinne des Wortes reichsauflösend und reichszerstörend. Der von Ballerstedt ins Leben gerufene Deutsche Bund bzw. Bayernbund wolle angeblich die föderative Ausgestaltung des Deutschen Reiches. In Wirklichkeit aber schlage Ballerstedt in seinem Wirken auf Deutschland los und verfolge damit das gleiche Ziel wie seit drei Jahrhunderten die Franzosen.*

Wenn man in dem Programm des Bayernbundes die Reichsverfassung abhängig mache von der einzelstaatlichen Abstimmung, so zertrümmere man damit die Grundlage des Reiches vollkommen; über dem Einzelstaat stehe hoch das Wohl der deutschen Nation in ihrer Gesamtheit. Hitler folgerte aus dem Auftreten Ballerstedts in Rosenheim und Salzburg, daß Ballerstedt dem Anschlußgedanken außerordentlich geschadet habe. Im weiteren Verlaufe seiner Darlegungen berührte Hitler die Beziehungen zwischen der Deutschvölkischen Arbeitsgemeinschaft und der NSDAP. Er erklärte, daß die NSDAP einmal dieser Arbeitsgemeinschaft angehört habe. Als aber im Frühjahr 1920 der Vorschlag laut geworden sei, die Bayerische Königspartei mit ihrer separatistischen Tendenz in die Arbeitsgemeinschaft aufzunehmen, habe die NSDAP sofort ihren Austritt aus der Arbeitsgemeinschaft erklärt.

Hitler unterstrich in diesem Zusammenhang, um Behauptungen seiner Gegenpartei entgegenzutreten, daß er für seine Tätigkeit innerhalb der NSDAP niemals einen Pfennig Honorar bezogen habe. Richtig sei, daß er für Versammlungen und Vorträge außerhalb dieser Partei, zum Beispiel für den Schutz- und Trutzbund, den Hammerbund usw., und für seine schriftstellerische Tätigkeit außerhalb der Partei sich bezahlen lasse, aber das müsse er tun, um leben zu können. Eingehend beschäftigte sich Hitler mit der von dem Kläger angewandten Kampftaktik, die er scharf verurteilte. Innerhalb des Rahmens seit der programmatischen parteipolitischen Erklärungen betonte Hitler, daß seine Partei für die Gegenwart jede Monarchie ablehne und daß sie sich auch gegen jede Gewaltdiktatur verhalte, daß ihr aber freilich selbst eine Ludendorff-Diktatur lieber sei als ein Deutsches Reich Ballerstedtscher Prägung. Schließlich erklärte Hitler, daß er sich gegen Verleumdungen und Verdächtigungen Ballerstedts habe wehren müssen, so u. a. auch dagegen, daß Ballerstedt behauptete, er, Hitler, beziehe ein Vortragshonorar von der Deutsch-völkischen Arbeitsgemeinschaft wodurch ihm gewissermaßen Bestechlichkeit vorgeworfen sei ... Herr Hitler hielt dem Zeugen vor, daß Ingenieur Ballerstedt am 15. Februar 1920 an einer Konferenz in Kassel teilgenommen hat, an der auch die rheinischen Aktivisten teilnahmen.«[6]

Am 14. September 1921 versuchte der Bayernbund im Münchener Löwenbräukeller eine Massenkundgebung mit der offenen Zielrichtung einer Abspaltung Bayerns vom Reich durchzuführen. Die NSDAP besetzte jedoch vorzeitig den Saal und der Nationalsozialist und Hitler-Vertraute Hermann Esser erteilte seinem Chef das Wort, noch ehe der verdutzte Ballerstedt begriff, wie ihm geschah[7]. Auf ein Zeichen Hitlers stürmte die SA das Podium unter lautstarken »Hitler«-Rufen. Als dann noch jemand das Licht löschte war das Chaos perfekt. Ballerstedt, der gegen das Vorgehen der Hitler-Leute protestierte, wurde von einem Rollkommando gepackt und unsanft aus dem Saale entfernt. Die bald eintreffende Polizei mußte Hitler offenbar um Hilfe bitten, damit er seine Männer zur Ordnung rufe, was dieser bereitwillig tat, denn der Zweck des ganzen Tumults war erreicht: »*Ballerstedt spricht heute nicht mehr!*« erklärte er[8]. Die Polizei schloß daraufhin die Versammlung und Ballerstedt erstattete am nächsten Tage Anzeige wegen Hausfriedensbruches. Die *Münchner Neuesten Nachrichte*n gaben in ihrer Ausgabe vom 15. September 1921 einen anschaulichen Bericht des ganzen Szenarios:

»Der von Ingenieur Ballerstedt geleitete Bayernbund hatte auf Mittwoch abend in den großen Saal des ›Löwenbräukellers‹ eine öffentliche Versammlung einberufen, die zu den letzten politischen Ereignissen Stellung nehmen sollte. Angekündigt war ein Vortrag des Bundesleiters unter dem Titel ›Wir verraten Bayern nicht‹! Die Versammlung, die einen starken Besuch aufwies, nahm infolge eines von nationalsozialistischer Seite planmäßig vorbereiteten Überfalles ein vorzeitiges, stürmisches Ende. Nationalsozialistische ›Jungmannen‹ hatten frühzeitig die Plätze um die Rednertribüne besetzt. Auch sonst waren zahlreiche Nationalsozialisten über den Saal verteilt. Als der Führer der Nationalsozialisten, Hitler, im Saal erschien, wurde er von seinen Anhängern mit demonstrativem Beifall begrüßt. Sein Erscheinen gab den Auftakt zu dem nachfolgenden Gewaltakt. Der frühere Redakteur Esser des ›Völkischen Beobachters‹ stieg auf einen Stuhl und erklärte, daß Bayern die Lage, in der es sich befinde, den Juden und Judenzern verdanke. Ballerstedt habe sich immer um die Judenfrage herumgedrückt. Die Nationalsozialisten sähen sich daher ›gezwungen‹, Ballerstedt das Wort zu entziehen und es Hitler zu geben. Die Anhänger Hitlers besetzten darauf sofort das Podium, um ihre Absicht, die Versammlung zu einer nationalsozialistischen zu gestalten, durchzuführen. Ein großer Teil der Versammlung erhob hingegen lebhaft Protest und verlangte, daß Ballerstedt sprechen solle. Dieser war inzwischen zum Podium durchgedrungen, konnte aber nicht zu Wort kommen, da die Nationalsozialisten andauernd ›Hitler‹ schrien.

Der Tumult vergrößerte sich noch, als versucht wurde, durch Aus-

schalten der Beleuchtung der befürchteten Schlägerei vorzubeugen. Als die Beleuchtung wieder funktionierte, erklärte Ballerstedt, daß er jeden gerichtlich wegen Hausfriedensbruches belangen werde, der die Versammlung zu stören versuche. Daraufhin umringten ihn die auf dem Podium befindlichen jungen Leute, unter denen sich verschiedene kaum halbwüchsige befanden, schlugen auf ihn ein und stießen ihn die Treppe vom Podium hinunter, wobei Ballerstedt eine stark blutende Kopfwunde davontrug. Redakteur Esser gab darauf bekannt, daß die Nationalsozialisten jeden unerbittlich entfernen würden, ›der die Ruhe störe‹. Ein Mitglied des Bayernbundes, das anscheinend dessen Versammlung leiten sollte, machte auf dem Podium den Nationalsozialisten Vorhalt wegen ihres gewalttätigen Benehmens, worauf auch er mit Fäusten und Stockhieben geschlagen und vom Podium hinabgedrängt wurde. Ein Kriminalbeamter eilte ihm mit einem Gummiknüppel zu Hilfe. Während sich der Versammlung begreiflicherweise steigende Erregung bemächtigte, erschienen drei Mann der Landespolizei in dem Saal. Ein Kriminalbeamter erklärte die Versammlung als polizeilich aufgelöst. Ein stärkeres Aufgebot der Landespolizei führte dann die Räumung des Saales durch, die ohne weitere Zwischenfälle vor sich ging, nachdem bekanntgegeben worden war, daß das Eintrittsgeld zurückerstattet werde.«[9]

Die NSDAP hatte jedoch begreiflicherweise eine ganz andere Sicht der Dinge, wie aus einem Mitteilungsblatt *Politische Lage, Fall Ballerstedt* vom 24. September 1921 zu ersehen ist:

»Fall Ballerstedt. Mittwoch, den 14. 9. (1921) versuchte der bekannte Dipl. Ing. Ballerstedt eine Versammlung abzuhalten unter dem Motto ›Wir verraten Bayern nicht‹. Herr Dipl.-Ing. Ballerstedt sowie der von ihm vertretene Bund sind alte Bekannte der Partei. Ballerstedt behauptet, den Kampf für ein föderalistisches Deutschland gegen ein zentralistisch-unitarisches zu führen. Die Art, in der er diesen Kampf führt, besteht in weiter nichts als in einer wüsten Preußenhetze. Mit unleugbarer Geschicklichkeit versteht er es, Dinge, die heute ausschließlich auf das Konto von Juden und Judensern zu schreiben sind, Preußen, Alldeutschen, Junkern usw. in die Schuhe zu schieben. Im selben Augenblick, in dem es doch dem Dümmsten schon klar sein dürfte, daß es sich heute nicht um die Herrschaft von Preußen oder Bayern, sondern um die von Juden oder Deutschen handelt, muß der Versuch, das preußische Volk verantwortlich zu machen für Dinge, die die Juden und Bayern, Ebert, Wirth und Geßler ausschließlich auf dem Gewissen haben, als reines Verbrechen bezeichnet werden. Es ist das ewige Mittel, den Deutschen von

der wirklichen Gefahr wegzulenken und dadurch, daß man ihn sich selber zerfleischen läßt. Gerade in der jetzigen Zeit aber, in der jeder anständige Preuße in Deutschland verfolgt wird genauso wie jeder aufrechte Bayer, in der die Berliner Regierung Wirth, Rathenau und Gradnauer mit unerhörter Rücksichtslosigkeit jedes aufrechte Deutschtum unterdrückt, gehört eine eiserne Stirne dazu, zu behaupten, das seien die Alldeutschen, Junker, kurz die Preußen zu Berlin.

Wer heute das wider sein besseres Wissen behauptet, ist in Wirklichkeit so bewußt oder unbewußt der stille Verbündete dieser jetzigen Berliner Juden-Regenten. So hatte sich dann zu der Versammlung Ballerstedt ein großer Teil von Parteigenossen eingefunden, die etwa ⁴/₅ der Gesamtbesucherzahl ausmachten. Als nach 8 Uhr abends Parteigenosse Hitler den Saal betrat, wurde er mit tosendem Beifall empfangen. Dem Drängen zahlloser anwesender Parteigenossen nachgebend, ergriff hierauf Pg. Esser das Wort und bestritt in kurzen Worten Herrn Ballerstedt jede Berechtigung ab, heute als Hüter Bayerns sich aufspielen zu wollen, da doch gerade er kein Wort bisher gegen die Berliner Judenwirtschaft gefunden habe, sondern stets nur von Preußen schreie. Die Worte Essers wurden von dauernden Zustimmungskundgebungen begleitet.

Herr Esser erklärte hierauf, daß die in überwältigender Mehrzahl anwesenden Nationalsozialisten fordern müßten, daß in erster Linie Herr Hitler das Wort zu einer Erklärung ergreife. Unter stürmischen Beifallskundgebungen betrat Herr Hitler hierauf das Podium zur Abgabe einer kurzen Erklärung. Es war beabsichtigt, die Versammlung abstimmen zu lassen über den Antrag, Herrn Ballerstedt ¼ Stunde Zeit zu einer Rede zu geben und die gleiche Zeit Herrn Hitler. Leider wurden im selben Augenblicke die Ausführungen des Pg. Hitler durch dauernde Lärmszenen verhindert, die dadurch entstanden waren, daß einzelne Anhänger Ballerstedts die überwältigende Mehrheit der aus Nationalsozialisten bestehenden Zuhörer durch Zurufe usw. provozierten. Ballerstedt versuchte nun, selber das Wort zu ergreifen, und zwar, wie er vorher erklärt haben soll, zum Zwecke der Beruhigung der erregten Versammlungsteilnehmer. Statt dessen schrie derselbe aber in den Saal hinein, er würde gegen die anwesenden Gegner, d. h. gegen die Mehrheit der Versammlung mit Polizei vorgehen bzw. sie als Landfriedensbrecher einsperren lassen.

Damit hatte Herr Ballerstedt selber Öl ins Feuer gegossen. Herr Ballerstedt wurde von der empörten Volksmenge vom Podium heruntergedrängt und aus dem Saal hinausgeschoben. Behauptungen über Ver-

wundungen usw., die er selber davongetragen haben soll, sind blanker Schwindel. Es ist Aufgabe aller Parteigenossen, derartigen Behauptungen sofort entgegenzutreten. Die Partei hielt einige Tage darauf eine glänzend besuchte Versammlung im Münchner-Kindl-Keller ab, in der sie gegen die Berliner Regierung rücksichtslos Stellung nahm und für die bayerischen sowohl als deutschen Rechte eintrat. Die Versammlung war eine glänzende Kundgebung.«[10]

Am 12. Januar 1922 mußten sich Hitler, Esser und Körner wegen der Sprengung dieser Ballerstedt-Versammlung vor dem Volksgericht München I verantworten und wurden zu je drei Monaten wegen Landfriedensbruchs verurteilt. Dazu kommentierte die *Münchener Post*:

»Gestern … verkündete das Volksgericht in dem Prozeß gegen Hitler und Genossen das Urteil. Es lautete nach einstimmiger Bejahung der Schuldfrage gegen Esser, Hitler und Körner wegen je eines Vergehens des Landfriedensbruches auf drei Monate Gefängnis, gegen Huber wegen eines Verbrechens des Landfriedensbruches auf sechs Monate Gefängnis. Nach Verkündung der Strafsätze rief ein Mann im Zuhörerraum ›Gemeinheit‹. Die Polizei stellte den Zwischenrufer fest … Ballerstedt stand das Hausrecht zu. Sein Eingreifen mit der Drohung mit einer Anzeige wegen Hausfriedensbruches war berechtigt. Der Einwand der Angeklagten, daß es ihnen in anderen Versammlungen ebenso gegangen sei und daß keine Behörde eingegriffen habe, blieb als Irrtum über die Strafbarkeit unbedacht. Hitler war mit dem Hinabdrängen Ballerstedts vom Podium einverstanden, er hat nichts dagegen unternommen. Bei dem von Hitler betonten Einfluß auf seine Anhänger und bei der großen Disziplin wäre eine Abmahnung nicht ohne Erfolg geblieben.«[11]

Der Dichter Ernst Toller, der wegen seiner Beteiligung an der Münchner Räteherrschaft eine fünfjährige Festungshaft verbüßte, erfuhr von der Verurteilung Hitlers und erinnerte sich in seinem Buch *Eine Jugend in Deutschland* daran:

»Ein Mann namens Adolf Hitler wurde in München zu einigen Monaten Gefängnis verurteilt, weil er eine Versammlung der bayerischen Königspartei zu sprengen versuchte. Unter seiner Führung drangen Leute mit erhobenen Stühlen auf das Rednerpodium, es entspann sich eine Saalschlacht, Ärzte mußten einigen Verwundeten beistehen.

Um den Mann Adolf Hitler scharen sich unzufriedene Kleinbürger, frühere Offiziere, antisemitische Studenten und entlassene Beamte. Sein Programm ist primitiv und einfältig. Die Marxisten und die Juden sind die inneren Feinde und an allem Unglück schuld, sie haben das unbe-

25

*siegte Deutschland hinterrücks gemeuchelt und dann dem Volk eingere-
det, Deutschland hätte den Krieg verloren.*

*Die äußeren Feinde sind die Franzosen, eine verkommene, vernegerte
Rasse, der Krieg gegen sie ist unvermeidlich und darum notwendig. Die
nordische deutsche Rasse ist allen anderen überlegen. Gott habe ihn, den
Hitler, dazu berufen, Marxisten und Juden auszurotten.*

*Hitler stachelt das Volk zu wütendem Nationalismus. Ich erinnere
mich nicht, vor zwei Jahren, als wir ›inneren Feinde‹ gegen das Unrecht
des Friedens von Versailles zu kämpfen begannen, Hitlers Namen gehört
zu haben. Auch in der Revolution hat er geschwiegen.*

*Ein Gefangener erzählt mir, er sei dem österreichischen Anstreicher
Adolf Hitler in den ersten Monaten der Republik in einer Münchner
Kaserne begegnet. Damals hätte Hitler erklärt er sei Sozialdemokrat. Der
Mann sei ihm aufgefallen, weil er ›so gebildet und geschwollen‹ daher-
geredet hätte, wie einer, der viel Bücher liest und sie nicht verdaut. Doch
habe er ihn nicht ernst genommen, weil der Sanitätsunteroffizier verraten hätte, im Krieg sei der Hitler, als er von der Front zurückkam, schwer
nervenkrank in einem Lazarett gelegen, blind, plötzlich habe er wieder
sehen können. Diese nervöse Erblindung macht mich nachdenklich. Welche Kraft muß ein Mensch haben, daß er blind werden kann vor einer
Zeit, die er nicht sehen will.«*[12]

Am 24. Juni 1922 trat Hitler seine Strafe im Gefängnis München-Sta-
delheim an, wurde jedoch schon am 27. Juli wieder entlassen. Den Rest
der Strafe setzte man wegen guter Führung zur Bewährung aus.

Im Jahre 1942 kam Hitler in der Neuen Reichskanzlei noch einmal
auf seinen einstigen Widersacher im München der frühen zwanziger
Jahre zu sprechen:

*»Als Redner war Ballerstedt mein größter Gegner. Gegen den aufzu-
kommen, war ein Kunststück. Der Vater war Hesse, die Mutter Lothrin-
gerin. Er hatte eine diabolische Rabulistik. Der Kerl hat angefangen
zunächst mit einem Lob der Preußen. Er wollte den Anschein erwecken,
als sei er mit den Hörern einer Meinung! Ich habe eine Strafe nach der
anderen bekommen, weil ich diesen von den Franzosen ausgehaltenen
Kerl einen Landesverräter hieß. Endlich habe ich seine Versammlung
gesprengt, das hat mich drei Monate Gefängnis gekostet.«*[13]

Ballerstedts Organisation trat allmählich mehr und mehr in den Hintergrund. Dezidiert bayerische Stimmungen und Forderungen wurden
in immer stärkerem Maße auch von der Bayerischen Volkspartei
(BVP) artikuliert. Nach 1933 hatte der Separatismus bis 1945 in Bayern

ohnehin ausgespielt. Geschickt wurde bayerisches Lokalkolorit nun von den Nationalsozialisten instrumentalisiert, insbesondere die bayerischen Könige Ludwig I. und der »Märchenkönig« Ludwig II. Der Sage nach wurde dieser in den Natternberg bei Deggendorf verbannt, wo er einsam und vergessen in einer Höhle hause und auf seine Stunde warte. Alljährlich an seinem Namenstage, der zugleich sein Geburtstag ist, verlasse der greise Monarch beim ersten Morgengrauen seinen Felsenkeller. Langsam wandele er, gebückt und traurig, in schneeweißem Haar und schneeweißem Bart zur nahen Landstraße. Dort frage er den Nächstbesten, der ihm in den Weg komme, mit Grabesstimme, indes sein Auge seltsam aufleuchte: »Ist Bayern noch bei Preußen?« Den Gefragten überläuft es eiskalt, und zitternd antworte er: »Ja!« Darauf lasse der König sein Haupt noch tiefer sinken und wanke wieder betrübt seiner unterirdischen Residenz zu[14]. So sagt es die Legende der Königstreuen. Aber auch Adolf Hitler sah sich in der Tradition des bayerischen »Märchenkönigs« stehend und bezeichnete sich in einer Ansprache 1933 auf Schloß Neuschwanstein gar als Vollender der Absichten Ludwigs[15].

Am 30. Juni 1934 war auch Otto Ballerstedt stellvertretend für die bayerischen Separatisten eines jener späten Opfer des Regimes, die zwar an der »Röhm-Revolte« unbeteiligt waren, mit denen man aber alte Rechnungen zu begleichen hatte und die daher gleich miterledigt wurden.

»Die Partei ist kein
Abendländischer Bund!«

Die Sommerkrise der NSDAP im Jahre 1921

Im Sommer 1921 schwelte in der NSDAP ein Kampf um Sein oder Nichtsein. Ausgangspunkt waren Verhandlungen, welche gegen den erklärten Willen Hitlers mit einigen konkurrierenden Parteien, insbesondere der Deutschsozialistischen Partei (DSP) des Ingenieurs Dr. Alfred Brunner geführt wurden. Brunner bemerkte schon Anfang Dezember 1920, alle Nationalsozialisten sollten sich einigen, »*um der Welt nicht das Bild völkischer Zerrissenheit zu zeigen, nur weil ein fanatischer Gernegroß sich wie ein Elefant im Porzellanladen benimmt*«[1]. Als diesen »Gernegroß« titulierte Brunner Hitler, und er fügte hinzu, der Werbeobmann der NSDAP werde noch einmal im Größenwahn enden. Adolf Hitler erwies sich frühzeitig als vehementer Gegner derartiger Einigungsbestrebungen. Immer machtvoller erhob er in dieser Auseinandersetzung seine Stimme, so daß schon im Frühjahr 1921 zahlreiche Diskussionen darüber stattfanden, ihm den Parteivorsitz anzutragen. Doch noch lehnte Hitler ab. Der Mitbegründer der Deutschen Arbeiterpartei, der intellektuell eher einfach gestrickte Anton Drexler, schrieb am 13. Februar 1921 an den Wirtschaftstheoretiker der Partei Gottfried Feder, »*... daß jede revolutionäre Bewegung einen diktatorischen Kopf haben muß und deshalb halte ich auch gerade unseren Hitler für unsere Bewegung als den geeignetsten*«.[2] Angeblich soll Hitler wegen der Vereinigungstendenzen schon im Dezember 1920 »einmal für immer« vom Parteiausschuß zurückgetreten sein.[3]

In Zeitz fand im März 1921 ein gemeinsamer Parteitag von DSP und NSDAP statt. Dort sollten die beiden Parteien zur »Deutschen Nationalsozialistischen Arbeiterpartei« verschmolzen werden. Als Sitz der Parteileitung bestimmte man Berlin. Drexler willigte ein. Daß man die Existenz der erfolgreichen NSDAP zugunsten einer neuen Parteigründung preisgeben wollte, stellte für Hitler eine Ungeheuerlichkeit dar.

28

Während einer Sitzung über diese Frage Mitte April in München, beendete Hitler nach erbitterten Auseinandersetzungen barsch jede weitere Diskussion. Drexler aber setzte die Gespräche insgeheim fort. Die Streitigkeiten zwischen DSP und NSDAP wurden in der Hauptsache um Hitlers Person geführt. Nach Einschätzung des britischen Hitler-Biographen Ian Kershaw verriet Hitler »*Anzeichen von Unsicherheit, Zögern und Inkonsequenz. Die Überempfindlichkeit gegenüber persönlicher Kritik, die Unfähigkeit, eine Diskussion mit rationalen Argumenten zu führen, und die rasch außer Kontrolle geratenden Temperamentsausbrüche, seine Aversion gegen jede Institutionalisierung*« seien Eigenschaften einer »zerrissenen Persönlichkeit«, die Hitler zeitlebens angehaftet hätten[4].

Hitler, der sich schon immer gegen jede Form der innerparteilichen Demokratie gewandt hatte, verlangte das Aufgehen der DSP in der NSDAP. Einige Gefolgsleute Drexlers in der Parteileitung strebten aber eine übervölkische, abendländische Vereinigung »aller Arier« an. Ein besonderer Streit entspann sich insbesondere um Dr. Otto Dickels Buch *Auferstehung des Abendlandes*, einer Entgegnungsschrift auf Oswald Spenglers *Der Untergang des Abendlandes*, dessen Überspanntheiten Hitlers Zorn hervorriefen. Hitler war stets ein Gegner von eichenumrauschter und wotansgläubiger Geheimbündelei. Dr. Otto Dickel führte in Augsburg die *Werkgemeinschaft*, die wiederum mit der Nürnberger DSP unter Julius Streicher in enger Verbindung stand. Nach Zeitz versuchte auch Dickel seinerseits, alle völkischen Parteien zu vereinigen – unter seiner Führung. In einer Rede zur Erinnerung an die erste Verkündung des Parteiprogramms der NSDAP sagte Hitler am 24. Februar 1938 in der Rückschau auf diese Auseinandersetzungen:

»*Ich war damals entschlossen, mit jener dämlichen Auffassung zu brechen, die sagte, ›man nehme Verschiedenes zusammen, man vereine das und dann wird etwas ganz Starkes daraus‹. Ich war der Überzeugung damals, daß das Verschiedene gebrochen werden mußte zu Gunsten eines Einzigen ... Und nicht diese bürgerliche Auffassung konnte Recht haben, die sagte, man nehme was da ist, man vereinige das dann in Konferenzen oder in Tagungen, gebe ein Dach darüber als sogenannter ›Arbeitsverein‹ oder als ›Arbeitsgemeinschaft‹, wie man damals meistens sagte, und wenn man so eine Arbeitsgemeinschaft der verschiedensten absolut gegeneinander arbeitenden Verbände hat, dann ergibt das etwas, was fähig ist, das deutsche Geschick zu meistern ... Sie wissen ja selbst, daß damals in Deutschland noch eine ganze Reihe von Verbänden und Vereinen her-*

umflanierten, die sich alle auch als so völkische Rettungsvereine darstellten ... Das Eine ist aber sicher: Es mußte auch hier eine Bewegung sich
als die alleinig völkische durchsetzen. Es konnte auch hier nicht der
Grundsatz anerkannt werden, daß auf dem Weg einer ›Arbeitsgemeinschaft völkischer Verbände‹ vielleicht jemals die Rettung der Nation zu
erzielen sein würde, sondern wir mußten uns zu der Erkenntnis durch-
ringen, daß auch hier eine Bewegung Sieger sein mußte.«[5]

Schon in *Mein Kampf* hatte Hitler vor den »Arbeitsgemeinschaften«
gewarnt: »*Es ist der größte Fehler, zu glauben, daß die Stärke einer
Bewegung zunimmt durch die Vereinigung mit einer anderen, ähnlich
beschaffenen. Jede Vergrößerung auf solchem Weg bedeutet zunächst
freilich eine Zunahme an äußerem Umfang und damit in den Augen
oberflächlicher Betrachter auch an Macht, in Wahrheit jedoch übernimmt sie nur die Keime einer später wirksam werdenden inneren
Schwächung. Denn was immer man von der Gleichartigkeit zweier
Bewegungen reden mag, so ist sie in Wirklichkeit doch nie vorhanden.
Denn im anderen Falle gäbe es eben praktisch nicht zwei, sondern nur
eine Bewegung. Und ganz gleich, worin die Unterschiede liegen – und
wären sie nur begründet in den verschiedenen Fähigkeiten der Führung
–, sie sind da. Dem Naturgesetz aller Entwicklung aber entspricht nicht
das Verkuppeln zweier eben nicht gleicher Gebilde, sondern der Sieg des
stärkeren und die durch den dadurch bedingten Kampf allein ermöglichte Höherzüchtung der Kraft und Stärke des Siegers. Es mögen durch
die Vereinigung zweier annähernd gleicher politischer Parteigebilde
augenblickliche Vorteile erwachsen, auf die Dauer ist doch jeder auf solche Weise gewonnene Erfolg die Ursache später auftretender Schwächen.
Die Größe einer Bewegung wird ausschließlich gewährleistet durch die
ungebundene Entwicklung ihrer inneren Kraft und durch deren dauernde Steigerung bis zum endgültigen Siege über alle Konkurrenten.*«[6]

Zum Problem der »Arbeitsgemeinschaften« führte er aus: »*Durch
die Bildung einer Arbeitsgemeinschaft werden schwache Verbände niemals in kräftige verwandelt, wohl aber kann und wird ein kräftiger Verband durch sie nicht selten eine Schwächung erleiden. Die Meinung, daß
aus der Zusammenstellung schwacher Gruppen sich ein Kraftfaktor
ergeben müsse, ist unrichtig, da ja die Majorität in jeglicher Form und
unter allen Voraussetzungen erfahrungsgemäß die Repräsentantin der
Dummheit und der Feigheit sein wird.*«[7]

Im Frühsommer 1921 reiste Hitler für sechs Wochen nach Berlin, um
Verbindungen zu einflußreichen nationalen Kreisen zu knüpfen. Dort

lernte er General Ludendorff und den Grafen Reventlow kennen[8]. Hitler suchte in der Reichshauptstadt Finanziers für die chronisch leere Parteikasse und den krisengeschüttelten *Völkischen Beobachter*. Er sprach im »Nationalen Klub« und verhandelte mit den konservativen Führern des preußischen Herrenhauses[9]. Nachdem er – wohl von Hermann Esser und Dietrich Eckart – von den fortschreitenden Vereinigungstendenzen erfahren hatte, kehrte er unverzüglich nach München zurück[10]. Dort hatte man unterdessen ohne Wissen Hitlers für den August 1921 einen großen Parteitag aller nationalsozialistischen Gruppierungen nach Linz einberufen. Am 10. Juli 1921 nahmen die Dinge für Hitler eine gefährliche Wendung. In Augsburg fanden Vorgespräche für die beabsichtigte Fusion statt. Noch vor den NSDAP-Delegierten, die für die Vereinigung eintraten, traf Hitler in Augsburg ein; alarmiert und außer sich vor Wut. Als sich dort abzeichnete, daß er sich mit seiner mit großer Verve vorgebrachten Haltung nicht durchsetzen würde, nahm er die Spaltung der Bewegung bewußt in Kauf und verließ die Stadt demonstrativ. Drexler führte die Verhandlungen nun ohne Hitler weiter. Dann aber handelte Hitler mit jener Schnelligkeit und zielbewußten Rücksichtslosigkeit, die später zum Geheimnis seines Erfolges wurde. Am 11. Juli 1921 entlud sich die Spannung in einer unerwartet scharfen Geste: Adolf Hitler erklärte seinen Austritt aus der NSDAP, den er in einem Brief vom 14. Juli begründete:

»Am 11. dieses Monats habe ich mich veranlaßt gesehen, dem Vorsitzenden bzw. dem Ausschuß der Nationalsozialistischen Deutschen Arbeiterpartei meinen Austritt aus der Partei anzuzeigen. Ich gebe hiermit die Erklärung der Gründe ab, die mich zu diesem Schritte bewogen haben. Die Nationalsozialistische Deutsche Arbeiterpartei wurde, soweit ich ihren Sinn je begriffen habe, einst gebildet als revolutionär-nationale Bewegung. Demgemäß steht sie auf extrem völkischem Boden und verwirft jede parlamentarische Taktik, ja selbst die Form des heutigen Parlamentarismus überhaupt. Sie soll in der Art ihrer Organisation unähnlich all den bestehenden (sogenannten) nationalen sonstigen Bewegungen derart gebildet, aufgebaut und geleitet sein und werden, daß sie als schärfste Waffe befähigt wird, den Kampf zur Zertrümmerung der jüdisch-internationalen Herrschaft über unser Volk durchzuführen. Sie ist aber endlich auch eine soziale oder besser sozialistische Partei. Statutenmäßig ist festgelegt, daß der Sitz ihrer Leitung München ist und München bleiben muß. Einmal für immer.

31

Ihr Programm wurde als unverrückbar und unverletzlich vor einer tausendköpfigen Volksmenge beschworen, in mehr denn hundert Massenversammlungen als granitene Grundplatte verwendet.

Die Partei hat sich bisher noch stets dem breiten Volk gegenüber verpflichtet, für unbedingte Ehrlichkeit in ihren Reihen zu sorgen, die unentwegte Befolgung der niedergelegten Grundsätze zu verbürgen, jedes Abweichen davon auf das Schärfste zu bekämpfen, Heuchler oder gar verkappte Gegner in den Reihen der Bewegung nicht zu dulden, sondern unbarmherzig zu entfernen. Ich habe meinen Austritt aus der Bewegung vollzogen, weil diese Punkte verletzt worden sind. Ich stelle nun folgendes fest:

Wider jede Vernunft, aber auch wider die Statuten wurde einst von Seiten der Parteileitung in Zeitz ein Kontrakt unterzeichnet, der die Leitung der Bewegung nach Berlin verlegte. Unter unglaublichem Ärger war es meinem Dazwischentreten noch gelungen, diesen Wahnsinn zu verhindern. Trotz meiner damaligen Erklärung, im Falle einer Wiederholung eines solchen Vorfalles sofort aus der Partei auszuscheiden, fanden am 10. dieses Monats in Augsburg neuerdings Verhandlungen statt, in denen neuerdings von der offiziellen Vertretung der Partei der Vorschlag nicht nur gutgeheißen, sondern sogar selber unterbreitet wurde, über die Gesamtbewegung einen Aktionsausschuß zu stellen, der nicht nur seinen Sitz in Augsburg haben sollte, sondern der auch praktisch keinerlei Gewähr dafür zu bieten vermag, daß hierbei die Grundsätze der Bewegung noch weiter befolgt werden würden. Im Gegenteil wurden diese Verhandlungen von vornherein mit Herren geführt, denen eine Berechtigung hierzu vollständig fehlte.

Trotzdem ich mich vor meiner Abreise nach Berlin warnend und abfällig über ein Buch geäußert habe, das unter dem Titel ›Auferstehung des Abendlandes‹ erschien, wurde nichtsdestoweniger der Verfasser dieses Buches nicht nur ohne weiteres zu Vorträgen für die Bewegung eingeladen, sondern sogar mit der Leitung von wichtigsten Verhandlungen betraut.

Damit ist tatsächlich ein Mann in führende Stellung der Bewegung gekommen, der innerlich nicht zu derselben gehört, ja sogar als extremster Gegner gegenübersteht. Ich mache der Parteileitung den Vorwurf, daß sie mit bodenloser Gewissenlosigkeit sich nicht die Mühe nahm, das Werk eines Mannes, dem man so bedeutenden Einfluß auf die Bewegung einzuräumen sich anschickte, auch nur ordentlich durchzulesen, geschweige denn zu studieren, denn sonst müßte ich mir die Frage gestat-

ten: Wie kommt die Parteileitung dazu, einem Manne zu vertrauen, der (unter zahllosem Ähnlichen zitiere ich nur Weniges) folgendes zu schreiben fertigbrachte?

Seite 121: ›Nun entwickelte sich mit unheimlicher Geschwindigkeit der jüdische Imperialismus in Deutschland. Das ist der Fluch, der heute auf uns lastet. Nur England hat sich von ihm freigehalten. Dort tritt von Tag zu Tag abendländisches Wesen mehr in den Vordergrund. Lloyd George, dieser große innen- und außenpolitische Staatsmann, war klug genug, während des Weltkrieges die Macht des Judentums in seine Rechnung zu stellen. Während seiner Dauer gab er sich den Schein eines Handlangers von Northcliffe. Wer in Wahrheit Diener, wer Meister war, zeigt die heute stets fortschreitende Lösung Englands aus jüdischer Knechtschaft.‹ Oder Seite 242: ›Nur Torheit und Niedertracht kann die Regierung für die traurigen Zustände in unserem Vaterlande verantwortlich machen. Wer diese Männer mit Kot bewirft, verdient den Namen Deutscher nicht. Sie tun ihre Pflicht, sie mühen und plagen sich, sie geben ihr Bestes her und manchem blutet wohl das Herz dabei. Ihnen gebührt der Dank des ganzen Volkes dafür, daß sie überhaupt Mut und Lust besitzen, unter den herrschenden Zuständen ihr Amt zu versehen.‹

Oder Seite 99: ›Ich greife als Gegenspiel zu Marx, der ohne Zweifel Idealist war, einen Mann der höheren Gesellschaftsklasse heraus, dessen Gesinnungsreinheit für mich wenigstens außer aller Frage steht: Rathenau. Er wird selbstverständlich ebenso und mit den gleichen Gründen angegriffen wie jener. Die Ursachen sind dieselben, Er kann als Jude nicht los von seiner Kismetvorstellung und von seinem Internationalismus. Man fühlt aus seinen verschiedenen Büchern heraus, wie er ringt nach Vaterlandsgefühl, wie er selbst fest davon überzeugt ist, durch und durch deutsch zu denken‹ usw.

Ich stelle es der Parteileitung anheim, sich vielleicht nur die Mühe zu nehmen, diese drei Zitate zu prüfen. Sie sind noch die harmlosesten.

Die letzte untrüglichste Begründung dafür, daß der Verfasser dieses Machwerkes auf jedem anderen Boden eher steht als auf dem unseren, hat er selber gegeben. Er forderte in Augsburg nicht nur die Verleugnung unseres Namens, sondern auch den Verzicht auf unser Programm, dessen Ersatz durch ein nichtssagendes, schwammig dehnbares Gebilde und endlich die Verwässerung der Organisation bzw. deren Zerstörung dadurch, daß auf Grund eines vorher vermutlich bis ins kleinste abgekarteten Planes die letzte Leitung der Bewegung in seine persönliche Hand gelegt werden sollte. Als ich diesen Versuchen nach dreistündiger

Geduldsprobe endlich durch meinen wahrhaft durch die Verhältnisse erzwungenen Weggang vom Verhandlungssaal ein kurzes Ende bereiten wollte, hat mich die dabei anwesende offizielle Vertretung der Partei nicht nur nicht unterstützt, sondern im Gegenteil die Verhandlungen weiter fortgesetzt. Dabei wurden Vorschläge gemacht, die ich nicht mehr des näheren zu erläutern brauche, da sie, soviel mir bekannt, dem Ausschuß bereits unterbreitet worden sind.

Ich stelle endlich fest, daß trotz statutenmäßiger Niederlegung des Gegenteils bei diesen wichtigen Verhandlungen ein besoldeter Parteibeamter anwesend war. Durch die Duldung dieser Zustände hat die Parteileitung jenen Boden verlassen, der in Statuten, Programm, vor allem aber im Herzen unserer Mitglieder verankert ist. Dazu kommt ein vollständiges Abschwenken von den taktischen Grundsätzen der Bewegung, das sich, ich nehme nur ein Beispiel im letzten [Völkischen] ›Beobachter‹, soweit vertieft hat, daß eine deutschnationale Versammlung als Zeichen beginnender Dämmerung begrüßt wurde. In einer solchen Bewegung will und kann ich nicht mehr sein.

Da mir gestern von seiten des I. Vorsitzenden der Partei unter Anrufung der Vermittlung Dietrich Eckarts neuerdings der Antrag einer Regelung dieser Angelegenheit unterbreitet wurde, lege ich hiermit die Punkte nieder, von deren strikter Erfüllung ich meinen Wiedereintritt in die Bewegung abhängig mache.

l. Sofortige Einberufung einer außerordentlichen Mitgliederversammlung binnen acht Tagen, gerechnet von heute ab, mit folgender Tagesordnung: Der derzeitige Ausschuß der Partei legt seine Ämter nieder, bei der Neuwahl desselben fordere ich den Posten des 1. Vorsitzenden mit diktatorischer Machtbefugnis zu sofortiger Zusammenstellung eines Aktionsausschusses, der die rücksichtslose Reinigung der Partei von den in sie heute eingedrungenen fremden Elementen durchzuführen hat. Der Aktionsausschuß besteht aus drei Köpfen.

2. Unverrückbare Festlegung des Grundsatzes, daß der Sitz der Bewegung München ist und für immer bleibt. Daß endlich, solange die Bewegung nicht derartige Dimensionen erreicht hat, daß von den Mitteln der Gesamtbewegung aus eine eigene Parteileitung bestritten werden kann, diese von der Ortsgruppe München zu erfolgen hat.

3. Jede weitere Veränderung des Namens oder des Programms wird ein für alle Mal zunächst auf die Dauer von 6 Jahren vermieden. Mitglieder, die dennoch in dieser Richtung und zu diesem Zwecke tätig sind, werden aus der Bewegung ausgeschlossen.

4. Jeder weitere Versuch eines sogenannten Zusammenschlusses zwischen der Nationalsozialistischen Deutschen Arbeiterpartei und der sich unberechtigterweise Deutsche nationalsozialistische Partei heißenden Bewegung hat künftighin zu unterbleiben. Für die Partei kann es niemals einen Zusammenschluß mit denjenigen geben, die mit uns in Verbindung treten wollen, sondern nur deren Anschluß. Kompensationen unsererseits sind vollständig ausgeschlossen.

5. Verhandlungen dieser Art dürfen nur mit meiner persönlichen Einwilligung stattfinden, die Wahl der Teilnehmer solcher Verhandlungen auf unserer Seite bleibt ausschließlich mir vorbehalten.

6. Parteitag in Linz wird als zwecklos nicht besucht.

Ich stelle diese Forderungen, nicht weil ich machtlüstern bin, sondern weil mich die letzten Ereignisse mehr denn je davon überzeugt haben, daß ohne eiserne Führung die Partei auch ohne äußerliche Namensänderung innerlich in kürzester Zeit aufhören würde, das zu sein, was sie sein sollte: eine Nationalsozialistische Deutsche Arbeiterpartei und kein Abendländischer Bund.«[11]

Für den Erfolg der Partei waren der Redner und der Organisator Hitler unentbehrlich. Auch seine Anhänger, vor allem Dietrich Eckart, Fritz Lauböck, Hermann Esser, Alfred Rosenberg, Rudolf Heß, Gottfried Feder und der finanzstarke Dr. Gottfried Grandel bestimmten im Grunde das Gesicht der Bewegung. Auf Hitlers Brief vom 14. Juli folgte eine Stellungnahme Drexlers im Namen der Gesamtparteileitung, das unter Bezugnahme auf Hitlers Kritik an Dickels Buch auch einige Spitzen gegen Hitler enthielt: »... *ein Buch, von dem Umfang des Dr. Dickelschen kann von Leuten, die tagsüber ihrem Erwerb nachgehen und schließlich auch noch andere Arbeiten für die Bewegung zu leisten haben, nicht in kurzer Zeit geprüft werden ... Der gesamte Ausschuß begrüßt es, daß Sie nun auch als offizieller und verantwortlich Zeichnender an die erste Stelle des Ausschusses treten wollen.«*[12]

Es war dies eine deutliche Anspielung auf Hitlers Berufslosigkeit. Man rühmte weiter seine »seltene Rednergabe« und wolle ihm »diktatorische Machtbefugnisse« einräumen. Doch die Dinge spitzten sich zunächst weiter zu. Für den 29. Juli wurde eine außerordentliche Mitgliederversammlung einberufen, auf deren Tagesordnung auch der Parteiausschluß des Hitler ergebenen *VB*-Schriftleiters Hermann Esser stand. Für Hitler bedeutete das ein weiteres Zeichen der Kampfbereitschaft gegen ihn. Abermals sah er sich einer schweren Krise gegenüber. Er und seine Gefolgsleute kündigten daraufhin eine weitere Mitgliederversammlung für den 26. Juli an. Am gleichen Tage war er mit der Mitgliedsnummer 3680 wieder in die NSDAP eingetreten. Dietrich Eckart schließlich brachte Anton Drexler und die weiteren resistenten Vorstandsmitglieder wieder »auf Kurs«. Verwirrung stiftete noch einmal ein anonymes Flugblatt mit dem Titel *Adolf Hitler Verräter?.* Darin war neben den wüstesten Beschimpfungen zu lesen, Hitler führe sich als »König von München« auf und pflege »übermäßigen Damenverkehr«. Drexler und Hitler erstatteten nunmehr gemeinsam Anzeige gegen die Urheber. Als Verfasser wurden bald zwei Parteimitglieder, der Justizreferendar Benedikt Settele und der Kaufmann Ernst Ehrensperger ausgemacht, wobei letzterer das Elaborat finanziert hatte.

Die Mitgliederversammlung am 29. Juli brachte endlich die Beendigung aller Streitigkeiten. Hitler erhielt von 554 Stimmen 553 und war damit zum Parteivorsitzenden mit diktatorischen Vollmachten gewählt. Drexler erhielt das Amt des Ehrenvorsitzenden auf Lebenszeit. Damit war er von der Führung der Partei praktisch ausgeschaltet. In einem im Januar 1940 an Hitler gerichteten, jedoch vermutlich nicht abgesandten Brief, schrieb er in immer noch spürbarer Verletztheit:

»Niemand weiß besser als Sie selbst, mein Führer, daß Sie niemals das siebte Mitglied der Partei, sondern höchstens das siebte Mitglied des Ausschusses waren, in den ich Sie bat, als Werbeobmann einzutreten. Und vor einigen Jahren mußte ich mich bei einer Parteistelle beschweren, daß Ihre erste richtige Mitgliedskarte der DAP, die Schüßlers und meine Unterschrift trägt, gefälscht wurde, indem die Nummer 555 herausretuschiert und die Nummer 7 eingesetzt war.«[13]

Hermann Esser sprach in der historischen Versammlung des 29. Juli 1921 von Hitler erstmals als von »unserem Führer«.

Nachdem die Wogen sich geglättet hatten, schrieb Dietrich Eckart im *VB* ein Loblied auf Hitler:*» Wir sind es, die die Bewegung ins Rollen gebracht haben; wir sind es, die über die weitaus stärkste Schlagkraft verfügen; in München, der jetzt deutschesten Stadt, hat der Nationalsozialismus nicht nur die überwiegend meisten Anhänger, sondern auch die geradeste Linie; und da sollen wir uns anschließen, sollen wir hinübergleiten in die Reihen derjenigen, die weder an Zahl noch an Wucht, noch an Klarheit auch nur annähernd mit uns zu wetteifern vermögen ... Aber da griff mit eiserner Faust Hitler ein und aus war es mit dem Spuk!«*[14] Und Rudolf Heß ergänzte: *»Seid ihr wirklich blind dagegen, daß dieser Mann die Führerpersönlichkeit ist, die allein den Kampf durchzuführen vermag? Glaubt ihr, daß ohne ihn die Massen sich im Zirkus Krone stau-*

ten.«[15] Rund ein Jahr später gewann er ein von einem in Südamerika lebenden Auslandsdeutschen und von der Universität München geförderdertes Preisausschreiben über das Thema »*Wie wird der Mann beschaffen sein, der Deutschland wieder zur Höhe führt?*« indem er das Bild Hitlers zugrunde legte und schloß: »*Noch wissen wir nicht, wann er rettend eingreift, der* ›*Mann*‹. *Aber daß er kommt, fühlen Millionen …*«[16]

»*Das Jahr 1921 hatte in mehrfacher Hinsicht für mich und die Bewegung eine besondere Bedeutung erhalten*«, schrieb Hitler vielsagend in *Mein Kampf*[17]. Und: »*Der Versuch einer Gruppe völkischer Phantasten, unter fördernder Unterstützung des damaligen Vorsitzenden der Partei, sich die Leitung derselben zu verschaffen, führte zum Zusammenbruch dieser kleinen Intrige und übergab mir in einer Generalmitgliederversammlung einstimmig die gesamte Leitung der Bewegung … Ich habe vom 1. August 1921 ab diese innere Reorganisation der Bewegung übernommen.*«[18] Nachdenklichere Beobachter wie der Historiker Karl Alexander von Müller bemerkten bereits die Entschlossenheit in Hitlers Blick und die Leidenschaft, die von seiner gutturalen Stimme auf seine Zuhörer ausging. Müller vermutete in ihm »eine Kraft des Willens und der Massenbeherrschung, einen ›Fanatismus an sich‹, von dem unberechenbare politische Wirkungen ausgehen konnten«[19].

Mit der Wahl Hitlers zum Parteivorsitzenden wurde die NSDAP endgültig zur »Hitler-Bewegung« und damit zu einer Partei völlig neuen Stils. Hitlers Sieg war total. Völlig legal hatte er diktatorische Vollmachten erlangt. Nach seinen Vorstellungen wurde die NSDAP nun straff und militant organisiert und geführt. Der »Führer-Mythos« war geboren.

»Schreiben Sie Ihre Briefe mit der Schreibmaschine!«

Adolf Hitlers Kampf gegen Albrecht von Graefe

In der Gestalt Albrecht von Graefes begegnete Adolf Hitler noch einmal das Bild jener großbürgerlichen und adligen Honoratioren, deren Zylinder und steife Manieren ihn stets irritiert hatten; er empfand diese Kreise als zu starr und konventionell für seine Natur. Sein animalischer Instinkt witterte – trotz aller Bewunderung dieser Schichten und dem insgeheimen Wunsch nach Anerkennung und Zugehörigkeit – die Fäulnis und Schwäche jener »Mumienschwärme«, wie er sich ausdrückte. Keine Bevölkerungsschicht sei in politischen Dingen blöder als der Adel, betonte er häufig.

Albrecht von Graefe, genannt Graefe-Goldebee, wurde am 1. Januar 1868 in Berlin als Sohn des gleichnamigen berühmten Augenarztes geboren. Bis 1900 war er Kavallerieoffizier, seit 1899 auch Rittergutsbesitzer auf Gut Goldebee bei Kastlow in Mecklenburg. Als solcher war er bis 1918 Mitglied des mecklenburgischen Ständetags, von 1896 bis 1907 Diplomat und seit 1912 auch deutschkonservativer Reichstagsabgeordneter. Im Ersten Weltkrieg diente er als Frontoffizier. Für die Deutschnationale Volkspartei (DNVP) nahm Graefe 1919 an der Nationalversammlung in Weimar teil und gehörte seit 1920 für sie dem Reichstag an. 1922 gründete er mit Reinhold Wulle die Deutschvölkische Freiheitspartei (DVFP), deren Führer er zunächst ist und die er von 1922-28 im Reichstag vertritt.[1]

Der junge Agitator Joseph Goebbels beschreibt von Graefe anläßlich einer völkischen Tagung in Weimar am 19. August 1925 in seinem Tagebuch wie folgt: »*von Graefe lang, hoch, schmal, in schwarzem Diplomatenrock. Der geborene Aristokrat. Etwas dekadent. Ein Rassetyp. Ich denke an ein rassiges Rennpferd.*«[2] In einer späteren Eintragung bekannte er dann überdies »*er machte großen Eindruck auf mich*«[3]. In seinem 1926 erschienenen Buch *Die Zweite Revolution. Brie-*

38

fe an Zeitgenossen befindet sich auch ein Brief an Albrecht von Graefe, in dem es um die Klärung des Begriffs der völkischen Diktatur geht.
Man lebe im Zeitalter der Massen, so Goebbels. Aber nicht diesen
gehöre die Zukunft, sondern dem, der sie mit organischem Leben fülle.
In deutlicher Abgrenzung gegenüber der Spenglerschen Geschichts-
morphologie setzte Goebbels dem Cäsarismus der Reaktion, welche
ein »atavistischer Unsinn« sei, die Diktatur der sozialistischen Idee entgegen. Und es ist geradezu typisch, daß die Goebbelschen Visionen gerade an Albrecht von Graefe gerichtet waren, wenn er schrieb: »*Wir gehen
radikal auf die Umwertung aller Werte aus. Wir ehren und achten die Tradition ... Nicht wir vollenden, nicht wir werden die Siegesfeste feiern und
uns den Lorbeer lächelnd auf die Stirne drücken. Dann sind wir verbrannt, verglüht, vergessen vergraben ... Wir düngen mit unserem
ganzen Sein und Leben für die Idee. Es werden andere kommen, die besser zu ernten verstehen.*«[4]

Vom »Siegesfest« ist bei Goebbels die Rede, ebenso wie zuvor
bereits bei Ernst Jünger, damals einer der führenden Theoretiker des
»Neuen Nationalismus«. Dieser meinte schon im November 1925 man
schätze »*keine langen Reden, eine neue Hundertschaft ist uns wichtiger,
als ein Sieg im Parlament. Zuweilen feiern wir Feste, um die Macht
geschlossen paradieren zu lassen und um nicht zu verlernen, wie man
Massen bewegt. Schon erscheinen zu diesen Festen Hunderttausende*«.[5]
Jünger meinte die jährlich abgehaltenen »Frontsoldatentage« des
Stahlhelm, auf denen dieser große Wehrverband seine Macht demonstrierte und zeitweise bis zu 130 000 Mitglieder aufmarschierten. Außer
dem Stahlhelm und Hitlers NSDAP war niemand auf der Rechten dazu
imstande, derartige Massen zu bewegen, schon gar nicht die DVFP des
Albrecht von Graefe.

Um die Kräfte der NSDAP ganz auf Süddeutschland konzentrieren
zu können, schloß Hitler im Jahre 1923 ein taktisches Bündnis mit Graefes DVFP. In Norddeutschland war die NSDAP fast überall verboten
worden, während sie im Süden, vor allem in Bayern, weitgehend unbehelligt blieb. Hitler stellte sich eine Arbeitsteilung vor; im Norden sollte die DVFP die nationalen politischen Organisationen beeinflussen
oder gar ganz übernehmen, im Süden die NSDAP dominieren. Immer
fordernder erschien im Herbst 1923 Hitlers Absicht, das System von
Weimar gewaltsam umzustürzen. Aus Norddeutschland aber drangen
die mahnenden und zu Besonnenheit ratenden Stimmen von Graefe
und Ernst Graf zu Reventlow, Hitler solle nicht mit dem Kommandeur

der bayerischen Truppen von Lossow losschlagen, sondern unbedingt auf die Duldung und das stillschweigende Einverständnis Hans von Seeckts, des Chefs der Heeresleitung der Reichswehr, warten[6]. Doch Hitler drängte zur Aktion. Im Münchener Zirkus Krone sagte er am 30. Oktober 1923 zu seinen Anhängern:

»Für mich ist die deutsche Frage erst gelöst, wenn die schwarz-weiß-rote Hakenkreuzfahne vom Berliner Schloß weht. Es gibt kein Zurück, nur ein Vorwärts. Daß die Stunde gekommen ist, fühlen wir alle, und deshalb werden wir uns ihrem Gebote nicht entziehen, sondern wie der Soldat im Felde dem Befehl folgen: Tritt gefaßt deutsches Volk, und vorwärts marsch!«[7]

Am 9. November 1923 unternahm Hitler seinen Putschversuch, den er trotz der dann eingetretenen Katastrophe im nachhinein als das größte Glück seines Lebens bezeichnen sollte[8]. Auch Albrecht von Graefe soll an der Spitze des Demonstrationszuges mitmarschiert sein[9].

Hitler, der sich nach dem Scheitern seines abenteuerlichen Unternehmens in die Villa seines Freundes Ernst Hanfstaengl nach Uffing am Staffelsee flüchtete, hatte kurz vor seiner Verhaftung noch einen Zettel an Alfred Rosenberg hinterlassen können, auf dem er mit Bleistift kritzelte: *»Lieber Rosenberg! Führen Sie ab jetzt die Bewegung!«*[10] Unter dem Pseudonym »Rolf Eidhalt« – anagrammatisch gebildet aus den Buchstaben des Namens Adolf Hitler – versuchte Rosenberg die führerlos gewordenen Nationalsozialisten zunächst im Untergrund zusammenzuhalten.

Noch bevor der Hitler-Prozeß endete, sammelten sich die Mitglieder der verbotenen NSDAP in zwei Gruppen, in der von Rosenberg gegründeten Großdeutschen Volksgemeinschaft (GVG), die seit dem 1. Januar 1924 von Hermann Esser und Julius Streicher geleitet wurde und in dem von den Deutschvölkischen gegründeten Völkischen Block in Bayern. Dieser ging wenig später in der Nationalsozialistischen Freiheitsbewegung (NSFB) auf, die sich über das gesamte Reichsgebiet erstreckte und sich später Nationalsozialistische Freiheitspartei (NSFP) nannte. An ihrer Spitze standen Albrecht von Graefe, General a.D. Erich Ludendorff und Gregor Strasser[11].

Während Hitler in der Festungshaftanstalt Landsberg zur Untätigkeit verdammt war, versuchten die untereinander zerstrittenen »Führer« der völkischen Bewegung deren Leitung an sich zu reißen. Endlose persönliche Querelen und Intrigen begleiten diese Jahre. Das bei den Völkischen nur schwach ausgeprägte Verständnis für einen nationalen

Sozialismus, ihr parlamentarisches Denken – dies alles vertrug sich nur schwer mit der sozial-revolutionären Sprengkraft der nationalsozialistischen Idee der Hitler-Bewegung und war die Ursache für zahlreiche Konflikte, Spaltungen und Streitereien, die den Zerfall der völkischen Organisationen beschleunigten. Immer wieder ging es hierbei um die Frage des Zusammenschlusses von Gruppen und Fraktionen, die Führungsposition General Ludendorffs und die schwankende Haltung Hitlers zu all diesen Problemen. Bei den Wahlen zum Bayerischen Landtag vom 6. April 1924 errang der Völkische Block jedoch einen Achtungserfolg. Recht unberührt verfolgte der Häftling Hitler von Landsberg aus die Streitigkeiten, kritisierte aber die Teilnahme an den Parlamentswahlen, registrierte er doch mit Unbehagen, daß auch die NSFP bei den Reichstagswahlen vom Mai 1924 immerhin 32 Sitze errang. Besonders gut hatte sie ausgerechnet in Graefes Mecklenburger Heimat abgeschnitten. Müde geworden des Chaos und in der Erkenntnis, daß eine politische Bewegung aus der Haft heraus weder maßgeblich zu beeinflussen, noch gar zu führen war, legte er in einem »Offenen Brief« schließlich die Führung der NSDAP für die Dauer seiner Haft nieder, zog alle erteilten Vollmachten zurück und verbat sich Besuche und Zuschriften mit politischer Motivation.

In einem Brief an den Göttinger NS-Ortsgruppenleiter Ludolf Haase, der ihn mindestens dreimal in Landsberg besuchte, nahm Hitler auch Bezug auf von Graefe. Dort heißt es:

»Sehr geehrter Herr!
Ich erhalte soeben Ihr Schreiben vom 14. Juni, das ich auch hiermit gleich beantworte. Ich muß zuerst eine kleine Richtigstellung vornehmen. Es ist nicht richtig, daß ich gegenüber den Herren der Landesverbände eine Verschmelzung der beiden Parteien als solche etwa grundsätzlich abgelehnt habe. Ich teilte damals den Herren mit, daß durch die Partei in Thüringen an mich das Ansinnen nach Vereinigung gerichtet wurde, daß ich daraufhin Excellenz Ludendorff die Angelegenheit vortrug mit dem Bemerken, persönlich dann einverstanden zu sein, wenn die Voraussetzungen hierfür gegeben seien, diese Voraussetzungen mußten in meinen Augen doppelte sein: erstens in bezug auf die ideelle Leitung, zweitens durch Gründung einer einheitlichen Organisation. Um diese Voraussetzungen zu erhalten, bat ich um eine sofortige Besprechung mit Herrn v. Graefe. Herr v. Graefe kam zunächst nicht, statt dessen wurde eine Erklärung veröffentlicht, die ich, da nach meiner Meinung von damals

Herr v. Graefe ihr Verfasser und Urheber war, für illoyal halten mußte. Dies war allerdings ein Irrtum, insofern die Erklärung durch Excellenz Ludendorff veranlaßt war, in dem Glauben, die zwischen Herr v. Graefe und mir noch stattzufindende Besprechung werde ein günstiges Ergebnis haben. Die Zusammenkunft fand auch statt, jedoch mit negativem Resultat, Herr v. Graefe teilte mir die bereits erfolgte Veröffentlichung nicht mit.

Excellenz Ludendorff, der die Sache nun aufklärte, veranlaßte eine neue Zusammenkunft, in der Hoffnung, dieses Mal zu einer möglichen Grundlage zu kommen. Tatsächlich wurden besonders von Excellenz Ludendorff meine Forderungen als zumindest theoretisch richtig anerkannt und auch von ihm auf das wärmste vertreten. Auch Herr v. Graefe änderte seinen Standpunkt in so wesentlichen Punkten, daß sich in der Folge eine nicht schädliche Verschmelzung ergeben könnte. Da die Verhandlungen nicht abgeschlossen wurden, bat mich Herr v. Graefe zu veranlassen, daß nicht in der Zwischenzeit durch gegenseitigen Kampf die weiteren Verhandlungen zerschlagen würden. Ich unterschrieb einen kurzen Aufruf in diesem Sinne.

Das ist der Hergang der Sache. Wie ich nun aus einer ganzen Reihe von Zuschriften und Kundgebungen ersehe, lehnen zahlreiche Ortsgruppen und einzelne Verbände das Zusammengehen mit der Freiheitspartei grundsätzlich ab. Endlich erfahre ich vom Ausschluß einer Anzahl alter Parteigenossen aus der Bewegung durch Tagungen, deren Zusammensetzung mir unklar ist.

Es ist mir unter solchen Verhältnissen nicht mehr möglich, von hier aus irgendwie einzugreifen oder gar eine Verantwortung zu übernehmen. Ich habe deshalb beschlossen, mich auf solange von der ganzen öffentlichen Politik zurückzuziehen, bis mir die wiedergegebene Freiheit auch die Möglichkeit eines tatsächlichen Führens bietet. Ich muß Ihnen deshalb erklären, daß ab jetzt niemand mehr das Recht besitzt, in meinem Namen Erklärungen abzugeben. Ebenso bitte ich, von jetzt ab keine Briefe politischen Inhalts mehr an mich zu richten.

Mit treudeutschem Heilgruß Ihr Ihnen persönlich und den anderen Herren herzlich ergebener

gez. Adolf Hitler«[12]

Die Konfusion in nationalsozialistischen und völkischen Kreisen war perfekt. Nur zwei Tage nach Hitlers in der Presse lancierten »Offenen Brief« über seinen Rückzug von allen politischen Aktivitäten, beeilten sich Graefe und Ludendorff ganz offiziell, die Führung der völkischen Bewegung zu übernehmen, »*bis an den Tag, da der befreite Held von München als Dritter wieder in ihren Kreis treten kann*«.[13]

Ian Kershaw bemerkte hierzu: »*Am Ende des Sommers war der Zerfallsprozeß der NSDAP und der völkischen Bewegung – trotz aller Reden über Fusionen und Einheit – weiter fortgeschritten. Der ungehobelt beleidigende, herrische und tyrannische Führungsstil von Streicher und Esser weckte bitteren Groll sogar innerhalb der Großdeutschen Volksgemeinschaft (GVG), führte zu scharfen Gegensätzen mit dem Völkischen Block, dessen Führer in Bayern, Gregor Strasser, auch der Reichsführerschaft der NSFB angehörte, und zur völligen Entfremdung der Nationalsozialisten aus dem Norden. Diese lehnten die Reichsführerschaft der NSFB ab, die ihrerseits dem Direktorium jegliche Autorität absprach. Nur Hitlers Position ging aus den parteiinternen Kämpfen gestärkt hervor. Im Verlauf des Herbstes wurden die Gräben in der völkischen Bewegung noch tiefer … In (Hitlers) Abwesenheit war die völkische Politik zusammengebrochen, während seine eigenen Führungsansprüche in gleichem Maße eine Stärkung erfahren hatten.*«[14]

Nach der vorzeitigen Haftentlassung Hitlers im Dezember 1924 legten Graefe und Ludendorff die Reichsführerschaft der NSFP nieder und begründeten wieder die alte DVFP, die sich noch stärker als ehedem zur Monarchie bekannte.

Walther von Corswant, später kurzzeitig Gauleiter von Pommern, gab einer weitverbreiteten Stimmung Ausdruck, indem er erklärte:

»*Lieber schon, daß der Eine Führer, zu dem man das meiste Zutrauen hat, versagt, als dieses Hin und Her der Vielen, von denen jeder etwas anderes will. Ich glaube nun einmal an das Gottesgnadentum Hitlers, den ich persönlich nie gesehen habe, und glaube daran, daß Gott ihn erleuchten wird, jetzt aus diesem Chaos den richtigen Weg zu finden.*«[15]

In einer Erklärung der NSFB vom Januar hieß es, daß man die frühere Autorität Hitlers in der völkischen Bewegung nicht mehr zulassen wolle. Es bestehe überdies die Gefahr, daß Hitler sich dem »Ultramontanismus« beugen würde. Überhaupt ließen die Führer der Völkischen durchblicken, daß sie Hitler überhaupt nicht für einen Politiker hielten, ihn wohl aber als »Trommler« in ihre Dienste nehmen wollten[16]. Hitler ließ sich durch derartige Agitation nicht beeinflussen. Hermann Fobke, ein Göttinger NS-Funktionär, teilte den norddeutschen Nationalsozialisten nach einer Zusammenkunft mit Hitler Ende Januar 1925 mit:

»*Hitler denkt nicht daran, mit der Freiheitspartei zu paktieren. Nach-*

dem seine Bedingungen seinerzeit im Frühjahr vorigen Jahres abgelehnt worden sind, kommt eine Verschmelzung für ihn keineswegs mehr in Frage. Persönliche Beziehungen Hitlers zu Graefe ... bestehen nicht.«[17]

Zum Vorwurf, Hitler habe auf einen Brief von Graefes nicht geantwortet meinte Fobke, Hitler habe dazu keine Veranlassung gesehen, denn von Graefe nehme für ihn keine Sonderstellung ein.

Am 27. Februar 1925 gründete Adolf Hitler die NSDAP neu. In einer grandios aufgezogenen Versammlung im Münchener Bürgerbräukeller, auf der sogar Winifred Wagner anwesend war, appellierte er an die Einigkeit, ohne jedoch auch nur ein Jota von seinem messianischen Führungsanspruch, von dem er inzwischen mehr denn je überzeugt war, abzuweichen:

»*Wer aber meinen sollte, seinen Eintritt an ›Bedingungen‹ knüpfen zu können, der kennt mich schlecht. Ich habe mich neun Monate jedes Wortes enthalten; nun führe ich die Bewegung, und Bedingungen stellt mir niemand; denn wenn die Herren kommen, und mir der eine sagen sollte, ich stelle d i e Bedingung, und der andere, ich stelle j e n e, so habe ich nur eine Antwort zu geben: Freund, warte erst, welche Bedingung ich stelle. Ich bin nicht gewillt, mir Bedingungen vorschreiben zu lassen, solange ich persönlich die Verantwortung trage. Und die Verantwortung trage ich wieder restlos für alles, was in dieser Bewegung vorgeht.*«[18]

Allmählich siegte Hitlers taktisches Kalkül und nicht zuletzt seine Willenskraft. Meinungsverschiedenheiten in strategischen Fragen, Streitereien der diversen Fraktionen untereinander oder auch persönliche Animositäten, die oft mit »Ideologie« überhaupt nichts zu tun hatten, verstummten vor Hitlers Person. *Er verkörperte die ungebrochene Autorität.* Gegen den Willen eines Adolf Hitler gab es kein Gegengewicht, kein Korrektiv, weil es in den Augen nahezu aller Nationalsozialisten keine innere Berechtigung und keine äußere Zustimmung gefunden hätte. Der Führerkult hatte schon bald eine Eigendynamik gewonnen. Er war es, der, zwar unter enormen Schwierigkeiten, aber dennoch, den Zusammenhalt der Partei gewährleistete. Georg Franz-Willing resümmierte: »*Hitlers Folgerung aus seinem Erlebnis mit der alten Partei und dem Putsch war der vollständige Bruch mit der bürgerlichen Rechten. Persönlich zeigte er das in seinem Verhalten Ludendorff, Graefe ... und Anton Drexler gegenüber.*«[19]

Im Februar 1926 veranstaltete der der DVFP nahestehende Nationalsoziale Volksbund im Münchener Hofbräuhaus-Festsaal eine Kundgebung mit Graefe und Reventlow als Hauptrednern. Diese Versammlung sprengten die Nationalsozialisten in Anwesenheit Hitlers, nachdem Hermann Esser und Julius Streicher als Diskussionsredner aufgetreten waren. Sie hinderten Reventlow durch laute Zwischenrufe und dem Singen von Kampfliedern am Sprechen, so daß die Polizei die Versammlung schließen mußte[20]. Höhnisch bemerkte der *VB* unter der Schlagzeile »*Eine Abrechnung mit den Feinden des Nationalsozialismus*«: »*Bezeichnenderweise mußten sich die ›Führer‹ des Volksbundes und die Redner vor der Erregung der Massen dadurch retten, daß sie unter Polizeischutz durch eine Hintertür den Saal verließen.*«[21]

Die erbitterten Auseinandersetzungen zwischen den Völkischen und den Nationalsozialisten, die ihre Personifizierung in Graefe und Hitler fanden, kulminierten schließlich in einem »Offenen Brief« Graefes an Hitler, welchen er in der *München Augsburger Abendzeitung* veröffentlichte[22]. Hitler sah sich nun seinerseits gezwungen, Gegenmaßnahmen einzuleiten und ebenfalls einen »Offenen Brief« an Graefe zu veröffentlichen. Auf einer NSDAP-Versammlung in München am 12. März äußerte er laut Polizeibericht: »*Aber um zwei Fragen kommen der Herr Graefe und Reventlow nicht herum. Ersterer habe die Verleumdung ausgesprochen, er (Hitler) sei ein Bündnis mit Rom eingegangen, mit der Bayerischen Regierung sei er gebunden. Auf diese Verleumdungen werden Reventlow und Graefe noch Rede und Antwort stehen müssen.*«[23]

Und am 16. März kündigte er an: »*Vor einigen Tagen stand ausgerechnet in der München Augsburger Abendzeitung ein öffentlicher Brief von Graefe an mich, dessen Antwort in der morgigen öffentlichen Versammlung im Bürgerbräukeller erfolgen wird. Ich bin mir sicher, daß wenn ich selbst sprechen dürfte* (gegen Hitler war zu jener Zeit ein öffentliches Redeverbot verhängt worden, W.B.)*, und ich diesen Herrn einladen würde, er den Mut nicht besitzen und zu mir kommen würde. Es bleibt mir deshalb nichts anderes übrig, als jeweils meine Verteidigungsreden niederschreiben und durch andere Parteiführer verlesen bzw. bekanntgeben zu lassen.*«[24]

Diese Erklärung wurde dann schließlich von Gauleiter Adolf Wagner, dessen Stimme derjenigen Hitlers täuschend ähnlich war, verlesen[25]. Dieser »Offene Brief« war gewissermaßen der Auftakt zu einer Reihe weiterer öffentlicher Erklärungen gegen ihm mißliebige Zeitgenossen, die in Stil und Anlage auch schon an seine Replik auf die Rede des Sozialdemokraten Otto Wels, der am 23. März 1933 im Reichstag gegen das Ermächtigungsgesetz sprach, erinnert und den Frontalangriff gegen den US-Präsidenten Roosevelt vorwegnahm, dem er in einer berühmt gewordenen Reichstagsrede vom 28. April 1939 in brillanter Rhetorik auf ein in anmaßendem Ton gehaltenes Telegramm des Amerikaners antwortete.

Am 19. März 1926 erschien Hitlers *»Offener Brief an Herrn von Graefe«* im *Völkischen Beobachter*:

»Sehr geehrter Herr von Graefe,
nach fast zweijährigem Schweigen zwingt mich Ihr sogenannter ›Offener Brief‹, den Sie an mich zu richten die Güte hatten, nun auch meinerseits an die Öffentlichkeit zu treten. Ehe ich zu dem in Frage stehenden Vorfall der Versammlung vom 24. Februar 1926 im ›Münchener Hofbräuhaus-Festsaale‹ übergehe, muß ich eine kurze Darstellung der Vorgeschichte unserer Entwicklung geben. Sie ist von einschneidender Bedeutung für das Verständnis dieser letzten Ereignisse. Nach dem Zusammenbruch des Jahres 1918 wurde in München die Nationalsozialistische Deutsche Arbeiter-Partei gegründet. Der Begründer und erste Vorsitzende war Herr Karl Harrer. Als ich im September 1919 in die Bewegung eintrat, wurde ich als Mitglied mit Nr. 7 aufgenommen. Ein Programm lag damals nicht vor. Nur wenig klar bestimmte Leitsätze, die außerdem in wesentlichen Dingen sich mit unseren heutigen Auffassungen nicht deckten, so z. B. in der Judenfrage. Umgekehrt fehlten prinzipielle Auffassungen über das Wesen des Parlamentarismus, seine Schädlichkeit usw. Öffentliche Versammlungen hatte vor meinem Eintreten der Sechs-Männer-Klub noch nicht abgehalten. Größte Versammlung war ein Vortrag des Herrn Gottfried Feder im sogenannten Leiber-Zimmer des Sternecker-Bräus zu München. Unter den noch nicht Anwesenden befand sich damals auch ich. Über die weitere Entwicklung schrieb ich am Ende des ersten Bandes meines Werkes ›Mein Kampf‹.
An dieser Stelle aber möchte ich nur betonen, daß irgendeine Werbetätigkeit, die als solche bezeichnet werden könnte, vor meinem Eintritt in den kleinen Verein nicht stattgefunden hat; daß alles, was in der Folgezeit dann geschah, das Ergebnis meiner Tätigkeit war; daß vor allem die Propaganda nicht nur ausdrücklich von mir geleitet wurde, sondern auch zu neun Zehntel rednerisch auf meinen Schultern ruhte. Daß vor allem in diesen Monaten des ersten Ringens unserer Bewegung Herr Drexler weder in Erscheinung trat, noch in Erscheinung treten konnte. Wer die damaligen Verhältnisse und die Entstehung unserer Bewegung kennt, der wird sich eines leisen Lächelns nicht erwehren können, wenn Sie, Herr von Graefe, von einem Anton Drexler sprechen, der vor mir ›das natio-

nalsozialistische Banner mutvoll in Deutschland entrollt‹ hat. Wer damals außerhalb Münchens redete, das war ich und wieder ich, und dann kam allerdings ein zweiter, und das war der damals noch kaum zwanzigjährige junge Esser. Unabhängig von uns in Nürnberg Julius Streicher. Daß Sie, Herr von Graefe, zu einer so irrigen Anschauung kommen konnten, hat allerdings seinen Grund in einem Verschulden meinerseits, nämlich in meiner wirklich in diesem Falle unangebrachten Zurückhaltung. Mein Verschulden war es, wenn, wenigstens nach außen hin, die Meinung entstehen konnte, Herr Anton Drexler wäre nicht nur der Gründer der Bewegung, sondern auch darüber hinaus durch sein Wirken von maßgebender Bedeutung gewesen.

In diesen Jahren, sehr geehrter Herr von Graefe, habe ich, und zwar lange Zeit als einzelner gewagt, gegen den allgemeinen Strom zu schwimmen, gegen unsere Parteien, rechts und links, Stellung zu nehmen, und in unzähligen Versammlungen und Kundgebungen die grundsätzliche Anschauung einer nationalsozialistischen Weltauffassung niederzulegen und zu verbreiten. Ich habe damals jenen Wortschatz geprägt, aus dem später die sogenannte ›völkische Bewegung‹ zu schöpfen begann, ohne sich im einzelnen des Verfassers zu erinnern, oder besser, erinnern zu wollen. Es war dies vor allem auch jene Zeit, in der ich von der Notwendigkeit der Vernichtung der Klassengegensätze oder besser des Klassenkampfes predigte, während Sie, Herr von Graefe, selbst noch Mitglied einer reinen Klassenpartei waren. Es war die Zeit weiter, in der ich ununterbrochen auf die Notwendigkeit der restlosen Vernichtung des marxistischen Völkerbetruges hinwies und die Gewinnung des international eingestellten deutschen Arbeiters für das deutsche Volkstum und für eine deutsche Volksgemeinschaft als die einzige und erste Voraussetzung für die Wiedererringung einer deutschen Freiheit festnagelte.

Unabhängig von jedermann, nur gestützt auf eigenes Können und eigene Kraft, wurde damals die junge Nationalsozialistische Deutsche Arbeiter-Partei aus dem Rahmen eines kleinen Vereins in die Form einer großen Bewegung übergeleitet.

Als ich im Jahre 1922 im ›Nationalen Klub‹ zu Berlin sprach, lernte ich Sie, Herr von Graefe, zum erstenmal kennen, und zwar noch immer als Vertreter der Deutschnationalen Volkspartei, also als Mitglied einer Bewegung, die selbst den Charakter einer Klassenpartei besitzt.

Sie haben sich dann, Herr von Graefe, eines anderen besonnen und sich zu einer Anschauung bekehrt, die, wie Sie vorgeben, der von mir gepredigten entsprach. Heute fechten Sie den Gesichtspunkt der Not-

wendigkeit der vollkommenen Einheit der sogenannten »völkischen Bewegung«. Herr von Graefe, ich darf mir eine Frage gestatten, warum Sie diese Überzeugung nicht auch bereits im Jahre 1922 verfochten haben. Sie kannten damals die Nationalsozialistische Deutsche Arbeiter-Partei, Sie kannten ihre Tendenz und ihre Lehre und Sie kannten mich als ihren Führer und Sie schwärmen so von der Notwendigkeit der Einheit der völkischen Bewegung, warum, Herr von Graefe, haben Sie dann damals nicht die logische Konsequenz aus dieser Ihrer inneren Auffassung gezogen. Warum konnten Sie damals nicht das Prioritätsrecht der nun einmal gegründeten Bewegung anerkennen und sich zur Ausgestaltung dieser Einheit in diese eingliedern? Warum taten Sie damals das Gegenteil und riefen eine eigene neue Partei ins Leben, wenn Sie doch so von der Notwendigkeit der Einheit der völkischen Bewegung durchdrungen sind und waren? Nein, Herr von Graefe, diese Überzeugung von der notwendigen Verschmelzung der beiden Gebilde dämmerte in Ihnen erst in dem Augenblick auf, da die Nationalsozialistische Deutsche Arbeiter-Partei keine Führer mehr besaß und Sie immer noch kein Volk hinter sich hatten. Denn folgendermaßen war die Lage im November 1923:

Die Nationalsozialistische Deutsche Arbeiter-Partei war als junge Volksbewegung entstanden. Sie zählte in ihren Reihen hunderttausend und aberhunderttausend von treuesten Anhängern und besaß demgegenüber nur wenige Führer. Ihr gesamter Führerstab war eben nicht von anderen Parteien übernommen worden, sondern schälte sich im einzelnen aus der breiten Masse heraus, um sich in harten, erbitterten Kämpfen langsam durchzusetzen. So hatte die junge Bewegung immer einen Mangel an Führern, während Ihre Bewegung, Herr von Graefe, damals unter dem Mangel an Anhängern litt. Denn umgekehrt zu uns, war Ihre Bewegung im großen nichts anderes als eine Absplitterung unbefriedigter Führer aus bestehenden politischen Parteien der rechten Seite. Was Sie besaßen, das war die Anzahl der leitenden Köpfe, und was Ihnen fehlte, war die Masse der Anhänger. Eine Armee von Generalen und keine Soldaten!

Wenn Sie heute, Herr von Graefe, nun erklären, daß doch mein Name durch Sie selbst dem Norden einst vermittelt worden wäre, dann bitte ich dies dahin richtig stellen zu dürfen, daß Sie, Herr von Graefe, damals im Norden außer einzelnen unzufriedenen deutschnationalen Elementen eine Anhängerschaft nicht besaßen. Das aber war der Grund, der Sie damals nach München führte mit der Bitte, ich möchte gestatten, daß die

durch Verbote organisationslos gewordenen Anhänger der nationalsozialistischen Bewegung ›vorübergehend‹, wie Sie sich klüglich aus-
drückten, von der deutsch-völkischen Freiheitspartei erfaßt werden dürften. Dazu allerdings, Herr von Graefe, brauchten Sie dann meinen
Namen. Nur die propagandistische Ausnützung meines Namens allein
hat Ihnen dann Anhänger zugeführt. Und dies war der Grund zu einer
Tat, die Sie mir heute als für mich besonders zu Dank verpflichtend, hinzustellen belieben.

Damals, Herr von Graefe, da ich die Nationalsozialistische Deutsche
Arbeiter-Partei persönlich führte, war von einer Einsicht über die Notwendigkeit einer Einheit nie etwas zu bemerken gewesen, nur die dauernde Sorge für die Abgrenzung der gegenseitigen Interessengebiete. Der
Wandel Ihrer inneren Anschauung trat erst an dem Tage ein, an dem ich
nach Landsberg wanderte und die anderen meiner alten Führer teils vor
der Feldherrnhalle lagen, teils in Schutzhaft oder Gefängnissen sich
befanden, zum Teil in Verbannung gehen mußten. Damals war die nationalsozialistische Bewegung mit einem Schlag vollkommen führerlos
geworden. Was war natürlicher, als daß Sie nun, Herr von Graefe,
großmütig und weitschauend für eine Verschmelzung zu schwärmen
begannen, bei der die Nationalsozialistische Deutsche Arbeiter-Partei die
Massen liefern konnte und die Deutschvölkische Freiheitspartei großher-
zig die Führer hergab.

Und gegen diese Heirat, Herr von Graefe, allerdings habe ich vom
ersten Tag an eindeutig Stellung genommen. Der Gedanke, meine alte
herrliche Volksbewegung einem parlamentarischen Führerklüngel auszuliefern, war mir in den Tagen meiner damaligen Haft unerträglicher als
der Verlust der Freiheit selbst. So habe ich damals kategorisch gefordert,
daß eine Verschmelzung der beiden Bewegungen nur eintreten dürfte,
wenn das nationalsozialistische Wesen, die nationalsozialistische Auffassung restlos vorherrsche bzw. die Führung und Leitung zwangsläufig
sich aus dem alten nationalsozialistischen Stamm ergänzen würde.

Und dagegen waren Sie, Herr von Graefe. Wie wenig Ihnen damals an
einer organischen Einheit gelegen war, konnte man an dem Tage sehen,
da Sie mir in Landsberg im Beisein des Abgeordneten Feder den Vorschlag unterbreiteten, zwei Parteileitungen zu installieren, eine nord- und
eine süddeutsche. Also allerdings keine Teilung in Freiheitspartei und
Nationalsozialisten, dafür aber eine in Nord und Süd, zusammengehal-
ten durch eine in Personalunion residierende sogenannte Reichsführerschaft, der jegliche Exekutivgewalt und organisatorische Unterlage fehl-

te. Sie hatten bei dieser Besprechung, die ich nach Ihren vernichtenden Vorschlägen glatt abbrach, allerdings vorsichtigerweise verschwiegen, daß eine weitere Diskussion über die ganze Angelegenheit schon längst hinfällig geworden war, insoferne man ja bereits am Tage vorher in Berlin der ganzen Welt meine Einwilligung, ja meinen Wunsch zur Verschmelzung verkündet hatte. Diese unerhörte Illoyalität war der Grund, warum ich Sie, Herr von Graefe, dann nicht mehr empfing. Es war dies weiter mit ein Grund, warum ich mich daraufhin sofort entschloß, die Führung der Nationalsozialistischen Deutschen Arbeiter-Partei niederzulegen. Ich hatte keine Lust mehr, in Landsberg hilflos gefesselt meinen Namen weiter mißbrauchen zu lassen. Um aber auch selbst den Schein einer illoyalen Beeinflussung durch meine Person zu vermeiden, habe ich seit dem Tage der Verkündigung meiner Niederlegung der Führung weder einen politischen Besuch mehr empfangen, noch einen politischen Brief beantwortet.

Als Mann, der in jahrelanger Arbeit die nationalsozialistische Bewegung gegründet hatte, einen gerissenen Trick zu sehen vermögen [sic!], der bestimmte Zeit ins Gefängnis mußte, hätte ich zumindest aber nun eines mit Recht verlangen dürfen: daß man nämlich so viel Respekt vor meiner Arbeit und vor meinen Opfern aufgebracht hätte, eine endgültige Entscheidung über die strittige Frage so lange hinauszuziehen, bis mir entweder die Freiheit zurückgegeben oder die Sicherheit meiner weiteren Inhaftierung vorgelegen wäre, d. h. also, bis l. Oktober 1924. Ich überlasse es jedem anständigen Menschen zur Prüfung, wie ein Schritt beurteilt werden muß, ähnlich dem der Weimarer Tagung[26]. Ein Mann schafft in jahrelanger, mühevollster Arbeit eine große Bewegung und kommt endlich für sie in das Gefängnis. Er ist aus innerster Überzeugung heraus der schärfste Gegner eines Vorganges, der die von ihm geschaffene Bewegung betrifft. Unbekümmert darum, kann man nicht drei Monate abwarten, sondern geht über den Gründer der Bewegung zur Tagesordnung über und vollzieht einen Beschluß, der dem Wollen und der Einsicht des Begründers der Bewegung diametral gegenübersteht ... Wie gesagt, ich überlasse die Beurteilung der Loyalität dieses Vorganges der Verantwortung jedes anständig Denkenden selbst. Trotz alledem habe ich es damals auf das peinlichste vermieden, auch nur mit einem Wort in die Entwicklung einzugreifen. Leider trafen aber meine Befürchtungen ein. In noch nicht einmal zwei Monaten war die Bewegung atomisiert und zerrissen. Zahllose Führer der alten N.S.D.A.P. waren hinausgeworfen worden, ohne Rücksicht auf die verheerenden Folgen bei der Anhängerschaft.

Der Kampf tobte in diesem sogenannten geeinigten einheitlichen Lager heftiger als außerhalb desselben. Die Presse der geeinten Bewegung sah ihre Mission in einer wüsten gegenseitigen Beschimpfung und Vorwerfung gemeinster Injurien, und die Reichsführerschaft selbst war nur der große Deckmantel, unter dem jeder kleine Zwerg seine persönlichen Interessen, oder meistens Feindschaften, durchzufechten sich bemühte.

Allerdings in dieser Zeit, da alles drunter und drüber ging, da versuchte naturgemäß jeder Teil, von mir ein Machtwort zu erlangen. Auch Herr von Graefe bemühte sich darum. Sie schrieben mir, Herr von Graefe, damals nach Landsberg einen Brief. Und zwar nicht etwa vor der Weimarer Tagung; keine Frage, wie ich mich zu einer geplanten Vereinigung stellen würde, sondern wesentlich später, nämlich in dem Moment, mein sehr verehrter Herr von Graefe, als eine neue Reichstagswahl vor der Türe stand und in Ihrem ahnungsvollen Gemüt unter Berücksichtigung der vollkommen zerfleischten ›Einheitsbewegung‹ die grausige Überzeugung aufzudämmern schien, daß möglicherweise eine Katastrophe bevorstünde. Da erst, Herr von Graefe, haben Sie sich meiner wieder erinnert. Und da erwarteten Sie dann von mir, daß ich gutmachen sollte, was Sie und Ihre freiheitsparteilichen Parlamentarier an der Bewegung an Schaden angerichtet hatten. Ich hätte nun einen Kampf beschwören sollen, den Sie selbst heraufberufen hatten. Als gegen meinen Willen die sogenannte Verschmelzung durchgeführt wurde, da verstand ich von der Sache nichts; sowie nun die Folgen kamen und die neue Reichstagswahl vor allen Ihrem parlamentarischen Gemüt die notwendige Angst eingejagt hatte, da wäre ich wieder der edle Freund gewesen, der sich nun vor die Masse hätte hinstellen dürfen, um zu beschwichtigen, was Sie vorher in Aufruhr versetzt hatten.

Dafür, Herr von Graefe, war ich mir einst zu gut und bin ich mir auch heute noch zu gut. Der Brief war für mich die schwerste Beleidigung, die es geben konnte. Herr von Graefe fand es notwendig, neben der bekannten parlamentarischen Träne im Auge mir Vorwürfe über meine Freunde zu unterbreiten, zu einer Zeit, da ich auf der Festung, um nur ja nicht in den Schein einer Illoyalität zu kommen, meine besten Freunde von mir stieß und als Besucher nicht mehr empfing. Ein Opfer, das nur der ermessen kann, der selbst in ähnlicher Lage sich befand. Endlich hat auch meine Geduld Grenzen und auch meine Gutmütigkeit Schranken.

Für Herrn Graefe mußte das recht sein, was jedem anderen billig war. Daß die Nichtbeantwortung dieses Briefes aber auch menschlich bereits gerechtfertigt war, hat Herr von Graefe später selbst bezeugt. Denn an dem Tag, an dem er private Briefe der Öffentlichkeit unterbreitete, hat er denen recht gegeben, die den Stil und Inhalt seiner Briefe von vornherein als für die Öffentlichkeit bestimmt empfinden, und die damit sogenannten ›blutenden Herzen‹ nur einen gerissenen Trick zu sehen vermögen, der eines Tages bestimmt ist, den biederen Mann der breiten Öffentlichkeit zu rühren.

Mir zuzumuten, daß ich dann mit einem Manne mich weiter als Freund unterhalte, der private Briefe öffentlich für politische Zwecke verwertet, hieße mich einer Charakterlosigkeit zeihen, die ich im nationalsozialistischen Lager vermieden wissen wollte. Nach meiner Rückkehr aus der Festungshaft habe ich die alte Nationalsozialistische Deutsche Arbeiter-Partei erneut ins Leben gerufen und in einer großen Versöhnungskundgebung alles das vereint, was wirklich eins im Glauben und im Wollen ist. Es war dieser Vorgang erfolgt ohne jede Spitze gegen einen anders Denkenden, im Gegenteil, ich war bereit, auch mit diesen in redlicher Verständigung die Wege gemeinsam zu gehen, solange sie eben gemeinsam verlaufen.

Seit dem 27. Februar 1925 bis spät in den Herbst dieses Jahres hinein hat die Nationalsozialistische Deutsche Arbeiter-Partei Frieden gehalten. Der ›Völkische Beobachter‹, das Zentralorgan der Bewegung, brachte kein Wort und keine Silbe gegen einen anders denkenden Mann vor. Unzählige Millionen von Flugblättern, Hunderttausende von Broschüren, Sondernummern usw. wurden verbreitet, ohne mit einer Silbe jemand aus dem sogenannten ›völkischen‹ Lager auch nur zu erwähnen. In zahllosen Massenversammlungen wurde der Kampf wieder gegen Rot geführt, wie einst zuvor. Mehr als zweitausenddreihundert große Versammlungen fanden allein in diesem einen Jahre statt. Über dreieinhalbtausend Sprechabende sind dem noch zuzurechnen, und davon haben sich sage und schreibe 3 gegen Sie, Herr von Graefe, besser gegen den national-sozialen Volksbund, gewandt bzw. gegen Ihre Richtung. Und warum? In der gleichen Zeit, in der wir den Kampf nach außen fochten, hat die Deutsch-völkische Freiheitspartei ihre erhabenste Mission im Kampf gegen uns gesehen. Wenn Sie heute, Herr von Graefe, vom ›Sichverstehen‹ und ›Sich-fördern-wollen‹ reden, dann frage ich Sie ganz kurz, war das etwa auf ›Sichverstehen‹ begründet oder auf ›Sich-gegenseitig-fördern-wollen‹, als im ›Reichswart‹ Ihres Freundes Reventlow die unverschämtesten Verleumdungen über meine Person gebracht wurden; war das ›Sich-verstehen-wollen‹ von Ihnen, wenn Ihre ganze Bewegung im Norden die Lügen verbreitete. ich hätte Frieden mit Rom geschlossen,

*würde mit Jesuiten zusammenarbeiten, wäre mit der Bayerischen Volks-
partei im Bunde und mit den Klerikalen im Verein, hätte mit der bayerischen Regierung Bindungen eingegangen, wäre mit einer ultramontanen
Dame verlobt (bei dem Juden ist es eine jüdische) usw. usw. Nein, Herr
von Graefe, ich empfinde das als eine heuchlerische Spiegelfechterei, was
Sie hier betreiben. Mit wahrer Eselsgeduld haben wir Monat für Monat
die infamen Verletzungen und Verleumdungen aus Ihrem Lager und von
Ihren Freunden entgegengenommen, ohne daß Sie, sehr geehrter Herr
von Graefe, trotz Ihrer Freundschaft für mich jeweils dagegen Stellung
genommen hätten. Tun Sie doch nicht so, Herr von Graefe, als ob Sie
soeben vom Mond heruntergekommen wären und nicht wüßten, was sich
hier zu Lande abgespielt hat. Nehmen Sie Ihre parlamentarische Träne
aus dem Auge, sie ist bei mir gänzlich unwirksam, und bekennen Sie doch
die Tatsachen, nämlich, daß:*

*1. Schon ehe die Nationalsozialistische Deutsche Arbeiter-Partei am
27. Februar begründet wurde. Sie selbst, Herr von Graefe, mit Ihren
Freunden Reventlow, Wulle, Kube, Henning usw., die Reichsführerschaft
entthront hatten, in einer Form, die genau so anständig war, wie Ihr sei-
nerzeitiges Vorgehen gegen mich.*

*2. Daß von diesem Tag an Ihre Presse die unverschämtesten Lügen
über mich verbreitete, daß Herr Graf Reventlow, Ihr Freund, im ›Reichswart‹ aller Welt zu wissen gab, ich hätte persönlich zwei Abgeordneten
bestätigt, daß ich mit Rom nun im Bunde wäre, Frieden geschlossen hätte
usw., d. h. also, mich dem Klerikalismus ergeben hätte. Wer kann seit dieser Zeit die unzähligen Lügen alle studieren, die gegen mich und meine
Mitarbeiter losgelassen waren in Ihren Zeitungen, Herr von Graefe?*

*3. Daß Ihre Münchener Ablegerorganisation, ›Nationalsozialer Volks-
bund‹ beutelt, im Lande eine Hetzversammlung nach der anderen gegen
mich und meine Mitarbeiter abhalten ließ, daß man in Diskussionsaben-
den sich immer und fast ausschließlich mit uns beschäftigte, so lange, bis
endlich unseren Anhängern der Geduldsfaden riß und aus der Nichtab-
wehr eben zur Abwehr übergegangen wurde. Da allerdings, teuerster
Herr von Graefe, begannen sich die Themen Ihrer Anhänger plötzlich zu
ändern, und statt ›Hitler und sein Kreis‹, hieß es nun auf einmal nur mehr
›Von Locarno bis Genf‹ usw. usw.*

*4. Daß Ihre württembergische Organisation unermüdlich im Verbrei-
ten von Lügen und Verleumdungen über meine Person war, und daß das
Zentralorgan dieser dauernden Verleumdungstendenz, der sogenannte
›Völkische Herold‹, kaum eine Nummer erscheinen läßt, in der nicht*

53

irgendeine unwahre Unterschiebung oder eine verletzende Bemerkung
sich vorfindet. Daß selbst anläßlich der Hofbräuhaussaal-Versammlung
der Herr Graf Reventlow es nicht unterlassen kann, auf eine irgendwie
eben doch im Stillen vorhandene Zusammenarbeit mit den Klerikalen
›dadurch‹ hinzuweisen, daß er behauptet, der ›Bayerische Kurier‹ usw.
wäre schon vor dem Erscheinen des Aufrufs im ›Völkischen Beobachter‹
in der Lage gewesen, unseren Aufruf zu kennen und zu kommentieren!
Eine ganz unverschämte Lüge, von A bis Z unwahr. Allein der Zweck
heiligt eben die Mittel.

5. Daß die Publikationen des ›National-Sozialen Volksbundes‹ bzw.
seiner Anhänger wirklich nicht dem Sichgegenseitigverstehenwollen den
Ursprung verdanken, als vielmehr einem infernalischem Haß gegen die
Nationalsozialistische Deutsche Arbeiterpartei. Oder ist etwa die Broschüre ›Hitler und sein Kreis‹, die in Ihren Parteiblättern warm empfohlen wird, auch ein Ausfluß der Liebe zu gemeinsamer Bewegung, sehr
geehrter Herr von Graefe?[27] Oder wissen Sie davon nichts? Ist dies ihren
milden tränenreichen Augen entgangen? Ich könnte dies endlos fortset-
zen. Denn es gehört wirklich bei mir unendlich viel dazu, einen einmal
gefaßten Entschluß fahrenzulassen und zum Gegenteil überzugehen.
Am 27. Februar aber war ich entschlossen, jedes Wort zu vermeiden, daß
irgendwie als Kampf hätte aussehen können. Heute aber, Herr von Graefe, bin ich entschlossen, der Verleumder-Taktik Ihrer Bewegung rücksichtslos entgegenzutreten. Zwölf Monate haben mich zu der Überzeugung gebracht, daß das Ergebnis meiner ersten Haltung den Kampf nicht
beseitigt hat, sondern eher förderte.

Dieser Erkenntnis können Sie, Herr von Graefe, auch den Vorgang
vom 24. Februar zuschreiben. Im übrigen möchte ich Ihnen gleich hier
feststellen, um was es sich an diesem Tage bei Ihnen gehandelt hat und
um was bei uns: Ihre Absicht, Herr von Graefe, war, durch die Verwendung des Jahrestages der Gründung der Bewegung demonstrativ der
Welt das siegreiche Vorwärtsmarschieren der deutsch-völkischen Freiheitspartei zu dokumentieren, und unsere Absicht war: dem Herrn Grafen Reventlow nur ein paar Fragen vorzulegen, nämlich:

1. ob der Herr Graf seine einstigen Verleumdungen ›ich hätte Frieden
mit Rom geschlossen‹ usw. noch aufrechterhält,

2. wenn nicht, ob er dann bereit ist, sie mit dem Ausdruck des Bedauerns zurückzunehmen, und wenn auch das nicht, ob die Versammlung
ein solches Vorgehen des Herrn Grafen als anständig empfindet oder als
gemein.

54

Der schlaue Herr Graf roch den Braten, und aus der Todesangst und Furcht vor der Enthüllung kam dann der sonst nicht gewohnte Heroismus: Herrn Esser durfte das Wort unter keinen Umständen erteilt werden. Daß es sich bei dieser Versammlung aber um eine sehr überflüssige Provokation gehandelt hat, wird mir jeder bestätigen müssen, der die Tätigkeit der deutsch-völkischen Freiheitspartei an anderen Orten betrachtet. Herr von Graefe, Sie haben einst München nicht den völkischen Gedanken erobert [sic!] und brauchen es auch heute gar nicht zu tun. Diesen Kampf haben wir Ihnen abgenommen gehabt und nehmen ihn heute wieder auf. Ich muß gestehen, es bringt mich zum Erstaunen, Ihren Kampf plötzlich in München aufnehmen zu sehen, während ich mich nicht erinnern kann, Sie und den Herrn Grafen an den Orten getroffen zu haben, die wirklich erobert werden müßten. Warum, Herr von Graefe, setzen Sie ihre kostbare Kraft höchst überflüssiger Weise in München an und nicht in Berlin? Berlin zählt, wenn ich mich nicht irre, zur Zeit 350.000 Kommunisten. Das wäre das Wirkungsfeld für so selten tapfere Männer wie Sie und Ihre Freunde. Säße ich in Berlin und hätte ich die Redefreiheit wie Sie, Herr Graf [sic!], dann wäre es mein Ehrgeiz gewesen, des Reiches Hauptstadt umzuformen und nicht nach München zu laufen, um dort die Brotsamen aufzusammeln, die unter dem Tisch der nationalsozialistischen Bewegung liegen.

Aber die Frage stellen, heißt, sie auch gleich beantworten. Sie, Herr von Graefe, als auch Herr Graf Reventlow haben der völkischen Bewegung noch nicht eine Seele gewonnen, sondern ewig anderen Parteien nur gestohlen. Nicht ein Gewinner sind Sie, sondern ein Sammler der Unzufriedenen und Querulanten, vor allem aber ein Sammler derjenigen, die die Disziplin hassen und die sich deshalb in Ihrem Durcheinander wohler fühlen als in einer festgeformten Organisation. Denn, mein sehr verehrter Herr von Graefe, was ist dann [sic!] eigentlich die programmatische Grundlage Ihres ganzen derzeitigen Handelns? Sie selbst geben ja die Antwort darauf: Sie möchten die Leute zusammenfassen, die aus irgendwelchen Gründen zur Zeit die derzeitige Führung der nationalsozialistischen Bewegung nicht anzuerkennen vermögen. Jawohl, Herr von Graefe, das ist aber nicht nur die Grundlage Ihres heutigen Handelns, sondern die Ihrer gesamten völkischen Tätigkeit überhaupt. Menschen zu sammeln, die in anderen völkischen Bewegungen und Verbänden nicht mehr geduldet werden, hinausfliegen oder von selber gehen, Stänkerer oder Unzufriedene also.

Das ist allerdings eine leichtere Mission, als die Nationalsozialistische

Deutsche Arbeiter-Partei sich einst gestellt hatte. Wir haben im Jahre 1919, da Sie, Herr Graefe, sich noch in Ihrem deutschnationalen Lager wohlfühlten, gerungen um die Seelen der unserem Volk Verlorengegangenen. Und im Jahre 1920, da Sie noch keine blasse Ahnung von einer völkischen Idee besaßen, da stand ich Woche für Woche und manchesmal nicht zwei- oder drei-, sondern viermal auf dem Versammlungstisch und redete mir die Kehle wund und heiser zu einer Masse, die öfter als einmal gekommen war, uns niederzuschlagen, um nach drei und vier Stunden mehr oder weniger bekehrt nach Hause zu gehen. In dieser Zeit, da formten wir die Bewegung, die Ihnen später passend erschien, Ihrer und Ihrer Freunde politischer Führergenialität die Hammel der Soldaten zu stellen.

Und das ist der Unterschied, der zwischen Ihrer Freiheitspartei und der Nationalsozialistischen Deutschen Arbeiterpartei besteht. Denn sicherlich kann Gleiches sich mit Gleichem vereinen, aber gleich, Herr von Graefe, sind wir eben trotz aller Äußerlichkeit dennoch nie gewesen. Während wir um die Seelen unserer internationalen, undeutsch gewordenen Volksgenossen rangen, haben Sie um die Mitglieder der Deutschnationalen Volkspartei gebettelt und anderen nationalen Verbänden Unterführer und Mannschaften wegzufischen versucht. Ihre Tätigkeit war im günstigsten Fall nur die einer Verschiebung innerhalb des an sich national gesinnten Elements. Und dazu, Herr von Graefe, konnten Sie auch General Ludendorff notwendig brauchen. Sie fragen heute ganz erstaunt, warum der ehemalige Freund nun plötzlich zum Feind geworden sein sollte. Herr von Graefe, entweder es läßt Sie Ihr Gedächtnis im Stich oder Sie bauen wirklich zu sehr auf meine Zurückhaltung.

Denn dies eine muß ich Ihnen sagen: Mich persönlich trifft der Kampf von Juden und Judengenossen, wahrhaftiger Gott, nicht schwer. Wenn ein Jude behauptet, ich wäre mit einer Jüdin verlobt, ich hätte französisches Geld erhalten usw., so bewegt mich dies an sich gar nicht. Ich erwarte vom Juden nichts anderes, als daß er lügt. Ich würde von wahrscheinlich im Gegenteil sogar betroffen nachdenklich werden, wenn einer die Wahrheit sagen würde. Wenn aber Ihr Herr Freund Reventlow in seinem Reichswart Lügen verbreitet, die weiterfressen und die ganze völkische Seele vergiften, dann wundern Sie sich nicht scheinheilig über den Empfang, der Ihnen zuteil geworden ist. Das Volk gibt das wirklich nur seinem innersten Gefühl Männern gegenüber Ausdruck, die es fertigbringen, mit jüdischer Rabulistik Behauptungen aufzustellen, die die Ehre eines anderen nicht nur auf das Tiefste verletzten, sondern wunschgemäß sogar *vernichten sollten. Sie reden weiter von einer stillschweigenden Kameradschaft, die Sie auch weiter anerkannt hätten. Ich bedanke mich für eine Kameradschaft mit Menschen, die in ihren Reihen Lügen und Verleumdungen verbreiten lassen, ohne dagegen Stellung zu nehmen. Die in ihren Zeitungen, Broschüren übelste Pamphlete ankündigen, in denen der ›Kamerad‹ in gemeinster Weise heruntergesetzt und verleumdet wird.*

Diese Form von Kameradschaft scheint in Ihrem freiheitsparteilichen Lager vielleicht gang und gäbe zu sein, als Nationalsozialist ist mir ein offener Feind lieber als ein eher Freund. Oder war es etwa der Ausfluß Ihres nach Freundschaft lechzenden Herzens. Herr von Graefe, der Sie bewogen hat, der ganzen Welt die erwünschte Aufklärung über Ihren ›Freund‹ Adolf Hitler in der Plümerschen Biographie anzupreisen, mein sehr verehrter Herr von Graefe, nicht wahr? Sie reden weiter davon, daß mein Empfang im Norden doch ein ganz anderer gewesen wäre als Ihr Empfang in München. Jawohl, Herr von Graefe, das stimmt, aber das ist – weiß der Teufel – nicht Ihr Verdienst, sondern das meine. Denn nicht Sie, Herr von Graefe, haben mir einen Namen geschaffen, sondern ich mir selbst. Und der Empfang, der mir in Norddeutschland bereitet wird, hängt nicht von Ihnen ab, sondern von meinen Anhängern. Es sollte mich freuen, einmal einen anderen Empfang zu erleben, denn ich glaube, die in den Saal als Freiheitsparteiler Gekommenen gingen als Nationalsozialisten wieder hinaus. Sie appellieren weiter wie immer an die Rührseligkeit und zitieren dabei den 8. und 9. November [1923]. Herr von Graefe, von dem Tag und an dem Tag wußten Sie gar nichts, und Sie gingen in der Masse mit wie andere auch. Die Zahl derer, die annehmen konnten, daß der Einsatz des Lebens das Ende dieses Tages sein würde, hat Sie damals nicht umschlossen.

Wenn Sie aber heute versuchen, ironisierend von anderen ›tapferen‹ Helden zu reden und dabei auch eine Anzahl von Namen finden, dann stelle ich dies hier nur als eine Gefühls- und Herzensroheit sondergleichen fest. Sie paßt wundervoll zu Ihrer sonstigen tränenreichen Sentimentalität. Wo die Herren Streicher, Esser und Buttmann damals waren, brauche ich wirklich nicht der Öffentlichkeit bekanntzugeben. Auf alle Fälle auf einem nicht minder gefährlichen Platz wie Sie[28]. Im übrigen hat damals jeder nur getan, was seine verdammte Pflicht und Schuldigkeit war. Wollte ich das als besonders rühmenswert bezeichnen, so würde ich den Maßstab verlieren für all das, was Millionen von Deutschen und darunter auch ich über 4 Jahre lang fast Tag für Tag an Todesbereitschaft für das Vaterland darzubringen hatten.

57

Schwätzen Sie also nicht von Ihrer reinen Soldatenehre, die niemand angegriffen hat, weil davon niemand[em] etwas bekannt ist, sondern greifen Sie gefälligst, Herr von Graefe, nicht die Ehre von anderen mutigen Männern an, die gerade zu der Zeit, schon öfter als einmal mit dem Erschlagen bedroht, der roten Welle sich entgegenstellten, als Sie sich noch in den weichen Polsterstühlen Ihrer Deutschnationalen Partei wiegten.

Und überhaupt und immer wieder, Herr von Graefe, sparen Sie sich Ihre tränige und rührselige Gefühlsduselei. Schreiben Sie keine Briefe mit Ihrem Herzblut, die innerlich unwahr sind, als vielmehr echte, und dann meinetwegen mit der Schreibmaschine. Sie sind für mich so leserlicher. Reden Sie nicht immer von Einheit und Reinheit, sondern erziehen Sie Ihren Herrn Grafen Reventlow und die sonstigen Herausgeber Ihrer Zeitungen, die Voraussetzungen dafür nicht zu durchkreuzen. Denn zur Reinheit gehört auch grundsätzliche Wahrheitsliebe, die es nicht verträgt, über andere unwahre Behauptungen aufzustellen. Und zur Einheit gehört erst recht der Wille, den anderen Teil nicht gewollt herabzusetzen, wie es durch die von Ihnen betriebene Verbreitung niedriger Schmähschriften praktisch doch geschieht.

Und ganz besonders, Herr von Graefe, zitieren Sie nicht den schlichten Trommler aus der Vergangenheit in die Gegenwart, außer ich muß Ihnen eines einmal für immer sagen: Herr von Graefe, ich war einst der Trommler und will es auch für die Zukunft sein, aber trommeln will ich nur für Deutschland und nicht für Sie und Ihresgleichen, so wahr mir Gott helfe.

München, 17. März 1926
gez. Adolf Hitler[29]

Hitlers Brief verfehlte seine Wirkung nicht. Dr. Goebbels notierte dazu: *»Hitler hat mit v. Graefe in einem prachtvollen offenen Brief abgerechnet. Bravo!«*[30] Nicht zuletzt unter dem Eindruck dieser Replik trat Ernst Graf zu Reventlow im Februar 1927 zur NSDAP über, worüber der *VB* triumphierend berichtete. Reventlow war einer der exponiertesten Vertreter der DVFP, dessen eher sozial-revolutionäre Auffassungen ihn zusehends in Konflikte mit der konservativ-deutschnationalen Führung um Graefe und Wulle gebracht hatten. Reventlows Begründung für diesen Schritt ist bemerkenswert, da er sich noch kurz zuvor auch mit Hitler erbitterte Wortgefechte geliefert hatte:

»Zur Nationalsozialistischen Deutschen Arbeiterpartei bin ich übergetreten ohne sogenannte Führeransprüche und ohne Vorbehalte. Ich

ordne mich ohne weiteres Herrn Adolf Hitler unter. Warum? Er hat bewiesen, daß er führen kann; aus sich, aus seinen Anschauungen und seinem Willen, aus dem einheitlichen nationalsozialistischen Gedanken heraus hat er seine Partei geschaffen und führt sie. Er und sie sind eins und bieten in sich die Einheit, welche die unbedingte Voraussetzung zum Erfolge ist. Die vergangenen zwei Jahre haben gezeigt, daß die National-sozialistische Deutsche Arbeiterpartei auf dem rechten Wege ist, daß sie marschiert, daß ihr die ungebrochene und unbrechbare sozialrevolu-tionäre Energie innewohnt.«[31]

In den *NS-Briefen* vom Februar 1928 beschäftigte sich dann auch noch einmal Gregor Strasser mit Graefe. Er bezeichnete in dem Arti-kel »*Graefe ante portas?*« dessen Partei als die »völkischen Bürgerli-chen« und durchweg parlamentarisch. Die DVFP wurde schnell völlig bedeutungslos und geriet in Vergessenheit; Adolf Hitler hatte sich end-gültig durchgesetzt. Im Januar 1928 hatten Graefe und Wulle noch einen »Völkischen Kampfblock« gegründet, der aber gleichfalls nie über den Rang einer Splittergruppe hinauskam.

Doch ungeachtet dessen, waren die Querelen Hitlers mit dem eigen-sinnigen Graefe noch keinesfalls an ihrem Ende angelangt. In einem Strafverfahren vor dem Amtsgericht München mußten sich Hitler und Esser am 17. November 1926 »wegen groben Unfugs« für die Spren-gung der Versammlung des Nationalsozialen Volksbundes im Februar 1926 verantworten. Das Gericht sprach Hitler frei, verurteilte Esser jedoch zu zwei Monaten auf Bewährung, was später in eine Geldstrafe von 150 Reichsmark umgewandelt wurde. Die polemischen Angriffe in einem NSDAP-Flugblatt gegen zehn Landtagsabgeordnete des Völki-schen Blocks, unter ihnen Graefe, nahm Hitler in einer Erklärung vom 10. Januar 1927 zurück[32]. Aber von Graefe gab keine Ruhe und agitier-te weiter gegen den Führer der Nationalsozialisten. Noch am Tage der Reichstagswahlen vom 20. Mai 1928 sagte Hitler in München:

»Die schmählichen Verleumdungen und Lügen über die angebliche Bezahlung unseres Wahlkampfes von faschistischer Seite geben uns nun die Möglichkeit, die Lügner vor Gericht zu packen: den Marxisten Wim-mer, den deutschvölkischen Herrn von Graefe und den Schriftleiter des ›Bayerischen Kuriers‹.«[33]

Hitler führte am 6./7. Mai 1929 einen Beleidigungsprozeß gegen Alb-recht von Graefe, den Chefredakteur des *Bayerischen Kuriers* Josef Osterhuber, den SPD-Stadtrat Thomas Wimmer, den SPD-Parteise-kretär Adolf Dichtl und Julius Zerfaß, der ebenfalls der SPD angehörte und Feuilletonredakteur der *Münchener Post* war[34]. Hier hatte sich eine höchst heterogene Allianz gegen Hitler zusammengefunden. Anlaß des Prozesses waren eine Anzahl von Artikeln, in denen Hitler der Vorwurf gemacht wurde, seine nachgiebige Haltung in der Südtirolfrage sei auf italienische Finanzspritzen zurückzuführen[35].

Hitler erschien in Begleitung von Rechtsanwalt Frank II, dem späteren Generalgouverneur von Polen. Während Hitlers ausschweifenden Ausführungen wurden Elsa Bruckmann, Max Amann, Gertrud von Seidlitz, Hermann Esser, Alfred Rosenberg, Joseph Stolzing-Czerny, Erich Ludendorff und Philipp Bouhler als Zeugen befragt[36]. Am Ende wurde Hitler vom Vorwurf der Beleidigung freigesprochen, Graefe, Osterhuber und Zerfaß zu je eintausend Reichsmark, Dichtl und Wimmer zu je achthundert Reichsmark Geldstrafe wegen übler Nachrede verurteilt. Dagegen legten alle Beteiligten Berufung ein. In einer erneuten Verhandlung vor dem Landgericht München am 4. Februar 1930 war es allerdings nicht möglich, die Anschuldigungen gegen Hitler zu beweisen. Am 5. Februar erklärten sich Hitler und Graefe schließlich zu einem außergerichtlichen Vergleich bereit, woraufhin das Verfahren auf unbestimmte Zeit ausgesetzt wurde.

Auch mit dem Namen Albrecht von Graefes verbindet sich ein Gegner Adolf Hitlers, der für ihn zunächst eine nicht zu unterschätzende Gefahr bedeutete. Letztlich scheiterte aber auch er an Hitlers unbändiger Radikalität, seinem ungeheuer starken Willen und an den für die breiten Volksmassen immer unattraktiver werdenden Politikangebote der Völkischen. Adolf Hitler erwies sich spätestens seit 1930 als Tribun einer sozial-revolutionären Bewegung. Dem hatten die »Nur«-Völkischen nichts entgegenzusetzen.

Kurz nach der »Machtergreifung« starb von Graefe am 18. April 1933.

»*Deutsch-völkische Wanderscholaren.*«

Dr. Artur Dinters religions-
reformatorische Bestrebungen in der NSDAP

In der Mitte der zwanziger Jahre erwuchs Adolf Hitler ein Widersacher, welcher ihm über Monate hin einiges Kopfzerbrechen bereiten sollte. Weil er die Fähigkeiten dieses Mannes aber schätzte, scheute er sich lange, ihn in die Schranken zu weisen. Es handelte sich um den Gauleiter von Thüringen Dr. Artur Dinter, der in immer stärkerem Maße versuchte, religiöse Fragen und Streitigkeiten in die politische Bewegung Adolf Hitlers hineinzutragen. Eine Absicht also, die schon immer die entschiedene Ablehnung des Parteiführers gefunden hatte und eine Frage, in der er zu keinem Kompromiß geneigt sein wollte. Wiederholt hatte er sich über jene neuen Religionsstifter und »deutsch-völkischen Wanderscholaren« lustig gemacht, so auch in seinem programmatisch-autobiographischen Buch *Mein Kampf*[1]. Gegen dieses Hitlersche Prinzip verstieß nun immer wieder jener Dr. Dinter, der eben einer dieser »neugermanischen Schwärmer« war, die Hitler zeitlebens so verhaßt waren.

Artur Dinter wurde am 27. Juni 1876 in Mühlhausen im Elsaß als Sohn des katholischen Zollrates Joseph Dinter und dessen Ehefrau Berta geboren. Nach dem Besuch des humanistischen Gymnasiums studierte er Naturwissenschaften und Philosophie. Schon bald erschien sein erster Roman *Jugenddrängen*. 1903 promovierte er zum Dr. rer.nat.s.c. Er war dann Direktor der botanischen Schulgärten in Straßburg und ab 1904 als Oberlehrer in Konstantinopel tätig. In den Jahren von 1905 bis 1908 war er Regisseur an verschiedenen deutschen Theaterbühnen, so auch am Berliner Schillertheater. 1908 wurde er Mitbegründer des »Verbandes deutscher Bühnenschriftsteller«, dessen Verlag er leitete, der ihn aber schon 1917 wieder ausschloß, weil Dinter den Verband als »Instrument einer jüdischen Theaterdiktatur« bezeichnet hatte. Dinters Mitteilsamkeit gemäß, verfaßte er über die Hintergründe dieses Ausschlusses sogleich eine Broschüre; es sollte nicht die letzte Rechtfertigungsschrift dieser Art gewesen sein[2].

Politisch engagierte sich Dinter für den Alldeutschen Verband. Bei Ausbruch des Ersten Weltkrieges rückte er als Oberleutnant der Reserve ein, wurde bald zum Hauptmann befördert und mit dem EK II ausgezeichnet. Wegen einer Cholera-Erkrankung und einer schweren Verwundung entließ man ihn 1916 aus dem Militärdienst. Beeinflußt von dem britischen Kulturphilosophen und Schwiegersohn Richard Wagners, Houston Stewart Chamberlain, wandte sich Dinter der völkischen Bewegung zu, ließ sich 1919 als freier Schriftsteller in Weimar nieder und heiratete 1921. 1919 beteiligte er sich an der Gründung des »Deutschvölkischen Schutz- und Trutzbundes« und nach dessen Verbot zählte er zu den Gründungsmitgliedern der DVFP. 1924 wurde er Abgeordneter und Fraktionschef des »Völkisch-Sozialen Blocks« im thüringischen Landtag, näherte sich aber immer stärker Hitlers NSDAP an.

Einige Bekanntheit erlangte Artur Dinter mit seiner Roman-Trilogie *Die Sünden der Zeit*. Diese bestand aus den Werken *Die Sünde wider das Blut*, *Die Sünde wider den Geist* und *Die Sünde wider die Liebe*, welche sehr hohe Auflagen erfuhren und die Joachim Fest als »überdrehte rassische Blutschwärmereien« bezeichnete[3]. George L. Mosse konstatierte in seinem Buch *Die völkische Revolution*, einige »*Romane schilderten die zersetzende Wirkung des gemischt-rassischen Verkehrs, so Artur Dinters ›Die Sünde wider das Blut‹ (1918), das zu hunderttausenden verkauft wurde, diese Botschaft an den Mann brachte. Dinter beschreibt, wie ein reicher Jude die rassische Reinheit einer deutschen Frau schändete und, obwohl sie ihn verließ und einen Arier heiratete, ihr Nachwuchs weiterhin dem jüdischen Stereotyp gleicht. Das Buch ... vermittelte das Grauen vor rassischer Schändung in einer schlechthin unmenschlichen Gestalt*«.[4]

Dinters Werk umfaßt aber auch naturwissenschaftliche Arbeiten, Theaterstücke, Polemiken zu Theaterfragen und Broschüren zur Rassenproblematik. Außerdem übersetzte er Teile der Bibel neu. Seine Schrift *Ursprung, Ziel und Weg der deutschvölkischen Freiheitsbewegung* war eine seiner ersten rein politischen Bekenntnisschriften. Schon damals hieß es bei ihm: »*Völkische Erneuerung und religiös christliche Erneuerung sind untrennbar, sind ein und dasselbe.*«[5] Die Verquickung von Religion und Politik waren für Dinter immer zwei Seiten ein und derselben Medaille. Unzählige Traktate verfaßte der umtriebige Dinter zu diesen Themen, von denen Armin Mohler sagte: »V*on 1927 ab ...*

setzt eine explosionsartige Flut von Broschüren und Flugschriften, von Sonderdrucken aus den Dinterschen Zeitschriften ein, vor der wir bibliographisch kapitulieren.«[6]

Artur Dinter entwickelte sich auch zu einem der radikalsten Antisemiten jener Zeit, und er suchte daher Kontakte zum Hause Wahnfried, dessen Bewohner ihn freundlich aufnahmen. Auch Frau Winifred Wagner war sichtlich stolz darauf, Dinter persönlich zu kennen, schrieb sie doch »(*Dinter) ist ein furchtbar origineller Kerl und fanatischer Antisemit … Seine Haupttätigkeit besteht in antisemitischen Vorträgen und Prozessen mit Rabbinern – er hat bisher keinen einzigen Prozeß verloren, da er riesig beschlagen ist – den Talmud in- und auswendig kennt etc. etc.«*[7] Dinter hatte es auch erreicht, daß die Bayreuther Festspiele 1927 vom Staate einen Schuldenerlaß von 20 000 Mark erhielten[8].

Dinters unstetes Temperament und sein unbändiger Aktionismus suchten in der Mitte der zwanziger Jahre ein neues Betätigungsfeld. Am 27. Februar gründete Adolf Hitler seine Partei in München neu und bekannte: »*Ich glaube an unser altes Banner. Ich habe es selbst einst entworfen und als erster getragen und hege nur den einzigen Wunsch, daß, wenn einmal der Sensenmann mich niederstreckt, es mein Leichentuch sein möge*[9]. *Die Zeit ist heute bitter ernst. Unser Volk tanzt noch, während sich in Wirklichkeit der Tod naht … Lassen Sie also allen inneren Streit … Und wenn wir so das Trennende zurückstellen, können wir es um so leichter tun, da wir doch alle ein gemeinsam verbindendes Ideal besitzen, ein gemeinsames Gut, das gemeinsame, heilige, deutsche Vaterland.«*[10] Nach dieser Kundgebung stiegen alle diejenigen Führungspersonen – Esser, Streicher, Dinter, Buttmann, Feder und Frick –, die zuvor noch verfeindet waren, zu Hitler auf das Podium, reichten sich die Hände, ja, fielen sich gar in die Arme, vergaben sich gegenseitig und schworen einen ewigen Treueid auf Adolf Hitler. Wegen seiner Treue wurde auch Dinter, der erst im April 1925 der NSDAP beigetreten war, mit der Mitgliedsnummer »Fünf« belohnt.

Trotz dieser empathischen NS-Kundgebung sah sich der Schriftsteller und Journalist Heinz Pol veranlaßt, in der *Weltbühne* das »*Ende der völkischen Bewegung*« festzustellen: »*Die völkische Bewegung war zunächst einmal in drei ganz große Heerlager geteilt, nämlich in die bayerische, die thüringische und die mecklenburgische. In Bayern regierte Hitler, in Thüringen Dinter und in Mecklenburg v. Graefe. Die vierte Kanone: Ludendorff, in Nord- und Mitteldeutschland nicht sehr geschätzt, fand Aufnahme bei Hitler. Der Abstieg begann mit Hitlers Fest-*

ungshaft. Schlimm war nicht seine Abwesenheit. Schlimm war vielmehr Ludendorffs Versuch, kaum daß sein Intimus für ein paar Monate politisch unschädlich gemacht worden war, sich selbst auf den Thron zu setzen. Sofort kam es zu einem furchtbaren Krach mit der Dinter-Gruppe. Dinter machte sich selbständig, stieß den Bannfluch gegen Ludendorff aus, und Ludendorff bannfluchte zurück … Der Patient ist verstorben. Die trauernden Hinterbliebenen liegen sich wegen des Testaments in den Haaren. Sie werden sich nimmer einigen.«[11]

Am 22. März 1925 reiste Hitler gemeinsam mit dem Organisator der SA Ernst Röhm nach Weimar, wo Dr. Artur Dinter mit der Leitung des Gaues Thüringen beauftragt wurde[12]. Auch gab Dinter die in Weimar erscheinende NS-Zeitung *Der Nationalsozialist* heraus. Georg Franz-Willing, ein profunder Kenner der Ursprünge der Hitler-Bewegung, führte hierzu aus:*»Die Art, wie Hitler auftrat und die Betrauung durchführte, kündete wie ein Wetterleuchten einen noch in der Ferne liegenden, unheilvollen und schicksalsträchtigen Konflikt an. Dinters Berufung stieß auf vielfachen Widerspruch, besonders beim ›Frontbann‹.«*[13] Die *Thüringische Landeszeitung* schrieb über diese Hitler-Versammlung in Weimar:*»Hitler betrat den Saal. Nach dem Hitlerlied, das die Anwesenden stehend sangen, ertönten Rufe aus der Menge, wie … ›Dinter raus‹. Hitler wurde nervös und zuckte mit der Schulter, errötete und drohte mit dem Weggang. Diese Drohung beruhigte die Gemüter, aber auch … Hitlers Schlichtungsversuch einigte die NSDAP des Gaues nur notdürftig.«*[14] *»Folgen Sie dem Führer, der nun einmal zum Führer bestimmt ist«*, war Hitlers eindringlicher Appell an die Versammelten[15].

In Thüringen scheiterte *»die Konsolidierung des Gaues bis 1928 vor allem an den Wehrverbänden und an dem pseudoreligiösen Sektierertum des Gauleiters Dinters«*, bemerkte Peter Hüttenberger in seiner Studie über die Gauleiter der NSDAP[16]. Bereits 1924 hatte Hitler von Landsberg aus Dinter zum Führer der NS-Organisation in Thüringen ernannt. Dinter trennte sich zwar 1924 von der Landtagsfraktion des Völkisch-Sozialen Blocks, wollte sich aber von dem einflußreichen »Führerring« der Völkischen nicht vollends lösen. Es waren wiederum Albrecht von Graefe und seine DVFP, die den thüringischen Führerring für sich gewinnen wollten und dessen Angehörige vor Hitlers »Skrupellosigkeit« warnten. Dinter lavierte hin und her zwischen NSDAP, DVFP und den mächtigen Wehrverbänden und wurde deshalb von den thüringischen SA-Führern scharf angegriffen. Doch noch hielt Hitler seine Hand über den eigenwilligen Gauleiter.

Am 2. Februar 1927 machte er das in einigen *Gedanken zur Thüringer Wahl* im *VB* deutlich: »*Ein Mann sollte die Führung allein in die Faust bekommen, ohne Rücksicht auf den dadurch hervorgerufenen Kampf anderer. Und der Entschluß und seine unentwegte Durchführung zeitigten endlich den Erfolg, daß in dem brodelnden Hexenkessel wieder Ruhe einzog … Es soll aber an dieser Stelle nicht von Kampf und Arbeit gesprochen werden, ohne außer all den zahlreichen Rednern, Agitatoren, Parteibeamten in Thüringen des Mannes zu gedenken* (gemeint ist Dinter, W.B.), *dessen kluge und vorsichtige Taktik allen Angriffen und Widerständen zum Trotz die nationalsozialistische Bewegung in Thüringen auf dem glitschigen Boden des Parlaments so geführt hat, daß nicht eine vorzeitige Katastrophe bei mecklenburgischen Ergebnissen endete*[17]. *Auch hier wird eine spätere Überprüfung diesen Mann selbst in den Augen derjenigen noch rechtfertigen, die heute vielleicht nicht volles Verständnis für seine Arbeit aufzubringen vermögen.*«[18]

Doch Dinter war nicht der Mann, der nun – gestützt auf das Vertrauen Hitlers – an eine geregelte politische Aufbauarbeit herangehen wollte oder konnte. Immer mehr sah er sich als Stifter einer neuen völkischen Religion. Dr. Joseph Goebbels notierte 1926 nach der Lektüre Dinterscher Schriften in sein Tagebuch: »*A. Dinter ›197 Thesen‹. Demnächst mehr davon. Zwischen ihm und Klagges starke Gegensätze. Ein Luther ist keiner von beiden.*«[19] Goebbels meinte Dinters Schrift *197 Thesen zur Vollendung der Reformation*, welche nach seiner Auffassung die Grundlage für eine ins Leben zu rufende »deutsche Volkskirche« sein sollte auf der Basis einer »reinen Heilandslehre«. Selbst die *Centralvereinszeitung der deutschen Staatsbürger jüdischen Glaubens* (CVZ) befaßte sich in einem ganzseitigen Artikel mit Dinters Auffassungen[20]. Ein zentrales Motiv der Dinterschen Lehre war die Ansicht, Jesus sei Arier, seine Lehre aber von den Juden entstellt und verfälscht worden[21]. Die Voraussetzung zur Wiedergewinnung echter Religiosität der Deutschen sei daher die »Entjudung der christlichen Religion«, wie auch ein Buchtitel Dinters benannt ist.

Die NSDAP stand gemäß ihres Parteiprogramms auf der Grundlage eines »positiven Christentums«. Darunter verstand man eine »nichtjudaisierte« christliche Lehre, welche sich dem Denken und Fühlen des arischen Menschen angepaßt hatte, die Liebe zum Nächsten und der Volksgenossen untereinander propagierte und sich somit für Arterhaltung und -entfaltung auswirke. Deutschland wurde von Anbeginn christlich geprägt. Der Partei war klar, daß eine politische Bewegung keine neue Religiosität verordnen konnte. Sie ließ daher die Frage offen, ob das deutsche Volk einer völkisch-religiösen, nicht-christlichen Reformation bedürfe. Dinter sah im Ideal einer »religiösen Revolution« immer eine ungleich größere Bedeutung als in jeder realpolitischen Veränderung, und er gründete schließlich die »Deutsche Volkskirche«, welche bei Ablehnung des Alten Testaments Katholiken, Protestanten und Deutschgläubige auf der Grundlage der »reinen, ursprünglichen, arisch-heldischen Lehre Jesu« einigen wollte[22]. Damit mußte er wie zwangsläufig den Zorn Hitlers herausfordern.

Derartige Reformationsversuche waren durchaus nicht neu, sondern reichten weiter zurück. Kaiser Wilhelm II. etwa schrieb 1923 aus dem holländischen Exil an den ehemaligen Kriegsminister von Stein:

»Doorn, den 9. September 1923
Meine liebe Excellenz,
haben Sie herzlichsten Dank für Ihren lieben Brief. Jawohl, ich beschäf-
tige mich eifrig mit der Schrift. Sie haben ganz recht, die Menschen sind
nicht anders geworden als wie sie uns das Alte Testament beschreibt, aber
vor allem auch die Juden nicht. Sie sind folgerichtig dieselben Räuber,
Mörder und Diebe geblieben, wie sie sich in den Büchern Josua uns dar-
stellen, und noch ehrgeiziger und gemeiner in ihrem Fremden- bzw. Chri-
stenhaß geworden. Darum hat das A.T. für mich nur historische Bedeu-
tung. Mir steht das Neue viel näher. Für mich ist die Person Christi alles,
neben der das A.T. verschwindet. Ich stelle mich auf die lichte Höhe unter
den Schatten des Erlösers und blicke von dort zurück, hinab auf das tiefe
Tal in dem von Nebeln überflutet das A.T. liegt. Aus diesem Tal leuchten
einzelne sonnenbeschienene Bergspitzen hervor: die großen Propheten,
einzelne Psalmen, einzelne Sprüche, die mich erfreuen. Im übrigen ist der
alte racheschnaubende, völkerverderbende Jahwe, Lokalgott Judas, und
hat mit unserer ›Gottvater‹ Vorstellung wie sie uns der ›Sohn‹ gelehrt
nicht das Mindeste zu tun. Wir sind Gotteskinder (durch Christus), das
ahnten schon die Erzgermanen, als sie zum ›Allvater‹ beteten, von dem
der Jude nichts wissen will.

Unsere Kirche versagt total in dieser Zeit, statt national und monar-
chisch die Seelen anzufeuern, bleibt sie völlig ›neutral‹ und verliert täg-
lich an Boden. Die gesetzgebende Generalsynode ist ein Bild hilfloser
Mummelgreise und blamiert sich. Tapfere Männer wie Doehring, im
Volke beliebt, werden angefeindet! Die Kirche muß völkisch und Natio-
nal Deutsch werden, nicht pseudojüdisch, wie jetzt. Ich versuche in die-

sem Sinne zu wirken, aber ohne Erfolg. Rom ist geschickter tätiger; wirbt für das katholische Kaisertum mit jüdisch-capitalistischen Beamten! Der Johanniterorden tut nichts, der Adel tut nichts auf dem Land! Was hätten die zur Stärkung des monarchischen Gedanken im Lande wirken können!

Henry Ford sagt: ›Die Juden haben den Weltkrieg gemacht, ganz allein!‹ Daher sage ich: Weg mit Moses, voran mit Christus!«

Wilhelm

Hier ist nun auch der Ort, einiges über Adolf Hitlers religiöse Vorstellungen zu sagen. Rein formal gesehen ist der Katholik Hitler, im Gegensatz zu etlichen hochrangigen Parteigenossen, niemals aus seiner Kirche ausgetreten. Hitler selbst bezahlte bis an sein Lebensende die katholische Kirchensteuer. Viele Nationalsozialisten bezeichneten sich als »gottgläubig«, lehnten aber die christlichen Bekenntnisse ab. Der Begriff »gottgläubig« wurde in amtlichen Dokumenten als Religionszugehörigkeit anerkannt. In seinen Reden und Ansprachen sprach Hitler oft von der »Vorsehung«, »unserem Herrgott«, dem »Allmächtigen«, und er wandelte Zitate vorzugsweise des Johannes-Evangeliums oder katholischer Meßgebete ab. Er bewunderte die jahrtausendealte Organisation der katholischen Kirche, ihre Hierarchien, ihre Dogmen und ihr Selbstverständnis als Männerbund. Besondere Wertschätzung brachte er dem christlich geprägten kulturellen Erbe entgegen. In nahezu keiner seiner großen Reden versäumte er es, die Vorsehung zu erwähnen, die ihn, Adolf Hitler aus Braunau am Inn, dazu bestimmt hatte, Deutschland zu erretten. »Das ist nicht Menschenwerk allein gewesen«, rief Hitler seinen Zuhörern 1937 in Würzburg zu. Er meinte damit den steilen Weg zur Höhe, den er und das deutsche Volk seit 1933 zusammen gegangen waren[23].

Tatsächlich hat kaum ein Mensch so viel an Heilserwartungen erweckt wie der Führer des Nationalsozialismus und gelegentlich wurde bemerkt, die ergreifenden Szenen, in denen Hitler sich wie ein Abgott den Massen darbot, ehe er in die ihm entgegengestreckten Hände hineingriff und die Spannung löste, seien nur als Vereinigungserlebnisse einer versetzten Sexualität begreiflich. So sehr Hitler aber in religiösen Vorstellungen verwurzelt war, so wenig war es seine Absicht, die nationalsozialistische Weltanschauung zu einer neuen Religion werden zu lassen. Alle Versuche dieser Art, etwa von Rosenberg oder Himmler, wurden von ihm im Keim erstickt. Der ehemalige Obergebietsführer der HJ Werner Kuhnt erinnerte sich an ein Gespräch mit Hitler in der Reichkanzlei, in dem er betonte:

»Wir sind als Politiker angetreten und haben unsere politische Aufgabe zu erfüllen. Sorgen Sie also dafür, daß ich nicht von einigen Gefolgsleuten zum Religionsstifter befördert werde ... Wollten wir heute eine neue Kirche stiften, so müßten wir alte Formen kopieren. Dann müßten der Parteigenosse Alfred Rosenberg Kirchenvater, Himmler oder Ley Kardinäle, die Gauleiter Bischöfe werden. Sie sollten aber lieber das bleiben, was sie heute sind!«[24]

Und auch der ehemalige Gauleiter von Schwaben Karl Wahl bestätigte diese Auffassungen Hitlers nach dem Kriege: *»Nie kam es in der NS-Führerschaft bei Abwesenheit Hitlers zu einer Diskussion über Religionsfragen, wohl aber von Zeit zu Zeit zu scharfen Belehrungen der Kräfte, die auch auf kirchlichem Gebiet Reformen anstrebten. Mit beißendem Spott ironisierte er manchesmal die neuen ›Apostel‹, die ihn in ihrer Einfalt gerne zum ›Heiligen‹ stempeln wollten. Wörtlich sagte er einmal: ›Ich bin kein Heiliger und will auch keiner sein. Meine Aufgabe ist es nur, dem deutschen Volk das Diesseits so schön als möglich zu machen, es auf das Jenseits vorzubereiten, ist ausschließlich Aufgabe der Kirche‹«.* Anläßlich eines Besuches von Hitler in Wahls Gauhauptstadt Augsburg beteuerte er in seinem Hotel »Drei Mohren« erneut, daß Deutschland keines religiösen Reformators bedürfe, *»und wenn schon einer vonnöten wäre, ich sehe in unseren Reihen keinen, der auch nur im entferntesten das Zeug dazu hätte, auch keinen, der kirchliche Funktionen übernehmen könnte. Ich kann mir z. B. Rosenberg nicht als Bischof und Ley nicht als Generalpräses vostellen«.*[25]

Seine Vorbehalte gegen das Christentum äußerte Hitler ausschließlich gegenüber dem inneren Zirkel seiner engsten Mitarbeiter, niemals in der Öffentlichkeit. Zwar favorisierte er eine Trennung von Kirche und Staat und polemisierte gegen die »politisierenden Pfaffen«, doch schreckte er vor einem offen ausgetragenen Kirchenkampf zurück. Radikalere Kräfte in der Partei wies er immer wieder in die Schranken; die Tagebücher des Joseph Goebbels sprechen hierüber eine deutliche Sprache. Während des Krieges war Hitler mehr denn je zur Rücksichtnahme in der Kirchenfrage gezwungen und behielt sich die Auseinandersetzung mit ihr auf die Zeit nach dem »Endsieg« vor.

Am Prägnantesten aber äußerte sich der Führer der Nationalsozialisten am 23. November 1937 zur Thematik anläßlich der Einweihung der Ordensburg Sonthofen im Allgäu. Dort hielt er vor den versammelten

Kreis- und Gauamtsleitern eine zweistündige Geheimrede über *Aufbau und Organisation der Volksführung.* Hitler führt dort unter anderem aus:

>*Wir geben euch unbedingte Freiheit in eurer Lehre oder in eurer Auffassung der Gottesvorstellung. Denn wir wissen ganz genau: wir wissen darüber auch nichts. Eines aber sei ganz klar entschieden: Über den deutschen Menschen im Jenseits mögen die Kirchen verfügen, über den deutschen Menschen im Diesseits verfügt die deutsche Nation durch ihre Führer. Nur bei einer so klaren und sauberen Trennung ist ein erträgliches Leben in einer Zeit des Umbruchs möglich. Wir Nationalsozialisten sind in unserem tiefsten Herzen gottesgläubig. Eine einheitliche Gottesvorstellung hat es im Laufe vieler Jahrtausende nicht gegeben. Aber es ist die allergenialste und erhabenste Ahnung des Menschen, die ihn am meisten über das Tier heraushebt, nicht nur die Erscheinung außen zu sehen, sondern immer die Frage des Weshalb, des Warum, des Wodurch aufzustellen.*
>
>*Diese ganze Welt, die uns so klar ist in der äußeren Erscheinung, ist uns ebenso unklar in ihrer Bestimmung. Und hier hat sich die Menschheit demütig gebeugt vor der Überzeugung, einem ungeheuren Gewaltigen, einer Allmacht gegenüberzustehen, die so unerhört und tief ist, daß wir Menschen sie nicht zu fassen vermögen. Das ist gut! Denn es kann dem Menschen Trost geben in schlechten Zeiten, vermeidet jene Oberflächlichkeit und jenen Eigendünkel, der den Menschen zu der Annahme verleitet, er — eine ganz kleine Bazille auf dieser Erde, in diesem Universum — würde die Welt beherrschen und er bestimme die Naturgesetze, die er höchstens studieren kann. Daher möchten wir, daß unser Volk demütig bleibt und wirklich an einen Gott glaubt. Also ein unermeßlich weites Feld für die Kirchen, sie sollen daher auch untereinander tolerant sein! Unser Volk ist nicht von Gott geschaffen, um von Priestern zerrissen zu werden. Daher ist es notwendig, seine Einheit durch ein System der Führung sicherzustellen. Das ist die Aufgabe der NSDAP. Sie soll jenen Orden daher stellen, der, über Zeit und Menschen hinwegreichend, die Stabilität der deutschen Willensbildung und damit der politischen Führung garantiert.«*[26]

Artur Dinter mußte also bekannt sein, daß Stellungnahmen zu Fragen der Religion parteioffiziell unerwünscht, ja sogar verboten waren, denn schon in einem Rundschreiben der NSDAP vom 23. Februar 1927 hieß es explizit:

>*»Einem Blatt, das bisher als offizielles Organ der NSDAP anerkannt war, ist die Genehmigung, sich als solches zu bezeichnen und das Kennzeichen der NSDAP (Hakenkreuz mit Kranz und Adler) am Kopf zu*

führen, durch Herrn Hitler entzogen worden. Veranlassung zu diesem Vorgehen war der Verstoß des Blattes gegen einen der ersten Grundsätze der NSDAP, welcher lautet, daß Angriffe gegen Religionsgemeinschaften und deren Institutionen unbedingt untersagt sind, Auseinandersetzungen über diese nicht in die Reihen der NSDAP getragen werden dürfen. Selbst der Jude wird nicht aus religiösen Gründen bekämpft, sondern lediglich aus nationalen und rassepolitischen.«[27]

Am gleichen Tage antwortete Hitler dem Grafen von Goertz-Wrisberg, der in einer Zuschrift an Hitler namens des Frontkriegerbundes in Thüringen jede weitere Zusammenarbeit mit Dinter abgelehnt hatte. Darin betonte Hitler noch, daß er seinen »Landesführer unbedingt decke«[28].

Aufgrund seiner Angriffe auf das Christentum war Dinter als Gauleiter allerdings endgültig untragbar geworden. In einer Anordnung vom 30. September 1927 enthob Hitler ihn – angeblich Dinters Wunsch entsprechend – wegen »beruflicher Überlastung« seines Amtes und dankte ihm für jahrelange »Kampfarbeit«. Dinter reagierte trotzdem enttäuscht und verbittert.

Im Frühjahr 1928 gründete er eine sogenannte »Geist-Christliche Religionsgemeinschaft«, die den »Kampf gegen Rom« propagierte und in der Hitler-Bewegung lediglich ein Instrumentarium sah, die »völkisch-protestantische Reformation« zu vollenden. Sein Ziel war es, das deutsche Volk zu einem »vom Judentum gereinigten Christentum« zu führen, eine Absicht, die er unentwegt auch in seinen Zeitschriften *Das Geistchristentum, Die Deutsche Volkskirche* und *Die religiöse Revolution* verbreitete.

Der Untersuchungs- und Schlichtungsausschuß der NSDAP versandte daraufhin im Jahre 1928 Briefe an die wichtigsten Gaue, um Gutachten und Meinungen über Dinters häretische Bestrebungen einzuholen. Die meisten Gauleiter sprachen sich gegen Dinter aus. In Fritz Sauckel erwuchs Dinter überdies ein ernstzunehmender Konkurrent im Gau Thüringen[29]. Adolf Hitler bemühte sich schließlich, seinen unbequemen Mitkämpfer in einem ausführlichen Briefe zur Raison zu bringen, ohne daß er ihn aber ganz opfern wollte. Noch hoffte Hitler, daß Dinter von sich aus zur Einsicht kommen werde. Hitler schrieb:

»Verehrter Herr Dr. Dinter!
Ich muß mich heute einer Aufgabe unterziehen, die mir sehr peinlich ist.
Sie kennen meine Einstellung zu Ihren religions-reformatorischen

Arbeiten. Ich maße mir weder das Recht noch die genügende Fähigkeit zu [sic!], eine Kritik an Ihren religions-philosophischen Ideen zu üben oder Ihre wissenschaftlichen Forschungen in Zweifel zu ziehen. Meine eigene Einstellung wird ausschließlich bestimmt von den Besorgnissen, die ich als Politiker hege. Auf diesem Gebiete habe ich allerdings die Kühnheit, für mich dieselbe Unfehlbarkeit in Anspruch zu nehmen, die Sie, lieber Herr Doktor, auf Ihrem reformatorischen Gebiete sich vorbehalten. Als Führer der nationalsozialistischen Bewegung und als Mensch, der den blinden Glauben besitzt, einst zu denen zu gehören, die Geschichte machen, sehe ich in Ihrer Tätigkeit solange eine Schädigung der nationalsozialistischen Bewegung, als diese mit Ihren reformatorischen Absichten in Verbindung gebracht werden kann. Diese Überzeugung wurzelt, wie schon betont, ausschließlich in politischen Erwägungen und nicht in religiösen. Ebenso entspringt sie keiner persönlichen Abneigung gegen Ihre Person.

Ich bin weiter überzeugt, daß selbstverständlich die Beweggründe, die Sie, Herr Doktor, zu Ihrer Tätigkeit bestimmen, ausschließlich Gründe einer inneren Überzeugung sowie der Notwendigkeit Ihres Handelns sind. Nur wende ich mich gegen die Auffassung, daß religiöse Missionen ihre gestaltende Kraft aus politischen Erkenntnissen gewinnen könnten. Im Gegenteil, sie stehen diesen nicht selten fremd gegenüber. Unter gar keinen Umständen aber werden politische Notwendigkeiten von heute auf morgen eine Kirche zu stürzen vermögen. Dafür aber sind nicht selten politische Bewegungen mit bestimmten konkreten Zielen gescheitert, weil sie glaubten, religions-reformatorische Missionen erfüllen zu müssen. Mit Sorge sehe ich ja auch in dem vorliegenden Falle, meine Befürchtungen sich verwirklichen. In einer Zeit, in der vielleicht wenige Jahre entscheidend sind für das Leben und die Zukunft unseres Volkes überhaupt, wird die nationalsozialistische Bewegung, in der ich die einzige wirkliche Kraft gegen die drohende Vernichtung unseres Volkes sehe, durch die Verquickung mit religiösen Problemen innerlich geschwächt. Denn während ich früher sorgfältigst darüber wachte, die Bewegung von Streitfragen fernzuhalten, die ihrem ganzen Wesen nach verschiedentlich beurteilt werden können und für deren endgültige Entscheidung zumindest keine unbedingt anerkannte Autorität vorhanden ist, schlittert die Bewegung nun in religiöse Diskussionen hinein, die die Mitgliederschaft zumindest beunruhigen, wenn auf die Dauer nicht gar zerreißen müssen.

Als Politiker – und ich muß schärfstens betonen, daß ich weiter nichts bin und auch nichts sein will –, als fanatischer Kämpfer für ein anderes

Deutschland, sehe ich diese Gefahr in ihrem ganzen Umfange und wende mich, meinem inneren Gewissen gehorchend und von der mir zur Verfügung stehenden Einsicht geleitet, pflichtgemäß gegen eine solche Entwicklung. Das Schicksal unseres Volkes, zumindest als Rassenproblem, wird sich schneller entscheiden als die Durchführung einer religiösen Reformation dauern würde. Entweder unser Volk wird auf dem schnellsten Wege von dem Verfall, der ihm besonders blutsmäßig droht, zurückgerissen, oder es wird darin verkommen.

Ich zähle, lieber Herr Doktor, heute 39 Jahre, so daß mir, wenn das Schicksal an sich nicht anders entscheidet, selbst im günstigsten Falle noch knapp 20 Jahre zur Verfügung stehen, innerhalb deren mir noch jene Energie und Tatkraft beschieden sein kann, die allein der Lösung einer solchen ungeheuren Aufgabe zu genügen vermag. In diesen 20 Jahren kann sehr wohl eine neue politische Bewegung den Kampf um die politische Macht siegreich bestehen. Für eine religiöse Reformation jedoch sind 20 Jahre in der Zeit ihres Beginnens erst den neun Monaten zu vergleichen, ehe der Mensch das Licht der Welt erblickt. Zum Kampf der Gegenwart kommt heute eine religiöse Reformation zu spät, für den Kampf um die Zukunft aber zu früh. Ich weiß, daß sie unbeabsichtigt, aber im Effekt dennoch mithilft, die Bewegung zu schwächen, die allein den Lebenskampf unserer Generation durchzufechten in der Lage wäre und die damit erst die Voraussetzung schaffen könnte für die zukünftige Entwicklung unseres Volkes. Indem ich selbst mich aber dem Kampf der Gegenwart widme, glaube ich gerade dadurch die Bausteine für ein Fundament zu sammeln, das dereinst ein universales Gebäude zu tragen befähigt sein wird.

So sehr durch diese Befürchtungen meine Einstellung an sich gegeben ist, so sehr habe ich mich bisher zurückgehalten, von mir aus gegen Vorgänge und Zeitschriftenartikel Stellung zu nehmen, die ich als Führer der nationalsozialistischen Bewegung als für diese abträglich ansehe. Obwohl mir das Recht zu einer solchen Stellungnahme zukäme, da ich jedermann entschiedenst bestreite, die Interessen und Notwendigkeiten der nationalsozialistischen Bewegung besser zu verstehen als ich, ihr Gründer. Ich habe das nur unterlassen in der stillen Hoffnung, daß Sie selbst, lieber Herr Doktor, im Laufe der Zeit die Richtigkeit meiner Auffassung doch noch anerkennen würden, während es mir persönlich mehr als schmerzlich gewesen wäre, gegen einen Mann Stellung nehmen zu müssen, den ich persönlich verehre und dessen allgemeine Lebensarbeit unserer großen völkischen Idee so unschätzbare Beiträge geleistet hat.

72

Vor einigen Wochen erhielt ich nun Kenntnis von Artikeln in Ihrer neuen religionsphilosophischen Zeitschrift, die von Ihnen, Herr Doktor, selbst verfaßt, sich mit der Person unseres Pg. Grafen zu Reventlow beschäftigen. Es ist an sich schon unendlich bedauerlich, wenn Parteigenossen sachliche Meinungsverschiedenheiten vor einem breiteren Kreis der Öffentlichkeit ausfechten. Es ist aber für die Bewegung gänzlich unerträglich, wenn sich ein solcher Kampf in Formen vollzieht, wie Sie, verehrter Herr Doktor, im vorliegenden Falle es für angebracht fanden. Religiöse Überzeugungen oder Ansichten können jedenfalls auf einem solchen Wege nur schwerlich einem anderen beigebracht werden. Dies aber müßte doch in meinen Augen der Zweck einer solchen Diskussion sein. Sie werden aber doch selbst, mein sehr verehrter Herr Doktor, kaum glauben, den Herrn Grafen Reventlow nunmehr überzeugt zu haben. Im Gegenteil! Damit jedoch ist schon an einem Beispiel schlagend die Richtigkeit meiner Auffassung bewiesen; denn was Ihnen in dem Falle Reventlow nicht gelungen ist, gelingt Ihnen ebensowenig an zehntausend anderen Anhängern unserer Bewegung. Dafür wird sich aber im einzelnen immer wieder ein ähnliches Schauspiel wiederholen, das der Bewegung jetzt im großen geboten wurde.

Glauben Sie aber nun wirklich, daß das die Schlagkraft und die Siegesaussicht unserer Bewegung im politischen Kampf enorm erhöhen wird? Als Gründer und Führer dieser Bewegung bin ich felsenfest vom Gegenteil überzeugt. Ich bedaure besonders die Form Ihrer Kritik deshalb so außerordentlich, weil sie durch die angezogene Arbeit des Grafen Reventlow in keiner Weise bedingt war. Graf Reventlow ist Parteigenosse und hat ein Recht zu verlangen, daß nicht ein anderer Parteigenosse, und noch dazu in führender Stellung, sich ihm gegenüber so unmöglicher Formen bedient. Denn hätte Graf Reventlow mit gleicher Münze geantwortet, dann stünden wir heute vor einem Schauspiel, das zumindest einer neuen Reformation eine schlechte Einleitung geben würde. Es muß Graf Reventlow hoch angerechnet werden, daß er trotz der durch nichts begründeten Herabsetzung und Verletzung seiner Ehre die Parteiinteressen höher gewahrt hat. Mein persönliches Urteil – und wenn sich zwei Parteigenossen in führender Stellung öffentlich gegenüberstehen, habe ich das Recht zu einem solchen Urteil – ist die schärfste Mißbilligung Ihrer Artikel im neuen Geistchristentum in allen jenen Stellen, die ehrkränkend und verletzend für den Pg. Grafen Reventlow sein müssen und auch sind. Daß Graf Reventlow verzichtet hat, in ähnlicher Form zu antworten, dafür danke ich ihm im Namen der Bewegung sowie im Namen all der ungezählten Parteigenossen, denen ein solcher Kampf ein Greuel ist. Daß er aber eine Wiederherstellung seiner Ehre fordert, erscheint mir selbstverständlich, billig und gerecht. Ich habe nun vor einigen Tagen eine Zuschrift des Untersuchungsausschusses erhalten, die ich Ihnen abschriftlich beilege. Der Untersuchungsausschuß tritt in ihr als Wahrer der Ehre eines in ihr verletzten Parteigenossen auf und fordert für diesen Genugtuung. Ich habe es zunächst abgelehnt, die Angelegenheit durch den Untersuchungsausschuß selbst bereinigen zu lassen, dem jeder Parteigenosse einschließlich meiner Person untersteht, sondern will versuchen, von mir aus persönlich diese peinliche und unmögliche Angelegenheit zu ordnen. Ich richte deshalb als Führer der Bewegung an Sie die herzliche Bitte, die dem Grafen Reventlow zugefügten Beleidigungen in geeigneter Form und mit dem Ausdruck des Bedauerns zurückzunehmen. Ich sehe die Erfüllung dieser Bitte als selbstverständlich an, da es in meinen Augen würdiger ist, ein Unrecht wiedergutzumachen als in ihm zu verharren. Der Angriff gegen den Grafen Reventlow war, vom Standpunkt eines Parteigenossen aus besehen, ein Unrecht. Ich darf Sie deshalb bitten, lieber Herr Doktor, mir mitzuteilen, ob Sie meinem Wunsche nachzukommen bereit sind und die ausgesprochenen Beleidigungen gegen den Pg. Grafen Reventlow in Ihrer Zeitung mit dem Ausdruck des Bedauerns zurücknehmen wollen[30].

Ich habe mich zu dieser persönlichen Bitte nur entschlossen, um Weiterungen zu vermeiden, die weder Ihnen noch dem Ansehen der Partei zuträglich wären. Ich gebe von diesem Brief dem Grafen Reventlow Kenntnis. Sollten Sie das Bedürfnis hegen, lieber Herr Doktor, mit mir persönlich zu sprechen, so würde ich das sehr begrüßen und stünde Ihnen jederzeit zur Verfügung. Der Termin der Aussprache könnte mit Herrn Heß vereinbart werden[31].

Mit vorzüglicher Hochachtung
und deutschem Gruß
Ihr ergebener

gez. Adolf Hitler«[32]

Es scheint, daß sich Dinter von Hitlers Auslassungen nur wenig hat beeindrucken lassen.

Da die Parteikasse der NSDAP durch den Reichstagswahlkampf des Jahres 1928 völlig erschöpft war, verzichtete Hitler in diesem Jahr auf die Abhaltung eines Reichsparteitages und berief statt dessen eine Führertagung vom 31. August bis 2. September 1928 nach München ein. Im wesentlichen sprach er hier über die innere Disziplin der Partei und von seiner Idee, als Elite lediglich 100000 Mitglieder zu sammeln, eine Absicht, an die man sich freilich nach den großen Erfolgen des Jahres 1930 nicht mehr erinnern wollte und die schließlich auch einer der Gründe für das Scheitern der NSDAP als Partei werden sollte. In München nahm er ebenfalls noch einmal zu den Fragen religiöser Natur Stellung und bezog sich auch auf Dinter:

»Eines ist vor allem wichtig: die Notwendigkeit, daß die Bewegung für alle Zukunft freigehalten wird von allen religiösen Diskussionen und Kämpfen. (Zurufe: sehr wahr! Lebhafter Beifall.) Ich persönlich werde, so lange ich Führer bin, niemals dulden, daß in die Bewegung religiöse Diskussionen hineingetragen werden. Ich werde jeden entfernen, der versucht, die Bewegung zur Tenne religionsphilosophischer Auseinandersetzungen zu machen. Ich lege allen Wert darauf, daß unsere Partei gerade die Kluft schließt, die unser Volk zerreißt, hier muß Protestant und Katholik sich restlos zusammenfügen können: Wir kämpfen nur für eines – (die folgenden Worte gehen in Beifallsstürmen unter) – Ich habe nur den einzigen Wunsch, daß in der Partei niemals der Zustand einreißt, daß es einem Katholiken oder Protestanten Gewissenskonflikte unmöglich machen würden, der Partei anzugehören.

Die Partei muß stets so geleitet werden, daß jeder fromme Katholik, ohne in Konflikt mit seinem Gewissen zu kommen, ihrer Politik zustimmen kann. Wenn jemand sagt: Dann werden Sie Diener einer Konfession, so sagen wir im Gegenteil: nicht Diener einer Konfession, sondern Diener des deutschen Volkes (lebhafter Beifall) *im Kampf um die Zukunft unseres deutschen Volkes gegen die Todfeinde unseres Volkes, gegen die jüdische Blut- und Rassenvergiftung, gegen die Kulturvergiftung unseres Volkes. Hier kennen wir nur Deutsche, die bereit sind, für unser Volk sich aufzuopfern, ganz gleich ob Katholik oder Protestant.«*[33]

Bei dieser Gelegenheit sprach sich der Führer der NSDAP auch gegen jede prinzipielle Diskussion und Demokratisierung innerhalb der Bewegung aus. Dagegen protestierte Dr. Artur Dinter vehement und schlug Hitler vor, einen beratenden Parteisenat zu konstituieren. *»Höhnisch«*, so bemerkte Joachim Fest dazu, *»verwarf (Hitler) den Antrag, ihm einen ›Senat‹ an die Seite zu stellen, er halte nichts von Ratgebern«.*[34] Als kurz darauf eine erneute Führertagung einberufen wurde, die nicht in der üblichen Form des Befehlsempfangs organisiert war, soll Hitler während der Diskussion schweigend, mit demonstrativ gelangweilter Mine herumgesessen und damit allmählich ein so erdrückendes Gefühl der Nichtigkeit und Lähmung verbreitet haben, daß die Tagung in allgemeiner Resignation zu Ende ging.

In seiner Zeitschrift *Das Geistchristentum* reagierte Dinter mit starken Angriffen auf Hitler, woraufhin der Parteiausschluß unvermeidbar wurde. Am 8. Oktober schickte Hitler an Dinter ein Telegramm: *»Ich entziehe Ihnen hiermit die seinerzeit erteilte Vollmacht zur Wahrung der nationalsozialistischen Interessen im Thüringer Landtag.«*[35] Am 11. Oktober 1928 folgte dann der endgültige Parteiausschluß mit der offiziellen Begründung, Dinter habe in einem Aufsatz *»Religion und Nationalsozialismus«* seiner Zeitschrift *Das Geistchristentum* das Parteiprogramm der NSDAP in parteischädigender Weise angegriffen[36]. Das Problem Dinter war hierdurch aus der Welt geschafft. In der Folgezeit aber eröffnete Dinter eine heftige publizistische Fehde gegen Hitler[37]. Nach dem Ausschluß berichtete die sozialdemokratische *Münchener Post* über Dinters Kampf gegen Hitler in dessen Zeitschrift *Geistchristentum* in einem Artikel *»Hitler und Rom«*[38].

In allen Richtungskämpfen, die entweder aus personalpolitischen oder weltanschaulichen Gründen ausgetragen wurden, war Hitler bisher Sieger geblieben. So auch im Falle Dinter. Mit den wachsenden Erfolgen der Hitler-Bewegung kehrte auch an der »religiösen Front« wieder Ruhe ein. Ernst Jünger warf als Außenstehender in einem Artikel als Vertreter eines »Neuen Nationalismus« noch ein Streiflicht auf die vergangenen Geschehnisse:

»Wir hatten im letzten Jahre die Gelegenheit, das Abwegige von Bestrebungen zu beobachten, die aus dem Nationalismus an sich eine Art Religion machen möchten. Aus Worten wie Schicksal, Glaube und Blut wurde eine Art Ritus gebraut, der Schutzwall einer feierlichen Terminologie, innerhalb deren man sich trefflich zu Hause und allen Angriffen gewachsen glaubte.«[39]

»Denn wir können im Schicksalskampf unseres Volkes nicht auf jene Kräfte verzichten, die im Glauben leben«, das war Hitlers Credo noch bis weit in die Jahre des Zweiten Weltkrieges[40]. Immer hatte er sich gegen allen Mystizismus innerhalb seiner Partei gewandt, was er unter anderem während des Reichsparteitages 1938 ganz klar ausdrückte in dem er erkärte:

»Der Nationalsozialismus ist eine kühle Wirklichkeitslehre schärfster wissenschaftlicher Erkenntnisse und ihrer gedanklichen Ausprägung ... Denn (er) ist eben keine kultische Bewegung, sondern eine aus ausschließlich rassischen Erkenntnissen erwachsene völkisch politische

Lehre. In ihrem Sinne liegt kein mystischer Kult ... Das Einschleichen mystisch veranlagter Jenseitsforscher darf daher in der Bewegung nicht geduldet werden ... Für kultische Handlungen aber sind nicht wir zuständig, sondern die Kirchen!«[41]

Um Artur Dinter wurde es still. Noch einmal versuchte er 1932 mit seinem kurzlebigen »Dinterbund« Einfluß auf das politische Geschehen zu nehmen und als Konkurrent Hitlers aufzutreten. Doch scheiterte er unweigerlich. Nach 1933 beantragte er zweimal seine Wiederaufnahme in die NSDAP, was aber abgelehnt wurde. Die Gestapo observierte ihn, nahm ihn sogar kurzzeitig in Haft. Seine »Deutsche Volkskirche«, die 1936 immerhin noch 300 000 Mitglieder zählte, wurde verboten. Jede rednerische und schriftstellerische Betätigung wurde Dinter daraufhin untersagt.

Nach dem Ende des Zweiten Weltkrieges sammelte er frühere Anhänger seines »Geistchristentums« um sich, doch starb er bereits 1948 – fast vergessen – in Offenburg.

»Alles erlogen und erschwindelt.«

Die Beleidigungsprozesse Hitlers
in der »Kampfzeit« (1919–1933)

Nach seiner Haftentlassung aus der Festung Landsberg sah sich Hitler den Angriffen seiner Gegner unterschiedlichster Couleur ausgesetzt. Hitler polarisierte und folglich erwuchsen ihm Feinde in den Lagern aller politischen Richtungen, vom völkischen Romantiker bis zum Konservativen alter Schule. Immer wieder sah sich der Führer der Nationalsozialisten daher gezwungen, seine Ehre vor Gericht wiederherstellen zu lassen.

Am 27. Februar 1925, dem Tag der Neugründung der NSDAP nach dem gescheiterten Putsch vom November 1923, fand vor dem Amtsgericht München der Beleidigungsprozeß Hitlers gegen Dr. Otto Pittinger statt.[1] Pittinger hatte als Kreisführer der Einwohnerwehren von Regensburg und dann als Chef des Wehrverbands »Bayern und Reich« in den frühen zwanziger Jahren eine führende Rolle gespielt. Im August 1921 versuchte er in Bayern zu putschen, um den Generalstaatskommissar Gustav von Kahr mit Waffengewalt wieder als Ministerpräsidenten einzusetzen[2]. Da sich die Reichswehr jedoch nicht an dem Abenteuer beteiligte, scheiterte das dilettantische Unternehmen schon in der Planungsphase. Weil Pittinger die Verbindung zur Hitler-Bewegung nie ganz abreißen ließ, sah man ihn fälschlicherweise sogar als einen der frühen Protektoren der NSDAP an.

Am 25. August 1922 versuchte Pittinger abermals, diesmal mittels einer »Protestkundgebung« auf dem Münchner Königsplatz, Kahr zum Diktator Bayerns auszurufen. Diese Kundgebung wurde auf Anordnung des Ministers Dr. Matt verboten. Auch diesmal scheiterte Pittingers Aktion kläglich. Am Abend des Hitler-Putsches soll es dann unter anderem Pittinger gewesen sein, der von Kahr geraten hat, sich gegen Hitler zu wenden[3]. Der württembergische Gesandte in München berichtete nach den Ereignissen um Pittingers Putschversuch, der Führer Hitler müsse »eine ganz faszinierende Persönlichkeit sein«[4].

Seinem einstigen Gefolgsmann Kurt Luedecke aber sagte Hitler: *»Von jetzt an gehe ich meinen Weg allein. Selbst, wenn keine Seele mir folgt. Diese Feiglinge! Ich werde es vollbringen, wenn keiner sonst es wagt ... Schluß mit den Pittingers, Schluß mit den vaterländischen Verbänden! Nur noch eine einzige Partei! Diese feinen Herren – diese Grafen und Generale – sie wollen nichts unternehmen. Ich werde es tun, ich allein!«*[5] Laut Luedecke zog Hitler mit diesen Worten die Konsequenz aus dem gescheiterten Pittinger-Unternehmen: *»Weg war Hitlers Vorstellung von sich selbst als Vorkämpfer, als Trommler. An jenem Tage der Enttäuschung wurde er der Führer.«*[6]

Den Vorsitz der Verhandlung im Beleidigungsprozeß des Führers der Nationalsozialisten gegen Dr. Pittinger führte der Amtsrichter Hans Knörr. Pittinger selbst hatte es vorgezogen, der offenen Auseinandersetzung mit dem radikalen Parteiführer aus dem Wege zu gehen; er ließ sich von seinem Anwalt vertreten. Hitlers Verteidiger war der Rechtsanwalt Lorenz Roder. Anlaß für die Klage war eine Rede Pittingers am 26. März 1924 vor Unterführern der »Bundesflagge Augsburg«, in der er behauptete, der britische »Arbeiterführer« Edmund D. Morel habe im Oktober 1923 von Kahr mitgeteilt, daß die NSDAP finanzielle Zuwendungen aus französischen Quellen erhalte – und dies ohne Wissen Adolf Hitlers[7]. Dieser hatte schon damals in einer Presseerklärung im *VB* zu diesen Vorwürfen Stellung genommen:

»Gemäß in München kursierender Gerüchte wird behauptet, Sie, Herr Morel, hätten in einer mit Exzellenz von Kahr stattgefundenen Unterredung gesagt, daß der Hitler-Freiheitsbewegung ohne mein Wissen französische Gelder zufließen. Ich erkläre diese Behauptung für eine infame Lüge und böswillige Verleumdung. Da ich noch Zweifel an der Richtigkeit der Behauptung, Sie, Herr Morel, wären Ursache dieser Verleumdung, hege, darf ich Sie bitten, öffentlich hierzu Stellung zu nehmen. Adolf Hitler, Führer der Nationalsozialistischen Deutschen Arbeiterpartei. Dienstag, 30. Okt. 1923. München.«[8]

Im *Völkischen Kurier* hieß es über den Verlauf des Prozesses: *»Hitler: ›Es wird gesagt, daß der Vorwurf, daß die nationalsozialistische Bewegung französisches Geld bekommen habe, sich nicht gegen meine*

Person richte, und daß ich nicht berechtigt wäre, Klage zu führen.‹[9] Herr Morel habe bloß betont, daß die Bewegung Geld erhalten hätte, auch ohne mein Wissen. Hitler: ›Die NSDAP konnte nur über meine Person finanziert werden, mithin daß jeder Pfennig über meine Person laufe. Es ist vollständig undenkbar, daß sie ohne meine Kenntnis irgendwie finanziert worden wäre. Ewas anderes wäre es, wenn einzelne Mitglieder als Privatpersonen Gelder bekommen hätten. Wenn ich aber den Vorwurf erhebe, daß die Partei Gelder bekommen hat, so liegt darin der Vorwurf begründet, daß über ihre Leitung hinweg diese Gelder geflossen sind. Tatsächlich heißt es in dem unter Anklage gestellten Vorwurf nicht nur schlechthin ›die Bewegung‹, sondern es wird mein Name damit verbunden. Hätte die Bewegung wirklich französisches Geld bekommen, so würde ich mitschuldig sein, ich könnte mich nicht entbinden von dem Vorwurf, daß ich persönlich bestochen worden bin. Ich bin also hier persönlich berührt. Der Vorwurf wird in der öffentlichen Volksversammlung gegen meine Person gerichtet. Es wird mir entgegengehalten: Auch Herr Pittinger hat betont, daß Sie von Frankreich Geld bekommen haben! Mit dem gleichen Recht könnte ich auch die Frage stellen, ob etwa Herr Pittinger von Frankreich subventioniert worden sei. Ich bin bereit, den Nachweis zu führen, daß Herr Pittinger im Jahre 1922 das gleiche versuchte, was uns 1923 mißlang[10]. Ich muß gleich eines einwenden: Frankreich hat ein Interesse daran, in Deutschland Putsche zu inszenieren, aber nicht eine kräftige nationale Regierung zu bilden und die Bewegung zu stützen, die den Franzosen den schärfsten Widerstand geleistet hat.‹

Hitler bittet, den Oberpostrat O., den Chef der Post- und Telegraphenverwaltung in Dortmund, zu vernehmen, der bezeugen kann, wie damals der aktive Ruhrwiderstand in diesem ganzem Gebiete geführt wurde, ›wie nahezu 300 Angehörige meiner Bewegung ins Gefängnis wanderten, eine Reihe erschlagen wurden, ein Schlageter erschossen wurde. Die Franzosen konnten kein Interesse haben, eine Bewegung zu unterstützen, die ihnen einen Sachschaden zufügte, der in die Dutzende von Millionen geht. Wenn das Gericht Wert darauf legt, könnte ich unter Ausschluß der Öffentlichkeit offen und klar darüber aussprechen‹ [sic!][11].

Hitler erklärt hierzu, daß ihm der Artikel, der aus englischen Arbeiterkreisen stamme, wohl bekannt sei. Als er Herrn Morel aufforderte, zu erklären, von wem er das habe, habe er geschrieben: darüber könne er sich nicht äußern. Das ganze sei eine elende Lüge des englischen Arbeiterführers. Die ganze Welt wurde mit einem Schlag mit dieser Nachricht übersät. Hitler erklärt sich diesen Umstand als ein Kampfmittel der roten Inter-

nationale gegenüber der Zertrümmerung ihrer Positionen in Mittel-deutschland, die mit allen Mitteln verhindert werden sollte. Hitler betont, daß Morel keinen einzigen Beweis anführt, sondern lediglich von einem Gerücht spreche. Dieses Zeugnis stamme erstens von einem Ausländer, zweitens von einem Mann, der identisch war mit der Macht, die Deutschland zu zertrümmern versuchte. Hitler: ›Drei Punkte müssen hierzu von mir erklärt werden: einmal der Fall Lüdecke.‹ Hitler betont, daß die Öffentlichkeit ein Interesse daran habe, daß der Fall geklärt werde. ›Lüdecke kam im Spätsommer 1922 nach München, eingeführt durch den Grafen Reventlow. Bald darauf tauchte der Verdacht auf, daß Lüdecke ein Spitzel sei. Grund genug, um die schärfste Überwachung anzuordnen. Herr Lüdecke hat der Bewegung 7–8.000 M. gegeben, die sofort deponiert wurden. Die Überwachung ergab nichts Belastendes. Eines Tages kam eine Arbeitsgemeinschaft der Brigade Ehrhardt. Lüdecke sagte, er wolle ihnen Geld geben: 100 französische Franken. Vierzehn Tage später neuerdings. Ich habe das Geld sofort deponieren lassen und die Polizei verständigt. Der Fall wurde dahin aufgeklärt, daß Lüdecke ein französisches Bankkonto besaß. Die Polizei schritt zur Verhaftung. Unsere Nachforschungen blieben aber ergebnislos. Nach drei Monaten Untersuchungshaft wurde er wieder freigegeben. Mein Gewährsmann bedauerte unendlich, daß er einem üblen Weiberklatsch zum Opfer gefallen war. Auch ich machte mir Gewissensbisse, daß ein Mann, der ein Idealist ist, durch meine Schuld in Untersuchungshaft kam. Der Fall Lüdecke war das Schwerste, was ich in der Bewegung durchzumachen hatte. Der zweite Fall betraf eine Nachricht aus Berlin, wonach ich hier in München für 40 Millionen Mark französisches Geld abgehoben hätte. Später beim Prozeß Fuchs-Machhaus klärte sich die Sache auf [12]*. Es handelte sich um Gelder Richerts. Von allen Geldern, die in der ganzen Zeit gekommen sind, hat die Bewegung und meine Person keinen Pfennig bekommen. Ich habe jede Verbindung mit diesen Herren abgelehnt und sie hinausgeworfen.‹*

Hitler erklärt, daß damals viele Leute, vor allem bei der Industrie, Gelder einkassiert und behauptet hätten, daß diese Gelder für ihn, Hitler, bestimmt seien: ›Das war alles erlogen und erschwindelt. Die Geldgeber haben mich selbst gebeten, von diesem Schwindel keinen Gebrauch zu machen. Bei der Inflation im Jahre 1923 wurde bei uns im Betrieb dazu übergegangen, die Auszahlung für sämtliche Angestellte auf der Grundlage des Schweizer Franken zu machen. Auch erhielt die Bewegung ununterbrochen Gelder aus dem Ausland, namentlich aus der Tschechoslowakei, von den dortigen Parteigenossen, denn die Bewegung war über das gesamte deutsche Sprachgebiet verbreitet. Aus allen diesen Anlässen sind Devisen zu uns gekommen. Auch das Zeitungspapier mußte mit Devisen bezahlt werden. Das alles gab Anlaß, die Behauptung auszustreuen, wir hätten ausländische Gelder. Erst im Frühjahr 1923, als es galt, den Ruhrkampf zu finanzieren, mußte ich zu anderen Finanzquellen greifen, die ausschließlich der Organisierung dieses Widerstandes galten, zum sogenannten Putsch wurde überhaupt kein Pfennig von diesen Geldern benötigt, sondern er wurde durch Beschlagnahme bei hiesigen Geschäften finanziert. Im Herbst 1923 wußte die ganze Welt, daß in München ein Staatsstreich bevorstand, aber nicht der Staatsstreich des Herrn Hitler, denn davon konnte die Welt nichts wissen, weil wir erst am 6. November den Beschluß hierzu faßten.‹ Hitler (fortfahrend): ›Im Oktober 1923 wurde die sogenannte Hitlerspende ausgeschrieben.‹ Rechtsanwalt Dr. Warmuth wirft ein, daß es ganz ausgeschlossen sei, daß Hitler wissen konnte, aus welchen einzelnen Quellen die Devisen stammten, die auch aus diesem Anlaß einliefen. Hitler: ›Das konnte ich deshalb wissen, weil dort überall nationalsozialistische Organisationen bestehen, die selber wieder auf Grund von Sammlungen die Gelder hereinbringen.‹

Hitler erwidert, daß, wenn Pittinger eine so fürchterliche Behauptung ausspricht, es zweckmäßig gewesen wäre, sich vorher zu informieren. Pittinger kenne ihn persönlich sehr gut und hätte durch die Statuten feststellen können, daß der einzige Verantwortliche der Partei deren erster Vorsitzender ist, nämlich Hitler. Er habe mit Herrn Pittinger in einer Reihe von Fällen persönlich zusammengearbeitet, auch in finanziellen Dingen, und er mußte genau wissen, wer in der Bewegung allein zu Verhandlungen berechtigt war. In seinem Schlußwort betonte Adolf Hitler, daß es ihm bei diesem Prozeß nicht um die Bestrafung Pittingers zu tun sei, sondern um die gerichtliche Feststellung, daß die Behauptung Pittingers Lüge und Verleumdung sei. Er empfindet dies als die schwerste Beleidigung, die man ihm und seiner Bewegung zufügen könne und worunter er in seinem Kampfe gegen Frankreich gelitten habe und noch leide. Das Gericht dürfe sich nicht auf den Standpunkt stellen, daß Hitler nicht beleidigt worden sei.

Hitler: ›Ich bin beleidigt worden, die ganze öffentliche Meinung zeigt auf mich mit dem Finger und sagt, Hitler ist von französischem Geld bestochen! Es muß darauf gesehen werden, daß diese Herren sich in Zukunft peinlich in acht nehmen, derartige Dinge auszustreuen. Ich bitte für Pittinger um die niedrigste Strafe, die möglich ist, aber um die Feststellung, daß die Behauptung nicht richtig ist.‹«[13]

Nach einem verbalen Schlagabtausch über die verworrenen Zustände des Krisen- und Inflationsjahres 1923 folgte ein intensiver Wortwechsel zwischen den Anwälten Pittingers und Hitlers. Amtsrichter Knörr beendete diesen mit dem Hinweis, daß der Wahrheitsbeweis nicht von Hitler, sondern von Pittinger zu führen sei. Dessen Rechtsanwalt Warmuth betonte daraufhin, Herr Hitler sei nicht beleidigt worden und daher nicht aktiv legitimiert für diese Privatklage. Warmuth forderte schließlich Freispruch für seinen Mandanten. Das Gericht folgte diesem Antrag mit der Begründung, Pittinger habe der NSDAP, nicht aber dem Führer derselben einen Vorwurf machen wollen. Letztlich gab man eine lediglich formaljuristische Begründung ab, die Freisprechung Pittingers sei nicht erfolgt, weil ein Beweis dafür erbracht worden wäre, daß Hitler oder seine Bewegung von französischem Auslandskapital unterstützt worden sei, sondern weil Hitler nicht als »klageberechtigt« angesehen werden könne.

Gegen das Urteil legte Hitler beim Oberlandesgericht München Revision ein – ohne Erfolg. Darüber hatte das *Berliner Tageblatt* (*BT*) am 2. September 1925 berichtet, unwahr in den Augen Hitlers[14]. Hitlers Anwalt Hanns Krafft strengte daraufhin eine Klage gegen den verantwortlichen Schriftleiter des *Berliner Tageblattes*, Erich Dombrowski, wegen Verleumdung an[15]. Diese wurde jedoch am 29. August 1925 von Krafft zurückgezogen, worauf das zuständige Berliner Amtsgericht das Verfahren am 2. September einstellte – auf Kosten Hitlers. Im *VB* konnte man jedoch unter der Überschrift »*Adolf Hitler und das Berliner Tageblatt*« lesen:

»*Die Klage war mißverständlicherweise gleichzeitig von zwei Rechtsbeiständen Adolf Hitlers erhoben worden. Der eine (Krafft) hat nun die von ihm eingereichte Klage zurückgezogen. Die andere geht ihren Gang! Das BT und die übrigen Gazetten haben sich zu früh gefreut, dem Richter entwischt zu sein.*«[16] Die erwähnte zweite Privatklage Hitlers wurde im September von Hitlers Anwalt Roder beim Amtsgericht München eingereicht.

Adolf Hitler schrieb seinerseits am 20. September 1925 an den *Oberbayerischen Gebirgsboten*, der über den Fall berichtet hatte:

»*An die verehrte Schriftleitung!*
Sie haben in Ihrer Nummer 214 vom 15. September 1925 einen Artikel gebracht ›Das Geld zum Putsch‹ und darin behauptet, ich hätte das ›Berliner Tageblatt‹ verklagt, weil es auf Grund eines Telegramms des Wolff-

schen Telegrafenbureaus behauptet habe, ich und meine Bewegung hätten 1923 französische Gelder erhalten, ich hätte meine Klage dann zurückgenommen und das Verfahren sei auf meine Kosten eingestellt worden.

Dazu erkläre ich:

1. Es ist vollständig unwahr, daß ich oder meine Bewegung 1923 oder sonstwann französische Gelder erhalten haben.

2. Wahr ist, daß ich die verantwortlichen Redakteure des ›Berliner Tageblattes‹ wegen des verleumderischen Artikels Die französischen Gelder Hitlers *verklagt habe.*

3. Wahr ist, daß in diesem Prozeß eine Hauptverhandlung überhaupt noch nicht stattgefunden hat.

4. Wahr ist, daß die beklagten Redakteure des ›Berliner Tageblatts‹ in diesem Prozeß bis jetzt noch keine Gegenerklärung abgegeben haben, und daß überhaupt noch keine Beweisaufnahme stattgefunden hat.

5. Unwahr ist, daß das Verfahren eingestellt wurde.

6. Wahr ist, daß ich nicht bloß jüdische Blätter verklage, die mich und meine Bewegung nach Art des ›Berliner Tageblatts‹ verleumden, sondern auch nichtjüdische Blätter, die diese verleumderischen Behauptungen der jüdischen Blätter übernehmen.«[17]

Immer wieder hatte sich Adolf Hitler mit den unsinnigsten Zeitungsmeldungen auseinanderzusetzen. Bereits einige Monate vor dem Dombrowski-Prozeß sah er sich genötigt, im *Völkischen Kurier* vom 5.3.1925 eine amüsante Erklärung abzugeben:

»Die ›Leipziger Neuesten Nachrichten‹ bringen die Meldung meiner angeblichen Verlobung. Die Nachricht ist von Anfang bis zum Ende purste Dichtung. Ich bin mit der Politik dermaßen verheiratet, daß ich nicht daran denken kann, mich auch noch ›zu verloben‹.«[18]

Am 19. April 1926 begann dann Hitlers Beleidigungsprozeß gegen Erich Dombrowski, welcher nicht persönlich anwesend war. Erstaunlicherweise gab sein Anwalt, Fritz Cohn, Syndikus des *Berliner Tageblatts*, zunächst eine Erklärung ab, in der es hieß, daß Hitlers persönliche Integrität in finanzieller Beziehung außer Zweifel stehe. Unter dem Titel *»Eine Abrechnung«* berichtete der *VB* über den Prozeß:

»Hitler kommt eingangs auf das Kohnsche Ehrenzeugnis zu sprechen und betont, daß er als Privatmann nicht nötig hätte, das ›Berliner Tageblatt‹ wegen seiner infamen Lügen vor Gericht zu ziehen. Denn dann wäre jeder Kampf und Tadel der Judenpresse nur ein Lob für ihn. Er sei

aber Führer einer Bewegung, die gleichbedeutend ist mit der Zukunft des deutschen Vaterlandes. Wir seien es seit sechs Jahren gewohnt, mit unzähligen Lügen und Gemeinheiten überschüttet zu werden. Obwohl er, Hitler, von Jugend an in großdeutscher Gesinnung das undeutsche Habsburgerreich bekämpft habe, wurde er als ›Sendling der Habsburger‹ verdächtigt. Während er sich stets gegen jeden religiösen Kampf in der Bewegung ausgesprochen habe, warf man ihm Unterstützung der ›Los-von-Rom‹-Bewegung vor. Obgleich er Todfeind des undeutschen Zentrums und seiner Trabanten stets war, verdächtigt man ihn als ›Jesuitensöldling‹.

Und so sei es auch hier: Man kenne unsere Einstellung zu Frankreich, als dem ärgsten Todfeind unseres Volkes, und deshalb suchen Parteien, die gesinnungsmäßige und andere Bindungen an dieses Frankreich haben, mit solchen Lügen unseren Kampf zu lähmen. 1923, in den Tagen des Ruhrkampfes, begann man zum ersten Male, diese Verleumdung vom französischen Sold auszustreuen, als wir den fanatischsten Kampf gegen Frankreich führten. Der Angriff kam aus der jüdisch-demokratischen Presse, die dem Treiben der französischen Deutschfeinde ihr Wohlwollen und ihre Zuneigung nie versagte; man hat die französischen Ziele nie ernstlich bekämpft. Aus finanziellen Gründen war es unmöglich, in der einsetzenden Inflationszeit all die hundert Lügenblätter zu verklagen, die dem ›BT‹ nachsprachen. Im Pittingerprozeß mußte das Gericht loyal feststellen, daß der Wahrheitsbeweis für den Verdacht mißlungen sei. Der Vorwurf ›Franzosensold‹ heißt, daß nur ein einzelner Anhänger französisches Geld bekam – denn Lumpen gibt es überall, und man könnte diesen Vorwurf ebensogut den Demokraten unter denselben Voraussetzungen machen –, sondern daß die gesamte Bewegung bewußt in den schlimmsten Verdacht kommt. Das organisierte Strauchrittertum der Juden- und Marxistenpresse hat darum allenthalben diese Lüge über die Nationalsozialisten verbreitet.

Eingehend auf den Fall Lüdecke betont Hitler, daß damals das ganze Lügengebäude zusammenbrach, weil es sich um eine Personenverwechslung handelte. Als ihm einmal 260 französische Franken in der Inflation angeboten wurden, habe er diese sofort der Polizei überwiesen. Beim Fuchs-Machhaus-Prozeß meldeten die Zeitungen und das BT, Hitler und seine Bewegung habe 4 Millionen Mark in französischen Franken erhalten, während das Gericht feststellte, daß die N.S.D.A.P. nicht das Geringste mit F[uchs]-M[achhaus] zu tun habe. Als Fuchs und Machhaus einmal zu Hitler wollten, habe er ihnen die Türe gewiesen.

Hitler kommt dann auf den Fall Morel zu sprechen. Dieser sei bei Herrn von Kahr gewesen. Herr von Kahr könne kein Englisch, der Übersetzer auch kein perfektes. Bei einer länger gesprochenen Rede komme es bei der Übersetzung vor, daß Nebensächlichkeiten stärker betont werden oder umgekehrt, wodurch der Sinn völlig entstellt werden kann. Man wisse an sich also gar nicht, ob richtig sei, was Morel in den Mund gelegt worden ist. Im übrigen habe Morel gesagt, Hitler selbst wisse gar nichts von den ihm zugeflossenen französischen Geldern. Wenn er als der Leiter, die Kassenverwaltung usw. nichts davon wissen – alle Finanzierungen seien nur durch ihn gegangen –, könne aber ohnehin kein Vorwurf erhoben werden. Außerdem sei man bei der Bewegung stets sehr vorsichtig gewesen. Besonders im Jahre 1923 hätten sich ein Unzahl von Schwindlern im Lande herumgetrieben, die vorgaben, für die nationale Bewegung oder auch für seine Bewegung zu sammeln. Man habe stets größtes Mißtrauen ihnen entgegengebracht, schon weil man nicht wußte, ob nicht Herren einer gewissen Konfession, ›die der Herr Verteidiger angedeutet habe, dahinter steckten[19]*. Sobald sie zur Bewegung kamen, habe man sie abgewiesen, außer sie stellten sich nach Prüfung auf Herz und Nieren als einwandfrei heraus. Seitens der Partei des Beklagten sei behauptet worden, man habe ja nur im öffentlichen Interesse handeln wollen, indem man die Frage der französischen Gelder aufgriff.*

Hitler stellt fest, daß dazu absolut keine Veranlassung bestand; nachdem die wirklichen Hoch- und Landesverräter schon abgeurteilt waren, hätte man die Sache nicht der Presse zu übergeben brauchen, sondern es gab einen viel einfacheren Weg: Zur Polizei zu gehen und Anzeige zu erstatten. So habe er es im Jahre 1923 und stets gemacht. Für ihn und seine Bewegung sei jeder, der eine landesverräterische Handlung begehe, ein Lump, ganz gleich welcher Partei in Deutschland er offiziell sich zurechne. Aber es habe [sic!] für das BT eben gar nicht um Wahrung des öffentlichen Interesses gehandelt. Die wirklichen Führer im Hintergrund des BT seien so gute Seelenkenner, daß sie genau wußten, wie es bei der breiten Masse wirke, wenn eine Schurkerei in Verbindung mit einem bestimmten Namen genannt werde; der Betreffende werde für sie zum Schurken gestempelt.

Nach der Klageabweisung im Prozeß gegen Sanitätsrat Pittinger habe er genau gewußt, dieses bedeutete für ihn für einige Zeit sein politisches Todesurteil in Deutschland: ›Denn es war klar, daß die uns feindliche Presse lediglich die Abweisung brachte‹, und mit keinem Wort erwähnte, daß das Gericht ausdrücklich loyaler Weise feststellte, daß die Klageab-

weisung nur aus formellen [sic!] Gründen geschah, aber ein Wahrheitsbeweis für die Behauptung, die Bewegung habe französische Gelder erhalten, Pittinger in keiner Weise gelang. Das Trommelfeuer ging auch sofort los! Die Meldung des BT wurde in Hunderten von Zeitungen abgedruckt, aber die Berichtigung unterblieb. Das BT wußte sehr genau, daß diese Verleumdung in die ganze Welt hinausgehen würde. Wenn man sage, das sei nicht die Absicht gewesen, so frage er nur, warum dann das BT nicht das Urteil im Pittinger-Prozeß selbst abgedruckt habe. Die Redakteure des BT bezeichnen dieses doch immer als das bestinformierte Weltblatt. Es werde immer als Vorbild politischer Einsicht hingestellt, die klugen Herren wußten ganz genau, was kommt! Als die betreffende Notiz im BT erschien, sei er verreist gewesen. Ohne sein Wissen sei fälschlicherweise die Klage zuerst in Nürnberg eingereicht worden. Als er davon Kenntnis erhielt, habe er sofort veranlaßt, daß in München geklagt werde und in Nürnberg die Klage zurückzuziehen sei; er hatte keine Lust, wegen der Sache nach Berlin zu fahren. Das BT brachte sofort triumphierend die Meldung, die Klage sei durch Hitler zurückgezogen worden. Warum ein Triumph? Man behauptet doch heute, daß man Hitler gar nicht beleidigen wollte. Und nun bemüht man sich in einer Anzahl von Meldungen, die Zurücknahme als Beweis für das schlechte Gewissen hinzustellen!

Als es nun wirklich zum Prozeß kommen sollte, habe er zu seinem Erstaunen gehört, daß die Gegenseite plötzlich nach der Amnestie schreie[20]. Und vorher triumphierte man doch, daß die Klage zurückgezogen sei. Die Wirkung der Meldungen des BT sei ungeheuer gewesen. Die gesamte Linkspresse nahm sie auf, ohne später eine Berichtigung zu bringen. Und das Gericht könne sich wohl kaum vorstellen, was es für ihn bedeute, wenn in Jena und anderen Städten immer wieder sich dasselbe Schauspiel wiederholte, daß nämlich vor seinem Hotelfenster Volksversammlungen abgehalten wurden, in denen die Redner laut verkündeten, daß dieser Lump dort oben von französischem Geld bestochen sei, wie ja ein bürgerliches Blatt, das BT, festgestellt habe! Dieser Kerl klage erst und dann ziehe er die Klage zurück! usw. Unsere Einstellung und Tätigkeit richtete sich stets aufs schärfste gegen Frankreich. Wie mußte dann die Feststellung des BT überall wirken, selbst bei den eigenen Leuten! Er selbst sei durch den Vorsitzenden des Gerichts einmal wegen der Behauptung, ein Mann stehe mit Dorten in Beziehung, zu schwerer Strafe, ja als er diesem entsprechend entgegentrat, zu Gefängnis verurteilt worden[21].

Die Behauptung, französische Gelder erhalten zu haben, sei für ihn die schwerste Beleidigung, die man ihm überhaupt zufügen konnte. Derartiges lasse er sich und seiner Bewegung nicht nachsagen, den Hunderttausenden von anständigen Menschen, die zu seiner Bewegung halten, im Kampfe gegen Frankreich stehen, ja zum Teil sogar an der Ruhr ihr Leben gegen Frankreich einsetzten. Er bitte um ein Urteil, aus dem die Masse erkenne, daß das Recht auf seiner Seite sei, daß er und seine Anhänger von dem Makel befreit würden, daß Frankreich Geld für sie gebe. Er bitte, daß das Gericht seine Ehre und die Ehre von Hunderttausenden wieder herstelle.«[22]

Das Gericht verurteilte Dombrowski wegen übler Nachrede zu einer Geldstrafe von eintausend Reichsmark und zur Veröffentlichung des Urteilsspruchs im *Berliner Tageblatt*. Beide Parteien gingen jedoch in Berufung, über die am 21. August 1926 vor dem Landgericht München I unter Vorsitz des Landgerichtsdirektors Held verhandelt wurde. Adolf Hitler führte dort aus:

»Ich habe bereits in erster Instanz erklärt, daß ich mich an sich gegen Beleidigungen meiner Gegner nicht zur Wehr setze, da es immer ein besseres Zeichen für die Wirksamkeit meines Kampfes ist, wenn der Feind zur Lüge greifen muß, als wenn er meine Tätigkeit loben würde. Im vorliegenden Fall erstreckt sich aber die Beleidigung nicht auf meine Tätigkeit als Politiker, sondern hier soll ich als Mensch aufs schwerste beleidigt, unmöglich gemacht, meiner Ehre beraubt werden. Denn mit dem Vorwurf des Landesverrats ist ein Mensch für immer gerichtet, wenn es ihm nicht gelingt, sich restlos davon zu reinigen. Das ist ja das Ziel aller dieser Vorwürfe gegen mich. Sie sind so aufgebaut, daß sie immer das Gegenteil von dem darstellen, was einer in der Öffentlichkeit wirklich anstrebt. Wer als fanatischer Vorkämpfer des großdeutschen Gedankens wirkt, wird als Schrittmacher der Undeutschen Habsburger verschrien, ein Abstinenzler wird zum Säufer gestempelt, einer Bewegung, deren ganze Außenpolitik sich grundsätzlich gegen Frankreich einstellt, werden Beziehungen zu Frankreich nachgesagt.

Obgleich die eigenen Parteigenossen die meisten Opfer an Gut und Blut – der Pg. Schlageter an der Spitze! – im Kampf gegen die Franzosen bringen, wagt man, diese Bewegung in verräterischen Zusammenhang mit Frankreich zu bringen. So will man mit Lügen und gemeinsten Verleumdungen die politische Existenz der Bewegung und ihres Führers vernichten. Die öffentliche Meinung sieht nie die einzelnen Verfasser einer Zeitungsnachricht eines sog. Weltblattes, und es setzt dann das poli-

tische Schneeballensytem [sic!] *der Verleumdung in den kleineren Zeitungen ein. Dem Betroffenen aber ist es dann wegen der Unzahl der Verleumderblätter meist finanziell unmöglich, in jedem Fall gerichtlich vorzugehen, und so entlarvt sich das Ganze als zielbewußtes System der Verleumdung. Im Fall Pittinger und in Plauen wurde gerade vom ›BT‹ der Urteilsspruch bei der Berichterstattung ins Gegenteil verkehrt[23]. Wozu braucht man dann noch Gerichte, wenn damit die letzte Waffe der persönlichen Ehrverteidigung aus der Hand geschlagen wird? Ja, das ›BT‹ brachte es in seinem Prozeßbericht aus Plauen fertig, mich in Zusammenhang mit dem Gareismord zu bringen[24].*
Ich bin früher nicht für eine Höhe der Strafe eingetreten, weil mir die Tatsache der gerichtlichen Feststellung, daß die gemachten Vorwürfe unwahr seien, genügte; Nach diesem Verhalten des ›BT‹ aber bin ich für eine Erhöhung des Strafausmaßes und fordere als abschreckendes Beispiel für den Schriftleiter des ›BT‹, den Hauptausgangspunkt des Verleumdungsfeldzuges gegen mich, eine Freiheitsstrafe. Als Mensch verlange ich Schutz meiner Ehre, so daß es sich in Zukunft jeder überlegen wird, diese Verleumdung zu wiederholen. Auch eine Erhöhung der Geldstrafe ist geboten, da 1.000 [Mark] für ein Unternehmen wie das ›Berliner Tageblatt‹ nichts bedeuten; in anderen Ländern geht man ungleich schärfer vor, so hatte vor Jahren die ›Times‹ in London in einem ähnlichen Fall 20.000 M. Geldstrafe erhalten. Denn es ist eine der niederträchtigsten Verleumdungen, wenn sie den zum Landesverräter und Zuhälter Frankreichs stempelt, der 4 1/2 Jahre gegen die Franzosen im Schützengraben gekämpft hat.«[25]

Das Gericht gab der Berufung Hitlers statt und erhöhte die Strafe gegen Dombrowski auf 2500 Reichsmark, wies aber den Antrag des Klägers auf Verurteilung wegen »verleumderischer Beleidigung« ab. Auch gegen dieses Urteil legten beide Parteien beim Bayerischen Obersten Landesgericht erfolglos Revision ein.

Zuvor bereits sah sich Hitler gezwungen, vor dem Amtsgericht Plauen am 9. Juli 1926 einen weiteren Beleidigungsprozeß zu führen, nämlich gegen Eugen Fritsch, einem Redakteur der SPD-nahen *Plauener Volksstimme*[26]. Anlaß war eine emotionale Debatte in der Plauener Stadtverordnetenversammlung am 24. August 1925. Fritsch soll auf den Vorwurf eines völkischen Stadtverordneten, die SPD würde von »Ostjuden unterstützt«, erwidert haben: *»Wenn Sie behaupten, daß wir jüdische Gelder beziehen, so stelle ich Ihnen die Tatsache entgegen, daß Hitler 32000 Franken französisches Geld bezogen hat.«* Fritschs Rechtsanwalt war Paul Levi, Hitler ließ sich von Arthur Müller verteidigen. Die *Neue Vogtländische Zeitung* gab am 10. Juli 1926 einen Bericht vom »Prozeß Hitler-Fritsch«:

>*(Hitler) schildert temperamentvoll, wie die Dinge sich in München entwickelten seit Ausbruch der Revolution und welche Stelle er und seine Anhängerschaft im politischen Kampf einnahmen. Der Plan der Entente sei dahin gegangen, eine Revolution in Deutschland anzuzetteln, und dazu seien, als Kurt Eisner in München die Revolution proklamiert hatte, etwa 175 Millionen Mark nach Bayern geflossen. Die Tendenz der bayerischen Revolution wäre separatistisch gewesen, die Reichskokarde wurde abgelegt, die Landeskokarde blieb. Der Privatkläger streifte die Fälschungen Fechenbachs und die Machenschaften der Leute, die politische Geschäfte machen*[27]. *Die nationalsozialistische Bewegung habe von vornherein der separatistischen Strömung in Bayern entgegengearbeitet. Er, Hitler, habe sich im Kampf gegen die Separatisten und Föderalisten seine Strafen ... zugezogen*[28]. *1922 und 1923 habe er den Beweis erbracht, daß diese separatistische Bewegung in Bayern mit Dorten im Rheinland in Verbindung stand.*
>
>*Die nationalsozialistische Bewegung sei von Anfang an großdeutsch gewesen. Sie habe mit dem Fall Richert, der seine gerichtliche Sühne gefunden hat, nichts zu tun, auch mit dem Königsbunde nicht, sie stehe aber dem im September 1923 gegründeten Kampfbunde nahe*[29]. *Das von Richert stammende Geld sei gegen Frankreich verwendet worden. Die nationalsozialistische Bewegung habe kein Geld bekommen, auch er persönlich nicht und andere, auch nicht einen Franc. Fuchs und Machhaus seien einmal zu ihm gekommen betr. Neuorientierung nach Westen, aber von ihm zur Tür herausgeworfen worden. Redner geißelt die gegen ihn betriebene Verleumdungskampagne. Den Verräter Lüdecke habe er nie gesehen*[30]. *Im Pittingerprozeß sei festgestellt worden, daß der Fall Lüdecke aus dem Spiel bleiben müsse. Dr. Ganßer habe zwar ausländisches Geld vermittelt, aber keinen französischen Franken*[31]. *Zum Schluß wies Hitler noch den Vorwurf zurück, daß die deutsche Industrie hinter der nationalsozialistischen Bewegung stehe.«*[32]

Das Gericht verurteilte Eugen Fritsch am 16. Juli 1926 wegen Beleidigung zu 150 Reichsmark Geldstrafe; er kündigte Berufung an.

In einer Rede *Südtirol und der jüdische Patriotenschwindel* in Nürnberg am 11. Mai 1927 gab Hitler, der keine sehr hohe Meinung von der Justiz hatte, seiner Verachtung über die Gerichte des Weimarer Staates Ausdruck:

»Die barbarischen Gerichtsurteile über die Vorkämpfer des kommen-den Deutschland beweisen im Zusammenhalt [sic!] *mit der äußerst milden Bestrafung von Beleidigungsdelikten der Gegner, daß wir heute zweierlei Recht haben. Die einen haben die Ehre, den heutigen Staat repräsentieren, und die anderen, für den kommenden Staat kämpfen zu dürfen.«*[33]

Laut Polizeibericht nannte Hitler auch seinen Beleidigungsprozeß gegen den Redakteur der *Apoldaer Volkszeitung* Johannes Müller und dessen im Januar 1926 erschienenen Artikel »*Hitler als wirklich Mein-eidiger*«. Müller wurde daraufhin zu einer Geldstrafe von 75 Reichs-mark verurteilt.[34]

Am 14. Juni 1927 mußte Hitler abermals vor Gericht erscheinen, diesmal vor dem Landgericht in Ansbach. Der Bamberger Domkapi-tular Georg Sponsel hatte während einer Versammlung des katholi-schen Dienstmädchenvereins vor der bayerischen Landtagswahl 1924 behauptet, der Katholik Hitler habe als Schüler eine geweihte Hostie ausgespuckt[35]. Hierfür wurde Sponsel zu einer Geldstrafe von einhun-dert Reichsmark verurteilt. Sponsel legte jedoch Revision beim Bayeri-schen Obersten Landesgericht ein, welches das Urteil aufhob und den Fall wegen Verfahrensmängeln an das Amtsgericht Ansbach zurück-verwies. In der *Fränkischen Zeitung* vom 15.6.1927 war unter der Über-schrift »*Gerichtsverhandlungen*« zu lesen:

»Kläger Hitler betonte u. a., wie er verfolgt worden sei, bloß weil er die ›Einheit‹ des deutschen Volkes anstrebe; es erscheine ihm merkwürdig, daß bei ihm und seinen Anhängern noch niemals der §193 Anwendung gefunden habe; ihm liege nur daran, daß der Beklagte überhaupt bestraft werde; die Höhe der Strafe sei ihm gleichgültig. Denn sonst hörten die ungerechten Beleidigungen gegen ihn überhaupt niemals mehr auf; seine Kameraden seien mit schweren Geld- und Gefängnisstrafen wegen Beleidigung belegt worden.«[36]

Sponsel äußerte, er habe seine auf einem Bericht des *Bayerischen Kurier*s beruhende Behauptung auf der folgenden Versammlung des Dienstmädchenvereins zurückgenommen. Im Dezember 1927 sprach das Bayerische Oberste Landesgericht Sponsel frei und übertrug die Verfahrenskosten an Hitler.[37]

In einer Rede vom 29. Februar 1928 (»*Bayerische Volkspartei und Bayerischer Kurier – Die Stützen von Thron und Altar*«) kam Hitler noch einmal auf die Angelegenheit zurück:

»Sie haben gehört, wie die Sozialdemokratie zum Christentum und zur Religion an sich eingestellt ist. Diese selbe Sozialdemokratie läßt nun

in ihrem Münchener Organ eine infame Lüge verbreiten: Ich hätte als Dreizehnjähriger die Hostie ausgespuckt. Der ›Bayerische Kurier‹ druckt am zweiten Tage darauf das ab. Ich weiß nicht, ob man das nicht sowieso im Techtelmechtel vorher ausgemacht hat. Jedenfalls druckt er es nach. Und dann wird das in ganz Deutschland in allen frommen Blättern verbreitet, obwohl die betreffende Oberrealschule sofort bekanntgibt, daß das nicht wahr ist, daß ich nie ausgeschlossen bin, daß das erlogen ist[38]. Ganz einerlei, man verbreitet das. Ja, ich frage Sie: Selbst wenn das gewesen wäre, wenn ein Dreizehnjähriger das getan hätte, dürfte man da einem neununddreißigjährigen Mann darüber einen Vorwurf machen und ihn auszuschließen versuchen vom politischen Leben? (Zuruf: Nein!) Nachdem es aber gar nicht wahr ist, wie erbärmlich ist es doch, wenn diese Leute für ihre politischen Geschäfte sogar das heilige Altarsakrament heranziehen! Alles ist ihnen recht, wenn sie nur eine Schiebung machen können. Ich weiß nicht, ist das christlich, Freunde?«[39]

Aus dem Juli 1929 existiert ein erstaunliches Dokument aus der Feder Adolf Hitlers. Hitler, von dem es sonst kaum Schreiben an »gewöhnliche« Parteigenossen gibt, sah sich genötigt, dem einfachen badischen Parteigenossen Hermann Friedrich einen ausführlichen Brief zu schreiben[40]. Im Stile friedericianischer Marginalien und Rapporte ließ Hitler eine stilistisch brillante Anklage auf den unglücklichen Friedrich niedergehen:

»Trotzdem meine Zeit außerordentlich beschränkt ist, da ich anderes zu tun habe, als mich um Stänkereien oder Disziplinlosigkeiten einzelner Parteigenossen zu kümmern, sehe ich mich ausnahmsweise veranlaßt, Ihnen auf die mir von Zeit zu Zeit vorgelegten Briefe eine abschließende Antwort zu erteilen.

Ich entnehme aus Ihren Schreiben durchgehend Folgendes:

1. Sie werfen der Zentrale vor, daß sie mich nicht von einlaufenden Briefen in Kenntnis setzt, mir diese mithin unterschlägt. Diese ungezogene Anmaßung weise ich jetzt einmal für immer auf das entschiedenste zurück. Ich bin leider gezwungen, nur zu viel Mist zu lesen, als daß ich in der Lage wäre, dazu persönlich immer Stellung nehmen zu können. Das gilt aber in erster Linie von Ihrem Schreiben, in denen Sie Gott und die Welt verdächtigen, sich von allen Seiten angegriffen fühlen, ohne einen wirklich stichhaltigen Grund hierfür vorbringen zu können[!]. Ich bin nicht der Angestellte des Herrn Parteigenossen Friedrich, sondern bin verantwortlich für die gesamte Bewegung. Ich bin auch nicht ein Lakai der Partei, sondern habe diese Bewegung ins Leben gerufen, bin von ihr nicht bezahlt und habe nur das Vergnügen, mein Leben und meine Arbeitskraft dafür einzusetzen. Meine Umgebung, die diese Aufgabe kennt, ist verpflichtet, sie mir nach Möglichkeit zu erleichtern. Parteigenossen, die hierfür kein Verständnis besitzen, zeigen, daß sie trotz ihrer sogenannten politischen Vorschulung entweder Dummköpfe oder rücksichtslos sind. Die Zentrale und die in ihr arbeitenden Parteigenossen haben sich mit einer Überlast von praktischerer Arbeit zu beschäftigen, als die stänkernden [!] Parteigenossen draußen auch nur ahnen. Wenn in der Zentrale Schäden vorhanden sind, dann brauche ich nicht die Augen des Parteigenossen Friedrich aus Baden, um sie zu sehen. Es ist eine unverschämte Anmaßung, mich für blinder zu halten als den nächstbesten Partei-Stänkerer. Am Ende muß auch hier das Ergebnis einer Lebensarbeit endgültig entscheiden.

2. Sie beschuldigen in einem fort sämtliche Dienststellen in Baden, zeihen sie der Überheblichkeit, der Rücksichtslosigkeit, der Voreingenommenheit und werfen ihnen des weiteren vor, daß der Mann im Braunhemd nur gut genug sei, seinen Kopf hinzuhalten. Ehe Sie, Parteigenosse, Ihren Kopf für die nationale Sache hingehalten haben, hat dies von uns gefälligst schon jeder tausendmal getan. Ich kenne den Parteigenossen Wagner nicht von einem Sektgelage her, sondern ich kenne ihn aus Stunden, in denen man ebenfalls den Kopf hinhalten muß. Ich weise es wieder als unerhörte Beleidigung zurück, wenn Sie sich anmaßen, anderen Köpfen in der Bewegung indirekt den Vorwurf zu machen, daß sie nicht entschlossen seien, ihr ganzes Ich für den Bestand der Partei einzusetzen, besonders, wenn es sich dabei um Köpfe handelt, die diese Gesinnung schon bereits bekundet haben, als Sie selbst noch in einem ganz anderen Lager standen[41].

Ihren Vorwurf von Voreingenommenheit erledigen Sie durch Ihre eigene Voreingenommenheit. Aus Ihrem ganzen Schreiben ersehe ich laufend nur eines, daß es in Baden einen Mann gibt, der, ich glaube, anders als voreingenommen überhaupt nicht zu denken vermag, und dieser Mann heißt Parteigenosse Friedrich. Er sieht in jedem einen Feind, wittert in jedem einen Verräter, fühlt bei jedem eine Denunziation, ahnt in allem einen Hinterhalt und weiß, daß jeder ihn in München angeschwärzt hat. Würde es nicht der Parteigenosse Friedrich sein, sondern ein mir Unbekannter, würde ich dies als den Ausdruck eines schlechten Gewissens bezeichnen. So rechne ich Ihnen dies als eben dieselbe Krankheit an, die diese Krankheit Sie bei anderen ersehen läßt. Ich weise weiter zurück den Vorwurf der Überheblichkeit. Jeder Mann, der eine Arbeit leistet, wird und kann mit Recht stolz auf sie sein. Es ist in meinen Augen Überheblichkeit, die geleistete Arbeit anderer nicht sehen zu können und nur immer seine eigene zu bemerken. Diese Art von Überheblichkeit spricht aus jeder Zeile Ihrer Briefe heraus. Sie sehen nur Ihre politische Laufbahn, Sie sehen nur Ihre Kämpfe. Sie sehen nur Ihre Sorgen, Sie sehen nur Ihr Recht und in nicht einem Brief nehmen Sie Rücksicht auf die analogen Verhältnisse bei allen anderen ebenfalls.

Unter tausend Briefen, die ich hier vorgelegt erhalte, befindet sich höchstens einer, der diese Größe der Überheblichkeit immer wieder aufweist. Er ist stets unterschrieben mit Parteigenosse Friedrich aus Baden. Sie beklagen sich weiter über die Rücksichtslosigkeit der Ihnen vorgesetzten Dienststellen. Sie werden persönlich am wenigsten Grund haben, ausgerechnet hier Richter über andere zu sein. Es ist rücksichtslos, anderen Menschen die Zeit wegzustehlen durch ewige Flunkereien, durch Hirngespinste, durch Stänker-Briefe usw. Es ist rücksichtslos, andere zu beschuldigen, daß sie die Wahrheit verhinderten, zum Führer zu kommen. Es ist weiter rücksichtslos, vom Führer zu erwarten, daß er den Tag auf 48 Stunden verlängert, um einen solchen, nur persönlichen Mist zu erledigen, an dem die Bewegung nicht das geringste Interesse hat. Würden die Parteigenossen wissen, mit was für immer nur persönlichem Zeug Sie den Leitern der Bewegung die Zeit wegstehlen, dann bekämen Sie eine sehr entsprechende [!] Antwort auf diese Rücksichtslosigkeit. Es ist weiter auch rücksichtslos, wenn man andere Parteigenossen bedroht oder gar mißhandelt, oder es ist endlich rücksichtslos, wenn man falsche Gerüchte entweder ausstreut oder zum mindesten weitergibt, wie z. B. die Lüge, daß der Abgeordnete Straßer in Sachsen mit weißer Weste und schwarzem Frack mit fürstlichen Damen und Herren zechte, während andere, also wieder Sie natürlich, Herr Parteigenosse, den Kopf hinhalten[42]. Parteigenosse Straßer hat für diese Idee gekämpft und geblutet, als Sie noch gar keine Ahnung hatten, daß man auch für so etwas kämpfen kann! Der Einsatz der Persönlichkeit und sogar des eigenen Lebens, den Parteigenosse Straßer schon 1923 soundsooft vollzogen hat, ist aber natürlich auch etwas, was den Parteigenossen Friedrich nicht hindert, sein eigenes Ich allein über die Gebühr zu sehen.

Zur Sache selbst möchte ich nun folgendes betonen: Die Organisation der nationalsozialistischen Bewegung kennt keine Ausnahmen. Der Parteigenosse Friedrich ist nicht wertvoller als irgendein anderer Parteigenosse. Was jeder von uns, einschließlich meiner Person, tut, hat gefälligst der Parteigenosse Friedrich ebenfalls zu können. Wenn der Parteigenosse Friedrich glaubt, für sich aber besondere Statuten beanspruchen zu können, so müßte er dies in der nächsten Generalmitgliederversammlung eben zum Vorschlag bringen, etwa so, daß das, was für 140.000 Parteigenossen gut ist, dem Herrn Parteigenossen Friedrich, weil als zu schlecht, nicht zugemutet werden kann. Solange aber in der Partei gleiches Recht für alle gilt, gilt es auch für Sie. Ihre Erklärung, daß Sie sich irgendeinem für Sie zuständigen Untersuchungs- und Schlichtungsausschuß nicht fügen, nehme ich deshalb nicht zur Kenntnis. Mit demselben Recht, mit dem Sie sich Ihrem Uschla nicht fügen, könnte jeder andere Parteigenosse auch den seinen ablehnen. Der Parteigenosse Friedrich aus Baden hat keine Extrawurst in der Partei, sondern er tut genau dasselbe, was jeder andere zu tun hat. Kann der Parteigenosse Friedrich sich dieser selbstverständlichen Voraussetzung jeder Organisation nicht fügen, dann muß er aus der Organisation austreten und kann dann meinetwegen eine eigene gründen, in der der oberste Leitsatz dann heißen wird: Hier kann jeder tun, was er mag.

Für die NSDAP verbiete [sic!] ich mir jedenfalls eine solche Auffassung. Ich habe Ihnen nun folgendes zu eröffnen:

1. Ich verbiete Ihnen, auch weiterhin unter Umgehung Ihrer vorgesetzten Dienststellen noch einmal einen Brief an die Zentrale zu richten.

2. Ich verlange, daß Sie sich bedingungslos, wie jeder andere Parteigenosse, Ihren vorgesetzten Dienststellen unterordnen.

3. Ich verbiete Ihnen die weitere Verbreitung von Gerüchten oder, wie im Falle Straßer, von Lügen über die Partei oder einzelne Führer.

Ich verwarne Sie hiermit und teile Ihnen mit, daß, wenn eine dieser Bedingungen nicht erfüllt wird oder ich Klagen bekomme, damit sofort Ihr Ausschluß aus der Partei stattfindet.

Ich habe mich zu diesem langen Schreiben, entgegen meiner sonstigen Gewohnheit, nur entschlossen, weil ich annehme, daß es sich um einen Parteigenossen handelt, der irgendwo im Innern trotz allem ein gutes Herz hat und der nur durch sein Wesen und sein Temperament in Konflikte gerät. Sorgen Sie selbst dafür, daß diese meine Meinung nicht zuschanden wird.

Heil
Gez. Hitler«[43]

Gegen Ende des Jahres 1929 setzte sich Hitler mit den massiven Angriffen des Vorsitzenden der Bayerischen Volkspartei (BVP), Dr. Fritz

Schäffer, auseinander[44]. Dieser hatte in einem Wahlaufruf vom 4. Dezember 1929 erklärt:

»Der Nationalsozialismus ist, wie sein Wort sagt, Nationalismus und Sozialismus. Er ist unser Feind, weil der Sozialismus unser Feind ist. Er ist aber auch unser Feind, weil dieser chauvinistische und unchristliche Nationalismus, der sich an der Phrase berauscht, keine aufbauenden Kräfte enthält, sondern die nationalen Kräfte der Deutschen vollends zerreißt. So hat sich die Bayerische Volkspartei dem marxistischen und dem nationalistischen Sozialismus und allen ihren Schleppenträgern zum Kampf gestellt. Anscheinend zwei Fronten, in Wirklichkeit nur eine Front.«[45]

Diese Kampfansage mußte von Hitler erwidert werden. Am 7. Dezember erschien unter dem Titel *»Die Rettung des Marxismus durch das Bürgertum«* Hitlers Replik im *Völkischen Beobachter* (siehe Dokument I). Es handelt sich hierbei wohl um die ausführlichste Entgegnung Hitlers an einen Politiker einer anderen Partei. Dr. Joseph Goebbels notierte anschließend in sein Tagebuch: *»Hitlers Brief an den Führer der Bayerischen Volkspartei Schäffer. Im Inhalt wieder hervorragend, im Stil nicht so ausgefeilt wie der an Herrn von Soden.«[46]*

Noch kurz vor der Machtübernahme Adolf Hitlers, am 19. November 1932, befragte Reichspräsident von Hindenburg Fritz Schäffer zur Person Hitlers und die Haltung der NSDAP über eine Regierungsbildung. Schäffer erwiderte darauf: *»Ich selbst beurteile den Charakter und die Person Hitlers nicht ungünstig. Die Gefahr liegt weniger in der Person Hitlers als in seiner Umgebung ... Hitler persönlich hat zweifellos etwas gelernt ... Meine politischen Freunde würden von einer Kanzlerschaft Hitlers nicht sehr erfreut sein, aber um der Einigung willen würden wir alle persönlichen Fragen zurückstellen.«[47]*

Am 28. Januar 1933 konferierte Franz von Papen mit Staatsrat Schäffer, welcher sofort erklärte, daß sowohl er wie auch Brüning bereit seien, als Minister in ein Kabinett Hitler einzutreten. Augenscheinlich hatte Schäffer einen eklatanten Gesinnungswandel vollzogen. Im Februar 1933 aber hatte er in Forchheim erklärt, ein eventueller Reichskommissar für Bayern werde an der Grenze verhaftet werden[48]. In einer Wahlrede am 24. Februar in den Münchener Ausstellungshallen ging Hitler darauf ein:

»Wenn auch der eine oder andere heute meint, eine Mainlinie androhen zu müssen, so ist das nicht bayerisch oder süddeutsch, sondern die Politik einer Partei. Diese Politik gibt es nicht mehr, im Gegenteil, wenn

je wieder diese Frage aufgerollt werden sollte, dann wird aus Bayern selbst ein solcher Versuch zerbrochen und zerschlagen werden. Und Sie mögen eines zur Kenntnis nehmen: Ich selbst bin meinem Herkommen nach, meiner Geburt und meiner Abstammung nach ein Bajuware. Zum erstenmal seit der Gründung des Reiches ist die Würde Bismarcks in die Hände eines Bayern gelegt worden. Ich halte mich, so wahr mir Gott helfe, dafür verantwortlich, daß nichts, was unter der Betrauung mit dieser Würde wurde, jemals wieder zerfällt.«[49]

Am 4. Juli 1933 beschloß die BVP ihre Selbstauflösung.

Es gelang Hitler – auch mit dem Mittel des Gerichtsprozesses – alle diese Gegner letztlich zu überwinden. Er war moderner, einfallsreicher und verschlagener als sie alle. Und er besaß den blinden Glauben daran, einst zu denen zu gehören, die Geschichte machen. Völlig unberührt von den Katastrophen rings um ihn herum, zeichnete er Mitte der zwanziger Jahre, als Führer einer unbedeutenden politischen Bewegung, in seinem Skizzenbuch antikisierende Repräsentationsarchitektur, gewaltige Kuppelhallen und Triumphbögen, welche er einst zu errichten gedachte, untrügliches Zeichen dafür, daß ihm, aller marginalen Bedeutung zum Trotz, die Erwartung einer großen Zukunft innewohnte. Inmitten einer Fahrt durch eine jubelnde via triumphalis seiner Anhänger bekannte er wenig später, daran zu glauben, daß er ein Werkzeug Gottes sei, dazu ausersehen, Deutschland zu retten[50].

»Hitler bedroht Kronprinz Rupprecht.«

Die Auseinandersetzung mit dem Monarchisten
Joseph Graf Soden-Fraunhofen

Die bezeichnende Wendung, mit der ein scharfsinniger Beobachter die Ernennung Hitlers zum Reichskanzler kommentierte, war auch die Grundstimmung eines großen Teiles des deutschen Hochadels, die in Hitler lediglich einen Parvenu erkennen konnten. *»Der Landstreicher, der Mensch, der es vor 1914 zu nichts gebracht hat«, so hieß es darin, »›der unbekannte Soldat‹ des großen Krieges, der Redner der Münchener Brauhäuser der Nachkriegszeit, oft genug verspottet, der Anhänger einer Partei, die nur sieben Mitglieder zählte, ist an der Macht und mit ihm die Bewegung, die er ins Leben gerufen hat und die dreizehn Millionen Deutsche umfaßt.«*[1]

Etliche Monarchisten erhofften sich von Adolf Hitler eine Restauration der monarchischen Regierungsform. Doch sie täuschten sich alle in ihm. Nur wenige aus den Reihen der organisierten Monarchisten, gleichgültig, ob sie nun Anhänger des Hauses Hohenzollern oder der Wittelsbacher waren, wagten es, Hitler die Stirne zu bieten.

Einer dieser wenigen, Joseph Maria Graf von Soden-Fraunhofen, wurde am 30. Mai 1883 in Neufraunhofen unweit von Landshut geboren. Sein Vater, Freiherr Maximilian Maria von Soden, war Abgeordneter des Deutschen Reichstages, königlich-bayerischer Kämmerer, Reichsrat der Krone Bayerns und Präsident des Bayerischen Landwirtschaftsrates, später sogar Innenminister. Überdies begründete er den Bayerischen Raiffeisenverein.

Der junge Joseph bestand am Ende der vierten Klasse des Gymnasiums die Aufnahmeprüfung in die königliche Pagerie; so öffneten sich die Tore des Maximilianeums in München für den 13jährigen »königlichen Edelknaben«. Nach dem Abitur begann eine zweijährige Dienstzeit als Soldat der Artillerie, woran sich das Jurastudium in München und Grenoble anschloß. 1911 trat er für ein kurzes Intermezzo in das

98

bayerische Staatsministerium des Inneren ein, wurde dann jedoch als Legationssekretär zweiter Klasse der königlich-bayerischen Gesandtschaft am Hof in Berlin zugeteilt. Bei Kriegsausbruch verwendete man ihn zunächst als Ordonnanzoffizier einer Infanteriebrigade, er wurde verwundet doch schon 1915 beendete eine Krankheit die kurze militärische Laufbahn des Grafen. Graf Soden kehrte in sein Berliner Vorkriegsamt zurück.

Als Referent des Grafen Clemens Podewils nahm er an den Friedensverhandlungen mit den Russen in Brest-Litowsk teil. Mit Wirkung vom 1. Januar 1919 wurde er Regierungsassessor im bayerischen Innenministerium, verweigerte der Räterepublik jedoch seine Dienste und begab sich mit der »halboffiziellen« bayerischen Regierung des sozialdemokratischen Ministerpräsidenten Hoffmann ins »Exil« nach Bamberg, wo er die Polizeiabteilung leitete. Nachdem die Regierung wieder nach München zurückkehren konnte, führte Graf Soden die »Polizeistelle Nordbayern«, die aber schon im Oktober 1921 aufgelöst wurde. Mit dem bayerischen Kronprinzen Rupprecht bereits in engster Verbindung stehend, stellte sich von Soden dem Wehrverband »Bayern und Reich« des an anderer Stelle bereits erwähnten Dr. Otto Pittinger zur Verfügung[2]. Schon bald avancierte Soden zum Kabinettschef des Kronprinzen mit Sitz im Leuchtenberg-Palais nahe des geschichtsträchtigen Odeonsplatzes in München.

Zu seinen Aufgaben gehörte im wesentlichen die Korrespondenz seines Herrn zu führen, im besonderen aber mitzuhelfen, die Wiederkehr der Monarchie politisch vorzubereiten. In dieser Eigenschaft verkehrte er mit Persönlichkeiten der unterschiedlichsten Couleur, so mit Kardinal Faulhaber, dem Kulturmorphologen Oswald Spengler oder dem einflußreichen Hauptmann der Reichswehr Ernst Röhm. Auch den Hitlerputsch erlebte er unmittelbar mit[3].

Am Abend des 9. November 1923 hatten sich im Bürgerbräukeller die bayerisch-konservativen Kreise und de facto alles, was in München Rang und Namen hatte versammelt, unter ihnen Graf Soden-Fraunhofen. Noch während der Kundgebung wurde er aus dem Saal gebeten, von Rudolf Heß, dem nachmaligen »Stellvertreter des Führers« verhaftet und als Geisel in das Haus des Verlegers Lehmann nach Großhesselohe gebracht[4]. Heß, so Soden, habe auf ihn »einen sympathischen und angenehmen Eindruck« gemacht[5]. Die Gründe für Sodens Verhaftung sind heute nicht mehr nachzuvollziehen, doch hielten ihn zahlreiche Nationalsozialisten für einen »Sendling des Vatikans«.

Kronprinz Rupprecht soll nach Ansicht des Historikers Alfons Beckenbauer bereits im Jahre 1919 eine Unterredung mit Hitler gehabt haben[6]. Hält man sich allerdings vor Augen, daß Hitler erst im September 1919 als unbekannter Mann der Splittergruppe Deutsche Arbeiterpartei, von der kaum ein Mensch Notiz nahm und die völlig unbedeutend war, beigetreten ist, so kann man an dieser Behauptung erhebliche Zweifel haben. Erst ab dem Frühjahr 1922 sind intensivere Kontaktaufnahmen der NSDAP zu Rupprecht zu verzeichnen. Es geschah dies vorwiegend über die Unterhändler Max Erwin von Scheubner-Richter, Ernst Pöhner, Ritter von Epp und Ernst Röhm, die meist auf Geheiß Ludendorffs handelten[7].

Röhm soll sich laut Soden mit hocherhobenen, gefalteten Händen vor Rupprecht auf die Knie geworfen und den Kronprinzen angefleht haben, sich für Hitler einzusetzen[8]. Kennt man jedoch die Charakterstruktur des umtriebigen späteren Stabschefs der SA Röhm, so wird man auch diese Behauptung Graf Sodens getrost in das Reich der Fabel verweisen dürfen. Angeblich soll es Anfang 1925 auch zu einer persönlichen Unterredung Hitlers mit Graf Soden gekommen sein. Diese Zusammenkunft soll in der Münchener Wohnung des Polizeipräsidenten Ernst Pöhner stattgefunden haben. Auch hieran darf man jedoch erhebliche Zweifel haben, findet sich doch nirgends ein gesicherter Beleg für ein derartiges Treffen. Zu Beginn des Gesprächs soll sich Hitler für Sodens Festnahme im November 1923 entschuldigt haben; er habe diese nicht angeordnet.

»Zunächst sprach er in ruhigem Ton«, so Graf Soden, *»wurde dann aber immer lauter und aufgeregter, bis er schließlich, schreiend und gestikulierend, im Zimmer auf- und abrannte und an mich eine Volksrede hielt ... Ich kann dem nur noch beifügen, daß mich an Hitler besonders sein ungesunder Blick aus Augen wie Fischaugen anwiderte.«*[9] *»Der Kerl ist vollkommen verrückt«*, so Sodens Resümee.

Die deutschen Reparationsverpflichtungen nach dem Versailler Friedensdiktat wurden 1924 im Dawes-Plan vorläufig geregelt. 1929 manifestierten sich dieselben im sogenannten Young-Plan, benannt nach Owen D. Young, dem Vorsitzenden des Sachverständigenausschusses zur Reparationsfrage. Gegen diesen Plan konstituierte sich im Sommer 1929 ein »Reichsausschuß für das deutsche Volksbegehren«, initiiert von der DNVP, dem Stahlhelm – Bund der Frontsoldaten, dem Alldeutschen Verband und der NSDAP. Dieser Reichsausschuß legte den Entwurf eines »Gesetzes gegen die Versklavung des deutschen

Volkes« vor; 4139000 Menschen, das sind 10,6% der Wahlberechtigten, unterzeichneten das Volksbegehren. Der Reichstag jedoch lehnte den Gesetzentwurf ab. Für Hitlers Partei war dieses Volksbegehren immens wichtig, brachte es ihn und seine Bewegung doch zum ersten Mal in Verbindung mit einflußreichen Finanzkreisen und dem Hugenberg-schen Medienkonzern.

In der *Münchener Telegramm Zeitung* vom 24. Oktober 1929 erschien dann unter der Überschrift *»Kronprinz Rupprecht gegen das Volksbegehren«* eine Erklärung des Martin Loibl, der für die Bayerische Volkspartei im Reichstag saß und der berichtete, daß Rupprecht das Volksbegehren nicht unterzeichnen wolle. Hitler versuchte daraufhin vergeblich mit Hilfe des Kunstmalers Karl Reichel, den bayerischen Kronprinzen dennoch zu einer Stellungnahme *pro* Volksbegehren zu bewegen. Reichel hatte Kronprinz Rupprecht nach seiner Flucht aus Bayern Anfang 1919 auf seinem Gut bei Micheldorf aufgenommen, stand jetzt aber der NSDAP und Hitler nahe. Er wurde daraufhin vom Chef der Hof- und Vermögensverwaltung des Kronprinzen Rupprecht und Vorsitzenden des Wittelsbacher Ausgleichsfonds Prinz zu Oettingen-Wallerstein empfangen und forderte diesen auf, seinen Herrn dazu zu bewegen, eine Erklärung gegen Loibl abzugeben[10].

Im gleichen Sinne sprachen Reichel und der Führer des bayerischen »Stahlhelms« Ritter von Lenz bei Graf Soden vor. Reichel soll während eines Telefonates mit Soden geäußert habe, erfolge keine Erklärung des Kronprinzen, so werde die NSDAP all ihre Machtmittel benutzen, die Monarchie öffentlich zu bekämpfen. Graf Soden hängte den Telefonhörer ein. Es scheint, daß Reichel die ihm von Hitler übertragenen Kompetenzen erheblich überschritten hat, denn eine solche Aussage kann nicht im Sinne des Parteichefs gelegen haben, der sich genau zu jener Zeit darum bemühte, *alle* Volksschichten für den Nationalsozialismus zu gewinnen. Am 1. November 1929 erschien in besagtem Blatt ein Artikel von Chefredakteur Karl Rabe *»Hitler bedroht den Kronprinzen Rupprecht – Ein Ultimatum der Nationalsozialisten.«*[11] Adolf Hitler war außer sich und berief für den 6. November 1929 eine Versammlung in den Bürgerbräukeller ein, wo er vor 3000 Menschen über *Kabinettspolitik und Volksbegehren – eine Antwort an den Grafen Soden* sprach[12].

Am nächsten Tage erschien im *VB* eine Sondernummer *Offener Brief Adolf Hitlers an den Grafen Soden*, welcher eines der radikalsten Hitler-Dokumente aus der »Kampfzeit« darstellt:

»Herr Graf Soden,
Sie haben sich, Herr Graf, als Kabinettschef seiner Kgl. Hoheit des Kronprinzen Rupprecht von Bayern veranlaßt gesehen, mich in der ›Münchner Telegramm Zeitung‹ persönlich auf das schwerste anzugreifen, zu verdächtigen und zu verleumden. Das nachfolgende ist meine Entgegnung und meine Rechtfertigung. Wenn ich mich nunmehr als Einleitung mit dem Young-Plan sowie den Gründen meiner Ablehnung dieses Ediktes beschäftige, dann geschieht es, weil in ihm ja auch der Anlaß für den von Ihnen begonnenen Kampf zu suchen ist. Ich sage ausdrücklich: nur der Anlaß, denn die Ursache liegt natürlich tiefer.

Als im November 1918, vorbereitet durch die zersetzende Tätigkeit sozialdemokratischer Minierarbeit und bewegt von den lügenhaften Versicherungen marxistisch-demokratischer und zentrümlerischer Parteiführer unser Volk die Waffen niederlegte, begab es sich auf eine Bahn, die nur nach unten führen konnte. Mit der Unterzeichnung des Waffenstillstandsvertrages verzichtete man zum ersten Mal auf die Sicherung des Bestehens unseres Volkes und Reiches durch Mittel eigener Kraft und setzte an Stelle dessen die Hoffnungen auf fremde Versicherungen, Erklärungen, auf ein fiktives Recht – und nicht zum letzten – auf die eigene Unschuld sowie auf den redlichen Vorsatz, in Zukunft noch mehr als früher der Welt ein Beispiel und Vorbild friedlicher Gesinnung geben zu wollen.

Den Warnern hielt man entgegen, daß, nachdem die Waffe die Freiheit nicht zu sichern vermocht hätte, nunmehr die Arbeit an ihre Stelle treten müßte. Fleißige, hingebungsvolle Arbeit, Sparsamkeit und Opferwilligkeit sollten nicht nur die Mittel zur Befriedigung der feindlichen Ansprüche schaffen, sondern die feindlichen Völker und deren Regierungen allmählich überzeugen, daß das kommende Deutschland den früheren Gedankengängen von der Notwendigkeit der Macht, endgültig entsagt habe und deshalb einer anderen Behandlung würdig sei als das überwundene. ›Durch Arbeit zur Freiheit‹ sollte die Parole dieses kommenden Deutschlands sein. Die neue Parole wurde von Millionen sehender Deutschen sofort als wahnwitzig und verhängnisvoll erkannt. Sie widersprach jeder bisherigen historischen Erfahrung. Nicht einen einzigen Fall vermag uns die Geschichte in den halbwegs übersehbaren letzten siebentausend Jahren zu zeigen, in dem ein Volk auf dem Wege friedsamer Erfüllung feindlicher Ansprüche wieder zur Freiheit gekommen wäre.

Statt dessen lehrt uns die Geschichte unzweideutig, daß Völker, die eine gewisse Zeit Tribute leisteten, sich an diese Leistung ebensosehr gewöhnten, wie die Empfänger der Tribute an den Empfang. Ja, im Laufe der Zeit *empfindet der Sieger die Fortdauer der Tributleistung ebensosehr als sein ›Recht‹, wie sie umgekehrt das tributäre Volk infolge des Fehlens der Macht zu Rechtlosigkeit verdammt und damit aber auch innerlich langsam entkräftet. Denn so, wie jedes Recht an eine Macht gebunden ist, führt jede auf die Dauer ertragene Entrechtung auch zu einer inneren Machtschwächung. Solche Völker gehen im Sklavensinn unter. Ihre Tributleistung prägt ihnen auch seelisch und geistig den Stempel der Hörigkeit auf. Der hörige Sinn aber macht sie immer noch reifer für die Ertragung ihres Joches. Wenn daher Völker widerspruchslos sich erst einmal zu dem Gedanken bekennen, durch Tributleistung zur Freiheit gelangen zu können, wird dieser Gedanke zu ihrem Verhängnis. Am Ende steht dann eine Sklavenmasse vor uns, die schon infolge ihres Sinns und Wesens die Freiheit gar nicht mehr verdient!*

Zusammenbrechende Völker werden ihren Sturz natürlich immer gewissen Ursachen zuschreiben können. Immer wird irgend jemand verantwortlich sein für den Verfall. Liegt der Grund in der ungenügenden Rüstung, so sind militärisch unzulängliche Erscheinungen dafür verantwortlich und müssen beseitigt und durch bessere ersetzt werden. Ist ein Volk in seinem allgemeinen Leichtsinn schuld am Unglück, ist die Regierung verpflichtet, diesen Leichtsinn zu beheben und, wenn nötig, mit Rutenschlägen auszutreiben.

Sind aber Regierungen selbst oder auch Regierungssysteme die verantwortlichen Vernichter eines Reiches, dann muß sich das Volk ihrer entledigen und für einen besseren Ersatz Sorge tragen. Berufen für diese Reinigung sind dann alle diejenigen, die in sich den besseren Charakter des Volkes verkörpern und die Kraft und Fähigkeit zu dieser Mission besitzen. Verantwortlich sind damit aber jene, die sich diese Fähigkeiten und Tugenden vereinigen, weil sie dann verpflichtet sind zur Erfüllung dieser Aufgabe. Wenn Völker sich nach außen einer unwürdigen sklavischen Haltung befleißigen, ist es Pflicht ihrer besseren Kräfte, einer solchen Gesinnung äußersten Widerstand entgegenzusetzen, damit nicht der Fehler der tatlosen Unterwerfung nach außen zum selben Fehler im Inneren führe.

Denn so wie es falsch ist, zu meinen, daß unterwürfige Demut und duldige Arbeit den Sinn äußerer Bedrücker ändert und zur Nachgiebigkeit mildert, so aber ebenso unrichtig, im Innern zu glauben, daß Nachgiebigkeit und geduldige Erfüllung seiner staatsbürgerlichen Pflichten im Sinne des unterwürfigen Tragens seiner Steuerlasten schlechte Regierungsgrundsätze zu besseren verwandeln, schlechte Systeme in gute oder schlechte Menschen in anständige umgestalten könnte. So wie es nach

*außen nur die Möglichkeit des Kampfes gibt, so auch im Innern. Die Waf-
fen können dabei verschieden sein, doch müssen sie es nicht! Unter-
würfigkeit einem schlechten Regierungssystem im Innern gegenüber,
kann zu gar nichts anderem führen als zur zusammenaddierten Unter-
würfigkeit auch nach außen. Starker Freiheitsdrang und Nationalstolz
eines Volkes äußern sich innen und außen gleich.*

*Es hat deshalb in einem Volk keiner ein Recht, über die Versklavung
nach außen zu jammern oder den mangelnden Mut des Widerstandes zu
beklagen, der nicht im Innern mutig den Erscheinungen des Verfalls ebenfalls den Kampf ansagt. Und jene ›Klugheit‹, die in der Nachgiebigkeit
nach außen liegen soll und die ein Clausewitz einst als Feigheit kennzeich-
nete, ist auch im Innern genau so zu brandmarken: Die Klugheit nämlich,
sich Zuständen zu fügen, die an sich verderblich sind, aber vom augenblicklich Stärkeren ausgehen. Daß der Klügere nachgibt, war zu allen Zeiten ein Kompliment des Feiglings zum Schwächling oder umgekehrt.*

*Wenn Völker sich einer fremden Unterdrückung fügen, wird dies ohne
allen Widerspruch natürlich niemals abgehen. Die Verfechter der Unterwerfung aber haben den Versuch des Widerstandes immer damit abgetan,
daß sie weniger die Notwendigkeit eines solchen bestritten als die Zeit
und den Anlaß hierfür ›als nicht gegeben‹ erachteten.*

*Es klingt gut und männlich, dann zu sagen, daß man natürlich eben-
falls für den Kampf sei, aber nur in einem anderen Augenblick. Für den
Feigling kommt erfahrungsgemäß dieser Augenblick ja doch niemals.
Fast nie kann der Erfolg eines Kampfes im voraus mit Sicherheit berechnet werden. Ja, die Größe eines Sieges liegt nicht zum letzten in der Größe
der Widerstände, die überwunden worden waren … Man streiche doch
aus der Weltgeschichte alle im Erfolg fraglichen Kämpfe, und die größten Siege der Menschheit [sic!] wären nie erfochten worden.*

*Der Schwächling wird dabei immer gerade seine Zeit und seinen
Augenblick als ungeeignet für den Beginn eines Widerstandes empfinden
und feststellen und statt dessen mit Bedauern bemerken, daß die Vergangenheit den günstigen Moment versäumt und er demgemäß erst wieder
in der Zukunft eingeholt und gutgemacht werden könne. Er wird Anläs-
se unerträglicher Art an sich stets verdammen, aber nie in ihnen die
Berechtigung oder gar die Pflicht zum Beginn eines Widerstandes sehen
wollen. Und wird jemand trotz alledem einen solchen Widerstand fordern, dann wird er feierlichst – wenn die Notwendigkeit des Widerstandes an sich gar nicht mehr bestritten werden kann – zumindest die
›Methode‹ als verfehlt bezeichnen und deutlich sichtbar von ihr ab-*

rücken. Alles in allem genommen aber wird aus solchen Herzen heraus niemals einer Nation die Kraft zur Abschüttelung eines fremden Joches zufließen. Immer werden sie die Träger der Verzagtheit und der Erfüllung sein. Sie zu überwinden ist die innere Voraussetzung für die Überwindung des äußeren Feindes. Heute ist der deutsche Geist, die deutsche Seele, aber auch der deutsche Wille und damit auch die deutsche Kraft im Innern gefesselt. Wer diese Ketten bricht, schafft erst das gewaltige Element zum Kampf nach außen.

Die Frage, ob nun ein gewisser Zustand des Verfalls oder der Unterdrückung einen berechtigten Anlaß zum Widerstande ergebe, wird von Schwächlingen stets und immer verneinend beantwortet werden. Denn sowie erst einmal der Nacken unnötigerweise gebeugt wurde, lassen sich nur zu leicht Gründe finden, daß nach Ertragung der ersten Demütigung der Widerstand wegen einer zweiten wenig Sinn mehr habe. Ist die Unterwerfung aber ein zweitesmal vollzogen, so sind in den Augen des Schwächlings die Bedenken gegen ein Aufbäumen bei einem dritten Anlaß nur noch mehr berechtigt. Und so steigert jede Unterwerfung die Bereitwilligkeit zu weiteren, da die Größe der bisher gebrachten Opfer stets erneut abgewogen wird und dann immer mehr gegen die Aufnahme des Kampfes wegen eines einzelnen weiteren Opfers spricht.

Wenn nun Regierungen diesen Weg einschlagen, darf ihnen das Volk nicht folgen. Es ist dann Pflicht und Schuldigkeit aller einsichtigen und mutvollen Menschen, eine solche Entwicklung zu verhindern. Und sie dürfen, was sie dann der Regierung im Großen vorwerfen, nicht im Innern selbst wiederholen. Sie dürfen niemals ›die Zeit als nicht gegeben‹ oder die ›Methoden als nicht richtig‹ ansehen, wenn der Anlaß an sich gebieterisch nach einem Eingriff schreit! Seit zehn Jahren hat Deutschland ein Verdikt nach dem anderen entgegengenommen.

Es ist eine Lüge unsrer offiziellen Regierungspropaganda, es so hinzustellen, als ob sich im Laufe dieser Zeit die Lasten etwa verringert hätten. Das Gegenteil davon ist wahr. Erst schloß man den Waffenstillstand auf der Basis der vierzehn Punkte eines Wilson. Dann forderte man eine ›Wiedergutmachung‹, die damals mit 30 bis 40 Milliarden angegeben wurde. Bis zum Dawes-Pakt erhöhte sich diese Forderung schon auf über 100 Milliarden. Im Young-Plan erreicht die zu unterzeichnende Verpflichtung bereits 138 Milliarden. Das heißt, die laufende Auspressung Deutschlands der letzten zehn Jahre hat unsere Verpflichtungen nicht vermindert, sondern dauernd erhöht Es ist der größte geschichtliche Beweis dafür, daß eine politische Schuld durch Arbeit überhaupt nicht

*abgetragen werden kann. Ebenso ist es eine Lüge, daß Deutschland fähig
sei, diese Lasten auch nur zu tragen.*

*Was unser Volk bisher an Tributen leistete, kam nicht aus seinem Ein-
kommen, sondern aus seiner Verschuldung. Die Annahme des Young-
Planes bedeutet die langsame Veräußerung des gesamten deutschen
Nationalvermögens. Das Endergebnis wird nicht nur die Unmöglichkeit
der Erfüllung dieses Vertrages sein, sondern zugleich eine ewige Zinsbe-
lastung unseres Volkes aus Anleihen, die als Hypotheken auf unserem
Nationalvermögen lasten. Das deutsche Volk wird unter dieser Robotar-
beit und an diesen Zehnten zugrunde gehen.*

*Aber nicht nur wirtschaftlich ist dieser Vertrag unerfüllbar, er ist vor
allem politisch unerträglich. 11 Jahre nach Kriegsende, in einer Zeit, da
es vor aller Welt sonnenklar zu Tage liegt, daß Deutschland nicht schuld
gewesen sein kann am Kriege, soll erneut auf der Basis der gemeinsten
und verkommensten Selbstbezichtigung aller Zeiten ein Vertrag abgeschlossen werden, der Kind und Kindeskinder bis in die fernste Zukunft
zu Hörigen stempelt. Wir erwarten von den heute Regierenden nichts
anderes, als daß sie diesen Vertrag unserem Volke empfehlen und selbst
unterzeichnen.*

*Wer im Jahre 1918 unter dem Satze, daß die deutschen Fahnen nicht
mehr siegreich aus dem Krieg zurückkehren dürfen, unser Volk entwaff-
nete und wehrlos der internationalen Hochfinanz preisgab, kann heute
nicht seine machtpolitische Wiederauferstehung wünschen. Sie wollen
unser Volk wirtschaftlich und seelisch zu weißen Weltnegern* [sic!]
*machen. Das ist das Ziel der jüdischen Rasse, die heute über Deutschland
herrscht. Im Dienste der Verwirklichung dieses Zieles sehen wir nun in
Deutschland eine Koalition, die von der Sozialdemokratie bis zur Deutschen Volkspartei reicht. Es ist notwendig, Herr Graf Soden, die Front
derer, die für den Young-Plan kämpfen und aus deren innerster, seeli-
scher und geistiger Verfassung er erwachsen ist, kurz zu kennzeichnen:*

*a) Die sozialdemokratische Partei. Sie lehnt die heutige Gesellschafts-
ordnung ab, lehnt den Staat und seine gesitteten Einrichtungen ab. Sie
bekämpft in ihrer letzten Konsequenz jeglichen Glauben, ja, sie versucht
den Gottesbegriff an sich zu zerstören. Sie lehnt grundsätzlich die Monarchie als Staatsform ab, bezeichnet ihre Träger entweder als Verbrecher
oder Trottel, ihre Anhänger als reaktionäre Lumpen oder Idioten. Sie
protestiert gegen die Idee des Rechtes, der Selbstwehr und Verteidigung
und verschüttet alle Quellen, aus denen die Kraft zur nationalen Behauptung der Völker kommen kann. Sie leugnet die Bedeutung der Persön-*

106

lichkeit, verwünscht die Gesundheit des Blutes, tritt ein für Massenregiment und Blutverpestung! Sie zerstört die große Linie der Entwicklung unserer Kultur, verleugnet und bekämpft die geistigen Schöpfer derselben, besudelt alle großen Heroen volksgebundener Herkunft, mögen sie Dichter oder Denker, Staatsmänner oder Feldherren, Gelehrte oder Künstler, Könige, Fürsten oder Kaiser sein. Ihr Kampf gilt jeder gesunden Organisation, angefangen von der Familie bis zum Staat.

b) Die Deutsche Demokratische Partei. Sie ist in allem und jedem Wegbereiterin des Marxismus, sie deckt ihn und hofft mit ihm gemeinsam Nutznießerin des Verfalls der Völker sein zu können. In ihrem Finanzjudentum ist der geistige Kopf zu sehen, dem die marxistischen Fäuste die brachiale Gewalt liefern. Sozialdemokratie und Demokratie sind in Wirklichkeit eines und dasselbe, nur in ihrer Verschiedenartigkeit berechnet auf die Unterschiedlichkeit des Wissens, der Bildung des Charakters und der Stellung der Menschen! Nämlich, es kann für Sie nicht gleichgültig sein, wie sich diese beiden großen Gruppen zur Frage Monarchie oder Republik verhalten. Und da, Herr Graf, steht eines zweifelsfrei vor aller Welt fest: Sämtliche Parteien der Young-Front haben sich ohne Vorbehalte zumindest auf den Boden der Tatsachen gestellt und die Republik als die gegebene Staatsform eindeutig anerkannt. Ja, ein Teil dieser Parteien hat mitgeholfen, das Haus Wittelsbach vom Thron zu stoßen, während der andere die Tat als zu Recht geschehen bestätigt und entgegengenommen hat. Die Sozialdemokratie hat den Herrscherthron, dessen letztem Prätendenten Sie als Kabinettschef zugeteilt sind, zusammengeschlagen, die Bayerische Volkspartei aber sieht das neue Regiment als ›von Gott eingesetzte‹ und ›von Gott gewollte Obrigkeit‹ an. Daran, Herr Graf, kann alle Sophisterei und Wortklauberei nichts ändern! Demgegenüber stehen heute in der Front des Volksbegehrens diejenigen Verbände und Parteien, die entweder überhaupt die Monarchie als richtige Staatsform anerkennen oder zumindest die Revolution des Jahres 1918 verdammen und ihr Werk als nicht zu Recht bestehend ablehnen. Die nationalsozialistische Bewegung aber hat niemals einen Zweifel darüber gelassen, daß sie im Falle ihres Sieges die staatspolitischen Meuterer und Aufrührer des Jahres 1918 – und zwar die Führer und nicht die Geführten – in Haft nehmen und aburteilen lassen wird. Die nationalsozialistische Bewegung hat bisher die Frage Republik oder Monarchie nicht berührt, sie ist aber die erbittertste Feindin der Vernichter des alten Reiches und bekennt, daß sie ohne Vorurteil bei der Prüfung der Staatsform ausschließlich von Zweckmäßigkeitsgesichtspunkten ausgehen wird. Sie sieht in der Erhaltung unseres Volkstums den Zweck unseres Daseins sowie die Aufgabe dieser Partei. Staat und Staatsform haben nur diese Mission zu erfüllen und werden am Grade ihrer Vorzüglichkeit für diese Aufgabe gemessen.

Das, Herr Graf, sind die Tatsachen.

Obwohl ich nun persönlich der Auffassung bin, daß der Kampf gegen den Young-Plan eine Frage aufwirft, zu der jeder moralisch verpflichtet ist, Stellung zu nehmen, kann ich mir nun immerhin vorstellen, daß ein besorgter Kabinettschef seinem Könige oder einem Kronprinzen Neutralität anrät. ›Klug‹, Herr Graf, ist das natürlich nicht. Die Klugheit königlicher Ratgeber besteht eigentlich schon darin, den zu beratenden Herrn auf jene Kräfte aufmerksam zu machen, die nach menschlicher Einsicht die kommenden Träger der geschichtlichen Entwicklung sein werden. Das erfordert allerdings mehr als einen normalen Durchschnittsverstand. Wer diesen nicht besitzt, hat auch kaum den Instinkt, ihn woanders zu wittern. Im Gegenteil! Es war zu allen Zeiten so, daß die Beschränktheit zur Warnerin vor einem überlegenen Können wurde. Bei Fürsten inbesonders ist es nicht selten, daß eine wohlbestallte Umgebung das geruhsame Leben des kleinen Hofbetriebs den Aufregungen, die ein Kampf um Größeres mit sich bringt, vorzieht. Der Genuß der sicheren Hofpfründe eines nirgends anstoßenden Kronprätendenten ist für kleine Hofmarschälle wesentlich bekömmlicher als der Ruhm eines Kampfes um einen Thron, der seine Quittung statt aus der Privatschatulle vielleicht auch auf dem Schafott erhalten könnte!

Nun bin ich überzeugt, Herr Graf, daß Sie sich einbilden, ein vorzüglicher Verwalter der derzeitigen Güter Seiner Königlichen Hoheit zu sein, aber daß Sie auf keinen Fall berufen sind mitzuhelfen, dem Hause Wittelsbach erneut ein Land Bayern zu erobern. Das müßte aber eigentlich doch Ihre Aufgabe sein.

Ich, Herr Graf, bin nur ein Kämpfer für mein Volk. Sie sind Kabinettschef des letzten bayerischen Kronprätendenten und müßten eigentlich für diese Krone kämpfen. Ich weiß, daß Sie mir da im Geiste zur Antwort geben werden, daß Sie sich selbst dieser Aufgabe nicht gewachsen fühlen: Aber dann, verehrter Herr Kabinettschef, dürften Sie zumindest nicht verwirtschaften, was als Fonds für die Erfüllung dieses Zieles anderen übrig bleibt.

Was Sie, Herr Graf, getan haben, kann nicht von einem Kabinettschef, sondern höchstens von einem Haus-, Hof-, Küchen- und Kellerverwalter verantwortet werden. Es war, wie gesagt, nicht klug, Ihren hohen Herrn in einer Frage zur stillschweigenden Ablehnung zu veranlassen, deren Bejahung ihm zumindest jenen Deutschen erst recht nahegebracht haben würde, die den Bruch mit der alten Tradition noch nicht restlos vollzogen haben. Allein, da ein solcher Entschluß eine außerordentliche Fähigkeit der Beurteilung der Entwicklung der Zukunft voraussetzen würde und Ihnen, Herr Graf, diese Fähigkeiten ersichtlich fehlen, war es vielleicht richtig, Ihren königlichen Herrn, den Kronprinzen Rupprecht, zu bewegen, der Sache des Volksbegehrens für seine Person fernzubleiben.

Was Sie aber, Herr Graf Soden, unter gar keinen Umständen als Kabinettschef des Königs [sic!] tun durften, das war, das Gewicht des Namens des letzten Trägers [sic!] des Hauses Wittelsbach in die Waagschale jener Front zu werfen, die elf Jahre vorher den alten König vom Throne stieß, ja außer Landes jagte.

Ob Kronprinz Rupprecht für das Volksbegehren eintreten sollte oder nicht, kann verschieden beurteilt werden. Daß Sie, Herr Graf Soden, aber den Namen des Kronprinzen gegen das Volksbegehren auszuspielen den Mut hatten, stempelt Sie in meinen Augen zu einem ebenso unfähigen wie schädlichen Vertreter königlicher Interessen. Und der weitere Erfolg Ihrer Tätigkeit wird vor der Geschichte dereinst die Richtigkeit dieses meines Urteils noch bestätigen.

Ich stelle zunächst folgendes fest: Als ich davon erfuhr, daß Oberst von Lenz (nicht im Auftrag des Reichs- oder Landesausschusses für das Volksbegehren – denn dieses lag überhaupt noch gar nicht vor) versuchte, für die Ablehnung des Young-Planes die Namen bedeutender deutscher Männer auch aus Bayern zu erhalten und dabei an den Kronprinzen Rupprecht dachte, warnte ich davor, indem ich dies als nicht zweckmäßig bezeichnete[13]. Ich war überzeugt, daß bei der Mittelmäßigkeit der ratgebenden und verantwortlichen Umgebung des Kronprinzen die Folgen eines solchen Hervortretens nur ungünstige hätten sein können. Die Umgebung schien mir nicht aus dem Holz geschnitzt, um den aus einem solchen Vorgehen sicher kommenden Angriffen die notwendige Abwehr entgegenzusetzen. Ich habe deshalb vor diesem Verfahren gewarnt, und tatsächlich hat der Reichsausschuß auch mit dieser Sache nichts zu tun!

Obwohl Ihnen, Herr Graf, das ganz genau bekannt ist, schreiben Sie doch in Ihrem Artikel in der ›Münchener Telegramm Zeitung‹, durch ihren Mittelsmann Herrn Loibl, daß der Reichsausschuß an seine Königliche Hoheit herangetreten sei. Es ist dies die erste Unwahrheit! Ich brauche mich nicht über das famose Zusammenspiel, dem der Artikel des

Reichstagsabgeordneten Loibl die Geburt verdankt, hier auszulassen. Diese Zusammenhänge werden im Gerichtssaal aufgezeigt und beweisen, daß Sie den Träger des Namens Wittelsbach in den Dienst der demokratisch-marxistischen Kampffront gestellt haben. Es ist dies eine Erniedrigung, für die man Sie, wenn schon nicht guillotinieren, dann aber zumindest pensionieren sollte!

So kam jener einfach für unmöglich gehaltene Zustand, daß der Name des Kronprinzen von Bayern von marxistischen Schandblättern als Beweis für die Richtigkeit von deren Politik angeführt werden konnte.

Ich weiß nicht, Herr Graf, ob Sie die zahllosen Dokumente freudig erregter Zustimmung aus den gemeinsten Lumpenzeitungen, die wir in Deutschland überhaupt haben, auch Ihrem ›Hohen Herrn‹ zur gnädigen Einsicht unterbreitet haben. Ich weiß es nicht, aber ich glaube es kaum! Als ich von diesem Meisterwerk Ihrer Kabinettskunst, Graf Soden, durch eine Münchener Boulevardzeitung zum ersten Male Kenntnis erhielt, war ich natürlich empört und mit mir ungezählte andere. Und die Empörung hatte ihre Wurzel noch gar nicht in der Tatsache der Veröffentlichung dieser Auffassung des Kronprinzen an sich, als vielmehr in der Überzeugung, daß hier in unverantwortlicher Weise der Name des Königs [sic!] mißbraucht wurde. Denn wenn auch Kronprinz Rupprecht, angeregt durch Ihre Ratschläge und beeinflußt durch Ihren Vortrag, das Volksbegehren als nicht geeignet, weil aussichtslos, angesehen haben sollte, dann zweifelte doch von uns allen keiner auch nur eine Sekunde daran, daß er damit noch lange nicht seinen Namen zu Ungunsten der nationalen Front und zugunsten der marxistisch geführten hergeben würde. Diese Veröffentlichung konnte nur ohne Wissen des Kronprinzen erfolgt sein, und verantwortlich dafür war dann nur einer: Graf Soden.

Nach diesem unglaublichen, ohne Wissen und ohne Absicht des Kronprinzen durch Sie erfolgten Angriff gegen die nationale Front der Opposition, war eine Stellungnahme von meiner Seite aus selbstverständlich. Die Monarchie kann, solange sie besteht, vielleicht, unabhängig sein von ihrem jeweiligen Repräsentanten. Es ist das Bemerkenswerte dieser Einrichtung, daß in normalen Zeitläufen auch kleine Geister ertragen werden. Es ist damit aber nicht gesagt, daß sie dieser Idee dadurch nicht auch Schaden zufügen könnten. Jede Serie der Mittelmäßigkeit sollte deshalb von Zeit zu Zeit von einem überragenden Kopf abgelöst werden. Dynastien, die nur mehr Mittelmäßiges an den Thron bringen, gehen daran endlich doch zugrunde. Es ist nicht nötig, daß Könige Genies sein müssen, wichtig aber, daß sie Menschen mit gesundem Menschenverstand sind und sich zumindest Ratgeber suchen, in denen sich ergänzt, was den Königen fehlt. Es ist aber traurig oder zumindest bemerkenswert, daß gerade Höfe zu allen Zeiten eine förmlich magnetische Anziehungskraft auf Menschen ausübten, deren Fähigkeit im übrigen Leben kaum zur Bekleidung bescheidener Posten gelangt haben würde.

Bemerkenswert aber weiter, daß die mangelnden Fähigkeiten dieser Höflinge nicht selten ihre Ergänzung oder ihren Ersatz fanden in einer überreichlich zugemessenen Arroganz, wodurch jene Erscheinungen aus Dummheit und Stolz gezeugt wurden, die man unter dem Titel Hofschranzen zusammenfaßte. Diese Spezies tragen in 99 von 100 Fällen Schuld und Verantwortung für den Verfall von Monarchien und den Sturz von Königen.

Wenn also die Monarchie als Staatsform auch eine gewisse Zeit bei schlechter Repräsentanz durch die oberste Spitze zu bestehen vermag, dann kann aber zumindest niemals durch eine Mittelmäßigkeit die Monarchie geschaffen werden oder erneut erstehen. Bis zum Jahre 1918 konnte man so und so lange mit Ratgebern von Ihrer Qualität und Ihren Ausmaßen, Herr Graf, auskommen, ohne daß der Staat sofort zerbrach, nachdem er aber am Ende an der Unmöglichkeit solcher Erscheinungen doch zerschellte, ist an eine Wiederauferstehung unter solcher geistiger Leistung wirklich nicht mehr zu denken. Man sage deshalb nicht, daß die monarchische Idee unabhängig sei vom jeweiligen Träger. Höchstens solange die Monarchie besteht, teilweise und zeitweise. Ist sie aber erst einmal vergangen und die Republik an ihre Stelle getreten, dann ist die monarchische Idee überhaupt nurmehr eine Frage der Qualität ihres Trägers, und dazu ist in erster Linie mit die Umgebung zu rechnen [sic!].

Man kann in Deutschland keine monarchische Idee vertreten, ohne einen Monarchen im Auge zu haben. Ohne einen würdigen Kronprätendenten ist die monarchische Idee nichts anderes als eine sentimentale Erinnerung, die sich niemals in die Wirklichkeit umgestalten läßt, weil dann eben der geborene Monarch als Person in Erscheinung treten muß. Die nationalsozialistische Bewegung hat die Revolution des Jahres 1918 nicht anerkannt und wird es nie tun. Ich erkläre aber hiemit feierlichst, daß unser Kampf ausschließlich dem deutschen Volke gilt. Nicht der Republik als Staatsform und nicht der Monarchie als Staatsform. Soll Deutschland jemals zur Monarchie zurückkehren, dann ist für uns die Qualität des Monarchen von ausschlaggebener Bedeutung. Niemals werden wir bereit sein, eine Monarchie zu restaurieren, um einen Ludwig den XVIII. [sic!] in den Sattel zu heben[14].

Überhaupt sind in der Geschichte die Begriffe Republik und Monarchie stets nebeneinander vorhanden. Republiken werden abgelöst, wenn sie die Interessen der Völker weniger wahren, als es ein einzelner ersichtlich zu tun vermag. Die Kraft des einen überwindet die Schwäche des anderen. Monarchien, die geistige Größen, wie z. B. einen Grafen Soden oder einen Prinzen Oettingen als verantwortliche Ratgeber des Throninhabers besäßen, würden durch Revolutionen vernichtet, und die Republik träte dann an ihre Stelle. Republiken, die sich zur Minderwertigkeit unseres heutigen demokratisch-marxistischen Regiments herabbegeben, können wieder Könige erhalten. Doch ist mir kein Fall der Geschichte bekannt, in dem die Ratgeber eines solchen Überwinders der Republik dem Format der Beamten der heutigen Kabinettskanzlei des Kronprinzen Rupprecht von Bayern entsprochen hätten. Die nationalsozialistische Bewegung hat bisher die Stellungnahme des einzelnen zur Frage Republik oder Monarchie vollkommen offen gelassen. Sie hat dadurch aber ihre Anhänger vielen Unbilden ausgesetzt, von denen die Mitglieder jener Parteien verschont bleiben, die sich zur Republik als heute gegebener Staatsform bekannt haben oder bekennen.

Wenn nun künftighin es möglich ist, daß das Gewicht des königlichen Namens des Kronprinzen von Bayern von der Kabinettskanzlei aus, ohne Widerspruch in die Waagschale der Parteien geworfen wird, die entweder die Monarchie stürzten oder zumindest die Republik als Staatsform anerkannten, dann besteht künftighin keine innere Veranlassung mehr, die Angehörigen einer Oppositionspartei gegen die Vernichter des deutschen Volkes Verfolgungen auszusetzen, nur weil sie selbst diese Anerkennung der Republik (wie es zum Beispiel die Bayerische Volkspartei getan hat) noch nicht vollzogen haben. Der Gedanke einer Restauration ist damit absurd geworden, wenn die Träger einer solchen Idee sich selbst mehr hingezogen fühlen zu den bewußt republikanischen Parteien als zu jenen, die in dieser Frage noch ungebunden sind. Es ist weiter aber unsinnig, dann noch in einer Zeit solche Hoffnungen überhaupt zu hegen, in der die Festigung der Republik als Staatsform und Idee bereits derartige Fortschritte gemacht hat, daß im Kampf gegen die nationale Opposition die hervorragendste Vertretung des Königsgedankens – und das müßte die Umgebung der Könige sein – die republikanische Idee mit ihrer Unterstützung legalisiert.

Als Führer der nationalsozialistischen Bewegung habe ich mich deshalb nach Kenntnisnahme des durch den Grafen Soden und seine Mitarbeiter veranlaßten Angriffs gegen die nationale Opposition zugunsten

112

der auf dem Boden der Republik stehenden Young-Parteien entschlos-
sen, in der mir unterstellten Presse die Unzweckmäßigkeit einer weiteren
Fortsetzung unserer heutigen unparteiischen Haltung zu erörtern.

Es ist eine unerhörte Anmaßung, Herr Graf Soden, wenn Sie nun sich
unterstehen, mir vorzuwerfen, daß dies eine Bedrohung des Kronprinzen
von Bayern sein soll. Was ich, Herr Graf Soden, in meiner Partei veran-
lasse oder nicht veranlasse, geht Sie gar nichts an. Ich verbiete [sic!] *es mir,*
in meinen Entschlüssen Ihrer Beaufsichtigung unterstellt zu werden. Ich
verbiete mir weiter jede Zensur, und dies um so mehr, als Ihre geistigen
Qualitäten vielleicht genügen, die letzten Reste des Ansehens eines könig-
lichen Hauses preiszugeben, aber kaum, um vielleicht auch nur die klein-
ste Ortsgruppe der nationalsozialistischen Bewegung im Freiheitskampf
zu führen.

Sie, Herr Graf, verwirtschaften durch Ihre Unfähigkeit und Ihre mise-
rablen Ratschläge das Ansehen eines Königtums, und wir erarbeiten dem
deutschen Volk zumindest wieder jene Achtung, die man denjenigen
zollt, die sich nicht bedingungslos unterwerfen. Denn ganz gleichgültig,
wie Sie, Herr Graf, unseren Kampf gegen den Young-Plan beurteilen, in
Frankreich wird man uns sicher mehr hassen als jene, die diesen Plan
unterwürfig und geduldig entgegennehmen. Im Völkerleben scheinen
uns Haß und Achtung genauso miteinander verwandt zu sein wie Ver-
achtung mit freundlicher Liebe! Wenn ich, Herr Graf Soden, die natio-
nalsozialistische Partei im Jahre 1918 genauso wie die anderen über-
haupt als republikanische begründet hätte, dann hätte ich nur dieselben
Tatsachen anerkannt, vor denen auch Sie sich gefügig beugen. Denn Sie
haben seit dem Jahre 1918 nicht zum Widerstand geraten, aber wir haben
seit zehn Jahren nichts als Widerstand gepredigt.

Ob die nationalsozialistische Bewegung monarchisch ist oder nicht
monarchisch, republikanisch oder nicht republikanisch, ist zunächst aus-
schließlich deren eigene Sache. Sie können sich dann unsertwegen dar-
über freuen, und Sie können es auch beklagen. Diese Bewegung aber ist
auf keinen Fall die Ihre, und was sie tut, geht Sie deshalb nichts an und
kann Sie auch gar nichts angehen. Denn wenn sie heute ebenfalls, wie die
Bayerische Volkspartei, die Republik hundertprozentig anerkennen
würde, dann hätten Sie erst recht kein Recht, von einer ›Bedrohung‹ zu
reden. Die Nationalsozialistische Partei ist nicht geschaffen worden, um
ein Instrument für geistig vertrocknete alte Hofschranzen abzugeben. Sie
kämpft für das deutsche Volk und seine Zukunft. Und nur wer sich die-
sem Volk entgegenstellt, wird einst von ihr ›bedroht‹ sein.

Sie werden, Herr Graf Soden, im Prozeßsaal versuchen müssen, mir den Beweis zu erbringen, womit und wodurch ich den bayerischen Kronprinzen bedroht haben soll, und ich werde Ihnen den Beweis liefern, daß diese Behauptung eine glatte Unwahrheit ist, für die das Kabinett die Verantwortung trägt.

Und dann schreiben Sie weiter, Herr Graf, in der von Ihrem monarchischen Auge für das Haus Wittelsbach zum publizistischen Organ ausersehenen ›Münchner Telegramm Zeitung‹, daß ich einen ›Unterhändler‹, einen ›Mittelsmann‹ zum König [sic!] mit einem ›Ultimatum‹ geschickt hätte. Alles vom Anfang bis zum Ende eine glatte Verdrehung. Sie sind so bescheiden und verschweigen zunächst den Namen des ›Mittelsmanns‹, den ich geschickt haben soll. Und Sie tun sehr gut daran, hochweiser Herr Graf und Hofberater, denn es ist Ihnen genau bekannt, daß der fragliche ›Mittelsmann‹ kein Nationalsozialist ist, sondern im Gegenteil ein persönlicher Freund des Kronprinzen[15].

Nicht ich habe diesen Herrn veranlaßt, mit Ihnen zu sprechen, sondern dieser Herr hat mich gebeten, mit der Veröffentlichung meiner Stellungnahme, von der er Kenntnis erhielt, zu warten, da nach seiner Meinung und Überzeugung der Kronprinz an allem vollkommen unschuldig sei und nur durch seine Umgebung der Mißbrauch seines Namens erfolgte. Und dieser Herr, der nicht Mitglied meiner Partei ist, den ich aber trotzdem persönlich hochschätze, und der lediglich aus Besorgtheit für den Kronprinzen handelte, bat mich, damit kein Unrecht geschähe, den Artikel für meine Parteigenossen so lange hinauszuschieben, als die Drucklegung dies ermöglichte. Ich willigte ein, diese Bitte zu erfüllen, dem Manne gegenüber, von dem ich wußte, daß er einst in bösen Tagen der Gastgeber des Kronprinzen gewesen war, in jenen Tagen, als die heutigen Young-Parteien, auf deren Seite Sie sich stellen, die Monarchie zerbrachen. Ich tat es weiter in der Erwartung, daß, wenn der Kronprinz vom eigenmächtigen Schritt seiner Umgebung Kenntnis erhalten würde, ein Dementi käme. Denn in Wirklichkeit wurde Millionen von Deutschen damit ein schweres Unrecht zugefügt. Und zwar zugefügt durch Sie, Herr Graf!

Sie schreiben in Ihrem neuen Organ des Hauses Wittelsbach, daß unter den Gründen, die mein ›Mittelsmann‹ für sein Ultimatum angeführt hätte, auch der gewesen sei, daß die Nationalsozialistische Partei einst gegen die Fürstenenteignung aufgetreten wäre, wobei sich hinterher dieser Kampf als taktischer Fehler erwiesen hätte. Herr Graf, reden Sie nicht von unserer damaligen Haltung, die Sie ersichtlich nie verstehen! Für Sie war die Verwendung des Namens des Kronprinzen, also der Mißbrauch dieses Namens, durch den ›taktischen‹ Zweck geheiligt. Wir haben einst nicht eine Sekunde an ›taktische Erwägungen‹ gedacht.

Denn es ist möglich, daß vielleicht Sie, Herr Graf, einige Monate gebraucht hätten, um die ›taktischen Nachteile‹ eines Kampfes gegen die Fürstenenteignung für uns herauszufinden. Wir aber, Herr Graf, waren uns darüber nicht eine Sekunde im unklaren. Doch ebensowenig sind wir auch nur eine Sekunde schwankend gewesen darüber, daß es Dinge gibt, in denen nicht ›taktische Zweckmäßigkeit‹, sondern der einfache Anstand entscheidet. Wir sind deshalb trotz aller ›taktischen Nachteile‹ gegen die Fürstenenteignung aufgetreten, weil wir das andere als unanständig angesehen hätten. Und da unterscheiden wir uns, Herr Graf: Ich pfeife auf jede billige Popularität und werde stets das tun, was ich vor meinem Gewissen als richtig ansehe, und mögen Sie meinetwegen um mich jaulen und brüllen und mich verdammen, soviel Sie wollen! Herr Graf Soden! Meinen Freunden und mir ist mehr als ein Urteil des Kronprinzen Rupprecht über die Parteien bekannt, die heute in der Young-Front sitzen, dessen Veröffentlichung zum Beispiel in einer Wahlzeit für diese Parteien vernichtend sein würde. Alle ›taktischen Erwägungen‹ könnten vielleicht dafür sprechen, nur ein einziger Grund ist dagegen, Herr Graf, nämlich unsere anständige Gesinnung. Und deshalb wird nie ein Wort über unsere Lippen kommen. Jawohl, deshalb ganz allein.

Ich glaube gern, daß Sie das nicht begreifen können, Herr Graf! So lassen Sie sich das eine gesagt sein: Der einzige Grund, der den Herrn, den Sie als meinen ›Mittelsmann‹ zu bezeichnen belieben, zu seinem Schritt bewogen hat, war ebenfalls nicht ›taktischer‹ Natur, sondern entsprang desgleichen nur der anständigen Gesinnung und den Gefühlen treu ergebener Freundschaft für den Kronprinzen. Daß er sich aus diesem Gefühl heraus bemühte, ein Dementi der von Ihnen eigenmächtigerweise veranlaßten unseligen Erklärung zu erreichen, lag bei diesem Herrn nicht in der Sorge um meine Bewegung begründet, als vielmehr in der Sorge für seinen kronprinzlichen verehrten Freund.

Es war die Angst, daß der Kronprinz Rupprecht von Bayern durch Ihre Handlungsweise mit in eine Front hineingedrängt würde, mit der er innerlich schon aus Sauberkeitsgründen heraus nichts zu tun haben kann. Es war weiter die Angst, daß die nicht augenblickliche Feststellung des am Kronprinzen begangenen Unrechtes diesen mit dem Unrecht identifizieren mußte und daß der Kronprinz dadurch ohne jedes eigene Verschulden in einen Konflikt gedrängt wurde oder zumindest in Gegensatz geriet zu Menschen, die sich bisher dem Schicksal unserer deutschen

Monarchen gegenüber am anständigsten verhalten haben. Denn die mehr als 4 Millionen Männer und Frauen, die sich zum Volksbegehren einzeichneten, und hinter denen viele Millionen anderer stehen, haben in ihrem Inneren am allerwenigsten zu tun mit den Verbrechern des Novembers 1918. Alle diese Menschen aber müssen es als eine förmliche Treulosigkeit empfinden, wenn in ihrem Kampf um die Freiheit des deutschen Volkes ihnen von solcher Seite aus in den Rücken gefallen wird!

Dafür haben Sie, Herr Graf, vielleicht kein Verständnis. Und so fehlt Ihnen natürlich auch die Empfindung, daß ein Dementi, das nicht eindeutig und klar vor Abschluß der Wahl erschien, von jedem anständigen Menschen als ein unaufrichtiges Manöver aufgefaßt werden mußte. Als eine der üblichen kleinen Kabinettsschiebungen, mit denen man schon früher so viel Ansehen der Kronen verpraßt hat. Wenn ich mich nun, Herr Graf, bewegen lasse, eine entsprechende Antwort an meine Parteigenossen, aus dem Gefühl einer anständigen Objektivität heraus, hinauszuschieben in der Hoffnung, daß eine klare Feststellung des Sachverhaltes einem diesen Schritt ersparen würde, dann haben Sie die Stirne, dies in Ihrer Boulevard-Gazette als Ultimatum zu bezeichnen!?

Natürlich, Herr Graf Soden, habe ich auch einen Fehler gemacht. Ich hätte dem Herrn, der mich bat, zunächst keine Folgerungen für die Partei aus Ihrem Vorgehen zu ziehen, antworten sollen: Auch ich glaube, daß der Kronprinz von Bayern persönlich diesen Angriff gegen die nationale Front nicht veranlaßt hat, allein, es ist dessen Sache, dies richtigzustellen, und nicht meine Sache, nach Entschuldigungen zu suchen. Ein Kabinett, das es fertigbringt, den Namen des Trägers eines königlichen Hauses in solcher Weise zu mißbrauchen, wird auch kein Verständnis für eine solche Zurückhaltung unsererseits aufbringen. Im Namen des Kronprinzen wurden wir angegriffen, ich ziehe für meine Partei die Konsequenzen, und Seine Königliche Hoheit kann, wenn er es für notwendig findet, die seinen ziehen, das heißt, den für diesen Unfug verantwortlichen Menschen seiner Umgebung maßregeln und entfernen. Das, Herr Graf, hätte ich antworten sollen, und die Kenntnis der Dinge, die mir unterdes zuteil wurde, wird mich in Zukunft davor bewahren, noch einmal bei solchen Angelegenheiten auf Anstand zu rechnen, so lange Sie Ihr Amt bekleiden!

Im übrigen wird Ihnen vor Gericht bewiesen werden, daß das, was Sie als ›Ultimatum‹ bezeichnen, sogar textlich nur ein ›Vorschlag‹ war und Sie selbst in einem mir offiziell zugestellten Schreiben eines Beauftragten Ihrer Kanzlei versicherten, daß es sich um einen Textentwurf gehandelt habe! Wenn Sie weiter erklären, daß der ›Mittelsmann‹ ausdrücklich von mir ›bevollmächtigt‹ gewesen sei, so ist dies wieder eine Verdrehung, denn ich habe ihm nur auf dessen Bitten verbindlich versichert, daß ich solange meinen Artikel zurückhalte, bis entweder eine Richtigstellung gekommen oder die Zeit zur Drucklegung eingetreten sei! Das war aber dann meine eigene Angelegenheit und die Angelegenheit meiner Partei, die Sie, Herr Graf, überhaupt nichts anging.

Wenn Sie weiter in Ihrem Artikel, Herr Graf, erklären, daß ich gedroht hätte, im Falle der Nicht-Annahme des von Ihnen erdichteten Ultimatums die Monarchie auf das schwerste anzugreifen, so ist auch das wieder eine Unwahrheit. Die Monarchie braucht man gar nicht anzugreifen, solange sie solche Vertreter hat, wie Sie, Herr Graf! Ich könnte mir gar keinen fürchterlicheren Angriff gegen die nationalsozialistische Bewegung denken, als wenn ich Männer wie Sie auch nur als Schreiber in den Dienst unserer Bewegung annehmen müßte. Gnade der Herrgott einer Monarchie, deren Berater das Renommee des Königs [sic!] so verwirtschaften, wie Sie es in diesem Falle getan haben! Die ihren König so schlecht informieren und zu so unglücklichen Äußerungen veranlassen und diese geschäftig weitertragen und dann im Leichtsinn noch der Öffentlichkeit zur Kenntnis bringen, wie Sie, Herr Graf, es taten!

Was Sie als Ultimatum bezeichnen, war nur in Wahrheit die durch den Anstand nun einmal gegebene zeitliche Begrenzung. Zu Ungunsten des Volksbegehrens haben Sie, Herr Graf, das Wort des Königs [sic!] der Öffentlichkeit vermittelt, ohne hierzu beauftragt, ja auch nur ermächtigt gewesen zu sein. Pflicht des Anstandes wäre es gewesen, ein klares Dementi in höchster Eile zu bringen, um vor Abschluß des Volksbegehrens wieder gutzumachen, was schlecht begonnen wurde. Und nicht nur Pflicht des Anstandes, sondern auch Gebot jeder klugen Vernunft. Allein, das ist des Pudels Kern, verehrter Graf und Kabinettsvorstand! Um das Volksbegehren zu schädigen, haben Sie den Namen des Königs [sic!] dagegen ausgespielt, und deshalb durfte auch jede Korrektur dieses Mißbrauchs nicht vor Schluß der Einzeichnungsfrist erscheinen. Ob das dem König [sic!] diente, war Ihnen offenbar gleich. Nur, daß es dem Volksbegehren schadete, schien für Sie bestimmend gewesen zu sein.

Und Sie reden dann von monarchischem Gefühl? Sie wagen, anderen einen Mangel an monarchischem Gefühl vorzuwerfen? Wenn das monarchische Gefühl zu allen Zeiten eine so traurige Vertretung gefunden hätte wie in Ihnen, wäre die Frage: Monarchie oder Republik nie zur Diskussion gestellt worden. Das Unglaublichste aber an Verdrehung ist in Ihrem Artikel Ihre Behauptung, daß wir versuchten, den Kronprinzen zu bestimmen, nun sich für das Volksbegehren zu erklären. Als Sie darüber nun hart angefaßt wurden, da begannen Sie Ihrer Phantasie freien Lauf zu lassen und konstruierten aus ›Annahmen‹ und ›Empfindungen‹, ›Gefühlen‹ und ›Andeutungen‹ einen Beweis, dessen Logik wirklich verblüffend ist.

Herr Graf, auf dem geduldigen Papier konnten Sie Ihren Unsinn der gläubigen Menschheit zunächst vorsetzen. Ich freue mich deshalb darauf, Ihnen vor Gericht das Haarsträubende Ihrer Behauptung nachweisen zu können. Denn das Gegenteil von dem, was Sie behaupten, stimmt. Die nationalsozialistische Bewegung insbesondere braucht überhaupt nicht die Zustimmung oder den Namen eines Königs für ihr Handeln und für ihren Erfolg. Wir haben nicht unser Werk unter der Gnade eines Königs begonnen, sondern durch die Kraft unserer Überzeugung sowie durch unseren Willen und unsere Entschlossenheit. Das einzige, was wir nicht um unserer selbst willen, sondern um der Offenhaltung der Frage ›Republik oder Monarchie‹ wegen, erwarten und erwarten dürfen, ist, daß sich die Könige einer anständigen Neutralität befleißigen und nicht eines Tages ihren Namen einem Paul Levi, einem Crispien, einem Gareis, einem Grzesinski, Severing usw. zur Verfügung stellen. Das ist alles, und mehr wollen wir nicht und brauchen wir nicht!

Allerdings gestehe ich auch, daß es mich innerlich mit Freude erfüllt, gelesen zu haben, daß wenigstens einzelne deutsche Prinzen, ein deutscher König, ein deutscher Herzog und vielleicht noch andere in diesen entscheidungsvollen Tagen sich mutig und offen zur Front der nationalen Opposition im Kampfe gegen das neueste Versklavungs-Edikt bekannten[16]. Ich vermute allerdings, daß dort eben nicht der böse Zufall Ratgeber angespült hat, die nur das Talent eines Büsumer Dorfschulzen als ihr eigen nennen.

Lassen Sie sich eines gesagt sein, Herr Graf Soden: Wäre ich Ratgeber des Königs gewesen, hätte ich vermutlich folgendes erklärt: ›Königliche Hoheit, es hat soeben in Deutschland ein großer, vielleicht entscheidungsvoller Kampf seinen Anfang genommen. Unser Volk hat als nationale Opposition einen Kern von Parteien und Verbänden bekommen, die allem Augenscheine nach der Kristallisationspunkt für das erwachende deutsche Volk in seinen besten Teilen sein können. Zum ersten Male, Königliche Hoheit, seit elf Jahren, seit dem Tage, da Ihr hochseliger Herr Vater die Landeshauptstadt verlassen mußte und des Thrones und aller Rechte verlustig ging und niemand sich zu einem Widerstand bereit erklärte, scheint es, als ob unser Volk die Kraft zu einer erneuten Bejahung seines Lebenswillens erhalten hätte.

118

Seit elf Jahren organisiert sich angesichts einer neuen, auf endlose Zeit hinaus wirkenden Versklavung, zum ersten Male ein allgemeiner nationaler Widerstand. Wenn dieser Widerstand nicht siegreich bleibt, wird durch die Annahme des neuen Planes Deutschland so furchtbaren Bedrückungen ausgesetzt, daß schon, um die finanziellen Anforderungen zu erfüllen, zwangsläufig der letzte Rest an Hoheitsrechten der Länder verschwinden muß. Ich kann deshalb Euerer Königlichen Hoheit nur vorschlagen, in diesem Schicksalskampfe, der nun anhebt, sich für die Kämpfer um die nationale Freiheit zu erklären. Unterliegen Sie, Königliche Hoheit, wird Ihr Name zumindest ehrenvoll in der Geschichte weiterbestehen. Siegen Sie, so kann – selbst wenn Königliche Hoheit nicht den Thron der Väter wieder aufzurichten in der Lage wären – so doch zumindest das deutsche Volk den Weg zur Freiheit finden, mit all dem Segen, der von ihr ausgehen wird, nicht nur über das Reich, sondern auch über seine Länder. Ich halte es deshalb für richtig, Königliche Hoheit, sich in diesem Kampfe auf die deutsche Seite des Volkes zu stellen, und wenn schon nicht als König, dann zumindest als deutscher Mann den Namen einzutragen in das Grundbuch des deutschen Freiheitskampfes.‹

So, Herr Graf Soden, hätte ich dem Kronprinzen geraten. Sie aber hätten ihm natürlich etwa folgendes sagen müssen:

›Königliche Hoheit, es ist ein großer Kampf im Anzug, dessen Ausgang mir unsicher erscheint. Ich bitte Eure Königliche Hoheit inständigst, sich in dieser Lage der vollkommensten Neutralität zu befleißigen und keiner Seite das Recht zu gewähren, sich auf Eurer Königlichen Hoheit Namen zu berufen.‹ Das wäre dann auch ein Rat gewesen, der immer noch Verantwortungsbewußtsein und Verantwortungsgefühl bewiesen hätte. Nicht im großen Stil, denn das könnte man bei Ihnen, Graf Soden, doch nie erwarten, aber zumindest im anständigen Maße.

Und da ich nun die Könige nach ihrer Umgebung einschätze und die Umgebung des Kronprinzen immerhin so weit zu kennen glaubte, um ihr nicht Unmögliches zuzutrauen, habe ich auch vom ersten Augenblick an eine andere Haltung des Königs als eine solche der Neutralität – und zwar der striktesten Neutralität – als gar nicht möglich angesehen. Wenn Sie aber nun, Herr Graf Soden, erklären: Nachdem Seine Königliche Hoheit sich durch meine Ungeschicklichkeit nun einmal gegen das Volksbegehren ausgesprochen hat, so wäre eine Zurücknahme dieses Ausspruchs ein Bekenntnis zum Volksbegehren, – so ist das, wie gesagt, eine Logik, die ebenso hanebüchen wie unanständig ist. Nachdem die Neutralität verletzt wurde, war natürlich jede Wiederherstellung peinlich, aber das lag ja nur an Ihnen, Herr Graf. Sie sind so mit monarchischem Gefühl durchtränkt, daß Sie sich einmal in Ihrem Leben auch großer Vorbilder hätten erinnern können, um dementsprechend zu handeln. Wer ein wirklicher Diener seines königlichen Herrn ist, Graf Soden, muß bereit sein – wenn erforderlich –, für diesen sogar zu sterben. Und Sie hätten in dem Falle Ihren kostbaren Leib noch gar nicht zu opfern brauchen, wenn Sie nur Ihre kostbare Stellung aufgegeben hätten.

Der Herr Kabinetts-Chef Graf Soden durfte selbstverständlich Seine Königliche Hoheit nicht die Suppe auslöffeln lassen, die er selbst eingebrockt hat. Er mußte vor seinen Hohen Herrn hintreten und diesen decken, was um so selbstverständlicher gewesen wäre, nachdem der Kronprinz doch durch Sie in diese Angelegenheit hineingezogen wurde wie der Pontius [Pilatus]ins Credo. Sie hätten die Pflicht gehabt, Herr Graf, aus Ihrem eminenten monarchischen Gefühl heraus, sofort vor Ihren königlichen Herrn und Brotgeber zu springen und zu erklären: ›Hier liegt ein Mißverständnis vor. Seine Königliche Hoheit der Kronprinz Rupprecht von Bayern lehnt es ab, in dieser Angelegenheit irgendwie weder für noch gegen verwendet zu werden; die in der Presse erschienene Äußerung stammt von mir und nicht von Seiner Königlichen Hoheit!‹

Das, Herr Graf Soden, hätten Sie als Kabinetts-Chef, der verantwortlich zeichnet, tun müssen. Statt dessen unterstehen Sie sich und wünschen andere zum Teufel und werfen ihnen ihre mangelnde monarchische Gesinnung vor!

Herr Graf, ich wiederhole Ihnen nun zusammenfassend noch einmal, daß die Behauptung

1. ich hätte den Kronprinzen bedroht, wie Sie in der Münchner Telegramm Zeitung zum besten geben, unwahr ist, und ich werde Ihnen im Gerichtssaal den Beweis dafür erbringen;

2. daß die Behauptung, ich hätte ein Ultimatum gestellt, unwahr ist, und ich werde Ihnen ein zweites Mal den Beweis hiefür erbringen, und daß die Behauptung

3. ich soll verlangt haben, daß der Kronprinz von Bayern sich für das Volksbegehren erkläre, ebenfalls unwahr ist, und wieder werde ich Ihnen den Beweis dafür erbringen, und

4. daß die Behauptung, ich hätte das Ultimatum durch einen Beauftragten geschickt desgleichen unwahr ist, und wieder werde ich Ihnen dies beweisen. Und es wird sich dann herausstellen, wer von uns beiden unrichtige Informationen gegeben hat. Ich der Öffentlichkeit oder Sie dem Kronprinzen Und wenn Sie, Herr Graf Soden, vielleicht erklären sollten, nicht allein für das alles verantwortlich zu sein, so zweifle ich keinen Augenblick an der Tatsache der Unterstützung durch Ihre Mitberater, aber ich sehe mich nicht veranlaßt, einen anderen verantwortlich zu machen als denjenigen, der als Kabinetts-Chef für diese Vorgänge offiziell verantwortlich ist.

Im übrigen bin ich überzeugt, daß nicht wir zum Teufel gehen, sondern die monarchische Idee, wenn sie sich weiterhin so mittelmäßiger Ratgeber bedient.«[17]

Nach dem Erscheinen von Hitlers »Offenem Brief« bildete sich Graf Soden eine Meinung über den Zornesausbruch des Parteichefs: »*So wichtig nahm mich, wie es schien, der große Führer!* Wegen seines cholerischen Temperaments habe er »das Zeug« gar nicht gelesen. Hitler jedoch wollte die ganze Angelegenheit keinesfalls auf sich sitzen lassen und klagte gegen den Chefredakteur Karl Rabe.

Am 14. Januar 1930 begann der Beleidigungsprozeß Hitlers gegen Karl Rabe vor dem Amtsgericht München, da er sich durch die erwähnten Artikel in seiner Ehre angegriffen fühlte. Rabe erhob darauf Widerspruchsklage gegen Hitler, er fühle sich seinerseits beleidigt durch Hitlers Artikel im *Illustrierten Beobachter* und den »Offenen Brief« an Graf Soden. Im Verlauf des Prozesses nahm Hitler noch einmal ausführlich Stellung zu den Vorgängen des November 1929. Zu keiner Zeit habe er gegen Kronprinz Rupprecht selbst Front bezogen oder gar erklärt, offensiv gegen die Monarchisten vorgehen zu wollen. Allerdings lasse er sich von der *Münchener Telegramm Zeitung* nicht vorschreiben, welche Stellung er oder die nationalsozialistische Bewegung zur Monarchie oder zur Republik einzunehmen habe:

»*Nun kommt plötzlich der Artikel in die Zeitung, wonach ich den Kronprinzen bedroht haben soll. Das ist eine unglaubliche Verdrehung der Tatsachen und eine außerordentliche Beleidigung meiner Person. Ich werde hingestellt als Revolver-Journalist, der sich gegen den Kronprinzen vergangen hat. Ich bitte, daß meine Ehre wiederhergestellt wird, daß festgestellt wird, daß ich den Kronprinzen nicht bedroht habe, kein Ultimatum gestellt, daß er sich in ein Volksbegehren einzeichnen solle, was ich als Unsinn bezeichnet habe, und daß Reichel von sich aus als Freund des Kronprinzen gehandelt hat.*«[18]

Anschließend wurden Ritter von Lenz und Prinz zu Oettingen vernommen. Graf Soden antwortet auf eine Frage Hitlers, er habe lediglich »über Tatsachen, nicht über Überzeugungen« auszusagen. Und Soden weiter:

»Während ich als Zeuge kaum drei Schritte neben dem Kläger Hitler saß, erhob ich mich und sprach wörtlich also: ›Als ich … am 8. November morgens auf mein Büro kam, zeigte mir meine Sekretärin diesen ›Offenen Brief‹. Ich warf nur einen Blick hinein und merkte sofort, daß er in einem so ordinären Ton geschrieben war, daß ich mir zu gut war, ihn zu lesen‹. Es freut mich noch heute kindlich, daß ich drei Jahre vor der sogenannten ›Machtergreifung‹ durch Hitler diesem gräßlichen Menschen coram publico meine Verachtung ins Gesicht schleudern konnte. Er, der große Mann, hatte mich Zwerg mit einem langen ›Offenen Brief‹ beehrt, und ich hatte diesen Brief nicht einmal gelesen! Das mußte für ihn eine größere Kränkung sein, als für mich sein ganzer Wortschwall.«[19]

Erst 1967 will Soden, während er seine Memoiren abfaßte, Hitlers Brief vollständig gelesen haben.

Hitler betonte noch einmal, daß er vom Kronprinzen niemals erwartet habe, daß er das Volksbegehren unterzeichne, weil er ohnehin wisse, daß er es im Geiste unterstütze, seinen Namen aber ganz bewußt aus der Tagespolitik heraushalten wolle. Er habe sogar von der Unterschrift abgeraten. Dies habe er auch gegenüber dem Führer der DNVP Hugenberg geäußert[20]. Hitler schloß mit den pathetischen Worten:

»Wir haben die Republik nicht beschimpft, ich will nicht, daß man die heutigen Farben beschimpft – auch diese Fahne ist einmal Symbol eines großen deutschen Glaubens gewesen. Aber ich kann auch die alte Fahne nicht vergessen, und sie bleibt mir absolut heilig. Sie zählt zu den Repräsentanten des alten Deutschlands, und ich finde es entsetzlich, wenn durch die Haltung einer Hofkanzlei ein Riß gemacht wird zwischen diesem neuen Deutschland und dem alten … Ich weiß, daß im alten Deutschland Millionen der anständigsten Menschen stehen, die uns nicht verstehen. Sie sind rein körperlich zu alt geworden. Aber ich habe Ungezählte kennengelernt, sie sind Ehrenmänner vom Scheitel bis zur Sohle, die besten Repräsentanten eines besseren Zeitalters der deutschen Geschichte.«[21]

Die Verhandlung endete mit folgendem Urteil: Rabe wurde zu einer Geldstrafe in Höhe von vierhundert Reichsmark verurteilt sowie zur Erstattung von 3/4 der Gerichtskosten, Hitler zum gleichen Geldbetrag und 1/4 der Gerichtskosten. Im Artikel Rabes erkannte das Gericht keine Beleidigung Hitlers. Es sah jedoch auch nicht als erwiesen an, daß Reichel im Auftrag Hitlers gehandelt habe, sondern hielt es vielmehr für wahrscheinlich, daß dieser nur die Befugnisse des Parteiführers erheblich übertrat.

Die Geschehnisse um den Grafen Soden werfen ein erhellendes Licht auf das indifferente Verhalten des deutschen Adels gegenüber dem aufkommenden Nationalsozialismus überhaupt. Zwar engagierten sich einige prominente Angehörige des deutschen Hochadels lange vor 1933 für die NSDAP, wie der Kaisersohn und SA-Führer August Wilhelm Prinz von Preußen, SS-Oberführer Prinz Christoph von Hessen, Goebbels-Adjutant Friedrich Christian Prinz zu Schaumburg-Lippe, SS-General Josias Erbprinz zu Waldeck-Pyrmont, der spätere persönliche Referent des Reichsstatthalters in Dänemark Dr. Werner Best, Erbgroßherzog Friedrich Franz von Mecklenburg, Bernhard Prinz von Sachsen-Meiningen, SA-Obergruppenführer Philipp Landgraf und Prinz von Hessen oder der NSKK-Ehrenführer Carl Eduard Herzog von Sachsen-Coburg und Gotha, doch verharrten die meisten ihrer Standesgenossen in ihren angestammten konservativen, ja reaktionären Nischen[22].

Symptomatisch erscheint der Lebensweg des jungen Prinzen von Sachsen-Meiningen, ursprünglich aus dem »Stahlhelm« kommend, der im Herbst 1931 gemeinsam mit seiner Ehefrau die NSDAP-Führung bat, in der »kerndeutschen nationalen Bewegung« mitwirken zu dürfen: »*Wir sind gewonnen durch das Buch Ihres Chefs:* ›*Mein Kampf*‹ *und durch die mustergültige Disziplin, welche von Ihrem Führer, Herrn Adolf Hitler, ausstrahlt … Im Herzen gehörten wir Ihnen schon lange, jetzt wollen wir Ihnen auch ganz gehören.*«[23]

Auffallend ist der sehr hohe Frauenanteil unter den adeligen NSDAP-Mitgliedern. Dieser lag bei den etwa 150 Mitgliedern fürstlicher Häuser, die bis Ende 1934 in die Partei eintraten, mit etwa dreißig Prozent ganz erheblich über dem generellen Durchschnitt in der NSDAP, in welcher er zwischen fünf und acht Prozent schwankte. Auch das Durchschnittsalter adeliger Parteigenossen ist nicht repräsentativ für die NS-Bewegung; die meisten waren zum Zeitpunkt ihres Beitritts 30 Jahre oder jünger. Statistisch stammte der »typische« Adlige in der NSDAP aus dem ostelbischen Kleinadel, war männlich, jung, Protestant, mit militärischer Ausbildung und ohne eigenen Gutsbesitz. Doch gehen all diese Analysen ins Leere, denn ebenso viele Namen *in* der Partei finden sich gleichfalls auch innerhalb der Umsturzbewegung des 20. Juli 1944. Tatsache aber ist auch, daß sich der süddeutsche und insbesondere der bayerische Adel den nationalsozialistischen Versuchungen gegenüber resistenter erwies, wie am Beispiel des Grafen Soden zu sehen war.

Bei allen taktischen Manövern des NS-Führers hat dieser doch ernsthaft niemals an eine Restauration der Monarchie gedacht. Neben einigen vagen Anmerkungen in *Mein Kampf* erging er sich zuweilen in nebulösen Andeutungen, wenn es ihm bei einem bestimmten Zuhörerkreis gerade opportun erschien, über eine eventuell vielleicht zu installierende monarchische Verfassung des Reiches[24]. All denen aber, die aufgrund solcher Äußerungen Hitlers Morgenluft witterten, erteilte er in einer Reichstagsrede vom 30. Januar 1934 eine Abfuhr. Hitler führte damals aus:

»Bei aller Würdigung der Werte der Monarchie, bei aller Ehrerbietung vor den wirklich großen Kaisern und Königen unserer Geschichte, steht die Frage der endgültigen Gestaltung der Staatsform des Deutschen Reiches heute außer jeder Diskussion. Wie immer auch die Nation und ihre Führer dereinst die Entscheidung treffen mögen, eines sollen sie nie vergessen: Wer Deutschlands letzte Spitze verkörpert, erhält seine Berufung durch das deutsche Volk und ist ihm ausschließlich verpflichtet! Ich selbst fühle mich nur als Beauftragter der Nation zur Durchführung jener Reformen, die es ihm einst ermöglichen werden, die letzte Entscheidung über die endgültige Verfassung des Reiches zu treffen.«[25]

Prinz Friedrich Christian zu Schaumburg-Lippe hat berichtet, Kaiser Wilhelm II. hätte darauf gehofft, daß Hitler »ihn holen werde«: »*Der Gefreite Hitler wird wissen, was seine Pflicht ist – er wird wissen, was mein Feldmarschall* (von Hindenburg, W.B.) *hätte wissen müssen.*«[26] Doch ein solcher Ruf erging bekanntlich nicht.

Mit dem Machtzuwachs der NS-Bewegung wurde es auch um den Grafen Soden stiller. Im November 1933 folgte nach über zehnjähriger Tätigkeit seine Entlassung aus dem Dienste des Kronprinzen. Man darf annehmen, daß dies wegen der Ereignisse des November 1929 geschah. Bis 1937 lebte der Graf in München, dann in Gauting. Rudolf Heß soll ihn vor Verfolgungen und Schikanen geschützt haben, jener Mann, von dem Soden sagte, er sei ein »harmloser Idealist, geistig recht unterbemittelt« und »einer der dümmsten Menschen, denen ich je begegnet bin«[27]. Seit 1943 nahm Soden nur noch das Ehrenamt der Leitung der Rheinisch-Westfälischen Maltesergenossenschaft wahr. Beim Einmarsch der US-Armee soll er statt der weißen Fahne der Kapitulation weiß-blau geflaggt haben, berichteten Augenzeugen. 1961 zog er sich in den Ruhestand zurück, am 9. März 1972 ist Joseph Graf Soden-Fraunhofen gestorben.

»*Parteidespotie und verantwortungslose Demagogie.*«

Die Rebellion des SA-Führers Walter Stennes

Im Jahre 1930 wurde die NSDAP noch einmal nachhaltig durch eine schwere Krise erschüttert, welche sich erst in einer retrospektiven Betrachtung als reine »Säuberungsaktion« erwies, die der Disziplin und der Stoßkraft der Partei letztlich zugute kam. Ermutigt von den ersten größeren Erfolgen und dem immer stärker ausgeprägten Nimbus des unfehlbaren Führers, rüstete sich Hitler, die Partei von ihren letzten Kritikern und unabhängigen Oppositionellen zu reinigen. Insbesondere die Sturmabteilung (SA) der NSDAP geriet wegen ihres revolutionären Elans immer wieder in Konflikte mit der Parteileitung. »Die SA ist und bleibt das Schicksal Deutschlands«, hatte ihr Stabschef Ernst Röhm Anfang Juni 1934 erklärt. Bis dahin hatte die SA einen Weg und Aufstieg ohne Beispiel hinter sich. Doch dieser Weg war steinig und blutig.

Am 1. November 1926 wurde Franz Pfeffer von Salomon von Hitler, der dessen organisatorische Fähigkeiten schätzte, zum Obersten SA-Führer (OSAF) ernannt. Unter ihm installierte man erstmals eine zentrale SA-Führung. Pfeffer, 1888 geboren, diente im Weltkrieg an der Westfront und als Hauptmann im Generalstab. Am Ende des Krieges war er Bataillonskommandeur, wurde mehrfach verwundet und erhielt hohe Auszeichnungen. Als Führer des »Freikorps Pfeffer«, kämpfte er gegen die Spartakisten, im Baltikum und Oberschlesien. Er war Teilnehmer des Kapp-Putsches und nahm aktiv am Ruhrkampf teil, weshalb ihn die Franzosen in Abwesenheit zum Tode verurteilten. 1924 hatte er sich Hitlers Partei angeschlossen, war dann kurzzeitig Gauleiter von Westfalen und seit 1926, gemeinsam mit Karl Kaufmann und Joseph Goebbels, Gauleiter des Großgaues Ruhr, der aber wegen persönlicher Streitigkeiten der drei Gauführer schon im Juni desselben Jahres wieder aufgelöst wurde[1]. Nach eingehenden Aussprachen schrieb Hitler einen Brief an Pfeffer, in dem es hieß:

»Was wir brauchen, sind nicht hundert oder zweihundert verwegene Verschwörer, sondern hunderttausend und aberhunderttausend fanatische Kämpfer für unsere Weltanschauung. Nicht in geheimen Konventikeln soll gearbeitet werden, sondern in gewaltigen Massenaufzügen, und nicht durch Dolch und Gift oder Pistole kann der Bewegung die Bahn freigemacht werden, sondern durch Eroberung der Straße. Wir haben dem Marxismus beizubringen, daß der künftige Herr der Straße der Nationalsozialismus ist, genauso wie er einst Herr des Staates sein wird.«[2] Und weiter: *»Wollen wir einen Machtfaktor schaffen, dann brauchen wir Einheit, Autorität und Drill. Wir dürfen uns niemals leiten lassen von dem Gedanken, etwa ein Heer von Politikern zu schaffen, sondern ein Heer von Soldaten der neuen Weltanschauung.«*

Mit diesem Befehl gab Hitler eine eindeutige und klare Zielrichtung für die SA vor: *für* Legalität und Waffenlosigkeit, *gegen* Putschabsichten und Bewaffnung. Zu keiner Zeit sah Hitler in der SA eine Miliz, die im Falle der Machtergreifung an die Stelle der Armee zu treten habe. Diese von weiten Teilen der SA empfundene Widersprüchlichkeit legte bereits damals den Grundstein für etliche Irritationen, die schließlich zur »Röhm-Revolte« 1934 führten. Pfeffer begann mit einer gründlichen Durchorganisierung der SA. So erließ er erstmals »SA-Befehle« (SABE), später dann die »grundsätzlichen Anordnungen« (GRUSA). Bis Herbst 1927 gab es bereits 17 SA-Gaustürme im ganzen Reich[3]. Die SA wurde gegliedert in die Einheiten Schar, Trupp, Sturm, Sturmbann, Standarte, Untergruppe und Gruppe, ab 1932 Obergruppe.

Laut Pfeffer rechnete Hitler erstaunlicherweise bis etwa 1930 nicht ernsthaft damit, die Übernahme der Macht noch persönlich zu erleben. Noch 1926 soll er mit ihm die Möglichkeit der Wiedereinführung der Monarchie durchgesprochen haben. Der entscheidende Wandel in Hitlers Denken sei erst nach 1930 mit den unerwarteten Wahlerfolgen eingetreten, so Pfeffer[4]. Es war dies die Phase des Abwartens, der Planung und des Stillhaltens. Hitler nutzte die Zeit relativer Bedeutungslosigkeit und der vermeintlichen Konsolidierung des Weimarer Systems zu einem konsequent vorangetriebenen Ausbau seiner Parteiorganisation. Immer neue Ämter und Unterabteilungen wurden errichtet; keine Berufsgruppe oder soziale Schicht, die in der NSDAP kein Betätigungsfeld gefunden hätte. Der neue Staat wurde in kühnen Entwürfen bereits Ende der zwanziger Jahre theoretisch gestaltet. Die SA nahm in diesem stillen Machteroberungskonzept eine exponierte Stellung ein.

In Pfeffers gründliches Organisationswerk kam aber bald Unruhe, welche mit dem Namen von Walter Stennes verbunden ist. Der 1895 geborene Stennes war zunächst Freikorps-Führer in Westfalen, dann Kommandeur einer Polizeihundertschaft in Berlin. Als Polizeihauptmeister legte er 1922 seinen Dienst nieder und wurde Bataillonskommandeur der »Schwarzen Reichswehr«. 1925-30 war er nachrichtendienstlich für das Auswärtige Amt und das Reichswehrministerium tätig, obwohl er sich bereits 1927 der NSDAP angeschlossen hatte. Im gleichen Jahr avancierte er zum OSAF-Stellvertreter Ost und war somit dem Berliner Gauleiter Dr. Goebbels unterstellt, der schon bald in ernsthafte Auseinandersetzungen mit Stennes geraten sollte. Bereits 1928 trug er in sein Tagebuch ein:»*Hauptmann Stennes und sein Kreis machen uns ernste Sorgen. Das alte Lied: Konflikt zwischen Militär und Politik. Diese Jungen, die bei uns noch nicht warm geworden sind, mischen sich zuviel in die Interna der politischen Leitung hinein, versuchen die Kandidatenliste zu beeinflussen und mehr.*«[5]

Schon hier zeigte sich ein deutlicher Konflikt zwischen den »SA-Königen« und den »Gaufürsten«. Mitte August desselben Jahres versammelte Walter Stennes seine Berliner SA-Führer und beschimpfte Hitler und Pfeffer als »Lumpen«. Im wesentlichen ging es hier um eine Geldforderung der SA an die Berliner Gauleitung in Höhe von 3000 Reichsmark. Als Goebbels dieser Forderung nicht nachgeben wollte, erklärten Stennes und einige andere höhere SA-Führer ihren Austritt aus der Partei. Die letztliche Erstattung des Betrages ermöglichte dann doch einen Ausgleich. Die Krise zwischen Gauleitung und SA-Führung, die sich in der Animosität zwischen Goebbels und Stennes manifestierte, schien zunächst beigelegt.

Unterschwellig schwelte der Brand jedoch weiter. Im August 1930, mitten im für die NSDAP existentiell wichtigen Reichstagswahlkampf, forderte Stennes die Aufstellung von drei SA-Führern als Kandidaten für den Reichstag. Nicht genug damit, nannte er die ewige Zurücksetzung der SA gegenüber der Politischen Organisation (PO) und die zu starke Abhängigkeit von der Gauleitung klar beim Namen. Sowohl innerhalb der Reichsleitung der Partei in München, als auch der Berliner Gauleitung erblickte Stennes Anzeichen für Cliquen- und Bonzentum. Er kritisierte die schlechte Löhnung für den harten Wahlkampfdienst, obgleich einzig der SA-Mann seine Knochen für die Bewegung hinhalte. Symptomatisch mag hier der verbitterte Brief eines SA-Führers stehen:

»Ich habe in meiner Arbeit für die NSDAP mehr als dreißigmal vor Gericht gestanden und bin achtmal wegen Körperverletzung, Wiederstandsleistung und ähnlicher für einen Nazi selbstverständlicher Delikte vorbestraft. An der Abzahlung der Geldstrafen trage ich heute noch und habe zudem noch weitere Verfahren laufen. Ich bin ferner mindestens zwanzigmal mehr oder weniger schwer verletzt worden. Ich trage Messerstichnarben am Hinterkopf, an der linken Schulter, an der Unterlippe und am rechten Oberarm. Ich habe ferner noch nie einen Pfennig Parteigeld beansprucht oder bekommen, habe aber auf Kosten meines mir von meinem Vater hinterlassenen guten Geschäfts meine Zeit unserer Bewegung geopfert. Ich stehe heute vor dem wirtschaftlichen Ruin.«[6]

Der Streit hatte sich auch an der Errichtung des »Braunen Hauses« in München entzündet, wo Hitler den Auftrag gegeben hatte, das ehemalige »Barlow-Palais« mit hohem finanziellen Aufwand zur Parteizentrale umzubauen. Dieser Bau lag dem verhinderten Architekten Adolf Hitler besonders am Herzen, und er kümmerte sich um nahezu jedes Detail persönlich. In einem Artikel des *VB* »*Das Braune Haus*« vom 21. Februar 1931, in dem Hitler Frau Elisabeth Barlow die »verehrungswürdige Besitzerin« nennt, führte er aus:

»Das neue Haus unserer Bewegung soll als Dokument unserer Gesinnung, wenn auch im kleinsten Umfange, ein Spiegelbild unseres künstlerischen Wollens sein und in kleinstem Maße auch Künstlern eine bescheidene Möglichkeit für ihr Schaffen geben. Der Bau gehört keinem einzelnen von uns. Nichts ist in ihm, das Privateigentum wäre. Das ›Braune Haus‹ in München ist das ausschließliche Eigentum aller der Männer und Frauen, die es gewagt haben, im Glauben an die unzerstörbare Kraft und Zukunft unseres Volkes, einen neuen Bund zu gründen und die in diesem Hause ihrem Kampfe einen würdigen Ausdruck auch nach außen hin verleihen wollen.«[7]

Kritik erstickte er mit dem Hinweis auf die steigenden Repräsentationsverpflichtungen der nunmehrigen Massenpartei und der Tatsache, daß man im »Braunen Hause« der SA ein Denkmal in Marmor und Bronze errichten würde. Es entstehe in München eher ein Grabmal, war von einigen SA-Führern dazu zu hören. Franz Pfeffer von Salomon trug Hitler die Sorgen von Stennes und dessen Forderung nach Mandaten vor, da der Parteichef sich aber bereits eindeutig festgelegt hatte, konnte er Pfeffer keine Zusage geben. Im Grunde bestand für Hitler immer eine Unvereinbarkeit von SA-Führereigenschaft und Mandat. Hitler wich in dieser Frage jeder Auseinandersetzung aus, wohl auch deshalb versuchte Stennes vergeblich bei ihm vorzusprechen. Pfeffer sah sich nicht mehr in der Lage als OSAF zu vermitteln und reichte aus diesem Grunde am 12. August 1930 sein Abschiedsgesuch ein, das Hitler am 2. September bewilligte, indem er ihm für die geleisteten »außerordentlich großen Verdienste« dankte und ankündigte, Pfeffer werde künftig an anderer Stelle in der Partei weiterwirken. Pfeffer verabschiedete sich von seinen Männern mit den Worten:

»SA-Männer!

Zum vierten Male jährt sich der Tag, an dem ich zu Aufbau, Organisation und Führung der SA nach München berufen wurde. Weit und hoch waren die Ziele und Anforderungen, die ich mir steckte. Die SA sollte die Form und den Inhalt bekommen, der sie gleichzeitig befähigte, den Freiheitskampf in all seinen Phasen siegreich durchzukämpfen, den Anforderungen in den Tagen der Regierungsübernahme gewachsen zu sein und die ihr im dritten Reich zugedachte Rolle anzutreten. Auf der ganzen Front stieß ich auf soviel Verständnis und feurige Schaffenslust, daß wir in gemeinsamer Arbeit während dieser Jahre das stolze SA-Gebäude aufrichten konnten, das heute der Bewegung als Zierde, als feste Stütze und als scharfe Waffe dient. Der Anblick unseres Werkes ist unser schönster Lohn und unsere tiefste Befriedigung. —

Mit dieser Feststellung nehme ich Abschied von der SA, denn ich muß jetzt die oberste Führung niederlegen. Zur Weiterführung meiner hohen Ziele und Anforderungen halte ich die moralische und materielle Unterstützung der Parteileitung in so scharfem Umfange für erforderlich, wie sie die Parteileitung heute nicht glaubt gewähren zu können. Andererseits vermag ich persönlich weder auf die Ziele noch auf das Tempo zu verzichten, wenn ich wirklich ganz restlos in meiner Arbeit aufgehen soll. Letzteres ist aber in so hohen Stellungen zu verlangen; darum soll der, der das nicht kann oder nicht mehr kann, die Stellung einem anderen, unter diesen Umständen Geeigneteren übergeben. Zu Beunruhigung und zu Gerüchten ist kein Anlaß, wenn sich alle vier Jahre mal ein Personalwechsel in einer hohen Stellung vollzieht; ich bitte alle SAF, in diesem Sinne auf unsere Männer einzuwirken. Im übrigen führe ich die Geschäfte weiter, bis mein Nachfolger eingearbeitet ist, und werde dann an anderer Stelle weiterwirken. Von Euch allen, meinen Kameraden und Kampfgenossen, verabschiede ich mich mit einem kräftigen Kampf-Heil!«[8]

Franz Pfeffer hatte wohl erkannt, daß die SA weiter grundsätzlich zugunsten der PO an Einfluß verlieren würde und empfand dies als Zurücksetzung. 1932 wurde er Reichstagsabgeordneter der NSDAP.

Den Oberbefehl über die SA übernahm Hitler nun selber. Zum Chef seines Stabes machte er den ehemaligen Hauptmann Dr. Otto Wagener, welcher der Partei erst seit 1929 angehörte[9].

Mitten in dieser Zeit des Umbruchs verweigerte Stennes, der an seiner Kritik von Hitlers Festhalten einer legalen Ergreifung der Macht kein Hehl mehr machte, den SA-Schutz einer Goebbelsversammlung im Sportpalast. Darüber hinaus forderte er die Entlassung des Gaugeschäftsführers Wilke, dessen Name als Synonym für die Überheblichkeit der Partei gegen die SA stand[10]. Dann eskalierte die Situation: Am 30. August 1930 stürmte die Berliner SA die Geschäftsstelle der Gauleitung in der Hedemannstraße, wobei es zu blutigen Zusammenstößen mit der SS-Wache kam. Die Geschäftsstelle wurde stark verwüstet, Goebbels Arbeitszimmer war blutverschmiert[11]. Der Berliner Gauleiter befand sich zu jener Stunde auf Wahlreise in Dresden und Breslau. Mit Hitlers Erscheinen in Berlin fand die Revolte bezeichnenderweise ein augenblickliches Ende. Er versuchte zunächst auf die SA-Mannschaften einzuwirken, nicht auf Stennes direkt, und zog von einem SA-Sturmlokal zum nächsten, begleitet von einem Trupp SS. Flehentlich beschwor er die Einheit von Partei und SA, oft in tränenreichen Appellen, er sprach vom bevorstehenden Sieg und sicherte seinen SA-Männern Rechtsschutz und bessere Bezahlung zu, indem er die NSDAP-Mitgliedschaft mit einer SA-Sondersteuer in Höhe von zwanzig Pfennig belegte, die Aufnahmegebühren anhob und anordnete, daß künftig fünfzig Prozent aller Spenden an die SA abgeführt werden müßten[12]. Dann traf er sich mit Stennes, was zunächst erfolglos blieb. Am nächsten Tage sprach Hitler im Kriegervereinshaus vor 2000 angetretenen SA-Männern. In geradezu hysterischer Manier rief Hitler den unzufriedenen Männern zu:

»*Wir wollen in dieser Stunde geloben, daß nichts uns trennen kann, so wahr uns Gott helfen kann gegen alle Teufel! Unser allmächtiger Herrgott segne unseren Kampf.*«[13]

In einem Bericht der Berliner Polizei hieß es dazu: »*Die einsetzenden Heil-Rufe wurden abgewinkt, weil Hitler mit gefalteten Händen, wie im Gebet versunken, seinen eigenen Worten nachlauschte.*«[14] Dann erschien der greise General a.D. Litzmann auf der Bühne und legte als einstiger kaiserlicher Heerführer ein Treuegelöbnis an den jungen Parteiführer ab[15]. Hitler war es abermals gelungen, dank seiner charismatischen Ausstrahlung und der Gewalt der emotionalen Grundierung seines gesprochenen Wortes, die soeben noch resistenten SA-Männer zur Raison zu bringen. Die Krise schien damit zunächst beendet.

Im Grunde ging es bei den Geschehnissen aber nicht nur um die der Berliner Gauleitung vorgeworfene »Bonzenwirtschaft« und Verschwendungssucht bei gleichzeitiger Vernachlässigung der SA, sondern generell um den sich immer schärfer manifestierenden Gegensatz »nationaler Sozialismus« contra »bürgerlicher Nationalismus«, mit dem Hitler – wenn auch innerlich widerstrebend – ein Bündnis suchen mußte. Joseph Goebbels, der stets eine eher sozialistische Parteilinie vertrat, nicht korrupt und persönlich anspruchslos war, saß hier immer wieder zwischen den Stühlen berechtigter Kritik der SA an Mißständen in der Partei und seiner unbedingten Treue zu Adolf Hitler; seine Tagebucheintragungen verraten einiges davon:

»Sehr, sehr schwere Tage liegen hinter mir. Ich bin beinahe daran zerbrochen … Stennes ist ein Verräter … Er stellt unverfroren seine Forderungen: 3 Mandate. Geld, politische Macht. Eine Frechheit ohnegleichen. Setzt mir die Pistole auf die Brust … ich rufe nach München: zum Schein nachgeben … (Hitler) überschaut die Lage gar nicht. Nimmt sie zu leicht.«[16] Am 1. September schreibt er: *»SA hat Geschäftsstelle gestürmt und demoliert … Ich verliere eine Sekunde die Nerven … Verzweiflung. Soll so unser 4-jähriges Werk zerbrechen? Niemals! … Armer Hitler! Das ist der Lohn für langjährige Säumigkeit … SA-Führer bei Hitler. Alles angenommen … Stennes hat sich unterworfen … Das Vorgehen Stennes war geradezu verbrecherisch. Na ja! Weiter arbeiten.«*[17] Dann am 21. September: *»Lange Unterredung mit Stennes. Er war sehr liebenswürdig und offen. Gab auch manchen Fehler zu. Ich werde heute mehr denn je versuchen, mit ihm ins Reine zu kommen. Er ist am Ende doch ein Kerl, wenn er auch schlechte und unpolitische Mittel anwendet.«*[18]

»Hitler hat damals die Forderungen von Stennes zur besseren Finanzierung der SA, richtiger gesagt der SA-Stäbe, als berechtigt anerkannt. Er trat damit auch vor der Öffentlichkeit einen seiner seltenen Rückzüge an«, bemerkt der ehemalige SA-Gruppenführer Heinrich Bennecke in seiner Darstellung über *Hitler und die SA*[19]. Der OSAF-Stellvertreter Süd, Major a.D. Schneidhuber, verfaßte eine Denkschrift über eine Neuorganisation der Sturmabteilungen[20]. Darin klagte Schneidhuber, die SA sei dem Führer *»mit der Zeit fremd geworden, was erklärlich ist, da er sie bei der OSAF in besten Händen wußte. Dieses Gefühl beseelt fast jeden SA-Mann und stimmt ihn um so betrübter, als gerade der SA-Mann nur Adolf Hitler als seinen Führer kennt und nur ihm allein folgt, im Gegensatz zu den Pg., die in ihren Bereichen als Zwischeninstanz ihren gottgleichen Gauleiter oder sonst einen Volksliebling haben«*.[21]

Schneidhuber arbeitete zur selben Zeit das Konzept eines Referates für eine Führerbesprechung am 30. November 1930 aus. Dort sagt er, daß »*die SA einmal als Miliz der Bewegung und dann als Nachersatz für das Reichsheer dienen wird. Die Aufgaben der Miliz der Bewegung treten mit dem Augenblick in Kraft, in dem der Sieg errungen ist*«.[22] Einmal mehr mußten derartige Anschauungen den Zorn Hitlers erwecken. Schneidhuber beklagte das Gefühl der Entfremdung zwischen Hitler und den SA-Männern; die SA »ringt mit dem Führer um seine Seele und hat sie nicht. Aber sie muß sie haben«, äußerte er und sprach vom »Schrei nach dem Führer«, der unerwidert geblieben sei[23].

Walter Stennes verlegte sich trotz der vorübergehenden Einigung mit Hitler weiter auf seinen antiparlamentarischen Kurs. Im Februar 1931 wandte sich Hitler in Goebbels Berliner Tageszeitung *Der Angriff* gegen Provokateure, welche die SA zu »sinnlosen Unternehmen aufzupeitschen« versuchten; eine weitere mehr als deutliche Warnung an Stennes. Um den permanenten Krisen in der SA endlich Herr zu werden, entschloß sich Hitler, seinen alten Kameraden und Duzfreund Ernst Röhm nach Deutschland zurückzuholen und ihm das Amt des Stabschefs der SA anzutragen. Röhm hatte Deutschland 1925 verlassen und eine Stellung als Instruktionsoffizier in der bolivianischen Armee angenommen. In der Person Röhms und insbesondere in dessen homosexueller Veranlagung spiegelt sich das Schicksal der SA. Hitler mußte wissen, daß ihm in dem ungeheuer ehrgeizigen Röhm eines Tages ein ernstzunehmender Gegner erwachsen könnte, doch wollte er auf dessen Fähigkeiten nicht verzichten. Ihm allein traute er zu, die SA, die unterdessen zu einer Millionenarmee angewachsen war, zu führen. Im Januar 1931 trat Röhm seinen Dienst an. Einer der ersten Entscheide Röhms besagte, daß die bisherigen OSAF-Stellvertreter als »Gruppenführer« firmieren würden. Der Einfluß von Stennes wäre also enorm geschwunden. Im April 1931 hatte die SA einen Mitgliederbestand von über 400 000 erreicht[24].

Am 1. April 1931 ging Röhm noch einen Schritt weiter und versetzte den ungehorsamen Stennes kurzerhand als Chef der Abteilung I in den Stab der OSAF nach München. Stennes fügte sich nicht und telegrafierte an Hitler, ob Röhms Absetzungsverfügung zu Recht bestehe. Hitler antwortete: »*Sie haben keine Fragen zu stellen, sondern dienstlichen Befehl erhalten.*«[25] Fast alle ostdeutschen höheren SA-Führer solidarisierten sich mit Stennes und schlossen sich ihm vorübergehend an. Im übrigen Deutschland blieb die Lage weitgehend ruhig. Die pommerschen SA-Führer gaben eine Erklärung für Stennes ab, weil »*die NSDAP den revolutionären Kurs des wahren Nationalsozialismus für Deutschlands Freiheit verlassen hat, in die reaktionäre Linie einer Koalitionspartei eingeschwenkt ist, und damit das reine Hochziel, für das wir kämpfen – gewollt oder ungewollt – aufgegeben*« habe[26].

Am 2. April 1931 wandte sich die Berliner SA in einem Aufruf gegen Hitlers »*undeutsche und schrankenlose Parteidespotie und verantwortungslose Demagogie*«. Überdies hatte der Berliner Gaugeschäftsführer Franz Wilke eine Führertagung der SA von der SS bespitzeln lassen. Gemeinsam mit den SA-Oberführern von Berlin und Brandenburg, Wetzel und Veltjens, ließ Stennes die Gauleitungen von Brandenburg und Berlin sowie die Redaktion des *Angriff* besetzen. Goebbels befand sich abermals in Dresden und wurde von Hitler zu einer Tagung nach Weimar befohlen. Dort entschied er, daß Stennes endgültig abzusetzen und aus der Partei auszuschließen sei. In Berlin erschien unterdessen am 2. April eine Ausgabe des *Angriff* unter der Ägide von Stennes und machte folglich mit einer »stennesfreundlichen« Überschrift auf. Der verweigerte Gehorsam Hitler gegenüber wurde dadurch begründet, daß dieser durch eine geradezu frevelhafte und verräterische Ausnutzung der Notverordnung zur Bekämpfung politischer Unruhen versucht habe, »*die seiner Natur entgegengesetzte SA ein für allemal auszuschalten und zu vernichten*«[27].

Noch stand Ernst Röhm loyal zu seinem Chef und machte seinen Einfluß geltend. Stennes wurde abgesetzt. Die gegnerische Presse schlachtete die internen Querelen der Hitlerbewegung mit allen Mitteln aus. Die Berliner Gauleitung war unterdessen gezwungen, gegen die meuternde SA die verhaßte Polizei rufen zu lassen. Mit Stennes schieden eine Reihe weiterer höherer SA-Führer aus, vornehmlich aus dem Bereich des OSAF Ost. In der SA kamen nun neue Leute hoch, etwa Graf Helldorff, Hans Peter Heydebreck, Edmund Heines und Karl Ernst[28]. Sollte hier die Angst Hitlers vor den Obergruppenführern aus SA und SS herrühren, welche der Historiker Max Domarus dem Führer unterstellte?[29]

Am 2. April erließ Hitler einen Aufruf an Dr. Goebbels: »*Herr Dr. Goebbels, ich beauftrage Sie, nunmehr erneut die Säuberung der Bewegung mit aller Entschlossenheit in die Hand zu nehmen und durchzuführen, und ich erneuere zu dem Zweck die Ihnen im November 1926 erteilte Generalvollmacht!*[30]. *Handeln Sie rücksichtslos und lassen Sie sich durch keinerlei Bedenken über irgendwelche Folgen in diesem Ent-*

schlusse beeinträchtigen; denn es wäre immer noch besser, daß es überhaupt keine nationalsozialistische Bewegung gäbe, als eine Partei der Undisziplin, der Zerfahrenheit und des Ungehorsams ... was immer Sie in ihrer Erfüllung aber tun mögen: Ich decke Sie.«[31]

Durch das energische Eingreifen Hitlers und Ernst Röhms fiel die Stennes-Revolte abermals in sich zusammen. Etwa fünfhundert SA-Männer in Nord- und Ostdeutschland fielen ihr zum Opfer. Hitler verließ die Szenerie als Sieger. Er blieb hart in der Sache, jedoch elastisch in seiner Taktik. In der Parteipresse »firmierte« Stennes von nun an nur noch als »Polizeispitzel«. Zu Stennes' kommissarischem Nachfolger bestimmte Röhm Paul Schulz[32]. Wieder machte Goebbels Notizen über die überstandene Krise in sein Tagebuch, so am 2. April 1931:

»Stennes ist abgesetzt, er hat offen rebelliert, seine Stellung München gegenüber unhaltbar geworden ... Nun fängt der Tanz an ... Für mich gibt es jetzt keine Frage mehr: ich stehe treu zu Hitler. Auch bei aller Kritik ... Die SA muß gehorchen ... Hitler tut mir leid. Er ist schmal und bleich ... Hitler täuscht Mut vor, aber er ist ganz gebrochen.«[33] Zwei Tage später: *»Stennes bröckelt zusammen. Der gestrige Tag war seine Niederlage. SA in hellen Scharen zur Partei zurück. Revolte endgültig niedergeschlagen.«*[34] Und schließlich: *»Die Revolte selbst ist erstickt. Aber das gärt und brodelt weiter. Das wird immer wiederkommen, wenn wir die Partei nicht an Haupt und Gliedern reformieren.«*[35]

Am 4. April 1931 wandte sich Hitler abschließend im *VB* in einer *»Abrechnung mit den Rebellen«* an seine Partei:

»Nationalsozialisten! Parteigenossen! S.A.-Männer!

Hauptmann Stennes, der vom Stabs-Chef Röhm seiner Stellung enthoben worden war und nunmehr zur längst geplanten Meuterei schritt, wurde von mir aus der Nationalsozialistischen Partei ausgeschlossen. Die Gründe, die zu diesen von mir selbst nie gewünschten Entscheidungen drängten, waren so zwingende, daß ich als Parteiführer bei ihrer Mißachtung pflichtwidrig gehandelt und die schwerste Schuld für den Bestand der nationalsozialistischen Bewegung auf mich geladen haben würde. Ich mußte handeln, und ich war demgemäß entschlossen zu handeln, und ich werde nunmehr ohne jede Rücksicht auf irgendwelche Folgen die Säuberung der Bewegung von all den Elementen durchführen, die sich nicht bedingungslos den Anordnungen fügen, die ich im Interesse der Erhaltung der Partei zu treffen gezwungen bin.

Es hat jeder Parteigenosse das Recht, ja die Pflicht, Forderungen oder Befehle gesetzwidriger Anordnungen abzulehnen, aber es hat auch jeder ebenso die Pflicht, allen anderen Anordnungen zu gehorchen. Im anderen Falle hat die Existenz unserer Bewegung keinen Sinn. Parteien, in denen jeder tun kann, was ihm beliebt, gibt es mehr als genug. Um sie zu vermehren, habe ich nicht einst die Nationalsozialistische Partei ins Leben gerufen. Das Ziel, das wir verfechten, ist gigantisch und erfordert eine persönliche Einstellung, die der Größe dieser Zielsetzung entspricht. Wer dies nicht zuwege bringt, soll und muß die Bewegung meiden oder sie eben wieder verlassen. Unter keinen Umständen aber werde ich dulden, daß bewußter Ungehorsam oder gar Gesetzwidrigkeit in die Bewegung hineingetragen wird. Unter keinen Umständen weiter, daß die Untergrabung der Disziplin oder der [sic!] Zerstörung der Autorität der Führung planmäßig vollzogen, ja förmlich schulmäßig geübt wird.

S.A.-Männer! Folgendes sind die Gründe für mein Handeln.

Prüft sie, und ich weiß von vorneherein, Ihr werdet dann keine Sekunde schwanken mitzuhelfen, die Säuberung der Bewegung von den sie zerstörenden Elementen durchzuführen. Ihr wißt, Parteigenossen und S.A.-Männer, wie ich vor nunmehr 11 Jahren mit 6 anderen Männern diese Bewegung, der Ihr heute angehört, ins Leben gerufen habe. Deutschland war damals dem wehrlosen Verfall ausgeliefert, beherrscht von einer beutegierigen Parteimeute, die es verstand, den Jammer unseres Volkes zum eigenen Segen umzuwandeln. Zerstörender Marxismus und feiges Paktieren des Bürgertums waren schon damals die Symptome der Zeit.

Gegen eine ganze Welt von Feinden und Widerständen habe ich mich in jenem Jahre, selbst vollständig unbekannt und namenlos, gestellt. Von den besten Freunden verlassen, lebte ich, so wie Ihr S.A.-Männer heute in so viel Tausenden Fällen, nur einem einzigen Gedanken: Eine neue Bewegung soll geschaffen werden, um das alte, zerfallende Partei-Deutschland abzulösen und aus den sich bekämpfenden Klassen- und Weltanschauungen ein neues Volk zu bilden, einig in dem gemeinsamen Willen der Erhaltung des eigenen Lebens, der Existenz und der Sicherung der Zukunft der deutschen Nation. Es war ein ungeheures Ziel, ein schwerer Weg und manches Mal ein fast verzweifelter Kampf. Alle die Männer, die mich heute kritisieren und befehden, haben es nicht fertiggebracht, auch nur den kleinsten Verband aus eigener Kraft aufzustellen und zu erhalten.

Ich darf mit Stolz bekennen, daß mir das Schicksal gestattete, aus einem Nichts heraus eine Bewegung zu entwickeln, die heute nicht nur die Hoffnung und die Zuversicht von Millionen Deutschen geworden ist, sondern auch den Schrecken und die Angst für Millionen andere bildet.

Parteigenossen und S.A.-Kameraden! Es war ein sehr schwerer und nur zu oft ein sehr bitterer Kampf. Ich habe in dieser Zeit des Ringens und Kämpfens für mein Ideal, das ja heute auch Euer Ideal geworden ist, mich nie geschont und nie gedeckt. Ich erhielt Freunde und treue Mitkämpfer, die, genau so wie ich, vom frühen Morgen bis in die Nacht hinein nur von dem einzigen Gedanken beherrscht, belebt und gequält wurden: Wie machen wir unser Volk wieder frei?‹

Wir kannten in unseren Reihen keinen Klassengegensatz, keinen Standesdünkel, keine Berufseinbildung, denn wir kamen ja selbst aus allen möglichen Schichten unseres Volkes heraus und lebten uns zusammen und zueinander in der ewigen gemeinsamen Sorge um unsere junge, teure Bewegung. Und, Parteigenossen und S.A.-Männer, für mich selbst war dieser Kampf doppelt schwer. Ich war ja nicht das Kind vermögender Eltern, nicht auf Universitäten vorgebildet, sondern durch die härteste Schule des Lebens gezogen worden, durch Not und Elend. Die oberflächliche Welt fragt ja nie nach dem, was einer gelernt hat, und am wenigsten nach dem, was er wirklich kann, sondern leider meist nur nach dem, was er durch Zeugnis zu belegen vermag. Daß ich mehr gelernt hatte als Zehntausende unserer Intellektuellen, wurde nie geachtet, sondern nur darauf gesehen, daß mir die Zeugnisse fehlten.

Ich war auch nicht Offizier, sondern gewöhnlicher Soldat, ja, ich empfand es als ein besonderes Glück, daß mir das Schicksal gestattet hatte, als einfacher Musketier dem deutschen Volke gegenüber die Pflicht zu erfüllen, die in unser aller Augen den höchsten Adel in sich birgt, Kämpfer und Soldat seines Volkes zu sein. Das alles aber erschwerte meine Arbeit unendlich. Hunderttausende empfanden die Absicht eines aus solchem Leben stammenden Mannes, eine Bewegung zur Rettung der Nation gründen zu wollen, als einfach undiskutabel, ja unmöglich. Von all den Menschen, die heute als Intellektuelle sich nicht genug tun können in sozialistischen Phrasen, habe ich damals keinen gesehen, der den Mut gehabt hätte, an meine Seite zu treten. Solange sie in mir nur den kleinen Arbeiterführer sahen, wich man weit aus. Erst als ich zum deutschen Volksführer wurde, entdeckten weiß Gott was für Menschen ihr sozialistisches Herz für den Mann der Handarbeit.

Parteigenossen und S.A.-Männer! Ich hasse die Menschen, die im blöden Dünkel oder erbärmlicher Eigensucht den Volksgenossen nicht zu erkennen vermögen, aber ich hasse noch viel mehr die Lügner und Heuchler, die von Sozialismus reden und selbst am weitesten innerlich von ihm entfernt sind!

In den Jahren 1919, 1920, 1921, 1922, da hatten wir allerdings mit solchen Phrasendreschern noch nichts zu tun. Man konnte damals noch nicht von Sozialismus reden, sondern man mußte ihn beweisen. Es gab in der Partei kein Amt und keinen Genuß, sondern nur aufreibende, ja verzehrende Arbeit. Erst als diese von mir und meinen S.A-Männern geleistete Arbeit reiche Früchte zu tragen begann, kamen die Possenreißer des Salonbolschewismus und Salonsozialismus. Früher sah man sie nie. Und in dieser langen Zeit der Arbeit hatte man nicht nur einen ewigen Kampf mit Sorge und Not, sondern einen nicht minder großen gegen den Terror des Gegners und der Behörden durchzuführen. Jeder von uns alten Streitern kämpfte mit Einsatz seines eigenen Lebens, jeder von uns mußte seinen Kampf soundso oft vor dem Richter verteidigen.

Innerhalb von 5 Jahren politischem Kampf erhielt ich 5 Jahre und 3 Monate Festung oder Gefängnis und verbrachte davon 14 Monate hinter den Mauern. Keiner meiner damaligen alten Kampfgefährten, die auch heute noch in rührender Treue zu mir stehen, hat es anders gehabt. Aus dieser ewigen Verfolgung, dieser ewigen Verteidigung und diesem ewigen Angriff sind wir langsam harte und entschlossene Menschen geworden und haben allerdings dabei auch gelernt, den Schein vom Wesentlichen zu unterscheiden.

Im November 1923 mußte die Bewegung zum ersten Male für ihre Ideale auf der Straße kämpfen und erlag dabei. Jeder, der dann später vor den Richtern stehenden Führer und jeder von ihnen angeklagte S.A.-Mann hatte sich damals als aufrechter deutscher Mann verteidigt, d. h., keiner von uns leugnete, keiner von uns bat um Gnade, keiner verriet seinen Freund, jeder deckte den anderen, und während die Bewegung durch das Verbot scheinbar vernichtet wurde, haben wir sie durch unser Verhalten wieder gerettet. Im Dezember 1924 ließ ich das Festungstor hinter mir zurück und begann damit mein neues Leben, d. h. den Kampf wieder, wie einst, für die Freiheit und Zukunft unseres Volkes. Aus nichts gründete ich die Bewegung zum zweiten Male und, unterstützt von meinen treuen Mitkämpfern, rissen wir sie aus dem Chaos des völkischen Zerfalls des Jahres 1924 in einem ununterbrochenen Kampfe wieder empor zu dem, was sie heute ist, zur größten Bewegung der deutschen Nation.

Parteigenossen! Ich erinnere Euch daran, damit auch Ihr Euch erinnert, daß ich nicht der Syndikus der nationalsozialistischen Bewegung bin, sondern ihr Gründer und ihr Führer. Und als ihr Gründer und als ihr Führer fühle ich mich vor meinem Gewissen und vor dem Urteil kommender Generationen verantwortlich, dafür zu sorgen, daß die unsagbar großen bisherigen Opfer nicht durch Irrsinn, Wahnsinn oder Verbrechen zu vergeblichen gemacht werden. In dieser mir selbst auferlegten und gewählten Verantwortlichkeit kämpfe ich mit wildem Fanatismus gegen jeden, der versucht, dieses Werk zu schwächen oder gar zu zerstören. Ich sehe in der nationalsozialistischen Bewegung die einzige Zukunft der Nation und würde mein eigenes Fleisch und Blut verdammen, wenn es diese höchste Aufgabe hemmen wollte. Ich habe mir niemals eingebildet, in meinen Handlungen für die Bewegung etwa unfehlbar oder fehlerlos zu sein. Ich bin ein Mensch wie Millionen andere auch, aber unter diesen Millionen, das weiß ich, befindet sich keiner, der mit größerer Inbrunst an der Nationalsozialistischen Deutschen Arbeiterpartei hängen könnte als ich, und keiner, der mit mehr Recht ihren Schutz und ihre Verteidigung übernehmen dürfte als ich. In dieser Verbindung mit dieser meiner Bewegung liegt heute aber auch die Stärke unserer Partei.

In einer Zeit des Wankens aller Begriffe, aller Traditionen, aller Erkenntnisse und aller Gewalten, haben wir in unserem Volk durch die nationalsozialistische Bewegung wieder eine Autorität geschaffen, an die zahlreiche Millionen blind glauben.

Wer diese Autorität zu erschüttern versucht, handelt entweder wahnsinnig oder gewissenlos leichtfertig oder als bewußter Feind.

Da das Ergebnis aber in allen Fällen dasselbe sein muß, stehe ich auch allen Fällen mit gleicher unerbittlicher Feindschaft gegenüber. Ich habe nun im Laufe der Jahre folgende Erfahrungen gemacht: Die Autorität im deutschen Volk ist niemals von unten, sondern immer von oben herunter erschüttert worden. Die Geistigkeit unserer oberen Zehntausend hat in den meisten Fällen die Werkzeuge und oft auch die Arbeiter zu ihrer Vernichtung geliefert. Die N.S.D.A.P. hat den größten geistigen und willensmäßigen Kampf zu führen, den unser Volk seit Jahrhunderten erlebte. Sie kann gegen die ungeheure Übermacht ihrer Gegner nur dann siegreich sein, wenn sie als eine Erkenntnis, als ein Wille und als eine Tat in Erscheinung tritt. Ich habe nun in der Bewegung gesehen, daß der treue Anhänger aus dem Volk und immer wieder allen voran der S.A.- und S. S.-Mann stets die treuesten Stützen und Hüter der Einigkeit, Einheit und der Autorität in der Bewegung waren. Ich habe aber leider mit steigender Verbitterung in den letzten Jahren öfter als einmal feststellen müssen, daß in die Bewegung hineingeratene Intellektuelle, ja selbst Offiziere, nicht nur kein Verständnis für die Notwendigkeit der Aufrechterhaltung des

Autoritätsprinzips besaßen, sondern die Autorität sogar nach allen Regeln der Kunst zu untergraben versuchten.

Hauptmann Stennes wurde im Winter 1927 und 1928 als Führer in die S.A. berufen und trat, um diese Anstellung zu ermöglichen, am 20. Dezember 1927 in die Partei ein. Hauptmann Stennes war selbst nicht im Kampf um die nationalsozialistische Bewegung groß geworden. Er hatte aber die Verpflichtung übernommen, die Parteigenossen der S.A. zu nationalsozialistischen Kämpfern auszubilden und dementsprechend zu führen. Der S.A.-Mann der N.S.D.A.P. ist ein politischer Kämpfer. Seine Aufgabe ist es, der Führung der Bewegung den Schutz der Propaganda zu ermöglichen. Für den Nationalsozialismus ist und bleibt die Propaganda die Angriffsartillerie. S.A. und S.S. sind die Deckung dieser Waffe. Die Organisation bezieht die eroberte Stellung und baut sie aus. Es gibt keinen wirklich tüchtigen S.A.-Mann, der nicht politischer Nationalsozialist ist, und es gibt keinen wahren Nationalsozialisten, der sich nicht selbst als S.A.-Mann fühlt und betrachtet.

Der S.A.-Führer hat die Pflicht, den S.A.-Mann in dem Sinne zu erziehen und zu führen. Er hat damit die Pflicht, dafür zu sorgen, daß die Vorzüge der gesamten Bewegung in der S.A. in konzentrierter Form zum Ausdruck kommen. Wenn die Propaganda in unserem Kampfe die Artillerie vorstellt, die die Zermürbung der feindlichen Front besorgt, dann ist der S.A.-Mann die Infanterie. Er muß in sich den idealsten Typ des Nationalsozialisten verkörpern. Er muß in seinem Pflichtgefühl der ganzen Bewegung voranleuchten, und er muß in seiner Treue, und in seiner Verbundenheit mit seinem Führer für alle das Vorbild sein.

S.A.-Männer! Ich war es, der Euch einst aufgerufen hat. Und seit jeher war das Band zwischen Euch und mir in der Partei das festeste, und der ganzen Öffentlichkeit gegenüber habt Ihr S.A.-Männer als meine treuesten und unverbrüchlichsten Kampfgenossen gegolten. Und ich weiß, S.A.-Männer, die Ehre zu würdigen, die mir zuteil wird dadurch, daß sich mehr als hunderttausend Männer gerade mit meiner Person so unzertrennlich verbunden fühlen. Und es ist mir damit aber auch eine Selbstverständlichkeit, daß ich mehr als jeder andere an Euch hänge, und es ist weiter dann auch verständlich, daß ich gegen jeden aus einem innersten Zwang heraus Front machen muß, der mir dieses Band zu lösen versucht.

Ich mache nun dem Hauptmann Stennes den Vorwurf, daß er ebenso klug wie geschickt es langsam fertigbrachte, zwischen Euch und mir Mißverstehen, ja am Ende Mißtrauen zu säen. Während in der gesamten übrigen Partei das Verhältnis zwischen S.A. und mir einem bedingungs-

losen, gegenseitigen Treugelöbnis gleicht, war es im Bereiche des ehema-
ligen Polizeihauptmanns Stennes dauernd bedroht und gefährdet. Statt
daß ich nun in der Führung einen Verteidiger dieses Verhältnisses gefun-
den hätte, war es die Führung selbst, die von oben herunter planmäßig
gegen die Parteileitung Mißtrauen ausstreute, zum Teil unter Begleiter-
scheinungen und Formen, die einfach unerhört waren. Herr Stennes ver-
stand es langsam, eine Reihe von Begriffen in die S.A. hineinzutragen, die
genau so zu den dauernden Zersetzungsrequisiten der Kommunisten
gehören.

Wie kommt Herr Stennes dazu, von einer Verbonzung der Partei zu
reden? Was hat bisher Herr Stennes persönlich an Opfern für die natio-
nalsozialistische Bewegung gebracht? Wer reibt sich mehr für die Bewe-
gung auf? Der Redner unserer Partei, der tagaus tagein durch Deutsch-
land fährt und sich die Kehle wund und heiser schreit, oder Herr Stennes,
der in Berlin sitzt, Besprechungen führt oder Paraden abhält? Herr Sten-
nes war meines Wissens noch nie im Gefängnis gesessen [sic!]. Allein,
trotzdem ist er der ›Kämpfer‹. Gregor Strasser aber, den die Polizei mit
seiner gebrochenen Wirbelsäule am liebsten vom Brett herunterge-
schnallt hätte, um ihn, wenn möglich, in das Gefängnis zu werfen, ist ein
Bonze. Pg. Dr. Goebbels, der von einem Prozeß in den anderen gehetzt
wird, ist ein ›Bonze‹. Wo ist der politische Führer – wo ist der Redner
unserer Bewegung, hinter dem nicht dauernd die Staatsanwälte her sind?

Mehr als ein halbes Tausend Prozesse lasten auf unseren politischen
Kämpfern, aber trotzdem sind sie ›Bonzen‹, nur Herr Stennes, der noch
nie in seinem Leben mit dem Gefängnis Bekanntschaft gemacht hat,
gegen den kein einziger Prozeß schwebt, ist ein ›Kämpfer‹. Wie kommt
Herr Stennes dazu, diese Beschimpfungen der Partei zu dulden, ja selbst
zu fördern? Und was das Allerschlimmste ist, gar noch selbst zu predi-
gen? Herr Stennes kritisiert alles und kritisiert an jedem. Das Braune
Haus in München wird in der abfälligsten Weise beurteilt und gegen mich
persönlich von Herrn Stennes auszuspielen versucht. An sich versichere
ich, daß ich mich bei allen meinen Handlungen noch niemals von ande-
ren Erwägungen habe leiten lassen als von denen des Nutzens für unse-
re Bewegung und unser Volk. Hätte ich immer nur das getan, was andere
guthießen oder gar wollten, so gäbe es heute keine nationalsozialistische
Partei. Aber Herr Stennes weiß außerdem sehr genau, daß gerade das
Braune Haus ja nichts anderes ist als ein Denkmal für unsere S.A. Herr
Stennes hetzt Parteigenossen gegen mich auf, indem er gegen die Bronze
und den Marmor wettert, der im Braunen Haus verwendet werden soll.

Herrn Stennes habe ich darauf nur eines zu antworten: Jawohl, ich habe angeordnet, daß Marmor verwendet wird und darauf eingegraben werden die Namen unserer toten S.A. -Männer, und, jawohl, ich habe sie weiter auch in Bronze verewigen lassen.

Parteigenossen und S.A.-Männer, ich weiß eines sehr genau: Wenn das Schicksal uns die Macht vollständig in die Hand gibt, dann wird man angesichts des großen Ringens in der Zukunft vielleicht nur zu leicht das Ringen der Vergangenheit vergessen haben. Wer wird dann noch an die Hunderte von braven Kämpfern im Braunhemd denken, die durch ihr Opfer den späteren großen Sieg ermöglicht haben? Das Braune Haus in München, angefangen von seinem Eingang, der von den beiden S.A.- Standarten flankiert wird, bis ins Innere hinein, soll eine einzige Erinnerung an die große Kampfzeit der jungen Bewegung bilden. Herr Stennes wünscht keine Tradition der nationalsozialistischen Partei, denn er ist im Innern nie Nationalsozialist gewesen. Ich aber bin mit dieser Bewegung verwachsen auf Leben und Tod, und ich werde dafür sorgen, daß unseren Kämpfern von heute, ein Denkmal entsteht, das auch in späteren Jahrzehnten, ja Jahrhunderten, nicht übersehen werden kann! Herr Stennes klagt über die Opfer, er weiß aber sehr genau, daß sie, gemessen an der Zahl der Parteimitglieder, geringe sind. Wenn selbst jeder Parteigenosse im Laufe eines Jahres nur eine Mark opfert, dann entsteht ein Werk, das allen Parteigenossen gehören und das sie mit Stolz erfüllen muß. Wenn aber ein oberer S.A.-Führer über dieses Werk der nationalsozialistischen Bewegung, das wir aus eigener Kraft geschaffen haben, keinen Stolz empfindet, sondern nur Ärger und seine Untergebenen gegen den Führer aufzuhetzen versucht, dann ist er kein Nationalsozialist. Und mich interessiert auch bei Herrn Stennes nicht der Offizier, sondern nur die Gesinnung.

Oder wenn der Polizeihauptmann Stennes die neuzugründende Führerschule, im Braunen Hause heruntersetzt, benörgelt und bekrittelt, dann ist das verständlich bei einem Feind unserer Bewegung, aber unerträglich bei einem S.A. -Führer. Das Deutsche Reich und deutsche Volk hat Hunderttausende an Volksschulen und Schulgebäuden. Ich habe nun den Entschluß gefaßt, der S.A. ebenfalls eine Schule zu errichten, und weder Herr Stennes noch sonst jemand kann mich davon abbringen. Wenn aber Herr Stennes erklärt, der Besuch dieser Schule wäre für den S.A.-Mann zu teuer, dann spricht er bewußt die Unwahrheit, weil er genau weiß, daß der Besuch dieser Schule überhaupt unentgeltlich ist und nur von der politischen Organisation getragen wird. Aber es ist klar, in dieser Schule

141

wird man nicht zum Soldatenspielen, sondern zum politischen Kämpfer erzogen, und das oberste Gebot wird in ihr lauten: Treue zur Bewegung und Treue zur Führung.

Wer aber selbst treulos eine Meuterei anzettelt, den braven S.A.-Mann verhetzt, kann kein Interesse an einer Anstalt besitzen, die zur Treue erzieht. Herr Stennes, Polizeihauptmann a. D., setzt seinen Kampf gegen die Autorität in der Bewegung fort, indem er die unseligsten Gegensätze aufzureißen versucht, die es in der deutschen Geschichte je gegeben hat. In raffinierter Methodik wird Berlin gegen München und München gegen Berlin ausgespielt. Preußentum gegen Bayern und umgekehrt. Dabei müßte Herr Stennes am besten wissen, daß Preußentum kein geographischer, sondern ein sittlicher Begriff war und ist. Mussolini ist mehr Preuße als etwa Schlange-Schöningen, obwohl der eine aus Italien und der andere aus Pommern stammt.

Die Preußen des heutigen Deutschlands sind die Nationalsozialisten, ganz gleich, wo sie sich befinden mögen. Die Preußen sind aber vor allem jene Nationalsozialisten, die den Begriff der Treue und des Gehorsams kennen, und nicht etwa Meuterer! Aber Herr Stennes braucht diese Stacheln, um langsam das Vertrauen zur Führung zu erschüttern und die Truppe, wie er sich ausdrückte, ›in seine Hand zu spielen‹. Herr Hauptmann Stennes entdeckte den Unterschied zwischen Idee und Person, d. h. zwischen der Sache und mir. Monatelang habe ich zugesehen, wie man dieses Gift langsam in das Gehirn und Herz braver S.A.-Männer hineinzuträufeln versuchte. Dabei weiß Herr Stennes nur zu gut, daß er selbst eine sachliche Idee überhaupt nicht besitzt. Er braucht aber diese Trennung von Person und Idee, um die Treulosigkeit zur Treue umfälschen zu können. Der brave S.A.-Mann soll die Meinung erhalten, daß die Untreue zu einer Person durch die Treue zu einer Sache aufgehoben werden kann, wobei aber in dem Fall die Person die Oberste Parteiführung ist, die Sache aber der ›sehr sachliche‹ Herr Polizeihauptmann Stennes. Es wäre kein Wunder, wenn der eine oder der andere S.A.-Mann einer so raffinierten Vergiftung langsam erliegen würde.

Als wenige Tage vor der letzten Reichstagswahl Herr Stennes die Stunde ›zum Losschlagen‹ für gekommen erachtete, da motivierte er seine Handlung auch mit ›sachlichen‹ Gründen. Es wurden finanzielle Nöte in den Vordergrund geschoben. Und doch war es nicht das. Gewiß, die Not war groß, und ihr mußte soweit nur überhaupt möglich Einhalt geboten werden, allein es war ein Verbrechen, den damaligen Vorgang mit finanziellen Forderungen zu verbrämen und dadurch den Anschein zu *erwecken, als ob die Treue der S.A. etwa käuflich sei. Zehntausende und Zehntausende von S.A.-Männern waren damals innerlich empört über diese Herabwürdigung ihrer Ehre durch einen Mann, der selbst ersichtlich nie Nationalsozialist gewesen ist. Im Interesse der Bewegung und der Zukunft ihres Kampfes war ich damals bereit, trotz allem eine Aussöhnung entgegenzunehmen. Ich hatte vielleicht noch die stille Hoffnung, daß der Polizeihauptmann Stennes in der Zukunft anders handeln würde als in der Vergangenheit. Es kam aber umgekehrt. Während Herr Stennes von Loyalität redete, war seine Handlung ein fortlaufender Verrat an der nationalsozialistischen Bewegung Mehr noch als früher wurde die Vergiftung des S.A.-Mannes, insbesondere aber der Führer, betrieben. Jeder Versuch zu einer aufrichtigen Verständigung wurde mit Hohn beantwortet. Gewiß, Herr Stennes kann nicht begreifen, daß ich, wenn es sich um das Schicksal meiner Bewegung handelt, auch bewegt sein kann. Dem Herrn Stennes war diese Bewegung innerlich vollkommen fremd. Er kennt nur sein Ich und seine ebenso verlogenen wie undurchsichtigen Ziele.*

Allein dies alles war noch nicht der letzte Grund, der mich nunmehr endlich zum Vorgehen zwang. Zur Methode des Polizeihauptmanns a. D. Stennes gehörte es, immer mehr die Führung der nationalsozialistischen Bewegung als verspießert, als feige und bourgeois hinzustellen, die überall den revolutionären Schwung lähme und in seiner Auswirkung hindere. Herr Stennes mimte den sozialen Revolutionär gegenüber den kapitalistisch denkenden Bonzen. Das ist aber derselbe Herr Stennes, der von Anfang seiner Tätigkeit an in der N.S.D.A.P. keinen Handgriff ohne Rechnung und Quittung getan hat. Derselbe Herr Stennes, der alle Strapazen des S.A.-Mannes nur von der Ferne betrachtet, derselbe Herr Stennes, der nie eine persönliche Not in seinem Leben gekannt hat.

Dieser Herr Stennes, Polizeihauptmann a. D., verstand es allmählich, besonders in die jungen Köpfe der S.A., in erster Linie aber in einem Teil seiner Unterführer Gedanken hineinzupflanzen, deren Verwirklichung den Opfern seiner Führung zum furchtbarsten Verhängnis werden mußte, die Partei aber praktisch der Vernichtung preisgegeben hätte. Herr Stennes redete nur von ›Aktion‹ und von ›Tat‹ und wurde nicht müde, besonders mich als Hemmschuh für die einzig erlösende Handlung hinzustellen. Herr Stennes hatte damit allerdings recht. Wer heute die nationalsozialistische Bewegung in einen offenen Krieg gegen den Staat führt, versündigt sich nicht nur an der Bewegung, sondern am allerfurchtbarsten an den jungen Kämpfern, an unserer S.A. Ich brauche es nicht als eine Niederträchtigkeit zurückzuweisen, wenn Herr Stennes mein Bekenntnis zur Legalität als Ausdruck der Feigheit hinstellt. Denn ich brauche nur zu fragen, wann hat den überhaupt Herr Stennes sein Bekenntnis zur Aktion in die Tat umgesetzt? Und wann hat er dafür auch die Konsequenzen getragen? Ich halte jeden Mann, der es versucht, eine gänzlich unbewaffnete Organisation zu einer Gewalttat gegen den heutigen Staat aufzuputschen, entweder für einen Narren oder einen Verbrecher oder für einen Lockspitzel!

Wenn aber Herr Stennes die jungen Parteigenossen und besonders einen Teil der Führer dauernd mit solchen Gedanken füttert, dann besteht die Gefahr, daß eines Tages aus der Phantasie plötzlich eine blutige Wirklichkeit wird. Herr Stennes aber wäre der Letzte, der dann dafür die Verantwortung übernähme. Der Herr Polizeihauptmann a.D. war überall noch dabei, aber er wurde noch nie gefaßt. Dabei besteht aber der Gipfelpunkt der Verlogenheit darin, daß derselbe Herr Stennes, der in seinem Radikalismus die Legalität der Partei nicht genug schmähen kann, selbst sofort zum Zauderer wird in dem Augenblick, in dem er selbst für sein Handeln die Verantwortung übernehmen müßte. Wird Herr Stennes nun, da ihn niemand mehr aufhält, da keine ›verbonzte Parteileitung‹ ihm mehr Hindernisse in den Weg legt, etwa losschlagen? Nein! Er wird warten. Er wird warten, bis sich vielleicht wieder jemand anderer findet, der die Verantwortung für seine Putscherei zu übernehmen bereit ist.

S.A.-Männer! Es gibt nur zwei Möglichkeiten: Entweder man glaubt ernstlich an eine Gewaltaktion, dann ist das entweder ein Wahnsinn oder ein Verbrechen. Oder man glaubt selbst nicht ernstlich an diese Möglichkeit, dann ist es eine Gaunerei und eine Gewissenlosigkeit sondergleichen, anständige Menschen dumm zu machen, zum Treubruch zu verleiten ohne jeden wirklichen Willen und jede wirkliche Absicht zum Handeln.

Parteigenossen und S.A.-Männer! Diese Schwindeleien mache ich nicht mit. Im Jahre 1923 habe ich erklärt, marschieren zu wollen, und bin dann marschiert. Heute muß ich bekennen, daß ich jeden weiteren Versuch in dieser Richtung als Wahnsinn ansehe, ich habe die strenge Legalität der Partei beschworen, und ich lasse mich von niemanden zum Meineidigen machen, am wenigsten vom Polizeihauptmann a. D. Stennes. Wenn ich aber bedenke, daß diese ganze Verhetzung gegen die Parteileitung und insbesondere meine Person nur zu dem Zweck erfolgt, um unwissende S.A.-Männer zum Treubruch zu verleiten, während man selbst als Meuterer an die Treue der unterstellten Formationen appelliert, *dann ist das der Gipfelpunkt von Heuchelei. Ich habe mich nicht mit den-jenigen auseinanderzusetzen, die von vorneherein als Landsknechte im Dienste des Herrn Stennes zur Partei kamen. Ich appelliere aber an die Nationalsozialisten, an den S.A.-Mann, der mir die Treue gelobt hat und nicht dem Meuterer Stennes. Ich appelliere an ihn, weil ich nicht zusehen kann und will, wie dieser Polizeioffizier a. D. die Partei und die Kamera-den in das Verderben hineinhetzt. Der Herr Polizeihauptmann a. D. Sten-nes hat gegen meinen legalen Kurs die S.A. aufzuhetzen versucht. Er hat dies in einer Zeit getan, in der dank meiner politischen Führung durch die nationalsozialistische Partei überhaupt zum erstenmal die Hoffnung auf eine deutsche Zukunft entstanden ist. Herr Stennes selbst hat es in sei-nem ganzen Leben über die Bildung von ein paar erbärmlichen Roll-kommandos nicht hinausgebracht. Derselbe Mann aber untersteht sich, im Augenblick der größten Erfolge unserer Bewegung gegen die Füh-rung zu hetzen und die Partei dem Verderben auszuliefern.*

S.A.-Männer! Das ist nur eine Frage des Gewissens, ob man die blö-den, geschwollenen Phrasen des Herrn Stennes verwenden will oder nicht. Aber es ist zugleich eine Frage der Verantwortlichkeit, ob man die größte deutsche Bewegung durch ein solch verbrecherisches Geflunker zugrunde richten lassen will. Herrn Stennes kann das gleichgültig sein. Der Herr Polizeihauptmann a. D. Stennes hat in seinem Leben schon so viel geführt und soviel gemacht, daß es auf einen Wandel mehr oder weni-ger auch nicht mehr ankommt. Ich habe aber diese Bewegung gegründet, ich habe sie geführt, ich bin ihr treu geblieben im Gefängnis und blieb ihr wieder treu in der Freiheit und habe nie in ihr gemeutert und nie gegen sie revoltiert, habe sie nie verlassen und mit etwas anderem vertauscht, und ich dulde daher auch jetzt nicht, daß man sie zugrunde richtet.

S.A.-Männer! Ich habe die durch nichts zu beseitigende oder zu beu-gende Entschlossenheit, diese Verschwörung gegen den Nationalsozia-lismus mit Stumpf und Stiel auszurotten! Ich habe lange genug zugese-hen, werde aber jetzt mit dem Gewicht der Halben-Millionen-Partei gegen den Offiziersmeutererklüngel rücksichtslos vorgehen. Ich weiß, daß durch 8 Millionen Menschen ein Aufatmen geht, wenn diesen Zer-störern der letzten deutschen Zukunftshoffnung das schmutzige Hand-werk gelegt wird.

S.A.-Männer! Ihr habt damit jetzt zu wählen, wem Ihr Euch zur Treue verpflichtet fühlt. Dem Polizeihauptmann a. D. Stennes oder dem Be-gründer der nationalsozialistischen Bewegung und Obersten Führer Eurer S.A., Adolf Hitler. Wer nicht mit mir gehen will, der mag meine

Kokarde und meine Fahne ablegen, das Braunhemd ausziehen und zu dem Polizeihauptmann a.D. gehen. Wer aber Nationalsozialist sein möchte, der gehört zu mir, und von dem verlange ich, daß er, solange ich nichts Ungesetzliches von ihm fordere, sich meiner Führung fügt. Zehntausende an Funktionären in unserer Partei kennen die Gefolgschaftstreue und den Gehorsam. Ich lasse mir das nicht durch ein paar meuternde Verräter zerstören, sondern ich bin entschlossen, in dem Fall lieber ·selbst die Reinigung herbeizuführen. Nationalsozialisten! Die Fahne hoch und im Gleichschritt hinein in die Partei, wo Euer Platz ist!

Nationalsozialisten, S.A.-Männer! Jagt den revoltierenden Meutererklüngel mit Eurer Verachtung zum Teufel. Kein Führer gehorcht einem Meuterer. Kein Soldat befolgt die Befehle eines meuternden Führers.

S.A.-Männer! Ich entbinde Euch des Gehorsams gegenüber den Verschwörern zur Zersetzung unserer Bewegung. Duldet nicht mehr, daß sie Euch S.A.-Männer vor den Blicken von acht Millionen anständiger Menschen beschmutzen und zu ihrer eigenen Ehrlosigkeit herunterziehen. Wenn die Führer keine Treue mehr kennen dem Mann gegenüber, der sie an ihre Stelle gesetzt hat und der ihnen die Möglichkeit zum Wirken schuf, dann müßt ihr Euch zu dieser Treue bekennen und müßt die Führer ersetzen.

Es lebe die Nationalsozialistische Deutsche Arbeiterpartei!
Es lebe für immer die S.A. und S.S.!
Weg mit den Verrätern!
Adolf Hitler«[36]

In einem Artikel *»Sage mir, wer Dich lobt …«* vom 8. April 1931 sprach auch Hitler dann nur noch vom »Polizeispitzel« Stennes[37].

Walter Stennes gründete nach seinem Ausscheiden aus der SA eine »Kampfgemeinschaft revolutionärer Nationalsozialisten«, die jedoch schon bald genauso in der Versenkung verschwand wie zuvor bereits Dr. Otto Strassers »Schwarze Front«. Auch seine Zeitung *Arbeiter, Bauern, Soldaten* war zu keiner Zeit eine ernsthafte Konkurrenz für Goebbels' *Angriff*. Resigniert wanderte Stennes schließlich nach China aus und wurde Militärberater bei General Tschiang Kai-schek. Das Schicksal, ein Opfer des Juni 1934 zu werden, blieb ihm so sicherlich erspart. Erst 1949 kehrte Stennes nach Deutschland zurück[38]. 1989 ist er verstorben.

Unmittelbar im Anschluß an die Krise in Berlin kam es auch in Augsburg zu ähnlichen Vorgängen. Ursache waren auch dort finanzielle Streitigkeiten, die in der Einreichung einer Petition von 76 SA-Män-

nern an Hitler gipfelten. Der Parteichef entsandte daraufhin den Reichs-
führer-SS Himmler zur Schlichtung nach Augsburg, wo es ihm nur mit
größter Mühe gelungen sein soll, die SA von der Demolierung der Gau-
geschäftsstelle abzubringen. Im hessischen Hanau ist es am 1. Februar
1931 ebenfalls zu einer Besetzung des Parteibüros durch aufgebrachte
SA-Männer gekommen. Grund hierfür waren finanzielle Unregel-
mäßigkeiten des Gauleiters Sprenger. Die Polizei mußte auch hier die
Geschäftsstelle der NSDAP räumen und die meuternde SA vertreiben.
Nach der Stennes-Krise zeigten sich immer wieder eine ganze Reihe
von Unmutsäußerungen innerhalb der braunen Armee. Das Schlagwort »Stabsbonze« machte insbesondere nach der Übernahme der SA
durch Röhm schnell die Runde. Röhms Homosexualität sorgte gleichfalls wieder für Unruhe. Offen sprach der einfache SA-Mann von der
»Warmen Bruderschaft im Braunen Haus«. Der Oberleutnant zur See
a.D. Helmut Klotz, ehemals Spitzenkandidat der NSDAP in Baden,
hatte einige Briefe Röhms aus dessen Zeit in Bolivien veröffentlicht,
die seine Veranlagung eindeutig belegten. Damit hatte er Partei und SA
größten Schaden zugefügt. Doch gelang es der NS-Propaganda, derartige Vorwürfe immer wieder zu entkräften.

Am 17. Oktober 1931 demonstrierte Hitler in Braunschweig in
einem gewaltigen und bis dahin größten Aufmarsch von nahezu 100 000
SA-Männern die Macht seiner Parteiarmee; die Bewegung stehe
»einen Meter vor dem Ziel«, verkündete er während der Standarten-
weihe. Walter Stennes sollte er noch einmal vor Gericht wiedersehen.
Einige Angehörige des Berliner SA-Sturms 33 waren angeklagt, im
November 1930 drei KPD-Mitglieder durch Schüsse verletzt zu haben.
Hitler und Stennes waren vor Gericht am 8. Mai 1931 als Zeugen geladen, wurden aber getrennt voneinander vernommen. Hitler wurde in
der Hauptsache zu dem von Stennes gebrauchten Begriff der »Roll-
kommandos« befragt und dazu verhört, ob man das von Hitler ausgesprochene Waffenverbot in der NSDAP ernst nehmen könne[39]. Stennes
sollte Auskunft darüber erteilen, ob sich in der NSDAP trotz dieses Ver-
botes sog. »Rollkommandos« befänden, welche die Aufgabe hätten,
Strafexpeditionen gegen politische Gegner zu unternehmen oder diese
sogar zu töten.[40] Im Januar 1932 verklagte Stennes Hitler vor dem
Amtsgericht Berlin-Moabit wegen Diffamierung als Polizeispitzel –
Hitler wurde allerdings freigesprochen.

In seiner Rechtfertigungsrede vor dem deutschen Reichstag nach
der niedergeschlagenen Röhm-Revolte 1934 meinte Hitler: »*Dreimal*

hatte die SA das Unglück, Führer zu besitzen – das letzte Mal sogar einen Stabschef –, denen sie glaubte gehorchen zu müssen und die sie betrogen, denen ich mein Vertrauen schenkte und die mich verrieten.«[41]

Neben Stennes und Röhm nahm Hitler mit dieser Aussage auch noch auf ein anderes Ereignis Bezug, welches ihn im Januar 1933 beschäftigte. Der ehemalige SA-Gruppenführer von Franken, Wilhelm Stegmann, hatte sich noch kurz vor der Machtübernahme gegen den Legalitätskurs aufgelehnt. Des öfteren war Stegmann, Leutnant a.D. und ehemaliger Angehöriger des Freikorps Epp, aus diesem Grunde schon mit dem Nürnberger Gauleiter Streicher aneinandergeraten.

Stegmann, 1899 geboren, war Domänenpächter in Mittelfranken und gehörte von 1930 bis Januar 1933 der Reichstagsfraktion der NSDAP an. Am 9. Januar 1933 trat er von der Führung der SA-Gruppe Mittelfranken zurück, auch wegen angeblich nicht an die SA gezahlter Gelder seitens der fränkischen Gauleitung. Er ließ aus diesem Anlaß deren Räumlichkeiten in Nürnberg stürmen und erklärte sich zum Führer des Gaues. Wie während der Stennes-Revolte mußte auch hier die Polizei die sich gegenseitig befehdenden Parteiformationen trennen. Streicher beschwerte sich bei der Obersten SA-Führung in München, die Stegmann den Befehl über die ihm unterstehende SA-Untergruppe Mittelfranken entzog. Auch Hitler reagierte schnell und schickte am 12. Januar ein Telegramm an Stegmann:

»Da Sie trotz meiner Ihnen persönlich gemachten Verwarnung sich abermals in schwerster Weise gegen die Parteiinteressen vergangen haben, bestätige ich nicht nur die von Stabschef Röhm ausgesprochene Amtsenthebung von Ihrer Dienstellung, sondern erkenne Ihnen auch strafweise Ihren Dienstrang ab.«[42]

Am 14. Januar soll es noch einmal zu einem Gespräch zwischen Hitler und Stegmann gekommen sein[43]. Da aber die Rebellion – mit oder ohne Zutun Stegmanns – fortgesetzt wurde, erfolgte am 20. Januar Stegmanns Ausschluß aus der Partei. In einer in der NS-Presse veröffentlichten »Reueerklärung« Stegmanns war zu lesen: *»Ich war heute bei meinem Führer. Da ich einsehe, daß mein Verhalten von ihm mit Recht getadelt wurde, habe ich aus eigenem Willen mein Reichstagsmandat zu seiner Verfügung gestellt und ihm versprochen, als Parteigenosse in Treue und Gehorsam meine Pflicht zu tun.«*[44]

Stegmann widerrief also zunächst, doch als er merkte, daß immer noch größere Teile der fränkischen SA hinter ihm standen, gründete er in Ansbach ein »Freikorps Franken«[45], das 2000 bis 3000 Mitglieder gehabt haben soll[46]. Es versank sang- und klanglos im Nichts. Peter Longerich bemerkte hierzu: »*Öffentliche Erklärungen des Freikorps richteten sich denn auch gegen das* ›*Bonzentum*‹ *der Partei und beschworen soldatische Werte. Sie enthielten eine klare Absage an den Legalitätskurs und forderten dazu auf,* ›*brutalen und revolutionären*‹ *Widerstand gegen die Republik zu leisten … Wäre die nationalsozialistische Regierungsübernahme noch einige Wochen hinausgezögert worden, so hätte Stegmanns Revolte durchaus Chancen gehabt, andernorts Unterstützung zu finden und sich zu einer reichsweiten Rebellion in der SA auszudehnen.*«[47]

Bis Mitte März 1933 konnte das »Freikorps Franken« noch offen agitieren, dann wurde es aufgelöst. Auch in Kassel hatten einige hundert ehemalige SA-Angehörige, welche im Dezember 1932 die Parteiarmee verließen, eine oppositionelle »Kampfgemeinschaft« gegründet, die sich tätliche Auseinandersetzungen mit der regulären SA lieferte. Stegmann verbrachte man 1933 in ein KL und verurteilte ihn im Februar 1936 vor einem Sondergericht in Nürnberg zu 18 Monaten Gefängnis wegen »Aufrechterhaltung der meuterischen Organisation«. Eine DNB-Meldung vom 17. Februar hob hervor, daß sich der Vorsitzende des Gerichts auch mit der »*verabscheuungswürdigen Meuterei Stegmanns in der Zeit um die Machtergreifung beschäftigt*« habe[48].

Auch Franz Pfeffer von Salomon geriet nach 1933 in die Mühlen des etablierten Parteiapparats. Immer mehr geriet er ins Abseits, arbeitete kurzzeitig in der Reichzeugmeisterei der Partei in München und war dann von 1934-41 Regierungspräsident in Wiesbaden, von wo er nach einem Streit mit Gauleiter Sprenger von Bormann abberufen wurde[49]. Pfeffer hatte scharf gegen Anweisungen des Gauleiters protestiert, da diese seiner Ansicht nach im Gegensatz zu den Vorschriften des Reichsinnenministers gestanden hätten. Hitler soll Pfeffer nach 1933 immer wieder zu einem Eintritt in die Regierung ermuntert haben, doch der lehnte ab. So soll er Pfeffer aus diesem Grunde unmittelbar nach der Junikrise 1934 in dessen Pasinger Wohnung aufgesucht haben. Pfeffer schlug aber aus und unterbreitete Hitler statt dessen den Wunsch, an der Abendtafel des Führers in der Berliner Reichskanzlei teilnehmen zu dürfen, da dort die eigentliche Politik gemacht werde[50]. Es ist jedoch nicht bekannt, daß Hitler sich hierauf eingelassen hat.

Georg Franz-Willing schreibt, daß Pfeffer einen privaten Geheimdienst »von beachtlichen Ausmaßen« betrieben haben soll, der sich mit Politik und Diplomatie der ausländischen Mächte befaßte. Hitler glaubte, daß Pfeffer auch beim Englandflug seines Stellvertreters in der Partei Rudolf Heß die Hand im Spiele hatte und machte diesbezügliche Andeutungen auch in einer Ansprache vor den Gauleitern. Dies wurde Pfeffer, eventuell von dem Gauleiter Josef Wagner, zugetragen. Pfeffer beschwerte sich daraufhin bei Hitler, welcher wiederum die Nennung der Namen von ihm verlangte, die ihm seine Äußerungen vor den Gauleitern verraten hätten. Pfeffer aber schwieg und kam in dem berüchtigten Prinz-Albrecht-Palais in Gestapo-Haft, wo man ihn aber gut behandeln mußte. Trotz mehrmonatiger Haft erteilte Pfeffer keine Auskunft. Im November 1941 erfolgte sein Ausschluß aus der NSDAP. Daher schrieb er eine weitere, überaus aggressive schriftliche Beschwerde an Hitler, in der er betonte, der Führer habe keine Berechtigung zu diesem Schritt gehabt, und er forderte Hitler vor das Parteigericht, dem auch dieser sich einst unterworfen habe. Hitler bot seinem einstigen SA-Chef daraufhin eine lebenslängliche OSAF-Pension und meinte weiter nur, Pfeffer sollte endlich »a Ruh geben«, die Reichsleitung der Partei nicht mehr betreten und seinen Wohnort Pasing nicht verlassen. Joseph Goebbels erzürnte sich ebenfalls in seinem Tagebuch über Pfeffer:

»Der Hauptmann von Pfeffer, die letzte Stütze von Heß in der Partei, ist eine Zeitlang im KZ gewesen. Er hat an Göring einen so unverschämten Brief geschrieben, daß ihm mitgeteilt werden mußte, wenn er sich noch einmal eine Frechheit erlaube, so hätte er mit den allerschwersten Folgen zu rechnen. Ich habe Pfeffer nie anders eingeschätzt. Er ist ein vollkommen chaotischer Mensch, ein politischer Vagant, der zu praktischen Leistungen überhaupt nicht befähigt ist.«[51]

Wegen angeblicher Mitwisserschaft der Vorbereitungen des Staatsstreichs vom 20. Juli 1944 wurde Pfeffer erneut inhaftiert, doch bald wieder entlassen. Bei Kriegsende führte er als Kommandeur eine Volkssturmdivision. Nach dem Kriege war er im Vorstand des hessischen Landesverbands der Deutschen Partei aktiv. Im Alter lebte er nahe München und starb 1968.

Die Entwicklung der SA verkörperte die ganze Tragik der Hitlerschen Denkmuster. Er wollte die Achtung der Gesetze verbunden wissen mit der Romantik des politischen Soldaten, forderte gleichzeitig der bewaffneten Gewalt abzuschwören, ihrem Geiste aber zu huldigen. Mit so eigenwilligen Charakteren wie Pfeffer von Salomon, Stennes und Röhm waren die Konflikte daher vorprogrammiert. Das eingangs zitierte Wort Ernst Röhms von der SA als »Schicksal Deutschlands« wurde schon bald zur Farce. Einflußlos in einem vollständigen Sinne, verlor sie nach dem 30. Juni 1934 mehr und mehr an Prestige und realer Macht.

»Ich will keine völkischen Generalstabsoffiziere, sondern Führer!«

Ernst Anrich und die innere Opposition im NS-Studentenbund 1930-31

Seit 1930 hatte eine Gruppe von Amtsträgern des Nationalsozialistischen Deutschen Studentenbunds (NSDStB) versucht, diesen zu »intellektualisieren« und die Person von dessen Reichsführer Baldur von Schirach in Frage zu stellen. Motoren dieser Strömung waren vor allem der damalige Bonner Fraktionsführer in der Studentenschaftskammer, Ernst Anrich, und der Hochschulgruppenführer von Erlangen, Reinhard Sunkel[1].

Anrich, geboren am 9. August 1906 in Straßburg, war zunächst Doktorand, dann Assistent am Bonner Historischen Seminar (Studium der Geschichtswissenschaft, Germanistik und der Theologie). Bereits der Vater Gustav Anrich war ein geachteter Professor für Kirchengeschichte an der Universität von Straßburg[2]. Als Gildenmeister der Hochschulgilde »Ernst Wurche« gliederte Ernst Anrich diese 1930 dem NS-Studentenbund korporativ an, dessen Mitglied er seit 1928 war. Obwohl etliche ihrer Mitglieder Theologie studierten, bekannte sich die Gilde aus ihrer Herkunft von der deutschen Wandervogelbewegung und den Freikorps zur »nationalsozialistischen Idee«. Lange hatte Anrich noch gezögert, die Gilde so eng an die Hitler-Bewegung heranzuführen, wie aus seinen unveröffentlichten Erinnerungen hervorgeht:

»Bei allen Bedenken, ob dies und jenes in dieser nationalsozialistischen Partei, ob bei Hitler und in Hitler schon voll *die Tiefe der Idee und die Umfassung der Aufgabe zum Ausdruck zu bringen vermochte – es war unmöglich, zu erwarten* und *nicht mehr möglich darauf zu warten, daß ein noch vollständigerer Aufbruch dieser notwendigen Bewegung sich neben der NSDAP, neben oder über Hitler bilden könnte. Wo wäre der zu finden und zu erwarten gewesen, der nicht nur mit ähnlicher oder noch größerer Fähigkeit des Erkennens, Bewegens und Predigens als*

Hitler ausgestattet gewesen, sondern bereit gewesen wäre, seine Person und sein Schicksal so vollständig unter diese Aufgabe zu stellen.«[3]

Die Gilde hatte schon seit 1928 verschiedentlich gemeinsame Kundgebungen mit dem NS-Studentenbund veranstaltet, so etwa mit Dr. Goebbels, doch so eindrucksvoll Anrich dessen Rede auch gewesen war, so sprach eine Neigung in ihm doch gegen das Fotografiertwerden mit dem Berliner Gauleiter. Anrich blieb abseits.

Ganz zu Beginn der Auseinandersetzungen wurde Anrich noch freundlich in Schirachs Elternhaus empfangen; er erinnerte sich an dessen Zimmer, welches mit weißen Möbeln ausgestattet gewesen war. Im Hinblick darauf, daß Anrich und alle anderen führenden Köpfe des NSDStB als Nationalsozialisten im Weimarer Staate kaum Aussicht darauf haben konnten, jemals eine Beamtenstellung zu erhalten, schrieb er am 24. Februar 1930 an seine spätere Frau Elsmarie: »*Mein Leben ist unsicher. Ich kann Dinge unternehmen, die vielleicht falsch sind. Vielleicht ist der ganze Nationalsozialismus falsch. Aber wegen dem Rettenden für Deutschland darin muß ich zu ihm stehen.«*[4]

Anrich machte sich daran, Planungen für eine Umstrukturierung des Bundes auszuarbeiten. So dachte er beispielsweise an die Gründung einer »NS-Studentenschaft«, die organisatorisch von der NSDAP unabhängig sein und NSDStB-Mitglieder und Nichtmitglieder vereinen sollte. Der Plan wurde zunächst von Schirach positiv aufgenommen, aber bald wieder von ihm verworfen, da er sich mittlerweile auch mit der »Deutschen Studentenschaft« arrangiert hatte und diese nicht mißtrauisch machen wollte. Schirachs Angebot an Anrich, sein Vertreter für hochschulpolitische Fragen zu werden, lehnte dieser ab. Anrich, inzwischen Doktor, versuchte jedoch weiterhin, seine ganz bestimmten Vorstellungen in die Arbeit des NSDStB einfließen zu lassen und verfaßte daher im August 1930 eine *Skizzenhafte Denkschrift über Wesen und Gestaltung des NSDStB der NS-Bewegung auf der Universität.* In dieser Denkschrift, die »*An den Reichsführer des NSDStB, Herrn Baron Baldur von Schirach, München*« gerichtet war, legte Anrich ein detailliertes Reformprogramm vor. Ausgehend von der Vorstellung eines Ständestaates, versuchte er, dem NS-Studenten einen ihm gebührenden Rang einzuräumen. Hier einige konkrete Forderungen:
– »*Grob gesehen ergeben sich heute – als zu fordern, nicht als gegeben – drei Stände: Bauernstand, Arbeitsstand und Bildungsstand, während dem Wehrstand im Prinzip alle zugehören, wie alle aus e i n e m und für e i n Volk sind.*

– ... *Die NS-Bewegung auf der Universität muß in ihren dortigen beson-*
deren Formungen die dort besonders gestellte Aufgabe in Angriff neh-
men und ihr dienen. Sonst hat eine besondere Organisation keinen Sinn,
– und es wird eine sehr, sehr große Aufgabe der heutigen Notzeit verpaßt.
– ... *Nicht der StB überzeugt ... durch Geist und Haltung, sondern die*
NS-Idee.
– ... *wir haben nicht allein für morgen, sondern vor allem und dann*
gleichzeitig für das Übermorgen zu rüsten. Wir haben Menschen geistig
u n d äußerlich zu formen und aus diesen Menschen den seinen Aufga-
ben gewachsenen Stand zu schaffen innerhalb der Bewegung. Ein ketze-
risches, aber deutliches und oft erlebtes Beispiel: Der junge, normale, for-
sche Student kommt in den Durchschnitts-StB, von diesem sofort in die
SA mit viel Betrieb. Folge: binnen 3 Monaten sieht er diesen Kampf als
den alleinigen an, lehnt jede geistige Formung, d. h. Anforderungen an ihn
im Grunde als Inaktivität ab, er ist kurz gesagt total veräußerlicht.
– ... *Wir brauchen einen größeren einheitlichen Lebensstil, dieser muß*
Fechterhaltung in Konzentration und Schwung haben, der Weltanschau-
ung und dem Wollen entsprechen. Die Abende müssen meinem Empfin-
den nach straffer zusammengefaßt sein: ein schneidiges Anfangs-, Mittel-
und Schlußlied schafft Tonangabe, Gemeinsamkeit u n d Exklusivität,
am Schluß Vertiefung, Überhöhung oder Lustigkeit. Sodann die Refera-
te selber: Ausgearbeitet, klar, gut vorgetragen, Niveau. Die Diskussions-
leitung: lebendig, klar, vorher überlegt, tadellos in der Form. Jeder Abend
hat ein Stück Kampf für die Bewegung zu sein. Später, wenn die Verbote
aufgehoben sind, kann ... Uniform verlangt werden: Lange blaue Hose,
die neuen braunen Jacken mit Koppel machen sich vorzüglich, die Gilde
hatte gerade die Einführung befohlen.
– ... *den radikalen Ausschluß der NS-Studentinnen halte ich für falsch.*
Wo viele sind, kann man vielleicht besondere Sektionen aufmachen ...
Soll unsere Bewegung wirklich Volk im Volke sein und überhaupt das
ganze Volk durchdringen, so muß sie auch die Frau erfassen und wirk-
lich einbeziehen.«
Letztlich war Anrichs Denkschrift natürlich auch gegen Führungsstil
und Person Baldur von Schirachs gerichtet. In weiten Kreisen des
NSDStB stieß diese Kritik auf offene Ohren, hatte man von Schirach
doch schon seit langem vorgeworfen, er führe in München eine »Bon-
zenherrschaft«, stütze sich ausschließlich auf die Gunst Hitlers und
wisse über die eigentliche hochschulpolitische Tätigkeit seines Bundes
kaum Bescheid. Sachbezogene Gegensätze waren mit persönlichen

Animositäten untrennbar verbunden. Anrichs Denkschrift war jedoch trotz aller Kritik sachlich und verbindlich, der Ton blieb moderat. Das zeigt auch sein Schlußwort:

»Ich schrieb nicht aus persönlichen Motiven, sondern aus den Aufgaben der Zeit heraus, wie sie mir erscheinen, und aus so manchen Beobachtungen während vieler Semester in StB's und NS-Studentenkreisen, und um die Reichsleitung nach meinen Kräften zu unterstützen. Kritik und Auswertung steht bei Ihnen. Ich versuchte alles so nüchtern wie möglich darzustellen. Was dahinter steht, ist nicht so nüchtern. Ich würde dem Ganzen am liebsten den Jenenser Studenten von Hodler voranstellen.«

Auf die Denkschrift hin waren einige anerkennende Antworten eingetroffen, so von Gregor Strasser, Dr. Joachim Haupt und Adrian von Renteln[5]. Sondierungsgespräche mit Gregor Strasser, Major Buch und Dr. Frick kamen zunächst allerdings nicht zustande. Die damalige »Otto-Strasser-Krise« absorbierte alle Kräfte der Parteileitung. Auch Sunkel hatte inzwischen eine eigene Denkschrift verfaßt, die in vielen Punkten mit Anrichs Auffassungen konform ging. Auf der Hochschulgruppenführertagung in Halle am 31. Oktober 1930 legte er sie zur Diskussion vor. In Halle ging von Schirach zunächst noch auf Kompromißkurs, nahm Anrich als Schulungsleiter in die Reichsleitung auf und beauftragte ihn mit der Ausarbeitung einer weiteren Denkschrift:

»Am Morgen des 31.10. an einem langen Hufeisentisch amtlicher Beginn. Es wird meine und die Erlanger Denkschrift Sunkels verteilt. Schirach – zu seiner Seite Buch –, ehemals aktiver Major, neben seinem Amt als Vorsitzender des obersten Parteigerichts Referent der obersten Parteileitung für Jugendfragen hält kein Referat, sondern spricht nur – maßlos – gegen einige der Vorwürfe. Dann (v. Schirach, W.B.): ›Eine Denkschrift sei eingegangen, die das beste sei, was je über Reform des Studentenbundes geschrieben worden sei, von Dr. Anrich. So ausgezeichnet, daß ich sie verlesen muß. Anrich kann nicht nach München kommen, aber ich übertrage ihm einen Teil der Reichsleitung in Bonn als Schulungsleiter und räume ihm die ganzen Mittel der Organisation ein.‹ Anschließend brach er die Sitzung ab. Nachfolgend gab es in kleinem Kreis, dem ich nicht angehörte, Streit mit ihm. Darauf vertagte er alles auf den folgenden Tag, an dem Hitler erwartet wurde.«[6]

Während Anrich als Theoretiker zumeist mehr im Hintergrund wirkte und daher den meisten vollkommen unbekannt war, wurde Sunkel mehr und mehr zum eigentlichen Anführer der Opposition und verhalf der Stimmung der Unzufriedenen zu einiger Massenbasis. Die Rebellion gipfelte in einem Brief von 24 Hochschulgruppenführern an Hitler, in dem sie die Absetzung Schirachs forderten. Sunkel, den man gleich als Nachfolger vorschlug, sollte das Schreiben persönlich dem Führer überbringen. Bevor es jedoch dazu kam, erklärte sich von Schirach plötzlich mit den meisten Reformvorschlägen einverstanden, ernannte Sunkel zu seinem Stellvertreter, zum Organisationsleiter und zu einem der NSDStB-Kreisleiter von Berlin. Etwas später übernahm er auch noch die Schriftleitung der Zeitschrift des Studentenbundes *Die Bewegung*. Der Streit schien hiermit beigelegt. Selbst die neuen Organisationsrichtlinien fanden allgemeine Zustimmung. Zu fragen ist allerdings, ob bei Schirach die Freude, endlich neue, qualitativ hochwertige Mitarbeiter gewonnen zu haben, überwog oder das taktische Kalkül, jede unbequeme Aktivität Anrichs und Sunkels in Aufgabenüberlastung zu ersticken. Trotz aller scheinbarer Übereinstimmung informierte Schirach Adolf Hitler über das Tun der »Rebellen« um Anrich:

»Am 17.11. hatte Schirach in einem vertraulichen Rundschreiben Nr. 1 an die Kreisleiter – so gut wie sämtlich von Schirach eingesetzte – als erstes mitgeteilt: ›In einer Rücksprache äußerte sich Adolf Hitler über die Vorfälle in Halle dahingehend, daß jede Fortsetzung einer Diskussion über die Führung des NSDStB mit Parteiausschluß bestraft werden würde. Die in der Erlanger Denkschrift niedergelegten Sätze: ›Der Reichsführer ist verpflichtet, vor weittragenden Entschlüssen außer den Mitarbeitern der Reichsleitung die Kreisleiter, möglichst auch die Hochschulgruppenführer zu mündlicher Stellungnahme aufzufordern‹, und ›Die Kreisleiter werden von den Hochschulgruppenführern gewählt‹, veranlaßten den Führer zu der Bemerkung, daß er niemals eine solche Auffassung innerhalb einer nationalsozialistischen Organisation dulden würde. Daß rein intellektuelle Gesichtspunkte von der Opposition vertreten und niedergeschrieben wurden, sieht der Führer der Bewegung als eine Gefahr für den gesamten Bund an.‹«[7]

Anrich hatte unterdessen eine neue Denkschrift erstellt. Unter anderem entwarf er ein beinahe perfektes Programm für die Schulungswochen auf Bundes- und Kreisebene, welche er in Zukunft durchzuführen gedachte. Mit seiner erneuten Forderung nach einer »geistigen Überhöhung« der gesamten Bewegung stieß er jedoch auf Widerstand. Die Bewegung sollte nach Anrich *»das Nationalsozialistische Monatsheft auf der Universität werden«*. Hier befand er sich im Einklang mit Dr. Goebbels, der kurz zuvor im NS-Jahrbuch 1930 geschrieben hatte:

»Es ist nicht damit getan, daß die NS-Bewegung dem deutschen Volke

155

eine Idee und einen Führer schenkt; sie muß ihre große geistige Umstellung unterbauen und ihren Bestand garantieren durch Erziehung eines neuen Volksbewußtseins und Herausbildung einer für ihre Aufgaben gezüchteten und gedrillten Führerschicht.«

Weiterhin schwebte Anrich eine »Lebensgemeinschaft« von Führern und Gefolge vor, die nicht ausschließlich von Befehl und Gehorsam geleitet werde. Dazu Schirach: *»Ein sehr beachtlicher Versuch zur Aufrichtung des Rahmens der Arbeit. Doch bei aller Anerkennung der Gesamtleistung, in einzelnen Punkten zunächst undurchführbar.«* Erstaunlicherweise beauftragte er Anrich aber, die für Anfang März 1931 auf der Burg Lobeda bei Jena angesetzte Schulungswoche mit Leben zu erfüllen. Ein Brief Anrichs an Schirach vom 10. Februar 1931 illustriert dessen ganze Verbitterung:

»Lieber Herr Kamerad von Schirach. Seit Ihrem Brief vom 10. ist mir verständlicher, warum ich auf die für die Vorbereitung der Schulungswoche so wichtigen Anfragen in meinem Brief vom 1.2., von dem wieder Besprechungen mit Herrn Oberst Haselmayer und anderen abhingen, keine Antwort erhielt. Ich hatte doch angenommen, daß Sie ein etwas tieferes Interesse an der Schulungsarbeit und damit an der Schulungswoche nähmen – und habe diese Annahme bisher Andersgläubigen gegenüber, die mich häufiger warnten (es war dies nicht Berns), sehr energisch vertreten.

Gewiß, wenn es unmöglich ist, kann es nicht gemacht werden. Aber ich weiß nicht, ob bei Darstellung der Wichtigkeit mit allem Nachdruck Ihrerseits ... nicht doch besondere Mittel erhältlich gewesen wären. Sie haben die Sonderumlage angeordnet ›um alles zu tun, was zu einer Durchführung der‹ Schulungstagung beitragen könnte‹ ...

Herr von Schirach, wenn Sie einen solchen Befehl Ihrerseits, auch wenn Sie ihn mit Bedenken gaben, von vornherein so einschätzen, daß im günstigsten Falle 300 Mark aus dem Bund hereingebracht werden – dann ist allerdings nichts wirklich Ernsthaftes durchzugestalten, und wir werden über Führerringsitzungen, Unterhandlungen, Beratungen und Ankündigungen in der ›Bewegung‹ nie hinauskommen und damit auch nicht wesentlich über den Zustand von vor Halle. Von Ihrer Regelung mit Spenden, die Sunkel oder ich beschaffen sollten, haben Sie mir nie etwas gesagt. Bitte führen Sie die Schärfe dieses Briefes nicht auf Gekränktheit über den Rüffel wegen des Briefes an den Chef zurück[8]. Was das betrifft, so dachte ich eben weiter, daß Sie sich Mitarbeiter heranziehen, damit Ihre Arbeit entlastet wird, und daß ich, wenn ich den Chef um eine Ansprache auf der Woche bitte, an seine Kanzlei zu schreiben habe, nicht an Sie. Dies ist zu ändern und berührt mich nicht persönlich, ich bin Soldat genug, um einen Rüffel zu ertragen. Zur Schärfe zwingt mich die Leichtigkeit, mit der Sie die ganze Schulungsarbeit behandeln und damit eine Arbeit, die nicht nur von mir allein für so ungeheuer bedeutend für den Studentenbund gehalten wird, und in der schon genug Zeit verloren ist.«[9]

Und an seine spätere Frau: *»Mir ist jedes Ausgeschlossenwerden gleichgültig. Nationalsozialist bleibe ich unbedingt. Aber solche Dinge kann ich nicht unbekämpft mitmachen ... Aber diese Bourgeoisie – man fragt sich manchmal, wo Deutschland ist, sind es diese Bürger etwa? Und versucht man für die ein neues inneres und äußeres Reich zu erobern? – Sind es die, sind es jene? – Aber keine Angst! Ich weiß schon, wo es ist ... Wenn wir nur bald 500 Mark monatlich hätten!«*

Am 8. Mai heißt es weiter an Gregor Strasser: *»Damit ist meine Arbeit für die Bewegung in diesem Semester völlig für nichts gewesen und eine weitere Arbeit unter Herrn von Schirach so zwecklos, daß sie für mich nicht in Frage kommt ... Sie werden Herrn von Schirach vielleicht anders einschätzen, wie er ja überhaupt oben anscheinend anders eingeschätzt wird, und dieses Urteil übel vermerken. Aber ich betrachte dies ja völlig als Privatbrief und glaube, daß man bei Ihnen ein offenes Wort wagen darf. Wir jedenfalls haben Herrn von Schirach von je her anders eingeschätzt und dieses Semester der engsten ›Mitarbeit‹ hat dies uns nur bestätigt, nicht nur uns. Und wir müssen das zum Ausdruck bringen. Nicht wegen uns, sondern wegen des Bundes, auch wenn wir als ›Rebellen‹ gelten sollten. Die Studenten können eben innerhalb eines Studentenbundes nicht gehorchen, ohne zu denken, wie es uns einmal in Halle empfohlen wurde. Doch ich will gar nicht gegen Herrn von Schirach hier schreiben. Sondern es ist rund heraus die Bitte: Wenn Sie einmal etwas haben, was meiner oder unserer Eignung entspricht und wo ich wirklich etwas gestalten kann im Dienst der Bewegung, so denken Sie an mich, oder ich müßte eigentlich sagen, an uns ...«*

Am 11. Mai erhielt der Brief ein P.S.: *»Ich zögerte doch, dieses merkwürdige Opus der Verstimmung und der Ungeduld abzuschicken. Ich tue es nun doch – gemischten Gefühls.«*[10]

Unter der Oberfläche gärte es weiterhin, und es formierte sich gleichsam eine »Opposition gegen die Opposition«; für das Selbstverständnis der NSDAP geradezu tödlich. Ein Aufruf von Schirach ergebenen NSDStB-Funktionären kulminierte in dem Satz: *»zehn dämliche Studenten sind wertvoller als ein geistig hochstehender, der kritisiert«.* Aus Anrichs Bonner Hochschulgruppe traten vier Mitglieder aus. Aus diesem Grunde schickte Schirach den Münchner Hochschulgruppenführer Hildebrandt nach Bonn, einen Mann also, der rigoros auf »SA-Kurs« eingeschworen war. Die Situation spitzte sich immer mehr zu, und Schirach war nunmehr dazu entschlossen, seine beiden unbequemsten Reichsleiter Anrich und Sunkel auszuschalten, um die Rebellion so gleichzeitig ihres wichtigsten Theoretikers und der aktivistischen Triebfeder zu berauben. Ohne das Recht auf Berufung wurde Sunkel im März schließlich aus dem NSDStB ausgeschlossen: »... *wegen Meuterei und Unwahrhaftigkeit enthebe ich Sie hiermit Ihrer Ämter im NSDStB mit sofortiger Wirkung. v. Schirach«.*

Anrich forderte daraufhin für Sunkel ein ordnungsgemäßes Verfahren, fuhr jedoch noch damit fort, die Schulungswoche zu organisieren. Doch von höherer Seite wurde dies planmäßig sabotiert, so daß er schließlich gezwungen war, sie abzusagen. Sunkel schrieb unterdessen an seine Freunde: »*Ich werde nicht nachlassen, mit allen Mitteln für den Studentenbund zu kämpfen. Gedichte sind noch keine Taten«* – eine Anspielung auf von Schirachs literarische Ambitionen.

Sunkel, der von dem Gauleiter Schleswig-Holsteins Lohse inzwischen zum Ortsgruppenleiter der NSDAP in Kiel ernannt wurde, ging gegen den Ausschluß vor. Seine neue Denkschrift knüpfte an das Vorbild von Kadettenkorps und Kriegsakademie an, deren Angehörige in bündischem Zusammenleben geformt und einem körperlichen und geistigen Ausleseprozeß unterworfen gewesen wären. Auch hierin wurde die Person von Schirachs zur Disposition gestellt: »*Was wir wollen, ist, daß an unsere Spitze ein Mann gestellt wird, der endlich aus diesem Bunde das macht, was er nicht ist: das Herz der deutschen studentischen Freiheitsbewegung«!* Anrich, der sich der Sympathie des Düsseldorfer Gauleiters Florian sicher sein konnte, ging in einem gleichzeitig verfaßten Bericht noch weiter:

»*Dies alles führt uns notwendig zu der Erkenntnis, daß ein solcher Führer (von Schirach) unmöglich der Gestalter der Studentengeneration sein kann ... Und wenn wir gegen einen Führer aufs Energischste vorgehen, so nicht, weil wir die Tiefe und den Ernst des Führergedankens nicht erfaßt hätten, sondern eben deshalb.«*[11]

Ein Gespräch mit Gregor Strasser im Frühjahr 1931 erwies dessen völliges Einverständnis mit den Forderungen der studentischen Opposition. Zu dem Plan, Dr. Joachim Haupt anstelle Schirachs zum Studentenbundsführer zu ernennen, meinte Strasser: »*Dr. Haupt ist auch unser Kandidat.«* Anrich und Sunkel wollten noch nicht aufgeben:

Gemeinsam verschickten sie eine Erklärung an alle Hochschulgruppen, in der sie diese dazu auffordern, aus dem Bund auszutreten. 31 Hochschulgruppen, zwei Studentenschaften und drei Kreisleitungen unterzeichneten den Aufruf. Durch die Vermittlung Gregor Strassers erhielten beide dann am 25. März 1931 endlich eine Gelegenheit von Adolf Hitler persönlich angehört zu werden.

Ernst Anrich selber schildert die Begebenheit in seinen *Erinnerungen:* »*Es verblieb: unbedingte Erledigung des Auftrags, die Denkschrift Hitler zu übergeben. Gegen halb vier gingen wir zum Braunen Haus. Es erwies sich kleiner als die Fotografien es zeigten. Es machte einen eigenen Eindruck. Vor jedem Eingang SS-Posten. Das Haus, in dem schon weithin Deutschland regiert wurde. Innen war es noch nicht ganz fertig. Halb vier trafen wir darin Schulz* (damals Stellvertreter und Stabsleiter des Reichsorganisationsleiters Gregor Strasser, W.B.). *In seinem Zimmer fehlten noch die Stühle. Schulz: ›Stehen wir, ich habe lange genug gesessen.‹ Er garantierte, daß er sorgen werde, daß Hitler die Denkschrift lese. Er sähe ihn noch am Abend. Buch komme um fünf Uhr und er wolle ihn vorher ansprechen. Gegen fünf Uhr waren wir wieder vor dem Braunen Haus. Wir gingen auf und ab, begleitet von unseren Sorgen und Hoffnungen. ›Es ist in der Partei in der Anlage etwas falsch.‹ Nach einer Weile: ›Wenn in der Anlage etwas falsch ist, vergrößert sich dieses Falsche bei jeder Vergrößerung des Ganzen.‹ Als wir zu Buch hineingehen wollen, fährt ein Auto vor. Etliche Aufregung: Hitler. Wir treten zurück, nehmen Haltung an und grüßen und werden sehr genau im Vorbeigehen betrachtet. Also: Hitler ist im Haus.*

5 Uhr Buch. Durchaus eine Gestalt. Offizier. Der Empfang ist sehr freundlich. Erste Mitteilung: Wir wüßten ja wohl, er sei nicht mehr zuständig. Mit der Abgabe der Hitlerjugend unter die SA (Röhm) hätte sein Jugendreferat keinen Sinn mehr gehabt. Der Studentenbund unterstünde somit wieder Hitler persönlich. Er ist nach wie vor Vorsitzender des obersten Schlichtungs- und Untersuchungsausschusses. Eben als solchen und Mann in der Nähe Hitlers hatten wir ihn gesucht. Er läßt sich auch trotzdem auf eine Besprechung ein und wird entschieden sehr aufgelockert. Es kommt das Verfahren gegen Sunkel zur Sprache, über dessen Formen er entsetzt ist. Einen Parteiausschluß – der ja über ihn gehen müsse – halte er nunmehr auch für Sunkel für völlig ausgeschlossen. Jedenfalls hat er keinesfalls den Eindruck von uns, daß wir Rebellen sind. Ich sprach auch kurz über das Wesen des Gehorsams des Studenten, er begriff. Dann Sunkel, der immer ausgezeichnet sprach: ›Können wir, da

Hitler nun unser direkter Chef ist, zu Hitler, die Denkschrift persönlich zu übergeben?‹ Buch: ›Er muß heute abend reden, wird also nicht da sein.‹ Wir: ›Er ist soeben gekommen.‹ Buch: ›So, dann will ich sofort telefonieren.‹ Er ruft an. Heß sträubt sich, Hitler wolle wegen des Abends keinen Ärger. Buch: ›Es sind durchaus sachliche, nicht persönliche Fragen‹ und er erreichte es. Wir sprechen weiter mit Buch, bis gemeldet wird: Hitler wartet in der Eingangshalle. Buch: ›Jetzt raus!‹ Er geht mit.

In der Eingangshalle ist Hitler, schon angezogen, mit Heß. Auf dem Tisch liegt die vielberedete Hundepeitsche – eben die zugelassene Waffe bei etwaigen Angriffen. Buch stellt vor. Sunkel wird sofort freundlichst wieder erkannt. Sunkel spricht einige Worte, überreicht die Denkschriften. Hitler blättert. Liest unsere ehrenwörtliche Erklärung, keine Otto-Strasser-Leute zu sein. Rutscht das Blatt hinauf, liest die Austrittsdrohung aus dem Studentenbund. Runzelt die Stirn. Hält einen kurzen Vortrag, daß in Deutschland jedermann, der wirke, sofort Gegner habe, von Arminius über Friedrich den Großen bis jetzt. Es käme aus der rassischen Zersetzung. Wir weisen das (im Gefühl, daß wir beide nicht gerade besonders rassisch zersetzt seien) sachte zurück. Wir weisen auf den Ernst der Lage im Studentenbund, daß wir Schirach der Aufgabe für schlechterdings nicht gewachsen hielten.

Hitler: Der Studentenbund sei die schwierigste Organisation, mit seinem ewigen Flukturieren der Mitglieder, dem Mangel an Disziplin bei den Studenten usw. Dann ›und wen halten Sie für den geeigneteren?‹ Sunkel: ›Dr. Haupt.‹ Dies schlug entschieden ein. Hitler: ›Aber Dr. Haupt ist zu anderem ausersehen, Führer der Hitlerjugend.‹ Dieses schien ihm bedeutend wesentlicher als der Studentenbund. Dort könne etwas Konstantes aufgebaut werden. In diesem Augenblick wird er von Weimar aus telefonisch abgerufen (wahrscheinlich im Zusammenhang mit den drohenden Stennesunruhen in Berlin). Die Akten nimmt er mit. Wir bleiben mit Buch stehen und führen die Unterhaltung fort.«[12]

Hitler entläßt seine Besucher also ohne ihnen Zugeständnisse zu machen. In ihrer Verzweiflung kamen die Frondeure auf den Gedanken, einem Altakademiker die Führung anzutragen, etwa dem Münchner Gauleiter Adolf Wagner. Der jedoch bezeichnete die Denkschrift als »Soldatenratszeug«. Unmittelbar nach dieser Begegnung zeichnete Anrich seinen Eindruck von der Person des Führers auf:

»Ich kann nicht sagen, daß er besonders war. Weder die Gestalt noch die Haltung im Gehen und Stehen. Der Vortrag über Armin und Friedrich den Großen mit seinen Abschweifungen berührte eher, wie

wenn ein Volksschullehrer sein Wissen nicht nur zeigen, sondern beleh-
rend zeigen will ... Kein Duce, nichts Hoheits- und Kraftgebietendes in
der Geste. Sehr süddeutsch im Wesen mit verkrampfter Härte oder Hast
als Ausgleich. Aber das alles ist das Negative b e w u ß t. Man müßte ihn
schon öfter sehen, und in mehreren Rollen ... Auch sah er müde aus ...
Strasser hat aber einen viel wichtigeren und bedeutenderen Eindruck
gemacht.«[13]

Die Auseinandersetzungen schwelten weiter, als Anrich eine Teilnahme an der Führerringsitzung vom 29. März 1931 zunächst ablehnte.
Schirach verlor allmählich die Geduld und telegrafierte an Anrich:
»Befehle Anwesenheit morgen früh 9 Uhr.« Anrichs Antwort: *»Zu*
Befehl.« Schirach hielt Anrich in einer erregten Ansprache noch einmal
dessen »Sündenregister« vor und forderte ihn auf, »ehrlich zu bekennen«. Anrich aber schwor nicht ab. Dazu Anrich:

»Als ich pünktlich im Braunen Haus eintraf, war ein Teil der Kreisleiter
schon da, schließlich kam Schirach. Er begrüßte sehr freundlich und
machte mit seiner Korona Witze. Ich fragte ihn schließlich, ob wir nicht ein-
mal allein sprechen wollten. Nein. Er wollte mit mir vor den anderen spre-
chen ... Dann Sitzung in einem sehr schönen Sitzungszimmer. Schirach:
›Ich habe als ersten Punkt eine Unterhaltung mit Dr. Anrich angesetzt.‹ Ich
hätte ihm einen Arbeitsbericht geschickt, der etwas merkwürdig sei. Dann
schiene ich mich ganz auf die Seite Sunkels geschlagen zu haben. Er wolle
nochmals erklären, warum er ihn ausgeschlossen habe. Dann gab er eine
Entwicklung von Halle bis jetzt, die wieder endete in ›Schweinerei‹ und
daß er die ganze Cliquenwirtschaft Dr. Haupt, Sunkel, Karpenstein (der
am selben Tag zum Gauleiter von Pommern ernannt wurde) und anderer,
die an die Luft gehörten, satt sei. Ich habe ferner geschrieben, er sei mit der
Ehre eines anderen leichtfertig umgegangen, ich sollte das nicht zu sehr
behaupten, das könnte mir übel bekommen usw. Jetzt könnte ich etwas
sagen, wenn ich wolle. Ich: Allerdings wolle ich einiges sagen.

Ich erklärte dann, daß ich nicht als Vertreter Sunkels spräche und damit
nicht über die Einzelheiten Sunkels sprechen wolle. Ich müsse nur fest-
stellen, daß da Aussagen gegen Aussagen stünden – großer Tumult –, daß
ich deshalb ein richtiges Verfahren für notwendig halte und aus diesem
Grund voll bei den Aussagen in meinem Brief bleibe, daß er mit der Ehre
eines anderen leichtfertig umgegangen sei. Großer Tumult. Schirach ver-
ändert sich in einen Zaren, brüllt und schlägt auf den Tisch. Ich: Ferner
müßte ich ihm erklären, daß ich mich restlos zu der ›Clique‹ Dr. Haupt
zähle, und wenn das ein Grund dafür sei, ›an die Luft befördert zu wer-

den‹, dann möge er dies tun. ›Das ist gut, daß Sie mir das sagen‹, (wieder in furchtbarem Geschrei), das ist gut, das werde ich sofort tun. Sie haben das Vertrauen gebrochen, Sie sind hiermit ausgeschlossen. Ich werde aber auch die Reichsleitung wissen lassen, was Sie für einer sind.‹ Ich: ›Bitte tun Sie das nur.‹ Er: ›Was fällt Ihnen ein, meinen Sie, ich würde ein Untersuchungs- und Schlichtungsverfahren gegen Sie aufziehen?! Daß ich Sie dann in drei Monaten schließlich draußen habe? Ich will Ihnen zeigen, wo die Reichsleitung ist, hier sitzt sie.‹ Darauf war Schluß. Jedes weitere Wort wurde mir abgeschnitten. Ich nahm meine Papiere und verließ das Zimmer. Keiner der gekommenen Kreisleiter wagte irgendetwas.«[14]

Das Protokoll vermerkt hierzu: *»Hierauf wird Anrich vom Reichsführer aus Saal und Bund verwiesen.«* Am 4. April erhielt er die amtliche Bestätigung des Auschlusses aus dem Studentenbund *»ohne Recht auf Berufung«*. Auf Betreiben von Schirach wurde jetzt auch der Antrag auf Ausschluß von Anrich und Sunkel aus der Partei forciert, Begründung: *»Versuch des Betruges am Führer der NSDAP«*. Im Verlauf des April traten deshalb zahlreiche Hochschulgruppen aus Protest aus dem Studentenbund aus und unterstellten sich in irgendeiner Form unmittelbar der Partei. Schirach war nahe daran zu demissionieren, doch Hitler wußte dies zu verhindern: Die NSDAP sei schließlich kein *»parlamentarischer Klub, in dem man einfach zurücktreten«* könne. Daraufhin blieb von Schirach im Amt, drängte aber seinen Führer jetzt inständig, eine Entscheidung herbeizuführen: Auf einer Führerringsitzung des NSDStB am 2. Mai 1931 in München nahm dieser – der zum Teil bewußt falsch über das Wollen der Opposition informiert wurde – im Beisein von Anrich und Sunkel (Telegramm: *»Adolf Hitler befiehlt Ihre Anwesenheit Sonntag 17 Uhr Braunes Haus stop drahtlich bestätigen NSDAP«*), den Kreisleitern und der Reichsleitung des NSDStB, sowie der gesamten Parteileitung endlich persönlich Stellung. In der mehrstündigen Ansprache führte er aus:

»Von jeher hat sich die intellektuelle Schicht des deutschen Volkes für die repräsentierende gehalten. Dabei ist der große Fehler dieser Intellektuellen, daß sie Spezialisten sind. Wenn man dies einem geistigen Führer schon vor 20 Jahren vorhielt, hat er das mit Entrüstung zurückgewiesen, ja, diese intellektuelle Schicht glaubte sogar, in sich die Volksführung zu verkörpern. Auf zwei Gebieten war wirkliche Volksführung vorhanden, d.h. rein geistige Betätigung im Zusammenhang mit praktischer Führung: in Verwaltung und Heer. Der alte Offiziersstand war der beste, denn der Offizier war nicht nur Spezialist als Kriegshandwerker, Kriegslehrer

usw., sondern er war Massenführer! Menschen zu führen, will gelernt sein. Dies kann nicht auf Schulen geschehen. Die Offiziere wurden ›Führer‹ im Verkehr mit der Truppe, und sie wurden gezwungen, gerade diese Schulung durchzumachen; sie waren Rekrutenabrichter und standen ständig im lebendigen Umgang mit den Mannschaften. So lernten sie die Menschen behandeln.

Rein psychologisch gesehen bedeutet Beschäftigung mit geistigen Dingen noch keineswegs Führertum. Die Verbindung zwischen Führer und Geführten war im Heer so einheitlich wie nirgends sonst. Sie schien geradezu unzerreißbar. Aber schon im Lauf des Krieges konnte man bemerken, daß der deutsche Reserveoffizier Mängel in seiner Ausbildung in Bezug auf Massenführung und praktischen Umgang mit der Truppe aufwies. Der Reserveoffizier hatte, mit Ausnahmen natürlich, keine Verbindung zur Mannschaft, die immer dann am stärksten ist, je schärfer der Offizier auftritt. So haben sich im Weltkrieg auch gewisse Berufe als nicht geeignet zur Führung erwiesen.

Der zweite wirkliche Führerstand in Deutschland war der des Beamten, der in der Verwaltung praktisch mit Menschen umgehen lernte. Der kleine Bezirksamtmann beispielsweise mußte mit seiner Land- oder Kleinstadtbevölkerung tagtäglich verkehren. Alle übrigen Schichten stellten nun ein ausgesprochenes Spezialistentum dar und gewannen innerhalb ihrer Berufe eine vollkommen einseitige Einstellung. Das war schon der Fehler des vergangenen Jahrhunderts, demzufolge die Sozialdemokratie entstehen konnte. Vom Staat aus fehlte die geistige Führung. So kamen die Gewerkschaften hoch, und der Zusammenbruch 1918 war leicht. Hinzu kam, daß die Armee langsam unter den Dolchstößen von hinten zerbröckelt [sic!] wurde.

Es steht in Widerspruch zu den Ereignissen des Jahres 1918, wenn behauptet wird, daß wir eine wirkliche Führung besessen hätten. Der bürgerliche Politiker bestreitet zwar, daß seine Parteien nichts mehr von der Führung verstanden haben, daß sie den kleinen Mann nicht mehr verstanden und die verschiedensten Gebiete vernachlässigten (Massenpsychologie, Dialektik usw.). Aber die Tatsache ist: Die geistige Leitung der Nation besitzt gar keinen Anspruch mehr auf die Führung. Das Volk ist der politischen Führung entrückt, entlaufen. Man darf darum nicht sagen: weil die geistige Leitung sich nicht theoretisch genug damit beschäftigt hat, sondern weil sie sich zu [sehr] spezialisierte. Das Schlimmste war die Trennung und Verfemung der einzelnen Schichten durch die Art der Bildung. Als ich die Nationalsozialistische Deutsche

Arbeiterpartei begründete, war für mich die Hauptfrage, ob es gelingen würde, an die Stelle der jüdisch-intellektuellen eine nationale Massenführung zu setzen. Ich war mir darüber klar, daß hier eine neue Schulung notwendig war, aber ebenso sicher wußte ich, daß diese Aufgabe nie und nimmer am grünen Tisch erfüllt werden könnte, sondern daß die Fähigkeit zur Führung im praktischen Verkehr mit der Masse erworben werden muß. Es wäre viel leichter gewesen für die alte Armee, den Offizier in Schulen auszubilden und ihn dann als ausgekochten General auf die Truppe loszulassen. Aber tatsächlich erhielt der Offizier nicht seine Ausbildung auf der Schule, sondern im dauernden Verkehr mit der Truppe. Die Kluft, die allein schon durch Sprache und Ausdrucksweise zwischen Intelligenz und Nichtintelligenz entstanden ist, hat der Offizier zu überbrücken gelernt. Er beherrschte als Führer das Menschenmaterial.

Das ist die Aufgabe des Nationalsozialismus: entweder dem souverän gewordenen deutschen Volk eine nationale deutsche Führung zu geben oder an diesem Versuch zu scheitern und zugrunde zu gehen. Hier stieß die Bewegung anfangs auf große Schwierigkeiten, gewann aber vor allem die Sympathie derer, die schon früher mit der Masse zusammen gewesen waren (Offiziere, Ingenieure, kleine Beamte usw.). Nur wenige Tausend waren im Anfang bereit, an der praktischen Volkserziehung teilzunehmen. Außer der jungen Kriegsgeneration stand die Jugend der Bewegung fern. Wenn die nationalsozialistische Bewegung aber siegen will, muß sie die Jugend in ihren Dienst stellen. Die alten Schichten sind nur bis zu einem gewissen Grade brauchbar, ein größerer Prozentsatz scheidet überhaupt aus, während die neue Jugend für diese Aufgabe absolut zu gewinnen ist.

Was ich brauche, sind keine debattierenden, sich geistig aufpäppelnden jungen Menschen, sondern solche, die in die Masse hineinzugehen verstehen und lebendigen Anteil nehmen am Massenkampf.

Die geistige Weiterbildung konnte der Offizier ebensowenig im Verkehr mit der Front erfahren wie heute der Student, der in der Front steht. Das für den völkischen Staat einmal notwendige geistige Rüstzeug wird er allerdings in Schulen sich verschaffen müssen. Wir sind uns darüber klar, daß für gewisse geistige Betätigungen objektive Vermittlung notwendig ist. Ebenso war es mit der strategischen Kunst. Die Frage ist nur, was ist das Primäre: die Erziehung zum Generalstabsoffizier oder zum Massenführer? Ich will keine völkischen Generalstabsoffiziere, sondern Führer, die die Massenbewegung im praktischen Dienst kennenlernen! Das ist die Aufgabe des Studentenbundes. Es ist dies eine Erziehung, über deren Tiefe heute noch kein Mensch urteilen kann. Überhaupt hat niemand bereits einen Überblick über die ganze Umwandlung. Wir stehen nicht am Abschluß einer Entwicklung, sondern am Beginn. Ein völkischer Staat ohne Intelligenz ist gar nicht denkbar. Aber erst später haben wir Zeit für Hochschulen, Internate und nicht nur praktische, sondern tiefste theoretische Erkenntnisse über die Fähigkeiten zur Massenführung. Heute wäre ein Urteil Überheblichkeit. Je tiefer der Sinn dieser Revolution ist, desto langsamer ihr Prozeß. Kein Mensch kann heute ein umfassendes, abschließendes Bild geben. Das ist niemals die Aufgabe des Studentenbundes. Die Partei kann auch kein erschöpfendes Programm aufstellen, was die Aufgabe der nächsten Jahre sein wird.

Große Bewegungen entstehen aus Grunderkenntnissen. Das Wesentliche von Weltanschauungen ist, daß von Grundanschauungen aus jede Frage des Lebens besonders beleuchtet wird. Ändert sich der Standpunkt, wird alles anders beurteilt. Deshalb ist die Eroberung der politischen Macht die Hauptsache, um einer Richtung zum Durchbruch zu verhelfen. Wir sind in einer Zeit der Gärung; die Begriffe von Recht und Unrecht, von Gut und Böse usw. sind schwankend. Erst muß das Fundament geschaffen werden, dann ist an den Neuaufbau zu denken. Es kann kein neues bürgerliches Gesetzbuch geschaffen werden, solange man sich nicht einig ist, ob Landesverrat Hochverrat ist oder nicht, Eigentum Diebstahl oder [nicht] usw. Dieser Widerspruch duldet aber keinen Aufschub, da wir zu einer neuen Welt vorwärts drängen. Wer zuerst zur Macht kommt, wird Europa – vielleicht für immer – den Stempel aufprägen.

Es handelt sich dabei nur um Nationalsozialismus oder Kommunismus. Darum ist jede einzelne Organisation nur danach zu beurteilen, ob sie dieser politischen Macht nützt oder nicht. Bereits 1919 war diese Frage akut. Es gab damals 2 Richtungen: die eine völkische, ›geistig sich vertiefende‹, und die andere, von der man sagt, daß sie ›die Gewalt anbetende, geistlose‹ sei. Letztere habe ich gewählt. Die andere hat dem Marxismus niemals geschadet. Unsere Richtung besitzt außer den Erkenntnissen die reale Kraft des Volkes. Praktische Erkenntnisse zu besitzen ist gut, aber ohne Macht völlig belanglos. Die ›völkische Erkenntnis‹ allein, selbst die eines Chamberlain, war trotz ihres Widerhalls in gewissen Kreisen der deutschen Intelligenz für die breite Masse unseres Volkes völlig wertlos. Einige wenige haben sich darin vertieft, aber das ist nur von noch größerem Schaden gewesen, und es entstand daraus der Dünkel, sich nun aufgrund besonderer völkischer Erkenntnisse erst recht über die anderen zu erheben. Dabei hat niemand weniger Anspruch auf das Recht zur Volks-

*führung als gerade diese, zwischen denen und dem Volk die Kluft am größ-
ten ist. Das Volk verstand infolgedessen immer die Verführer noch besser.
Wer will nun die Nation aus der Katastrophe herausreißen? Der Intellektuelle, der national Denkende oder der Massenführer? Es handelt sich
darum, eine Brücke zum Volk zu finden. Dazu habe ich mich bekannt.
Ich will die Masse als Kampfinstrument gewinnen. Eine Gewinnung der
Intelligenz aber hat nur dann Zweck, wenn sich in ihr fähige Menschen
befinden, die eine innige Beziehung zur Masse herzustellen vermögen. Ist
der Abstand zwischen der nationalen Intelligenz und dem Volk groß, so
bedeutet ihre Richtung nur einen völkischen Klüngel. Der Gegner hat ein
ganz richtiges Urteil gefällt. Solange der Feind lacht, ist der Belachte dem
Feind gar nicht gefährlich. Wohl aber dann ihn zu fürchten beginnt [sic!].*

*So ging es der völkischen Richtung bis zu meinem Eintritt in die
Geschichte. Sie wurde in allen Witzblättern belacht. Noch 1919 entsinne
ich mich eines Abends, an dem Dietrich[15] und ich einen jüdischen Vor-
tragenden sagen hörten, ›die völkische Bewegung wird erst dann was
werden, wenn ein Jude sie in die Hand nimmt‹. Jetzt wird sie gehaßt. Der
Gegner hat damit ein Werturteil abgegeben. Leider ist es aber auch echt
deutsch, daß dieses Werturteil bestritten wird. Millionen glauben z. B.,
daß die Deutsche Volkspartei wichtiger sei als die nationalsozialistische
Bewegung. Aber sie glauben es nur bis 5 Minuten vor 12. Um 12 Uhr
werden sie ›begeisterte Anhänger‹ von uns sein. Sogar in unseren eigenen
Reihen wird immer gekrittelt. Darum ist es notwendig zu erkennen, daß
es eine Einheit, die alle umfaßt, nicht gibt. Aus diesem Grunde muß derjenige, der Erfolg will, geistige Tyrannei ausüben, und das zieht ewige
Kritik nach sich. Weil der Aufbau einer Organisation unmöglich ist, wenn
es heißt: Jeder kann tun, was er will, habe ich diese Freiheit eben abgelehnt. Gäbe es vollkommen freiwillige Übereinstimmung, brauchten wir
keine Organisationen mehr. Wären alle Menschen gleich an Charakter,
Erfahrungen, Wissensgrundlagen usw., wäre an sich schon jede Organisation überflüssig. Solche Menschen gibt es aber nicht, wie die Geschichte zeigt. Aber es gibt Menschen, die in Schlußpunkten zusammengehen,
und dahin führt nur ein Weg.*

*Ist der Weg also ein anderer, dann ist eben das Ziel nicht das gleiche.
Ganz verkehrt ist es, hier das ›getrennt Marschieren, vereint Schlagen‹
anzuführen. Nein, einer muß zum Ziel führen, einer muß auf dieses Ziel
hinweisen. Berührungen mit anderen Zielen sind irgendwo immer, aber
nur teilweise. Ein Ziel, ein Weg! Die Nationalsozialistische Partei wurde
deshalb von vornherein nicht mit Proklamationen der Geistesfreiheit*

gebildet. Unsere Organisation bedeutet eine geschlossene, einheitliche Marschroute. Das ist die organisatorische Bindung. Für diesen einen Weg muß jeder mehr oder weniger Verzicht leisten. Denken Sie an die Kompanie. Sie stellt beim Marschieren eine Durchschnittsleistung dar. Einige gehen allein schneller, einige langsamer, zusammen machen sie den Durchschnittsschritt, für den ein Maßstab gilt. Aber der dauernde Verzicht des einzelnen, am Ende der von Tausenden ergibt die gemeinsame große Leistung. Das ist geistig auch nicht anders.

Wollte man Organisationen gründen, in denen jeder nach bestem Wissen und Gewissen den Weg bestimmt, also individualistischer Willensträger ist, würde das ihre Auflösung bedeuten. Solche Organisationen sind in dem Augenblick erledigt, in dem ihnen eine andere gegenübergestellt wird, die jeden Individualismus ablehnt. Deutschland ist rassisch nicht rein gebildet; es setzt sich zusammen aus rein nordischen, rein ostischen usw. Elementen und aus Mischungen aus allen diesen Bestandteilen. Darum wird bei jeder Frage, die blutsmäßige Stellungnahme voraussetzt, verschiedene Beantwortung erfolgen, und daher wird bei demokratischer Entscheidung immer nach der rassisch minderwertigen Seite hin entschieden werden.

Darum ist bei uns keine andere Form der Organisation denkbar als die, die auf der Anerkennung des Führers und seiner Autorität beruht. Ich habe mich von der früheren falschen Auffassung losgesagt, die z. B. Eigentum der Demokraten ist, die in Debattierklubs hängengeblieben sind. Es ist verkehrt, soviel zu kritisieren, denn die Geschichte mißt nun einmal immer die kleine Summe der Fehler und nicht die große der Qualitäten. Deutschland hat von jeher entweder geborene Volksführer oder aber gänzlich unfähige Männer hervorgebracht.

Spät erst hat sich der Student in diese Bewegung eingegliedert. Das Ziel, ihn zu erobern, wurde nicht darum aufgestellt, um mit ihm geistige Zirkel zu bilden, sondern um Führer aus ihm zu machen, und das geschieht nicht durch staatliche oder wissenschaftliche Erziehung, sondern dadurch, daß man ihn in eine Beziehung zur Masse setzt. Auch in Zukunft wird das Spezialistentum nicht überwunden werden können; über die lebendige Beziehung zur Masse hinein muß der Staat Generalstabsoffiziere heranbilden, fähige Köpfe für große Operationsziele. Die Massenführung aber wird nur in dauernder Berührung mit der Masse gelernt. Die Intelligenz muß mit der Masse zusammengeschweißt werden, darum war in der alten Armee das Einjährigensystem ein großer Fehler. Der Einjährige hätte lieber länger dienen sollen, dann aber auch

167

Führer werden. So hat man lediglich aus ihm einen Reserveoffizier ent-
wickelt. Im Jahre 1922 wurde der erste Versuch gemacht, aus verschiede-
nen Universitäten Parteigenossen herauszuziehen. Pg. Heß gründete
damals das Studentenbataillon, welches später planmäßig ausgebaut
wurde. Immer wurde die Frage gestellt: Was ist der Zweck dieser studen-
tischen Organisation? Generalstabsoffiziere daraus zu gewinnen oder
Volksführer? Es kam und kommt nur letzteres in Frage.

Seit Pg. von Schirach die Führung des Studentenbundes hat, hat er in
diesem Sinne unschätzbare Dienste dadurch geleistet, daß in Zeiten all-
gemeiner Depression und Stagnation immer dieser große Antrieb hin-
einkam: Es geht vorwärts! Wenn der Theoretiker sagt, die NSDAP sei
eine oberflächliche Partei, dann kann ich ihm nur antworten: Sie sind
eben nur Theoretiker. Es handelt sich um eine Feldschlacht und nicht um
das Betreiben kriegswissenschaftlicher Studien. Wir haben keine Zeit,
Führer zu erziehen, die geistig hoch gebildet sind, denn wir befinden uns
in einem Riesenschwung. Wir haben Tempo! Wir wollen die Überzeu-
gung erwecken, daß der deutsche Freiheitsgedanke herrscht. Das ist unse-
re Aufgabe, nicht: Hinsetzen, um geistige Vertiefung zu betreiben. Später,
ja, wenn wir im Besitz der Macht sind. Dann ist es dafür noch nicht zu
spät. Jetzt muß unsere Sorge sein, daß uns niemand die Macht nimmt.

Pg. von Schirach hat verstanden, auf was es ankommt: ausschließlich
auf die grandiose Massenbewegung. Für theoretische Probleme haben
wir keine Zeit. Die hatte das 19. Jahrhundert. Allerdings hat dieses Jahr-
hundert dann auch auf Erfolg verzichten müssen. Es gab immer schon
zwei Sorten von Menschen: die einen, die arbeiteten und schufen, und die
anderen, die an dieser Arbeit Kritik übten. Das war schon seit des Che-
ruskers Zeiten so. Man hat dem Cherusker haarscharf nachgewiesen, daß
er nichts geleistet hatte. Was damals war, ist im Verlauf der deutschen
Geschichte immerfort so betrieben [worden]. Über Bismarck hieß es zu
seinen Lebzeiten: Der Mann kann nichts. Ich erinnere Sie an die konser-
vative Deputation, die dem König gegenüber diese Auffassung vertreten
hat. Und so geht es weiter bis auf den heutigen Tag. Im Krieg war jeder
klüger als die Heeresleitung, und jeder Biertisch war der Ansicht, daß
alles falsch gemacht würde und er alles viel besser machen könnte. Genau
so ist es auch in letzter Zeit. Es heißt von mir, ich sei ein schwacher
Trommler, kein Organisationsführer, zwar der beste Redner, was aber
nichts zu bedeuten hat. Wenn einer eine wirklich große Leistung voll-
bringt, wird sie sofort von denen kritisiert, die noch nichts vollbracht
haben. Wenige nur erkennen sie an.

Als die Partei den Wahlsieg des 14. September erkämpft hatte, kam Stennes und sagte: Es geht zurück, ich verzweifle. Wird dagegen aber scharf vorgegangen, heißt es: Terror. Aus diesem Grunde habe ich mir vorgenommen, mich nie um Kritik zu kümmern. Ich tue, was ich für richtig halte. Das ist meine Anmaßung, aber bedenken Sie, daß ohne diese Anmaßung die Partei gar nicht entstanden wäre. Sie ist vielleicht frech, aber ich besitze sie nun einmal, und Sie haben sich damit abzufinden. Diese Anmaßung ist meine Krankheit, und sie muß darum in Kauf genommen werden. Wenn in Deutschland mehr Freiheit in dieser Beziehung wäre, wäre wohl mehr Hoffnung auf eine bessere Zukunft. Ich bin nun einmal der Ansicht, daß ich alles, was die nationalsozialistische Bewegung betrifft, besser beurteilen kann als irgendein anderer, und ich wehre mich gegen die Schmälerung dieses Unfehlbarkeitsglaubens, und nicht nur ich, sondern auch alle, die mit mir übereinstimmen. Wenn zwei Meinungen in der Reichsleitung bestehen, muß ich dazwischen treten. Und trotzdem herrscht bei uns ein größeres Maß an Freiheit als anderswo.

Die Partei ist in innerer Arbeit begriffen, vielleicht am Anfang einer 100jährigen Periode, deren Fundament durch keine mehr oder weniger geistreiche Theoretisiererei zerstört werden darf. Jeder hat das Recht, mir seine eigene Meinung vorzutragen. Es kann sogar schärfster Geisteskampf dabei entstehen. Aber einen Appell an die Organisation verbiete ich. Denn das Wichtigste ist, daß die Bewegung steht. Man versucht, die Organisation des NSDStB zu zerstören[16]. *Ich muß als ihr Wahrer mit aller Rücksichtslosigkeit Stellung nehmen gegen diesen Versuch. Das Recht der Kritik ist niemandem bestritten. Aber diese Kritik darf nicht Formen annehmen, die zur Zerstörung der Organisation führen. Nirgendwo ist weiterer Spielraum zum Vorbringen einer Auffassung als bei uns. Ich treffe keine Entscheidung leicht und nie ohne Besprechung mit mehreren anderen, da ich, wenn ich mit meinem Namen unterzeichne, alles decke. Dadurch werde ich immer vorsichtiger. So wird auch bei uns mehr beraten als anderswo und jede Frage mit der größten Sorgfalt untersucht und geprüft.*

Jeder Kritik steht von vornherein der Weg zu mir frei. Der Weg geht aber niemals hinunter zur Masse, denn das wäre der Weg zur Zerstörung. Es gibt zwei Systeme, die sich gegenüberstehen: 1. das typisch jüdisch-demokratische mit der Verantwortung nach unten und der Autorität nach oben und 2. das einzig richtige mit der Verantwortung nach oben und der Autorität nach unten. Wenn ich dieses zweite System, das nationalsozialistische, aufbaue, kann ich unter keinen Umständen die Autorität stören lassen. Beim 1. System kann ich nach unten rebellisch machen, beim 2. ist dies unmöglich, da ich damit die Organisation auflöse.

Als Beispiel: Ich passe Pg. von Schirach nicht. Schirach geht zu allen Kreisleitern und erklärt, Hitler muß beseitigt werden. Wenn das einreißt, was sagt dann Schirach, wenn ein Kreisleiter dasselbe macht? Was sagt ein Gauleiter, wenn sein Bezirksführer dasselbe tut, Entscheidungen und Unterschriften sammelt, was der Bezirksführer, wenn sein Ortsgruppenführer die Unterführer gegen ihn aufhetzt? Schließlich wendet sich dann das Parteimitglied gegen den Zellenobmann, und die ganze Bewegung befindet sich in innerem Aufruhr. Diese Entwicklung dulde ich unter keinen Umständen. Man ist Nationalsozialist oder man ist es nicht. Ich verzichte auf Treuekundgebungen, sie haben für mich gar keinen Wert. Ich wünsche nur Disziplin. Ich will keine Liebe, man kann mich sogar hassen, aber die Organisation muß erhalten bleiben. Ich entscheide, solange kein anderer meine Stelle einnimmt. Nur mir kann eine Auffassung vorgetragen werden und das sogar immer wieder. Aber unter keinen Umständen wünsche ich, daß, unter Treueversicherungen gegen mich, die Mitglieder aufgehetzt werden. Der Studentenbund arbeitet mit besonders schwierigem Material, das schon durch den ewigen Wechsel seiner Mitglieder das Arbeiten besonders mühevoll macht. Wer an ihm seine Kritik übt, kann sein Amt niederlegen, wenn er mich nicht überzeugen kann. Ich maße mir an, gewisse Dinge besser beurteilen zu können als irgendein anderer. Das ist nun einmal meine Krankheit. Diese Anmaßung ist mit Leistung begründet, und ich lasse mir kein Lot davon nehmen.

Seit Monaten sind Angriffe gegen Pg. von Schirach erfolgt. Sachlich vertritt Schirach das, was ich ihm einst aufgetragen habe und heute noch als einzige Aufgabe ansehe. Praktisch hat er [sich] unerhört dafür abgerackert. Sein Erfolg geht weit über meine Erwartung hinaus. Kritik üben immer andere, die nicht so gearbeitet haben und deren Ansichten für mich von vornherein falsch sind. Ich dulde kein Handeln, kein Feilschen. Ich habe die Kritik eines Stennes mit Engelsgeduld bis zum äußersten angehört. Immer schon teilten sich die Menschen in solche, die etwas taten, und in Nichtkönner. Die Nichtkönner ergreifen stets Besitz von dem Erfolg der anderen. Sie sind es, die am schnellsten mit der Kritik da sind. Sie sind diejenigen, die nach ›zielbewußter und straffer Führung‹ verlangen, die ewig die Parteien wechseln. Ich bin der ›Nicht-Zielbewußte‹. So ist es auch hier.

Zu dem Brief, den Sunkel an Herrn Pohl geschrieben hat, habe ich zu sagen: Wenn so etwas einreißt, hört jede Organisation auf, denn das

Recht, das sich Herr Sunkel nimmt, kann auch jeder andere Parteigenosse für sich in Anspruch nehmen[17]. *Neulich noch hat Herr Sunkel mir feierlich erklärt, nichts gegen Schirach zu unternehmen, und hat dieses Versprechen nicht gehalten. Ich bin nun selbstverständlich nicht mehr gewillt, mich in eine Diskussion einzulassen. Einem solchen Vorgehen gegenüber gibt es keine Diskussion. Können Sie, Herr Sunkel, ein solches Vorgehen als fair ansehen oder als Handlung eines Ehrenmannes? Sie können zu diesem Mann, der sich abgerackert hat, Nächte hindurch gearbeitet hat und selbst sein Studium zum Opfer gebracht hat, sachlich stehen, wie Sie wollen. In meinen Augen ist ein solcher Brief eine Beleidigung und seiner Form und seinem Inhalt nach unmöglich. Sie irren sich, Herr Sunkel, wenn Sie sagen, daß ich Zahlen wollte und nicht Menschen. Zahlen haben bei mir keinen Wert, gar keinen Wert. Wenn der Studentenbund nur ein Zehntel so stark wäre, wäre es immer noch eine gute Organisation.Sie unterschätzen den deutschen Studenten. Wenn Sie der deutschen Studentenschaft diesen Brief vorlegen würden, würden Sie keine drei Mann hinter sich bekommen. Denn hinter eine solche Handlungsweise stellt sich kein deutscher Idealist.*

Sie werden sich in ein paar Stunden entscheiden. Wir haben hier eine Ehrauffassung untereinander. Ich stehe mit meiner ganzen Autorität hinter dieser Sache, die jetzt eine Ehrenangelegenheit geworden ist, und hinter Schirach. Ich habe keinen verständigeren und treueren Mitarbeiter als diesen jungen Kameraden, der stets in meinem Sinn gehandelt hat und stets das tat, was ich ihm auftrug. Ich würde mich lieber in Stücke hauen lassen, als Schirach im Stich zu lassen. Herr Sunkel, ich bin jetzt das alte Frontschwein, das für seinen Kameraden eintritt und ihn auf Hieb und Stich deckt.«[18]

Mit dieser an Eindeutigkeit nicht mehr zu überbietenden Erklärung Hitlers war die Opposition endgültig kaltgestellt. In seinen Erinnerungen zeigte von Schirach später dann doch etwas mehr Verständnis für die einstigen Gegner:»... *die Opposition gegen mich wurde von einigen älteren Akademikern angeführt, die von Hochschulpolitik viel mehr verstanden als ich. Sie wollten aus dem NS-Studentenbund das geistige Führerkorps der Partei machen. Ich sah in der Studentenorganisation den politischen Stoßtrupp der nationalsozialistischen Revolution.«*[19]

Die scharf ablehnende Haltung, die von Schirach gegenüber den Reformern stets an den Tag legte, ist um so unverständlicher, als er ansonsten den Ruf eines wahren »Gentleman« genoß, der durchaus kritik- u. konfliktfähig ist und der in den Jahren der nationalsozialistischen

Regierung sogar Teil der »systemimmanenten Opposition« innerhalb der NS-Polykratie war[20]. Gegen Anrich aber hegte Schirach zeitlebens einen unüberwindlichen Groll. In ihm sah er einen »Intellektuellen im übelsten Sinne des Wortes, sehr gehemmt und merkwürdig verschroben«.[21]

Noch einmal richtete Anrich einen erklärenden Brief an den Parteichef; er erhielt sogar Gelegenheit, diesen Rudolf Heß im Braunen Hause persönlich vorzulesen. Es ist nicht ausgeschlossen, daß Hitler, der sich in einem Nebenzimmer, dessen Türe offenstand, befunden haben soll, den Wortlaut mitanhörte[22]. Wenn sich Hitlers Zorn auch in erster Linie gegen Sunkel entlud, so wurde dennoch auch Anrichs Ausschluß aus Studentenbund und Partei von ihm bestätigt. Die Angehörigen der Gilde »Ernst Wurche« folgten in Mehrheit von sich aus. Sunkel aber unterschrieb eine regelrechte Unterwerfungserklärung, versprach, sich nicht mehr hochschulpolitisch zu betätigen, und rettete so seine Mitgliedschaft in der Partei. Wohl deshalb lautete ein Passus in der Begründung zu Anrichs Parteiausschluß:

»Pg. Sunkel hat schon in einer Zeit, in der Sie der Bewegung nicht angehörten bewiesen, daß er für die Bewegung einzutreten rückhaltlos bereit ist. Bei ihm habe ich die Überzeugung, daß er, nachdem er seinen Irrtum eingesehen, sich vorbehaltlos in notwendiger Disziplin unterordnen wird. Ihm kann ich daher bei Beurteilung seines Verhaltens gegen den Reichsführer des NSDStB seine früheren Verdienste zugute halten. Bei Ihnen kann ich das nicht, denn Sie haben sich solche Verdienste noch nicht erworben.« Unterzeichnet von Adolf Hitler und vom Vorsitzenden des Untersuchungs- u. Schlichtungsausschusses der NSDAP.

Einige rebellische Funktionäre wurden noch abgesetzt, dann kehrte endgültig Ruhe ein. Die Hitlerrede verfehlte ihre Wirkung nicht. Von allen Seiten wurde die Opposition eingestellt und die Hochschulgruppen unterstellten sich wieder dem Studentenbund. Nur Heubeck in Erlangen gab nicht nach und bildete bei neuerlichen AStA-Wahlen eine Wahlgruppe »Für Hitler gegen Schirach«. Später soll er Kommunist geworden sein. Trotz seines Ausschlusses veröffentlichte Ernst Anrich eine Schrift mit dem Titel *Drei Stücke über Nationalsozialistische Weltanschauung*, welche in intellektuelleren NS-Kreisen nicht ohne Beachtung blieb[23]. Es handelt sich um eine dreigeteilte Abhandlung über das organische Denken, den Bildungs- und Kulturbegriff sowie um Forderungen aus der nationalsozialistischen Bewegung – die Anrich durchaus nicht im Parteisinne verstand – an die Kirchen.

In der Folge dieser Auseinandersetzungen gab es noch einige Querelen um den Vorsitzenden der Deutschen Studentenschaft Walter Lienau, der sich bei Heß ebenfalls über von Schirach beklagt hatte und einen Ausschlußantrag gegen ihn stellte[24]. Lienau hatte aber weder im NSDStB, noch in der Partei nennenswerte Resonanz, so daß er im Dezember 1931 von seinen Ämtern zurücktrat. Dennoch sah sich selbst Hitler im *VB* zu einer Stellungnahme genötigt:

»*In letzter Zeit wird von gegnerischer Seite versucht, einen Gegensatz zwischen Studentenbund und Partei zu konstruieren. Ich stelle demgegenüber fest: Die Vertretung der nationalsozialistischen Belange auf den Universitäten und Hochschulen erfolgt ausschließlich durch die Vertreter der N.S.D.St.B. Ich verbiete den Parteigenossen bei Androhung ihres Ausschlusses aus der N.S.D.A.P. auf anderen Listen, als auf denen des N.S.D.St.B. zu kandidieren oder – falls sie schon auf solchen Listen gewählt sind – gegen den N.S.D.St.B. zu wirken. Die hochschulpolitischen Maßnahmen des N.S.D.St.B. werden von mir restlos gedeckt. Der Kampf gegen sie ist deshalb in Wahrheit ein Kampf gegen die nationalsozialistische Bewegung überhaupt, Mitglieder der Partei, die sich an diesem Kampf beteiligen, schließen sich damit selbst aus der Bewegung aus.*
Adolf Hitler«[25]

Obwohl kein Parteimitglied mehr, war Anrich weiterhin Nationalsozialist dem Geiste nach. Daher war er geradezu schockiert von der Nachricht, daß Gregor Strasser am 8. Dezember 1932 von allen Parteiämtern zurückgetreten war. Anrich erließ aus diesem Anlaß einen Befehl an die Gilde:

»*Mit dem Schritt Gregor Strassers ist die Frage endgültig und im letzten Stadium vor die Partei gestellt: Politisches Schwert der deutschen nationalen sozialistischen Erneuerungsbewegung oder Partei der Goebbels, Röhm, Schirach … Ich bekenne hier offen, daß ich eine NSDAP ohne Strasser nicht mehr unterstützen kann und daß es für die Gildenschaft Ernst Wurche aus ihrem inneren Ziel heraus ebenso wesensunmöglich ist, eine Partei ohne Strasser, d.h. mit der eindeutigen Führung des Typs Goebbels-Röhm-Schirach zu unterstützen.*«[26]

Ernst Anrich stand mit Strasser brieflich in Verbindung. Im Januar 1933 antwortete dieser auf einen Brief Anrichs:

»*Für Ihren Brief vom 14.1.33 und für die aus ihm sprechende Gesinnung herzlichen Dank. Schriftlich alles richtig zu formulieren, ist wohl außerordentlich schwer, da man eben gewisse Dinge nur mündlich ausdrücken kann, aber vielleicht darf ich ganz kurz zu einigen Dingen Stel-*

lung nehmen. Es ist richtig, daß ich für eine Beteiligung an der Regierung Schleicher bin, und zwar, weil ich einerseits überzeugt bin, daß mit ihm wenigstens der Anfang zum deutschen Sozialismus exerziert werden kann, andererseits, weil ich nicht mehr an die 100%ige Machtergreifung glaube und auch in diesem Falle aus der genauen Kenntnis der herrschenden Pläne weniger den deutschen Sozialismus in Angriff genommen sehe, als im ersten Fall. Was uns droht, geht ja aus der Zusammenkunft Hitler-Papen eindeutig hervor. Diese Linie ist mir seit langem bekannt, und sie bedeutet, da Papen der Vertreter der Reaktion, der Großfinanz, der Großindustriellen und der Großagrarier ist, letzten Endes die Unterwerfung der NSDAP unter diese Kräfte und unter die Bürokratie. Wir werden ja über diese Art der Mitwirkung bald klarsehen. Ich selbst ergreife entweder die Gelegenheit zur praktischen Arbeit, wenn die entsprechende Basis gesichert ist, oder aber ich trete zu einer Entwicklung Papen-Hitler in Opposition. Ich glaube auch, daß ich mich ins Privatleben nicht mehr zurückziehen kann. Ich will aber alles versuchen, um dem Gesamtgedanken der nationalsozialistischen Bewegung nicht nur nicht zu schädigen, sondern zu nützen.

Vor einigen Tagen habe ich durch Zufall Herrn Professor Lehnich hier kennengelernt und mich einen ganzen Nachmittag mit ihm sehr gut unterhalten. Ich würde mich freuen, wenn es möglich wäre, mit Ihnen zu sprechen. Ich glaube, daß ich so um den 22. in Berlin sein werde, ich würde aber, wenn ein Treffen dort nicht möglich ist, auf jeden Fall nach dem 24. die Verbindung zwecks persönlicher Auseinandersetzung mit Ihnen aufnehmen. Bis dorthin bin ich mit deutschem Gruß Ihr Gregor Strasser.«[27]

Anrich hat sich dann noch verschiedentlich mit Strasser getroffen, vermied jedoch kurz vor dem 30. Juni 1934 – aus einer Ahnung heraus – zu einem weiteren Gespräch nach Berlin zu fahren. Seine Vorsicht erwies sich als richtig; am 30. Juni wurde auch Gregor Strasser ermordet. Sunkel war unterdessen als Bürochef von Erziehungsminister Bernhard Rust im Kultusministerium in Berlin untergekommen und empfing Anrich im Oktober 1933 zu einer Aussprache. Ein weiterer Besuch bei dem neuen Führer des NS-Studentenbunds Friedrich Stäbel hatte dessen Aufforderung zur Folge, ihn weiterhin in Schulungsfragen des Studentenbundes bzw. der Studentenschaft zu beraten und die Forderungen von Anrichs »berüchtigter« Denkschrift des Jahres 1930 auf die neuen Verhältnisse bezogen zusammenzufassen (siehe Dokument II). Eine glückliche Fügung bedeutete es, daß Stäbel beabsichtigte, Anrichs wohl besten Freund, Ludwig Gustav Prinz Biron von

Curland, zum neuen Reichsschulungsleiter zu machen[28]. In vielerlei Hinsicht erhielt Anrich von den unterschiedlichsten einflußreichen Persönlichkeiten aus Wissenschaft und Hochschulpolitik in Aussicht gestellt, schon bald wieder führend an der Gestaltung der Universitäten und der NS-Studentenpolitik mitwirken zu können. Doch scheiterte letztlich alles immer wieder an seiner erzwungenen Nicht-Zugehörigkeit zur Partei. Aber auch Stäbel wurde bald wieder abgesetzt; man warf ihm nach dem 30. Juni 1934 seine zu starke Anlehnung an Röhm vor.

Ernst Anrich aber wandte sich in den dreißiger Jahren wieder verstärkt seiner wissenschaftlichen Laufbahn zu und trat insbesondere als Spezialist zu Fragen der deutschen Westgrenze hervor. Wohl auch deshalb berief man ihn 1941 als Dekan an die Reichsuniversität in Straßburg, wie man bereits 1937 seinen Kollegen Professor Hans-Bernhard von Grünberg, ehemals Gaudozentenführer in Ostpreußen, zum Rektor der Universität Königsberg, dem nordöstlichsten Vorposten des Reiches, ernannt hatte[29].

Die studentische Opposition gegen Hitler sollte man in ihrer Wirkung nicht zu gering einschätzen, handelte es sich doch um einen der ersten Versuche, Hitlers Selbstverständnis als »Führer-Papst« beizeiten einen Riegel vorzuschieben[30].

Immerhin: Der Reichsstudentenführer Scheel – seit 1936 Nachfolger von Albert Derichsweiler – lud auch Anrich zur Zehn-Jahresfeier des NSDStB Bonn ein. Bei der Überreichung der Ehrennadeln wandte er sich an Anrich und sagte zu ihm: »*Sie sind aus dem Studentenbund ausgeschlossen, so kann ich Ihnen keine Nadel geben, aber Sie haben den Kampf gekämpft, durch den wir heute so sein können.*«[31] Nahezu alle ehemaligen höheren Amtsträger der Gilde »Ernst Wurche« wurden von dem Düsseldorfer Gauleiter Florian in entscheidende Stellungen seines Gaues übernommen. Die weitere Entwicklung des NS-Studentenbundes bestätigte die Befürchtungen der einstigen Opposition: Statt zum geistigen Führerkorps der Partei und des intellektuellen Nachwuchses zu werden, verkam er mehr und mehr zu einem Komitee für Fest- und Feiergestaltung an den Universitäten. Genausowenig wie sich der NSDStB eine dauerhafte Form zu geben imstande war, konnte sich eine einheitliche Erziehungslehre im NS-Staat durchsetzen. Die kritischen Amtsträger im NSDStB um Anrich und Sunkel hatten dies wenigstens einmal versucht und es gewagt, der immer deutlicher zutage tretenden Tendenz, Hitler die Allmacht in der Partei zu überlassen, entgegenzutreten.

»Solange ich die Partei führe ...«

Amtsenthebungen, Parteiausschlüsse, Wiederaufnahmen

Die von den führenden Nationalsozialisten gerne behauptete Einheit von Partei und Staat als einem monolithischen Block, mit kohärenter Geschlossenheit ohne jede divergierende Gegenkraft, ist eine Legende. Wohl selten waren Ämteranarchie und Kompetenzenchaos ausgeprägter, als im totalen Führerstaat Adolf Hitlers. Richtungskämpfe und persönliche Fehden der maßgeblichen NS-Würdenträger untereinander bestimmten – vom Volke oft unbemerkt – die Realität innerhalb des Machtapparates. Es war ein Gesetz der Logik, daß aus all dem schließlich auch die materielle und charakterliche Korruption folgen mußte. Hitler selbst führte in dieser Hinsicht, nach allem was man weiß, ein absolut integres Leben, aber er duldete sehenden Auges die Korruption seiner Satrapen. Das institutionelle Chaos des Regimes wurde begünstigt durch das Fehlen jeder verfassungsrechtlichen Schranke, für die das Ermächtigungsgesetz des Jahres 1933 nur ein äußerst schwacher Ersatz war. Ohne jede Möglichkeit einer wie auch immer gearteten Opposition oder der offenen Diskussion, gerieten Partei und Staat in einen Dschungel wuchernder Ämter, Dienststellen und Kompetenzen. Ernst Fraenkel prägte bereits früh den Begriff vom »Doppel-Staat« für dieses Phänomen[1].

Joseph Goebbels hat das Problem einmal in seinem Tagebuch beim Namen genannt: »*Wir leben in einem Staatswesen, in dem die Kompetenzen sehr unklar verteilt sind. Dazu entwickeln sich die meisten Zwistigkeiten unter den führenden Personen wie unter den führenden Behörden ... Die Folge ist eine völlige Direktionslosigkeit in der deutschen Innenpolitik.*«[2]

Daß Goebbels selbst eine treibende Kraft dieser »Direktionslosigkeit« war, zeigen insbesondere seine langjährigen, scharfen Auseinandersetzungen mit Alfred Rosenberg und wurden daher vom Reichspropagandaminister geflissentlich verschwiegen. Reinhard Bollmus hat den Machtkampf im nationalsozialistischen Herrschaftssystem am Beispiel des Amtes Rosenberg und seiner Gegner bereits früh nachgezeichnet[3]. Die Korrespondenzen der maßgeblichen Repräsentanten des Amtes, wie etwa des Leiters des Stabsamtes Gotthard Urban und seines Nachfolgers Dr. Helmut Stellrecht, des stellvertretenden Leiters des Hauptamtes Wissenschaft Heinrich Härtle sowie des Leiters der Kanzlei Rosenberg Thilo von Trotha sprechen Bände über die internen Kämpfe allein dieser Parteiinstitution[4].

Als Führer einer zwar recht unbedeutenden, aber straff organisierten Partei, witterte Hitler seit den ausgehenden zwanziger Jahren seine Chance. Ohne nennenswerte Unterstützung durch einflußreiche Kreise bewies die NSDAP immerhin, daß sie aus eigener Kraft, wenn auch nicht siegen, so doch überdauern konnte, bis ihre Stunde gekommen war. Bis früh in die »Kampfzeit« reichen die Streitigkeiten der NS-Führer zurück. Im Frühjahr 1926 hatte Hitler gegenüber dem damaligen Gauleiter Rheinland-Süd, Dr. Robert Ley, scharf kritisiert, daß dessen Gaugeschäftsführer Josef Grohé, an den Untersuchungs- und Schlichtungsausschuß (Uschla) der Partei einige »herablassende« Briefe gesandt hätte[5]. Hitler, der sich des öfteren gerade durch schriftliche Botschaften persönlich angegriffen fühlte, wollte in diesem Falle zügig handeln, tabula rasa machen und Grohé entlassen. Er unterstrich diese Absicht mit der Bemerkung, man könne dann auch Grohés Gehalt einsparen. Auch wolle er künftig keine Schreiben mehr anerkennen, die Grohés Unterschrift tragen[6]. Grohé und Ley wurden in jener Zeit auch von der SA des Gaues heftig angegriffen, wegen vermeintlicher Finanzmanipulationen.

Doch lösten sich die Spannungen sehr bald wieder und auch Hitlers Wut verrauchte in diesem Fall schnell. Grohé machte Karriere in der Partei und wurde 1931 von Hitler zum Gauleiter des neuen Gaues Köln-Aachen ernannt. Bis zum Ende 1945 sollte er dieses Amt inne haben. Auch bei den Vorgängen um Grohé trat Adolf Hitlers altes Prinzip zutage, die Dinge zunächst treiben zu lassen. Besonders wenn sich zwei Kontrahenten befehdeten, sah er zumeist zu und wartete, bis sich der Stärkere durchgesetzt hatte. Da Grohé Hitler aber treu ergeben war konnte er sein Amt behalten.

Im Mai 1927 erließ Hitler eine parteiamtliche Anordnung:
»Herr Edmund Heines ... wird auf Grund des § 4, Abs. 2 b der Satzung vom 22. Mai 1926 aus der NSDAP ausgeschlossen. Er selbst sowie jede von ihm geführte oder etwa neugebildete Organisation sind nicht

berechtigt, das Parteizeichen zu führen oder sich auf die N.S.D.A.P. zu beziehen.

München, den 31. Mai 1927
Adolf Hitler«[7]

Der formelle Anlaß hierfür war, daß der SA-Führer Heines nicht an einem Generalappell der Münchener SA am 25. Mai 1927, bei dem auch Hitler anwesend war, teilgenommen und seine ihm nachgeordneten SA-Führer zum Fernbleiben aufgefordert hatte. Der eigentliche Auslöser für diese Maßnahme Hitlers ist aber wohl eher in der permanenten Kritik Heines' an diversen Verlautbarungen der Parteileitung zu suchen. Heines, 1897 geboren, Leutnant a.D., war Angehöriger des Freikorps Roßbach und wurde wegen Beteiligung am Hitlerputsch zu 15 Monaten Festung verurteilt. Seit 1926 war er SA-Standartenführer in München.

Adolf Hitlers Rede am 25. Mai 1927 befaßte sich fast ausschließlich mit Edmund Heines' Ungehorsam:

»Hitler ging die ganze S.A. ab und besichtigte sie genau. Seine folgende fast 2 Stunden dauernde Rede war fast ausschließlich auf die Angelegenheit Heines – Rauscher eingestellt[8]*. Als erstes frug Hitler, wer gedienter Soldat war, woraufhin sich etwa 10 Mann meldeten. Hitler frug dann, wer Kriegsteilnehmer war. Hier meldeten sich etwa 30 Mann. Er bemerkte, er habe gefragt, weil nur der gediente Soldat seine Ausführungen über Disziplin verstehen werde. Hitler äußerte sich dann eingehend, wie notwendig im Kriege und auch jetzt noch im Wirtschaftsleben Disziplin sei. Er kam auch auf den Aktivismus zu sprechen, mit dem heute so viel operiert werde und zu dem Verstand und Vernunft gehöre. Er habe seinen Aktivismus schon gezeigt zu einer Zeit, als der Meuterer Heines noch naß hinter den Ohren gewesen sei. Als Aktivist verdiente er das Eiserne Kreuz in 4$^1/_2$ jähriger Kriegsdienstzeit. Aktivismus war die Gründung der N.S.D.A.P. zu einer Zeit, wo keiner des Lebens sicher gewesen sei. Seinen Aktivismus habe er im November 1923 gezeigt, wo alles auf Gedeih und Verderben eingestellt war. Heines habe im November 1923 den erhaltenen Befehl nicht ausgeführt und sich auf eigene Faust zur französischen Gesandtschaft begeben und diese verhaftet, ohne zu bedenken, daß mit einer solch traurigen Tat das deutsche Volk vollständig dem Feinde ausgeliefert werde. Ein solches Freibeutertum werde das Volk niemals retten, sondern die Bewegung sowie das Volk selbst dem Untergange entgegenführen.*

Er – Hitler – habe sich stets als Aktivist bewiesen und als Führer einer Bewegung zur Aufgabe gemacht, ein neues Deutschland zu gründen und das deutsche Volk zu befreien. Daher lasse er sich von einem kaum 25-jährigen grünen Jungen (gemeint Heines) nicht vorschreiben, was Aktivismus sei. Die Lüge, er wäre von Bremsern und Bonzen umgeben, die ihn leiten, müsse er entschieden zurückweisen. Er lasse sich von niemandem leiten und besonders von Heines und Rauscher nicht. Was in der Partei gemacht werde, sei seine Anordnung, und jeder Führer sei nur mit seinem Wissen ernannt. Bei seiner Auswahl der Führer leite ihn nicht das Persönliche, sondern das Wohl und Wehe der Bewegung. Jeder Führer, der seine Pflicht nicht im Interesse der Bewegung tue, müsse seinen Platz verlassen, und selbst dann, wenn es sich um die oberste Führung handle. Wer sich nicht unterordnen wolle, habe in der Partei und besonders in der S.A. nichts zu suchen. Seit 1923 laufen über Heines verschiedene Gerüchte um, und er sei froh, daß es mit ihm – Heines – so gekommen sei. Denn nur dadurch sei die Partei vor großer Schande bewahrt worden. Vielleicht hätten die Leute schon bald mit den Fingern auf die S.A. gezeigt, wenn Heines mit seiner Abteilung noch dabei wäre. Was Heines gemacht habe, seien Soldatenratsgeschichten im schlimmsten Sinne. Er pfeife auf die Heilrufe von Heines, die doch nur Lüge seien. Wer gegen die Anordnung eines Unterführers handelt, handle gegen ihn selbst. Falls Heines nochmal in eine Versammlung kommen sollte, würde er hinausgewiesen werden mit seinen Anhängern. Die Regierenden warten schon längst auf [einen] Anlaß, um die S.A. zu verbieten.

Deshalb müsse alles verhindert werden, was der politischen Behörde die Möglichkeit zum Einschreiten geben könnte. Heines arbeite bewußt und mit Absicht auf dieses Ziel hin. Nachdem aber nunmehr diese Pestbeule aufgestochen sei, könne er wieder mit Vertrauen auf die Münchner S.A. blicken. Bis heute habe er immer wieder an der Treue der S.A. zweifeln müssen, nunmehr sei er mit den S.A.-Leuten wieder unter sich und könne offen mit ihnen sprechen. Am liebsten möchte er selbst das braune Hemd tragen als Sturmmann. Als Führer müsse er aber bestimmt wissen und die volle Gewißheit haben, daß ihm jeder blind folge und jeden Befehl ausführe. Er verlange keine Gesetzwidrigkeiten und überhaupt nichts, was ihn mit dem Gesetz in Konflikt bringen könnte. Er verlange nur, daß sie die Bewegung schützen und wenn notwendig verteidigen. Ein Teil habe ihm (Hitler) bereits das letzte Mal schon durch Handschlag die Treue versichert. Die inzwischen Neueingetretenen und noch nicht Verpflichteten haben dies heute nachzuholen, soweit sie anwesend sind. Wer etwa glaubt, dies nicht machen zu können, soll mannhaft sein und das Lokal verlassen. (Es verließen hierauf drei Mann das Lokal.)

Die N.S.D.A.P. ist sein Lebenswerk, und möge der Himmel es walten, daß er dieses Werk vollenden kann. Bei seinem Tode habe er nur den einen Wunsch, daß das Hakenkreuzbanner sein Leichentuch bilden möge. Für dieses Symbol werde er kämpfen und sterben, und wenn er den Kampf ganz allein führen müsse. So wollen wir geloben einer für alle und alle für einen. Auch in München fängt der Kampf schon langsam an. Heute wurde bereits eine Abteilung von 30-facher Übermacht überfallen. In der nächsten Zeit kann es öfter hart auf hart gehen, und wünsche er nur, daß diese roten Banditen einmal versuchen würden, eine unserer Versammlungen zu sprengen. Aber dann jeder mit voller Kraft darauf. Es tue ihm fast leid, nicht selbst auch einmal richtig verhauen zu werden [sic!], damit jeder sieht, daß er auch S.A.-Mann ist und seine Fäuste zu bedienen weiß. In diesem Sinne wollen wir uns gegenseitig Treue geloben und eine Gemeinschaft von Männern bilden, die die Grundlage für das neue Deutschland sein soll.«[9]

Hitler kam am 30. Juli 1927 in einer Rede auf der Generalmitgliederversammlung der NSDAP in München nochmals auf den »Fall Heines« zurück: *»Sie wissen selbst, daß wir vor kurzem erst gezwungen waren, in München gegen eine Abteilung einzuschreiten, die sich unserer Überzeugung nach nicht genügend gefügt hatte und deren Führer Extratouren machte.«*[10]

1928 wurde Heines wegen Totschlags in einem Fememord zu 15 Jahren, nach Urteilsrevision zu fünf Jahren, Gefängnis verurteilt, schon 1929 aber aus der Haft entlassen und trat wieder in die NSDAP ein. In der SA machte er dann eine Bilderbuchkarriere, gefördert insbesondere von SA-Stabschef Ernst Röhm. Heines war von 1930-32 MdR und ebenfalls ab 1930 Referent bei der Obersten SA-Führung. Seit 1931 war er SA-Führer von Schlesien und gleichzeitig Stellvertreter Röhms. Als solcher zeichnete er sich durch eine besonders brutale Radikalität aus, welche insbesondere die bürgerlichen Kreise, die ansonsten Sympathien für die aufstrebende NSDAP zeigten, abgeschreckt hat. Im Zuge der Röhm-Revolte erschoß man auch Heines, den Hitler zuvor noch bei seiner Strafaktion gegen die in einem Hotel in Bad Wiessee versammelten SA-Führer mit einem Jüngling im Bett in flagranti erwischt hatte.

In die Mühlen geriet auch Eugen Munder, 1899 geboren und nach seinem Kriegsdienst Angehöriger eines Freikorps. Er trat der NSDAP 1925 bei und war wahrscheinlich seit dieser Zeit Gauleiter in Württemberg. Gegen Ende des Jahres 1927 soll es zu einer Kontroverse zwischen Hitler und Munder gekommen sein, da dieser den »Lebensstil« des Parteiführers kritisiert habe. Im Januar 1928 führte diese Auseinandersetzung dann zur Entlassung Munders als Gauleiter. Munder trat anschließend aus der Partei aus und verschwand in der Versenkung. Er soll 1952 verstorben sein[11].

Eine weitere Konfrontation entspann sich mit dem Gauleiter Mecklenburgs Friedrich Hildebrandt. Hildebrandt, geboren 1898 bei Parchim in Mecklenburg, war Landarbeiter. Im Kriege diente er an der Westfront und erlitt in Flandern eine schwere Gasvergiftung. 1919 trat er dem Freikorps Brandis und der DNVP bei. Als Angehöriger der Sicherheitspolizei in Halle soll er wegen übermäßig großer Härte gegen Spartakisten aufgefallen sein. Wegen Beteiligung am »Kapp-Putsch« wurde er aus der Sipo entlassen. Als Angehöriger der DVFP nahm er ein Landtagsmandat wahr, welches er später auf die NSDAP übertrug. Von 1925 an leitete er den Gau Mecklenburg. Anläßlich des immer offener zutage tretenden Konfliktes zwischen Hitler und Dr. Otto Strasser hatte auch Hildebrandt die angeblichen Verbindungen Hitlers zur Industrie kritisiert, was de facto eine Zweiteilung der Meinungen zu dieser Frage in Hildebrandts Gau zur Folge hatte. Die Angelegenheit wurde laut Diensttagebuch der OSAF am 16. Januar 1930 Hitler vorgetragen, der seinen mecklenburgischen Gauführer daraufhin mit Wirkung vom 1. Mai beurlaubte. Sein Schreiben lautete:

»In einem an die Reichsleitung gerichteten Schreiben des Gauleiters Hildebrandt – Mecklenburg – findet sich folgender Satz: Rohst ist mehr Soldat und daher zu militärischen Dingen besser zu gebrauchen als zu einer politischen Leitung[12]. Wegen dieser Äußerung habe ich den Gauleiter Hildebrandt sofort seiner Stelle enthoben. Er führt den Gau nur noch provisorisch bis zur Ernennung eines neuen Gauleiters weiter. Ich füge zur Erklärung dieses Vorganges folgendes bei: Seit Wiedergründung der NSDAP bemühe ich mich, für jedermann den unmilitärischen Charakter der Partei und besonders der SA klarzulegen und nachzuweisen. In ungezählten Anordnungen, die teils von mir, teils von OSAF herausgegeben sind, wird auf die Notwendigkeit der unbedingten Vermeidung jeder gesetzwidrigen Handlung, jedes gesetzwidrigen Verhaltens und jeder gesetzwidrigen Tat hingewiesen. Kleine SA-Leute habe ich wegen kleinster Verstöße gegen diese Anordnung aus SA und Partei ausgeschlossen.

Jede Organisation, die sich irgendwie militärisch zu betätigen auch nur versuchen wollte, wird aufgelöst, ja, der verantwortliche Leiter verfällt

*dem Ausschluß. Tatsächlich weiß auch jeder SA-Mann sowie jeder ande-
re Parteigenosse, daß die einzige Aufgabe der SA der Schutz unserer
Versammlungen und Redner und die Propagierung unserer Idee ist.
Dennoch bringt es ein Gauleiter fertig, in einem leichtsinnigen, unver-
nünftigen Satz den Anschein zu erwecken, als ob ein SA-Führer irgend
etwas mit militärischen Dingen zu tun hätte. Und das, obwohl auch dem
Gauleiter Hildebrandt das Unsinnige einer solchen Darstellung ebenfalls
genau bekannt sein muß und bekannt ist. Ein einziger sinnloser Satz solcher Art kann aber heute die Partei auf das schwerste belasten, nachdem
man ohnehin dauernd versucht, ihr und der SA gesetzwidrige Zwecke zu
unterschieben.*

*Ich habe mich deshalb entschlossen, ein Exempel zu statuieren, und
habe – so leid es mir menschlich tut, denn Pg. Hildebrandt war ein unendlich pflichtgetreuer, aufrichtiger und ehrenhafter Mitkämpfer – Hildebrandt als Gauleiter abgesetzt. Ich weise bei diesem Anlaß noch einmal
auf meine Erlasse und Anordnungen hin, über Sinn und Zweck und
Organisation der SA, über ihre Aufgaben und warne eindringlichst, sich
im Wort oder gar durch die Tat von dieser Zweckbestimmung zu entfernen. Sämtliche Gauleiter haben heute mehr denn je die höchste Aufgabe,
peinlichst dafür zu sorgen, daß in der Bewegung Gesetzwidrigkeit vermieden und unterbunden wird. An der strengen Gesetzlichkeit unserer Partei sollen alle Versuche unserer Gegner, sich dieser furchtbaren
Wahrheitsverkünderin zu entledigen, zuschanden werden. Unsere Waffen sind nicht der Dolch oder die Bombe, Maschinengewehre oder
Handgranaten oder militärische Formationen, unsere Waffe ist ausschließlich die durchschlagende Richtigkeit unserer Idee, die siegreiche
Gewalt unserer Idee, die Unermüdlichkeit unserer Aufklärungsarbeit
sowie der grenzenlose Opfermut aller Parteigenossen, die sich für diese
Idee einsetzen.«*[13]

Nach seiner Beurlaubung solidarisierte sich Hildebrandt für kurze
Zeit mit der von Otto Strasser gegründeten »Kampfgemeinschaft
Revolutionärer Nationalsozialisten«, bereute dies aber schon bald, da
er deshalb aus der NSDAP ausgeschlossen werden sollte. In einem
Brief vom 14. Juli 1930 an den Vorsitzenden des Uschla bei der Reichsleitung der NSDAP, Major Buch, bestritt Hildebrandt in der ihm eigenen typischen, etwas unbeholfenen grammatischen Diktion, die im Verlauf seiner Parteikarriere noch des öfteren Anlaß für Heiterkeit bieten
sollte, die gegen ihn erhobenen Anschuldigungen:

»Ich gebe die Erklärung ab, daß ich niemals daran denke, mich dem

Strasserkreis anzuschließen, sondern ich habe vielmehr alles unternommen, um mich aus dem politischen Leben zurückzuziehen und in das Privatleben überzugehen. Ich bin bisher aber von meinen alten Freunden, insbesondere aber auch von Pg. Dr. Albrecht davon abgeraten worden [sic!]. Mögen Reichsleitung und Reichs-Uschla über mich entscheiden, wie sie wollen, ich habe bisher zu Adolf Hitler gestanden und ich könnte wohl hunderte von Briefen von meinen Freunden aus dem Lande bringen, die nach wie vor an Hitler glauben und, trotz allem was geschehen, zu ihm zu stehen; aber alle sind der Ansicht, daß das Verhältnis, welches augenblicklich besteht, für mich untragbar ist, und so habe ich den Entschluß gefaßt, mich zurückzuziehen.«[14] Der erwähnte Dr. Herbert Albrecht hatte den Gau Mecklenburg nach Hildebrandts Beurlaubung interimistisch geführt[15].

Der ehemalige HJ-Stabsführer, stellvertretende Reichsjugendführer und Gauleiter von Südhannover-Braunschweig Hartmann Lauterbacher schrieb über Hildebrandt: »*Friedrich Hildebrandt war Landarbeiter, was ihm viele Schwierigkeiten einbrachte. Auf der einen Seite hatte er bei der arbeitenden Bevölkerung, Mecklenburg war ein Agrarland, außerordentliche Sympathien und wurde von ihr voll anerkannt. Etwas schwieriger wurde es dann in anderen Bereichen, vor allem mit den akademischen Berufen und dem dort zahllos vorhandenen Groß- und Kleinadel schlechthin.*«[16]

1931 wurde Hildebrandt von Hitler erneut als Gauleiter von Mecklenburg eingesetzt, ein Amt, das er wie Josef Grohé bis 1945 behalten sollte. Ebenfalls bis 1945 war er Reichsstatthalter in Mecklenburg-Schwerin. Dann wurde er von den Amerikanern festgenommen und 1947 von einem US-Militärgericht in Dachau zum Tode verurteilt. Am 5. November vollstreckten die Sieger das Urteil in Landsberg; Hildebrandt wurde auf dem Landsberger Gefängnisfriedhof begraben.

In einigen Fällen drückte Hitler auch sehr persönlich sein Mißfallen aus, wenn ihm etwas widerstrebte. So kam es zwischen ihm und dem nationalsozialistischen Innenminister Braunschweigs, Dr. Franzen, zu schweren Differenzen, weil dieser nicht dafür Sorge getragen hatte, das Hotel, in dem der Parteichef abstieg, vor kommunistischen Demonstranten schützen zu lassen. Da keine Polizeikräfte in Sicht waren, mußte Hitlers SS-Begleitkommando schließlich für Ordnung sorgen. »Zur Wahrung der Legalität«, so Hitler an Franzen, »haben Parteigliederungen unter gar keinen Umständen Polizeimaßnahmen durchzuführen, schon gar nicht in Braunschweig, wo die Polizei einem natio-

nalsozialistischen Minister untersteht.« Franzen trat daraufhin am 26.
Juli 1931 zurück und schied bald darauf aus der Partei aus.

In diese Zeit fällt auch das harsche Schreiben Hitlers an den Führer
der DNVP Alfred Hugenberg, in dem er sich für einige Vorkommnisse
während der Tagung der Nationalen Opposition am 11. Oktober 1931
in Bad Harzburg rechtfertigte (siehe Dokument III). An diesem Tag
schlossen sich die Verbände der »Nationalen Opposition« zur »Harzburger Front« zusammen und forderten den sofortigen Rücktritt der
Regierung Brüning. Die von Alfred Hugenberg initiierte Front zum
»Generalangriff auf das System« bestand aus DNVP, Stahlhelm,
NSDAP, dem Alldeutschem Verband unter seinem Vorsitzenden Hein-
rich Claß und dem Reichslandbund unter Eberhard Graf von
Kalckreuth. Als prominente Teilnehmer gewann man den ehemaligen
Reichsbankpräsidenten Hjalmar Schacht, General i.R. von Seeckt, zwei
Hohenzollernprinzen und Rüdiger Graf von der Goltz sowie einige
Politiker der DVP und der Wirtschaftspartei, pensionierte Militärs, Ver-
treter des deutschen Hochadels, der Industrie und der Landwirtschaft.
Hinter den Kulissen von Harzburg aber gab es etliche Streitigkeiten,
denn die konservative Mehrheit der Tagungsteilnehmer war nicht dazu
bereit, Hitler als Vertreter der stärksten Organisation die Führung
anzuvertrauen.

Wegen seines Empfangs beim Reichspräsidenten Hindenburg am
Vortag, dessen Verlauf ergebnislos geblieben war, kam Hitler bereits
verspätet in Bad Harzburg an und verließ anschließend unmittelbar
nach dem Vorbeimarsch seiner SA und kurz *vor* dem Anmarsch des
Stahlhelm demonstrativ den Paradeplatz, obgleich die Stahlhelmer den
SA-Fahnen alle Ehre erwiesen hatten. Auch an dem gemeinsamen Mittagessen der Führung nahm er nicht teil mit der Begründung, daß er
sich hierzu außer Stande sehe, solange Tausende seiner Anhänger »mit
hungrigem Magen« Dienst leisteten. Wegen Meinungsverschiedenheiten mit Hugenberg verzögerte sich auch die gemeinsame Kundgebung,
bei der auch Hitler kurz sprach, um 40 Minuten. Der letzte Fraktions-
vorsitzende der DNVP, Otto Schmidt-Hannover, berichtete in seinen
Erinnerungen umfassend über Vorgeschichte, Hintergründe und
Ablauf der Harzburger Tagung[17].

Auch der kurzzeitige Gauleiter von Hamburg Dr. Albert Krebs
wurde im Mai 1932 von Hitler aus der Partei ausgeschlossen, weil er
einen Artikel im *Hamburger Tageblatt*, dessen Hauptschriftleiter er
war, verfaßte, in dem die Politik des Reichswehrministers Kurt von

Schleicher scharf kritisiert wurde. Das aber paßte Hitler zum damaligen Zeitpunkt nicht in sein strategisches Konzept. Sofort nach Erscheinen des inkriminierten Beitrags fuhr eine Delegation der Hamburger Gauleitung nach Berlin zu Dr. Goebbels, um ihm das »Dossier« Krebs vorzulegen. Hitler befahl Dr. Krebs unverzüglich nach Frankfurt am Main und hielt ihm dort vor, sein Angriff auf Schleicher müsse bei der Reichswehr jedes Vertrauen zu ihm und der NSDAP zerstören. Dann eröffnete er ihm, daß er und die übrigen Redaktionsmitglieder des *Hamburger Tageblatt* ihrer Ämter enthoben und aus der Partei ausgeschlossen seien. Albert Krebs, der einen aufschlußreichen Memoirenband hinterlassen hat, schrieb in der Rückschau:

»Der Ausschluß, durch den meine rund zehnjährige Zugehörigkeit zur NSDAP beendet wurde, hinterließ mich in einer zwiespältigen Verfassung. Ich fühlte mich ebenso enttäuscht und erbittert, wie befreit von einer zuletzt unerträglichen körperlich-seelischen Belastung. Die Reaktion war ein schwerer Nervenzusammenbruch, dessen Auswirkungen sich monatelang hinzogen. Erst ein dreiviertel Jahr später konnte ich langsam wieder in die Arbeit und das Leben zurückkehren.«[18]

Bereits Anfang 1928 hatte Krebs eigenem Wunsch entsprechend nach einer Auseinandersetzung innerhalb des Gaues Hamburg seinen Rücktritt erklärt, den Hitler zunächst ablehnte und erst sehr viel später bestätigte. »Er allein lobte das Verdienst, tadelte das Versagen, schlichtete, dankte, verzieh. Dann sprach er den Rücktritt aus«, so Joachim Fest[19].

Krebs lieferte auch eine schlüssige Erklärung über die Auffassungen Hitlers zu den inneren Auseinandersetzungen in seiner Bewegung und seines Verhaltens zu all diesen Erscheinungen. Hitler sei der Meinung gewesen, *»Machtkämpfe auf der unteren Ebene verhindern am besten die Bildung einer gemeinsamen und geschlossenen Opposition gegen die Zentralleitung. Sie sind daher eher nützlich als schädlich und sollten sich selbst überlassen, in gewissen Fällen sogar heimlich gefördert werden. Sofern das ausnahmsweise nicht möglich sein sollte, ist die Entscheidung ohne Rücksicht auf die Rechtslage zugunsten des Stärkeren zu fällen, also des Mannes mit den kräftigeren Ellenbogen und den dickeren Gewissensschwielen.«*[20]

Die NSDAP und insbesondere Adolf Hitler gewann in dieser Zeit mehr und mehr prominente Unterstützer. 48 bekannte Persönlichkeiten, die nicht der NSDAP angehörten, rieten 1932 anläßlich der Wahlkämpfe im Reich in großen Zeitungsaufrufen dem deutschen Volk, Hitler zu wählen; darunter der Herzog Carl Eduard von Sachsen-Coburg-Gotha, Fürst Friedrich zu Wied-Neuwied, Graf Friedrich zu Soms-Wildenfels, Frau v. Dirksen-Berlin, der General der Infanterie a.D. v. Below und die Admirale v. d. Damerau-Dambrowski und v. Levetzow, Generaldirektor Borbet, Oskar Godefroy, Enrique Sloman, Geheimrat Bier, der weltberühmte Arzt und der Dichter Bogislav v. Selchow.

In Hamburg erklärten auf Flugblättern: Geheimrat Professor Wilhelm Burmeister:»Vor 61 Jahren ein genialer Mann, der das Deutsche Reich gründete, h e u t e ein Mann, der uns aus dem Füllhorn seiner hohen persönlichen Begabung ein neues Reich schenken wird.« Literaturhistoriker Adolf Bartels:»Hitlers Buch *Mein Kampf* ist die größte politische Veröffentlichung seit Bismarcks *Gedanken und Erinnerungen.*« Dr. Furugard, Schweden:»Hitler ist die größte Persönlichkeit, die die nordische Rasse je hervorgebracht hat.« Universitätsprofessor Dr. Lenard, Nobelpreisträger:»Als Naturforscher kann ich nur einen Reichspräsidenten wünschen, der offenen Sinn für Wirklichkeit hat. Bei Hitler trifft das reichlich zu. Er ist der geborene Führer des neuen Deutschlands; es wäre schmählich, das nicht zu benutzen. Gänzlich versumpfen wird alles, auch die Wissenschaft, wenn die von ihm und seinen Mitarbeitern gedachten grundsätzlichen Änderungen nicht zur Durchführung kommen.« Justizrat Dr. Luetgebrune:»Adolf Hitler ist an der Schwelle unserer Zeitwende der Führer in Deutschland, der mit der einzigen Rettungslosung für das deutsche Volk ernst macht: ›Umkehr und Glaube‹!«. Der frühere Gesandte von Reichenau:»Ich halte Hitler für einen politischen Kopf von ganz außergewöhnlicher Bedeutung, der nichts für sich will, sondern alles für die Allgemeinheit.«[21]

Auch nach 1933 konnte sich die neue Staatsführung der zumeist unverlangt abgegeben Loyalitätsbekundungen kaum erwehren, denken wir an das öffentliche Treuebekenntnis einiger hundert Hochschullehrer zu Hitler und der neuen Regierung oder das »Treuegelöbnis der deutschen Dichter für den Volkskanzler Adolf Hitler«. Ein anderer Aufruf verzeichnete die Namen der Gelehrten Heidegger, Pinder und Sauerbruch. Solche Stimmen waren der NSDAP – zumal in der »Kampfzeit« – durchaus willkommen. Deshalb mußte sich Hitler auf seine Repräsentanten in den Ländern, vor allem auf die Gauleiter, unbedingt verlassen können.

Etwas komplexer als bei den vorangegangen Vorgängen lag der Fall bei Wilhelm Karpenstein, der schon 1931, im Alter von nur 28 Jahren, mit der Leitung des Gaues Pommern betraut wurde. Der in Frankfurt am Main geborene Karpenstein trat bereits 1921 der NSDAP-Ortsgruppe Frankfurt bei und gründete ebendort eine NS-Studentenvereinigung. Nach seiner Übersiedlung nach Pommern gab er dort die erste NS-Tageszeitung des Gaues heraus, den *Norddeutschen Beobachter*. 1925 kehrte er nach Hessen zurück und übernahm die NS-Ortsgruppe Darmstadt. 1929 machte er sein juristisches Assessor-Examen und zog erneut nach Pommern, wo er Kreisleiter wurde und ein Reichstagsmandat errang. Die Gründe, die im Juni 1934 schließlich zu Karpensteins Sturz führten, sind vielschichtig und nicht vollends durchschaubar. Schon vor 1933 kam es regelmäßig zu Beschwerden über seine Amtsführung[22]. Bereits im März 1933 ließ Reichsorganisationsleiter Ley daher prüfen, wer als Karpensteins möglicher Nachfolger in Frage käme. Gerüchte gab es über die verheerenden Zustände im Konzentrationslager Stettin-Bredow, wo seit Frühjahr 1934 willkürliche Mißhandlungen und Ermordungen von Häftlingen schier unerträgliche Dimensionen angenommen hatten.

Erst Hermann Göring als preußischer Ministerpräsident griff ein und ließ das »wilde« KL schließen. Die Haupttäter bei diesen Geschehnissen wurden später im Zuge der »Röhm-Revolte« erschossen. Dem jungen Gauleiter Karpenstein paßte das Konzept Hitlers einer evolutionären Entwicklung von Partei und Staat keineswegs. Unbeirrt setzte er die in der »Kampfzeit« erprobten radikalen Methoden in seinem Gau auch nach 1933 fort, was ihm etliche Rügen seitens der Reichskanzlei einbrachte. Das Hauptziel des ehrgeizigen pommerschen Gauleiters bestand darin, sich nach und nach alle Gliederungen der Partei zu unterwerfen. Diese Ambitionen gipfelten in einem schweren Streit mit dem von Walther Darré geführten »Reichsnährstand«, den sich Karpenstein in Pommern ebenfalls unterordnen wollte. In einem »martialischen Rundschreiben an alle politischen Leiter seines Gaues«, so Martin Moll in seiner Studie über den *Sturz der Alten Kämpfer*, verkündete er eine »offene Kriegserklärung an den Reichsnährstand«[23]. In diesem Streit befehdete er sich insbesondere mit dem Reichsobmann des Reichsnährstandes, Wilhelm Meinberg[24]. Darré erkannte die Gefahr und machte unverzüglich Meldung an Hitler. Er beklagte sich über zahllose Eingriffe und Übergriffe der Politischen Leiter des Gaues, welche geeignet seien, »das Ansehen des neuen Staates auf das höchste zu gefährden«[25]. Der Gauleiter rechtfertigte sein Vorgehen mit den Worten:

»Die Funktionäre des Nährstandes müssen ... überall vor die Ent-scheidung gestellt werden, ob sie die Autorität des Gauleiters als höchste unparteiische und politische Instanz anerkennen wollen oder nicht. Wollen sie es nicht – dann werden sie aus der Gemeinschaft der Nationalsozialisten ausgeschieden ... Es ist das ABC des Nationalsozialismus, daß der Gauleiter die politische Verantwortung für alles trägt, was in seinem Gebiete vorgeht. Wer dies leugnet, lehnt auch in Wirklichkeit Adolf Hitler ab. Denn diese Aufgabe ist dem Gauleiter vom Führer zugewiesen. Jeder meiner Kreisleiter würde pflichtvergessen handeln, wenn er diese oberste politische Führung aus der Hand gäbe.«[26] Karpenstein trieb es allmählich auf die Spitze und etablierte ein übles Regime reinster »Vetternwirtschaft«. So hatte er zahlreiche ihm ergebene Unterführer in einflußreiche Stellungen gebracht, die, bar jeder Fachkenntnis ihrer Aufgabenbereiche, schalteten und walteten, wie sie wollten. Einige sollen sich aufgeführt haben wie die Landvogte. Gauleitung und SA in Pommern waren unter Karpenstein auffällig korrupt und somit eng verbunden und verfilzt. Ein gutes Verhältnis Karpensteins bestand insbesondere zu dem pommerschen SA-Führer Heydebreck, der nach dem 30. Juni 1934 erschossen wurde.

Im Juli 1934 endlich wurde Karpenstein als Gauleiter abgesetzt und mittels einer mündlichen Verfügung Hitlers aus der Partei ausgeschlossen. Noch kurz nach der Röhm-Revolte hatte Karpenstein öffentlich Hitlers Vorgehen gegen die SA-Führung gutgeheißen. Da aber auch Karpenstein ständig unbefangen das Wort von der »zweiten Revolution« im Munde führte und er die Methoden der »Kampfzeit« partout nicht ablegen wollte, mußte letztlich auch er über die Klinge springen. Seine radikalen Reden hatten ganz Pommern in Hochspannung versetzt[27]. Die Bevölkerung nahm den Gauleiterwechsel daher mit großer Erleichterung auf. So soll es zu spontanen Zustimmungsbekundungen gekommen sein, als der neue Gauleiter Schwede-Coburg eine Reise durch den Gau unternahm.

Auch den Aktivitäten Karpensteins sah Hitler einige Zeit zu, handelte dann aber blitzschnell. Nach seiner Absetzung verblieb der ambitionierte Ex-Gaufürst zwei Jahre in Haft. Dann gestattete man ihm wieder eine berufliche Tätigkeit als Rechtsanwalt und Notar. Immer wieder wandte sich Karpenstein nach seiner Entlassung in eigener Sache an diverse NS-Parteidienststellen. Im Kriege suchte er um eine Wiederverwendung im besetzten Osten nach, was aber von Hitler persönlich abgelehnt wurde[28]. Nach Kriegsdienst und relativer kurzer

Gefangenschaft nahm er seine Arbeit als Rechtsanwalt wieder auf. Im Mai 1968 soll er verstorben sein[29].

Einer gewissen Tragik entbehrt auch nicht das Schicksal Helmuth Brückners, der von 1925-34 Gauleiter in Schlesien war. Der 1896 geborene Brückner nahm als Ostfrontkämpfer am Weltkrieg teil und wurde mit beiden Eisernen Kreuzen dekoriert. Im März 1918 wurde er im Westen lebensgefährlich verletzt. In Breslau studierte er dann Geschichte und Philosophie und engagierte sich für die NSFB im Stadtrat von Breslau. Brückner kann als der eigentliche Gründer des NSDAP-Gaues Schlesien angesehen werden. Nach seiner Bestellung zum Gauleiter folgte die fast schon übliche Karriere, die mit diesem Amt verbunden schien: Reichstagsabgeordneter, nach 1933 auch Oberpräsident in Schlesien. Anfang Dezember 1934 wurde er aller Ämter enthoben, aus der Partei ausgeschlossen und vorübergehend in »Schutzhaft« genommen. Offizielle Begründung: Brückners Auftreten in der Öffentlichkeit entspreche nicht den Grundsätzen der NSDAP, und er habe es an »nationalsozialistischen Tugenden« fehlen lassen[30]. Helmuth Brückner war, obwohl verheiratet und mehrfacher Vater, homosexuell. In diesem Sinne kann man auch ihn als ein spätes Opfer des 30. Juni 1934 bezeichnen.

Vor allem aber hatte Brückner schwere Auseinandersetzungen mit dem SS-Oberabschnittsführer Udo von Woyrsch, über den er sich immer wieder bei vorgeordneten Reichs- und Parteidienststellen beschwerte[31]. Seine Vorwürfe gegen Woyrsch enthielten eine ganze Palette von Anklagen, so der Nichtbezahlung von Steuerschulden, Siegelbruch, Beleidigungen und nicht zuletzt von Woyrschs willkürliches Handeln während des 30. Juni 1934[32]. Diese Anschuldigen wurden auch Himmler bekannt, der sich vor seine SS-Führer stellte und Hitler seinerseits über vermeintliche »Verfehlungen« Brückners informierte. Der § 175 war in den ersten Jahren »nach Röhm« ein immer wieder beliebtes Druckmittel, sich unbequeme Gefolgsleute vom Halse zu schaffen. Auch Brückner mußte sich im Verlauf des Jahres 1935 wegen seiner Homosexualität vor Gericht verantworten. Schließlich wurde er aus der Haft entlassen und Hitler gewährte ihm eine monatliche Zuwendung von fünfhundert Reichsmark[33].

Brückner bemühte sich in der Folge um einen Wiedereintritt in die Partei und fand in dem mecklenburgischen Gauleiter Hildebrandt einen Fürsprecher, was höheren Ortes, etwa bei Martin Bormann großes Befremden hervorrief. Helmuth Brückners Nachfolger Josef

Wagner hat von einem an ihn ergangenen Befehl Hitlers gesprochen »mit den verrotteten Zuständen in Schlesien aufzuräumen und hier Ordnung zu schaffen«[34]. Über die Vermittlung Hermann Görings fand Brückner dann eine Anstellung bei den Heinkel-Flugzeugwerken, welche es ihm wenigstens erlaubte für seine Familie zu sorgen. Im August 1945 soll er von den Russen verhaftet worden sein, seine Frau erhielt von da an kein Lebenszeichen mehr von ihm[35].

Am 29. Juni 1933 erstaunte Hitler die deutsche Öffentlichkeit mit folgender Mitteilung der Reichspressestelle der NSDAP: »*Die ehemaligen Parteigenossen Hauptmann a.D. Cordemann, Hauptmann a.D. von Marwitz, Hauptmann a.D. Wolf und Hauptmann a.D. Zucker, sämtlich in Berlin, haben durch telegraphische und telefonische Einwirkung auf Gauleiter, Handelskammern, Wirtschaftsunternehmungen usw. versucht, dem Führer die Freiheit notwendiger Entschließungen zu rauben. Sie wurden auf Anordnung des Führers sofort ihrer Ämter enthoben und aus der Partei ausgeschlossen. Auf Befehl des Kanzlers wurden sie in Haft genommen und in ein Konzentrationslager eingeliefert.*«[36]

Es handelte sich bei diesen Männern um Mitarbeiter des bereits erwähnten ehemaligen kurzzeitigen Stabschefs der SA und Leiters der Wirtschaftspolitischen Abteilung in der Reichsleitung der NSDAP Dr. Otto Wagener. Lange Zeit war es relativ unbekannt, daß dieser von Herbst 1929 bis Ende 1932 einer der engsten Mitarbeiter Hitlers gewesen war, dem der Parteiführer in zahlreichen Gesprächen über die unterschiedlichsten Themengebiete seine Gedanken anvertraute. In den veröffentlichten Erinnerungen Wageners nehmen diese Unterhaltungen – in denen es von Wissenschaft und Demokratie über die konfessionelle Spaltung Deutschlands und die Od-Strahlentheorie des Freiherrn von Reichenbach um nahezu sämtliche Lebensbereiche gegangen sein soll – allerdings einen recht gefärbten Stellenwert ein. Wageners Aufzeichnungen über seine Gespräche mit Hitler zeigen deutlich, daß er fest davon überzeugt war, Hitler habe ihm gegenüber, im Gegensatz zu den meisten anderen Personen seiner engeren Umgebung, seine intimsten Gedanken geäußert. Dies ist natürlich nicht zutreffend, denn Hitler wußte stets sehr genau, *wann* er sich *mit wem* über *was* unterhielt[37].

Im September 1932 trat Wagener von der Leitung der Hauptabteilung IV zurück. Hitler ließ die Wirtschaftspolitische Abteilung des »Strasser-Mannes« Wagener auflösen und signalisierte durch das Verbot der Verbreitung des Wirtschaftlichen Sofortprogramms die Distanzierung von Gregor Strassers ökonomischen Gedanken. Als Grund für seinen Rücktritt nannte Wagener selbst die Ablehnung einer von ihm ausgearbeiteten wirtschaftspolitischen Broschüre als parteiamtliche Schrift durch Hitler.

Wagener war von da an »zur besonderen Verwendung« im Stab Adolf Hitlers und fungierte von April bis Juni 1933 als Reichskommissar für die Wirtschaft. Urplötzlich wurde er von Hitler dieser Funktion enthoben. Nach der Darstellung Wageners wurde er am Abend des 28. Juni 1933 zu Hitler in die Reichskanzlei befohlen, wo sich bereits Hermann Göring eingefunden hatte. Auf Hitlers Aufforderung hin habe Göring Auszüge aus abgehörten Telefongesprächen der vorstehend genannten Mitarbeiter Wageners verlesen. Aus diesen Protokollen ging hervor, daß jene Männer massiv darauf gedrängt hatten, Otto Wagener als Nachfolger des soeben zurückgetretenen Reichswirtschaftsministers Alfred Hugenberg zu ernennen.

Hitler soll sich daraufhin an Wagener mit den Worten gewandt haben: »Ich hatte Sie eigentlich kommen lassen, um Ihnen zu sagen, daß ich Sie zum Staatssekretär im Reichswirtschaftsministerium ernennen wollte. Nun aber ist das aus.« Dann habe er Göring den Befehl erteilt, Wageners Mitarbeiter unverzüglich festnehmen zu lassen und sie in ein KL einzuweisen, um ein Exempel zu statuieren. Wagener selbst habe keine Gelegenheit mehr erhalten, Hitler den genauen Sachverhalt zu erklären. Geschehen ist ihm nichts. In einem langen Schreiben an die erste Kammer des Parteigerichts in München schilderte er die Vorgänge und leitete ein Verfahren gegen sich selbst ein. In dessen Entscheidung vom 17. November 1936 kam man zu dem Schluß, daß die Telefonate der Wagenerschen Mitarbeiter nicht auf seine Veranlassung geführt wurden[38]. Die Entscheidung Hitlers illustriert jedoch beispielhaft, wie drastisch er vorging, wenn seine Parteigenossen in wirtschaftspolitischer Hinsicht entgegen seiner Maximen und Überzeugungen handelten.

Eine besondere Note erhält diese Begebenheit noch dadurch, daß die treibende Kraft des Geschehens, Hermann Cordemann, in einer Erklärung aus dem Jahre 1963 berichtete, er sei im Frühjahr 1931 auf Geheiß des Generals von Schleicher als dessen Vertrauensmann in die Reichsleitung der NSDAP eingetreten. Legt man nun die Kontakte Gregor Strassers zu dem nachmaligen Reichskanzler von Schleicher zu Grunde, so läßt sich die Wut Hitlers in ihrer ganzen Vehemenz nachvollziehen. Dazu kamen wohl noch die Umstände des Rücktritts

Hugenbergs. Am 27. Juni 1933 löste sich dessen DNVP per Beschluß
mit 56 gegen 4 Stimmen selbst auf. In einer langen Unterredung versuchte Hitler Hugenberg von seinen Rücktrittsgedanken abzubringen[39]. In diesem turbulenten Gespräch soll Hitler alle Register seiner
Redekunst gezogen haben. Er lobte Hugenberg, bat ihn inständig im
Amt zu bleiben, er appellierte an das vaterländische Pflichtgefühl und
drohte zuletzt sogar. Aber es half alles nichts; an jenem 29. Juni mußte
sich Hitler zu Reichspräsident Hindenburg begeben und ihm die Entscheidung Hugenbergs bekanntgeben.

Alle genannten Personen traten mit ihrer Nähe zu Hitler in das Span-
nungsfeld dieser in jeder Beziehung extraordinären Persönlichkeit,
deren Widersprüchlichkeit oft irritierte. Am 12. Juni 1925 sagte er auf
einer NSDAP-Führertagung in Plauen: *»Versetzen Sie sich in meine
Lage. Auch ich kann mich einmal irren. Das alles liegt in der Natur des
Menschen, der aus Fleisch und Blut zusammengesetzt ist. Er ist nicht
unirrbar.«*[40] Für das Selbstverständnis Hitlers eine erstaunliche Feststellung. Bis 1933 war Hitler durchaus dazu bereit, mögliche eigene
Fehler einzugestehen, wie aus seiner Ansprache vor den Amtswaltern
der Partei am 22. Januar 1933 ersichtlich ist: *»Auch ich kann irren und
Fehler machen, aber entscheidend ist, wer die wenigsten Fehler am Ende
zu verzeichnen hat.«*[41]

Doch 1937, in einer Rede vor den Kreisleitern der Partei, hörten sich
die Aussagen des Reichskanzlers Hitler schon ganz anders an: *»Wenn
man nun ein System hat, aufgrund dessen grundsätzlich die Besseren
ausgesucht werden zur Führung, ist anzunehmen, daß sich also die
Untergebenen immer etwas mehr irren werden, als die Vorgesetzten. Ich
nehme an, daß sich der Parteigenosse sowieso immer noch leichter irren
wird, als sein Ortsgruppenleiter. Und daß sich der Ortsgruppenleiter
noch leichter irren wird, wie sein Kreisleiter. Und daß sich der Kreisleiter
immer noch eher irren wird, wie sein Gauleiter. Und Sie werden nicht
beleidigt sein, wenn ich annehme, daß sich der Gauleiter immer noch eher
irren wird, als ich mich irre.«*[42]

Die Tragik der NSDAP ist auch in dieser pervertierten Form des
Führergedankens zu suchen. In der Person Adolf Hitlers verschmolzen
Idee, Partei und Staat zu einer Einheit, neben der nichts bestehen und
sich behaupten konnte. Ein wirksames Korrektiv war nicht vorgesehen.
Und so wurde Hitlers bereits zitierte Wendung »Solange ich die Partei
führe, wird sie bleiben eine Organisation der Disziplin« immer wieder
ad absurdum geführt. Inmitten der surrealistischen Bunkerwelt tief

unter der Reichskanzlei, in der Hitler während der letzten Tage seines Lebens eine Art Generalüberblick über die Summe seines Daseins gab, äußerte er resigniert:

»*Verhängnisvoller Weise muß ich alles während der kurzen Spanne eines Menschenlebens vollenden ... Dort, wo die anderen über eine Ewigkeit verfügen, habe ich nur einige armselige Jahre. Die anderen wissen, daß sie Nachfolger haben werden, die ihr Werk genau dort wiederaufnehmen, wo sie es zurückgelassen haben, die mit dem gleichen Pflug die gleichen Furchen ziehen werden. Ich frage mich, ob sich unter meinen unmittelbaren Nachfolgern der Mann finden wird, der dazu ausersehen ist, die Fackel wiederaufzunehmen, die mir aus den Händen gleitet.*«[43]

Doch Hitlers Persönlichkeit selbst verhinderte die Herausbildung von Institutionen, die den Führerstaat evolutionär in eine neue Ära hätten hinüberführen können. Auffallend ist die Gemeinsamkeit mit dem Regime Benito Mussolinis, der die Dauerhaftigkeit des faschistischen Staates zwar oft beschwor, sich aber niemals ernsthaft die Frage einer Nachfolge stellte, sondern von vornherein alle personellen innerfaschistischen Alternativen sabotierte oder verwarf, so, als empfände er die Ära seiner Regierung als Frucht niemals wiederholbarer Umstände. »*Vor vier Jahren sagte ich euch: Genest von mir!*«, rief er 1925 dem Kongreß in Rom zu. Und weiter: »*Ich muß die Aufgabe auf mich nehmen, die italienische Nation noch zehn bis fünfzehn Jahre zu regieren. Das ist notwendig. Mein Nachfolger ist noch nicht geboren.*«[44]

Das war auch die Überzeugung Hitlers. Die Planungen für einen nationalsozialistischen Senat versandeten infolge der Kriegsereignisse schon in der Anfangsphase[45]. So mußte jeder, der es wagte, sich Hitler in der eigenen Partei entgegenzustellen, wie zwangsläufig scheitern.

»Eines Deutschlands Kants
und Goethes unwürdig.«

Von der Ambivalenz des »alten Kämpfers«
Wilhelm Kube

Die neue Führungsschicht, welche sich innerhalb der NSDAP allmählich durchsetzte, bestand zu einem beträchtlichen Teil aus
Leuten ohne Beruf, die in irgendeiner Form aus der Bahn des bürgerlichen Lebens geworfen wurden und die oftmals gerade deshalb im
Chaos der Verhältnisse die Politik zu der Ihren gemacht hatten. Was sie
mitbrachten, war oft nicht viel mehr als eine bizarre Mischung aus hem-
mungslosem Aktionismus, Machtstreben und unbedingter Gläubigkeit
an Führer und Idee. Vom Staate hingegen, seinen komplexen Regel-
werken und Strukturen wußten sie nahezu nichts, oder wollten nichts
davon wissen. Der Gauleiter und Generalkommissar Wilhelm Kube
gehört zu diesen Menschen und verkörpert die Tragik einiger »alter
Kämpfer«, die erst angesichts eines persönlichen, real erlebten Unrechtes, über einige Grundprinzipien nationalsozialistischer Politik ins
Nachdenken gerieten.

Kube wurde am 13. November 1887 im niederschlesischen Glogau
als Sohn des Sergeanten Richard Kube geboren. Kurz darauf siedelte
die Familie nach Berlin über, wo der Vater nach seinem Ausscheiden
aus dem Militärdienst als Steuerbeamte tätig wurde. Der Knabe
besuchte das renommierte humanistische Gymnasium »Zum Grauen
Kloster«, das auch Bismarck durchlief, und legte dort im Jahre 1908 das
Abitur ab. An der Friedrich-Wilhelms-Universität studierte er von 1908
bis 1912 Geschichte, Staatswissenschaften und Theologie. Bereits in
jungen Jahren überzeugter Antisemit, gründete er an der Universität
den Deutsch-Völkischen Studentenverband. Ebenfalls in die Studien-
zeit fallen Kubes Kontakte zu den bekannten Antisemiten Theodor
Fritsch, Adolf Bartels, Dietrich Eckart und Max Liebermann von Son-
nenberg, dessen Deutschsozialer Partei er angehörte. Wie für so viele
seiner Zeitgenossen, hatten die Juden, wohl auch in den Augen Wilhelm

Kubes, seit der Zerstörung des Jerusalemer Tempels in jahrhunderte-
langer Zerstreuung unter den komplexen und schwierigen Bedingungen in der Diaspora ihr Empfinden für die örtliche Bindung geistiger
Phänomene verloren, sie galten so gemeinhin als wurzellos und als Zer-
störer alles organisch Gewachsenen. Gegen sie formierte sich schon
bald eine starke rechtsradikale Front.

Nach Abbruch des Studiums arbeitete der junge Kube als Hausleh-
rer. 1913 heiratete er und wurde Vater von vier Söhnen. Seit 1914 war
Kube Redakteur verschiedener rechtsradikaler Blätter. Am Weltkrieg
hat er nicht teilgenommen, wohl aufgrund eines seit seiner Kindheit
bestehenden Herzleidens, welches er sich während eines Schulausfluges
infolge Überanstrengung zugezogen haben will. Statt dessen betätigte er
sich in den Kriegsjahren als Generalsekretär der ausgesprochen monar-
chistisch gesinnten Deutsch-Konservativen Partei in Schlesien. Nach
deren Auflösung wechselte er zur DNVP über und wurde für diese zum
Mitglied der Berliner Stadtverordnetenversammlung gewählt.

In diese Zeit fallen auch Kubes erste schriftstellerische Ambitionen.
Sein Theaterstück *Totila* erreichte eine relative Bekanntheit und wurde
vor allem nach 1933 häufig aufgeführt, seit 1934 als *Totila der Gotenkö-
nig*. Als notorischer Vereinsgründer wurde Kube aus zahlreichen – zum
Teil von ihm selbst ins Leben gerufenen – Organisationen wie dem
Deutschen Bismarckbund oder dem Deutschen Bismarck-Orden wieder ausgeschlossen, was auf einen extrem schwierigen Charakter hin-
deutet. Auch aus der DNVP trat er wieder aus, wechselte zur DVFP und
nahm für diese ein Mandat im Reichstag wahr. In der DVFP avancierte Kube zum Reichsgeschäftsführer und gründete 1926 die Zeitung *Der
Märkische Adler*. Aber auch aus der DVFP trat Kube wieder aus, um
einem Ausschlußverfahren zuvorzukommen.

Und wieder gründete Kube neue Organisationen, deren Versammlungen wegen ihrer konservativen und monarchistischen Tendenz sogar
von der SA gestört wurden. 1927 lernte er Gregor Strasser kennen,
blieb dem Berliner Gauleiter Joseph Goebbels gegenüber aber skep-
tisch und schrieb daher direkt an Hitler, daß dieser und seine »*heilige
Sache in Norddeutschland mit den Methoden der Gebrüder Strasser und
des Grafen Reventlow viel weiter kommen (würde), als mit Herrn Goebbels. Der Kampf, der von Dr. Goebbels gegen Strasser geführt wird, hat
meine Leute mit Entsetzen erfüllt*«.[1] Hitler forderte Kube daraufhin auf,
zur NSDAP überzutreten und konstruktiv mitzuarbeiten, was dieser
samt Anhängerschaft auch tat. Im Mai 1928 wählte man ihn in den

Preußischen Landtag, wo er den Fraktionsvorsitz übernahm. Im gleichen Jahr ernannte ihn Adolf Hitler zum Gauleiter des Gaues »Ostmark«, der zuvor zum Gau »Berlin-Brandenburg« gehört hatte. Kube dankte es seinem Führer mit einem »Gelöbnis unentwegter Treue und festen Kampfeswillens« und versprach *»auf der Hochwacht im Osten gegen Polen und andere Feinde unseres Deutschtums ... die heiligen Banner unserer Bewegung siegreich vorwärts zu tragen«*[2].

Unter der energischen und rücksichtslosen Leitung Kubes erfuhr der Gau einen enormen Mitgliederzuwachs. Angetan von Kubes Art und Weise der Kampfführung schrieb Hitler, der bei großen Massenkundgebungen vor allem die kräftige Stimme Kubes als die eines »Nashorns« rühmte, am 2. Oktober 1928 einige persönliche Worte an ihn:

»Lieber Herr Kube! Nehmen Sie bitte für Ihren Kampf im Landtag um meine Redefreiheit in Preußen meinen ergebensten Dank entgegen und übermitteln Sie bitte diese meine Empfindung auch den anderen Herren der Fraktion, vor allem unserem alten treuen Kämpfer Herrn Haake. Mit deutschem Gruß Ihr Adolf Hitler.«[3]

Wilhelm Kube entwickelte erstaunliche Aktivitäten auch auf publizistischem Sektor. Etliche Artikel im *VB* und dem *Märkischen Adler*, die sehr oft den Dualismus »Preußen – Reich« zum Gegenstand hatten, zeugen davon. Der Bezug auf das Preußentum machte Eindruck und gewann dem Nationalsozialismus viele neue Sympathisanten, wie sich der nachmalige HJ-Obergebietsführer des Gaues Kurmark, Werner Kuhnt, erinnerte: *»Ich ... bin 1929 der NSDAP beigetreten. Eine Rede des Gauleiters Kube und des Prinzen August-Wilhelm von Hohenzollern waren dafür ausschlaggebend. Preußentum und Nationalsozialismus schienen eine Verbindung eingegangen zu sein.«*[4]

Bekannt war Kube für sein sanguinisch-cholerisches Temperament und seine ungemein aggressiven Attacken im Preußischen Landtag, weshalb er wiederholt verurteilt wurde. Das Druckmittel der »Kleinen Anfrage« wandte Kube permanent an und legte somit nahezu die gesamte Tätigkeit des Landtags lahm. Der Gauleiter von Halle-Merseburg Rudolf Jordan, 1932 auch Abgeordneter des Preußischen Landtags, berichtet in seinen Erinnerungen von einer wüsten Schlacht im Parlament zwischen Kommunisten und Nationalsozialisten, nach der es im Plenum wie auf einem Kampffeld ausgesehen habe:

»Es gab, wenn auch keine Schwer- so doch eine ganze Anzahl von Leichtverletzten auf beiden Seiten ... Wir hatten knapp eine Minute benötigt, um die sonst so aggressiven Jünger Moskaus zu vertreiben. Die

bürgerlichen und sozialdemokratischen Abgeordneten hatten sich während des Zusammenstoßes an die Wände des Saales geflüchtet; nun standen sie verängstigt, zum Teil völlig sprachlos an den Ausgängen. In der anschließenden Fraktionssitzung der siegreichen NSDAP herrschte Kampfstimmung. Der Fraktionsführer Wilhelm Kube ... erklärte unter begeisterter Zustimmung: ›Die Kompanie Kube hat sich heute gut geschlagen. Ich bin stolz, Euer Kompanieführer zu sein. Jetzt wissen die Moskowiter in diesem Hause, mit wem sie es in Zukunft zu tun haben‹.«[5]

Kube war stets an kirchlichen und Glaubensfragen interessiert und entwickelte sich während der »Kampfzeit« der Partei zu einem Spezialisten auf kirchenpolitischem Gebiet. Als aktives Mitglied des Gemeindekirchenrates der Berliner Gethsemane-Gemeinde und der Stadtsynode der Diözese Berlin war er mit den kirchlichen Hierarchien und Strukturen bestens vertraut. An der Gründung der Glaubensbewegung Deutsche Christen war Kube maßgeblich beteiligt. Sein Ziel war die Überwindung der Kirchenzersplitterung durch die Errichtung einer deutschen Reichskirche. Gegen die Vertreter der »Bekennenden Kirche« ging Kube radikal vor. Sie seien »Stänkerer, Scheißkerle und Störer, die vom Teufel gesandt« seien. Kube galt als unbequemer und cholerischer Mann, vor dem man sich in acht zu nehmen hatte. Stets aber stand er während der diversen Krisen der Partei treu zu Hitler, was dieser seinerseits mit Treue honorierte. Bei den letzten freien Wahlen im März 1933 erlangte die NSDAP in der »Ostmark« 55 Prozent der Stimmen. Nach der Vereinigung der Gaue »Ostmark« und »Brandenburg« zur »Kurmark« ernannte Hitler Kube dann zum Gauleiter dieses flächenmäßig größten Gaues im Reich und zum Oberpräsidenten der Mark Brandenburg und der Grenzmark Posen-Westpreußen[6].

Mitte 1936, während der Olympischen Spiele in Berlin, wurde Kubes Karriere jäh unterbrochen. Der Auslöser hierfür war Kube jedoch selbst. Der Vorsitzende des Obersten Parteigerichtes der NSDAP, Reichsleiter Walter Buch, hatte im April 1936 einen anonymen Brief mit der Unterschrift »einige Berliner Juden« erhalten, in dem man ihm vorwarf, mit einer Jüdin verheiratet zu sein und Buch daher kein Recht habe, ein so hohes Parteiamt bekleiden zu dürfen[7]. Das Schreiben hatte folgenden Wortlaut:

»Sehr geehrter Herr Major Buch!
Sie sind der Oberste Richter der Partei, die jeden anständigen Juden bekämpft und infamiert, das sollten Sie als unser Verwandter nicht tun.

Wissen Sie, daß Ihre Frau jüdisches Blut hat? Wissen Sie, daß die Familie Ihrer Frau (Bilernesti, siehe Ahnentafel Ihrer Frau!) noch 1820 bis 1825 dem Ghetto in Frankfurt am Main angehört hat? Wissen Sie, daß Sie Kinder gezeugt haben, die u n s e r e s Blutes sind? Ihr Schwiegersohn, der wie Sie Reichsleiter der Nationalsozialisten ist, weiß es, daß seine Frau und seine Schwiegermutter nicht rein arischer Abstammung sind. Das Reichssippenamt weiß es auch! Nur Sie sollten es nicht wissen? Sie sind am meisten belastet, Sie haben Hunderte von Menschen verurteilt, wegen des gleichen tragischen Schicksals, das Ihre Frau betroffen hat. Welche Konsequenzen ziehen Sie, Sie weiser und gerechter Richter? Wir freuen uns, Sie zu den unseren zählen zu dürfen.

Einige Berliner Juden«

Eine besondere Brisanz lag in der Tatsache, daß Buchs Tochter Gerda die Ehefrau des berüchtigten Martin Bormann war, damals Stabsleiter von Rudolf Heß, und durch die anonyme Beschuldigung somit zur Halbjüdin gestempelt wurde; in der Führungshierarchie des Dritten Reiches also ein Sakrileg. Der Vorwurf erwies sich als nicht haltbar. Buch übergab das eigenartige Schriftstück sofort der Gestapo, welche sehr schnell die Urheberschaft des Gauleiters Wilhelm Kube nachweisen konnte. Dieser hatte auch sofort gestanden.

Adolf Hitler zog ausnahmsweise überraschend schnell die Konsequenz: Am 7. August 1936 enthob er Kube aller Ämter, allerdings unter Beibehaltung seines Titels »Gauleiter« und dem Recht, die Gauleiteruniform weiter tragen zu dürfen. Den bisherigen stellvertretenden Gauleiter von Westfalen-Süd, Emil Stürtz, ernannte er zu Kubes Nachfolger. Die Ernennung erfolgte lediglich in einer versteckten Notiz im *VB*, als habe es einen Gauleiter Kube niemals gegeben.

In einem Rundschreiben teilte Rudolf Heß der Parteiführerschaft die Gründe mit und nannte den Vorfall eine »Ungeheuerlichkeit«[8]. Schon am 7. September 1936 verhängte das Oberste Gericht der Partei die Strafe der Ämteraberkennung, die von Hitler aber auf dem Gnadenweg auf eine Verwarnung reduziert wurde.

Warum aber hatte Kube einen derartigen Brief verfaßt? Joseph Goebbels schrieb am 9. August 1936: »*Kube abgesetzt. Er hat sich gemein benommen, anonyme Briefe geschrieben an Buch etc., seine Frau unsacht behandelt. Ein böser Fall! Er hat ihn sich selbst zuzuschreiben.*«[9] Und etwas später: »*Göring schimpft mächtig auf Kube. Der hat es auch verdient. So ein Miststück! Aber wie immer: ein wilder Bürger ... Kube zeigt sich als kleiner Geist. Bittet um eine Redakteur- oder Intendantenstelle. Der typische kleine Bonze, der die Macht nicht vertragen konnte.«*[10]

Die Gründe könnten jedoch auch tiefer zu suchen sein: Nach der Machtübernahme war Kube mit einem seiner stellvertretenden Kreisleiter, Paul Schäfer, in scharfe persönliche Konflikte geraten, die im März 1936 in der Verhaftung Schäfers mündeten. Schon im Herbst 1935 hatte Kube Schäfer, der vom Gau Kurmark stets als vom »Saustall Kurmark« sprach, aus der Partei ausschließen lassen, wogegen Schäfer protestierte und das Oberste Parteigericht anrief. Das Gericht schien geneigt, den Aussagen Schäfers zu trauen, selbst der Gaurichter der Kurmark soll der Ansicht gewesen sein, Kube sei »die Wurzel allen Übels«. Bemerkenswert an dieser im Grunde recht zweitrangigen Begebenheit ist die Aussage Schäfers, daß Kube ihn in der Vergangenheit mit anonymen Briefen belästigt habe. Es könnte sein, daß der oberste Parteirichter Buch in diesem Fall gegen Gauleiter Kube Partei ergriffen hat, zweifelsfrei nachweisen läßt sich dies jedoch nicht. Schäfers Vorhaltungen gegen Kube, Korruption, Cliquenwirtschaft und Ehebruch, könnten Kube dazu veranlaßt haben, einen privaten Rachefeldzug gegen Buch zu initiieren, vermutet Martin Moll in seiner Studie über den *Sturz der Alten Kämpfer*[11].

Kube wurde auch vorgeworfen, er habe in eigener Machtvollkommenheit Personen seiner Wahl in hohe Parteiämter eingesetzt, Gelder veruntreut und vorbestrafte Nationalsozialisten in den Reihen seines Gau-Führungsstabes geduldet. Eindeutig werden sich die Vorgänge um Kube wohl nicht mehr klären lassen. Es ist aber wahrscheinlich, daß sich Kube der Tragweite seines Tuns nicht bewußt gewesen ist und die Sache ursprünglich lediglich als einen »Scherz« auffaßte. Eine gewisse Unbedarftheit zeigt auch ein Vorgang aus dem Jahr 1938, als Kube zur Finanzierung einer Urlaubsreise etliche an ihn gerichtete Briefe prominenter Parteigenossen, sowie eine handschriftliche Postkarte Hitlers einem Antiquariat zum Kauf anbot. Damit verstieß er klar gegen eine Anordnung von Rudolf Heß, welche den Verkauf von Briefen führender Persönlichkeiten des NS-Führerkorps ausdrücklich verbot[12]. Auch in dieser Frage war sich Kube kaum einer Schuld bewußt und bewies ein geradezu infantiles Gemüt.

Kube, der von Hitler seit der Absetzung nicht mehr empfangen wurde, war erkennbar »geschockt« von seinem derben »Scherz« und schrieb daraufhin einen devoten Brief an Hitler, in dem er auf die Wiederherstellung seiner Ehre pochte. Hitler antwortete Kube in moderatem Ton, er habe die Absetzung nur sehr ungern verfügt, doch habe er es tun müssen, da Kubes Verhalten »unmöglich« gewesen sei. Hitler betonte, er wolle und könne nicht die großen Verdienste vergessen, die Kube sich in seinem langjährigen Kampf um die deutsche Wiedererhebung und um die Partei erworben habe[13], und er stellte seinem einstigen Gauleiter sogar eine eventuelle Wiederverwendung in Aussicht[14]. Auch an den Berliner Gauleiter Goebbels, dem Kube kameradschaftlich verbunden war, hatte sich Kube in seiner Not gewandt.

Zeitweilig spielte man auch mit dem Gedanken, Kube auf Wunsch des Reichserziehungsministers Rust zum Kurator der Universität Königsberg zu ernennen. »*Freilich war dieser Wirbel recht müßig*«, bemerkte der Rektor der Universität von Grünberg, »*denn die Gauleitung hatte keine Lust, neben Koch* (dem Gauleiter Ostpreußens, W.B.) *es noch mit einem zweiten Gauleiter zu tun zu haben, und auch Koch ließ sich auf mein Zureden dahin bestimmen, dem Vorschlag entgegenzutreten. Er erkannte, daß nur eine neue Runde der unter allen Gauleitern üblichen ›NS-Kampfspiele‹ dabei herauskommen könnte*«.[15]

Nicht unbedeutend beim »Fall Kube« ist auch ein Streit mit der SS, in die der Gauleiter 1936 verwickelt wurde. Der Hauptgrund lag wohl in der Person des SS-Brigadeführers von Woyrsch, der gegen Ende des Jahres 1933 als neuer SS-Oberabschnittsführer in Kubes Gau eingesetzt wurde. Kube trat schließlich aus der SS aus, der er zuvor noch im Ehrenrange eines SS-Gruppenführers angehört hatte. Die eigentliche Ursache lag aber wohl in Kubes Scheidung von seiner Ehefrau und in der Person seiner neuen Braut, der Schauspielerin Anita Lindenkohl, die er 1938 heiratete und die von der Gestapo und Reinhard Heydrich selbst »unwürdig behandelt« worden sei. Die Wohnung von Kubes Geliebter wurde durchsucht, da man dort Beweismaterial vermutete, das Kube des Diebstahls überführen sollte. Es kann also als sicher gelten, daß SS und Gestapo, aber auch Himmler und Heydrich selbst, zutiefst zufrieden über die Absetzung Kubes gewesen sind. Aus der zweiten Ehe Kubes gingen ebenfalls zwei Kinder hervor.

Kurz nach der »Affaire Kube« mußte Hitler einen weiteren Schock hinnehmen. Am 30. Januar 1937 bestellte er die Mitglieder der Reichsregierung in den Kabinettssaal der Reichskanzlei und vollzog die Aufnahme jener Minister in die NSDAP, die ihr bis dahin noch nicht angehörten. Es handelte sich um die in konservativen Konventionen verhafteten Minister von Neurath, Graf Schwerin von Krosigk, Dr. Gürtner, Dr. Schacht und Freiherr Eltz von Rübenach. Diesen über-

200

reichte er gleichzeitig das höchste Ehrenzeichen der Partei, das goldene Parteiabzeichen. Eindringlich schildert abermals Joseph Goebbels
das Geschehen in seinem Tagebuch:

*»Ministersitzung: der Führer dankt allen tiefbewegt. Nimmt die Nicht-
parteigenossen in die Partei auf und verleiht ihnen das Goldene Ehrenzeichen. Da geschieht das Unfaßbare: Eltz lehnt die Annahme ab, tritt
nicht in die Partei ein, weil wir angeblich ›die Kirche unterdrücken‹. Verlangt vom Führer eine Erklärung. Der Führer lehnt das ganz kurz ab,
läßt sich keine Bedingungen stellen und geht weiter. Wir sind alle wie
gelähmt. Das hatte niemand erwartet … die Stimmung ist futsch … Alle
sind von so viel Taktlosigkeit einfach geschlagen … Jedermann ist empört
über Eltz.«*[16]

Der konservative Reichspost- und Verkehrsminister Eltz von Rüben-
nach hatte Hitler also tatsächlich die Stirn geboten[17]. *»Was geschah mit
diesem Verwegenen, der es wagte, Hitler zu brüskieren?«*, fragte Max
Domarus. *»Wurde er liquidiert oder in ein Konzentrationslager gesperrt?
Nichts dergleichen … Hitler imponierte es, wenn jemand auf seinem
Standpunkt bestand und bereit war, die Konsequenzen zu ziehen, d. h.
aus seinem Amt auszuscheiden – vorausgesetzt natürlich, daß er weiter
loyal blieb und nicht etwa konspirierte.«*[18]

In der Öffentlichkeit freilich erfuhr man von diesem Vorgang nichts.
Eltz trat von seinen Ämtern zurück.

Im April 1940 ließ Hitler Kube seine baldige Wiederverwendung in
Aussicht stellen. Im Herbst meldete dieser sich freiwillig zur Waffen-SS,
wurde als SS-Rottenführer im KL Dachau eingesetzt, hatte dann aber
auf Vermittlung von Dr. Goebbels eine Anstellung am Rundfunk erhalten. Angeblich soll Hitler zunächst vorgesehen haben, Kube als Reichskommissar für Moskau einzusetzen, dann aber von diesem Vorhaben
wieder abgerückt sein.

Hitler hielt schließlich sein Versprechen aus dem Jahr 1936 und
ernannte Kube 1941 – wohl auf Vorschlag Görings und Rosenbergs –
zum Generalkommissar des Verwaltungsbezirkes »Weißruthenien« mit
Amtssitz in Minsk. Das Generalkommissariat Weißruthenien war dem
Reichskommissariat Ostland angegliedert, welches von Gauleiter Hinrich Lohse als Reichskommissar geführt wurde[19]. Das besetzte Gebiet
in Rußland wurde in zwei große Reichskommissariate aufgeteilt: in das
südliche Reichskommissariat Ukraine unter dem Tyrannen Erich
Koch, der sich geschmeichelt fühlte, wenn man ihn einen »zweiten Stalin« nannte und das nördliche Ostland, welches das Baltikum und

Weißrußland umfaßte[20]. Die Reichskommissariate waren in General-kommissariate und Gebietskommissariate untergliedert. Für den Pres-sereferenten von Dr. Goebbels Wilfred von Oven war die Ernennung Kubes ein Vorgang, der »*blitzartig die ganze Bedenkenlosigkeit und Leichtfertigkeit unserer sogenannten Ostpolitik illustriert*«[21]. Der *Deutschen Zeitung im Ostland* gab Kube ein ausführliches Interview unter der Überschrift »*Weißruthenien. Die nationalsozialistische Aufgabe*«.

Doch schon bald nach seinem Amtsantritt entstanden erneut Quere-len zwischen Kube und der SS. Das Verhältnis von Zivil- und Militär-verwaltung war überaus angespannt. Obwohl Kube ein fanatischer Antisemit war, zeigte er sich unter dem Eindruck der Massenerschie-ßungen von Juden in seinem Bezirk bewegt und begann damit, zahlrei-che Juden als Arbeitskräfte zu requirieren, und sie somit vor dem siche-ren Tode zu bewahren. Zu diesem Zweck soll Kube eigens eine Panjewagenfabrik gegründet haben. Kube wurde nun direkt mit den Konsequenzen konfrontiert, die er als »nur« verbaler Antisemit *so* wohl nie gewollt hat. In Minsk, wo 12000 Juden aus dem Ghetto von der Sicherheitspolizei erschossen worden waren, um Platz für deutsche Juden zu machen, erhob Kube den Einwand, daß »Menschen, die aus unserem Kulturkreis kommen« anders behandelt werden müßten, als die »bodenständigen vertierten Horden«[22]. Das Schicksal der deut-schen Juden, die ihm wohl in Anwandlung eines letzten bürgerlichen Resteffekts als »verwandt« erschienen, erschütterte ihn schwer, dage-gen ließ ihn die Ermordung der polnischen und russischen Juden recht ungerührt. Die Art der Morde empfand Kube »eines deutschen Men-schen und eines Deutschlands Kants und Goethes unwürdig«[23].

Gegen das Offizierskorps des Polizeibataillons Nr. 11 stellte er Straf-antrag. Der Kommandeur der Sicherheitspolizei und des SD in Weiß-ruthenien, SS-Obersturmbannführer Dr. Strauch, hat nachmals im Nürnberger Prozeß Kube einen »unerhörten Gegner« der Judenaktio-nen und einwandfreien »Judenfreund« genannt, da Kube Strauch zur Einstellung der Vernichtungsaktionen überreden wollte[24]. Der schon genannte Hans-Bernhard von Grünberg wurde im Kriege seinerseits zum Reichskommissar Ukraine nach Rowno abgeordnet, wo er eine Abteilung für Siedlungsfragen zu leiten hatte. Als man ihn dort mit unmittelbar bevorstehenden Judenerschießungen konfrontierte, erklärte er, analog Kube, daß dies völlig unvereinbar mit seinen Anschauungen sei. Grünberg legte sein Amt nieder und kehrte auf seinen Rektorenposten der Universität Königsberg zurück. Seine

Sekretärin bewog er zum gleichen Schritt. Auch eine solche Haltung war also durchaus möglich und durchsetzbar[25].

Raul Hilberg hat nachgezeichnet, daß Kube einen »einzigartigen Kampf gegen SS und Polizei um das Leben der deutschen Juden geführt« habe[26] Kube verlangte vom Ostministerium Aufklärung darüber, ob bestimmte Ausnahmen für »Mischlinge«, Juden mit arischen Partnern oder Juden mit Kriegsauszeichnungen aus dem Ersten Weltkrieg, gemacht würden. Bei einem Besuch des Minsker Ghettos schenkte Kube den jüdischen Kindern Bonbons, wofür er sich gegenüber dem Beauftragten Bormanns beim OKW rechtfertigen mußte. Es habe ihn »ein menschliches Rühren« erfaßt, verteidigte sich der Generalkommissar[27]. Ein Kommandeur des SD äußerte einem Vertreter Bormanns gegenüber im Mai 1942, Kube sei in der »Judenfrage« zu weich und verfüge nicht über die erforderliche »Ost-Festigkeit«[28]. Dr. Strauch fertigte für das Ostministerium etliche Aktenvermerke über das Verhalten Kubes an, welches diesen dann auch mehrfach verwarnte. Das Reichsministerium für die besetzten Ostgebiete unter Alfred Rosenberg begann sich nun ebenfalls mit Kube zu beschäftigen und die Höheren Führer der SS in Weißruthenien sammelten Material gegen den Generalkommissar, das in der Hauptsache den nicht unberechtigten Vorwurf der Korruption zum Inhalt hatte. Kube sollte zum zweiten Male gestürzt werden[29]. Himmler hatte offenbar sogar vor, seinen ehemaligen Kameraden Kube in ein KL einliefern zu lassen. Bezeichnend ist eine Aktennotiz Strauchs vom 2. Oktober 1942:

»Kube erklärte …, daß wir jungen Nationalsozialisten da noch nicht die richtige Einstellung hätten. Wir hätten, wenn von einem Juden die Rede sei, immer Angst, unsere Seele zu gefährden, Er als völkischer Student habe schon vor dem Weltkrieg Mendelssohn und Offenbach gehört und sei deshalb von seiner völkischen Idee nicht abgekommen. Er verstehe es nicht, daß man heute Mendelssohn zum Beispiele einfach totschweige und daß jüdische Werke nicht mehr gespielt werden dürften, so z. B. Hoffmanns Erzählungen von Offenbach. Er beschränke sich allerdings auf die Juden des 19. Jahrhunderts, die nach der Ghettobefreiung einen kolossalen Aufschwung genommen hätten. Es stehe einwandfrei fest, daß die Juden Kunst hatten. Diese rühre von den 6% nordischen Blutsanteils her, die die Juden hätten, evtl. auch von den westischen und romanischen Einflüssen. Wir jungen Nationalsozialisten hätten wohl biologisch die richtige Einstellung, aber geistig würden wir doch nicht das Richtige treffen. Er sei jedenfalls der Ansicht, daß man den jüdischen Bei-

trag zur Musikgeschichte in Gestalt eines Mendelssohn nicht einfach wegnehmen könne, ohne daß eine Lücke entstehe.«[30]

Strauch berichtete weiter, der Gauleiter habe erfahren, daß ein deutscher Jude von einem Polizeibeamten eine Ohrfeige erhalten hatte. In Gegenwart des Juden stellte Kube den Polizeibeamten zur Rede und brüllte ihn an, ob er etwa ebenfalls in Besitz des Eisernen Kreuzes sei, wie dieser Jude.

Die Querelen um den »judenfreundlichen« Generalkommissar lösten sich auf überraschende Art und Weise. Am 23. September 1943 fiel Kube einem Attentat zum Opfer. Die Attentäterin war die Ehefrau eines Partisanen und Hausangestellte des Generalkommissars, in dessen Haus sie von russischen Partisanen eingeschleust worden war. Sie soll eine englische Haftmine im Mund in Kubes Anwesen geschmuggelt haben, indem sie eine Zahnentzündung simulierte. Die Explosion der Mine, die unter Kubes Bett angebracht war, tötete ihn auf der Stelle. Seine Frau Anita überlebte hochschwanger diesen Anschlag. Es darf als wahrscheinlich angenommen werden, daß diese Aktion vom sowjetischen Geheimdienst, vielleicht gar von Stalin selbst, angeordnet und gesteuert wurde, um der relativ erfolgreichen Kollaborationspolitik ein Ende zu setzen. Der ehemalige Stabsamtsleiter der Reichspropagandaleitung Willi Krämer schreibt hierüber in seinen Erinnerungen:

»Mein früherer Gauleiter Wilhelm Kube aus der Kurmark war zum Gebietskommissar in Minsk bestellt worden. Auch das war eine unglückliche Lösung. Gauleiter Lohse war ›Reichskommissar Ostland‹ in Riga. Gauleiter Kube in Minsk war der Untergebene von Lohse. Kube war aber in der politischen Kampfzeit ein aktiverer Haudegen als Lohse gewesen. Man hätte ihn nicht Lohse unterstellen dürfen. Auch das war eine der vielen Ungereimtheiten ... [Kube] hatte es verstanden, ein gutes Verhältnis zur weißrussischen Bevölkerung herzustellen, anders als Gauleiter Koch in der Ukraine. Das paßte aber nicht in das Konzept der sowjetischen Partisanen. Sie mußten sich auf den Haß der Bevölkerung gegen die Deutschen stützen können. Also mußte Kube sterben.«[31]

Im Mosaiksaal der Neuen Reichskanzlei in Berlin fand ein von Hitler angeordnetes Staatsbegräbnis statt, bei dem Alfred Rosenberg die Trauerrede hielt. Joseph Goebbels soll danach gesagt haben:

»Nun, unter uns gesprochen, es war wirklich nicht viel Rühmliches aus Kubes Leben zu berichten. Aber solange es gesittete Menschen gibt, gilt unter ihnen das Wort, ›de mortuis nil nisi bene‹, und auch unser ›Weltanschauungsexperte‹ (gemeint war Alfred Rosenberg, W.B.) *hätte dieses*

Wort getrost beherzigen können. Glauben Sie mir, es überlief mich bei dieser Trauerrede heiß und kalt. Jeder Mensch hat ja gute und schlechte Seiten. Bei dem einen überwiegen diese, bei dem anderen jene. Ist er aber tot, dann spricht man nur noch von den guten und verschweigt die schlechten. Das ist ganz einfach menschlicher Takt. Auch in Kubes Leben hätte sich bei einiger Mühe schon dieser oder jener positive Punkt finden lassen.«[32]

Dennoch bedauerte der Reichspropagandaminister den tragischen Tod seines einstigen Kampfgefährten:

»Der Verlust Kubes tut mir außerordentlich leid. Er war ein braver, anständiger Kämpfer der nationalsozialistischen Bewegung, dem ich viel Anhänglichkeit und Freundschaft zu verdanken habe. Wenn ich mich auch früher im Kampf um Berlin oft mit ihm herumraufen mußte, so ist das doch immer auf eine sehr ehrenvolle und honorige Weise geschehen. Jedenfalls hat er mir nie etwas Ernstliches zuleide getan, und ich habe ihm deshalb auch damals, als er in einer schweren persönlichen Krise steckte, meine helfende Hand gereicht. Jedenfalls hat er einen anständigen politischen Soldatentod gefunden, was ihm nur zu gönnen ist; er ist auf dem Felde des Kampfes unserer Weltanschauung gefallen.«[33]

»Ich sehe dem immer eine gewisse Zeit lang zu.«

Der Sturz des hitlertreuen Gauleiters Josef Wagner

Am Beispiel der Person Josef Wagners vollzog Adolf Hitler eine ungewöhnliche Strafaktion an einem seiner langjährigsten und treuesten Mitkämpfer. In ihm urteilte er stellvertretend jene Gruppe seiner Gefolgsleute ab, die trotz ihres eindeutigen Bekenntnisses zum Nationalsozialismus ihren religiösen Überzeugungen nicht völlig entsagen wollten. Die Motive, die zu diesem Verhalten führten, sollen nachfolgend erhellt werden.

Josef Wagner wurde am 12. Januar 1899 im lothringischen Algringen als Sohn eines Bergmanns geboren. Seine Vorfahren stammten aus Hessen und dem Rheinland. Er besuchte die Oberrealschule und das Lehrerseminar und wurde 1917 zum Kriegseinsatz an der Westfront einberufen. Im Mai 1918 geriet er schwerverwundet in französische Kriegsgefangenschaft, aus der ihm nach einigen fehlgeschlagenen Versuchen 1919 die Flucht gelang. Nach Deutschland zurückgekehrt, beendete er in Fulda seine Ausbildung zum Volksschullehrer. Wegen der fehlenden Arbeitsmöglichkeiten für Lehrer, mußte er zunächst eine Anstellung als Finanzbeamter in Fulda annehmen. Nach seinem Umzug ins Ruhrgebiet arbeitete er beim Bochumer Verein sowie den Vereinigten Stahlwerken. Im Jahre 1927 gelang es ihm endlich, an einer Schule in Gelsenkirchen seinen Lehrerberuf auszuüben, doch wurde er schon nach nur wenigen Monaten wegen seines Engagements für die NSDAP entlassen.

Bereits 1922 war er der Bewegung Adolf Hitlers beigetreten; 1923 gründete er die NSDAP-Ortsgruppe Bochum. Bis zur Neugründung der Partei nach Hitlers Putschversuch, leitete Wagner als führendes Mitglied des Völkisch-Sozialen Blocks deren Aktivitäten in Westfalen und im Ruhrgebiet. Bei den Reichstagswahlen vom 20. Mai 1928 fiel eines der zwölf Mandate für die NSDAP an Josef Wagner. Im gleichen Jahr wurde er von Hitler zum Gauleiter des Gaues Westfalen ernannt. Wagner gründete die nationalsozialistischen Zeitungen *Westfalenwacht* und *Rote Erde*. Nach der Neustrukturierung der Gaue am 1. Januar 1931 wurde der Gau geteilt und Wagner Chef des neuen Gaues Westfalen-Süd. Hitler dankte ihm für »ausgezeichnete Arbeit«[1]. Wagner verstand es insbesondere, die Bergarbeiter und die westfälische Landbevölkerung anzusprechen. Der einstige Gauleiter Lauterbacher erwähnte in seinen Erinnerungen einige von Wagners Charaktereigenschaften:

»Ich weiß nicht, ob es daher kam, daß er bestimmte Eigenschaften nie ganz ablegen konnte: er war sozusagen mit einem Rohrstock bewaffnet und immer einer mit erhobenem Zeigefinger. Das war etwas, was die Menschen eigentlich weniger mochten. In der Kampfzeit war er unermüdlich, ließ sich den Dreck um die Ohren schlagen und war somit allgemein in Partei und Bevölkerung anerkannt.«[2]

1932 gründete Wagner seine »Hochschule für Politik« zur Heranbildung des Parteinachwuchses. Nach der Machtübernahme avancierte er zum Vizepräsidenten des Preußischen Staatsrates. Im Juni 1934, nach der Röhm-Revolte, versuchte Wagner seine beiden höchsten SA-Führer Paul Giesler und Wilhelm Schepmann loszuwerden[3]. Er zeigte sie beim Obersten Parteigericht an und verlangte ihren Ausschluß aus der Partei. In erster Linie kulminierten hier wohl persönliche Animositäten, was eine Behauptung Wagners unterstreicht, Schepmann habe die Weigerung Röhms sich selbst zu erschießen verteidigt und Giesler habe einmal ein »Sieg Heil« nicht auf Hitler, sondern auf Röhm ausgebracht[4]. Auch soll von beiden gegen Wagner »gehetzt« worden sein. Giesler wurde schließlich freigesprochen und versetzt; später machte ihn Hitler zum Gauleiter des »Traditionsgaues« München-Oberbayern.

Im Januar 1935 berief Hitler Josef Wagner überdies zum Gauleiter von Schlesien als Nachfolger von Helmuth Brückner unter Beibehaltung seines westfälischen Gauleiteramtes. Wagners Stellvertreter in Westfalen-Süd war Emil Stürtz, der 1936 die Nachfolge Wilhelm Kubes in der Kurmark antrat. Deshalb wurde 1936 der rabiate Heinrich Vetter stellvertretender Gauleiter in Westfalen-Süd[5]. Wagner leitete damit zwei Gaue, welche räumlich sehr weit voneinander entfernt waren. In der NSDAP war dies ohne Beispiel. Daß Hitler gerade *diesem* Gauleiter die Lösung etlicher Probleme in zwei Gauen übertrug, zeugt von einem beachtlichen Vertrauen, das er in Josef Wagner setzte. Hitler räumte Wagner bei der »Säuberung« in Schlesien außerordentliche Vollmachten ein[6].

Es folgten weitere Karrierestufen innerhalb der NS-Hierarchie; Wagners Ernennung zum Oberpräsidenten der Provinzen Nieder- und

Oberschlesien und die im Oktober 1936 erfolgte Berufung zum Reichskommissar für die Preisbildung beim Beauftragten des Führers für den Vierjahresplan, Hermann Göring. Hitler setzte also ganz offensichtlich sehr große Hoffnungen in Wagner, denn sonst wäre es wohl kaum vorstellbar gewesen, ihm zwei große Gaue und ein weiteres Staatsamt anzuvertrauen. Der frühere Amtsinhaber Carl Goerdeler, ehemals Oberbürgermeister von Leipzig, wurde als Reichspreiskommissar abgesetzt, offenbar in der Hauptsache wegen dessen Differenzen mit dem Landwirtschaftsminister Darré über die Höhe der Landwirtschaftspreise und über die Marktordnung des Reichsnährstandes. In Josef Wagner schien Hitler den richtigen Mann für diese Funktion gefunden zu haben. Nur einen Monat nach seiner Ernennung wurde eine Preisstopverordnung erlassen, die besagte, daß Preiserhöhungen grundsätzlich verboten seien und Ausnahmen der ausdrücklichen Genehmigung Wagners bedurften[7]. In Joseph Goebbels hatte Wagner nachweislich keinen Fürsprecher, im Gegenteil nutzte der Berliner Gauleiter alle Gelegenheiten, seinen Amtskollegen bei Hitler madig zu machen, so in einer Tagebucheintragung 1936:

»Ich halte ihm [Adolf Hitler, W.B.] *Wagners ›Preis-Rede‹ vor. Er ist entsetzt und will ihm ganz das Reden über diese Probleme verbieten. Eben auch ein Lehrer, also ein Halbgebildeter. Vor allem geniert das Schacht gegenüber. Führer ist unzufrieden mit der Theoretisiererei im 4-Jahresplan. Sie sollen handeln und arbeiten.«*[8]

Wagner geriet Ende der dreißiger Jahre aus zunächst nicht klar nachzuvollziehenden Gründen in die Schußlinie einiger NS-Hardliner, insbesondere in die von Himmler, Bormann und Goebbels. Ebenfalls intrigierten der bereits mehrfach erwähnte höhere SS-Führer Udo von Woyrsch und Wagners Stellvertreter in Schlesien, Fritz Bracht[9]. Woyrsch hatte zuvor bereits gegen die Gauleiter Brückner und Kube Stimmung gemacht und war später wegen eines Streits mit dem sächsischen Gauleiter Mutschmann abgesetzt worden[10]. Seit 1940 wurde Josef Wagners Sturz vorbereitet. Kritik an seiner Amtsführung als Reichspreiskommissar und seine starken konfessionellen Bindungen an den Katholizismus waren hierfür die Hauptgründe. Den Kampf gegen einen politisch motivierten Katholizismus hatte sich insbesondere die SS auf ihre Fahnen geschrieben. Reinhard Heydrich bemerkte 1936 in seiner Schrift *Wandlungen unseres Kampfes* im Kapitel »Politischer Mißbrauch der Kirchen«:

»Vor allem gilt es für uns, rechtzeitig die staats- und volksfeindlichen

Absichten und Wirkungen der konfessionellen Kämpfe zu erkennen, deren Schauplatz Deutschland wieder einmal ist ... Um aber die weltlichen Stellungen zu sichern und zu untermauern, wurden die Anhänger der Kirchen politisch organisiert. Vor der Machtübernahme kam in der reinen Form der Partei (Zentrum, Bayrische Volkspartei) der politisch weltliche Charakter klar zum Ausdruck. Heute sind schon frühere in weiser Voraussicht als Auffangorganisation gegründete Vereine usw. die Nachfolger der Parteien geworden (Katholische Aktion usw.). In kirchlicher Verbrämung wird hier die politische Durchdringung aller Gebiete unseres Volkslebens gefordert und angestrebt ... So trägt man heute Mißtrauen und Zweifel in die vom Führer geeinte Gemeinschaft des Volkes und versucht, in Partei und Staat Zwietracht zu säen.«[11]

Gauleiter Wagner soll sich das Mißfallen der SS zugezogen haben, weil er sich schützend vor den polnischen Bevölkerungsanteil in seinem Gau gestellt hatte. In einem Aktenvermerk Bormanns aus dem Dezember 1939 diktierte er eine Entscheidung Hitlers, wonach Wagner sich nach Bochum zurückziehen und die Teilung des Gaues vorbereitet werden solle. Doch vollzogen wurde diese Absicht noch nicht. Im April 1940 erinnerte Bormann Hitler daran, daß noch alles »beim alten« sei, daß sich Wagner resistent zeige und auf Schlesien nicht verzichten wolle. *»Der Führer äußert«*, so Bormann, *»Wagner solle sich auf Westfalen-Süd beschränken«*[12]. Kurz darauf: *»Der Führer entscheidet erneut, daß ein Ruhr-Gau nicht in Frage komme; von Josef Wagner soll ich eine Entscheidung verlangen; erfolge sie nicht, soll Wagner seiner Ämter enthoben werden.«*[13]

Das ganze Verfahren zog sich über Monate hin. Am 9. Januar 1941 legte Wagner endlich seine Ämter als Gauleiter und Oberpräsident nieder und kehrte nach Bochum zurück. Am 28. Januar 1941 verfügte Hitler die Teilung des Gaues Schlesien in die Einzelgaue Niederschlesien unter Gauleiter Karl Hanke und Oberschlesien unter Fritz Bracht[14]. Quasi als »Entschädigung« verlieh man Wagner das Kriegsverdienstkreuz und machte ihn zum Staatssekretär für die Preisbildung.

Schon lange war Bormann Wagners Katholizismus ein Dorn im Auge. Dann ereignete sich für die Gegner Wagners ein erfreulicher Umstand: Josef Wagners sehr junge Tochter Gerda verliebte sich in den SS-Offizier Klaus Weill von der Leibstandarte Adolf Hitler, sie wurde schwanger und wollte ihn heiraten, Das Ehepaar Wagner verweigerte jedoch seine Einwilligung, da Weill aus der Kirche ausgetreten war und lediglich »deutschgläubig« sei. Frau Wagner schrieb in einem Brief an

209

Gerda, wenn die Heirat doch vollzogen werde, so würde man sie aus der Familie verstoßen. Weill gab den Brief seinem obersten Vorgesetzten Heinrich Himmler, der ihn Bormann übergab, welcher ihn direkt an Adolf Hitler weiterleitete. Weill wurde nach Berlin zitiert, um über die Lage auszusagen.

Am Abend des 8. November 1941 sprach Hitler traditionell zum Jahrestag seines Putsches im Münchener Löwenbräukeller. In seiner Ansprache gab er eine deutliche Warnung ab:

»*Sollte aber irgendeiner ernstlich bei uns hoffen, unsere Front stören zu können, ganz gleich, woher er stammt, aus welchem Lager er kommt, so – Sie kennen meine Methode – sehe ich dem immer eine gewisse Zeitlang zu. Das ist die Bewährungsfrist. Aber dann kommt der Augenblick, an dem ich blitzartig zuschlage, und das sehr schnell beseitige. Und dann hilft alle Tarnung nichts, auch nicht die Tarnung mit der Religion.*«[15]

Es könnte sein, daß diese Redesequenz durchaus auch ein Wink mit dem Zaunpfahl an seinen frommen Gauleiter Josef Wagner gewesen ist. Am folgenden Tag versammelten sich die Reichs- und Gauleiter der NSDAP im Führerbau zu einer Tagung. Für alle Anwesenden vollkommen überraschend, verlas Bormann schon zu Beginn der Sitzung den Brief Frau Wagners. Dann ergriff Hitler kurz das Wort und sagte, daß er eine derartige Intoleranz in der Partei nicht dulden werde. Mit scharfer Stimme forderte er Josef Wagner auf, Saal und Führerbau zu verlassen. Völlig überrascht und doch energisch, verlangte Wagner das Wort, um sich zu verteidigen, doch Hitler schnitt ihm gereizt das Wort ab, wiederholte seine Aufforderung und bedeutete ihm, daß er ihn bereits aus dem Führerkorps ausgestoßen habe. Wie gelähmt verfolgten die anwesenden Gauleiter die Szenerie, wie sich der schwäbische Gauleiter Karl Wahl später erinnerte:

»*(Bormann) und sonst niemand, hat auch die Gauleiter Wächtler (Oberfranken), Bürckel (Rheinpfalz) und Wagner (Bochum) auf dem Gewissen: Wächtler wurde in den letzten Kriegswochen wie ein toller Hund erschossen, Bürckel verübte in der gleichen Zeit Selbstmord und Wagner-Bochum, einer der fähigsten Gauleiter, der zugleich Reichs-Preiskommissar war, wurde von Hitler eines Tages aufgrund der zähen Vorarbeit Bormanns aus der Partei ausgeschlossen und später ins KZ gebracht. Josef Wagner, von Beruf Hauptlehrer, war ohne Zweifel einer der fähigsten Gauleiter, und es war gewiß kein Zufall, daß er ab 1927 einen der schwierigsten Gaue (Ruhrgebiet) leitete. Infolge seiner außerordentlichen Bewährung, wurde er später noch dazu mit der Leitung des*

Gaues Schlesien beauftragt und ihm außerdem die wichtige Stelle des Reichs-Preiskommissars übertragen.

Wagner saß also, wie kaum ein anderer, aufgrund seiner Tüchtigkeit fest im Sattel, und doch lag er eines Tages, ohne in seinen Arbeitsleistungen nachgelassen zu haben, wie vom Blitz getroffen am Boden und konnte sich trotz gesunder Glieder nicht wieder erheben. Ein von langer Hand vorbereiteter Anschlag Bormanns auf Wagner, der nicht so tanzte, wie Bormann pfiff, hatte erst in einer Zeit Erfolg, da kein Eingeweihter mehr damit rechnete. Mitten in schwerster Kriegszeit, da Hitlers Nerven durch eine Krisenlage im Osten äußerst angespannt waren, und noch dazu am nationalen Gedenktag der NSDAP des 9. November, wurde Wagner von Hitler zu Beginn einer Führertagung brüsk aus dem Raume und dem Hause verwiesen. Wagner fiel aus allen Wolken, totenbleich stand er auf und bat energisch ums Wort, worauf Hitler ihn nochmals und noch schroffer als vorher zum sofortigen Gehen aufforderte. Noch nie hatte ich Hitler so gesehen. Bormann und Himmler waren die einzigen, die darüber sichtlich Genugtuung empfanden, alle anderen waren bestürzt, ja fast gelähmt vor Entsetzen über das Unrecht, das da so urplötzlich und unerwartet einem Kameraden zugefügt wurde, daß – dem Himmel sei's geklagt – keiner sogleich imstande war, dem Unglücklichen beizustehen.

Hitler war die Schockwirkung auf die Tagungsteilnehmer durch die mangelnde Aufmerksamkeit bei seinem anschließenden Vortrag nicht entgangen – vielleicht fühlte er sich auch im Unrecht –, denn er versuchte zwischenhinein, die peinliche Situation ein wenig zu entschärfen, indem er dem anwesenden Reichsleiter und Obersten Parteirichter Buch den Auftrag erteilte, ein Parteigerichtsverfahren gegen Wagner mit dem Ziel des Parteiausschlusses einzuleiten. Außerdem beauftragte er den ebenfalls anwesenden Reichsschatzmeister Schwarz, die Versorgung der Familie Wagner sicherzustellen.

Was hatte Wagner verbrochen, daß er diese beispiellose Demütigung ›vor versammelter Mannschaft‹ über sich ergehen lassen mußte? Wie kam der teuflische Sekretär Hitlers dazu, Hitler so lange ›in den Ohren zu liegen‹, bis dieser in einer überreizten Stunde den noch nie dagewesenen Bannfluch über einen seiner treuesten und tüchtigsten Mitarbeiter buchstäblich hinausschrie? Wagner war, wie viele andere Gauleiter auch, kein Anhänger Bormanns, er ließ sich in seinen Führungsmethoden von ihm keine Vorschriften machen, am allerwenigsten in religiös-kirchlichen Dingen, er trat aus der Kirche nicht aus und hatte für die sogenannten

Reformatoren der Partei vom Schlage eines Bormann und Himmler nur ein mitleidiges Lächeln übrig. Wagner hielt sich dabei an das Parteipro- gramm und an die Richtlinien, die bei so vielen Tagungen von Hitler aus- gegeben wurden … In Unterhaltungen sprach er das, wie es seine Art war, offen aus und sparte auch nicht mit Kritik an Bormann. Zuträger sterben nie aus, und so gelangte Wagner auf die Abschußliste Bormanns. Lange hatte er Wagner im Visier, bis endlich das im Lauf befindliche Geschoß von Hitler abgefeuert wurde. Ein an sich sehr harmloses Geschehnis rein privater Natur, gab dazu den unmittelbaren Anstoß.

… Ich kann gut verstehen, wenn der Leser dabei die Frage stellt: Warum hat die versammelte Führerschaft sich mit Wagner nicht solida- risch erklärt? Eine rechte, den Leser heute überzeugende Antwort ist dar- auf schwer zu geben. Die einen von uns hofften fest auf eine Milderung im Zuge des anstehenden Parteigerichtsverfahrens, die anderen rechne- ten mit einem späteren Einlenken Hitlers, wenn ihm der wahre Tatbe- stand zur Kenntnis gebracht würde. Jeder tröstete sich auf seine Weise. Außerdem, das muß dabei besonders bedacht werden, befanden wir uns in einer Phase des Krieges, in der man schon leise Zweifel an einem guten Ausgang haben konnte. Wir hatten Erfahrung genug, um zu wissen, daß den Sieg nichts mehr gefährden konnte als Streit in den eigenen Reihen. Das Fehlen des schon erörterten Senats machte sich halt immer und immer wieder sehr unangenehm bemerkbar.

Andere Männer in Hitlers Umgebung, und vieles wäre ungeachtet des fehlenden Beratungskörpers gutartiger verlaufen. Mit dem Krieg nahm das Übel seinen Anfang. Im Frieden war eine strenge Überwachung und Lenkung aller NS-Organisationen durch Hitler ohne weiteres gewähr- leistet; auch an seiner Umgebung war nichts auszusetzen. Diese wohl- tätige Ordnung löste sich im Krieg auf und Erscheinungen waren zu beobachten, die Mißbilligung und Unruhe auslösten, über die sich die Gutwilligen und Wohlmeinenden allerdings mit der Hoffnung hinweg- trösteten, daß Hitler nach dem Kriege das Steuer wieder herumreißen und ins alte Fahrwasser zurückkehren würde. Der spätere Beschluß des obersten Parteigerichts, das im Falle Wagner auf Anordnung Hitlers durch vier Gauleiter ergänzt wurde, fiel nicht so aus, wie es Hitler bean- tragt hatte. Josef Wagner verblieb in der Partei! Praktisch war aber das für Wagner ohne Bedeutung, da Hitler keine Anstalten machte, dem Par- teigerichtsbeschluß durch seine Unterschrift Rechtskraft zu geben. Bei jedem Zusammentreffen mit dem Parteirichter Buch erkundigte ich mich nach dem Schicksal Wagners, der Tatbestand war aber immer der gleiche.

Buch erklärte und bedauerte, nicht genau zu wissen, was gespielt würde: entweder erkenne Hitler den Gerichtsbeschluß nicht an oder aber der ›Lump‹ Bormann lege ihn Hitler zur Unterschrift nicht vor; er neige zu der letzten Annahme. Buch war der Schwiegervater Bormanns, seine Meinung über Bormann kam also nicht von ungefähr.«[16]

Anders sah Dr. Goebbels den Hergang des Geschehens um Wagner am 10. November 1941:*»[Der Führer] beginnt damit, daß er ein klirrendes Scherbengericht an dem Gauleiter Wagner-Bochum vornimmt. Dieser hat sich, wie ich auch niemals früher anders erwartet hatte, von einer so miserablen Seite gezeigt, daß er von seinem Gauleiterposten entfernt werden muß. Seine klerikale Einstellung ist eines Gauleiters unwürdig. ... Damit ist die Partei zwei Nieten los* [außer Wagner auch Pfeffer, W.B.], *eine Maßnahme, die schon lange fällig war. Wenn dieser Fall auch in der Öffentlichkeit kaum Wellen schlagen wird, so ist der Führer angesichts dieser neuen menschlichen Enttäuschung doch nur zu bedauern.«*[17]

Es ist bemerkenswert, daß Hitler gerade im Fall Wagner eine derart ungewöhnliche Härte walten ließ, konnte er sich doch sonst nur nach monatelangen Überlegungen dazu entschließen, einen verantwortlichen Mann von seinem Amt abzuberufen, zumal dann, wenn es sich um einen »alten Kämpfer« seiner Bewegung handelte. Die Vorgänge um Brückner, Karpenstein und Kube zeigen dies deutlich. Auch im Falle Ernst Röhm war es nicht anders. Und der Korruptionsvorwurf gegen den rabiaten Herausgeber des *Stürmer* Julius Streicher war an Schwere viel bedeutender. Auch hatte Wagner den Führer zu keiner Zeit persönlich angegriffen oder herausgefordert. Es stellt sich also die Frage, ob er bei Josef Wagner nur aus einer Laune heraus nicht zu einem Kompromiß geneigt war oder er hier ein Exempel statuieren wollte. Einen großen Anteil daran hat wohl seine Wut auf die Entscheidung des Obersten Parteigerichts, die voll und ganz auf Wagner zurückfiel.

Joseph Goebbels bemerkte nur wenige Tage darauf am 27. November 1941:*»Er* [Hitler, W.B.] *schildert mir die ganze Genesis des ominösen Heiratsfalls in der Familie Wagner, der geradezu haarsträubend ist. Man kann es nicht verstehen, daß so etwas in Gauleiterkreisen überhaupt passieren kann. Der Führer hat auch hier wieder ein Maß von Geduld bewiesen, das geradezu bewundernswert ist; aber irgendwo geht auch bei ihm die Langmut zu Ende, und dann muß er auch handeln. Heute ist der Führer davon überzeugt, daß Wagner ein durchaus pfäffischer Mensch ist, der unter Umständen sogar von der katholischen Aktion in unsere*

Reihen hineingestellt worden ist, um Zwietracht zu säen. Jedenfalls hat er in seinem Reichskommissariat für die Preisbildung fast nur ehemalige Zentrumsleute untergebracht. Auch hier wird er seines Amtes enthoben werden. Er ist ja außerdem auch gänzlich unfähig, ein Dilettant auf allen Gebieten, der seine innere Hohlheit hinter pompösen Phrasen verstecken versucht. Wir haben an ihm nicht viel verloren ... Das ist eben unter uns ein schwacher Punkt gewesen, und wir können alle froh sein, daß Wagner aus unseren Reihen entfernt worden ist.«[18]

Während das NS-Führerkorps noch im Führerbau zusammensaß, erhielt Parteirichter Buch von Hitler den Auftrag, ein Parteiausschlußverfahren gegen Wagner einzuleiten. Darin wurde ihm vorgeworfen, er habe seine Kinder auf eine Breslauer Klosterschule geschickt, während sie in der HJ kaum zu sehen gewesen wären. Wagners Ehefrau habe überdies vor dem Papst im Vatikan einen Kniefall vollführt. Josef Wagner verteidigte sich vor dem Parteigericht geschickt mit dem Hinweis auf das im Parteiprogramm beschworene »positive Christentum« der NSDAP. Von dem Brief seiner Frau habe er nichts gewußt. Ein weiterer Anklagepunkt bestand in der Tatsache, daß Wagner Kontakte zu Franz Pfeffer von Salomon, dem ehemaligen Obersten SA-Führer unterhalten haben soll und diesem vom Inhalt einer Besprechung Hitlers mit der Parteiführerschaft anläßlich des England-Fluges von Rudolf Heß erzählte[19]. Aber weder Parteirichter Buch, noch die sechs Beisitzer, unter ihnen die Gauleiter Röver, Robert Wagner, Dr. Hellmuth und Jordan sowie der stellvertretende Gauleiter der Saarpfalz Ernst Ludwig Leyser, hielten im Februar 1942 einen Parteiausschluß für rechtens, lediglich die Aberkennung der Ämterfähigkeit wurde beschlossen[20]. Alfred Rosenbergs Erinnerungen zufolge, soll Carl Röver auch dies abgelehnt haben, nachdem Dr. Ley eine Ansprache des Tenors »Der Führer hat immer recht« gehalten habe[21]. Hitler aber weigerte sich, den Gerichtsspruch anzuerkennen.

Seine Ablehnung gegen nahezu alle Juristen hatte seit 1942 im Zusammenhang mit dem sogenannten »Fall Schlitt« eine steigende Radikalisierung erfahren. Für die Beurteilung des »Falles Josef Wagner« ist es daher notwendig, den »Fall Schlitt« zu kennen. Im März 1942 wurde vor dem Oldenburger Oberlandesgericht gegen den 29jährigen Bautechniker Ewald Schlitt verhandelt, der – offenbar in geistiger Umnachtung – seine kranke Frau während eines Bombenangriffs so geschlagen hatte, daß sie an den Nachwirkungen verstarb. Zuvor soll Schlitt seine Frau jahrelang derart mißhandelt haben, daß sie in Geisteskrankheit verfiel. Die zuständigen Richter erkannten in diesem Fall lediglich auf fünf Jahre Zuchthaus.

Hitler, dem die Angelegenheit zu Ohren gekommen war, verlangte von Franz Schlegelberger, der nach dem Tod Franz Gürtners das Reichsjustizministerium kommissarisch leitete, die Aufhebung des Urteils[22]. Hitler soll Schlegelberger deshalb mitten in der Nacht angerufen und in den Hörer geschrien haben: »*Ein Gewaltverbrecher wie dieser Schlitt geht für fünf Jährchen in einen sicheren Bau, und das auf Staatskosten, während Hunderttausende von anständigen Männern an der Front ihr Leben einsetzen für ihre Frauen und Kinder! Ich werde Sie und die gesamte Justiz zum Teufel jagen, wenn dieses Urteil nicht umgehend revidiert wird! Umgehend! Und wenn das nicht geschieht, dann werde ich die gesamte Rechtsprechung und die gesamte Strafverfolgung einfach dem Reichsführer SS überantworten!*«[23]

Um Hitlers Willen Genüge zu tun, veranlaßte Schlegelberger zusammen mit dem von ihm geschätzten Reichsgerichtspräsidenten Bumke, daß Schlitt nach Leipzig gebracht, von einem »Besonderen Strafsenat des Reichsgerichts« unter Vorsitz Bumkes zum Tode verurteilt und bereits am 2. April hingerichtet wurde[24]. Das Urteil des Oberlandesgerichtes war damit aufgehoben. Hitler nutzte diesen Fall um in seiner Reichtagsrede vom 26. April 1942 einen Rundumschlag gegen die gesamte Justiz zu vollführen:

»*Ich habe – um nur ein Beispiel zu erwähnen – kein Verständnis dafür, daß ein Verbrecher, der im Jahre 1937 heiratet und dann seine Frau so lange mißhandelt, bis sie endlich geistesgestört wird und an den Folgen einer letzten Mißhandlung stirbt, zu fünf Jahren Zuchthaus verurteilt wird, in einem Augenblick, in dem Zehntausende brave deutsche Männer sterben müssen, um der Heimat die Vernichtung durch den Bolschewismus zu ersparen.*«[25]

Als Folge wurde Schlegelberger, der nie die Sympathien Hitlers besessen hatte, Mitte 1942 von Otto Georg Thierack abgelöst, der im Gegensatz zu seinen Vorgängern Gürtner und Schlegelberger ein fanatischer Nationalsozialist war und den NS-Rechtsvorstellungen mit tiefer Überzeugung anhing[26]. Ganz offen sprach man seit Thieracks Amtsantritt unter den Juristen von »Gelenkter Justiz«. Im Reichsjustizministerium in Berlin wurde jetzt bei allen maßgeblichen Prozessen, die unmittelbar mit dem Kriegsgeschehen oder der Kriegswirtschaft zu tun hatten, die Weisung ausgegeben, *wer* angeklagt werden sollte, und *wie* die Anklage zu erfolgen habe. Thierack war damit in zahlreichen Fällen nicht nur oberste Weisungsbehörde der Staatsanwaltschaft im Deutschen Reich, sondern auch eine Art »Zentralstaatsanwalt« größten Ausmaßes geworden, der die Befugnisse eines öffentlichen Anklägers bis in den entferntesten Winkel Deutschlands unmittelbar ausübte. Das war das Ende des unabhängigen Richtertums, welches die Grundlage eines unabhängigen Rechtsstaates darstellt.

Allerdings wurde Hitler im Falle Schlitt doch noch eines anderen belehrt, wie im folgenden Kapitel über den Gauleiter Röver noch zu erfahren sein wird. In jener Reichstagsrede forderte Hitler die Reichstagsabgeordneten auf, ihn de facto zum »Obersten Gerichtsherrn« zu machen:

»Ich erwarte dazu allerdings einiges: Daß mir die Nation das Recht gibt, überall dort, wo nicht bedingungslos im Dienste der größeren Aufgabe, bei der es um Sein oder Nichtsein geht, gehorcht und gehandelt wird, sofort einzugreifen und dementsprechend handeln zu dürfen. Front und Heimat, Transportwesen, Verwaltung und Justiz haben nur einem einzigen Gedanken zu gehorchen, nämlich dem der Erringung des Sieges. Es kann in dieser Zeit keiner auf seine wohlerworbenen Rechte pochen, sondern muß wissen, daß es heute nur Pflichten gibt.

Ich bitte deshalb den Deutschen Reichstag, um die ausdrückliche Bestätigung, daß ich das gesetzliche Recht besitze, jeden zur Erfüllung seiner Pflichten anzuhalten bzw. denjenigen, der seine Pflichten nach meiner Ansicht mit gewissenhafter Einsicht nicht erfüllt, entweder zur gemeinen Kassation zu verurteilen oder ihn aus Amt und Stellung zu entfernen ohne Rücksicht, wer er auch sei oder welche erworbenen Rechte er besitzt. Und zwar gerade deshalb, weil es sich unter Millionen Anständigen nur um ganz wenige einzelne Ausnahmen handelt, denn über allen Rechten auch dieser Ausnahmen steht heute eine einzige gemeinsame Pflicht.

Es interessiert mich daher nicht, ob während der jetzigen Notzeit in jedem einzelnen Fall bei Beamten oder auch bei Angestellten Urlaub gewährt werden kann oder nicht, und ich verbitte mir auch, daß dieser Urlaub, der nicht gegeben werden kann, etwa aufgerechnet wird für spätere Zeiten. Wenn überhaupt jemand das Recht besäße, Urlaub zu verlangen, dann wäre das in erster Linie nur unser Frontsoldat und in zweiter der Arbeiter oder die Arbeiterin für die Front. Und wenn ich nun nicht in der Lage war, seit Monaten der Front im Osten im ganzen diesen Urlaub zu geben, dann komme mir keiner zu Hause mit einem sogenannten ›wohlerworbenen Recht‹ auf Urlaub in irgendeinem Amt. Ich selbst bin berechtigt, das abzulehnen, weil ich – was diesen Persönlichkeiten vielleicht nicht

216

bekannt sein wird – selbst seit dem Jahre 1933 noch keine drei freien Tage als Urlaub für mich in Anspruch genommen habe. Ebenso erwarte ich, daß die deutsche Justiz versteht, daß nicht die Nation ihretwegen, sondern sie der Nation wegen da ist, das heißt, daß nicht die Welt zugrunde gehen darf, in der auch Deutschland eingeschlossen ist, damit ein formales Recht lebt, sondern daß Deutschland leben muß, ganz gleich wie immer auch formale Auffassungen der Justiz dem widersprechen mögen ... Ich werde von jetzt ab in diesen Fällen eingreifen und Richter, die ersichtlich das Gebot der Stunde nicht erkennen, ihres Amtes entheben.

Was der deutsche Soldat, der deutsche Arbeiter, der Bauer, unsere Frauen in Stadt und Land, was Millionen unseres Mittelstandes usw. leisten und an Opfern bringen, alle nur in dem einen Gedanken an den Sieg, fordert eine kongeniale Einstellung auch bei denjenigen, die vom Volke selbst berufen sind, seine Interessen wahrzunehmen – in dieser Zeit gibt es keine selbstheiligen Erscheinungen mit wohlerworbenen Rechten, sondern wir alle sind nur gehorsame Diener an den Interessen unseres Volkes.«[27]

Zurück zu Josef Wagner. Am 23. Juni 1942 notierte Joseph Goebbels: *»Der Führer übt an den Maßnahmen Buchs schärfste Kritik ... Buch wird vom Führer überhaupt nicht mehr ernstgenommen. Er hat ihn seit Jahren nicht mehr empfangen und betrachtet seine Arbeit mit größtem Mißtrauen. Auch hier müßte über kurz oder lang einmal ein Personenwechsel stattfinden. Jedenfalls glaube ich schon sehr viel dadurch erreicht zu haben daß der Führer jetzt einen Erlaß herausgeben wird, nach dem es nicht mehr erlaubt sein soll, daß Juristen die Parteigerichtsbarkeit betreiben, und die Parteigerichtsbarkeit mehr dem Leben nahe – und den Paragraphen ferngerückt wird ... Man sieht das vor allem am Fall des Gauleiters Josef Wagner. Dieser Gauleiter hat sich auf das provokativste gegen die Urgesetze der nationalsozialistischen Auffassung vergangen, ist vielleicht im bürgerlichen Leben ein Musterknabe, aber kein Nationalsozialist. Der Führer hat ihn höchstpersönlich aus dem Kreise der Gauleiter ausgeschieden, und ein juristisches Oberstes Parteigericht spricht ihn frei. Das ist natürlich kein Zustand. Die Parteigerichtsbarkeit hat dem Wohle der Partei zu dienen. Das Wohl der Partei und auch die Grundsätze nationalsozialistischer Haltung und Moral werden vom Führer bestimmt, nicht von einem Formalgericht, das am liebsten auch den Führer seinem Urteilsspruch unterwerfen möchte. Buch beruft sich dabei immer auf den Vorgang mit der Mühle von Sanssouci. Das ist an den Haaren herbeigezogen und hat sich ganz anders abgespielt, als die*

Juristen in der Geschichtsschreibung ihn später darzustellen beliebten.«[28]

Am 12. Oktober 1942 wurde der Parteiausschluß Josef Wagners rechtskräftig, und bereits am 21. November verfügte Hitler, das Oberste Parteigericht habe sich künftig nicht *»nach formalrechtlichen Anschauungen, sondern nach der politischen Notwendigkeit der Bewegung zu richten«*[29].

Josef Wagner soll sich nach seinem Ausschluß noch einige Zeit in Bochum frei bewegt haben können, auch stand er weiter in Kontakt zum SA-Stabschef Lutze. Bemerkenswert ist der Schriftwechsel, den Wagner auf dem Höhepunkt des Krieges mit Martin Bormann und Reichsschatzmeister Schwarz wegen Rückgabe des Goldenen Ehrenzeichens der Partei geführt hat[30]. Ab Oktober 1943 wurde Wagner auf persönliche Veranlassung Himmlers von der Gestapo überwacht und nach dem Attentatsversuch auf Hitler am 20. Juli 1944 verhaftet und in das Berliner Gestapogefängnis verbracht. Möglicherweise hing dies mit Wagners Kontakten zu seinem ehemaligem Referenten während seiner Tätigkeit als Reichspreiskommissar zusammen. Es handelte sich hierbei um Peter Yorck von Wartenburg, einem Mitbeteiligten am Komplott gegen Hitler. Der ehemalige Reichsbankpräsident Hjalmar Schacht hat bezeugt, daß er noch im Februar 1945 mit Wagner im Potsdamer Gefängnis gesprochen habe. Danach ist er vermutlich in das KL Sachsenhausen eingeliefert worden. Der stellvertretende Gauleiter der Saarpfalz Leyser sagte aus, Wagner sei am 22. April 1945 in einem KL umgebracht worden[31]. Wahrscheinlich ist aber eher, daß er von der Roten Armee liquidiert wurde.

Wagners Gauleiterkollege Hartmann Lauterbacher verbreitete noch eine andere Version der Dinge: *»Wagner wurde nicht, wie die Legende behauptet, hingerichtet oder in ein Konzentrationslager gesperrt, sondern nach Mecklenburg in einen kleinen Ort verbannt. Was allerdings in den letzten Kriegstagen mit ihm passierte, weiß ich nicht.«*[32] Und Hans Speidel schließlich, einst Rommels Generalstabschef während der Invasionschlacht und zeitweilig zusammen mit Wagner inhaftiert, berichtete: *»Am 13. Februar [1945, W.B.] wurden meine Mithäftlinge ... und ich nach Wittenberg zurücktransportiert. Nur Gauleiter Josef Wagner blieb zurück. Wir werden nie seinen Gesichtsausdruck vergessen, wie ihn dieser Schlag, die sichere Aussicht auf ein furchtbares Los, traf. Kurz darauf wurde er gehängt, ein Mann, der aus seiner religiösen Überzeugung heraus Unrecht nicht hingenommen hatte.«*[33]

Es ist heute so gut wie unmöglich, die ganze Wahrheit über das

Schicksal Josef Wagners zu erfahren; zu verworren waren die Geschehnisse in der Endphase des Dritten Reiches.

Im Januar 1943 wurde der stellvertretende Gauleiter von Oberschlesien, Albert Hoffmann, mit der Wahrnehmung der Geschäfte des Gauleiters in Westfalen-Süd betraut, im April des folgenden Jahres führte man ihn offiziell in das Amt ein.

Die Erinnerung an Josef Wagner wurde innerhalb der NSDAP schnell ausgelöscht, wie zuvor bereits in den Fällen Röhm und Heß. Wagners Name wurde aus allen Büchern getilgt und verschwand von allen Straßenschildern im Deutschen Reich.

»Die Bewegung muß eine Minorität kampfbereiter Menschen sein.«

Gauleiter Carl Rövers Denkschrift über die Lage der NSDAP (1942)

Der Gauleiter Carl Röver verkörperte den im Volkstum seines Gaues verwurzelten Landesfürsten und überzeugten NS-Amtsträger. Gegen Ende des Krieges erkannte er jedoch, daß die NSDAP an Haupt und Gliedern reformiert werden müsse, um ihr Ansehen im Volke nicht vollends zu verlieren.

Carl Röver wurde am 12. Februar 1889 in Lemwerder/Oldenburg als Sohn des Verkäufers und späteren Geschäftsführers Johann Gerhard Röver geboren. Die Rövers stammten aus einem sehr alten Bauerngeschlecht in Stedingen. Nach dem Abschluß der Mittelschule absolvierte der junge Carl eine kaufmännische Ausbildung in einer Bremer Schifffahrts- und Speditionsfirma. Danach wechselte er als Korrespondent zu einer Kaffeehandlung. Von 1911 bis 1913 lebte Röver in der damals deutschen Kolonie Kamerun und arbeitete dort in einem Faktoreibetrieb. Eine schwere Malariaerkrankung erforderte es aber, daß er schon bald nach Oldenburg zurückkehren mußte. Hier war er dann bis Kriegsausbruch im väterlichen Betrieb tätig. Im August 1914 meldete sich Carl Röver als Kriegsfreiwilliger und tat zunächst Dienst beim Infanterieregiment 233. 1916 beförderte man ihn zum Unteroffizier und versetzte ihn zur Propagandaleitung der Obersten Heeresleitung. 1915 heiratete er und wurde Vater einer Tochter. Seine Frau starb bereits 1921 und Röver verheiratete sich im folgenden Jahre neu. Nach Ende des Krieges war er als selbständiger Manufakturist tätig. Die Niederlage des Kaiserreiches hatte auch den jungen Röver stark politisiert, und so schloss er sich in dieser Zeit zunächst verschiedenen völkischen Gruppierungen an.

1923 wurde er NSDAP-Mitglied, und nach deren Verbot trat er 1924 der Oldenburger Ortsgruppe des Völkisch-Sozialen Blocks bei, für den er im gleichen Jahr in den Oldenburger Stadtrat gewählt wurde. Gleich nach der Neugründung der NSDAP schloß Röver sich ihr wieder an und avancierte zu ihrem Ortsgruppenleiter in Oldenburg. Dort machte er eine recht steile Karriere, denn schon 1927 wurde er zum Bezirksleiter bestellt und ein Jahr darauf in den Oldenburgischen Landtag gewählt, in dem er den Fraktionsvorsitz seiner Partei wahrnahm. Die NSDAP erhielt hier ein überdurchschnittliches Resultat. Röver machte sich hauptsächlich als Redner einen Namen, wobei er eine ungeheuer brutale Sprache führte, die ihm fortwährend Redeverbote und gerichtliche Strafen einbrachte. In einer Ansprache aus der »Kampfzeit« hatte er gesagt: »*Wenn die NSDAP unter Führung von Adolf Hitler an die Regierung käme, dann würde die Judenklasse dahin abgeschoben werden, wohin sie gehöre.*«[1]

Insbesondere bei der Bauernschaft kam die volkstümliche Unverblümtheit Rövers gut an. Ein Zeitgenosse gab eine wohl ziemlich treffende Charakteristik über den Röver der »Kampfzeit«: »*Er war Nationalsozialist weniger aus geschulter Intelligenz plus Verstand als aus dem Grunde seines Wesens plus Verstand. Seinem angeborenen Wesen blieb er immer treu. Er war bis auf den Grund ehrlich und schlicht. Jedes Getue war ihm zuwider. Intrigen haßte er ... Im Oldenburger Lande war er ausgesprochen beliebt. Hier war er der geborene Volksführer und am rechten Platze.*«[2]

Zeitlebens litt Röver an den Spätfolgen der Malaria, welche ihn auch des öfteren beim Sprechen behinderten. Fortwährend mußte er während seiner Ansprachen trinken und oft litt er unter Luftnot. Nachdem der Wahlkreis Weser-Ems aus dem Gau Hannover herausgelöst wurde, ernannte ihn Hitler 1928 zum Gauleiter des selbständigen Gaues Weser-Ems.

Nach den für die NSDAP überaus erfolgreichen Septemberwahlen des Jahres 1930 zog Röver in den Reichstag ein. Er galt als Freund Gregor Strassers und als Anhänger von dessen politisch eher »linken« Linie. Dies hinderte ihn aber keineswegs daran, eine enge Freundschaft zu dem Parteiphilosophen Alfred Rosenberg zu unterhalten. Während des Landtagswahlkampfes im Mai 1931 schrieb Joseph Goebbels in seinem Berliner Kampfblatt *Der Angriff*:

»*Die oldenburgische Parteigenossenschaft steht augenblicklich in schwerstem Kampfe. Es kommt ihr dabei zugute die außerordentlich gewissenhaft und verantwortungsvoll geleistete Vorarbeit, die dort von einer umsichtigen Gauleitung unter Führung des altbewährten Parteigenossen Röver betrieben worden ist. Das ganze Land ist übersponnen mit einem feinmaschigen Organisationsnetz. Es gibt dort kein Dorf und kei-*

nen Flecken, in dem kein nationalsozialistischer Stützpunkt vorhanden wäre, von den großen Städten ganz zu schweigen. Bis ins letzte Bauernhaus hinein hat man die Idee Adolf Hitlers getragen.«[3]

Tatsächlich konnte die NSDAP ihre Stimmenzahl gegenüber der Reichstagswahl noch um etwa zwanzig Prozent vergrößern.

Als sich die ersten größeren Wahlerfolge für die NSDAP einstellten, suchte Hitler immer stärker die Verbindung zu einflußreichen Industriekreisen. Carl Röver wollte Gregor Strasser dazu bewegen, eine Führertagung der norddeutschen Gauleiter einzuberufen, ähnlich der Führertagung in Bamberg 1926. Röver soll nach der Aussage des ehemaligen Hamburger Gauleiters Albert Krebs im Dialekt seiner Heimat geschimpft haben: »*Adje sull seggen, wat he wull! Adje sull uns nich wie dumme Jungs behandeln. Wer brauchen einen Führer, keinen Tyrannen. Ne, keinen Tyrannen!*«[4] Krebs hat auch übermittelt, daß Röver ihm gegenüber ohne alle Umschweife eine außerordentliche Kritik an den Maßnahmen der Parteileitung, aber auch an solchen von Hitler selbst geübt habe. Krebs:

»*Zwei Punkte vor allem waren es, die Rövers Mißfallen, aber auch Sorge erregt hatten: die Bildung eines ›durch und durch reaktionären und kapitalistischen‹ Wirtschaftsrates der Parteileitung und der Befehl Hitlers an Röver, sich als Ministerpräsident von Oldenburg nominieren zu lassen. Röver war ein einfacher, geistig zweifellos nicht übermäßig begabter Mann. Doch war er ehrlich und verantwortungsbewußt genug, seine Grenzen zu erkennen und aus dieser Erkenntnis die Folgen zu ziehen.*«[5]

Fast kniefällig habe Röver Hitler darum gebeten, von ihm »*nichts zu verlangen, was ich nicht tun kann und was mich hier vor meinen Landsleuten zum Narren und Lügner macht. Sechs Jahre habe ich auf die Bonzen geschimpft. Jetzt werden sie mit dem Finger zeigen: ›Seht, der … Röver ist selbst ein Bonze geworden.*«[6] Während dieser Unterredung mit Krebs, sei Röver in einem Zustand der nahen Verzweiflung gewesen und habe sich immer wieder die Frage gestellt, ob all die Anklagen und Forderungen der nationalsozialistischen Propaganda genau wie bei den übrigen Parteien nur Lockmittel für die breite Masse gewesen seien.

1932 wurde Röver dann doch zum Ministerpräsidenten des Freistaates Oldenburg ernannt; die NSDAP hatte bei der Wahl zum Oldenburgischen Landtag, welcher im Mai 1932 erneut gewählt werden mußte, nur knapp die absolute Stimmenmehrheit (48,4%) verfehlt, konnte aber wegen einer Mandatsmehrheit von 24 der 46 Sitze dennoch alleine regieren. In der ersten Rede im neuen Amt, wandte er sich an die

Abgeordneten der demokratischen Parteien: »*Sie müssen sich daran gewöhnen, daß Sie hier nichts mehr zu sagen haben. Wir werden unsere Macht brutal ausnutzen.*«[7]

Alfred Rosenberg, mit dem Röver sich duzte, schrieb triumphierend über diesen grandiosen Sieg: »*Wenn einmal die Geschichte der letzten zwei Monate geschrieben wird, dann wird das schicksalhafte Abbröckeln, Zusammensinken des hoffnungslosen Systems erst recht plastisch erscheinen. Aber für heute genügt es, festzustellen, daß die zähesten Widerstände auf dem Siegeszug der deutschen Freiheitsbewegung überwunden sind. Mit größtem Ernst wird sich der Nationalsozialismus für seine große Sendung vorbereiten, ohne Kleinlichkeit wird er die besten Kräfte heranziehen, um sie der deutschen Zukunft dienstbar zu machen. Er wird auch heute, da Brüning gefallen ist, diesen nicht ohne Not demütigen wollen.*«[8]

Im Mai 1933 wurde Röver Reichsstatthalter von Oldenburg und Bremen, sein Ministerpräsidentenamt gab er aus diesem Grunde auf. Neuer Ministerpräsident wurde Georg Joel, seit 1932 stellvertretender Gauleiter. Während seiner Ansprache zur Übernahme der Macht im Bremer Senat soll sich Röver gebärdet haben, als stünde er vor einer großen Massenversammlung[9].

Rövers besonderes Interesse galt der Errichtung der Gedenkstätte und Freilichtbühne »Stedingsehre« in Bookholzberg, angelegt als Stedinger Dorf, wo alljährlich das Stück *Die Stedinger* des Heimatdichters August Hinrichs aufgeführt wurde, einer Hymne auf den im Germanentum wurzelnden Geist des deutschen Bauern und dessen Freiheitsliebe. Da Röver selber aus dem Stedingschen stammte, zog er eine hohe Identifikation aus diesem Stück. Als Gauleiter blieben Carl Röver größere Erfolge hingegen versagt. Bei den Abstimmungen und Wahlen der Jahre 1933 und 1934 nahm der Gau Weser-Ems stets einen der letzten Plätze ein. Dies wiederholte sich bei der Reichstagswahl vom 10. April 1938, wo Rövers Gau das Schlußlicht bildete. Gerne präsentierte sich der Gauleiter jovial und war stolz darauf »Gauleiter-Sprechstunden« eingerichtet zu haben, in denen jeder Volksgenosse dem Landeschef seine Sorgen vortragen konnte.

Ein Ereignis sticht während der Amtsführung Rövers in Oldenburg heraus. Im November 1936 hatte der oldenburgische Minister Pauly verfügt, daß aus allen katholischen Schulen die Kruzifixe und aus den evangelischen Schulen die Lutherbilder zu entfernen seien. Röver billigte diese Maßnahme seines Ministers. Damit wurde der sogenannte

»Kreuzkampf« ausgelöst, welcher massive Proteste der überwiegend gläubigen oldenburgischen Bevölkerung zur Folge hatte. Der ehemalige Gauleiter von Süd-Hannover-Braunschweig, Hartmann Lauterbacher, erinnerte sich an diesen »selbstmörderischen« Erlaß: »*Was weltanschauliche und religiöse Dinge anbetraf, war Röver allerdings ein Verrückter ... In einer großen [Halle] ... wurde Röver dann anläßlich einer Kundgebung ausgepfiffen. Es war das erste Mal, daß ein Gauleiter in der Öffentlichkeit in dieser Form demonstrativ und entschieden abgelehnt wurde.*«[10] Aufgrund des enormen Drucks der Straße, sah sich Röver gezwungen, den »Kreuzerlaß« zurückzunehmen.

Interessant ist Röver im wesentlichen aber wegen einer Denkschrift aus dem Jahre 1942, in der er schonungslos die Lage der NSDAP schilderte und insbesondere zahlreiche Vorschläge für eine Reorganisation der gesamten Partei nach einem gewonnen Kriege unterbreitete. Thematisiert wurden ebenso Fragen der innerparteilichen Disziplin, der Besoldung und Versorgung der Parteifunktionäre und das Revisionswesen der Schatzmeisterei. Ein zweiter Teil, der sich mit dem nationalsozialistischen Staatsgefüge beschäftigte, ist nicht erhalten geblieben. Wohl selten wurde die Partei von einem Gauleiter je in dieser Offenheit kritisiert.

Rövers Denkschrift war ausschließlich für Martin Bormann und Adolf Hitler persönlich bestimmt und verfaßt worden. Wegen der relativ gering einzustufenden intellektuellen Fähigkeiten des Oldenburger Gauleiters, darf man getrost annehmen, daß die Hauptarbeit bei der Abfassung der Denkschrift wohl auf den Schultern von Rövers Stabsleiter Heinrich Walkenhorst lag[11]. Röver dürfte, dank seines sicher vorhandenen Gefühls für das Empfinden des Volkes und für Mißstände innerhalb der Partei, in der ihm eigenen schlichten Diktion, lediglich als Stichwortgeber für Walkenhorst fungiert und die »große Linie« vorgegeben haben. Auch spricht für die Autorschaft Walkenhorsts der Umstand, daß dieser als ehemaliger Hauptdienstleiter des Personalamtes im »Stab Heß« die Strukturen der NSDAP genau kannte.

Der Bremer Werftdirektor Franz Stapelfeldt berichtete 1946 in seiner Schrift *Mein Verhältnis zur NSDAP* über den Zündstoff, der in dieser Schrift lag:

»*Ich blieb ... im Gedankenaustausch mit Röver, der nun von sich aus ein Exposé von ca. 100 Seiten verfaßte, in dem er die ganzen Zusammenhänge beschrieb, alle Mißstände geißelte und auf die Gefahren des allgemeinen Kurses der Politik hinwies. Rövers Stabsleiter Walkenhorst schrieb wegen der besonderen Vertraulichkeit dieses Exposé selbst ... Röver ... griff in dem Schriftstück insbesondere Ribbentrop und seine Außenpolitik, Himmler und das Reichssicherheitshauptamt, ferner Dr. Ley, den Reichskommissar von Norwegen Terboven, den Reichskommissar Ukraine Koch, den Reichstatthalter Sauckel, die Gauleiter Hildebrandt, Adolf Wagner und viele andere ... an. Diese Denkschrift ging dann an Bormann mit dem Ersuchen, sie Hitler selbst vorzulegen ... Hitler habe [zu Bormann, W.B.] gesagt, er wisse, daß sehr vieles faul sei, er könne aber jetzt nicht eingreifen, erst müsse der Krieg zu Ende sein, dann werde reiner Tisch gemacht werden.«[12]*

Die erwähnten Angriffe auf führende NS-Funktionäre sind allerdings in der Denkschrift vergeblich zu suchen. Der ehemalige Kreisleiter von Wilhelmshaven Ernst Meyer nennt die Ausarbeitung Rövers hingegen eine »Reorganisationsschrift«, was die Intention der Abhandlung wohl treffender wiedergibt. Walkenhorst selbst hat sich wie folgt zur Denkschrift geäußert: »*Nach dem Tod des Gauleiters Röver wollte ich in meinen kaufmännischen Beruf zurückkehren. Doch erhielt ich am Tage der Beerdigung Rövers Versetzungsorder nach München zur Parteikanzlei. Durch von mir ausgearbeiteten personellen Verbesserungsvorschläge (Röversche Denkschrift) war die Parteikanzlei auf mich aufmerksam geworden.*«[13]

Die Situation der NSDAP des Jahres 1942 war kritisch. Im Grunde hatte man sie zu einer Art Dependance des Staates degradiert. Seit 1933 hatte die NSDAP, geführt von dem eher nachgiebigen Stellvertreter des Führers Rudolf Heß keineswegs den erhofften Einfluß auf das öffentliche Leben erlangt. Über die Fragen der zentralen politischen Entscheidungen wurde sie nicht gehört. Auf dem Reichsparteitag 1934 rief Rudolf Heß dem Auditorium zu: »*Die Partei ist Hitler, Hitler aber ist Deutschland, wie Deutschland Hitler ist!*«.

Doch das Führungsprimat der Partei bestand in der Realität lediglich auf dem Papier. Hitler selbst verlor nach dem stürmischen Prozeß der Eroberung der Macht schon bald das Interesse an seiner Partei. Er war in erster Linie »Führer und Reichskanzler« und danach erst Parteichef. Den von Gregor Strasser aufgebauten Organisationsapparat hatte er bereits im Dezember 1932 zerschlagen und Dr. Robert Ley mit den organisatorischen Angelegenheiten der Partei betraut. Die »Reichsleitung« der NSDAP kam kaum zu gemeinsamen Sitzungen zusammen, eine Art Parteirat wurde nicht installiert. Die NSDAP hatte daher keine systematische Struktur und Politik, welche sie der Staatsbürokratie hätte entgegensetzen können. Allein die Person des »Führers« hielt alle widerstrebenden Teile in ihr zusammen. Entgegen der offiziellen Verlautbarungen befahl die NSDAP nicht dem Staate, anders als etwa in der Sowjetunion Stalins, in der das Zentralkomitee der kommunistischen Partei auch das oberste Führungsorgan war. Die Pläne, einen nationalsozialistischen Senat zu installieren, verschwanden in den Panzerschränken des Martin Bormann[14].

Die Partei verlor, trotz des »Gesetzes zur Sicherung der Einheit von Partei und Staat« und trotz der Erhebung von Rudolf Heß in den Ministerrang de facto jeden Einfluß auf die zentralen politischen Entscheidungen im Staate. Zwar gelang es Bormann, zunächst als Stabsleiter von Heß, dem Verbindungsstab des Stellvertreters des Führers noch ein Mitbestimmungsrecht bei der staatlichen Gesetzgebung zu erwirken, indem er seiner Dienststelle die Funktion einer Koordinationsinstanz zwischen der Ebene der Ministerien und dem engeren Führungskreis um Hitler verschaffte, aber die Funktion der Partei beschränkte sich doch immer mehr darauf, soziale Betreuungsaktionen, wie etwa das Winterhilfswerk, zu begleiten. Ihre »Politik« erschöpfte sich seit Mitte der dreißiger Jahre auf die Parole:*»Volksgenossen! Braucht Ihr Rat und Hilfe, so wendet Euch an die Ortsgruppe! Die NSDAP sichert die Volksgemeinschaft.«*

Der Wegfall der Wahlkämpfe stellte die Partei zudem vor die Frage ihrer eigentlichen Existenz. Die Aufgaben der Propaganda, wie der Organisation der Partei waren nun nicht mehr »Angriff« und »Revolution«, sondern jetzt galt es einen neuen Rahmen zu schaffen und diesen mit nationalsozialistischen Inhalten zu füllen. Das Problem aber war, daß das Getriebe der Parteimaschinerie nach 1933 zunächst weiterlief, wie zuvor. Politisch wirksamen Einfluß hatten hohe Parteifunktionäre nur dann, wenn es ihnen gelang, ihre Parteiämter in Personalunion mit staatlichen Aufgaben zu verbinden.

Das »Ämterchaos« des Dritten Reiches hatte seinen Ursprung in den strukturellen Gegebenheiten der NSDAP vor der Machtergreifung, aber auch in ihrem verheerenden Selbstverständnis als Bürgerkriegsbewegung. Die Partei war in der »Kampfzeit« nichts weiter als ein Werkzeug zur Erringung der alleinigen Macht. Eine gewissermaßen »institutionalisierte« innerparteiliche Willensbildung gab es nicht – und sollte es wohl auch nicht geben. Die alljährlich in Nürnberg abgehaltenen Reichsparteitage, »Hochämter« der Bewegung, dienten ausschließlich propagandistisch auswertbarer Selbstdarstellung. Einen

»demokratisch« zu nennenden Willensbildungsprozeß wollte man nicht zulassen.

Die Folge waren undurchschaubare Vollmachten an einzelne Parteiführer, bei weitestgehender Autonomie und der Belassung eines gewissen Bewegungsspielraums für die einzelnen Hoheitsträger, etwa der Gauleiter. Die NSDAP besaß – im Gegensatz zur KPdSU – keine administrative Führungsstruktur. Ihre innere Organisation glich auch nicht einem System wie etwa der Heeresordnung, sondern beruhte im Grunde auf dem Gauleiter-Hoheitsträgerprinzip, dem Willen der Gauleiter, den höchsten Funktionären der Parteigliederungen und ihrer – oft willkürlichen – Auslegung des Parteiprogramms. Das 25-Punkte-Programm der NSDAP nahm niemand sehr ernst, am wenigsten Hitler selbst und die Parteimitglieder sollten sich mit programmatischen Fragen ohnehin nicht befassen. »*Für die große Zahl der Anhänger*«, meinte der Parteichef, »*wird das Wesen unserer Bewegung weniger in Buchstaben unserer Leitsätze liegen, als vielmehr in dem Sinne, den wir ihnen zu geben imstande sind*«.[15]

»*Die spezifische Organisationsstruktur der NSDAP*«, so Hans Mommsen , »*die den jeweiligen Unterführer praktisch nur auf die unbedingte Loyalität gegenüber der Person des Diktators verpflichtete, im übrigen alle Interessendivergenzen auf den Weg persönlich gefärbter Rivalitäten oder Konflikte lenkte angesichts des Verbots, Meinungsverschiedenheiten weder nach außen dringen zu lassen noch innerparteilich zu erörtern, stimmte mit den sozialdarwinistischen Vorstellungen Hitlers und seiner engeren Clique überein. Auch entsprach diese im strikten Sinne politisch amorphe Struktur dem Bedürfnis der Münchner Ortsgruppe, keine konkurrierenden Machtzentren innerhalb der Partei aufkommen zu lassen.*«[16] Am Ende blieben der NS-Bewegung nur noch die Felder der Rassenpolitik, des Kirchenkampfes und während des Krieges dann die Organisation des »Volkssturms«.

Die desolate Lage der NSDAP wurde augenscheinlich von Walkenhorst und Röver erkannt und ernstgenommen. Nachfolgend seien einige der wichtigsten Inhalte von Carl Rövers Denkschrift genannt:

Zu Kompetenzstreitigkeiten:

»*Die Vielheit der Zuständigkeiten hat zur Folge, daß zahlreiche Kräfte in den fortgesetzten Kompetenzauseinandersetzungen unter Aufwand erheblicher Mittel unproduktiv und nutzlos tätig sind. Der Erfolg wird in*

Frage gestellt, und die nachgeordneten Dienststellen wissen schließlich nicht mehr, nach wem sie sich richten sollen. Sie werden gleichgültig und können teilweise die sich widersprechenden Anordnungen gar nicht befolgen. Die Folge hiervon ist, daß wichtige und unwichtige Angelegenheiten gleichermaßen behandelt werden, d.h. wichtige Sachen bleiben genauso unberücksichtigt und unerledigt wie unwichtige. Es kommt hinzu, daß hierdurch der Respekt vor den vorgesetzten Dienststellen erklärlicherweise verloren geht. Es ist kein Geheimnis, daß, je höher die Dienstelle, desto verworrener und unklarer die Aufgabenabgrenzung ist ...«

Zum Führerprinzip:

»Bei dem Inhaber eines Führungsamtes, der keine Persönlichkeit ist und darüber hinaus charakterliche Schwächen besitzt, ... mangelt es (erstens) an sachlichen Leistungen, zweitens bestellt er Hohlköpfe, Dummköpfe und meistens ebenfalls mit charakterlichen Mängeln behaftete Mitarbeiter, und diese handeln dann wieder gleichermaßen, so daß keinerlei Leistungsergebnis erzielt wird und, was noch weit schlimmer ist, die ganze Macht in den Händen von Nichtskönnern und charakterlich defekter Menschen liegt ... Es entspricht der Wesensart dummer Menschen, ... daß sie ... ihre Stellung ... durch die Auswahl geistesverwandter Mitarbeiter und durch ein meisterhaft inszeniertes Intrigenspiel zu festigen trachten, was ihnen meistens auch gelingt ... Wenn ein Führer die ihm entgegengebrachte Treue mit Pflichtenvergessenheit, charakterlosen Handlungen oder ähnlichem vergilt, dann müssen die entsprechenden Konsequenzen gezogen werden ...«

Zur Mitgliederaufnahme:

»Es ist deshalb sehr notwendig, daß eine Bewegung aus reinem Selbsterhaltungstrieb heraus, sowie sich der Erfolg auf ihre Seite stellt, sofort die Mitgliederaufnahme sperrt und weiterhin nur mehr mit äußerster Vorsicht und nach gründlichster Prüfung eine Vergrößerung ihrer Organisation vornimmt ... es wird notwendig sein, den ganzen Parteiapparat zu überholen und jeden einzelnen Parteigenossen ganz besonders auf seine weltanschauliche Haltung und Einsatzbereitschaft zu überprüfen ... Man sollte sich aber keiner Täuschung hingeben, daß dies gegenwärtig keineswegs der Fall ist ...«

Zur Disziplinarordnung

»Die meisten Laumänner haben sich 1933 in die Bewegung eingeschlichen ... Die Partei muß eine Minorität kampfbereiter, entschlossener Menschen sein ... Ausgenommen hiervon dürfen nur Kranke und in Ehren alt und grau Gewordene sein ...«

Zur natürlichen Auslese

»Die Kampfzeit war ... ein natürlicher Ausleseprozeß. Sie brachte es mit sich, daß jeder Politische Leiter sich als Kämpfer bewähren mußte ... Es ist meines Erachtens eine Lebensfrage für die Partei, darauf zu achten, daß der hauptamtliche Führernachwuchs nicht auf Ordensburgen und ähnlichen Institutionen herangezüchtet wird, sondern daß auch die hauptamtlichen Politischen Leiter mit dem praktischen Leben vertraut sind ... Die gegenwärtige Erziehung des Parteiführernachwuchses weist aber diese Tendenz auf und stellt sich, chronologisch gesehen wie folgt dar: der Nachwuchsschüler besucht die Adolf-Hitler-Schule, anschließend leistet er seine Arbeits- und Wehrdienstzeit ab. Danach kommt er zur Ordensburg und wird nach dieser Ausbildungszeit als geeignet angesehen, auf die Menschheit losgelassen zu werden. Ein solcher Mann hat also die ganze Entwicklungszeit seines Lebens in Internaten zugebracht ... das Ergebnis ist, daß diese Menschen ... der wirklichen Volksgemeinschaft total entfremdet sind ... Ich habe in vielen Fällen feststellen müssen, daß Parteigenossen, die an sich gute Anlagen besaßen, nach dem Besuch der Ordensburgen sich zu überheblichen, teilweise sogar arroganten Typen entwickelt haben ...«

Zu Gefahren des Führerprinzips

»Das Führerprinzip birgt die Gefahr in sich, daß der einzelne Führer sich zum politischen Despoten entwickelt, der keine andere Meinung neben sich duldet, jede begründete Kritik und jeden noch so berechtigten Einwand unterdrückt ... Je größer das Reich wird, um so weiter ist die oberste Reichsführung von den Gauen entfernt, so daß vom Reich allein die notwendige Aufsicht nicht ausgeübt werden kann. Wenn der einzelne sich zum Tyrannen entwickelt, wagt keiner, gegen ihn aufzutreten, und auf die Dauer werden nur ausgemachte Speichellecker und Höflinge sich in seiner Umgebung befinden ... es muß m. E. in Erwägung gezogen wer-

den, ... daß ... das Führerprinzip nicht verwässert wird. Ich denke hierbei an einen Gausenat, der mit gewissen Vollmachten ausgestatt ist, und der sich aus Männern des Gaustabes und einigen Kreisleitern zusammensetzen muß ... Ich halte regelmäßig Sitzungen des Gaustabes ... ab ... darüber hinaus kommen meine Kreisleiter und Gauamtsleiter in regelmäßigen Abständen von etwa acht Wochen zu Tagungen in einem eigens hierfür errichteten Blockhaus für 3–4 Tage zusammen ...«[17]

Zur Zusammenfassung des höheren Parteiführerkorps

»Die Gauleiter und Reichsleiter müssen laufend zu Tagungen zusammenkommen. Die Auffassung des Reichsorganisationsleiters, daß solche Tagungen nur dafür da sind, um in schulungsmäßiger Art allein Vorträge entgegenzunehmen, eine Aussprache dagegen nicht notwendig, unzweckmäßig und mit nationalsozialistischen Grundsätzen nicht zu vereinbaren sei, kann ich nicht teilen ...«

Zu Gliederungen und Verbänden

»Die SA ging unter Führung des Verräters Röhm dann jenen unheilvollen Weg, der zum 30. Juni 1934 führte. Von diesem Schlag hat sich die SA eigentlich bis heute nicht wieder erholt bzw. hat die Führung der SA offenbar alle Gelegenheiten verpaßt, ihr eine ihrer traditionellen Entwicklung entsprechende Aufgabe zu sichern. Der Kurs ging hin und her ... Ich vertrete die Auffassung, daß unsere SA die berufene Organisation ist, den Wehrgeist im deutschen Volke zu mobilisieren, stets wachzuhalten und zu festigen.

Die HJ müßte wieder eine reine Gliederung der Partei werden, die sich ausschließlich auf die Freiwilligkeit der Mitgliedschaft aufbaut, damit die Idealisten und einsatzbereiten Jungen und Mädel von vornherein den festen Willen erwerben, sich später in der Partei weiterhin kämpferisch zu betätigen. Wir wollen und müssen wieder eine wirkliche Parteijugend haben.«[18]

Es ist eine Menge brisanten Zündstoffes, welcher hier zu finden ist. Franz Stapelfeldt berichtete weiter, daß Hitler selbst die Denkschrift nie in die Hand bekommen habe, worüber Röver überaus ungehalten gewesen sein soll.

Zusehends litt der Gauleiter unter seiner schlechten Gesundheit. Zu den Folgen der Malaria kam auch noch eine Gehirnerschütterung, die er 1937 bei einem Autounfall erlitt. Seine Amtsgeschäfte konnte er daher bis März 1938 nicht ausüben. Ab 1942 verschlechterte sich Rövers Gesundheitszustand weiter; öffentliche Auftritte in seinem Gau fanden kaum noch statt. Am 10. Mai soll er eine Rede in Bremen abgebrochen haben, da ihm »der Überblick« verlorengegangen sei[19]. In der Nacht zum 13. Mai 1942 soll Röver verkündet haben, am nächsten Tage zu Hitler ins Führerhauptquartier fliegen zu wollen und anschließend zu Churchill zu reisen, um Frieden zwischen dem deutschen Reich und Großbritannien zu stiften. Ein herbeigerufener SS-Arzt stellte die medizinische Analyse »progressive Paralyse«, eine Spätfolge der bereits erwähnten Malaria. Bei Nacht und Nebel wurde Röver, angeblich von Joel und Walkenhorst begleitet, in ein abgelegenes Blockhaus bei Ahlhorn verbracht. Augenzeugen wollen vernommen haben, wie Röver dort die Regierung Hitler auf das Schärfste zu kritisieren begann[20]. Reinhard Heydrich berichtete am 13. Mai an Himmler über eine Meldung des Stapo-Außendienststellenleiters Oldenburg:

»Der Gauleiter läßt sich von einer Heilkundigen behandeln, und zwar von einer Frau Dubber, wohnhaft in Neuenburg i.O., und einem Gustav Richter, 72 Jahre, wohnhaft in Magdeburg[21]. Der Gauleiter verlangte in der letzten Nacht die sofortige Herbeiholung des Richter aus Magdeburg, der ihm eine Einspritzung verabreichen soll. Das hat Richter schon öfter getan. Der Gauleiter sieht in Richter einen Herrgott. Er redet davon, daß er nach England zu Churchill fliegen will, daß er morgen, am 14. Mai 42, aber erst noch zum Führer-Hauptquartier will, ›denn die ganze Welt sei verrückt‹. Er will noch eine große Rede halten, und zwar auf Schallplatten, mindestens 4 Stunden lang. Die größten Platten sollten für diesen Zweck beschafft werden. In der letzten Nacht hat er in Ahlhorn im Blockhaus seine Zimmereinrichtung zerstört.«[22]

Richter äußerte, daß Röver ihn schon am 8. Mai in Magdeburg konsultierte, seine linke Kopfseite habe »tumorartige« Schwellungen aufgewiesen, die von dem besagten Autounfall stammen sollten. Röver versuchte so auch »bei ihm öfter auftretende Tobsuchtsanfälle« zu begründen.

Martin Bormann schickte zwei Abgesandte nach Oldenburg, um die Lage zu sondieren. Am 14. Mai wurde der schwerkranke Röver auf Weisung Hitlers in die Berliner Charité eingeliefert. Der Anlaß soll eine akute Lungenentzündung gewesen sein. Er hatte hohes Fieber und war wegen der Paralyse wohl auch nicht mehr bei vollem Verstand. Dort soll er auch von Hitlers Leibbarzt Dr. Karl Brandt untersucht worden sein. Am 15. Mai wurde Rövers Tod mitgeteilt; die offizielle Todesursache lautete auf Herzschlag und Lungenentzündung. Später sprach man auch noch von einem Schlaganfall. »Carl Röver ist zur Standarte Horst Wessels abberufen«, titelte die *Oldenburgische Staatszeitung* am 17. Mai. Wegen Rövers kritischer Denkschrift machten Gerüchte über eine eventuelle Ermordung in der Partei schnell die Runde[23].

Der »Fall Röver« erinnert in einigen Nuancen an den Tod des Gauleiters der Westmark (Rhein-und Saarpfalz) und Chefs der Zivilverwaltung (CdZ) in Lothringen Josef Bürckel[24]. Bürckel, ein bei seinen Pfälzern ungemein beliebter Gauleiter, galt als Hitlers Spezialist für »Anschlußfragen«, da er sich als Organisator der Volksabstimmungen an der Saar und in Österreich bewährt hatte. Als zeitweiliger Reichsstatthalter in Wien hatte er sich wegen einiger Eigenmächtigkeiten, seines autokratischen Führungsstils und seiner eher sozialistischen Haltung bereits bei der SS und Martin Bormann unbeliebt gemacht. Zur Frage der Konzentrationslager sagte er schon 1935:

»In der Pfalz gibt es kein Konzentrationslager. Ich bin der Auffassung, daß man in den allermeisten Fällen, Hunger, und daraus entstandene politische Verwirrung und Haß nicht beseitigen kann durch Konzentrationslager, sondern indem man den verhetzten Menschen die unsozialen Voraussetzungen für ihre Einstellung nimmt.«[25]

Dies setzte sich auch nach seiner Ernennung zum CdZ in Lothringen fort. Bürckels ehemaliger Gauleiter-Stellvertreter Leyser, der seit 1941 Generalkommissar in Shitomir war, berichtete davon, daß Bürckel einen überaus kritischen Brief von ihm über die unsägliche verbrecherische Politik Erich Kochs in der Ukraine Hitler vorgelegt habe. Nur ein Jahr darauf soll Bürckel Hitler ein Memorandum vorgelegt haben, in dem er die Einführung der Wehrpflicht für die Elsaß-Lothringer kritisierte. Der Gipfelpunkt war dann seine Weigerung, sinnlose Befestigungsmaßnahmen in Lothringen vornehmen zu lassen, die seinen Gau unweigerlich zum Kriegsschauplatz gemacht hätten.

Auf einer der letzten Kreisleitertagungen soll Bürckel bereits einen passiven, verstörten und deutlich depressiven Eindruck gemacht haben[26]. Nach Leysers Aussage kamen im September 1944 zwei SS-Offiziere zu Bürckel und legten ihm eine Pistole auf den Tisch. Dies wurde von Bürckel jedoch ignoriert. Urplötzlich wurde der Gauleiter sehr krank. Am 28. September 1944 starb er aufgrund von »toxischem

Kollaps infolge einer Lungenentzündung«. Andere Stimmen sprachen von Selbstmord, weil man Bürckel seine »Flucht« aus Metz vorgeworfen habe. Horst Slesina, Bürckels letzter Gaupropagandaleiter, vermutet, daß der Gauleiter in seinem Weinkeller versehentlich eine Flasche Pflanzenschutzmittel angesetzt habe und so allmählich vergiftet wurde. Doch sind all diese Versionen reine Spekulation. Bürckel erhielt ein Staatsbegräbnis. Alfred Rosenberg, der die Traueransprache hielt, sprach von Tod durch »Herzschwäche«. Willy Stöhr, der zuvor schon als »Aufpasser« im Auftrage Bormanns fungierte, wurde Bürckels Nachfolger.

Eine Version von Carl Rövers Tod steht im Zusammenhang mit dem bereits erwähnten »Fall Schlitt«. Röver hatte sich die Auffassung des Oberlandesgerichtes Oldenburg zu eigen gemacht und flog in dieser Sache Anfang Mai 1942 zu Hitler ins Führerhauptquartier. Dieser hörte Röver an und erging sich in einer wütenden Suada gegen die Juristen, die ihn falsch informiert hätten. Hitler soll sich letztlich von Röver haben überzeugen lassen und ihn beauftragt haben, den Oldenburger Richtern sein Bedauern zu übermitteln[27]. Steht Rövers Tod also im Zusammenhang mit seiner Resistenz gegen Hitler? Dazu Franz Stapelfeldt: »*Tatsächlich war sein* [Rövers, W.B.] *Ende insofern tragisch, als er der einzige Prominente innerhalb der Partei selbst war, der gegen die Wahnsinnspolitik Hitlers und seiner Ratgeber opponierte.*«[28]

Der mitteilsame Goebbels notierte am 17. Mai 1942 in seine Tagebuchkladde: »*Unser alter Parteigenosse Röver ... ist gestorben. Wir verlieren damit einen der ältesten und treuesten Kampfgefährten des Führers. Wiederum ist damit einer aus der alten Garde von uns gegangen ... Ich setze mich mit dem Führer in Verbindung, der ... anordnet, daß das Begräbnis mit höchsten Ehrenbezeugungen vor sich zu gehen haben. Ich selbst empfinde den Verlust von Röver sehr stark. Er ist zu mir immer sehr kameradschaftlich und freundschaftlich gewesen. Er war ein guter, in der Wolle gefärbter Nationalsozialist. Man wird ihn in Oldenburg kaum ersetzen können.*«[29]

Goebbels fügte hinzu, daß Röver zur Geschichte der nationalsozialistischen Bewegung gehöre und aus ihr nicht mehr weggedacht werden könne.

Am 22. Mai fand ein Staatsakt für den toten Gauleiter im Mosaiksaal der Neuen Reichskanzlei statt. Hitler schritt durch den Mittelgang, grüßte mit erhobenem Arm den Sarg und reichte den Angehörigen Rövers teilnahmsvoll die Hand[30]. Alfred Rosenberg hielt eine ergreifende Gedenkrede für seinen verstorbenen Freund und Adolf Hitler legte einen Kranz nieder. Im Anschluß wurde Rövers Leichnam nach Oldenburg überführt. Sein Nachfolger wurde Paul Wegener[31].

Rövers Tod ging Hitler offenbar sehr nahe; seiner Witwe ließ er das bisher als Dienstgebäude genutzte Röversche Haus von Reichs wegen überschreiben[32]. Die Frage bleibt offen, ob die Denkschrift Rövers so etwas wie sein »politisches Testament« sein sollte. Zweifellos hätte die Umsetzung vieler der Röverschen Kritikpunkte die Partei in letzter Stunde reformiert, doch gab es viele im Apparat, die hieran kein Interesse haben konnten. Insofern ist es durchaus denkbar, daß die offene Sprache, die Röver Hitler gegenüber zu führen gewagt hatte, ihm letztlich zum Verhängnis geworden sein könnte.

»Wir wollen keine Rasseideologen dulden.«

Günter Kaufmann und die Häresie
im Führerorgan der HJ

Die Zeitschrift *Wille und Macht* war das Führerorgan der national-sozialistischen Jugend. Sie war Ausdrucksmittel der geistigen Vor-stellungswelt der HJ und ihres Strebens nach eigenem Urteil. Unter der Ägide ihres Hauptschriftleiters und maßgeblichen Gestalters, Günter Kaufmann, wurde *Wille und Macht* zu einem wesentlichen Bestandteil der HJ-Publizistik. Kaufmann, geboren 1913, war erst 1933 der HJ und der Partei beigetreten. Eine Einheit der HJ hatte Kaufmann zuvor nie geführt. Im gleichen Jahr setzte er in München sein Studium fort, wurde Chefredakteur der Bayrischen Hochschulzeitung und redigierte die Jugendbeilage der *Münchner Neuesten Nachrichten*. Nachdem er bereits einige Zeit als Schriftleiter für *Wille und Macht* arbeitete, wurde Kaufmann im Oktober 1934 von Schirach nach Berlin berufen und schließlich Hauptschriftleiter der Zeitschrift. Ein Protest des Schweizer Landesgruppenleiters der NSDAP, Wilhelm Gustloff, gegen Kauf-manns Aufnahme in die Partei wurde von deren Reichsleitung und von Baldur von Schirach zurückgewiesen. Gustloff beschwerte sich dar-über, daß Kaufmann Juden als Mitglieder in seinen Schweizer Studen-tenverband aufgenommen habe, dem er als Student in der Schweiz vor-stand[1].

Günter Kaufmann unternahm den Versuch, *Wille und Macht* zur Plattform der von der Reichsjugendführung (RJF) vollzogenen »Wende nach innen« zu machen, also jener Absicht, die Jugend zu gemeinschaftsgebundenen Persönlichkeiten heranzubilden und zu »musischen Menschen in soldatischer Haltung« zu erziehen. Eine Syn-these von »Potsdam und Weimar«, also von Preußentum und Huma-nismus, sollte gleichsam in dieser Jugend fortleben.

Hervorgegangen aus der bereits in der »Kampfzeit« erschienenen Zeitschrift *Die Deutsche Zukunft*, entwickelte sich *Wille und Macht* im

Laufe der Jahre zu einem klassischen Medium systemimmanenter Opposition[2]. Im November 1936 übernahm der damalige Reichsjugendführer Baldur von Schirach die Herausgeberschaft. Dazu schreibt Günter Kaufmann in *Wille und Macht*:

»Wenn künftig die Spalten dieses Organs wieder unmittelbar als Sprachrohr des Reichsjugendführers gelten, so möchten wir doch denjenigen eine Enttäuschung bereiten, die glauben, daß wir deutliche Tonart und Meinungsäußerung künftig aufgeben müssen, um ›diplomatische‹ Formulierungen zu wählen. Von jeher haben wir uns einen Grundsatz zu eigen gemacht, den der Reichsorganisationsleiter einmal das ›Recht der Jugend zur Kritik‹ bezeichnet hat. Wir werden von diesem Recht besonders dann Gebrauch machen, wenn die Ideale der Revolution den Menschen verbogen werden, die für die gegenwärtigen Aufgaben kein Verständnis mitbringen.«[3]

Nicht wenige Mitarbeiter der Zeitschrift standen dem parteipolitischen Leben fern und fanden dementsprechend in der übrigen Presse kein Betätigungsfeld.

Besondere Resonanz wurde durch die Herausgabe diverser Sondernummern erzielt. Eine Ausgabe wurde 1938 dem Dichter Paul Ernst gewidmet. Als im gleichen Jahr ein Heft mit Auszügen aus Goethes Werken unter dem Titel *Goethe an uns* erschien – das als eigener Band im Buchhandel eine Auflage von mehr als 400 000 Exemplaren erreichte –, wurde darin bewußt auf die Wiedergabe antisemitischer Äußerungen Goethes verzichtet. Als ein Wiener Kreisleiter im Kriege forderte, die Gräber auf den jüdischen Friedhöfen einzuebnen, verbot ihm von Schirach dies mit den Worten: »Vor den Gräbern der Toten findet die Macht der Partei ihr Ende!« Im Kriege forderte Dr. Goebbels dann die Herausgabe einer antisemitischen Sondernummer. Kaufmann lehnte dieses Verlangen ab. Baldur von Schirach selbst äußerte in diesem Zusammenhang während des Nürnberger Prozesses, das Thema habe die Jugendführer überhaupt nicht interessiert[4].

Auf das Goethe-Heft folgte eine Nummer *Eichendorff an uns*. Einige Ausgaben standen im Dienste der Völkerverständigung, wobei imperialistische Gedanken zugunsten der Forderung nach einer von gegenseitiger Achtung getragenen europäischen Zusammenarbeit abgelehnt wurden. Auf direktem Wege – ohne Mitwirkung des Auswärtigen Amtes – erreichten es HJ-Führer in Paris und London Beiträge des britischen Premiers Chamberlain, von Außenminister Lord Halifax, des französischen Ministerpräsidenten Chautemps, sowie mehrerer seiner Minister zu erhalten, welche das Thema »Deutsch-französische bzw. Deutsch-englische Verständigung« als Schwerpunkt hatten. Der französische Botschafter im Deutschen Reich André François-Poncet, dessen Sohn in einer HJ-Einheit Dienst tat, ließ es sich nicht nehmen, ebenfalls einen Artikel beizusteuern. Die Botschaft des britischen Ministerpräsidenten lobte die deutsche Jugendbewegung dafür, daß sie das Jahr 1938 als »Jahr der Verständigung« proklamiert hatte. Die Bekenntnisse zweier ausländischer Regierungschefs las man also im Führerorgan der Jugend – und nicht in Blättern der Partei. Auch der türkische Außenminister Aras veröffentlichte einen Beitrag im Geiste deutsch-türkischer Freundschaft.

Vorausgegangen war eine Audienz v. Schirachs und einer Delegation von Jugendführern bei dem türkischen Staatspräsidenten Kemal Atatürk, die sehr positiv verlaufen war, da dieser um deutsche Hilfe beim Aufbau seiner Staatsjugend bat. Diese Reise führte im November/Dezember 1937 auch nach Griechenland (Empfang durch Kronprinz Paul), Ungarn (Besuch bei Ministerpräsident Daranyi), Rumänien (König Carol), Bulgarien (König Boris), Jugoslawien (in der Sommerresidenz des Ministerpräsidenten Stojadinowicz), dem Irak, Syrien und nach Persien, wo die Delegation von Schah Reza Pahlewi empfangen wurde. Der Schah erhoffte sich Impulse von den Jugendführern des Reiches, die er in seinen Auseinandersetzungen mit den Mullahs positiv verwerten wollte. Baldur von Schirach wurde von Artur Axmann, Günter Kaufmann und anderen Angehörigen der RJF begleitet. Nach Frankreich und Italien reiste Kaufmann ebenfalls mit dem Reichsjugendführer – als sein Pressereferent und Freund. Der Vertiefung der schon traditionell guten Beziehungen zwischen Deutschland und Japan diente eine mehrwöchige Reise von dreißig HJ-Führern in das Land der aufgehenden Sonne. Die Jugendführer – unter denen sich Günter Kaufmann jedoch nicht befand – hinterließen bei der japanischen Bevölkerung einen äußerst positiven Eindruck und *Wille und Macht* brachte aus diesem Anlaß einige Sondernummern heraus[5].

In *Wille und Macht* erschienen etliche »Unbotmäßigkeiten«. In einem Aufsatz *»Von der Vollmacht des Führers«* forderte man an Stelle von Kants »Kategorischem Imperativ« (Du mußt!) ein »Ich will!« zu setzen, was zu einem Protest aus dem Amt Rosenberg führte. Am 15.1.1935 erschien *Wille und Macht* mit einem Leitartikel *»Wir stehen zu Ludwig Klages!«*. Auch dies bedeutete einen Angriff auf den Reichsleiter Alfred Rosenberg, der den Philosophen anläßlich von dessen 70.

Geburtstag entschieden abgelehnt hatte. Unbeirrt hiervon entwickelte sich ein reger Briefwechsel zwischen Klages einerseits und Kaufmann und von Schirach andererseits. Mit Unterstützung von Rudolf Heß konnte Rosenberg *Wille und Macht* unter Vorzensur stellen lassen, was rückgängig gemacht wurde, als Herausgeber und Chefredakteur erklärten, dann das Erscheinen der Zeitschrift einstellen zu wollen[6]. Am 5.12.1938 schrieb Rosenberg dann noch einen Brief an Baldur von Schirach, in dem er ihm vorwirft, »geistig gleichsam eine Partei neben der Partei zu bilden«[7]. Über die Rassefanatiker machte man sich lustig und bezeichnete deren Auffassungen als »ansteckende Krankheiten«, die je nach Geistesverfassung mit Humor, Belehrung oder Verachtung zu heilen seien.

Gegen die »illegalen« bündischen Gruppen wurde jedoch auch in *Wille und Macht* entschieden Stellung genommen. »*Bündische Jugend ist heute Bolschewismus*«, hieß es dort etwa, und in einem Artikel wurde behauptet, die Jungen säßen »*auf weichen Kissen, Tee trinkend, russische Lieder zur Balalaikabegleitung singend*«. Der Bericht forderte am Schluß: »*Es ist an der Zeit, daß diesem Hochverrat ein Ende gemacht wird*«[8]. Insbesondere an der autonomen Jungenschaft »d.j. 1.11« des Eberhard Koebel (genannt »tusk« = der Deutsche) wurde kein gutes Haar gelassen[9]. Derartiger Totalitarismus blieb allerdings die Ausnahme.

Ein weiteres Heft erschien unter dem Leitmotiv »*Von Frauen, Liebe und Sitte*«, in dem zu lesen war: »*Wir wünschen ein schönes, starkes Geschlecht. Es kann nicht allein im Zeltlager oder mit dem Tornister auf der Landstraße erzogen werden. Einseitigkeit wird niemals zur Vollkommenheit führen.*« Auch hieß es dort: »*Wer möchte uns verdenken, wenn wir uns noch mit den Ideologen der Liebe beschäftigen. Darunter verstehen wir solche Erscheinungen, die nicht aus innerem Drang, sondern aus den Vorlagen nordischer Mädchengestalten bei Willrich und Petersen aus modischen Zeitgefühlen heraus auf Brautwerbung ausgehen, eine innerlich nie harmonische Ehe führen – aber dann nach vermeintlicher Erfüllung dieses weltanschaulichen Ideals mit irgendeinem südländischen Typ eine Freundschaft unterhalten. Es ist also keine Schande, wenn man eine Frau heiratet, der es an blondem Haar und der nötigen schönen Augenbläue mangelt.*«

Gegen Himmler und Heß wurde in *Wille und Macht* deutlich polemisiert, als diese im Krieg die jungen Soldaten ermuntern wollten, vor ihrem Fronteinsatz noch ein uneheliches Kind für ihr Vaterland zu zeugen[10]. An die Adresse aller Parteifunktionäre und Karrieristen gerichtet, hieß es in *Wille und Macht*: »*Das Wort vom ›Mehr sein als scheinen‹ droht des öfteren in sein Gegenteil umgekehrt zu werden, und da ist es an der Zeit zu erklären, daß wir Jungen diese Verfälschung nicht mehr dulden werden.*« Mehr als einmal haben sich die Mitarbeiter von *Wille und Macht* das Recht persönlicher Meinungsäußerung zu wahren gewußt und ihre kritische Einstellung gegenüber dem offiziellen Parteikurs unter Beweis gestellt. So auch, als das SS-Organ *Das Schwarze Korps* gegen den Kunsthistoriker Prof. Dr. Pinder Stellung nahm. *Wille und Macht* brachte demonstrativ einen Artikel unter der Überschrift »*Wir bekennen uns zu Pinder*«.

An anderer Stelle publizierte Kaufmann eine Kritik des Filmes *Es leuchten die Sterne*, welche von Goebbels als ein »einziger Skandal« bezeichnet wurde, zumal in jenem Heft auch grundsätzliche Angriffe auf die offizielle Filmpolitik, die unter seiner Ägide stand, zu lesen waren. Goebbels strich Kaufmann daraufhin aus der Schriftleiterliste, nahm dies aber am folgenden Tage zurück, als der bereits erwähnte Beitrag Chamberlains in der *Wille und Macht*-Redaktion einging. Ein Eklat wurde somit vermieden[11]. Goebbels notierte dazu am 19. Februar 1938 in sein Tagebuch:

»Kaufmann, eine dumme Rotznase, streiche ich in der Schriftleiterliste. Die Nummer lasse ich beschlagnahmen und gegen alle Mitarbeiter ein Verfahren anstrengen. Das wirkt wie eine Bombe. Nun sind die pampigen Herren plötzlich ganz klein und mild wie Butter. Der Herr Kaufmann ist seit 1933 in der Partei. Das habe ich gerne ... Dr. Dietrich hat ihn auch schon lange auf dem Kieker.«[12]

Die England-Sondernummer konnte also erscheinen, und Goebbels notierte:»*Ich geige nochmals dem HJ-Führer Kaufmann für seine Film-Nummer meine Meinung. Er ist ganz klein und versteht mich nun. Ich werde ziemlich deutlich.*« Kaufmann allerdings schildert eine ganz andere Version der Geschehnisse: Danach soll Dr. Goebbels sich überaus charmant mit der »Rotznase« und dem »Revoluzzer« unterhalten und ihn sogar mit »offensichtlichem Wohlwollen« entlassen haben[13]. Trotzdem: Günter Kaufmann hat des öfteren schwere Verweise des Reichspropagandaministers und der Parteileitung hinnehmen müssen, und nur mit Mühe konnte das Verbot von *Wille und Macht* und die Bestrafung ihres Schriftleiters verhindert bzw. rückgängig gemacht werden.

Dies alles hinderte ihn jedoch nicht daran, seine Vorstellungen von nationalsozialistischer Politik publik zu machen. Diese konnte er seit

1935 auch als Leiter der Pressestelle des Reichsberufswettkampfes in Berlin verwirklichen. Im Jahre 1937 übernahm er dann zusätzlich noch die Chefredaktion des amtlichen Organs des Jugendführers des Deutschen Reiches *Das Junge Deutschland*. Er schrieb mehrere Bücher über Jugendfragen, so einen Titel über den Reichsberufswettkampf und ein Werk über die Erziehung der Jugend im Reich Adolf Hitlers *Das kommende Deutschland*. Außerdem gab er ein Handbuch des gesamten Jugendrechts heraus und das Buch *Langemarck, das Opfer der Jugend an allen Fronten*. Die »Kriegsbücherei der deutschen Jugend« ist Kaufmann ebenfalls zu verdanken.

Obwohl Baldur von Schirach 1940 zum Reichsstatthalter in Wien ernannt wurde, blieb er Reichsleiter der NSDAP für Jugenderziehung und war weiterhin für *Wille und Macht* als Herausgeber engagiert[14]. Günter Kaufmann – vorher bereits Pressereferent des Reichsjugendführers und Chef des Presse- und Propagandaamtes der RJF – folgte ihm als Pressereferent nach Wien. In dieser Eigenschaft berichtete er insbesondere über von Schirachs für damalige Verhältnisse »revolutionäre« Kulturpolitik in *Wille und Macht*. Bemerkenswert war beispielsweise die Durchführung der Woche zeitgenössischer Musik und der Richard-Strauss-Woche zu dessen 80. Geburtstag (1944). Viel Beachtung fand auch die Verkündung von Schirachs Kulturprogramm im Burgtheater, sein Eintreten für die Kabarettbühne »Wiener Werkel« oder die Rede über *»Wahrheit und Wirklichkeit in der bildenden Kunst«*. Aufführungen von Hindemith-Opern, Carl Orffs *Carmina burana* oder Walter Regenys *Johanna Balk* waren der parteigesteuerten Kulturpolitik ein Dorn im Auge. Die Ehrungen für Gerhart Hauptmann empfanden Hitler und Goebbels als »Demonstration«. Zum regelrechten Skandal wurde die unter dem Protektorat von Schirachs stehende Ausstellung *Junge Kunst in Wien*, welche die Werke einiger Künstler zeigte, die im Parteijargon als »entartet« galten. Hitler verfügte das Verbot. Durch die nachträgliche Publikation exakt jener Exponate, die Hitler erbost hatten – besonders soll ihn das Bild eines grünen Hundes erregt haben –, wurde schließlich das Ende von *Wille und Macht* herbeigeführt[15].

Den Kriegsausbruch 1939 empfanden die Mitarbeiter von *Wille und Macht* als Katastrophe, hatte von Schirach doch wiederholt geäußert: *»Ich erziehe die Jugend für den Frieden, nicht für den Krieg«*. Zur ersten Kriegsweihnacht 1939 erschien eine Sondernummer zum Thema *»Deutsche mit Gott«*, in der bekannte Deutsche und deren religiöse

Bekenntnisse zitiert wurden. Die Einleitung endete mit der Mahnung: »*Auf keinem Felde ist wohl der Spruch ›Richtet nicht, so werdet ihr nicht gerichtet!‹ anwendbarer als gerade in Glaubenssachen.*«

Kaufmann wurde im November 1939 als einfacher Soldat zur Infanterie eingezogen. Von 1940-42 gehörte er einer Propaganda-Kompanie an, in der er zuletzt zum Leutnant der Reserve befördert wurde. In den Kämpfen der Schlacht um Frankreich erwarb er sich als Kriegsberichter das EK I, welches ihm auf der Kuppel des eroberten Fort Douaumont bei Verdun verliehen wurde. Im November 1941 rief ihn Generaloberst Busch, Befehlshaber der XVI. Armee, zu sich und bat ihn, nach Wien zu Schirach zu fahren, um ihm seine dringende Bitte zu übermitteln, gegen Judenerschießungen durch Einsatzgruppen des SD im Hinterland der kämpfenden Truppe bei Hitler zu intervenieren. Diese Intervention blieb erfolglos. Für einige Zeit hat man ihn vom Kriegsdienst freigestellt, damit er in Wien seiner Arbeit nachgehen konnte. Später wurde er zur Pz.-Gren.-Div. »Großdeutschland« versetzt, von wo aus er die Herausgabe von *Wille und Macht*, so gut es ging, zu koordinieren versuchte.

Einen Artikel Kaufmanns aus dem Jahre 1940 »*Ein Divisionspfarrer erhielt das EK I*«, ließ der evangelische Landesbischof Wurm von allen Kanzeln Württembergs unter Angabe von Kaufmanns Dienststellung in der HJ verlesen, was vom SD argwöhnisch registriert wurde. Auch Bormann beschwerte sich in einem Brief an von Schirach, der das Schreiben unbeantwortet ließ und es statt dessen Kaufmann übergab. Bormann schreibt darin, daß Kaufmann »denkbar ungeschickt gehandelt« habe[16]. Der Schluß von Kaufmanns Artikel erschien den Eiferern wohl als zu »human«: »*Dort vorm Feind, wo das Ich so wenig bedeutet und der Sinn des Lebens für eine größere Gemeinschaft sich so sichtbar offenbart, liegen auch die religiösen Fragen so klar und einfach vor dem Menschen und zeigen sich entkleidet von internationalen Lehren und Dogmen, von fanatischen Eiferern und selbstsüchtigen Auslegungen. Hier ist die Zeit oft kurz bemessen und darum der Weg zu Gott kein weiter mehr, hier heißt Seelsorge Helfen, Vorleben, Kraft spenden durch Zuspruch.*«

Schon am 14. Januar 1937 hatte ein Aufsatz Kaufmanns im Berliner Tageblatt »*HJ und Kirche – Ist die Kluft zu überbrücken?*« Hitler zu einem wütenden Telefonat mit Schirach veranlaßt. Trotz dieser Maßregelung wurde Kaufmann kurz danach zum HJ-Oberbannführer befördert[17].

241

Der permanente Streit um Kaufmann und *Wille und Macht* schien kein Ende nehmen zu wollen. Am 1.2.1940 veröffentlichte Kaufmann ein Shakespeare-Sonderheft, mit welchem er sich auf der Reichspressekonferenz den Tadel »Instinktlosigkeit« einhandelt. Es wurde mit den Worten eingeleitet *»Es ist das Zeichen der Starken, daß sie fähig sind, ja, daß es sie drängt, angesichts des Feindes noch in ihm das Gute und echt Geleistete zu sehen und es herauszulösen aus dem Ball der Anklagen und Verurteilungen.«*

Als Leiter des Reichspropagandaamtes in Wien wandte sich Kaufmann an Goebbels und beschwert sich darüber, daß der *Völkische Beobachter* in Wien 50 Pfennig teurer als im Altreich sei und die Wiener dies als »Kolonialpreis« ansähen. Der Chef des Eher-Verlages, Reichsleiter Amann, verlangte daraufhin von Schirach die Verhaftung Kaufmanns *(»Ihr Kaufmann will dem Führer sein Geld stehlen!«)*. Schirach schlug Amann vor, Kaufmann zu einem Gespräch einzuladen. Amanns Reaktion: *»Aber für sein Leben garantiere ich nicht«* – die Unterredung unterbleibt[18].

Wille und Macht berichtete ebenfalls ausführlich über die Gründung des »Europäischen Jugendverbandes« am 14. September 1942 in Wien – Kaufmann fungierte dort als Pressesprecher. Hierbei handelte es sich nicht um Kamingespräche, die mitten im Kriege von einigen handverlesenen Jugendfunktionären geführt wurden, sondern um eine Tagung der Jugendorganisationen Europas, die entschlossen ihren gemeinsamen Bund verkündeten. Nach Ende des Kongresses setzten die Jugendführer wieder den Stahlhelm auf, um an den Fronten dafür zu kämpfen, wozu sie sich in Wien einmütig bekannt hatten. Als »Nebenprodukt« der Tagung von Wien erschien eine Abhandlung Günter Kaufmanns über *Die Jugenderziehung der Antike.*

Große Kritik an den Europaaktivitäten der HJ übte abermals Dr. Goebbels, der von »Baldurs Kinderfest« sprach und in seinem Tagebuch am 25.9.42 notierte: *»Kaufmann aus Wien hält mir Vortrag über den Europäischen Jugendkongreß in Wien. Er ist nicht so verlaufen, wie man sich das vorgestellt hatte, vor allem, wie Kaufmann meint, weil das Auswärtige Amt die eigentlichen Pläne torpediert habe. Im übrigen aber bedeute ich Kaufmann sehr energisch, daß das neue Europa nicht durch Schwätzereien von Jugendführern in Wien herbeigeführt wird, sondern durch den Kampf der deutschen Wehrmacht, der jetzt auf seinem dramatischen Höhepunkt steht.«*[19]

Kurze Zeit später schon sollte sich Goebbels eines besseren besinnen. Er plante Kaufmann zum »Generalinspekteur für seine im Osten vorgetriebenen Dienststellen« zu ernennen; es kam indes nicht mehr dazu.

Goebbels schien nun auf einmal Gefallen an dem jungen Journalisten gefunden zu haben. Er ernannte ihn zum Filmreferenten der Reichspropagandaleitung und betraute ihn mit einer UFA-Filmproduktion. Kaufmanns Ruf drang bis nach Paris zu Botschafter Abetz, der ihn als Generalkonsul für Kultur und Presse an die Botschaft holen wollte. Dieses Ansinnen wurde jedoch von dem Unterstaatssekretär im Auswärtigen Amt, Luther, abgelehnt, weil Kaufmann ein »Schirach-Mann« sei[20].

Einen Tag vor Beginn des Rußland-Feldzuges wurde Kaufmann von Generaloberst Busch als Kriegsberichter wieder zur Truppe befohlen. Im Juli 1941 war Kaufmann an einem Sturmangriff am Wolchow beteiligt. Als er sich auf einer Brücke befand, wurde diese in die Luft gejagt; Kaufmann überlebte, indem er sich an einen großen Eisenträger klammerte. Seine Rettung schilderte er in *Wille und Macht* unter dem Titel *»Auf der berstenden Brücke von Schimsk«.* Im Oktober verlieh man ihm das Infanterie-Sturmabzeichen. Von der Ostfront schickte er, unterstützt vom Ic der Armee, Freiherr von Uckermann, jeden Monat Situationsberichte an Dr. Goebbels, in denen er die verheerenden Auswirkungen der deutschen Ostpolitik geißelte. In *Wille und Macht* wurde Hitler indirekt angesprochen, als das HJ-Organ im Oktober 1942 in einem Europa-Artikel über Napoleon schrieb: »*Ohne starke Ideen und Parolen Krieg geführt zu haben, die unterworfenen und zum Waffendienst verpflichteten Völker nicht durch Ideale begeistert zu haben, ist ihm zum Verhängnis geworden. Wie schwer seine Unterlassungssünden waren, zeigt seine schlimmste Katastrophe: der Rußlandfeldzug.*«

In diesem Geiste veröffentlichte *Wille und Macht* in einem Sonderheft über das »ewige Rußland« im April 1943 – als einziges Organ im Dritten Reich – den Smolensker Aufruf General Wlassows an die Soldaten der Roten Armee, obwohl die Veröffentlichung allen deutschen Zeitungen ausdrücklich verboten wurde. Als Mitarbeiter konnte der Schriftsteller Edwin Erich Dwinger gewonnen werden, der einen Aufsatz »*Der russische Mensch – der Weg zur Überwindung des Bolschewismus*« beisteuerte. Darin hieß es u. a.: »*Nur wer Vorbild sein kann, ist dort mit Erfolg zu brauchen. Jedenfalls ist ein primitives Herausstellen eines Herrenstandpunktes immer falsch.*« Rosenberg und Himmler erreichten bei Goebbels nur noch, daß durch einen Rundruf bei sämtlichen Tageszeitungen ein Nachdruck oder Kommentar jenes Artikels verboten wurde. Das Erscheinen des *Wille und Macht*-Heftes konnte jedoch nicht wieder rückgängig gemacht werden. Das OKH kümmerte sich nicht um das Verbot und druckte den Artikel in seinen »Informationen für die Truppe« ab.

Jürgen Thorwald erwähnt in seinem Buch *Die Illusion – Rotarmisten in Hitlers Heeren* noch eine interessante Aktion von HJ-Führern, die an der Ostfront Dienst taten: *»Sie hatten ein ›Dorf der deutsch-russischen Freundschaft‹ hinter der Nordfront im Bereich der 16. Armee begründet und russische Zivilisten, deutsche Soldaten, russische Bürgermeister und Hiwis zu gemeinsamen Erholungswochen zusammengebracht. In diesem Dorf Skugry hatte auch Kaufmann eine Art von Damaskuserlebnis gehabt, zumindest was die Kolonialvorstellungen im Osten betraf.«*[21]

Ein weiteres Beispiel für die Haltung Kaufmanns hat der ehemalige Botschafter Rudolf Rahn in seinen Memoiren festgehalten:

»In unserem Gästehaus im Hauptquartier wohnte damals vorübergehend ein junges Mitglied der Reichsjugendführung, Günter Kaufmann, der mit verzweifelter Anschaulichkeit die Sünd-Flut von politischer Torheit und roher Gedankenlosigkeit darstellte, die er bei seinem Aufenthalt in Rußland in der Behandlung des russischen Volkes und der russischen Kriegsgefangenen beobachtet hatte. Ich half ihm in meinen freien Stunden bei der Abfassung einer Denkschrift, in der er mit beredten Worten für die Beseitigung wenigstens der übelsten Fehler, wie der Erschießung russischer Kommissare, des Hungerelends unter den Gefangenen und der achtlosen Verschleuderung des bäuerlichen Eigentums eintrat.«[22]

Ein besonders mutiger Beitrag von Günter Kaufmann erschien in dem erwähnten Heft unter dem Titel *»Rufet die Geister!«*. Hier wurde offen zu einer geistigen Umkehr aufgerufen. Scharfe Kritik übte er an der von den Partei- und Staatsbehörden betriebenen Ostpolitik: *»Die Völker wollen nicht in Herren- u. Sklavenvölker geschieden werden. Wir wollen keine Rasseideologen dulden, die die Völker nach ihren rassischen Merkmalen klassifizieren. Wir Deutsche nahmen als Volk der Mitte Blut aller Völker des Kontinents in uns auf – ein Blick über die Friedrichstraße in Berlin und über die Kärntner Straße in Wien, aber auch über eine der braven deutschen Grenadierkompanien lehrt das ganz deutlich. Das kommende Europa wird eine große Familie beherbergen, in der keiner sein Eigenes aufgeben, aber auch niemand das Gefühl haben soll, minderwertig zu sein.«*

Kaufmanns Artikel schlug ein wie eine Bombe. Den Anstoß zur Veröffentlichung gab der Oberleutnant Karl Michel, der Widerstandskreisen nahestand und Kaufmann aufgesucht hatte. Nach der ersten Begegnung zieht der Offizier die Bilanz dieses Treffens: »*Wie schnell finden sich bisher Unbekannte zusammen, wenn es gilt, in die für Haßsaaten bestimmten Furchen versöhnende Samenkörner zu legen; nicht den Mitmenschen zu verachten, sondern die allen Menschen gemeinsamen Fundamente aufzuzeigen. Wie leicht ist es doch eigentlich, gegen eine Front des Hasses und der Menschenverachtung eine Front der Verständigung und gegenseitigen Achtung aufzubauen.*«[23]

Der Apparat der radikalen Kräfte in Partei und Staat setzte sich nun in Bewegung, um Kaufmann in die Schranken zu weisen; die Luft wurde zusehends »bleihaltig«. Gegenüber dem genannten Offizier äußerte Kaufmann auf die Frage, was er nun tun werde: »›*Weitermachen, weiterkämpfen, zurückschlagen bis zur letzten Minute. Vielleicht kann ich dem einen oder andern jungen Deutschen noch die Augen öffnen, oder ihn auch nur zum Nachdenken veranlassen. Dann war es doch wenigstens nicht umsonst‹ … So gelassen sagt dieser junge blühende Mensch vor ihm das. Noch keine dreißig Jahre alt, hat er innerlich schon mit dem Leben abgeschlossen. Wenn das kein Bekennermut ist! Solche Jugendführer müßte man retten können für nachher. Wenn der deutschen Jugend einmal alle Werte, an die sie glaubte, wertlos erscheinen, braucht sie solche Stimmen und Vorbilder.*«[24]

Der Oberleutnant sorgte dann wenigstens dafür, daß Kaufmann zum Wachregiment von »Großdeutschland« zurückkehren konnte, denn »an dem Kasernenposten des Wachregiments ist die Macht der Gestapo zu Ende«, meint der Offizier. Man muß jedoch auch festhalten, daß Kaufmanns Auffassungen von vielen jungen Offizieren der Waffen-SS und des an den Fronten stehenden HJ-Führerkorps geteilt wurden. Oft hörte man jetzt »wenn wir nach dem Krieg nach Hause kommen, dann räumen wir gründlich auf« oder »mit Hitler gegen die Partei«[25]. Vorübergehend unbehelligt geblieben, wurde im Januar 1944 vor dem Obersten Parteigericht ein Ausschlußverfahren gegen Kaufmann eingeleitet – es endete mit seinem Rausschmiß. Unabhängig davon fand ein Disziplinarverfahren vor dem HJ-Obergericht statt, welches allerdings niedergeschlagen werden konnte. Der Parteiausschluß, der zu einem automatischen Verlust des Offiziersranges geführt hätte, kam auf dem Weg über das Heerespersonalamt bei der Truppe nicht mehr an und führte dort nicht mehr zu Konsequenzen. Zudem wurde Kaufmann vom Berufsgericht der Presse zu 2½ Jahren Berufsverbot verurteilt. Damit hatte man ihm, der inzwischen geheiratet hatte und Vater war, jetzt auch noch die Existenzgrundlage geraubt.

Der »Fall Kaufmann« blieb selbstverständlich auch den Männern des Widerstandes nicht verborgen. Anfang Juli 1944 wurde er von hohen Offizieren des NS-Führungsstabes ins Führerhauptquartier (FHQ) versetzt, wo Kaufmann dann auch den 20. Juli miterlebte. In die Attentatspläne wurde er zwar nicht eingeweiht, man dachte aber vermutlich daran, ihn bei Gelingen desselben verwenden zu können[26]. Unter den Belastungen des 20. Juli im FHQ brach Kaufmann nervlich und gesundheitlich zusammen und wurde bis Kriegsende in verschiedenen Lazaretten behandelt.

Wille und Macht war ein bis heute viel zu wenig beachtetes Medium junger und engagierter Reformnationalsozialisten. Die Nischen freier Meinungsäußerung, die auch in autoritären Staaten immer vorhanden sind, wurden von Kaufmanns jungen Männern erschöpfend genutzt. Mehr konnte von ihnen nicht gewagt werden. In *Wille und Macht* wurde nicht zum Sturz Hitlers aufgerufen, die Mitarbeiter waren keine Widerständler und als Soldaten liefen sie nicht zum Feinde über. Sie wollten ein System reformieren, dem sie zwar als Jugendführer, Amtsträger und Soldaten dienten, von dem sie aber erkannten, daß es zum reinen »Hitlerismus« degeneriert war. Deshalb machten sie sich Gedanken über eine »Zeit nach Hitler«. Dieser selbst sagte noch am 29. April 1945, wenige Stunden vor seinem Tod, zu Reichsjugendführer Axmann, wie in einer letzten Ahnung: *»Ideen leben nach ihren eigenen Gesetzen fort. Ich glaube, es wird etwas ganz Neues kommen.«*[27]

Im Mai 1945 sank das Reich in Trümmer, die Chance jenen in *Wille und Macht* visionär geschauten »Sozialstaat höchster Kultur« zu errichten, war vertan. Die HJ-Generation hat einen millionenfachen Blutzoll geleistet. Von den insgesamt 11 300 hauptamtlichen Jugendführern fielen 9500. Darunter waren etliche Mitarbeiter von *Wille und Macht*[28].

»*Meisterstück falscher Behandlung.*«

Alfred E. Frauenfeld und die Probleme
der Verwaltung der besetzten Ostgebiete

Die Gauleiter der »Ostmark« standen in dem Ruf, ihre Amtsgeschäfte zuweilen mit alt-österreichischer Grandezza und im allgemeinen etwas nonchalanter zu versehen, als ihre reichsdeutschen Kameraden. Auch gegenüber den Versuchungen nepotistische Strukturen in ihren Gauen zu etablieren, zeigten sie sich eher resistent. Wohl auch deshalb, weil bis in das Jahr 1938 in Österreich noch »Kampfzeit« für die NSDAP herrschte. Ein exemplarisches Beispiel bietet das Leben Alfred Eduard Frauenfelds. Frauenfeld wurde am 18. Mai 1898 in Wien als Sohn eines Oberlandesgerichtsrates und Hofrates geboren. Der Familie entstammten zahlreiche Künstler und Architekten. Nach dem Abitur meldete er sich freiwillig als Offiziersanwärter und kam 1917 bei einem k.u.k. Feldjägerbataillon an der Italienfront zum Einsatz. Im gleichen Jahr heiratete er. 1918 wurde er zum Leutnant befördert und bei einer Fliegerkompanie eingesetzt. Nach dem Ende des Krieges begann er ein Studium an der technischen Hochschule und machte gleichzeitig eine Lehre als Maurergehilfe. Bis 1922 übte er den Beruf eines Steinmetzes aus. Frauenfelds berufliche Karriere war zunächst recht wechselhaft, denn nachdem er kurzzeitig als Techniker und Konstrukteur tätig war, arbeitete er seit 1923 als Bankbeamter bei der »Allgemeinen Österreichischen Bodenkreditanstalt« in Wien. Während dieser Zeit verfaßte er erste Kurzgeschichten. Zunächst Anhänger der Christlich-Sozialen, wurde er im April 1929 Mitglied der österreichischen NSDAP und fungierte bereits am Ende des Jahres als einer ihrer Bezirksleiter in Wien.

Am 1. Januar 1930 bestätigte Hitler ihn als Wiener Gauleiter. Er zog in den Stadtrat ein und wurde Fraktionsvorsitzender der NSDAP im Landtag und im Gemeinderat von Wien. Als Frauenfeld den Gau Wien übernahm, zählte dieser lediglich 600 Mitglieder. Der neue Gauleiter wechselte schon bald ein Drittel der Ortsgruppenleiter aus und errichtete eine Anzahl neuer Parteiämter. 2000 politische Leiter der NSDAP stellten das politische Leben in den 21 Wiener Bezirken auf den Kopf. 1930 gründete er die Gauzeitung *Kampfruf*, zwei Jahre später gab es in Wien bereits vier NS-Tages- und vier NS-Wochenzeitungen. Seinen Arbeitsplatz hatte er durch den Bankrott der Bodenkreditanstalt schon 1931 verloren. Frauenfeld entfachte eine gewaltige Redetätigkeit, regelrechte Versammlungswellen überfluteten die österreichische Metropole, hunderte hochkarätiger Redner aus dem Reich sprachen nun in der Ostmark – der Gau Wien zählte 1933 bereits über 40000 Mitglieder.

Die Wiener Nationalsozialisten entwickelten einen großen Ideenreichtum in ihrer propagandistischen Tätigkeit. Mit einfallsreichen Aktionen machten sie auf sich aufmerksam und bewiesen ihren Mitstreitern im Reich so, daß Politik keine bierernste Angelegenheit sein mußte. Diese Art der Propaganda traf geschickt den Humor der Wiener Bevölkerung, und die NSDAP hatte hiermit oftmals die Lacher aller politischen Richtungen auf ihrer Seite. So montierten SA-Männer, als städtische Arbeiter verkleidet, unter den Augen eines freundlich salutierenden Polizisten, in aller Seelenruhe ein zusammengerolltes Fahnentuch am Wiener Rathausturm. Punkt zwölf Uhr entrollte sich dort eine riesige blutrote Hakenkreuzfahne, zum großen Erstaunen der Passanten. In die Fahne hatte man eine Uhr mit elektrischer Batterie eingerollt, die auf eine bestimmte Zeit eingestellt war. Schließlich durchfraß der Strom zur angegebenen Zeit eine Versiegelung und das Fahnentuch entrollte sich. Die SA-Männer waren längst über alle Berge, und es dauerte stundenlang, bis echte städtische Bedienstete den »Schandfleck« am Rathausturm beseitigen konnten.

Eine ähnliche Aktion unternahm man auf dem Dach der Wiener Oper, wo sich ein Transparent entfaltete, auf dem zu lesen war: »*Der Seitz, der Dollfuß und der Fey, die können uns alle drei. NSDAP.*«[1] Während einer Versammlung, in welcher der österreichische Bundeskanzler Engelbert Dollfuß sprach, äußerte dieser »der Nationalsozialismus in Österreich ist tot«, worauf die Rundfunkhörer das Knallen von Kanonenschlägen hörten, und die Zuschauer im Saale sahen, wie sich in der Umgebung des Versammlungsortes an allen Masten Hakenkreuzfahnen entfalteten, die ferngesteuert waren. Die Auspuffrohre der Dienstwagen von Regierungsmitgliedern stopfte man mit Hakenkreuzen aus Papier voll, so daß beim Anfahren eine Fehlzündung entstand und eine große Anzahl dieser Papiere herausgeschleudert wurden. Unvermittelt konnten die Wiener auf großen Plätzen aus illegal angebrachten Lautsprechern auch das Horst-Wessel-Lied vernehmen[2].

1932 erhielt Frauenfeld von der Wiener Regierung die Weisung, keine öffentlichen Reden mehr zu halten. Im gleichen Jahr wurde die Universität Wien und etliche andere Hochschulen des Landes wegen »nationalsozialistischer Umtriebe« geschlossen.

Wegen seiner Tätigkeit für die illegale österreichische NSDAP wurde Frauenfeld mehrfach verhaftet, einmal auch in das Deutsche Reich abgeschoben, von wo er aber nach Wien zurückkehrte. Nach dem Putsch der österreichischen Nationalsozialisten gegen Bundeskanzler Dollfuß soll Adolf Hitler Frauenfeld verboten haben, wieder nach Wien zu gehen, damit keine reichsdeutschen Stellen direkt mit dem Aufstand in Verbindung gebracht werden konnten. Im Juni 1936 gelang ihm nach schweren staatlichen Repressionen die Flucht nach München. Im folgenden Jahr berief man Frauenfeld zum geschäftsführenden Leiter und Präsidialrat der Reichstheaterkammer. Von nun an folgte eine Vielzahl unterschiedlichster Wirkungsgebiete des einstigen Wiener Gauleiters. Ab 1936 hatte er einen Sitz im Reichstag inne, man ernannte ihn zum Generalkonsul im Auswärtigen Amt und setzte ihn in Norwegen ein. Auch nach der deutschen Besetzung Norwegens im Jahre 1940 nahm Frauenfeld dort Funktionen wahr, später auch in Dänemark. Im Stab der XVI. Armee war er Teilnehmer des Feldzuges gegen Frankreich. 1941 erfolgte seine Versetzung zur X. Armee des Feldmarschalls List auf den Balkan.

1942 erfolgte, für viele überraschend, Alfred Frauenfelds Ernennung zum Generalkommissar für das Generalgebiet Taurien – später Generalbezirk Krim. Zuvor hatte Hitler noch verlautbaren lassen: »*Die Krim wird vielleicht Gau Gotenland heißen.*«[3] Hitler habe gesagt, »*Die Krim bekommt Frauenfeld, der hat nie antichambriert und nie Schnallen gedrückt, dem wollte ich schon lange etwas Schönes geben*«, berichtete der Staatssekretär Stuckart nach dem Kriege[4]. Die Krim war als Bestandteil des Reichskommissariats Ukraine dem Gauleiter von Ostpreußen, Erich Koch, unterstellt. Der Name Taurien griff zurück auf die alte zaristische Bezeichnung, da man keinerlei Bezüge zu den Sowjets herstellen wollte. Unter Hinweis auf den größeren Bekanntheitsgrad, kam man bald jedoch wieder auf den Namen »Krim« zurück. Das Gebiet umfaßte neben der Halbinsel Krim von 25000 qm noch die Nogaische Steppe mit weiteren 25000 qm.

Von Beginn an hielt Frauenfeld die Krim für völlig ungeeignet, den barbarischen Methoden eines Erich Koch unterworfen zu sein. Die Begründung für die Verleihung der Ehrenbürgerwürde seiner Gauhauptstadt Königsberg an Erich Koch macht den Byzantinismus deutlich, mit dem ihm von seinen Paladinen gehuldigt wurde: *»Dem Gauleiter und Oberpräsidenten Erich Koch, dem Führer der Provinz Ostpreußen zur nationalsozialistischen Revolution und dem nationalsozialistischen Reich, dem siegreichen Kämpfer gegen Marxismus und Reaktion, dem Förderer nationalen Ansehens, nationaler Würde und deutscher Kultur in der Grenzmark Ostpreußen, dem Wegbereiter des deutschen Sozialismus haben die städtischen Körperschaften der Stadt Königsberg/Ostpreußen, mit dem Gelöbnis unerschütterlicher Treue und als Zeichen der Dankbarkeit und rückhaltlosen Vertrauens das Ehrenbürgerrecht erteilt.«*

Kochs selbstgefällige Antwort: *»Der Tag, an dem Adolf Hitler mich nach Ostpreußen schickte mit dem klaren Befehl, dieses schöne, hartbedrohte Land für den Nationalsozialismus zu erobern, wird für immer der stolzeste meines Lebens sein. Er war ja der Tag des großen Vertrauens meines Führers, und ich war von der ersten Stunde an entschlossen, dieses Vertrauen in jeder Weise zu rechtfertigen. Die Aufgabe, die hier der Lösung harrte war schwer, aber ehrenvoll. Es galt eine Grenzlandbevölkerung, deren Vertrauen durch verbrecherische Systemregierungen völlig verwirtschaftet war und die in hoffnungsloser Verzweiflung dahinlebte, mit einem neuen, starken Glauben zu erfüllen.«*[5]

Diesem Mann vertraute Hitler das Riesengebiet der Ukraine an. Erich Koch unternahm eine Besichtigungsfahrt seines Reichskommissariates im Salonwagen des ehemaligen polnischen Staatspräsidenten und verkündete als erstes bei Tisch zu Frauenfeld, *»wenn ich einen Ukrainer finde, der wert ist, mit mir an einem Tisch zu sitzen, muß ich ihn erschießen lassen«*[6]. Koch begann schon frühzeitig damit, die Regierungspräsidenten auf der Krim, die ihm nicht ergeben waren, »abzuschießen«. Es mußte ihn auch ganz persönlich treffen, daß Frauenfeld von Hitler persönlich das landschaftlich schönste Gebiet zuerkannt bekam, das im besetzten Osten zu vergeben war. Koch setzte Spitzel ein, um Frauenfelds Tun zu beobachten. Dazu Frauenfeld: *»Koch … war einer jener unangenehmen Erscheinungen, die durch brutales Auftreten Unsicherheit verbargen und ihre geringe Bildung und ihr geringes Wissen durch betont forciertes bramabasierendes Wesen zu ersetzen.«*[7]

Immer wieder wandte sich Frauenfeld mit Beschwerden über Koch an das Ostministerium und an Hitler selbst. So war er der unorthodoxen Auffassung, man hätte die Ukrainer auf eine zu bildende ukrainische Nationalregierung vereidigen und ihnen Kokarden in den Nationalfarben geben sollen. Auch hätte man sie als ukrainische Freikorpskämpfer bezeichnen müssen und sie nicht als Hiwis der deutschen Armee behandeln sollen. In Rowno, wo Kochs Amtssitz lag, wurden auf offener Straße deutsche Zivilangestellte von ukrainischen Partisanen ermordet, während auf der Krim alles ruhig blieb. Frauenfeld verfaßte ein *Handbuch für die Krim* und nahm Bezug auf Geschichte und den ehemaligen Landesherrn Fürst Woronzow. Frauenfeld hat bekundet, daß er es sich hätte leisten können, 200 km über die Steppe zu fahren, ohne jedes Begleitkommando und ohne auch nur eine Pistole einzustecken.

Wegen Frauenfelds mehrfacher Befehlsverweigerungen gegenüber seinem Vorgesetzten Erich Koch, leitete dieser ein Parteigerichts- und Disziplinarverfahren gegen ihn ein. Frauenfelds Antrag auf Abspaltung der Krim von Kochs Reichskommissariat wurde nicht stattgegeben. Seine »Herrenmenschenphilosophie« erläuterte der äußerlich unscheinbare und so gar nicht dem rassischen Zeitgeistideal entsprechende Koch in einer Rede in Kiew Anfang März 1943: »*Wir sind das Herrenvolk und müssen hart, aber gerecht regieren. Ich werde das letzte aus diesem Land herausholen, ich bin nicht gekommen, um Segen zu spenden, ich bin gekommen, um dem Führer zu helfen. Nun regen sich einige Leute auf, daß die Bevölkerung vielleicht nicht genug zu essen bekommt … Man muß nur daran denken, was unsere Helden in Stalingrad entbehren mußten. Wir sind wahrlich nicht hierhergekommen, um die Voraussetzungen des Sieges zu schaffen. Wir sind ein Herrenvolk, das bedenken muß, daß der geringste deutsche Arbeiter rassisch und biologisch tausendmal wertvoller ist als die hiesige Bevölkerung.*«[8]

Sieht man auf die »Arbeit« Erich Kochs als Reichskommissar für die Ukraine, dann klingt die Bekanntmachung Hitlers vom 17. November 1941 über Alfred Rosenbergs Ernennung zum »Reichsminister für die besetzten Ostgebiete« wie Hohn: »*Aufgabe (der) Zivilverwaltungen ist zunächst die Wiederherstellung der öffentlichen Ordnung und des öffentlichen Lebens.*«[9] Hitlers ehemaliger Rüstungsminister Albert Speer zeigte sich in seinen *Erinnerungen* entsetzt, daß Koch es war, der anordnete, eine der berühmtesten Kirchen der Ukraine zu sprengen, um dieses Sinnbild ukrainischen Nationalstolzes zu beseitigen.

Speer hat auch berichtet, daß er anfangs noch ohne Begleitung durch die ausgedehnten ukrainischen Wälder hätte fahren können, während das Gebiet nur ein halbes Jahr später, dank der völlig verfehlten Politik Erich Kochs, von Partisanen durchsetzt gewesen sei[10]. Auch Alfred Rosenberg äußerte sich noch kurz vor seiner Hinrichtung 1946 empört und verbittert über Koch; ein »Kleinbürger und Großmaul« sei er gewesen, er wäre aber von Hitler und Göring protegiert worden. Koch und ein kleiner Kreis um ihn hätten über die Zurückgebliebenheit der Slawen gespottet, woraufhin Rosenberg entsprechende Instruktionen herausgab, die besagten Redensarten über falsches Herrentum zu unterlassen und anwies, den Ukrainern gegenüber eine anständige und gerechte Haltung einzunehmen. Nahezu alle Anordnungen Rosenbergs seien von Koch umgangen oder ignoriert worden. Rosenberg attestierte seinem Widersacher »Manieren, eines wildgewordenen Kleinbürgers, der, allein für sich, nicht allzu lange in seiner Stellung geblieben wäre«[11]. Rosenbergs resigniertes Fazit in seiner Nürnberger Gefängniszelle:

»Es widerstrebt mir, alles das auszumalen, was sich an Beschämendem, Spießerhaftem, Arrogantem und Dummem abgespielt hat. Es war eine unwürdige Tragödie, daß ich mich mit dieser vorgeschobenen Person herumschlagen mußte, während andere, vom Hintergrunde aus, selbst unverantwortlich, die Unterstützung des Staatsoberhaupts für diesen aufgeblasenen Mann sicherten. Im Nürnberger Prozeß sind viele Einzelheiten darüber behandelt worden ... [sie] schildern einen Kampf um eine großzügige Konzeption der Ostpolitik mit dem Ziel der Eingliederung der Völker Ost-Europas in das Schicksal des ganzen Kontinents – gegen eine, diese Großräumigkeit in primitivster Weise verkennende Denkungsart.«[12]

Im Juli 1943 erstellte Frauenfeld eine Denkschrift über das Südtirol-Problem mit dem Vorschlag, die Südtiroler geschlossen auf der Krim anzusiedeln. Diese Denkschrift ist nicht erhalten geblieben[13]. 1944 verfaßte er eine weitere Denkschrift, die für Adolf Hitler persönlich bestimmt war und von der er Alfred Rosenberg, Joseph Goebbels, Hermann Göring und Staatssekretär Stuckart eine Kopie zugehen ließ[14]. Sie ist datiert vom 10. Februar 1944 und trägt den Titel *Denkschrift über die Probleme der Verwaltung der besetzten Ostgebiete,* aus der folgend zitiert wird:

»Dieses seiner Zahl nach zweitgrößte Volk [die Ukrainer, W.B.] *des Kontinents (wenn wir die Russen Europas nicht mehr zuzählen), von*

*dessen mehr als 40 Millionen Menschen dreiviertel unter deutsche Zivil-
und Militärverwaltung kamen, empfing die deutschen Soldaten jubelnd,
als Befreier vom verhaßten Joch des Bolschewismus und brachte ihnen
größtes Vertrauen entgegen. Dem gegenüber steht das Meisterstück
falscher Behandlung und die ebenso ansehnliche wie erstaunliche Tat,
binnen einem Jahr ein absolut deutschfreundliches Volk, daß in uns den
Befreier bejubelte, als Partisanen in die Wälder und Sümpfe zu treiben
und damit den Verlauf der Ereignisse im Osten maßgeblich negativ zu
beeinflussen … Es ist vielmehr so, daß an diesem unglückseligen Ablauf
der Ereignisse überwiegend die ebenso unrichtige wie unverständliche
Haltung eines Teiles der zuständigen Dienststellen bzw. einiger Einzel-
personen die Schuld trägt. Der Kurs einer rücksichtslosen Brutalität, die
Behandlung der Einwohner des Landes nach Gesichtspunkten und
Methoden, wie sie in vergangene Jahrhunderten farbigen Sklavenvöl-
kern gegenüber angewandt wurden[, gibt] Zeugnis von einer Instinktlosigkeit in der Behandlung von Fremdvölkern, die im Hinblick auf ihre
Folgen nicht anders als katastrophal bezeichnet werden muß …*

*Es gehört schon eine an Beschränktheit grenzende Naivität dazu, zu
glauben, daß sich im 20. Jahrhundert ein Volk, das zwar eine erschütternd
traurige geschichtliche Vergangenheit aufzuweisen hat, und das – wenn
es auch anders geartet ist wie das deutsche Volk – unstreitig gewisse rassische und charakterliche Qualitäten aufzuweisen hat, unablässig herab-
setzen und beschimpfen lassen wird, und ein deutscher Herrenstand-
punkt einem Sklaventum slawischer Mischvölker gegenübergestellt wird
und laut und lärmend betont wird, dann muß wohl festgestellt werden,
daß selbst eine von der Gegenseite geplante und bezahlte Katastrophen-
politik sich kaum so verheerend auswirken könnte, wie die Maßnahmen,
die aus einem solchen Ungeist entspringen …*

*Die Tötung … auch nur eines einzigen Menschen, ohne daß diese von
einer höheren Notwendigkeit geboten wird, ist ein Mord, und solche
Handlungen sind allemal von der Geschichte verurteilt worden, und die
Täter wurden von der Weltgeschichte mit dem Furchtbarsten bestraft, mit
dem Mißerfolg!*

*Die Ukrainer, insbesonders die Frauen, sind außerordentlich lerneifrig,
und man konnte aus ihrem Munde hören: … ›Daß ihr … unsere Schulen
zusperrt, ist ein Beweis, daß Ihr uns verdummen wollt und daß Ihr unsere Feinde seid, Ihr könnt daher nicht von uns erwarten, daß wir für Euch
Opfer bringen‹ … Es gehört schon ein ausgiebiges Maß von Torheit und
Kurzsichtigkeit dazu, wenn man glaubt, ein besetztes Gebiet am besten*

*ausbeuten zu können, wenn man die Bevölkerung verblöden und ver-
recken läßt. Die Geschichte aller Kolonialstaaten lehrt, daß Kolonien
nicht Dorados sind, aus denen man mühelos Gewinne schöpfen kann,
sondern ungeheuer viel Geld und Arbeit kosten, daß sie allerdings dann
investierte Werte und aufgewandte Arbeit in einer Weise verzinsen, die um
ein Vielfaches über dem liegt, was das Mutterland bieten kann ... Ich habe
... Leistungen erzielt, weil ich nach dem (eigentlich selbstverständlichen)
Grundsatz handelte, daß Leute, die anständig arbeiten, auch anständig
behandelt werden sollen ... Wenn ich in Taurien durch über ein Jahr meiner Tätigkeit ... aus den Kreisen der Bevölkerung heraus n i c h t e i n e n
e i n z i g e n Fall von Sabotage oder einer Verwundung oder gar Ermordung eines Deutschen aufzuweisen hatte, liegt das ... an der grundsätzlich anderen Behandlung, die ich der Bevölkerung zuteil werden lasse ...*

*Wer tatsächlich so wenig Führungs- und Herrenmensch ist, daß er sei-
nem Ansehen Abbruch tut, wenn er mit seinen einheimischen Mitarbeitern bei Tisch sitzt oder ihnen die Hand zur Begrüßung gibt, der ist auch
völlig ungeeignet, wenn er sich noch so weit distanziert – im übrigen vermochte man es nicht zu verhindern daß gerade jene Leute, die aus dem
Bereich der Vertreter dieses ›Herrenstandpunktes‹ kamen, sich regelmäßig besoffen –, was sie keineswegs unter Ausschluß der Öffentlichkeit
taten ...*

*Dazu kamen noch die in der Heimat gegenüber den ›freiwilligen
Arbeitskräften‹ in Anwendung gebrachten Methoden, daß die Leute
unter keinen Umständen mit dem Arbeitgeber an einem Tisch essen durften, daß man zeitweise für sie ein Verbot des Kino- und Theaterbesuches,
ein Verbot, öffentliche Verkehrsmittel zu benützen und auf Märkten ein-
zukaufen, erließ, während man gleichzeitig dem Arbeitgeber verbot, sie
allein in den Wohnungen zu lassen, alles Dinge die ebenso sinnlos wie
undurchführbar waren. Dazu kam die als schmachvoll und dem Juden-
fleck gleich empfundene Verpflichtung, die Bezeichnung ›Ost‹ am Kleid
aufgenäht zu tragen ...*

*Ich möchte in diesem Zusammenhang erneut auf die kolonisatori-
schen Leistungen der Deutschen Österreichs hinweisen. Die böhmischen
Köchinnen, die kroatischen und slowakischen Dienstboten, die hanaki-
schen Ammen, die zu meiner Jugendzeit die einstige Metropole des Kontinents und heute noch zweitgrößte Stadt Deutschlands bevölkerten,
ebenso die tschechischen Hausbesorger, italienischen Bergarbeiter und
Scherenschleifer, die fezgeschmückten bosniakischen und dalmatini-
schen Soldaten der k.u.k. Armee, sie alle lernten das Deutsch radebre-*

chen, und ihre Kinder sprachen es bereits als ihre Muttersprache, und es erwies sich, daß die Bergbewohner der Karpaten, des Karstes und Balkans nicht nur assimilationsfähig waren, sondern sogar rassisch ein absolut vollwertiges Element für die Stärkung des Deutschtums darstellten. Trotzdem um die Jahrhundertwende der Prozentsatz Fremdvölkischer in Wien weit über dem Prozentsatz lag, den die Fremdarbeiter heute in Deutschland ausmachten, fiel es niemandem ein, ihnen irgendwelche sie beleidigende oder schmähende Abzeichen aufzuzwingen ...

Die erschreckende Unfähigkeit zur Bewältigung der Aufgaben, die der Ostraum uns stellte, wäre an weiteren hundert Beispielen nachzuweisen. Aber es dürfte genügen, wenn ich daran erinnere, daß der RKU [Reichskommissar für die Ukraine Erich Koch, W.B.] ein von ihm gezeichnetes Flugblatt in zehntausenden Exemplaren verbreitete, in dem er sich nicht damit begnügte, die Ukrainer oder Russen zu beschimpfen, sondern in dem er gleich alle Slawen als minderwertiges Untermenschentum hinstellte. Man denke, welche Freude solche amtlichen Erklärungen bei den verbündeten Slowaken, Kroaten, Bulgaren, Albanern, aber auch im Protektorat auslösen müssen, von der Wirkung in den besetzten Ostgebieten ganz zu schweigen ...

Es soll hier keineswegs der Versuch gemacht werden, die sich ergebenden Schwierigkeiten und sich zeigenden Mängel zur Gänze abzuwälzen auf die verschiedenen Dienststellen und Personen. Es soll lediglich aufgezeigt werden, wie eine an sich schwere, aber schöne und auch zu lösende Aufgabe durch die mangelnden Sachkenntnisse, aber auch durch den mangelnden Ernst und die überhebliche Unbelehrbarkeit gewisser Personen binnen kürzester Zeit zu einem unlösbaren, uns und unsere Kriegsführung sehr belastenden Problem gemacht wurde. Wenn der weitere Kriegsverlauf und die siegreiche Beendigung des Krieges uns diese Räume wieder zur Betreuung übergeben werden, muß ein grundsätzlicher Wandel in der Beurteilung der Bevölkerung in ihrer Behandlung, aber ein ebenso grundsätzlicher Wandel im Aufbau der Organisation der Hoheitsverwaltung nicht weniger als der Wirtschaft vorgenommen werden, wenn hier nicht schwerste Nachteile für Deutschland auftreten sollen.

Gez. Frauenfeld
(Gauleiter A.E. Frauenfeld)«[15]

Joseph Goebbels zeigte sich nach Lektüre von Frauenfelds Denkschrift beeindruckt: »*Frauenfeld reicht mir eine Denkschrift über die deutsche Politik in der Ukraine ein. Diese Denkschrift ist wahrhaft grauenerre-*

gend. Es sind hier so viele Sünden zusammengetragen, die das Regime Koch sich hat zuschulden kommen lassen, daß einem die Haare zu Berge stehen möchten. Koch hat die Dinge in der Ukraine mit einer blassen theoretischen Vorstellung angefaßt. Eine Maßnahme widerspricht der anderen, und Rosenberg hat nicht vermocht, sich diesem Dilettantismus gegenüber durchzusetzen, wenngleich er manchmal die richtige Auffassung vertrat.«[16]

Um die Erkenntnisse Frauenfelds praktisch verwerten zu können, war es jedoch zu spät. Die Krim mußte geräumt werden. Frauenfeld kehrte nach Berlin zurück und versah von da an seinen Dienst bei General von Wedels »Abteilung Wehrmachtpropaganda« im OKW. In dieser Funktion unternahm er zahlreiche Inspektionsreisen zu den Propagandastaffeln an den verschiedenen Frontabschnitten. Anfang 1945 meldete sich ein hochrangiger Mitarbeiter der Parteikanzlei bei Frauenfeld in Wien, um ihm mitzuteilen, daß seine Denkschriften große Furore gemacht hätten. Dann habe dieser feierlich gesagt: *»Ich bin jetzt hier im Auftrag der Parteikanzlei, um Ihnen mitzuteilen, daß in Hinkunft die besetzten Ostgebiete von Ihnen, nach Ihren Ideen, mit Männern Ihrer Wahl verwaltet werden sollen.«*[17]

Frauenfeld war sprachlos. »Besetzte Ostgebiete« gab es längst nicht mehr. Die Russen standen zu dieser Zeit bereits in Budapest. Wie über den meisten Reformvorhaben undogmatischer jüngerer Nationalsozialisten lag auch hier das Signum »Zu spät!«.

Joseph Goebbels prägte in diesen Tagen den Begriff des »Eisernen Vorhangs«, hinter dem längst schon »die Massenabschlachtung der Völker« begonnen habe, wie er in der Wochenzeitung *Das Reich* schrieb[18].

Erich Koch hatte es unterdessen vorgezogen seine Gauhauptstadt, das zur Festung erklärte Königsberg, zu verlassen und seine Familie und sein nicht unbeträchtliches Hab und Gut in Sicherheit zu bringen. Der »Sozialist« Koch nannte drei luxuriöse Herrensitze in Groß-Friedrichberg, Hohendorf und Buchenhof sein eigen. Erst nachdem für die Stadt keine Gefahr mehr bestand, kehrte er zurück und setzte den verantwortlichen General Lasch sowie den NSDAP-Kreisleiter Wagner ab, die im Gegensatz zu Koch in der Frontstadt ausgehalten und den Widerstand organisiert hatten. Nach erneuten Angriffen der Sowjets floh Koch abermals, diesmal direkt nach Berlin, um Adolf Hitler einen völlig verzerrten Bericht der Kampfgeschehnisse in Königsberg zu liefern. Als zur gleichen Zeit Funksprüche von General Lasch aufgefangen werden, mit dem dieser dem sowjetischen Oberkommando die kampflose Übergabe der Stadt anbietet, fällt es Koch nicht schwer, seinen Führer von diesem »Verrat« zu überzeugen. Lasch wird in absentia zum Tode durch den Strang verurteilt, seine Familie in Sippenhaft genommen. In einer Verlautbarung der Parteikanzlei heißt es, Gauleiter Koch, der gerade aus dringenden Gründen »dienstlich aus Königsberg abwesend« war, sei von der feigen Kapitulation General Laschs völlig überrascht und bitter enttäuscht worden. Der verbitterte Kommentar von Dr. Goebbels: »*So endete der Heldenkampf einer deutschen Stadt im Dreck und in der Erbärmlichkeit der Parteiintrigen.*«[19]

Nach Kriegsende durchlief Alfred Frauenfeld das damals übliche »Programm« für ehemalige hochrangige Parteigenossen. Zunächst die US-Gefangenschaft und die Internierung in verschiedenen Lagern. Als Zeuge im Nürnberger Prozeß hatte Frauenfeld eine Unterredung mit Dr. Robert Kempner, dem stellvertretenden US-Ankläger. Dieser zeigte sich recht beeindruckt von Frauenfelds Denkschrift aus dem Jahr 1942: »*Ich habe noch nirgends gelesen, daß jemand sich getraut hätte, eine solche Sprache Hitler gegenüber zu führen.*«[20] Und: »*Wenn irgend jemand während des Prozeßverlaufs sagte, Hitler konnte man nicht widersprechen, dann sagte Herr Kempner lediglich zu irgendeinem seiner Leute, geben Sie mir mal die Denkschrift von Frauenfeld über die Verwaltung der besetzten Ostgebiete her, und las uns dann seitenweise vor.*«[21]

In Wien wurde Frauenfeld im Januar 1947 in Abwesenheit zu 15 Jahren Haft verurteilt, dann in Deutschland als »minderbelastet« eingestuft. 1948 entließ man den einstigen Generalkommissar der Krim; er siedelte nach Hamburg über, wurde Leiter einer Baugesellschaft und schrieb seine Erinnerungen. Am 10. Mai 1977 ist Alfred E. Frauenfeld verstorben.

»*Er hat an den Tatsachen vorbeigesehen.*«

Otto Abetz und die Deutsche Botschaft
in Paris 1940-44

Frankreich hatte vom Nationalsozialismus zuerst Gewalt erwartet, dann eine große Erneuerung, so Pierre Drieu la Rochelle in seiner nüchternen *Faschistischen Bilanz* vom Juli 1944. Der deutsche Botschafter Otto Abetz wollte als treibende Kraft für diese Erneuerung Frankreichs wirken. Er machte sich ein Wort des Franzosen Romain Rolland zueigen: »*Deutschland und Frankreich sind die beiden Flügel des Abendlandes – wer den einen lähmt, stört den Flug des anderen.*« Es liegt eine gewisse Tragik in dem Umstand, daß sich Abetz' Wirken als Botschafter ausgerechnet im besetzten Frankreich vollziehen mußte. Sein Leben ist dazu geeignet, den gesamten Komplex der französischen Kollaboration mit dem Deutschen Reich in einer differenzierteren Sichtweise zu betrachten, als dies bislang geschehen konnte.

Otto Abetz wurde am 26. März 1903 im badischen Schwetzingen geboren. Als Markgräflich Badischer Rentamtmann hatte der Vater Dienstwohnung im Schloß. Hier erhielt Otto seine ersten Lebenseindrücke. In seinem sechsten Lebensjahre wurde der Vater als Domänenrat nach Karlsruhe versetzt, der badischen Landeshauptstadt. An Einflüssen französischer Kultur und Geschichte mangelte es dort nicht. Die Frontnähe in dem ersten verheerenden Waffengang zweier großer europäischer Brudervölker 1914-18, brachte es mit sich, daß die Stadt oft Fliegerangriffen ausgesetzt war. Bei einem erhielt sein Elternhaus fünf Treffer. Wenig später, am Fronleichnamstag 1916, fielen bei einem weiteren Angriff über fünfzig Karlsruher Kinder dem Luftterror zum Opfer, ein Erlebnis, das den kleinen Otto tief erschütterte. Umgekehrt schlug am Karfreitag 1918 die Granate eines deutschen Ferngeschützes in eine musikalische Feierstunde für Jugendliche in der Pariser Kirche Saint-Gervais ein. Der Schriftsteller Jacques Benoist-Méchin wurde dabei verletzt. Beide, Otto Abetz und der französische Literat, wurden nach 1940 dennoch zu energischen Verfechtern der deutsch-französischen Verständigung.

Wie so viele seiner Altersgenossen war Otto Mitglied einer Gruppe des »Wandervogels« und empfing hier lebensbestimmende Eindrücke. Nach einem kurzen Flirt mit den revolutionären Tendenzen des Jahres 1918 und einer Schwärmerei für den indischen Apostel des »non-violence« Mahatma Gandhi, unternahm er einige Reisen durch die Schweiz und Griechenland. Mit seiner Mandoline zog er durch Italien. Nach der Heimkehr trat er in die Badische Landeskunstschule ein und bekam dort erstmals engeren Kontakt zur Kultur Frankreichs. In seinen Erinnerungen schreibt er darüber: »*Ich erkannte, daß das größte Bildwerk der Deutschen, der Reiter im Bamberger Dom, eines Blutes und eines Geistes mit seinem königlichen Ebenbild in der Reimser Kathedrale war, daß Bürgerschaften, die solche gewaltigen Kirchenhallen zum Himmel türmten, noch eine gemeinsame Sprache des Herzens geredet hatten.*«[1] Eingehend beschäftigte sich der junge Abetz nun mit französischer Literatur und der Geschichte des Nachbarlandes. So wurden ihm gleichermaßen Fluch und Segen einer schicksalhaften Nachbarschaft bewußt.

Nach Ablegung des Staatsexamens für das künstlerische Lehramt an der Badischen Landeskunstschule wurde Abetz im Herbst 1927 zuerst in Freiburg, dann am Karlsruher Gymnasium als Zeichenlehrer angestellt. Zur gleichen Zeit wählte man ihn zum Vorsitzenden der »Arbeitsgemeinschaft Karlsruher Jugendbünde«, einer Dachorganisation, in der Gruppen aller politischen und weltanschaulichen Richtungen vertreten waren. Kommunistische, nationalsozialistische und jüdische Jugendgruppen bemühten sich hier mehr oder weniger um eine »friedliche Koexistenz«. Instinktiv fühlte und erkannte Abetz jedoch auch die Wichtigkeit einer Aussprache mit der jungen Generation Frankreichs. Im Sommer 1930 folgten etwa hundert Vertreter von Jugend- und Studentenorganisationen seiner Einladung in eine große Jugendherberge auf einem die Rheinebene hoch überragenden Gipfel, dem Sohlberg. Dort traf man ebenfalls die unterschiedlichsten Gruppierungen an; Jungfaschisten nahmen mit den jungen französischen Vorposten Moskaus gemeinsam das Essen ein. Der Effekt, den Abetz mit diesem Treffen erzielen wollte, trat ein. In Referaten und Aussprachen, sowie vielen persönlichen Kontakten kam man sich näher, auch im zwischenmenschlichen Bereich. Abetz schreibt dazu: »*Manche schwarzäugige Yvonne aus der Provence und manche blonde Yvette aus*

Paris schloß auf einsamen Schwarzwaldpfaden Freundschaft mit einem Hans oder Fritz, und umgekehrt.«[2]

Dem Treffen war ein großer Erfolg beschieden, der in der Presse beider Länder Beachtung fand. Die nächste Tagung dieser Art fand im August 1931 in Rethel in den Ardennen statt. Das dritte Treffen in Mainz war bereits sehr von den zwischenzeitlich – vor allem in Deutschland – stattgefundenen innenpolitischen Veränderungen und Machtverschiebungen bestimmt. Erstaunlich schnell fanden sich in Mainz die Extremisten beider Länder zu einer Art »Internationale« gegen den jeweiligen inneren Feind zusammen. Abetz: *»Manch einer, der noch vor kurzem vom ›boche‹ und vom ›vernegerten Frankreich‹ gesprochen hatte, begann plötzlich wenigstens für den ›Nationalisten‹ des Vaterlandes, den ›patriotischen‹ Deutschen und den ›patriotischen Franzosen‹, zu schwärmen.«*[3]

Im Sommer des Jahres 1932 wurden Abetz' Beziehungen zum französischen Nachbarvolke noch enger: Er heiratete die Französin Suzanne de Bruyker, die er auf der Retheler Tagung kennengelernt hatte. In Deutschland verlangte indes der Nationalsozialismus gebieterisch nach der Macht. Eines Tages, als Abetz von einer Reise zurückkehrte, wehte vom Karlsruher Schloß bereits die Hakenkreuzfahne; die Nationalsozialisten hatten die Staatsgewalt im Reich an sich gerissen. Die Sohlbergarbeit konnte zunächst reibungslos fortgesetzt werden, obwohl anfänglich einige bürokratische Hindernisse überwunden werden mußten. Die Reichsjugendführung hatte unterdessen damit begonnen, unter der Leitung von Carl Nabersberg ein eigenes Grenz- und Auslandsamt aufzubauen[4]. Führende Mitarbeiter des Sohlbergkreises waren inzwischen Parteimitglieder und schlugen Abetz vor, das neue Frankreich-Referat der RJF zu übernehmen. Zunächst aber fand unter der Schirmherrschaft des Sohlbergkreises abermals eine deutsch-französische Tagung in Berlin statt, an der neben führenden HJ-Vertretern auch extrem links orientierte Franzosen teilnahmen. Der politische Essayist Pierre Drieu La Rochelle hielt das Hauptreferat. Bemerkenswert war, daß auf französischer Seite auch mehrere Juden unter den Zuhörern waren. Abetz erinnert sich:

»Die nationalsozialistischen Jugend- und Studentenführer kamen ihnen nicht nur während des offiziellen Teiles des Tagungsprogrammes auf das kameradschaftlichste entgegen; sie widmeten sich ihnen auch privat in jeder nur denkbaren Weise und luden sie zu Gängen in die Stadt, gemeinsamen Mahlzeiten und Besuchen bei sich zu Hause ein. Die Füh-

*rer der HJ, die ich während der Berliner Aussprache kennengelernt hatte,
machten auf mich im ganzen genommen einen günstigen Eindruck. Sie
waren gefühlsmäßig wohl alle fanatische Anhänger und Bewunderer
Adolf Hitlers, doch schienen sie auf vielen Gebieten nicht so starr festgelegt zu sein wie viele Parteigenossen der älteren Generation.«*[5]

Nach einigem Zögern übernahm Abetz schließlich doch das Frank-
reichreferat. Er stellte aber die Bedingung, nur eine ehrenamtliche
Tätigkeit ausüben zu müssen, die zu keinem Dienst in der HJ verpflichtete, und bestand auf der organisatorischen Selbständigkeit des
Sohlbergkreises – dem wurde entsprochen. In größtem Umfange fanden nun gegenseitige Besuche und persönliche Kontakte französischer
und deutscher Jugend statt.

Abetz weitete sein Arbeitsgebiet kontinuierlich aus und versuchte
bald auch, die Frontkämpferverbände beider Nationen miteinander zu
versöhnen. Dem Auswärtigen Amt (AA) und der »Dienststelle Ribbentrop« war dies ein Dorn im Auge, bewegte sich Abetz hiermit doch
auf bereits außenpolitischem Terrain. Joachim von Ribbentrop, der erst
1932 der Partei beigetreten war, in dessen Haus in Berlin-Dahlem aber
eine für Hitlers Machtübernahme entscheidende Besprechung stattgefunden hatte, schuf sich mit seiner Dienststelle quasi ein Konkur-
renzunternehmen zur klassischen Diplomatie alter Schule, die sich oftmals als zu schwerfällig und unflexibel erwies. Sein Arbeitsstab kam mit
einem Minimum an Bürokratie aus und anerkannte nur eines: Selb-
ständige Initiative und Erfolg. Abetz nannte sie eine Mischung aus
»diplomatischer Lehrwerkstätte und außenpolitischem ›brain-trust‹«.

Hitler schätzte diese Arbeitsweise. Als ein Londoner Journalist ihm
gegenüber äußerte, daß die alten Beamten in Downing Street und auch
am Quai d'Orsay einen nach allen Regeln der Diplomatie erklärten
Krieg einem Frieden vorzögen, der, ohne Diplomatie, durch direkte
Verständigung der Völker zustande käme, deutete Hitler mit dem Dau-
men über seine Schulter in Richtung Auswärtiges Amt und sagte »Die
da sind gerade so!« Ribbentrops Büro war jedoch nicht die einzige
Organisation, die mit dem Auswärtigen Amt in Konkurrenz trat, auch
Alfred Rosenbergs »Außenpolitisches Amt der NSDAP« machte seinen Anspruch auf das Monopol in der NS-Außenpolitik geltend[6].

Ribbentrop wurde also ein Bericht von Abetz vorgelegt, wonach
dreieinhalb Millionen französischer Frontkämpfer Bereitschaft zeigten, ihren deutschen Kameraden die Hand zu reichen. Wie umgewandelt sagte Ribbentrop daraufhin zu Abetz: »Ich ernenne Sie auf der

Stelle zu meinem Frankreichreferenten.« So kam es, daß Abetz weiterhin der RJF angehören konnte und gleichzeitig die Bearbeitung französischer Fragen bei Ribbentrop übernahm. Und Abetz arbeitete von
Stund an für das bessere Verständnis der beiden Völker, auch dann, als
Ribbentrop deutscher Botschafter in London wurde und als man ihn
später zum Reichsaußenminister ernannte. Am Rande sei übrigens
bemerkt, daß es von Ribbentrop erst 1937 auffiel, daß sein Frankreichreferent noch nicht einmal Parteimitglied war; der Parteieintritt wurde
damit für Abetz unvermeidlich.

Schon am 2. November 1934 traf die erste französische Front-
kämpferdelegation zu einem Besuch bei Hitler in Berlin ein. Abetz
begleitete sie als Dolmetscher und lernte den Führer bei dieser Gelegenheit persönlich kennen. Der erste Eindruck von Hitler war eher
negativ, er stieß ihn rein physisch ab. Aber: *»Was mich sofort in Bann
zog, waren Hitlers Augen. Augen von einem ungewöhnlichen suggestiven
Blau, aus welchem die Blicke mit dem schneidenden, kalten Feuer von
Kristallen blitzten.«*[7] Auch Hitlers Doppelgesichtigkeit fiel Abetz auf,
jene eigentümliche Mischung aus angespannter Härte und Boheme.
Anläßlich von einem der zahlreichen Empfänge Ribbentrops während
der Olympiade 1936 schildert Abetz eine Begegnung mit Hitler, der in
seiner weißen Jacke zur schwarzen Hose der Parteiuniform in das Lam-
penlicht des Salons trat:

*»Diesen Abend war er ganz Österreicher. Lässig in einen Rohrsessel
gelehnt, folgte er dem Spiel eines der ersten Quartette des Reiches,
während das Wasser im Springbrunnen des Gartens plätscherte, oder er
erging sich in zwanglosen Gesprächen mit der ihn umringenden Schar
von Miteingeladenen. Und doch schien er mir selbst in dieser Stunde ein
Fremder, ein Gast aus einer fernen, von keinen heiteren Geistern
bewohnten Welt, den ein Zauberteppich aus ›Tausend und einer Nacht‹
in den Sommerabend dieses märkischen Gartens getragen hatte.«*[8]

1937 begann ein regelrechtes Kesseltreiben gegen den »frankophilen« Abetz, initiiert von SS und Reichsstudentenführung. Treibende
Kraft dieser konzertierten Aktion war der SS-Untersturmführer Dr.
jur. Lothar Kühne, der seit März 1937 in der Parteiverbindungsstelle
der Dienststelle Ribbentrop tätig war und früher der Reichsstudentenführung angehört hatte[9]. Seine Instruktionen erhielt Kühne direkt von
Reinhard Heydrich, für den er das Personal der Dienststelle »durch-
leuchten« sollte. Sein Bericht an den SD entlarvte einige Mitarbeiter als
Mischlinge zweiten Grades oder »nichtarisch versippt«, erkannte eine

hohe Anzahl von Nicht-Parteigenossen und stellte die Unterwanderung von Bündischen und »Probolschewisten« fest.

Um gegen Abetz vorgehen zu können, ließ Kühne nichts unversucht. Seine wichtigsten Mitarbeiter waren die Studentenfunktionäre Reiche und Sonnenhol sowie der Außenamtsleiter Hagert[10]. Eine zwielichtige Rolle spielte auch der französische Graf Clément Serpeille de Gobineau, ein Enkel des bekannten Rassetheoretikers – er bekleidete das Amt des Vorsitzenden des Comité France-Allemagne –, mit dem Abetz immer wieder in Schwierigkeiten geriet. Roland Ray schreibt in seiner Darstellung über Otto Abetz:

»Die Herren, auf deren Zeugnis sich Kühne berief, verbreiteten – knapp zusammengefaßt –, Abetz sei ein judophiler, linksradikal inspirierter süddeutscher Separatist und obendrein ›Halbfranzose‹. Seine Mutter stamme aus der Auvergne, seine Frau sei Sekretärin bei Daladier gewesen, sein französischer Schwiegervater verlege sozialistische Schriften … Abetz sei ›bündisch versippt‹, was unter anderem daraus hervorgehe, daß er über den früheren Freischarführer Kügler Zugang zur Dienststelle Ribbentrop gefunden habe und mit diesem und anderen Bündischen ›intim befreundet‹ sei. Sein Verhalten, resümierte Kühne, grenze an ›Hoch- und Landesverrat‹, er müsse ›unter allen Umständen von seinem Posten entfernt werden‹.«[11]

Abetz wuchs in der Abwehr dieser Angriffe über sich hinaus, schimpfte seine Gegner »Balkantypen«, »schmutzige Intriganten«, »Lausbuben«, denen er gerne »rechts und links in die Fresse schlagen« würde. Wegen dieser Ausbrüche wurde er mehrfach zum Duell gefordert und beschäftigte monatelang die SS-Gerichtsbarkeit. Um nicht als »judophil« zu gelten, befleißigte sich Abetz nun sogar zuweilen antisemitischer Untertöne, die bis dahin nicht bei ihm zu finden sind. Bei den Gegnern Abetz' hatte er es mit zum Teil hochkarätigen Parteigenossen zu tun, die ganz überwiegend aus dem NS-Studentenbund kamen. Unter ihnen befand sich der Jurist Hans Glaunig, 1927 Stellvertreter des NSDStB-Gründers Tempel, nun persönlicher Referent von Reichserziehungsminister Rust, Gerhard Krüger, Historiker und Leiter der wissenschaftlichen Abteilung der Parteiamtlichen Prüfungskommission zum Schutze des NS-Schrifttums, und wir finden den Namen Walter Lienaus wieder, der inzwischen beim Rasse- und Siedlungshauptamt der SS untergekommen war.

Selbstsicher strengte Abetz ein Disziplinarverfahren gegen sich selbst an, »um die Erfinder und Verbreiter dieser Verleumdungen zur

Rechenschaft ziehen zu können«[12]. Daraufhin wurde Abetz zunächst beurlaubt, begleitete aber dennoch 42 Amtschefs der Reichsjugendführung und Gebietsführer der HJ zur Pariser Weltausstellung. Diese Delegation hochrangiger Jugendführer stand unter Leitung von Hartmann Lauterbacher, damals Stabsführer der HJ und Stellvertreter Baldur von Schirachs. Sie wurden wie symbolisch im Rathaus von Versailles und von den großen französischen Frontkämpfervereinigungen empfangen, mit denen sie die Schlachtfelder von Verdun besuchten.

In dem Gerichtsverfahren gegen Abetz wurde ihm schließlich bescheinigt, daß sämtliche Vorwürfe gegen ihn zu Unrecht erhoben wurden und an ihnen »nicht das Geringste daran« sei[13]. Abetz habe als Ribbentrops Frankreichreferent ausgezeichnete Arbeit geleistet und »zum Nutzen des Deutschen Reiches bereits große Erfolge gebucht«[14]. Die Richter maßregelten ihn jedoch wegen seiner verbalen Entgleisungen, welche »innerlich berechtigt, nach der äußeren Form falsch« gewesen seien. Überaus milde kam aber auch Lothar Kühne davon, dem das Gericht lediglich »jugendlichen Übereifer« vorhielt. Ganz offen bezeichnete man die Intrigen der Reichsstudentenführung als »Konkurrenzmanöver«. Gemäß Entscheid von Heinrich Himmler vom 7. März 1938 wurde das Verfahren gegen Otto Abetz »wegen erwiesener Schuldlosigkeit« eingestellt[15]. Es war abermals der in dieser Darstellung schon mehrfach unangenehm aufgefallene Udo von Woyrsch, diesmal in seiner Eigenschaft als Schiedmann des Großen Schiedhofes beim Reichsführer SS, der den Aktendeckel des »Falles Abetz« noch nicht schließen wollte. Woyrsch erzürnte vor allen Dingen, daß Abetz nun auch in der SS eine Blitzkarrierre hinlegte und in einem Jahr vier, allerdings mehr oder weniger symbolische, Beförderungen erlangte, was wegen des noch schwebenden Ehrenverfahrens formal nicht zulässig sei[16]. Abetz' Nähe zum nunmehrigen Reichsaußenminister von Ribbentrop machte dies sehr wohl möglich. Doch noch als Botschafter in Paris sollte Abetz die Feindschaft seiner einstigen Gegner zu verspüren bekommen.

Abetz führte seine Verständigungsarbeit unbeirrt weiter. Im Dezember 1938 nahm er sogar als offizielles Mitglied der deutschen Delegation an der Unterzeichnung des Pariser Freundschaftsabkommens teil. Im Juli 1939 führte sein offenes Eintreten für eine friedliche Beilegung des deutsch-polnischen Konflikts in der Korridorfrage dann allerdings zu einem von der französischen Regierung verfügten Aufenthaltsverbot in Frankreich. Diese Maßnahme wurde von einer scharfen Pressekampagne gegen Abetz begleitet, die ihn der Leitung einer »Fünften Kolonne« in Frankreich bezichtigte und ihm vorwarf, ungeheure Bestechungsgelder an einige französische Zeitungen verteilt und ein weitverzweigtes Spionagenetz aufgebaut zu haben. Diese Anschuldigungen waren zu einem großem Teil erfunden. Die Zeit stand auf Krieg und die Kriegshetzer auf beiden Seiten sollten ihn schließlich auch bekommen.

Den Polenfeldzug erlebte Otto Abetz an der Seite des Reichsaußenministers im Führerhauptquartier. Als Abetz sich ebenfalls vor dem Feinde bewähren wollte und um die Aufhebung seiner U.k.-Stellung bat, lehnte Ribbentrop dieses ab. Statt dessen übertrug er ihm die stellvertretende Leitung seiner Dienststelle und beauftragte ihn mit dem Vorsitz eines »Frankreichkomitees«, welches die zivile und militärische Frankreichpropaganda koordinieren sollte. Damals schrieb Abetz an einer Schrift mit dem Titel *Der Versuch einer Verständigung von Volk zu Volk*. Sie gipfelte in der Feststellung, daß die dem Krieg vorangegangene Friedensarbeit trotz allem nicht umsonst gewesen sei, denn der Krieg beider Länder sei ein »Krieg ohne Haß«.

Kurz vor der Kapitulation Frankreichs wurde Abetz zum Gesandten ernannt und erhielt die Weisung, sich mit seinem kleinen Arbeitsstab im Gebäude der deutschen Botschaft in Paris einzurichten, um – bis zur Ernennung eines »Militärbefehlshabers in Frankreich« – das AA beim »Militärbefehlshaber in Paris« zu vertreten. Seine Mitarbeiter waren ausgewiesene Frankreichkenner und überzeugte Anhänger der Verständigungspolitik. Die »Deutsch-Französische Gesellschaft« war vertreten, darunter der Jurist Professor Friedrich Grimm und Rudolf Schleier. Der langjährige Pariser Korrespondent der *Frankfurter Zeitung*, Friedrich Sieburg und der ehemalige Leiter des »Deutschen Akademischen Austauschdienstes« in Frankreich, Dr. Karl Epting sowie dessen Stellvertreter, der junge Nationalsozialist und Autor Karl Heinz Bremer, wurden mit Presse- und Kulturaufgaben betraut[17]. Letzterer fiel 1942 an der Ostfront. Für die vorwiegend diplomatischen Aufgaben wurde Abetz vom AA der Gesandschaftsrat Dr. Ernst Achenbach zur Verfügung gestellt. Achenbach übernahm später auch die Politische Abteilung der Botschaft, und auf seinen Schultern ruhte die größte Arbeitslast der Behörde[18]. Allesamt waren sie hervorragende Frankreichkenner, sie galten als liberal und neigten einer eher »sozialistischen« Tendenz der Kollaboration zu.

In dem Augenblick, da das alte militärische Signal »Das Ganze halt!« erklang, trat an allen Fronten in Frankreich der Waffenstillstand in

Kraft. In einem Aufruf Hitlers an das deutsche Volk hieß es: *»Deine Soldaten haben in knappen sechs Wochen nach einem heldenmütigen Kampf den Krieg im Westen gegen einen tapferen Gegner beendet. Ihre Taten werden in die Geschichte eingehen, als der glorreichste Sieg aller Zeiten. In Demut danken wir dem Herrgott für seinen Segen.«* Um den unterlegenen Gegner, der sich tapfer geschlagen hatte, nicht unnötig zu demütigen, verzichtete Hitler auf eine große Siegesparade in Paris. Er wollte nicht als Eroberer in die Stadt kommen, sondern als kunstinteressierter Privatmann[19]. In der Nacht auf den 25. Juni 1940, dem Tag, an dem die Waffenruhe in Kraft trat, saß Hitler einsam, in sich zusammmengekauert und mit gesenktem Kopf auf seinem Platz, so erinnert sich der anwesende Bildhauer Arno Breker. Offensichtlich sei Hitler von dem Augenblick der Waffenruhe tief ergriffen gewesen. »Es war doch eine große Verantwortung«, soll er leise gesagt und dann das Zimmer verlassen haben[20].

Anfang August wurde Abetz der Rang eines Botschafters verliehen und die offizielle Bezeichnung »Deutsche Botschaft in Paris« eingeführt. »Botschafter Abetz«, so die Führerweisung, »ist für die Behandlung aller politischen Fragen im besetzten und unbesetzten Gebiet verantwortlich«. Mit der Ernennung des jungen Abetz verfolgte Hitler augenscheinlich das Ziel, an der Verständigung mit Frankreich – an die er zwar nicht glaubte, die er aber dennoch für wünschenswert hielt – festzuhalten. Unverzüglich nahm Abetz Kontakte zu maßgeblichen Persönlichkeiten in Frankreich auf, die mindestens zu einer Zusammenarbeit mit dem Deutschen Reich bereit waren. Einer dieser Männer war der spätere Ministerpräsident Pierre Laval, der mit seiner legendären weißen Krawatte in ganz Europa bekannt war[21]. Laval, der es stets verstand, nach allen Seiten hin listig zu taktieren, hatte immerhin den Mut besessen, Hitler während einer Unterredung zu sagen: »Sie wollen den Krieg gewinnen, um Europa zu schaffen – Sie müssen Europa schaffen, um den Krieg zu gewinnen.« Die Richtigkeit dieses Ausspruchs sollte sich in nicht allzu ferner Zukunft bitter bewahrheiten.

Einige Wochen nach dem Waffenstillstand wurde der spätere Botschafter in Italien, Rudolf Rahn, ebenfalls Abetz' Arbeitsstab zugeteilt und nahm hier bald eine entscheidende Rolle ein. In seinen Erinnerungen berichtet er über sein erstes Gespräch mit Abetz: *»Abetz sprach mit gelassener Offenheit seine für Berliner Begriffe höchst rebellische Ansicht aus: Seit Dünkirchen, so sagte er, glaube er nicht mehr an einen raschen und totalen Sieg Deutschlands. Die Zeit arbeite gegen uns ... dazu*

komme noch,daß Hitler mit einem tragisch einseitigen Fanatismus unge-
fähr allen geistigen und materiellen Mächten der Welt gleichzeitig den
Kampf angesagt habe. So stehe Deutschland heute vor einer mehr oder
minder geschlossenen Front von Katholizismus, Protestantismus, Juden-
tum, Freimaurertum, Großfinanz, Demokratie und Kommunismus. Die
einzige Chance für eine Durchbrechung dieser Front sei nach seiner
Überzeugung eine echte und radikale Verständigung mit Frankreich.«[22]

Eine noch deutlichere Äußerung machte Abetz selbst am 23. Juli
1940 gegenüber Laval, die in einem amtlichen französischen Bericht
festgehalten wurde: »*Ein Teil der Deutschen – erklärte Abetz – glaubt,*
daß Hitler völlig unfehlbar sei, ein anderer Teil denkt, daß sich der Füh-
rer eines Tages irren könnte. Da aber die Ereignisse Hitler bislang stets
recht gegeben haben, nimmt die Zahl der kritischen Geister immer mehr
ab, und es ist jedenfalls noch keiner von ihnen bisher zur Opposition
gegangen.«[23]

Hitler hielt das »Frankreichproblem« weiter in der Schwebe, es war
für ihn immer nur eine Art »Nebenkriegsschauplatz«. Am 24. Oktober
1940 kam es trotzdem zu einem Treffen zwischen dem greisen französischen Staatschef Marschall Pétain und dem Führer des Deutschen Reiches in Montoire[24]. Ein Ehrenbataillon der Wehrmacht präsentierte,
und Hitler war sichtlich bewegt, dem Sieger von Verdun gegenüberzu-
stehen. Die Aussprache, der auch von Ribbentrop und Laval beiwohn-
ten, dauerte mehrere Stunden. Hitler verlangte nicht – wie oft behauptet wird – den Kriegseintritt Frankreichs gegen England, sondern er
forderte Pétain auf, in eine europäische Koalition gegen England einzutreten und in ihrem Rahmen in Afrika militärisch aktiv zu werden.

Eine besondere Geste Deutschlands gegenüber dem besiegten
Lande, war die Überführung der Gebeine von Napoleons Sohn, dem
»Herzog von Reichstadt«, aus der Kapuzinergruft in Wien nach Paris.
Den Befehl dazu gab Hitler bereits im Juni 1940, als er am Grabe des
großen Korsen tief bewegt äußerte, der Sohn müsse an der Seite seines
Vaters ruhen. Am 15. Dezember war es dann soweit: Der bronzene Sarg
wurde zu später Abendstunde in sehr eindrucksvoller Weise durch die
Wehrmacht am Bahnhof Austerlitz eingeholt und unter dem Schein der
Fackeln auf einer Lafette zum Invalidendom gebracht. Dort übergaben
Angehörige der Deutschen Botschaft die sterblichen Überreste des
»Roi de Rome« an Frankreich. Der Bildhauer Arno Breker, der der
Zeremonie beiwohnte, erinnert sich: »*Dem als versöhnende Geste*
gemeinten Akt fehlte die letzte Großzügigkeit: die Trikolore; sie war in

der besetzten Hauptstadt noch nicht geduldet. Das Ganze entlockte dem französischen Volk in der damaligen Situation kein übermächtig positives Echo.«[25]

Eine Delegation japanischer Offiziere allerdings, welche zu dieser Zeit gerade Frankreich besuchte, war beeindruckt. Ihr Chef führte bei seiner Tischrede in der Deutschen Botschaft aus: »*Sie haben damit den größten Sieg errungen, den ein Sieger erringen kann, den Sieg über sich selbst, über seinen Haß gegen den besiegten Feind. Diese Geste wird im gesamten japanischen Volke einen gewaltigen Widerhall finden und höchste Verehrung hervorrufen.*«[26]

Um die europäischen Neuordnungspläne voranzutreiben, traf Abetz in Paris wiederholt mit dem Chef der belgischen Rexisten, Léon Degrelle, zusammen, mit dem er bereits 1936 in Berlin Freundschaft geschlossen hatte. Dessen Wunsch nach einem »Groß-Burgund« wurde von Abetz unterstützt und sollte zusammen mit dem erneuerten Frankreich einer der Grundpfeiler des neu zu errichtenden Europa sein. Degrelle: »*Den frankophilen Otto Abetz begeisterten diese immer wieder zwischen uns diskutierten Pläne. ›Ich werde jetzt die Dinge einer Entscheidung zuführen‹, sagte er, ohne einstweilen irgendwelche Details zu erläutern. Ich warnte ihn noch einmal vor den lamettabehängten Offizieren der deutschen Militärverwaltung: ›Von diesen reaktionären Bürokraten haben wir mit unseren revolutionären Europa-Ideen nichts zu erwarten. Die Entscheidung muß direkt von Hitler kommen.‹*«[27]

Abetz war es auch, der eine Begegnung zwischen Degrelle und dem Vorsitzenden der aufgelösten Sozialistischen Arbeiterpartei Belgiens, Henri de Man, zustande brachte. Beide erkannten in dieser Besprechung, daß sie eigentlich schon seit Jahren das gleiche gedacht und gewollt hatten. An diesem Abend schmiedeten Henri de Man mit seinen Sozialisten und Degrelle mit den jungen Sturmtruppen des Rexismus ein Bündnis. »Trauzeuge« der neuen Verbindung war Otto Abetz.

Gerhard Heller, ehemaliger Angehöriger der »Propagandastaffel« im besetzten Paris und als solcher für die Literatur zuständig, eng befreundet mit Ernst Jünger, welcher im Stab des deutschen Militärbefehlshabers in Frankreich Dienst tat, gibt ein anschauliches Bild vom Abetz jener Zeit:

»Immer wenn ich mit Abetz zu tun hatte, fand ich in ihm einen verständnisvollen Gesprächspartner. Er ließ mir schließlich sogar freie Hand in meinen Beziehungen zu den französischen Intellektuellen. Manchmal begegnete ich ihm in der Botschaft … [er] kam des öfteren …

*aus seiner Wohnung herunter in die Büroräume, um die letzten Tele-
gramme oder eingegangene Akten einzusehen. Bei solcher Gelegenheit
konnte ich ihn begrüßen und ihm das eine oder andere Problem vortragen, und ob es sich nun um Boutelleau (den Sohn von Chardonne),
Fabre-Luc oder Max Jacob handelte, stets versicherte er mich seiner
Unterstützung: ›Versuchen Sie das Beste daraus zu machen, ich werde Sie
decken.‹ Mir gegenüber … war er immer sehr offen und stets bereit,
meine Interventionen zugunsten der Franzosen zu verstehen und zu
unterstützen.*

*Er persönlich war auch weder antisemitisch eingestellt, noch glaubte
er an die Überlegenheit der germanischen Rasse. Doch seine Macht war
begrenzt, vor allem nach seiner Rückkehr 1943. ›Diesmal hatte ich den
Eindruck‹, sagte er, ›als sei Paris zum zweiten Mal erobert worden: überall kamen mir Sonderbeauftragte der Partei oder des SD ins Gehege, und
diese Leute hatten keinerlei Konzept für eine Zusammenarbeit mit
Frankreich, sie wollten das Land nur bis zum letzten Blutstropfen aus-
saugen.‹ Bedauerlich ist nur, daß er nicht den Mut fand, seinen Abschied
zu nehmen, als die Anweisungen seiner Vorgesetzten in fundamentalen
Gegensatz traten zu seinen ureigensten Überzeugungen. Doch er war
nun einmal in das Räderwerk dieser Kriegsmaschinerie eingespannt,
liebte die Macht und glaubte, das Schlimmste verhindern zu können,
wenn er nur auf seinem Posten ausharrte.«*[28]

Das kulturelle und wissenschaftliche Leben in Paris ging auch
während der deutschen Besatzung nahezu friedensmäßig weiter. Mitten im Kriege erteilte man französischen Künstlern die Ausreisegeneh-
migung für Tourneen ins Ausland[29]. Die Zensur wurde großzügig
gehandhabt. So wurden die Werke Paul Claudels oder Jean-Paul Sart-
res nicht nur weiterhin gedruckt, sondern auch aufgeführt. Trotz der allgemeinen Papierknappheit erhielten die französischen Verlage bedeu-
tende Papierzuteilungen, und das französische Verlagswesen erreichte
1943 sogar die Spitze der Weltproduktion. Ungeachtet dessen ließ
Abetz ein Verzeichnis von Büchern erstellen, die aus Buchhandel und
Verlagsprogrammen verschwinden mußten, die sog. »Liste Otto«. Und
natürlich muß man Abetz vorwerfen, daß er sich an den Raubzügen in
französischen Museen beteiligte, welche schon kurz nach der Besatzung anliefen und bei denen tausende von Kunstwerken im Schloß von
Chambord an der Loire »ausgelagert« wurden, um dann ins Reich
geschafft zu werden. Erst ein Führerbefehl soll derartige Speditionen
beendet haben.

269

Obwohl die deutsche Besatzungsmacht dem französischen Volke gegenüber in den meisten Fällen ritterlich auftrat, dauerte es nicht lange, bis die ersten Attentate gegen deutsche Offiziere und Soldaten in Frankreich vorkamen. Schon im November 1940 hatte es auf den Champs-Elysées antideutsche Studentenunruhen gegeben. Das FHQ ordnete daraufhin für jedes unaufgeklärte Attentat die Erschießung von zunächst zwanzig bis fünfzig und zuletzt hundert Geiseln an. Dieser Tatbestand stellte die Botschaft vor eine ihrer schwierigsten politischen Aufgaben. Abetz:

»*Völkerrechtlich umstritten, wird diese Maßnahme ausnahmslos von allen Armeen angewandt, wenn die Verhältnisse es fordern; eine Truppe kann es nicht ungeahndet lassen, wenn ihre Angehörigen feigerweise von Zivilisten aus dem Hinterhalt ermordet werden. Eine Festnahme und Erschießung von Geiseln läßt sich aber, wenn überhaupt, nur dann rechtfertigen, wenn durch diese abschreckende Maßnahme die Gefahr von Attentaten gegen die Truppe verringert wird. Was jedoch, wenn die Urheber der Attentate es geradezu darauf anlegen, Massenerschießungen von Geiseln hervorzurufen, weil ihrer Ansicht nach zwischen der Bevölkerung und der Besatzungsmacht ein zu gutes Einvernehmen herrscht, und weil sie wünschen, daß den erschossenen Geiseln in neuen, immer zahlreicheren Attentätern Rächer entstehen?*«[30]

Dies war in der Tat ein Problem, vor dem Abetz hier stand, und de facto konnte er auch nur in den seltensten Fällen derartige Erschießungen verhindern. Ribbentrop persönlich verbot ihm dann auch noch, sich in diese Frage einzumischen. Selbst im FHQ wurde Otto Abetz zu einem Gesprächsthema. Auf die Regierungskrise in Vichy anspielend, meinte Hitler am 27. Februar: »*In Paris kriegen wir eine zweite Regierung. Abetz ist mir ein wenig zu stark nur auf Kollaboration eingestellt. Genau kann ich ihm meine Ziele nicht sagen, weil er eine Frau hat. Ich kenne jemand, der hat geredet im Schlaf; man weiß ja gar nicht, ob Abetz nicht auch im Schlaf redet! Aber: er baut sorgfältig in Paris die Opposition auf, da nützt ihm seine Frau.*«[31]

Kurz vor Weihnachten 1942 wurde Abetz zu einer Besprechung mit Laval und dem italienischen Außenminister Graf Ciano im FHQ hinzugezogen. Im Anschluß daran teilte ihm der Reichsaußenminister mit, daß er zunächst noch nicht auf seinen Pariser Posten zurückgeschickt werde. Die genauen Gründe hierfür wurden ihm nie mitgeteilt, wahrscheinlich ist jedoch, daß Abetz' allgemeine Ansichten und der »liberale« Kurs sowie seine Opposition gegen die Zwangseinziehungen französischer Arbeiter durch die Maßnahmen Sauckels Hitlers Mißfallen erregt hatten. In etlichen Kreisen der Partei und des Staates galt Abetz einfach als hemmungslos »frankophil«. Auch hatte er seine abweichenden Ansichten über die deutsche Frankreichpolitik im Gespräch mit Hitler nie verheimlicht. »Was fällt Ihnen denn ein«, hielt ihm von Ribbentrop einmal nach einem Vortrage bei Hitler vor, »so dürfen Sie doch nicht mit einem Staatsoberhaupte sprechen«. Nach außen hin wurde Abetz' Abwesenheit von Paris als Erholungsurlaub ausgegeben. Er fand nun die Muße, an einem Memorandum über die »Deutsch-französischen Beziehungen seit dem Waffenstillstand und ihre Rückwirkungen auf die Entwicklung der militärischen Lage im Mittelmeer und in Nordafrika« zu arbeiten. Es handelte sich hierbei um nichts weniger als eine »Anklageschrift« gegen die Frankreichpolitik der Reichsregierung und speziell deren Versäumnisse.

Mitte November 1943 plötzlich erfuhr Abetz von Ribbentrop, daß Hitler ihm eine neue Mission in Paris anvertrauen wolle und er sich daher unverzüglich im FHQ zu melden habe. Hitler ermahnte Abetz bei dieser Gelegenheit zu mehr »Härte« und warnte ihn vor den Gefahren einer »Gefühlspolitik«: »*Es ist in der Politik immer gefährlich, seinen Gefühlen zu folgen. Auch ich bin Italien gegenüber meinen Gefühlen gefolgt und habe damit einen großen Fehler begangen.*«[32]

Abetz' so plötzlich wiedererlangte Gnade hatte ihren Ursprung wohl vor allem in der Regierungskrise des Vichy-Regimes. Zwischen Marschall Pétain, Laval und Admiral Darlan hatte es erhebliche Meinungsverschiedenheiten gegeben. Hier »Ordnung zu schaffen« war das Ziel von Ribbentrops: 1. Verhinderung eines Zusammentritts der französischen Nationalversammlung; 2. Festigung der Position Lavals; 3. Absetzung aller Regierungsmitglieder und hohen Verwaltungsbeamten, die nicht im gewünschten Maße zur Zusammenarbeit mit Deutschland bereit waren; 4. Durchsetzung der Reichsinteressen insoweit, daß Vichy in Zukunft das deutsche Einverständnis für gesetzesändernde Entwürfe einholen müsse. Abetz war selbstverständlich bestrebt, eine gütliche Regelung herbeizuführen. Nach einigen Unterredungen mit Pétain schien die Regierungskrise zunächst beigelegt. Radikalere Elemente wurden beruhigt, da man das Staatssekretariat für Information und Propaganda an Philippe Henriot übergab, der sich schon vor dem Kriege durch seine Rednergabe einen Namen gemacht hatte[33]. Im Innenministerium wurde ein Generalsekretariat für die »Aufrechterhaltung der öffentlichen Ruhe und Ordnung« geschaffen und dem Chef der »Französischen Miliz«, Joseph Darnand, anvertraut.

Ein zweiter Auftrag Ribbentrops bereitete Abetz fast noch mehr Kopfzerbrechen. 2000 Franzosen sollten anhand einer »Schwarzen Liste« verhaftet werden, da von ihnen im Augenblick einer täglich zu erwartenden anglo-amerikanischen Invasion eine enorme Gefahr für die Sicherheit der deutschen Besatzungsmacht ausgehen werde. Im Einvernehmen mit dem Befehlshaber der deutschen Sicherheitspolizei in Frankreich ließ Abetz jene Liste von 2000 auf nach und nach 6 Personen reduzieren. Von diesen sechs aber wurden nur zwei verhaftet, da von ihnen tatsächlich Widerstandshandlungen ausgegangen waren. Als Ribbentrop im Mai 1944 feststellte, daß Abetz seinem Befehl zu den präventiven Verhaftungen nur äußerst unzureichend nachgekommen war, ordnete er ein Disziplinarverfahren gegen ihn an. Auch der von Fritz Sauckel, dem Generalbevollmächtigten für den Arbeitseinsatz, betriebene Masseneinsatz französischer Arbeiter im Reichsgebiet wurde von Abetz hintertrieben, indem er diverse »Führerbefehle« gegeneinander ausspielte.

Die Invasion am 6. Juni 1944 stellte schließlich alle anderen Ereignisse in den Schatten. Jetzt ging es nur noch um das nackte Überleben. Inmitten der allgemeinen Verwirrung erfolgte der Putsch vom 20. Juli 1944. Abetz erfuhr erst durch den deutschen Rundfunk davon. Von einem Angestellten der Botschaft erhielt er dann Kenntnis von der Verhaftung des »Höheren SS- und Polizeiführers in Frankreich«, Obergruppenführer Oberg und des »Befehlshabers der Sicherheitspolizei und des SD«, Standartenführer Dr. Knochen. Die Verhaftungsaktionen wurden durch den Kommandanten des Pariser Wachregiments, den Blutordensträger General Bremer, durchgeführt. Die Internierungen währten jedoch nur wenige Stunden, und schon bald konnten sie sich »aus der Haft zurückmelden«. Alles sei nur ein Mißverständnis gewesen, erklärte General von Stülpnagel den verärgerten SS-Führern. Ernst Jünger zitiert von Stülpnagels Ausspruch in seinem *Zweiten Pariser Tagebuch*, man habe »die Riesenschlange im Sack gehabt und wieder herausgelassen«[34].

Während der Stunden, die Oberg und Knochen in Haft waren, wurden im Hofe der Ecole Militaire bereits die Sandsäcke aufgestellt, vor denen das höhere SS-Führerkorps am nächsten Morgen nach einem Standgericht erschossen werden sollte. Abetz berichtet hierüber:

»Dr. Knochen aber hatte nach seiner Befreiung aus der Haft dem durch das Mißglücken des Anschlages in Berlin etwas außer Fassung geratenen Oberst von Linstow sofort ohne jedes Zögern die Hand zur Versöhnung gereicht ... Oberg bemühte sich, die mit der Untersuchung der 20.-Juli-Fälle in Frankreich beauftragte Berliner Sonderkommission von General Stülpnagel fernzuhalten ... Diese Haltung war Ausdruck eines gewissen Burgfriedens, der sich im Laufe der Besatzungsjahre zwischen den Leitern der führenden deutschen Dienststellen in Paris herausgebildet hatte und der bei der deutschen Neigung zum Bruderzwist und zu Kompetenzstreitigkeiten überraschen konnte. Die Leiter der deutschen Stellen und Stäbe in Paris lagen selten miteinander in Fehde; sie bildeten aber häufig eine gemeinsame Front gegen ihre Zentralen in Berlin.«[35]

In seiner doch recht positiven Beurteilung von Oberg und Knochen ging Abetz sogar noch einen Schritt weiter, als er schrieb, er habe »bei Dr. Knochen ein größeres Verständnis feststellen können als bei manchen Persönlichkeiten und Diensten, die am 20. Juli beteiligt waren«[36]. Schnell aber traten wieder ganz andere Probleme und Ängste in den Vordergrund: Von einem Tage zum anderen war damit zu rechnen, daß der Feind vor der Stadt auftauchte. Verschiedene Befehle, die eine Zerstörung von Paris vorsahen, wurden von deutscher Botschaft und Militärs einhellig abgelehnt. Das Hauptverdienst hieran kommt nach Aussage von Abetz dem Anfang August zum Kommandanten von Groß-Paris ernannten General von Choltitz zu. Am 17. August hatte Abetz von Ribbentrop die Weisung erhalten, zusammen mit dem Botschaftspersonal die Stadt zu verlassen und die nach Belfort verlegte französische Regierung zu begleiten[37]. Abetz aber ignorierte diesen Befehl und blieb noch für einige Tage in der Botschaft. Er wollte helfen, den zahlreichen französischen Mitarbeitern deutscher Stellen, die im Reiche Zuflucht suchen wollten, noch die erforderlichen Papiere zu beschaffen.

Abetz befand sich noch immer im Gebäude der Botschaft, als aus den Fenstern der gegenüberliegenden Häuser schon auf sie geschossen wurde. Erstaunlich, wie ruhig die französische Bevölkerung blieb, selbst als im Herzen der Stadt gekämpft wurde und die deutschen Tiger-Panzer über die Champs-Elysées rollten. In der Nacht vom 21. zum 22. August verließ Abetz Paris. Sofort nach seiner Ankunft in Belfort rief man ihn ins FHQ. In Berlin lief das Gerücht um, Abetz sei zum Feinde übergelaufen.

273

In letzter Stunde entschloß sich die Reichsregierung zur Umquartierung Marschall Pétains und der abgedankten Minister in das Reichsgebiet. Die Wahl fiel auf Sigmaringen. Hierzu wurde das Schloß des Städtchens beschlagnahmt und in seinen verschiedenen Flügeln die Vertreter der französischen Regierungskommission untergebracht. Der Streit zwischen den diversen politischen Richtungen wurde in Sigmaringen fortgesetzt. Jacques Doriot etwa, der Führer der »Parti Populaire Français« (PPR), war mit seinen Mitarbeitern nicht nach Sigmaringen, sondern auf die Insel Mainau übergesiedelt. Dort unterhielt er einen eigenen Radiosender, gab eigene Zeitungen heraus und bekam sogar einen Vertreter des AA an die Seite gestellt. Sein Ziel war die Absetzung der Regierungskommission durch ein von ihm geführtes »Befreiungskomitee«. Dies alles war schlichtweg grotesk und hatte den Anschein eines Tanzes am Rande eines eruptierenden Vulkans.

Im Dezember 1944 wurde Abetz von Ribbentrop plötzlich von seinem Amt abberufen und die Leitung der »Deutschen Botschaft« in Sigmaringen dem Gesandten Reinebeck übertragen[38]. Zudem hatte von Ribbentrop Abetz den Aufenthalt in Sigmaringen verboten und jede Fühlungnahme mit Franzosen untersagt. Nochmals bat Abetz seinen Dienstherrn um Freigabe für die Wehrmacht. Doch Ribbentrop lehnte dieses Ansinnen abermals ab; er solle sich weiter für »politische Aufträge« zur Verfügung halten. Ribbentrop dachte daran, Abetz mit Friedensfühlern bei politischen Persönlichkeiten im neutralen Ausland zu beauftragen. Keiner dieser Aufträge gelangte je zur Durchführung. Im allgemeinen Chaos, welches der Kapitulation vorausging, war alles dies aber nicht mehr von Belang.

Noch vor der Besetzung Südbadens fand Abetz für seine Familie am Bodensee einen Unterschlupf, er selbst kehrte – unter falschem Namen – in den Schwarzwald zurück. Für einige Zeit verdingte er sich als Holzfäller. Zweimal wurde er verhaftet, ohne daß seine wahre Identität festgestellt wurde. Im Oktober 1943 begab er sich zur ärztlichen Behandlung in ein Sanatorium, da er an einer Herzerweiterung litt. Dort wurde er dann als »Botschafter Abetz« verhaftet. Kurze Zeit darauf befand sich Abetz – in Handschellen – auf dem Weg nach Paris. Er wurde in das Militärgefängnis »Cherche-Midi« verbracht, das ihm viereinhalb Jahre »Gastfreundschaft« gewähren sollte, wie Abetz in seinen Erinnerungen schreibt.

Während der ersten dreieinhalb Jahre befand sich Abetz in totaler Isolationshaft; er durfte mit niemandem sprechen, und auch die Hofgänge machte er allein. Endlich, am 10. Juli 1949, wurde sein Prozeß eröffnet. Die Verhandlung fand im »Palais de Justice« statt. Abetz: »*Die Anklageschrift umfaßte nahezu zweihundert Seiten, und es ist schneller gesagt, wessen ich nicht angeklagt war, als aufgezählt, in welchen Punkten gegen mich Anklage erhoben wurde.*«[39] An erster Stelle der Anklagepunkte stand seine angebliche »Plünderung« von Paris. Dieser und auch die meisten der anderen Anklagepunkte waren von der Verteidigung sehr leicht zu entkräften. Die Anklage hatte sich auch zum Ziel gesetzt, Abetz als einen rabiaten Antisemiten darzustellen. Dagegen sagten aber zahlreiche jüdische Zeugen für den ehemaligen Diplomaten aus, daß die Botschaft in zahllosen Einzelfällen zugunsten verfolgter Juden interveniert hatte und daß Abetz persönlich nie ein Antisemit gewesen sei. Als schwierig erwies sich hierbei freilich die Tatsache, daß Abetz es war, der in der besetzten Zone das Tragen des gelben Sterns angewiesen hatte. Eine aktive Beteiligung am Terrorprogramm des SD ließ sich jedoch nicht nachweisen. Auch die Frage der Geiselerschießungen wurde von diesem Tribunal als ausschließlich von Abetz befohlen ausgelegt.

Bemerkenswert ist hingegen, daß aus vielen aufgerufenen Belastungszeugen im Verlauf des Prozesses Entlastungszeugen wurden. Einer von ihnen sagte: »Abetz war der am wenigsten feindliche unter unseren Feinden.«[40] Die beste Verteidigung für Otto Abetz wären wohl einige Worte Adolf Hitlers gewesen, hätte man diese zum damaligen Zeitpunkt schon gekannt. In seinen »letzten Gesprächen« im Bunker unter der Reichskanzlei in Berlin soll er geäußert haben: »*Abetz hielt sich für neunmalklug, als er sich zum Herold einer Verständigungspolitik machte und unsere Frankreichpolitik auf diesen Weg abdrängte. In der Illusion, den Ereignissen vorzugreifen, hinkte er in Wirklichkeit hinter ihnen her. Er träumte von einem Frankreich Napoleons, das heißt, von einer französischen Nation, die die verpflichtenden Werte einer großmütigen Behandlung des Besiegten zu erfassen und zu würdigen weiß. Er hat an den Tatsachen vorbeigesehen und nicht erkannt, daß Frankreich in diesem Jahrhundert ein anderes Gesicht bekommen hatte.*«[41]

Statt eines Plädoyers legte Abetz vor dem französischen Tribunal ein Treuebekenntnis zu Deutschland ab. Er erklärte, daß er stets loyal gegenüber der Regierung gewesen sei, der er den Eid geleistet habe. Wenn er erhaltene Weisungen nicht ausgeführt hätte, so nur deshalb, weil er dadurch die deutschen Interessen besser gewahrt glaubte. Das

Plädoyer des Verteidigers hingegen dauerte sieben Stunden und war laut Abetz ein rhetorisches Meisterwerk. Schließlich wurde Otto Abetz zu zwanzig Jahren Zwangsarbeit verurteilt. Pariser Zeitungen schrieben, daß er bei der Verkündung des Urteils gelächelt habe[42]. 1954 wurde er dann begnadigt und aus der Haft entlassen. Schon 1951 konnte in Deutschland sein Buch, ein Rückblick auf zwei Jahrzehnte deutscher Frankreichpolitik, erscheinen. Nur noch wenige Jahre in Freiheit waren ihm vergönnt. Am 5. Mai 1958 starben Abetz und seine Frau bei einem Autounfall auf der Autobahn Köln–Düsseldorf. Die genaue Ursache blieb weitgehend ungeklärt, nach einer Version soll die Lenkung des Fahrzeuges versagt haben, das er erst kurz zuvor als Geschenk von einem Franzosen erhalten hatte. Aber es gab auch Gerüchte von einem Anschlag zionistischer Auftraggeber.

Pierre de Pringet resümierte in seinem Buch *Die Kollaboration. Untersuchung eines Fehlschlages*:

»*Frankophil bis zur Übertreibung ..., war er der aufrichtigste Architekt der Politik der Kollaboration. Sein Nationalsozialismus war sehr oberflächlich. Was er wollte, war die Aussöhnung zwischen Deutschland und Frankreich und das Ende der periodischen Kriege zwischen ihnen. Fünfzehn Jahre früher wäre er ein ausgezeichneter Vertreter Stresemanns oder Brünings gegenüber Briand gewesen. Gewiß, er war dem Führer nicht untreu, aber ihm gefiel die Kollaboration besser als die französischen Kollaborateure, die ihm – vielleicht ohne daß er sich das eingestand – zu nationalsozialistisch waren.*«[43]

»Ein seltsamer Nazi.«

Stuttgarts Oberbürgermeister Dr. Karl Strölin

In der nationalsozialistischen Ära gab es nur wenige große Kommunalpolitiker, die sich, wenn auch überzeugte Nationalsozialisten, eine souveräne Haltung und ein eigenes Urteil bewahrt haben. Eine sehr geringe Zahl von Oberbürgermeistern großer Städte bewerteten die Verantwortung für die ihnen anvertrauten Menschen höher als den Geist einer Partei. Zu diesen wenigen Persönlichkeiten können eventuell der Frankfurter Oberbürgermeister Friedrich Krebs und sein Hamburger Kollege, der Regierende Bürgermeister Carl Vincent Krogmann gerechnet werden[1]. Der bedeutendste aber war wohl der Oberbürgermeister von Stuttgart, Dr. Karl Strölin.

Strölin wurde am 21. Oktober 1890 als Sohn des württembergischen Oberleutnants Karl von Strölin in Berlin geboren. Seine Familie stammte aus Württemberg und hatte immer wieder Militärs und Verwaltungsfachleute hervorgebracht. Strölins Mutter war die Tochter des württembergischen Generals von Seybold. 1892 zog Karl von Strölin nach Stuttgart, wo sein Sohn Karl die frühe Jugend verbrachte. 1900 übersiedelte er wieder zurück nach Berlin und Karl erhielt seine Erziehung im preußischen Kadettenkorps; eine prägende Lebenserfahrung, wie für so viele seiner Generation. Ernst von Salomon, selber Zögling der Kadettenanstalten von Karlsruhe und Berlin-Lichterfelde, verdeutlichte 1933 in seinem Buch *Die Kadetten* in gültiger Form die Erziehung in den preußischen Kadettenanstalten als ein nationales Bekenntnis zum Preußentum. Nach einem kurzen Intermezzo in Karlsruhe kam Karl auf die Hauptkadettenanstalt Großlichterfelde in Berlin, wo er das Abitur machte und seine Fähnrichsprüfung ablegte. Ab 1910 diente der junge Strölin als Fähnrich beim Infanterieregiment Kaiser Friedrich, König von Preußen, 7. württ. Nr 125. Über seine Dienstzeit dort wurden ihm ausschließlich gute Zeugnisse ausgestellt. 1911 beförderte man ihn zum Leutnant.

Strölin hatte sich von Anbeginn intensiv mit der Schießtechnik befaßt, weshalb er auf die Infanterie-Schießschule versetzt wurde. Im Schicksalsjahr 1914 zog auch Karl Strölin, wie die Jugend ganz Europas, begeistert in einen Krieg, der sich schon bald als der mörderischste der Geschichte erweisen sollte. *»Aufgestanden ist er, welcher lange schlief«*, heißt es wie in einer Ahnung in dem Gedicht *Der Krieg* von Georg Heym aus dem Jahre 1911, die lange Friedenszeit seit 1871 apostrophierend. Der Krieg hatte diese Generation, einem Wort Ernst Jüngers zufolge, gepackt wie ein Rausch: »(Er) *mußte es uns ja bringen, das Große, Starke, Feierliche. Er schien uns männliche Tat, ein fröhliches Schützengefecht auf blumigen, blutbetauten Wiesen.«*[2] Im Gefecht verlor Strölin einen Finger und mußte über einen Monat im Lazarett zubringen. Bald waren nur noch fünf Offiziere und 470 Mann seines Regiments übrig.

Kurz darauf erhielt er einen Streifschuß am Hinterkopf, diesmal brachte er fünf Monate im Lazarett zu. Nach seiner Entlassung wurde er Bataillons-Adjutant des Truppenübungsplatzes in Döberitz und Ausbilder der Offiziersanwärter. 1915 erschien Strölins Schrift *Die Kampfweise unserer Feinde* beim renommierten Verlag Mittler & Sohn in Berlin. Schnell beförderte man den einfallsreichen Offizier zum Oberleutnant. Hans Speidel, der spätere Stabschef des Militärbefehlshabers in Frankreich und nachmalige General der Bundeswehr und NATO-Oberbefehlshaber der alliierten Landstreitkräfte in Mitteleuropa, war sein Regimentskamerad[3]. 1916 kam Strölin wieder an die Front zur 1. Ersatz MG-Kompanie beim XIII. Armeekorps. Dort war er zuständig für die Ausbildung der württembergischen Regimenter und zog mit ihnen in die Schlacht um Ypern, jenem Ort, an dem auch der Frontsoldat Adolf Hitler 1914 seine Feuertaufe erhalten hatte.

Im Mai wurde Strölin Kompanieführer der MG-Kompanie des Ulmer Grenadierregiments 123, mit der er an der Somme kämpfte. 1917 schließlich kam die Versetzung zum Stab des neuen Generalkommandos »ZbV« Nr. 64 als Generalstabsoffizier in Colmar. Dieser Dienst lag dem impulsiven Strölin augenscheinlich nur wenig, denn schon bald meldete er sich als Flugzeugbeobachter bei der noch jungen Luftwaffe der kaiserlichen Armee. Der Stabsarzt bescheinigte Strölin allerdings eine »hochgradige Nervosität« und sah ihn als »wenig geeignet« für die Luftwaffe an. Prompt schickte er Strölin, bei dem die Kriegsereignisse offensichtlich ihre Spuren hinterlassen hatten, einen Monat in Urlaub. Strölin kehrte nach Colmar zurück, erlitt im März 1918 aber einen Nervenzusammenbruch, worauf sich eine zweimonatige Kur anschloß. Im Juni kam die erneute Beförderung zum Hauptmann und eine neue Funktion als Ausbilder der Offiziersanwärter auf dem Truppenübungsplatz Münsingen.

Dort ereilte Strölin die Nachricht von der Kapitulation des deutschen Kaiserreiches. Wie so viele, wußte er zunächst nicht wohin, war doch auch sein ganzes Denken und Fühlen über Jahre von militärischen Kategorien geprägt worden. Er verblieb also beim Militär, genauer bei der Militärpolizei. Als Angehöriger der Sicherheitskompanie 121 machte er im Mai 1919 den Einzug in München mit, als deutsche Freikorps die Stadt von der Räterepublik befreiten. In diese Zeit fällt ein dunkler Schatten auf die Biographie Strölins. Als Vorsitzender eines Feldgerichts soll er 52 Russen, welche Funktionen im Arbeiter- und Soldatenrat einnahmen, zum Tode verurteilt und hinrichten haben lassen. Doch wurden die tatsächlichen Vorgänge niemals aufgeklärt und eine Beteiligung Strölins nicht nachgewiesen.[4] Strölin wurde alsbald als Kompanieführer der neuen Reichswehr nach Stuttgart versetzt, jener Stadt, die ihm zum Schicksal werden sollte.

Es folgte eine kurze Dienstzeit in Ludwigsburg, bevor Strölin im August 1920 seinen Abschied von der Armee nahm, um ein Studium der Staatswissenschaften in Gießen und Wien zu beginnen. Sein Lehrer in Wien war Othmar Spann, dem er seine Dissertation *Die wirtschaftliche Lage der Arbeiterklasse und des Mittelstandes der Stadt Stuttgart vor und nach dem Krieg* vorlegte und promovierte[5]. Der Nationalökonom und Philosoph Spann war ein Verfechter des »Ständestaates«, an dessen Spitze als eigener Stand ein staatstragender Personenkreis zu stehen habe und die Neuordnung von Staat und Gesellschaft auf berufsständischer Grundlage gefordert wurde. Als scharfer Gegner von Marxismus und Liberalismus vertrat Spann dennoch eine universalistisch-idealistische Gesellschaftslehre, in der der einzelne als soziologisches Glied der Ganzheit betrachtet wurde. Diese Haltung Spanns sorgte in den zwanziger Jahren für regelrechte Saalschlachten unter den Hörern seiner Vorlesungen, die sicher auch Strölin miterlebte. Spanns Name wurde so über Nacht zu einem Begriff.

Im Oktober 1923 nahm Strölin eine Stelle als wissenschaftlicher Mitarbeiter bei den Stuttgarter Gaswerken an, wo er eine steile Karriere machte. Schnell avancierte er zum Geschäftsführer der Gaswerke mit

Spezialgebiet Energiewirtschaft. Weit über Stuttgart hinaus wurde Strölin als ausgewiesener Fachmann auf diesem Sektor anerkannt und sein Rat gehört.

Die politischen Verhältnisse aber behagten dem ausgesprochen nationalgesinnten Strölin keineswegs und sein Ehrgeiz suchte auch auf diesem Sektor eine Möglichkeit nach Ausdruck und Gestaltung. Bereits in Wien hatte er eine Hitler-Versammlung erlebt und schon im Oktober 1923 soll er einen Antrag auf Mitgliedschaft in der NSDAP gestellt haben. Einige Stimmen besagen allerdings, daß Strölin seit dieser Zeit als Organisator der NSDAP in Stuttgart und Umland tätig gewesen sein soll, wahrscheinlicher ist jedoch, daß er dies für die konkurrierende NSFB tat. In den Jahren bis 1930 stand das berufliche Fortkommen für Strölin zweifellos im Vordergrund seiner Ambitionen. Seiner Sympathie für die aufstrebende Hitler-Bewegung verlieh Strölin allerdings stets Ausdruck. Erst nach einer Hitler-Kundgebung am 7. Dezember 1930 in Stuttgart, welche über 30000 Stuttgarter besuchten, trat Strölin der Partei definitiv bei. Er war beeindruckt von dem gesellschaftspolitischen Entwurf und der Idee eines nationalen Sozialismus. In seinen Reden führte Hitler damals öfter die Notwendigkeit eines Zusammengehens zwischen Nationalismus und Sozialismus an. An jenem 7. Dezember 1930 sagte Hitler:

»Wenn wir erklären, daß Sozialismus und Nationalismus keine getrennten Begriffe sind, daß sie im tiefsten Grunde ein und dasselbe sind, so ist das eine Behauptung, deren Wahrheit durch das Leben bewiesen wird. Hunderttausende von Leuten, die das Braunhemd tragen, und auch diejenigen, denen es ausgezogen wurde, sind ein Beweis für die Richtigkeit unserer Thesen. Fragen Sie doch einen der jungen Leute: Was bist Du von Beruf? Sie werden tausend Antworten erhalten: Schlosser, Student, Bauer, Ingenieur, Graf, Prinz, alles was deutsch heißt. Wenn Sie einen anderen fragen: Was bist Du, Bürger oder Proletarier? So werden Sie zur Antwort bekommen: Wir sind deutsch und wollen auch nichts anderes sein! Das sind blöde Begriffe, die Ihr von der Linken uns einstmals eingehämmert habt.

Unsere Idee führt uns zusammen, unsere Kämpfe haben uns gegenseitig schätzen gelernt. Wie lächerlich ist doch im Grunde genommen die Trennung für die, die im Lebensberufe stehen! Was hat das zu bedeuten: Schlosser, Ingenieur, Bauer? Genausoviel wie in Rußland, wo es Arbeiter und andere Spezialisten gibt. Aus allen Lagern und Konfessionen kommen sie zu uns, aus der Erkenntnis heraus, daß es nur ein Volk geben kann, da wir nur ein Ziel kennen. Wir haben den Beweis angetreten vor elf Jahren, haben mit tausend Widerständen zu kämpfen gehabt; alles lachte und spottete. Und es ist trotzdem das große Werk gelungen. Aus den ersten sieben Mann sind Millionen geworden. Das ist der lebendige Beweis, daß unsere These ›Sozialismus und Nationalismus sind eins‹ die richtige ist.

Wir sind Sozialisten, indem wir höchste Nationalisten sind. Es ist nicht wichtig, was du für einen Beruf und was du für eine Stellung einnimmst, ob du Mechaniker, Schlosser, Bauer oder Prinz bist. Das einzig Wichtige ist, daß ich ein Deutscher bin und daß du auch ein Deutscher bist.«[6]

Auch die Stuttgarter Parteiorganisation mußte sich erst allmählich konsolodieren. So war es noch Anfang 1930 zu einer schweren Krise gekommen, in deren Verlauf der Stuttgarter SA-Führer aus der Partei ausgeschlossen wurde. Die Gauleitung nahm daraufhin eine vollständige Säuberung vor, welche zur Auflösung der SA-Strukturen führte[7]. Im April 1932 kandidierte Strölin für das Amt des Stuttgarter Oberbürgermeisters unter der Losung »*Stuttgart wählt Strölin!*«. Persönliche Gespräche mit dem württembergischen Gauleiter Murr und Hitler in München bestätigten die Kandidatur Strölins[7]. Bei der Wahl vom 24. April erzielte die NSDAP zwar Stimmengewinne, aber schon bei den Gemeinderatswahlen 1932 wurde die NSDAP zweitstärkste Partei in Stuttgart. Strölin etablierte sich in der Folgezeit auch als Wirtschaftsreferent der Reichs- und Gauleitung seiner Partei.

Nach der Machtübernahme im Januar 1933 erhielt Gauleiter Murr das Amt des Staatspräsidenten und Reichstatthalters in Württemberg. Strölin fungierte seit dem 16. März als Staatskommissar. Der langjährige Stuttgarter OB Lautenschlager blieb zunächst im Amt und regierte de facto sechs Wochen gemeinsam mit Strölin die Stadt, was für NS-Verhältnisse etwas besagen wollte. Stuttgart besaß seit langem eine große Kontinuität in der Besetzung des Amtes des Stadtoberen. Von 1899 bis 1911 hatte Heinrich Gauß die Geschicke der Stadt gelenkt, Karl Lautenschlager von 1911 bis 1933, beides große Kommunalpolitiker[8].

Am 15. Februar setzte Hitler in Stuttgart seine Wahlkampagne fort. In Württemberg bestand noch eine Regierung unter Staatspräsident Dr. Bolz von der Zentrumspartei[9]. Mit diesem wollte Hitler in Stuttgart abrechnen, stellvertretend für das gesamte Zentrum. Bolz hatte die neue Regierung Hitler in einer Erklärung abgelehnt. Nun erhielt er von Hitler in Stuttgart die Antwort:

»Ich verstehe, wenn ein Staatspräsident die Stunde für gekommen erachtet, sich mit dieser Erscheinung der neuen Zeit auseinanderzusetzen. Ich will gern Ausdrücke verzeihen, die wenig sachlich dabei gefallen sind, denn die innere Unruhe und Nervosität ist bei diesem Repräsentanten der vergangenen Zeit ja schließlich verständlich. Darunter möchte ich in der gleichen Form nicht antworten, sondern nur rein sachlich erwidern und Punkt für Punkt die Angriffe zurückweisen. Wenn der Staatspräsident Dr. Bolz uns vorwirft, daß wir 12 Jahre lang nichts als Phrasen gekannt hätten, so antworte ich: 12 Jahre haben nicht wir regiert, sondern die Partei des Herrn Staatspräsidenten. Das Volk wird selbst erkannt haben, auf welcher Seite in dieser Zeit die Phrasen gefallen sind. 12 Jahre sind dafür ein schlüssiger Beweis, sonst wären die andern ja nicht zu uns gekommen. In diesen langen Jahren, in denen die Partei des Herrn Staatspräsidenten regiert hat, haben wir den Verfall auf allen Gebieten erlebt.

Es setzt mich in Erstaunen, daß ein Vertreter des Zentrums uns gegenüber von Freiheit redet. Hat nicht unsere Bewegung seit 13 Jahren eine unerhörte Kette von Unterdrückung und Knebelung erfahren von jenen, die heute so zu uns reden? War es Freiheit, daß man unsere Bewegung wegen ihres nationalen Wollens strafte und unterdrückte? Daß man ihre Kämpfer in die Gefängnisse warf, daß man unseren SA-Männern die Hemden auszog, daß man unsere Presse rücksichtslos verbot und alles das tat, wo runter wir in diesen 13 Jahren gelitten haben? Diejenigen, die 14 Jahre lang nicht von unserer Freiheit geredet haben, haben kein Recht, heute davon zu reden. Ich brauche als Kanzler nur alles das anzuwenden, was man einst gegen die Freunde der Nation angewendet hat. Ich brauche nur ein Gesetz zum Schutze des nationalen Staates anzuwenden, wie sie damals ein Gesetz zum Schutze der Republik machten, dann würden sie einsehen, daß nicht alles, was sie Freiheit nannten, Freiheit war.

Und wenn diese Parteien heute sagen, daß sich doch wenigstens allmählich eine Besserung angebahnt habe, dann ist es nicht deshalb geschehen, weil sie da waren, sondern diese junge Bewegung ins Leben getreten war. Wenn heute uns ein Volk in Genf Sympathien entgegenbringt, dann haben nicht sie, sondern wir diese Entwicklung angebahnt. Heute sagen sie, das Christentum sei in Gefahr, der katholische Glaube bedroht. Darauf habe ich zu erwidern: Zunächst stehen heute an der Spitze Deutschlands Christen und keine internationalen Atheisten

Ich rede nicht vom Christentum, sondern ich bekenne, daß ich mich auch niemals verbinden werde mit solchen Parteien, die das Christentum zerstören wollen. Vierzehn Jahre sind sie mit dem Atheismus Arm in Arm *gegangen. Dem Christentum ist niemals größerer Abbruch getan worden als in der Zeit, da diese christlichen Parteien mit den Gottesleugnern in einer Regierung saßen. Das ganze Kulturleben Deutschlands ist in dieser Zeit zerrüttet und verseucht worden. Es wird unsere Aufgabe sein, diese Fäulniserscheinungen in der Literatur, in Theater, in Schulen und Presse, kurz in unserer ganzen Kultur, auszubrennen und das Gift zu beseitigen, das in diesen vierzehn Jahren in unser ganzes Leben hineingeflossen ist. Und haben sie auch auf wirtschaftlichem Gebiet christlich gehandelt? War die Inflation, die unter ihrer Herrschaft kam, etwa ein christliches Unternehmen? Waren die Vernichtung der deutschen Wirtschaft, die Verelendung des Handwerkerstandes, der Zusammenbruch der Bauernhöfe, das ständige Anwachsen der Arbeitslosigkeit, die wir in vierzehn Jahren miterlebten, etwa christliches Handeln?*

Wenn ihr heute sagt, wir brauchen noch ein paar Jahre Zeit, um diesen Zustand zu ändern, dann antworte ich: Nein, jetzt ist es für euch zu spät, es anders zu machen. Dazu hattet ihr 14 Jahre lang Zeit, in denen euch der Himmel alle Macht dazu gegeben hatte, um zu zeigen, was ihr könnt. Ihr habt versagt auf allen Gebieten; eine einzige Reihenfolge von furchtbaren Irrungen ist euer Werk Wenn man uns heute sagt, wir besäßen kein Programm, dann antworte ich: Seit zwei Jahren lebt dieses andere Deutschland von Einbrüchen in unsere geistige Welt. Alle diese Pläne von Arbeitsbeschaffung, Arbeitsdienst usw., sie stammen nicht vom Herrn Staatspräsidenten Bolz, sondern aus unserem Aufbauprogramm, aus dem man sie herauslöste und damit ihre Durchführung außerhalb des Organes ganz unmöglich machte. Ich wiederhole, daß unser Kampf gegen den Marxismus unerbittlich sein wird und daß jede Bewegung, die sich mit ihm verbindet, mit ihm unter die Räder kommen wird. Wir wollen keinen inneren Bruderkrieg und reichen jedem, der an unserem Aufbau mitarbeiten will, die Hand. Aber über eines darf kein Zweifel sein: Die Zeit der internationalen marxistisch-pazifistischen Zersetzung und Zerstörung unseres Vaterlandes ist vorbei.

Am 5. März ist das deutsche Volk noch einmal selbst zur Entscheidung aufgerufen Es soll sich entscheiden, ob es noch einmal die 14 vergangenen Jahre erleben oder mit uns in eine Zukunft marschieren will, die wir aus unserer Kraft, die in uns liegt, formen werden. Ich bin bereit, jedem die Hand zu geben, der mithelfen will, auch denen, die bisher verblendet waren. Ich werde in diesem Wahlkampf nicht auf Fonds zur Bekämpfung des Verbrechertums zurückgreifen, obwohl ich mehr Grund dazu hätte als die anderen. Aber ich bin entschlossen, mit meinen Verbündeten unter keinen Umständen Deutschland wieder in das vergangene Regiment zurückfallen zu lassen. Deutschland darf und wird nicht mehr zurücksinken in die Hand seiner Verderber.«[10]

Ein Teil von Hitlers Rede konnte nicht via Rundfunk übertragen werden, da ein Kabel von Kommunisten in einem Sabotageakt offensichtlich zerstört worden war. Joseph Goebbels, der Hitler nach Stuttgart begleitet hatte, schreibt hierzu in seinem Tagebuch: »*Da wir in der Nacht zurückfliegen können, lasse ich gleich die verantwortlichen Herren vom Rundfunk im Hotel antanzen und geige ihnen die Meinung in einer Art und Weise, daß ihnen Hören und Sehen vergeht. Gleich am anderen Tage sollen zwei von ihnen telegraphisch ihres Amtes enthoben werden. Jetzt wird den anderen wohl die Lust vergehen, uns durch Sabotage zu stören. Es scheint sich im übrigen in Deutschland noch nicht herumgesprochen haben, daß eine Revolution im Gange ist.*«[11]

Am 31. März fand auf dem Stuttgarter Marktplatz eine Kundgebung der Kreisleitung der NSDAP mit anschließendem Fackelzug statt. Strölin hielt dort eine Ansprache an die Stuttgarter Bürger und führte aus: »*Adolf Hitler ist für uns das Symbol der Kraft, des wiedergewonnenen Glaubens an uns selbst und des unbedingten Vertrauens in eine bessere Zukunft. Ihm gelten daher neben dem allverehrten Herrn Reichspräsidenten unser innigster Dank und unsere heißesten Wünsche. Unserem Bekenntnis zu Adolf Hitler wollen wir aber heute noch einen ganz besonderen Ausdruck verleihen. Wir wollen seinen Namen einbrennen für alle Ewigkeit mitten in das Herz Stuttgarts.*«[12]

Erst am 1. Mai 1933 wurde Karl Strölin offiziell in das Amt des Stuttgarter Oberbürgermeisters eingeführt, da die Amtszeit Lautenschlagers zu diesem Datum ohnehin ablief und er in den Ruhestand ging. Daher konnte in Stuttgart eine würdige Übergabe der Amtsgeschäfte erfolgen, was bei weitem nicht in allen deutschen Städten der Fall war.

In den Augen des neuen Oberbürgermeisters hatte das parlamentarische System mit seiner unverantwortlichen Ausgabenpolitik in Deutschland ein Chaos verursacht. Er kündigte eine umfassende Reform des Gemeindeverfassungsrechts und eine radikale Entpolitisierung auf berufsständischer Grundlage an. Hier erkennt man die Handschrift des ehemaligen Schülers von Othmar Spann. Strölin beurlaubte zunächst »politisch unzuverlässige« Beamte und führte einen recht autoritären Stil im Rathaus ein. Er begann die Stadtverwaltung »schlanker« zu machen, indem er zahlreiche Ämter zusammenlegte. Ab August 1933 fanden im Gemeinderat keine Abstimmungen mehr statt.

Für den Bereich der kommunalen Selbstverwaltung waren vor allem das Führerprinzip und der Antiparlamentarismus von Bedeutung. Dies spiegelte sich in der im Januar 1935 reichseinheitlich erlassenen Deutschen Gemeindeordnung wider: Oberste Aufsichtsbehörde der Gemeinden waren der Reichsminister des Inneren, gefolgt von Reichsstatthalter und der Kommunalaufsicht. Der Gemeinde stand der Bürgermeister vor, der mit weitreichenden Kompetenzen ausgestattet war. Vertreten wurde er durch seine Beigeordneten. Diese wurden – ebenso wie der Bürgermeister – nicht gewählt, sondern berufen. Die kommunalen Vertretungskörperschaften bildeten die Gemeinderäte, die allerdings nur eine beratende Stimme hatten. Ihre Aufgabe war die Beratung des Bürgermeisters, um die »dauernde Fühlung der Verwaltung der Gemeinde mit allen Schichten der Bürgerschaft zu sichern«. Sie wurden nicht von den Bürgern gewählt, sondern im Einvernehmen mit den Bürgermeistern von der NSDAP berufen.

Mit großem Elan ging der neue OB daran die Arbeitslosigkeit zu beseitigen, die Wohnungsnot zu beheben und die Stadtentwicklung voranzutreiben. Über eintausend Veränderungen beim Personal der Stadtverwaltung wurden von Strölin veranlaßt, oft rückten »alte Kämpfer« der Partei nach, was sich wohl kaum umgehen ließ, zumal Gauleiter Murr darauf drängte. Auch als erfolgreicher Eingemeindungspolitiker hat sich Strölin betätigt. In den Jahren 1937 und 1942 kamen zahlreiche Dörfer, wie Hohenheim, Solitude und Vaihingen zum Stadtgebiet dazu. Strölins Arbeitsstil war für damalige Verhältnisse recht unorthodox; des öfteren erschien er unangemeldet in den Ämtern der Stadt und sah »nach dem Rechten«. Eine Sonderstellung in der Kommunalpolitik nahm der »Beauftragte der NSDAP« ein, der vom Stellvertreter des Führers ernannt wurde. Dieser hatte das Vorschlagsrecht bei der Besetzung der Stellen des Oberbürgermeisters, des Bürgermeisters und der Beigeordneten und hatte den »Einklang von Gemeindeverwaltung und Partei« sicherzustellen.

Um Strölins Machtausdehnung Einhalt zu gebieten, übernahm Gauleiter Murr im Juli 1937 selbst das Amt des Beauftragten der NSDAP bei der württembergischen Landeshauptstadt. Oberbürgermeister Strölin hatte ihn ab diesem Zeitpunkt über alle wichtigen Verwaltungsangelegenheiten zu informieren. Murrs Eingriffe in die städtischen Belange wurden von ihm oft mit diesem Parteiamt begründet. Im Stuttgarter Rathaus wuchs daher der Widerstand gegen die permanenten Einmischungen des Reichsstatthalters, und Strölin berief sich hierbei auf die in der deutschen Gemeindeordnung niedergeschriebene Selbständigkeit der kommunalen Verwaltungen, womit es ihm gelang, einige von Murrs unzulässigen Eingriffen zu vereiteln.

Am 30. Juli 1933 konnte Strölin Hitler anläßlich des Deutschen Turnfestes in Stuttgart begrüßen. Im selben Jahr vertrat Strölin die deutschen Gemeinden auf der Londoner Schuldnerkonferenz. Einen »seltsamen Nazi« nannte man ihn dort, wegen seines betont souveränen Auftretens. Im Oktober 1936 unternahm er eine USA-Reise, wohin er zu einem »deutschen Tag« in New York eingeladen war. Im Madison Square Garden hielt er eine Rede und trat gemeinsam mit Avery Brundage, dem Präsidenten des Nationalen Olympischen Komitees der USA, und dem deutschen Botschafter Hans Luther auf. Eine zweiwöchige Studienreise durch das Land schloß sich an. Bemerkenswert erschien ihm, eigenen Worten zufolge, die weitverbreitete, antisemitische Stimmung in den USA[13].

Stuttgart war die »Stadt des Auslandsdeutschtums«, hier hatte das Deutsche Auslandsinstitut schon seit 1917 seinen Sitz. Die maßgeblichen Schutzpatrone dieses Instituts und des Auslandsdeutschtums überhaupt waren Rudolf Heß und der Gauleiter der Auslandsorganisation (AO) der NSDAP Ernst Wilhelm Bohle[14]. Strölin wurde Vorsitzender des Instituts und leitete alljährlich die Reichstagung der Auslandsdeutschen. Er nahm unterdessen auch hohe Funktionen im NS-Hauptamt für Kommunalpolitik und somit in der Reichsleitung der NSDAP wahr. Seit 1938 war er Reichsamtsleiter für kommunale Wirtschaftspolitik. Im Rahmen kommunaler Möglichkeiten verfolgte er eine auf Ausgleich abzielende »Außenpolitik«. Insbesondere zu Frankreich versuchte er ein gutes Verhältnis herzustellen. Beim Fußball-Länderspiel Deutschland – Frankreich in Stuttgart schwenkten die französischen Gäste begeistert Hakenkreuzfähnchen. Auf Einladung Hans Speidels, damals Gehilfe des deutschen Militärattachés in Paris, nahm Strölin als Gast an den Feierlichkeiten des französischen Nationalfeiertages auf der Ehrentribüne in Paris teil. Nach fünfjähriger Abstinenz besuchte Hitler am 1. April 1938 Stuttgart und sprach vom Balkon des Rathauses zum Schwabenvolk. Anschließend trug er sich in das Goldene Buch der Stadt ein. Beim Setzen des Datums stutzte er. Strölin zu Hitler gewandt sagte: »Der 1. April.« Darauf Hitler: »Ein bedeutsamer Tag.« Strölin: »Jawohl! Bismarcks Geburtstag.« Hitler nickte stumm. Anschließend fuhr Hitlers Autokolonne im Neonlicht bis zur Schwabenhalle.

Der Krieg verlangte auch dem Stuttgarter Oberbürgermeister und der gesamten Stadtverwaltung alles ab. Gerade in diesen Jahren zeigte sich, daß Strölins Organisationsgeschick und sein technisches Verständnis sich als segensreich für die Stadt erweisen sollten. Nach den ersten verheerenden Bombenangriffen auf die württembergische Hauptstadt hielt Strölin Gemeinderatssitzungen unter freiem Himmel ab, da das Rathaus zerstört war. Anfang 1943 wollte er Fragen der Sicherheit des Luftkrieges und der Zivilbevölkerung beim Präsidenten des Roten Kreuzes Dr. Max Huber in Genf klären. Doch Hitler verbot die Ausreise. Immer mehr kamen dem Stadtoberhaupt jetzt Zweifel an der Richtigkeit der Hitlerschen Politik und der Zielsetzung des Nationalsozialismus überhaupt. Die Behandlung der Juden war durchaus nicht im Sinne Strölins. 1941, nach Einführung des Judensterns, hat Strölin diese Brandmarkung strikt abgelehnt und auswanderungswillige Juden unterstützt, wo er konnte, was vielfach verbürgt ist. Wohl wegen der bekannten organisatorischen Fähigkeiten Strölins, soll Alfred Rosenberg geplant haben, ihn als Gebietskommissar oder Gouverneur im besetzten Osten einzusetzen, eventuell auch für eine Republik der Wolgadeutschen. Es ist nicht ausgeschlossen, daß Rosenberg mit einer solchen Personalentscheidung auch beabsichtigte, ein Korrektiv zu dem Allmachtsanspruch Erich Kochs zu installieren. Doch ist es dazu nicht gekommen.

Am 25. Dezember 1941 läuteten im Stuttgarter Rundfunk die Glocken Stuttgarts für die Deutschen in aller Welt. Danach sprach Strölin von der Harmonie der Glocken und der Harmonie der deutschen Stämme »für die Macht und Stärke des Reiches, für die Schärfe des deutschen Schwertes und für den künftigen deutschen Sieg«. In einem Tagebucheintrag Strölins vom September 1942 schrieb er, es sei bedauerlich, daß die ganze Welt gegen Deutschland kämpfe, denn der Nationalsozalismus sei eine verständige Synthese aus Hochkapitalismus und Bolschewismus.

Bestärkt durch sein wachsendes Unrechtsbewußtsein ging der Stuttgarter Oberbürgermeister weiter in die Offensive. Von Oberkirchenrat Sautter aufmerksam gemacht, berichtete Strölin am 11. September 1941 an Gauleiter Murr, daß die Umsiedler aus dem Elsaß in Württemberg wie in Gefängnissen untergebracht seien. Deren Behandlung sei keineswegs mehr menschlich zu nennen, es gäbe keine Seelsorge und keine Gottesdienste, die Stimmung unter den Umsiedlern sei denkbar schlecht, viele wollten wieder zurück in ihre alte Heimat. Im

Dezember wandte sich Landesbischof Wurm im gleichen Sinne an Murr. Die Betreuung der Umsiedler lag aber bei dem Heilbronner Kreisleiter Richard Drauz, einem fanatischen Nationalsozialisten der ersten Stunde. Überdies setzte sich Strölin bei Himmler und dem Präsidenten des Volksgerichtshofes Freisler für jene Elsässer ein, die wegen geringfügiger Vergehen vom Volksgerichtshof abgeurteilt werden sollten.

Strölin übermittelte auch der »Volksdeutschen Mittelstelle« in Berlin schriftliche Beschwerden. In einem Bericht an Murr erwähnte er, daß die evangelische Kirche »die letzte Stätte des Deutschtums im Kampf um die Erhaltung von Sprache, Sitte und angestammtem Volkstum« gewesen sei. Er schloß mit den Worten:

»Gerade wir in Württemberg, dem klassischen Land der Auswanderung, mit der Stadt der Auslandsdeutschen als Gauhauptstadt und mit dem Sitz des Deutschen Auslandsinstituts haben stärkstes Interesse daran, daß die Betreuung der Übersiedlerlager in unserem Gebiet in vorbildlicher Weise erfolgt. Ich hielt es daher für geboten, Ihnen Herr Reichsstatthalter, in zusammenfassender Darstellung diese Dinge zur Kenntnis zu bringen. Ich erlaube mir, Sie auch meinerseits darum zu bitten, eine Prüfung aller dieser Klagen und eine Untersuchung der zahlreichen gemeldeten Vorkommnisse zu veranlassen.«

Strölin beging jedoch den Fehler, eine Abschrift des Briefes an den Staatssekretär im Reichsaußenministerium Ernst von Weizsäcker zu leiten[15]. Murr reagierte verärgert und wies den Oberbürgermeister in einer Antwort vom 13. September in seine Schranken. Er sprach ihm das Recht ab, sich als Präsident des Deutschen Auslandsinstituts um die Übersiedler zu kümmern, da sie nur so lange von diesem betreut würden, solange sie nicht auf deutschem Reichsgebiet seien. Danach übernehme die »Volksdeutsche Mittelstelle« diese Aufgabe. Strölin habe sich daher mit Kreisleiter Drautz auseinanderzusetzen. Strölins Aufgabe sei es nicht, sich »nach Art einer Kontrollkommission« von der Richtigkeit oder Unrichtigkeit der Beschwerden an Ort und Stelle zu überzeugen. Murr bestritt nicht, daß es in einzelnen Lagern zu Zwischenfällen gekommen sei, führte dieses aber auf leitende Personen der Lagerführung zurück, die inzwischen abgelöst worden seien.

Der Kampf mit Murr mahnte Strölin unterdessen zur Vorsicht. Am 24. September 1941 erhielt er von diesem einen weiteren Brief, der in seiner Tonart schärfer war als der vorige. Murr hatte inzwischen von den Vorstößen Strölins via Berlin erfahren. Es ist wahrscheinlich, daß die Einleitung eines Parteigerichtsverfahrens gegen Strölin auf Veranlassung Murrs zurückzuführen ist. Am 27. September besprach Strölin mit Sautter die Frage, wie man mit Himmler Verbindung aufnehmen könne, um das Verhältnis zwischen Staat und Kirche zu verbessern. Strölins Eintreten für die religiöse Betreuung in den Übersiedlerlagern im Herbst 1941 sollte weitere Folgen nach sich ziehen. Zu Beginn des Jahres 1943 erhielt er einen Anruf aus München, daß er wegen seiner Briefe an Murr sofort in die Reichsleitung nach München kommen solle. Ziel war Strölins Absetzung als Reichsamtsleiter im Hauptamt für Kommunalpolitik. Am 13. Februar traf er sich in München mit Oberbürgermeister Fiehler, dem Chef des NSDAP-Hauptamts für Kommunalpolitik, um mit ihm die weitere Verfahrensweise zu besprechen.

Strölin kämpfte energisch um sein Amt. Am 29. März fand in der Münchner Parteikanzlei eine abschließende Unterredung statt, in der ihm gedroht wurde, ihn wegen »ständiger Opposition« aller seiner Ämter zu entheben. Strölin kam diesem Schritt allerdings zuvor und bat Fiehler, ihn »im Hinblick auf meine anderweitige außerordentlich starke Arbeitsüberlastung von der Mitarbeit im Hauptamt für Kommunalpolitik zu entbinden«. Ein Jahr dauerte es, bis die Entscheidung fiel. Erst im Januar 1944 entschied Hitler selbst, Strölin unter Aberkennung seines Parteiranges aus der Reichsleitung der NSDAP zu entlassen. Damit schien Strölins Karriere in der NSDAP beendet. Sein Oberbürgermeisteramt wurde allerdings zu keiner Zeit zur Disposition gestellt. Für sich selber zog er ein ernüchterndes Fazit:

»Bei meinem Eintritt in die NSDAP habe ich erwartet, daß ein nationaler Sozialismus die Grundlage bilden würde für eine politische, wirtschaftliche und moralische Gesundung unseres Volkes, zugleich aber auch für ein friedliches Zusammenleben mit den anderen Völkern der Welt.«[16] Diese Worte lassen den Schluß zu, daß Strölin sich um seine Hoffnungen getäuscht sah. Als Wilhelm Murr am 16. Dezember 1943 seinen 55. Geburtstag feierte, befand sich auch Strölin unter den geladenen Gästen. Seinem Tagebuch vertraute er an: *»Wir sind uns darüber einig, daß wir von großem Glück sagen können, wenn wir seinen Geburtstag im nächsten Jahr im gleichen Raum und in gleicher Form begehen können.«*[17]

Ermutigt durch das gute Verhältnis zum württembergischen Landesbischof zeigte sich Strölin immer mehr als ein Mann, der die Kirchen unter seinen Schutz stellte. Anfang August 1943 teilte Strölin dem Oberkirchenrat Sautter mit, er habe durch Zufall von dessen unmittelbar bevorstehender Verhaftung erfahren, die wenige Tage später auch erfolgte. Strölin kümmerte sich um Sautters Frau und erwirkte Besuchserlaubnisse für diese. Sein mutigster Vorstoß war aber seine Denkschrift vom August 1943 an das Reichsinnenministerium. Hier entwarf er das Konzept eines vollständigen Kurswechsels in der Innen- und Außenpolitik des Reiches. Er forderte unter anderem die Beschneidung des nationalsozialistischen Einflusses auf die Verwaltung und eine Überprüfung der Zustände in den Konzentrationslagern. Daraufhin erhielt Strölin eine scharfe Verwarnung und den Hinweis auf einen möglichen Hochverratsprozeß gegen ihn. Dazu Strölin selber:

»Das Recht sollte wiederhergestellt, die Gestapofunktionen sollten aufgehoben, der Kampf gegen Kirche und Religion unterlassen, die Art der Behandlung der Juden von Grund auf geändert, Presse und Propaganda auf eine reale Grundlage gebracht und die schweren Mißstände in den besetzten Ost-Gebieten und in Elsaß-Lothringen sollten abgestellt werden. Der Krieg müsse so bald wie möglich beendet werden. Goerdeler legte großen Wert auf die Bestellung eines besonderen Reichskanzlers gegenüber Hitler als Staatsoberhaupt, damit dadurch ein gewisses politisches Gegengewicht gegen diesen geschaffen würde. Diese Denkschrift wurde von mir unterzeichnet und dem Reichsinnenministerium vorgelegt. Sie war ebenso wie verschiedene andere Denkschriften in den früheren Jahren auf das Ziel gerichtet, auf legalem Wege rechtsstaatliche Zustände wiederherzustellen. Tatsächlich ist es nur dem Verständnis und dem Wohlwollen maßgebender Persönlichkeiten des Innenministeriums zu verdanken, daß es bei der Androhung eines Hochverratsprozesses blieb, ohne daß dieser durchgeführt wurde. Goerdeler und ich besprachen diesen Fehlschlag, mit dem wir freilich von vornherein hatten rechnen müssen.«[18]

Bereits Ende 1943 hatte eine Besprechung in Stuttgart stattgefunden, an der auch ein enger Mitarbeiter des ehemaligen Leipziger Oberbürgermeisters und Reichspreiskommissars Dr. Carl Goerdeler, Paul Hahn, ein früherer Oberpolizeidirektor, teilnahm[19]. Goerdeler, der im November 1936 aufgrund der Forderung der Partei das Mendelssohn-Denkmal in Leipzig entfernen zu lassen zurücktrat, war das zivile Haupt der Verschwörung des 20. Juli 1944. Er war unterdessen Mitarbeiter des Großindustriellen Robert Bosch und dessen Direktor Hans Walz geworden[20]. Beide waren ausgesprochene Hitler-Gegner, machten aus ihrer Abneigung gegen den Nationalsozialismus kein Hehl und betonten ihre Herkunft aus dem Geist des Liberalismus. Bosch half vielen Verfolgten des Regimes und unterstützte die bedrängten Juden. Wilhelm Murr fehlte bei der Feier des 75. Geburtstages von Robert Bosch mit der Begründung, daß in der aus diesem Anlaß erschienenen Festschrift der Firma Bosch jeglicher Bezug zum Nationalsozialismus unterblieben sei.

Dieser sog. »Boschkreis« finanzierte die zahlreichen Auslandsaufenthalte Goerdelers – vorgetäuschte Geschäftsreisen –, während derer er für den Widerstand arbeitete. Nach dem Tode Robert Boschs am 12. März 1942 war der »Betriebsführer« Hans Walz der Motor des liberalen Widerstands. Goerdeler machte Besuche bei Strölin, begleitet von dem deutschen Botschafter in Rom Ullrich von Hassel und dem ehemaligen preußischen Finanzminister Popitz. Hier fiel zum ersten Male der Name Rommels. Strölin bat Hans Speidel den Feldmarschall dazu zu bewegen, an einem Treffen mit ihm und dem einstigen Reichsaußenminister von Neurath teilzunehmen. Im Februar 1943 hatte Strölin erstmals eine Unterredung mit Feldmarschall Rommel in dessen Haus in Herrlingen. Strölin kannte Rommel aus seiner Zeit bei der Reichswehr. Rommel kritisierte Hitler wegen dessen Eigenmächtigkeiten beim Eingreifen in die Kompetenzen der Frontoffiziere. In ersten Gesprächen zwischen Rommel und Strölin sprach man noch von einer »Festsetzung« Hitlers mit anschließender Aburteilung durch ein deutsches Gericht. Strölin informierte Rommel über die Vorgänge im Reich und über die Vernichtung der Juden. Rommel forderte daraufhin kategorisch Hitlers Rücktritt. Doch war er zunächst vorsichtig und wollte versuchen, Hitler zur Kapitulation zu bewegen. Wenn nicht, wolle er selbst handeln.

Während Rommels langer Abwesenheiten kümmerte sich Strölin um dessen Frau Lucie und den Sohn der Familie. Hans Speidel berichtet in seinem Buch *Invasion 1944*: »*Gegenstand der ersten Besprechungen beim Oberbefehlshaber waren unter anderem auch Gedanken des früheren Leipziger Oberbürgermeisters Dr. Goerdeler, die dem Chef des Generalstabs* [Speidel, W.B.] *durch Oberbürgermeister Strölin am 14. April in Freudenstadt für Rommel übermittelt worden sind. Goerdeler hatte Ende 1943 Strölin gebeten, Verbindung mit Feldmarschall Rommel aufzunehmen. Dieser sollte überzeugt werden, daß Hitler und sein Regime zur Rettung Deutschlands und Europas beseitigt werden müßten. Der Stuttgarter Oberbürgermeister, den Rommel als tatkräftigen und einsichtigen Mann seit langem schätzte, hatte dabei auf seine erste Besprechung mit Rommel im Februar 1943 Bezug genommen. In ihr waren die*

Möglichkeiten für eine Änderung des Regimes und eine Beendigung des Krieges erörtert worden.«[21]

Karl Strölin schrieb dazu in der Rückschau: *»Ich habe Speidel, mit dem ich schon im Ersten Weltkrieg im gleichen Regiment an der Front gestanden hatte, wegen seines hohen militärischen Könnens und wegen seiner charakterlichen Eigenschaften gleich hoch schätzen gelernt. Während des letzten Krieges hatte ich wiederholt die Lage der Dinge mit ihm besprochen und dabei immer wieder festgestellt, daß wir in ihrer Beurteilung im wesentlichen durchaus übereinstimmten. Am 14. April 1944, dem Tage ehe Speidel seinen Dienst als neu ernannter Chef des Stabes bei Rommel in Frankreich antrat, fand noch eine Unterredung mit ihm statt, in der ich ihn über die Besprechung unterrichtete, die ich im Februar mit dem Feldmarschall gehabt hatte.*

Ich legte Wert darauf, daß der Feldmarschall auch noch die Ansicht des früheren Außenministers von Neurath anhöre. Rommel bevollmächtigte Speidel, an einer Besprechung mit Neurath für ihn teilzunehmen, weil eine persönliche Zusammenkunft der beiden Männer im Hinblick auf das Mißtrauen Hitlers nicht ratsam erschien. Dieses Gespräch erfolgte am 27. Mai 1944 in Freudenstadt. Neurath gab dabei auf Grund seiner jahrelangen Erfahrungen ein Bild Hitlers in seiner Maßlosigkeit, seiner Unkenntnis anderer Völker und seiner pathologischen Unaufrichtigkeit. Er und seine Trabanten seien für das Ausland völlig untragbar. Nur politisch unantastbare Männer mit Rückhalt im Volke und Ansehen im Auslande könnten zur Rettung des Vaterlandes jetzt noch in die Bresche springen. Er, Neurath, lasse den Feldmarschall dringend bitten, sich für die Rettung des Reiches zur Verfügung zu stellen, gleichviel ob als Oberbefehlshaber der Wehrmacht oder als vorläufiger Reichspräsident. Ich selbst riet damals dazu, das Eingreifen des Feldmarschalls noch vor Beginn der Invasion durchzuführen; die deutsche Wehrmacht müsse so stark wie möglich erhalten werden, damit sich Deutschland nicht auf Gnade und Ungnade ergeben müsse. Auf Grund des Vortrages von General Speidel billigte der Feldmarschall unsere Vorschläge und ließ Neurath und mir sagen, vorbereitende Maßnahmen seien eingeleitet und er selbst sei ohne jeden persönlichen Anspruch zum Einsatz bereit ... (Rommel) glaubte, es würde ihm gelingen, im Westen einen Waffenstillstand zu erreichen. Die besetzten Westgebiete sollten geräumt, das Heer hinter den Westwall zurückgeführt und die Verwaltung dieser Gebiete an die Alliierten übergeben werden. Rommel dachte bei alledem keineswegs an eine bedingungslose Kapitulation.«[22]

Am 17. Juli 1944 wurde der Feldmarschall während einer Fahrt an die Front auf der Straße Livrot – Vimoutiers schwer verwundet, sein Wagen kam von der Straße ab, nachdem feindliche Tiefflieger ihn beschossen. Jener Mann, der im Volke ungemeine Sympathien besaß und nach einem gelungenen Umsturz eine entscheidende Rolle hätte spielen können, fiel aus. Dann erfolgte am 20. Juli 1944 das Attentat des Grafen Stauffenberg auf Adolf Hitler. An diesem Tag befand sich Strölin in Urlaub in Österreich. Am 10. August wurde – wohl wegen seiner engen Kontakte zu Rommel – seine Wohnung durchsucht, während er selbst im Rundfunk sprach:

»Besonders tief bewegt hat uns in diesen Tagen das ruchlose Attentat auf den Führer. Mit dem ganzen deutschen Volk haben wir es als Zeichen der Vorsehung angesehen, daß der Führer dabei so gut wie unverletzt geblieben ist. Es ist tief bedauerlich, daß sich Angehörige unseres Volkes, Träger einst angesehener Namen und Männer in verantwortlicher militärischer Stellung, in dem verbrecherischen Willen gefunden haben, den Führer zu beseitigen. Das ganze deutsche Volk, vor allem auch die deutsche Wehrmacht, haben sich voll Abscheu von diesen Verrätern abgewandt und sich leidenschaftlich zu unserem Führer bekannt in dem Glauben, daß er allein unser Volk durch die Gefahren der Gegenwart hindurch zu einer besseren Zukunft entgegenzuführen vermag.«

Es ist verständlich, wenn Strölin aufgrund seiner Mitwisserschaft diese Form der Mimikry wählte, wie sie wohl nur der dualistische NS-Staat erzwingen konnte. Weiter wurde er nicht behelligt, was den Schluß zuläßt, daß in den Folterkellern der Gestapo von keinem der Mitverschwörer der Name Strölins gefallen ist. Anders verlief bekanntlich das Schicksal Erwin Rommels, dessen Name von Caesar von Hofacker, Angehöriger von Stülpnagels Stab in Paris, als Mitbeteiligter am Komplott verraten worden war. Hitler befahl, daß die Generale Burgdorf und Maisel Rommel, der in seinem Haus in Herrlingen noch immer seine Verletzungen auskurierte, aufsuchen und den Feldmarschall vor die Alternative Selbstmord oder Volksgerichtshof zu stellen hätten. Hitler hatte Burgdorf ausdrücklich befohlen, Rommel daran zu hindern, sich zu erschießen. Man solle ihm vielmehr Gift anbieten, so daß der Tod in der Öffentlichkeit auf eine späte Folge von Rommels Unfall zurückgeführt werden könne. Desweiteren wurde dem populären Heerführer ein Staatsbegräbnis avisiert. Den schändlichen Ausschluß aus dem deutschen Heere, die Verhandlung vor dem Volksgerichtshof Roland Freislers sowie die Sippenhaft gegenüber seiner

Familie vor Augen, entschied sich Rommel für den Freitod durch das Gift.

Strölin, der in Rommel einen engen Freund verlor, kümmerte sich weiter um die Normalisierung des Lebens in der vom Kriege stark mitgenommenen Stadt. Gegen Ende des Krieges zeigte sich Strölin als vehementer Gegner der von Hitler angeordneten Strategie der »verbrannten Erde«. Er wollte unter keinen Umständen eine Zerstörung der Stuttgarter Neckarbrücken zulassen. Dies gelang aber nur im Falle des Bertger Stegs, welcher die Leitungen für die Wasserversorgung Stuttgarts führte. Unter Lebensgefahr betrat Strölin die Brücke und forderte von der dortigen Wehrmachtseinheit dessen Verschonung, was ihm schließlich gelang. Strölin organisierte in diesen letzten Tagen eine überaus effektive Notverwaltung und nahm seine Kontakte zum »Boschkreis« wieder auf, um der Stuttgarter Bevölkerung auch nach dem Krieg eine Lebensbasis bieten zu können.

Am 4. April 1945 besuchte er Gauleiter Murr in seinem Amtssitz, der Villa Reitzenstein. Er forderte dort, daß Murr Stuttgart nicht verteidigen lassen, sondern zur »Offenen Stadt« erklären solle. Unterstützung fand er bei Kreisleiter Walter Fischer und dem Wehrmachtskommandanten Eduard Freiherr von Scholley. Murr aber drohte diesen schärfste Strafen wegen Defaitismus an. Strölin gewann jedoch auch den Kampfkommandanten in Ludwigsburg General Kurt Hoffmann gegen die Zerstörungsbefehle. Auch der Befehlshaber im Wehrbereich V, General der Panzertruppen Rudolf Veiel, hielt eine Fortsetzung des Kampfes für sinnlos. Deshalb wurde er in die Führer-Reserve versetzt.

Am 13. April gab Murr in seiner Eigenschaft als Reichsverteidigungskommissar noch einmal bekannt, daß jeder, der dem Feind eine Panzersperre öffne oder eine weiße Fahne hisse, standrechtlich erschossen werde. Strölin versuchte bereits am 10. April Kontakt zu den Franzosen herzustellen, aber er fürchtete den überwiegend aus fanatischen HJ-Führern bestehenden »Werwolf«. Diese hatten am 25. März den von den Amerikanern eingesetzten Bürgermeister Karl Oppenhoff in Aachen erschossen, als abschreckendes Beispiel für eventuelle Nachahmer in anderen Kommunen des untergehenden Reiches. Der einstige Staatspräsident Dr. Bolz hatte noch am 23. Februar 1945 unter dem Fallbeil sein Leben lassen müssen. Richard Drauz ließ kurz vor Kriegsende noch Bewohner erschießen, die weiße Fahnen an ihren Häusern angebracht hatten[23]. Am 7. April sah man zum ersten Mal das Runenzeichen des »Werwolfs« im Stuttgarter *NS-Kurier* und an den Häuserwänden der Stadt. Dann erteilte Murr der Gauleitung und auch Strölin den Absatzbefehl, doch der OB weigerte sich, seine Stadt im Stich zu lassen.

Am 20. April 1945, dem 56. Geburtstag Hitlers, marschierten französische und US-Truppen in Stuttgart ein. Nach einer nicht ungefährlichen Fahrt durch Werwolfgebiet am 22. April, übergab Strölin die Stadt. Kein Militär wollte diese undankbare Pflicht übernehmen. Er blieb jedoch weiter im Amt und schlug den Alliierten Arnulf Klett als seinen Nachfolger vor[24]. Dann begab er sich in die Odyssee der Gefangenschaft. Im Nürnberger Prozeß war er Entlastungszeuge für Heß und Neurath. Dort wurde er von Dr. Rudolf Kempner verhört. Zuletzt war er auf der Festung Hohenasperg inhaftiert wo er eine Rechtfertigungsschrift verfaßte. In Nürnberg stufte man ihn schließlich als »Minderbelasteten« ein.

Auch nach dem Kriege verstand sich Strölin weiterhin als »nationaler Sozialist«. Er plante die Veröffentlichung seiner Autobiographie und hatte Kontakte zu politischen Rechtskreisen, für deren Schriften und Periodika er einige Beiträge verfaßte[25]. Als soldatische Persönlichkeit, die der ehemalige OB zeitlebens war, begründete er den Soldatenverband »Kyffhäuser« in Württemberg. Um seine Pension mußte Strölin unter recht unwürdigen Umständen kämpfen, eine Tatsache, die gerade unter dem Gesichtspunkt der ehrenvollen Amtsaufgabe Lautenschlagers im Jahre 1933 für ihn sehr bitter gewesen sein muß. Immer wieder vernahm man in den ersten Jahren nach Gründung der Bundesrepublik Deutschland auch Strölins Stimme zu verschiedenen Fragen, insbesondere auch Stuttgart und das Land Württemberg betreffend. Sehr viele Stuttgarter wollten ihren einstigen Oberbürgermeister wieder als Oberhaupt der Stadt eingesetzt wissen; Strölins Popularität blieb auch nach dem Kriege bei weiten Teilen der Bevölkerung ungebrochen.

Im Januar 1962 starb Dr. Karl Strölin im Alter von 72 Jahren.

Schlußbetrachtung

Epitaph eines deutschen Interregnums?

Bei der Überwindung seiner Gegner halfen Hitler oft der Zufall, seine echte oder auch nur suggerierte Kraft sowie die Unsicherheit seiner Kontrahenten. Oft konnten sie keine Klarheit darüber gewinnen, ob Hitlers Dynamik durch vorsichtige Zugeständnisse oder brüske Zurückweisung aufzufangen sei. Wenn aber das Geschehen jener Jahre undenkbar ist ohne Adolf Hitler, so ist es dies um so mehr ohne all die Menschen, die seinen Aufstieg erst ermöglichten. Alle Protagonisten der vorliegenden Arbeit fanden ihre Grenzen, wenn sie Hitlers Machtanspruch und seine exzeptionelle Rolle in Frage stellten. Und wie wir sahen, war dies bei weitem nicht nur bei den Vorgängen um Ernst Röhm und Gregor Strasser, die der ganzen Weltöffentlichkeit bekannt wurden, der Fall.

Selbstverständlich verfügte Hitler nach 1933 in Deutschland über eine außerordentliche Macht. Aber die vorstehend geschilderten Ereignisse zeigen deutlich, daß auch er sich den unterschiedlichsten Strömungen zumindest zeitweise zu beugen hatte. Hitlers Macht resultierte zu einem Großteil aus den permanenten Konflikten zwischen seinen Gefolgsleuten, und er war über lange Zeit hinweg noch dazu gezwungen, Rücksichten auf die alten Eliten in Staat, Wirtschaft, Diplomatie und Militär zu nehmen. Zwar arrangierten sich diese in ihrer übergroßen Mehrheit mit den neuen Machthabern und wurden etwa Mitglieder der NSDAP, doch überzeugte »Nationalsozialisten« waren sie deshalb keineswegs. Als es nach 1933 nicht mehr gefährlich schien, Nationalsozialist zu sein, unterschrieben ganze Heere von Opportunisten einen Aufnahmeantrag für die Partei und hefteten sich ein »Spiegelei«, wie das NS-Emblem wegen seines Aussehens genannt wurde, an das Revers. Zu einem wirklich radikalen und umfassenden Aufnahmestop konnte sich die Parteileitung der NSDAP nie entschließen.

Der bereits genannte Willi Krämer, Stabsamtleiter der RPL, hat berichtet, daß er im Jahre 1931 vom Leiter einer höheren Schule aus einer gesellschaftlichen Veranstaltung des Saales verwiesen wurde, weil er dort NS-Propaganda getrieben hätte. Nur drei Jahre später, 1934, begegnete er dem gleichen Mann als Leiter der Parteiortsgruppe, die Krämer 1928 einmal gegründet hatte.

Hitler lebte also auch mit diesem Personenkreis in einem ständigen Spannungsverhältnis. Der Zerfall und die Auflösung von Gefolgschaften bedeuteten für ihn immer nur eine Motivation zu gesteigerter Gegenaktion, und in den Krisen seiner Laufbahn kam ihm stets zugute, daß seine Gegenspieler nicht zu kämpfen wußten und schließlich resigniert die Waffen vor ihm streckten. Der Kampf war für ihn stets ein neuer Ausgangspunkt und stimulierender Antrieb, aus denen er zugleich erhöhte Siegeszuversicht gewann. In seiner inneren Geschlossenheit unablässig von Apathie bedroht, bedurfte Hitlers System, um glaubwürdig zu bleiben, der ständig neu erzeugten Rauschzustände oder doch der Erwartung weltbewegender Ereignisse. Die Deutschen folgten Hitler bis zum Ende und wurden durch die katastrophale Niederlage des Jahres 1945 tief traumatisiert. Hitlers Erscheinung hat dem Selbstbewußtsein des modernen Europa einen empfindlichen Stoß versetzt.

Über Adolf Hitler zu schreiben, bleibt in Deutschland auch nahezu 60 Jahre nach seinem Tod, dem Zusammenbruch des nationalsozialistischen Reiches und der Auflösung der NSDAP, ein publizistisches Wagnis. Denn ob man es wahrhaben möchte oder nicht: das Schicksal Hitlers ist zu einem Großteil auch das der Deutschen des vergangenen und dieses Jahrhunderts geworden, nicht nur einer Generation. Hitler selbst war ein vielschichtiger Mensch. Neben erstaunlichen Fähigkeiten und Erkenntnissen, sind bei ihm schwerwiegende Irrtümer und Fehler, die in die Katastrophe und in Verbrechen mündeten, zu verzeichnen. Es ist das Irritierende an der Person Hitlers, daß neben sechs Jahren Krieg und Verbrechen, eben auch sechs vorangegangene stehen, in welchen er ohne Frage große innen- und außenpolitische Erfolge vorzuweisen hatte. Sebastian Haffner sprach denn auch gelegentlich von den »positiven Leistungen« Hitlers, welche die Mehrheit der Deutschen verwirrt und innerlich entwaffnet hätten. Er widmete diesen ein ganzes Kapitel in seinen *Anmerkungen zu Hitler*[1].

In weniger als einem Jahrzehnt, so schien es, hatte er Deutschland aus der Niederlage und Demoralisierung herausgeführt, in einen Sozialstaat und ein Weltreich verwandelt, das weit über die Träume von Bis-

marck und Kaiser Wilhelm II. hinausging. Wie ein roter Faden hatte sich
durch seine Politik die Auffassung von der hochwertigen weißen Rasse,
dem verpflichtenden Erbe Europas und insbesondere der Überlegenheit des deutschen Volkes als einer großen Kulturnation gezogen. Im
Gegensatz hierzu sah er als Antipoden im Weltjudentum ein »Ferment
des Kosmopolitismus und der nationalen Dekomposition«[2]. Ein anderes Denken existierte für ihn nicht:

> *»Dann glaube ich, möchten wir doch keine der wirklichen europäi-
> schen Kulturnationen vermissen oder sie auch nur wegwünschen. Wir
> verdanken uns doch nicht nur mancherlei Ärger und Leid, sondern doch
> auch eine ungeheure gegenseitige Befruchtung. Wir gaben uns ebenso
> Vorbilder, Beispiele und Belehrungen, wie wir uns aber auch manche
> Freude und vieles Schöne schenkten. Sind wir gerecht, dann haben wir
> allen Grund, uns gegenseitig weniger zu hassen als uns zu bewundern! In
> dieser Gemeinschaft europäischer Kulturnationen ist der jüdische Welt-
> bolschewismus ein absoluter Fremdkörper, der nicht den geringsten Bei-
> trag zu unserer Wirtschaft oder unserer Kultur stiftet, sondern nur Ver-
> wirrung anrichtet.«*[3]

In der Person Hitlers, so hatte die übergroße Mehrheit der Deutschen geglaubt, vollende sich die deutsche Geschichte[4]. Man wird also
das Schicksal dieses Menschen und die geschichtliche Erscheinung von
der kritiklosen Glorifizierung seiner einstigen Anhänger ebenso frei-
halten müssen wie von der unerbittlichen Verdammung seiner erklärten Feinde. Hitler, seine Visionen, seine Absichten, seine Taten und
Untaten versanken in einem Meer von Opfern – in Deutschland und
anderswo. Auf ihn selbst richtete sich nach 1945 der begrenzende Blick
auf eine »Unperson«. Das Dritte Reich sei als Experiment, Grundlagen
für einen neuen Weltzustand zu legen, an sich selbst gescheitert, hat
Hans-Dietrich Sander konstatiert. Es sei ein Versuch gewesen, die Krisen der Moderne mit richtigen und falschen Mitteln aufzuheben; eine
Verwerfung des Ganzen werde daher weder der Geschichte noch den
Nachfolgeproblemen des Dritten Reiches gerecht[5]. Letztlich aber
wurde der Nationalsozialismus nicht von innen heraus besiegt, sondern
militärisch niedergeworfen. Sander stellte in der 8. seiner »*Thesen zum
Dritten Reich*« fest: »*Der dritte Hauptgrund* [des Scheiterns, W.B.] *lag in
der Person des Führers. Adolf Hitler verstand die deutsche Geschichte
nach dem antäischen Gleichnis. Er war indessen nicht der Übermensch
oder das Tier aus der Tiefe – wie Freund und Feind ihn sahen. ... Er löste
viele Aufgaben vorbildlich. Ihrer Fülle war er nicht gewachsen. Er hätte*

den inneren Frieden herstellen müssen, wie das Cavour nach der Einigung Italiens tat, und im Krieg nicht als Unterdrücker auftreten dürfen, was den Sieg im Osten kostete. Cromwell, Napoleon und Hitler hätten aus der römischen Geschichte lernen können, wie man sich mit Besiegten verbündet. Aber es lag wohl nicht in ihrer Natur.«[6]

Nahezu alle Grundsatzentscheidungen des handelnden Politikers Adolf Hitler haben sich im nachhinein als falsch und verhängnisvoll erwiesen – innenpolitisch etwa das Bündnis mit den alten staatstragenden konservativen Eliten in Staat, Wirtschaft, Militär und Diplomatie, die Entmachtung des sozial-revolutionären Flügels von Partei und SA, das Selbstverständnis der NSDAP als Bürgerkriegsbewegung, die unnütze und überflüssige Gleichschaltung sämtlicher Bereiche des öffentlichen und privaten Lebens, die Führerauslese durch Bekenntnis statt durch Leistung und die ewige Propaganda in Umkehr des preußischen Prinzips »Mehr sein als scheinen«. Verheerend war auch der Ausschluß so vieler »Gutwilliger«, die man letztlich geradezu in die Arme des Widerstandes trieb – »entartete« Künstler, positive Sozialisten und Nationalbolschewisten, bewußte Aristokraten, konservative Offiziere, Vertreter der Kirchen beider großer Konfessionen, Anhänger der deutsch-jüdischen Symbiose. Juristisch fragwürdig war das Regieren mit dem permanenten Ausnahmezustand ohne eigentliche Verfassung.

Für viele Idealisten in Hitlers Partei stellte sich die Frage, warum entgegen des als »unabänderlich« geltenden 25-Punkte-Programms in wirtschafts- und währungspolitischer Hinsicht am überkommenen kapitalistischen Zinssystem festgehalten wurde. Militärisch erwies sich der Verzicht auf die Schaffung einer Volksmiliz und im Kriege auf eine europäische NS-Revolutionsarmee – für die die Waffen-SS nur ein allzu später Ersatz war – als Fehler, außenpolitisch das verhängnisvolle Bündnis mit Italien, die Fortführung der imperialistischen wilhelminischen Politik und der Grundsatz »England als Freund, die Sowjetunion als Feind« als überholt und folgenschwer. Die generelle Frontstellung gegen den Osten und damit die unmenschliche Behandlung der unterworfenen Ostvölker war töricht, ebenso wie der Verzicht, aus einem arroganten Herrenmenschenstandpunkt heraus, die Bereitschaft von Millionen von Menschen anzunehmen, die – etwa in Form von Freiwilligenheeren – an der Seite Deutschlands gegen den Bolschewismus kämpfen wollten. Die Kriegserklärung an die USA und die sträfliche Verkennung der US-Wirtschaftskraft zeigten die Neigung der führenden Repräsentanten des NS-Systems zum Vabanquespiel überdeutlich. Die vorsichtige Distanz zu den Freiheitsbewegungen der Kolonialvölker, insbesondere der arabischen, kostete dem Dritten Reich etliche Sympathien.

Nicht zuletzt die Drangsalierung der deutschen Juden und die während des Krieges hinter den Fronten verübten Verbrechen versetzten Deutschland den moralischen Todesstoß, lange bevor das Reich militärisch besiegt war. Das biologistische Dogma von der Überlegenheit der arischen Rasse und insbesondere des deutschen Volkes, auch den verwandten »germanischen« Völkern gegenüber, sowie die uneinheitlichen NS-Europakonzeptionen überhaupt, standen der Errichtung eines Bundes der europäischen Völker von Anbeginn diametral entgegen. Alle diese Fehlentwicklungen konnten auch von Hitlers Kontrahenten in der NSDAP nicht gebremst werden.

Auch Alfred Rosenberg dachte in seiner Nürnberger Gefängniszelle über die historische Einordnung der nationalsozialistischen Weltanschauung und des »Experiments Drittes Reich« nach und fand eine für ihn schlüssige Erklärung:

»*Der Nationalsozialismus war eine europäische Antwort auf die Fragen unseres Jahrhunderts. Es war eine Idee, für die ein Deutscher die ihm gegebenen Kräfte einzusetzen vermochte, er schenkte einst der deutschen Nation ihre Einheit, dem Deutschen Reich einen neuen Inhalt; er war eine echte soziale Weltanschauung und ein Ideal nationalkultureller Sauberkeit. Der Nationalsozialismus ... entartete am Ende unter Menschen, denen sein Schöpfer in verhängnisvoller Weise sein Vertrauen geschenkt hatte. Mit ihm ist der Zusammenbruch des Reiches historisch verbunden.*«[7]

Als ehemaliger führender Nationalsozialist und Cheftheoretiker der Partei durfte Rosenberg eine solche Version der Dinge vertreten. Inmitten all der rauchenden Trümmer aber, die das Gesicht des ganzen verheerten deutschen Reiches in jenen Tagen bestimmten, war eine derartige Verheißung allerdings mehr als utopisch. Nur wenige Monate zuvor hatte der Düsseldorfer Gauleiter Florian in einem Aufruf an die Parteifunktionäre seines Gaues noch in Phantasien von der Inbrandsetzung seiner Stadt und in den Bildern eines evakuierten und brennenden Häusermeers geschwelgt, in das der Feind wie in eine Geisterstadt einziehen sollte[8].

Der Psychologe und Arzt Gustave Le Bon erkannte bereits zu Ende des 19. Jahrhunderts, daß nur derjenige von der Masse zum Führer erkoren werde, der das entsprechende Charisma, den »Nimbus«, besitze: »*Der Nimbus ist in Wahrheit eine Art Zauber, den eine Persönlichkeit,*

300

ein Werk oder eine Idee auf uns ausübt. Diese Bezauberung lähmt alle unsere kritischen Fähigkeiten und erfüllt unsere Seele mit Staunen und Ehrfurcht.«[9] Doch vergehe der Nimbus des Führers in dem Augenblick, in dem der Mißerfolg sich einstelle, eine These, die sich in Deutschland 1945 bewahrheiten sollte.

In Adolf Hitler verdichtete sich Max Webers Begriff der »charismatischen Herrschaft« und jenes Führers, der seine Legitimität dadurch erlange, indem er gleichsam als von »Gott gesandt« angesehen werde[10]. Sämtliche traditionalen Muster und Ordnungen würden durch ihn überwunden. Somit trage die charismatische Herrschaft immer auch revolutionären Charakter. Im Gegensatz zu den Formen traditionaler Herrschaft, gründe sie sich darauf, daß die Größe des Führers von der Masse erkannt werde. Darin liegt wohl auch der Grund, daß sich das nationalsozialistische System aus sich selbst heraus immer weiter radikalisieren konnte, ohne daß Hitler jedes Detail von sich aus dirigieren mußte. Die Ordnung oder treffender »Un-Ordnung« innerhalb des Machtgefüges im NS-Staate wurde zusehends von einer nur schwer aufzuhaltenden Eigendynamik bestimmt; innerhalb solcher Strukturen arbeitete man dem Führer eben »entgegen«. Max Weber zufolge endet die charismatische Herrschaft dann aber entweder durch »Veralltäglichung« oder durch Mißerfolge, wie es Le Bon vorhersagte.

Als die Schrecken des Krieges über Deutschland und Europa zogen, wurden Hitlers öffentliche Auftritte immer seltener, sein Nimbus begann zu schwinden. Das Inferno kehrte nach Deutschland zurück, und es bestätigte sich eine Vermutung von Karl Kraus, der einmal bemerkte, es bedürfe des Krieges gar nicht, um die »letzten Tage der Menschheit« zu antizipieren. Nationalsozialismus und Verbrechen bleiben bis heute kontextualisiert, doch macht sich allen quellenpositivistischen Deutungen zum Trotz auch zunehmend eine gleichsam »osmotische« Sichtweise auf das Interregnum der Jahre 1933-45 bemerkbar. Der Nationalsozialismus wird zusehends nicht mehr nur als ein monströses Kolossalgemälde beurteilt, sondern als deutsche Variante der totalitären Gesamttendenz der Epoche.

Am 3. Februar 1921 hatte die NSDAP ihre Anhänger zur ersten Massenkundgebung der Hitler-Bewegung in den Münchener Zirkus Krone gerufen; 6500 Menschen kamen, um Adolf Hitler zu hören. Hitler, der diese große Versammlung fast alleine geplant, durchgesetzt und deren Organisation genauestens überwacht hatte, sprach zweieinhalb Stunden lang über das Thema *Zukunft oder Untergang.* Am Ende wurde er von den Massen unter dem Riesenzelt stürmisch gefeiert; stehend stimmte man das Deutschlandlied an. Wie in einer Ahnung, hatte er mit dem Thema seiner Rede den eigenen Lebensweg vorgezeichnet. Die Alternative hieß für ihn, dessen Charakterstruktur zeitlebens die gleiche geblieben ist, immer »Zukunft oder Untergang«.

In seiner Schlußansprache auf dem »Reichsparteitag der Einheit und der Stärke« 1934 hatte Hitler seinem Auditorium zugerufen: »*Es ist unser Wunsch und Wille, daß dieser Staat und dieses Reich bestehen sollen in den kommenden Jahrtausenden. Wir können glücklich sein zu wissen, daß diese Zukunft restlos uns gehört.*«[11] Der nationalsozialistische Staat währte am Ende zwölf Jahre, drei Monate und acht Tage.

Anmerkungen

Einleitung

[1] Friedrich Gundolf, George, Berlin 1930, S. 18

[2] Oswald Spengler, Preußentum und Sozialismus, München 1920, S. 9

[3] Armin Mohler, Der Nasenring. Die Vergangenheitsbewältigung vor und nach dem Fall der Mauer, München 1991, S. 91 f.

[4] Werner Bräuninger, Strahlungsfelder des Nationalsozialismus. Die Flosse des Leviathan, Schnellbach 1999 und Claus von Stauffenberg. Die Genese des Täters aus dem Geiste des Geheimen Deutschland, Wien – Leipzig 2002. Immer wieder fiel mir bei der Konzeption eine Maxime Ernst Jüngers ein, der aus der dispersen Perspektive des Jahres 1978 auf eine Polemik über seinen bereits 1930 erschienenen Essay »Der Arbeiter« entgegnete: »Die Arbeit liegt hinter mir, aber ich knüpfe unter der Perspektive der Provokation daran an« (Brief Ernst Jüngers an Henri Plard v. 24.9.1978, zit nach: Jünger, Ernst – Der Arbeiter. Herrschaft und Gestalt, Stuttgart 1981, S. 317).

[5] Vgl. zu diesem Komplex etwa: Günter Bartsch, Zwischen drei Stühlen. Otto Strasser. Eine Biographie, Koblenz 1990; Otto Strasser, Ministersessel oder Revolution?, Berlin 1930; Udo Kissenkoetter, Gregor Strasser und die NSDAP, Stuttgart 1978; Reinhard Kühnl, Die nationalsozialistische Linke 1925–1930, Meisenheim am Glan 1960; Internet www.ns-archiv.de/nsdap/sozialisten/verlassen.shtml; Georg Franz-Willing, Die Hitler-Bewegung 1925–1934, Preuß. Oldendorf 2001; Claus Wolfschlag, Hitlers rechte Gegner, Engerda 1995; Heinz Höhne, Mordsache Röhm. Hitlers Durchbruch zur Alleinherrschaft 1933–1934, Reinbek bei Hamburg 1984; Max Gallo, Der Schwarze Freitag der SA. Der Röhm-Putsch, München 1981; Nikolaus von Preradovich, 30. Juni 1934 – Röhm-Putsch, Rosenheim 1994

[6] Jene Prozesse, die *gegen* Adolf Hitler geführt wurden, angestrengt etwa vom Mitbegründer der DAP Anton Drexler, sind in vorliegender Darstellung nicht mit aufgenommen.

[7] So in einer Rede vor Kreisleitern auf der Ordensburg Vogelsang v. 29.4.1937. Das Protokoll vermerkte dazu, Hitler habe nachdrücklich bekräftigend auf das Pult geklopft.

[8] Es handelt sich um die ehemaligen Gauleiter Wahl, Jordan, Frauenfeld und Lauterbacher. Gauleiter Lohse hinterließ ein unveröffentlichtes Manuskript

»Der Fall Strasser«, Hamburg ca. 1960, Josef Grohé äußerte sich bereits 1941 (P. Schmidt, »Zwanzig Jahre Soldat Adolf Hitlers. Zehn Jahre Gauleiter«).

[9] Picker, Henry, Hitlers Tischgespräche im Führerhauptquartier, mit einer Einleitung von Percy Ernst Schramm, Stuttgart 1963, S. 195

[10] Nach einer Selbstcharakterisierung Ernst Jüngers: »(Die Sandläufer) haben mich als Kind schon fasziniert, vielleicht entsprechen sie meiner Art sich zu bewegen, das heißt, die Tiere verhalten sich erst still, dann sehen sie ein Ziel, schießen schnell darauf zu und dann verharren sie wieder«, in: »Jetzt zieht Leutnant Jünger seinen Mantel aus. Ernst Jünger wird 100.« Ein Video von Thomas Schmitt und Hubert Winkels (WDR 1995)

[11] Manfred Funke, Starker oder schwacher Diktator? Hitlers Herrschaft und die Deutschen. Ein Essay, Düsseldorf 1989

[12] Zit. nach: Der Aufstieg der NSDAP in Augenzeugenberichten. Hrsg. u. eingel. von Ernst Deuerlein, München 1982, S. 312

[13] Denkschrift des OSAF/Stellvertreter-Süd v. 19.9.1930, BDC 43/II, Bl. 1

[14] Joachim C. Fest, Hitler. Eine Biographie, Frankfurt/Main – Berlin – Wien 1973, S. 398

[15] Karl Corino, Intellektuelle im Bann des Nationalsozialismus, Hamburg 1980, S. 253

[16] Robert Musil, »Bedenken eines Langsamen«, in: Prosa und Stücke, Kleine Prosa, Aphorismen, Autobiographisches, Essays und Reden, Hg. Adolf Frisé, Hamburg 1978, S. 1418 und Albert Speer, Spandauer Tagebücher, Frankfurt/Main – Berlin – Wien 1978, S. 464 f.

[17] Christoph Steding, Das Reich und die Krankheit der europäischen Kultur, Hamburg 1943, S. 369 f.

[18] Zit. nach: Landmann, Michael – »Stefan George – Erinnerung und Interpretation«, in: Neue deutsche Hefte 119, 15. Jahrg., (Heft 3)

[19] Robert G. L. Waite, The Psychopathic God Adolf Hitler, New York 1977, S. 7. Auch Ernst Jünger nahm in seinen *Strahlungen* darauf Bezug: »(Hitler) hatte das bleiche, unausgesprochene Gesicht der Lunarischen. Er zog Kräfte aus dem Unbestimmten, sammelte und reflektierte sie wie ein Hohlspiegel; er war ein Traumfänger. Später sah ich das Bild seiner Mutter; es ist aufschlußreich. Solche Bilder erwecken Gedanken an eine andere Seite, an eine dämonische Geheimgeschichte, die nie geschrieben werden wird. Wahrscheinlich hat er eine träumerische Jugend verbracht« (Ernst Jünger, Strahlungen II. Die Hütte im Weinberg. Jahre der Okkupation, München 1988, S. 611).

[20] Bei Eva Mendgen, »Franz von Stuck 1863–1928«, Köln 1994, S. 16, wird das Bild unter dem Titel »Wilde Jagd« (»Mein erstes Ölgemälde«) reproduziert; Joachim Köhler machte in »Wagners Hitler. Der Prophet und sein Vollstrecker« (München 1997) darauf aufmerksam.

[21] Anton Neumayr, Hitler. Wahnideen. Krankheiten. Perversionen, Wien 2001, S. 81

[22] Alexander Kluge, in: »Ein Mann wie eine verirrte Kugel«/Ian Kershaws Hitler-Biographie, Band 2, dctp-Reportage

[23] Vgl. hierzu: Albrecht Tyrell, »Führer befiehl ... Selbstzeugnisse aus der ›Kampfzeit‹« der NSDAP, Düsseldorf 1969, S. 270

[24] Heinz Guderian, Erinnerungen eines Soldaten, Heidelberg 1951, S. 409

[25] Vgl. zum Komplex »NS-Polykratie« auch: Peter Hüttenberger, »Nationalsozialistische Polykratie«, in: Geschichte und Gesellschaft 2 (1976), S. 417–442; Reinhard Bollmus, Das Amt Rosenberg und seine Gegner. Zum Machtkampf im nationalsozialistischen Herrschaftssystem, Stuttgart 1970; Gerhard Hirschfeld/Lothar Kettenacker, Der »Führerstaat«: Mythos und Realität, München 1981; Herbert Taege, NS-Perestroika? Reformziele nationalsozialistischer Führungskräfte, 1. Teilband: Beiträge zu Personen, Lindhorst 1988; Michael Prinz/Rainer Zitelmann, Nationalsozialismus und Modernisierung, Darmstadt 1991; A. Mohler, »Nasenring«, aaO.; W. Bräuninger, »Strahlungsfelder«, aaO.

[26] Peter Hüttenberger, Die Gauleiter. Studie zum Wandel des Machtgefüges in der NSDAP, Stuttgart 1969, S. 200

[27] Martin Moll, »Steuerungsinstrument im ›Ämterchaos‹: Die Tagungen der Reichs- und Gauleiter der NSDAP«, in: VJHfZ 2/2001, München 2001

[28] Die Tagebücher von Joseph Goebbels. Herausgegeben von Elke Fröhlich. Im Auftrag des Instituts für Zeitgeschichte und mit Unterstützung des Staatlichen Archivdienstes Rußlands. Teil II, Diktate von 1941–1945, Band 10, Oktober 1943 – Dezember 1943, München – New Providence – London – Paris 1994, S. 261 (im folgenden zitiert als »Goebbels«)

[29] Der Nürnberger Prozeß, Band 20, München – Zürich 1984, S. 36 f.

[30] Dieter Rebentisch, Führerstaat und Verwaltung im Zweiten Weltkrieg. Verfassungsentwürfe und Verwaltungspolitik 1939–1945, Frankfurter Historische Abhandlungen 29, Stuttgart 1989

[31] Martin Luther, Unterstaatssekretär im AA, begann seine Karriere in der »Dienststelle Ribbentrop« und stieg in der Hierarchie rasch auf. Dennnoch unternahm er Anfang 1943 den Versuch, seinen Chef, Reichsaußenminister Joachim von Ribbentrop, möglicherweise mit Unterstützung Himmlers, zu stürzen. Der Plan flog jedoch auf, Luther wurde verhaftet und in ein KL verbracht. 1945 starb er an einem Herzanfall. Vgl. hierzu: Christopher R. Browning, »Unterstaatssekretär Martin Luther and the Ribbentrop Foreign Office«, in: Journal of Contemporary History 12 (1977), S. 313–344.
Die Ablösung des Reichsministers für Landwirtschaft und Ernährung Richard Walter Darré wurde im Zuge der Totalisierung des Krieges vollzogen. Darré war ein reiner Theoretiker der »Blut- und Boden-Ideologie« (»Das Bauerntum als Lebensquell der nordischen Rasse«, 1929 und »Neuadel aus Blut und Boden«, 1930). Im Mai 1942 wurde er »aus gesundheitlichen Gründen« durch den bisherigen Staatssekretär Herbert Backe, einem pragmatischen Technokraten, der schon lange die praktische Ressortarbeit geleistet hatte, ersetzt. Darré zog sich ins Privatleben zurück.
Dr. Julius Lippert, »alter Kämpfer« und OB von Berlin, wurde im Sommer 1940 von Hitler über Nacht abgesetzt. Immer wieder hatte er sich bei Hitler und dem »Generalbauinspektor für die Reichshauptstadt« Albert Speer wegen seines fortdauernden Widerstandes gegen zahlreiche der Baumaßnahmen im Rahmen der gigantischen Pläne für die Umgestaltung Berlins unbeliebt gemacht und wurde kurzerhand zum Militär abgeschoben.
Zu allen Genannten: Martin Moll, »Der Sturz alter Kämpfer. Ein neuer Zugang zur Herrschaftsanalyse des NS-Regimes«, in: Historische Mitteilun-

gen der Ranke-Gesellschaft, Heft 1, Stuttgart 1991, (folgend zitiert als M. Moll, »Sturz«)

³² Walter Petwaidic, Die autoritäre Anarchie. Streiflichter des deutschen Zusammenbruchs, Hamburg 1946. Petwaidic war als Journalist für das Auswärtige Amt tätig.

³³ Ian Kershaw, Hitler 1889–1936, Stuttgart 1998, S. 665 ff.
Werner Willikens (1893–1961), Landwirt, 1925 Eintritt in die NSDAP, Ortsgruppenleiter in Goslar, 1933 Staatssekretär im Reichsernährungsministerium, stellv. Reichsbauernführer, Reichshauptamtsleiter im Reichsamt für das Landvolk der NSDAP.

³⁴ Benito Mussolini, Opera Omnia, Band XXV, S. 145 f., hrsg. von E. u. D. Susmel, 35 Bde., Florenz 1951-63

³⁵ Im Original erschienen diese »letzten Gespräche« als »Le Testament politique de Hitler«, hrsg. von H. R. Trevor-Roper, Paris 1959, 1981 als »Hitlers politisches Testament. Die Bormann-Diktate vom Februar und April 1945«, Hamburg 1981 (hier S. 87 ff.; 129 ff. (14. und 25. Februar 1945).
Hitler beendete seine Betrachtungen: »Und doch vermag mir sogar diese Vision des Grauens den unerschütterlichen Glauben an die Zukunft des deutschen Volkes nicht zu nehmen. Je mehr wir zu leiden haben werden, um so augenfälliger wird das unvergängliche Reich wiedererstehen. Die besondere Fähigkeit des deutschen Volkscharakters, immmer dann, wenn ein Beharren auf nationaler Selbstbehauptung den Fortbestand der Nation bedroht, in einen politischen Winterschlaf zu verfallen, wird uns noch einmal zustatten kommen. Ich selbst allerdings vermag in einem solchen Übergangsstadium Deutschlands nicht zu atmen, wie dieses einem unterlegenen Dritten Reich folgen würde. Was immer wir 1918 an Schmach und Verrat erlebten, wäre gar nichts im Vergleich zu dem, was wir dann zu gewärtigen hätten. Unfaßbar, daß nach 12 Jahren Nationalsozialismus eine derartige Möglichkeit eintreten könnte! Unfaßbar, daß das deutsche Volk, hinfort seiner Auslese beraubt, die es zu heroischer Größe geführt hat, sich über Jahre hinweg im Kot wälzen könnte. Welche Moralgesetze, was für Richtlinien kann es geben für die in unverbrüchlicher Treue zu sich selbst Verharrenden? Was auch geschehen möge: die Deutschen dürfen nie vergessen, daß es für sie immer darauf ankommt, die Elemente der Zwietracht auszumerzen und sich unermüdlich um die Einheit des Reiches zu bemühen.«

³⁶ Christian Böhm-Ermolli, »Politische Symbole im Austrofaschismus und Nationalsozialismus«, in: Österreichs politische Symbole. Historisch, ästhetisch und ideologiekritisch beleuchtet, hrsg. v. Norbert Leser u. Manfred Wagner, Wien 1994 (Schriftenreihe des Ludwig-Boltzmann-Instituts für neuere österreichische Geistesgeschichte, Band 6).
MMMag. Böhm-Ermolli, *1965, Schüler der Aktionisten Arnulf Rainer und Peter Weibel, zeitweise Techno-Produzent, Landesjugendobmann der Wiener FPÖ, erschoß sich am 5.3.1996 im Sterbehaus Beethovens in der Wiener Schwarzspaniergasse nach alter k.u.k. Offizierstradition an der gleichen Stelle, an dem der jüdische Philosoph, Antisemit, Homosexuelle und Frauenhasser Otto Weininger 1903 in den Freitod ging.

³⁷ Verschiedentlich wurde angenommen, es habe sich um das Lenbachsche

Portrait Friedrichs gehandelt, welches Hitler, wie er erklärte, 1934 für 34 000 RM erworben hatte. Unmittelbar vor seinem Freitod übergab er das Bild am Vormittag des 30. April 1945 seinem langjährigen Flugkapitän Hans Baur mit den Worten« Ich will nicht, daß das Bild verlorengeht, ich möchte, daß es der Nachwelt erhalten bleibt. Es hat einen großen historischen Wert. Es ist für Sie bestimmt. Es genügt, wenn Sie es in Händen haben« (Hans Baur, Ich flog Mächtige der Erde, Kempten 1956, S. 227 ff.). Nach seinem Ausbruchsversuch aus dem Führerbunker geriet Baur verwundet in russische Gefangenschaft. Über den Verbleib des Portraits ist nichts bekannt.

»Als Redner war Ballerstedt mein größter Gegner.«
Ein bayerischer Separatist gegen Hitler

[1] Vgl. hierzu auch: Werner Maser, Die Frühgeschichte der NSDAP. Hitlers Weg bis 1924, Frankfurt/Main – Bonn 1965, S. 286 f.
[2] Münchner Neueste Nachrichten (MNN) Nr. 324 v. 10.8.1920
[3] Völkischer Beobachter (*VB*) Nr. 80 v. 9.9.1920
[4] *VB* Nr. 41 v. 26.5.1921
[5] Münchener Post Nr. 22 v. 28.1.1921
[6] MNN v. 28.1.1921, »Ballerstedt als Kläger«, StA München, Pol.Dir. Mü 6698, Bl. 12 zit. nach: Hitler. Sämtliche Aufzeichnungen 1905–1924. Hrsg. von Eberhard Jäckel zusammen mit Axel Kuhn, Stuttgart 1980, S. 303 (im folgenden zitiert als »Hitler. Sämtl. Aufzeichnungen«)
[7] Hermann Esser (1900–1981), 1919 Eintritt in die DAP/NSDAP, 1920 Schriftleiter des *VB*, 1923 Propagandaleiter der NSDAP, 1924 Führer der GVG, 1925/26 Reichspropagandaleiter der NSDAP, 1926/27 Bezirksleiter von Oberbayern und Schwaben, 1926-32 Hauptschriftleiter des »Illustrierten Beobachters«, 1929-33 Vors. der NSDAP-Fraktion im Münchner Stadtrat, 1932 MdL in Bayern, 1933 Minister ohne Geschäftsbereich und Chef der bayerischen Staatskanzlei, 1935-45 Leiter der Fremdenverkehrsabt. im Reichspropagandaministerium
[8] Zit. nach: I. Kershaw, aaO., S. 224
[9] Münchner Neueste Nachrichten v. 15.9.1921
[10] NSDAP-Mitteilungsblatt Nr. 2, masch., BA NS 26/95 zit. nach Hitler. Sämtl. Aufzeichnungen, S. 492 f.
[11] Münchener Post v. 13.1.1922
[12] Ernst Toller, Prosa. Briefe. Dramen. Gedichte., Reinbek bei Hamburg 1964, S. 164 f.
Der Historiker Guido Knopp stellte in seiner Fernseh-Dokumentation »Hitler – eine Bilanz. Der Privatmann« die kühne Behauptung auf, Adolf Hitler sei während der Episode der Münchner Räterepublik Angehöriger eines Soldatenrates gewesen und als solcher im Trauerzug hinter dem Sarg des ermordeten bayerischen Ministerpräsidenten und Juden Kurt Eisner marschiert. Zur Untermauerung seiner These zeigt Knopp Filmmaterial, auf dem ein Soldat zu sehen ist, der eine gewisse Ähnlichkeit mit Hitler aufweist. In seiner Arbeit »Hitler. Eine politische Biographie« (München 2003, S. 78 f.)

übernimmt auch Ralf Georg Reuth diese waghalsige These. Am Wahrheits-
gehalt der Knoppschen Behauptungen darf man jedoch starke Zweifel
haben, wenngleich Hitlers eventuelle Zugehörigkeit zu einem Münchner
Soldatenrat nicht völlig auszuschließen ist. Joachim Fest bemerkte in einem
Brief vom 1.3.2000 an Werner Bräuninger:»Ich habe die Fernseh-Doku-
mentationen von Guido Knopp auch gesehen und einige Zeit später ... mit
ihm darüber gesprochen. Knopp ist der festen Überzeugung, und beruft sich
dafür auch auf eine Anzahl von Historikern, die er befragt haben will, daß es
sich bei dem Soldaten hinter dem Sarg Kurt Eisners tatsächlich um Hitler
handelt. Auch scheint einiges dafür zu sprechen, doch bin ich keineswegs so
sicher wie Knopp und die von ihm genannten Historiker. Eine definitive
Antwort wird man wohl nicht mehr bekommen können.«

[13] Adolf Hitler. Monologe im Führerhauptquartier 1941–1944. Die Aufzeichnungen Heinrich Heims, hrsg. von Werner Jochmann, München 1982, S. 242

[14] So bei Hermann M. Hausner,»Ludwig II. von Bayern. Berichte der letzten
Augenzeugen«, München – Salzburg 1962, S. 96

[15] Am 12.8.1933 nahm Hitler an einer Richard-Wagner-Feier auf Schloß
Neuschwanstein teil, welche mit seiner Ernennung zum Ehrenbürger von
Hohenschwangau verbunden war. Hitler dankte mit einer Ansprache und
äußerte,»daß trotz aller Kritik aus diesen Bauten Ludwigs II. durch die
Befruchtung des Kunsthandwerks doch Gutes erwachsen sei, so daß das
Werk des Königs Anerkennung finden müsse: Es war der Protest eines
Genies gegen die erbärmliche parlamentarische Mittelmäßigkeit. Wir haben
diesen Protest heute verwirklicht und dieses Regiment endgültig beseitigt.«

»Die Partei ist kein Abendländischer Bund!«
Die Sommerkrise der NSDAP im Jahre 1921

[1] Zit. nach: Franz-Willing, Georg – Ursprung der Hitlerbewegung 1919–1922,
Preuß. Oldendorf 1974, S. 156

[2] Anton Drexler (1884–1942), Schlosser, Mitglied der »Deutschen Vaterlands-
partei«, 1918 Gründer des »Freien Arbeiterausschusses für einen guten Frieden«, Januar 1919 Mitbegründer und zweiter Vorsitzender der »Deutschen
Arbeiterpartei« (DAP), Autor der Schrift »Mein politisches Erwachen«,
Mitverfasser der 25 Thesen des Parteiprogramms der NSDAP, 1920/21
Erster Vorsitzender der NSDAP, seit 29. Juli 1921 Ehrenvorsitzender, nach
deren Verbot Mitglied des »Völkischen Blocks« und MdL in Bayern (1924-
28), 1925 Trennung von der NSDAP und Gründung des »Nationalsozialen
Volksbundes«, 1933 Wiedereintritt in die NSDAP, 1934 Auszeichnung mit
dem »Blutorden«.
Gottfried Feder (1883–1941), Diplomingenieur, 1918 Gründer des Deut-
schen Kampfbundes zur Brechung der Zinsknechtschaft, 1919 Eintritt in die
DAP/NSDAP, Mitverfasser des ersten NSDAP-Parteiprogramms, 1924-33
MdR (NSDAP), 1931 Vors. des Wirtschaftsrates der NSDAP, 1933 Staatsse-
kretär im Reichswirtschaftsministerium, 1934 Reichskommissar für das
Siedlungswesen.

3 Hitlers Schreiben »An die NSDAP« vom 16.2.1921 hatte folgenden Wortlaut: »Das eingeschriebene Parteimitglied Adolf Hitler Nr. 55 bittet hiermit um Löschung seiner Mitgliedschaft. Ich habe weder nach der Satzung verstoßen, noch habe ich die Äußerung Masse will – und soll Blut sehen getan. Bitte um Kenntnisnahme. Adolf Hitler« (zit. nach: Hitler. Sämtl. Aufzeichnungen, aaO., S. 320). Der britische Hitler-Biograph Ian Kershaw wertet dieses Schreiben Hitlers als Fälschung (I. Kershaw, aaO., S. 809, Anm. 161)

4 I. Kershaw, aaO., S. 209

5 Zit. nach: Hofbräuhaus 24.2.1938. CD DS 1387, Documentary Series. Die Rede wurde auch im *VB* Nr. 57 v. 26.2.1938 veröffentlicht. Eine Aufnahme befindet sich überdies im Bundesarchiv Koblenz (F. 7 EW 256-67 265)

6 Adolf Hitler, Mein Kampf. Erster Band. Eine Abrechnung, München 1937, S. 384 f.

7 Ebda., Zweiter Band. Die nationalsozialistische Bewegung, S. 577

8 Ernst Graf zu Reventlow (1869–1943), Schriftsteller, Kapitänleutnant a.D., Bruder der Schriftstellerin Franziska zu Reventlow, 1888 Eintritt in die kaiserliche Marine, 1899 Abschied, 1907 Ehrengerichtsverfahren wegen »nichtstandesgemäßer« Heirat, nach 1918 Kritiker des Wilhelminismus und der Weimarer Republik, 1920 Herausgeber der Wochenschrift »Der Reichswart«, 1922 Mitbegründer der DVFP, 1924-33 MdR (DVFP, ab 1927 NSDAP), 1933 stellv. Führer der Deutschen Glaubensbewegung.

9 So Werner Maser in »Sturm auf die Republik. Frühgeschichte der NSDAP«, Stuttgart 1977, S. 266

10 Dietrich Eckart (1868–1923), Schriftsteller und Übersetzer, 1918-21 Herausgeber der Wochenschrift »Auf gut Deutsch«, 1921-23 Chefredakteur des *VB*. Bekannt wurde Eckart durch seine Nachdichtung von Ibsens »Peer Gynt« und seinem eigenen Werk »Lorenzaccio«, als Autor hatte Eckart jedoch nur mäßigen Erfolg. Die NS-Propagandaparole »Deutschland erwache!« stammt aus einem seiner Kampflieder. In der Frühzeit der Partei war Eckart ein fast »väterlicher« Freund und Ratgeber des jungen Hitler und ermöglichte ihm Einlaß in einflußreiche gesellschaftliche Kreise. 1925 erschien die Schrift »Der Bolschewismus von Moses bis Lenin. Zwiegespräch zwischen Adolf Hitler und mir«. Adolf Hitler widmete Eckart den zweiten Band von »Mein Kampf«. Eckarts Bild hing im »Braunen Haus« über Hitlers Schreibtisch.

11 Hitler. Sämtl. Aufzeichnungen, aaO., S. 436 ff.

12 Zit. nach: Tyrell, Albrecht, Vom »Trommler« zum »Führer«, München 1975, S. 126–128

13 Brief Anton Drexlers an Hitler, 1940, Briefentwurf, Nachlaß Drexler, zit. nach: Der Aufstieg der NSDAP in Augenzeugenberichten, aaO., S. 98

14 *VB* Nr. 61 v. 4.8.1921

15 Zit. nach: »Rudolf Heß, der Stellvertreter des Führers«, ohne Verfasserangabe, erschienen in der Reihe »Zeitgeschichte«, Berlin 1933, S. 9 ff.

16 *VB* v. 11.8.1921

17 Adolf Hitler, aaO., S. 649

18 Ebda., S. 658 f.

19 Zit. nach: Fabry, Philipp W., Mutmaßungen über Hitler. Urteile von Zeitgenossen, Düsseldorf 1969, S. 23

»*Schreiben Sie Ihre Briefe mit der Schreibmaschine!*«
Adolf Hitlers Kampf gegen Albrecht von Graefe

1 Reinhold Wulle (1882–1950), Journalist, 1914 Hauptschriftleiter der »Rheinisch-Westfälischen Zeitung«, 1918 Hauptschriftleiter und Verlagsdirektor der »Deutschen Zeitung«, 1920-33 Herausgeber der Zeitung »Das Deutsche Tageblatt«, 1920-24 MdR (DNVP, ab 1922 DVFP), 1922 Mitbegründer der DVFP, 1928 Parteivorsitzender, 1938-42 im KL Sachsenhausen, gründete 1945 zusammen mit Joachim von Ostau – einem ehem. Gaupropagandaleiter der NSDAP – die alsbald verbotene »Deutsche Aufbaupartei«.
Zum Komplex DVFP vgl. Jan Striesow, Die Deutschnationale Volkspartei und die Völkisch-Radikalen 1918–1922, Frankfurt/Main 1981, S. 409 ff.

2 Joseph Goebbels Tagebücher 1924–1945. Hrsg. von Ralf Georg Reuth, München 1992, S. 133 (im folgenden zitiert als »J. Goebbels. Tagebücher«)

3 Ebda., S. 156

4 Joseph Goebbels, Die Zweite Revolution. Briefe an Zeitgenossen, Zwickau o.J., S. 13–17

5 Ernst Jünger, »Der Frontsoldat und die Innere Politik«, in: Die Standarte v. 29.11.1929

6 Otto Freiherr von Lossow (1868–1938), Berufsoffizier, 1911-14 Militärberater in der Türkei, 1914 Generalstabschef des I. bayer. Reservekorps, 1915-18 deutscher Militärbevollmächtigter in der Türkei, 1920 Kommandeur der Infanterieschule München, 1922-24 Landeskommandant von Bayern und Kommandeur der 7. (Bayer.) Division, 1924 Versetzung in den vorzeitigen Ruhestand, anschl. Dienst in der türkischen Armee
Hans von Seeckt (1866–1936), Generaloberst, 1885 Eintritt in die preußische Armee, 1899 nach Absolvierung der Kriegsakademie im Kaiserl. Generalstab, 1913 Chef des Generalstabs des II. Armeekorps, 1914-18 als Generalstabsoffizier an der Ostfront und dem Balkan, Beförderung zum Generalmajor, 1918 Leitung des Feldheeres in der Türkei, 1919 Organisator der Kämpfe gegen die Rote Armee im Baltikum, Leiter der militärischen Vertretung der deutschen Friedensdelegation in Versailles, Chef des Generalstabes der deutschen Armee, 1920-26 Chef der Heeresleitung der Reichswehr, von November 1923 bis Februar 1924 Inhaber der Exekutivgewalt im Deutschen Reich, 1926 Beförderung zum Generaloberst, Verabschiedung wegen Teilnahme des ehem. Kronprinzen an einem Manöver der Reichswehr, 1930-32 MdR (DVP), 1931 Teilnahme am Gründungstreffen der »Harzburger Front«, 1933-35 Militärberater Tschiang kai-scheks. Seeckts Erinnerungen »Aus meinem Leben« erschienen 1938.

7 Zit. nach: Kern, Erich, Adolf Hitler und seine Bewegung. Der Parteiführer, Preuß. Oldendorf 1970, S. 132

8 Vgl. zum Ritual des 9. November für die »Blutzeugen« der NSDAP: Bräuninger, Werner, »Strahlungsfelder«, aaO., S. 187 ff.

9 So Walter Görlitz/Herbert A. Quint, in: »Adolf Hitler. Eine Biographie«, Stuttgart 1952, S. 210

10 So jedenfalls E. Kern, aaO., S. 152

11 Alfred Rosenberg, *1893, 1919 Eintritt in die DAP/NSDAP, 1921 Schriftlei-

ter des *VB*, 1923-37 Hauptschriftleiter, 1924 Gründer der GVG, 1924-30 Herausgeber der Zeitschrift »Der Weltkampf«, 1929 Gründer des Kampfbundes für deutsche Kultur. Große Bekanntheit erlangte Rosenberg ab 1930 mit seinem Buch »Der Mythus des 20. Jahrhunderts. Eine Wertung der seelisch-geistigen Gestaltenkämpfe unserer Zeit«, de facto das weltanschauliche Fundament des Nationalsozialismus, welches allerdings von Hitler selbst zum großen Teil abgelehnt und als zu schwer verständlich angesehen wurde. 1930-33 MdR, 1933 Leiter des Außenpolitischen Amtes der NSDAP, seit 1934 »Beauftragter des Führers für die Überwachung der gesamten geistigen und weltanschaulichen Schulung und Erziehung der NSDAP«. Von 1941-45 fungierte Rosenberg als Reichsminister für die besetzten Ostgebiete, 1946 von den Siegermächten in Nürnberg zum Tode verurteilt und hingerichtet. 1955 erschienen seine »Letzten Aufzeichnungen«.

Erich Ludendorff (1865–1937), 1882 Berufsoffizier, 1914 Chef des Generalstabs der 8. Armee, 1916 Erster Generalquartiermeister der 3. Obersten Heeresleitung. Oktober 1918 Entlassung, 1923 Teilnahme am Hitler-Putsch, 1924 vor Gericht freigesprochen, 1924/25 Mitglied der Reichsführerschaft der NSFB (zus. mit von Graefe und Gregor Strasser), 1924-28 MdR (DVFP), 1925 Kandidat der NSDAP für die Reichspräsidentenschaft, 1925-33 Führer des Tannenberg-Bundes, 1930 Leiter der deutschgläubigen Religionsgemeinschaft »Deutschvolk« (zus. mit seiner Ehefrau Mathilde), später Umbenennung in »Bund für Deutsche Gotterkenntnis (Haus Ludendorff)«. Bei dem Staatsakt vor der Feldherrnhalle am 22.12.1937, welcher für den toten Ludendorff ausgerichtet wurde, trat Hitler an den aufgebahrten Sarg, nahm Haltung an und rief mit lauter Stimme: »General Ludendorff! Im Namen des geeinten deutschen Volkes lege ich in tiefer Dankbarkeit diesen Kranz vor Dir nieder!«.

Gregor Strasser (1892–1934), Apotheker, 1919 Freikorps Epp, 1921 Eintritt in die NSDAP, 1923 Führer der SA Niederbayern, 1924 wegen Teilnahme am Hitler-Putsch zu 18 Monaten Festungshaft verurteilt, 1924/25 Mitglied der Reichsführerschaft der NSFB (zus. mit von Graefe und Ludendorff), 1924 MdL in Bayern (Völkischer Block), 1924-33 MdR (NSDAP), 1925 Organisator der NSDAP in Nord- und Westdeutschland, 1925-29 Gauleiter von Niederbayern, 1926/27 Reichspropagandaleiter, 1928-32 Reichsorganisationsleiter der NSDAP. Gregor Strasser war neben Hitler selbst der wohl bedeutendste Mann in der NSDAP der »Kampfzeit«. Als Vertreter einer dezidiert sozialistischen Variante (»antikapitalistische Sehnsucht«) innerhalb der Partei war er einer ihrer maßgeblichen Theoretiker und Agitatoren im Reichstag wo seine Reden großen Eindruck machten. Berühmt wurde seine große Reichstagsrede vom 10.5.1932. Strasser schuf als Reichsorganisationsleiter eine völlig neue, effektive Organisationsstruktur. Kurz vor Übernahme der Macht verhandelte Strasser gegen den ausdrücklichen Willen Hitlers mit Reichskanzler von Schleicher über eine Regierungsbeteiligung der NSDAP. Am 5.12.1932 kam es hierüber während einer Führertagung im Berliner Hotel Kaiserhof zu einer heftigen Auseinandersetzung zwischen dem Parteiführer und Strasser. Am 8.12.1932 trat er von allen Parteiämtern zurück. 1934, im Zuge der sog. Röhm-Revolte, wurde auch Gregor Strasser ermordet.

[12] Hitler. Sämtl. Aufzeichnungen, aaO., S. 123 f.
[13] I. Kershaw, aaO., S. 289
[14] Ebda., S. 290 ff.
[15] Zit. nach: A. Tyrell, »Führer«, aaO., S. 92
[16] Vgl. hierzu: »Der Aufstieg der NSDAP«, aaO., S. 242 f.
[17] Ebda., S. 244 f.
[18] Hitler. Reden. Schriften. Anordnungen, Februar 1925 bis Januar 1933, Band I (Die Wiedergründung der NSDAP Februar 1925 – Juni 1926), München 1992, S. 27 (im folgenden zitiert als »Hitler. RSA«)
[19] Georg Franz-Willing, Die Hitler-Bewegung 1925–1934, Preuß. Oldendorf 2001, S. 25
[20] BHSTA, SA II, Pol.Dir. Abt. Via F v. 2.3.1926
[21] *VB* Nr. 47 v. 26.2.1926
[22] München Augsburger Abendzeitung v. 11.3.1926
[23] PDN-Bericht Nr. 533, o.D. Sta München, Polizeidirektion München 6733, zit. nach: Hitler. RSA. Band I, S. 334
[24] Ebda., S. 336
[25] Adolf Wagner (1890–1944), 1919-29 Bergwerksdirektor, 1923 Eintritt in die NSDAP, 1924-33 MdL in Bayern (Völkischer Block, ab 1925 NSDAP), 1928 Gauleiter der Oberpfalz, 1930 Gauleiter von München-Oberbayern (später »Traditionsgau«), 1933 stellv. Ministerpräsident in Bayern und Innenminister, 1934 Verleihung des Ehrentitels »Sprecher der Partei«, da Wagner auf den Reichsparteitagen der NSDAP alljährlich Hitlers Proklamationen verlaß, 1936-42 Kultusminister. Wagners Beisetzung erfolgte am rechten Ehrentempel der NSDAP am Münchner Königsplatz. 1945 wurde sein Leichnam von den Amerikanern exhumiert und verbrannt, die Asche an einem unbekannten Ort verstreut.
[26] Hitler meint die Weimarer Tagung vom 15.–17.8.1924, die mit der Verkündung des von ihm nicht gebilligten Beschlusses zur Vereinigung der NSDAP mit der DVFP zur NSFB führen sollte.
[27] Gemeint ist die Schrift »Die Wahrheit über Hitler und seinen Kreis« (München 1925) von Friedrich Plümer.
[28] Albrecht von Graefe hatte sich nach eigener Aussage am Abend des 9. November 1923 in der Redaktion des *VB* aufgehalten und Flugblätter drucken lassen.
[29] Hitler. RSA, Band I, S. 337–351
[30] J. Goebbels, »Tagebücher«, aaO., S. 236
[31] Zit. nach: I. Kershaw, aaO., S. 381
[32] Hitler. RSA, Band II/1, (Vom Weimarer Parteitag bis zur Reichstagswahl Juli 1926 – Mai 1928), München 1992, S. 116
[33] Ebda., Band II/2, München 1992, S. 848
[34] Thomas Wimmer (1887–1964), Schreiner, 1911 Eintritt in die SPD, 1925-33 Stadtrat in München (SPD), 1948-60 Oberbürgermeister von München.
Josef Osterhuber (1876–1965), Journalist, 1903-05 Redakteur der Augsburger Postzeitung, 1905/06 Chefredakteur der Neuen Augsburger Zeitung, 1907–1933 Chefredakteur des Bayerischen Kuriers.
Adolf Dichtl (1879–1950), Parteisekretär der SPD, 1933 Haft im KL Dachau.

Julius Zerfaß (1886–1956), Gärtner, SPD-Mitglied, 1913 freier Journalist, 1918-33 Feuilletonredakteur der Münchener Post, 1933 Haft im KL Dachau, 1934 Flucht in die Schweiz.

35 Vgl. zu Hitlers Südtirolpolitik das Kapitel 13 in »Mein Kampf«. Band 2, »Deutsche Bündnispolitik nach dem Kriege«, S. 261–300, später als Sonderdruck erschienen (»Die Südtiroler Frage und das deutsche Bündnisproblem«, München 1926).

36 Elsa Bruckmann (1865–1946), geb. Prinzessin Cantacuzene, Ehefrau des Münchner Verlegers Hugo Bruckmann, lud den jungen Parteiführer Hitler zu Beginn seiner Karriere häufig in ihren Salon zu Abendgesellschaften ein und brachte ihn so in Verbindung mit einflußreichen Kreisen. 1934 verlieh ihr Hitler das Goldene Parteiabzeichen.

Max Amann (1891–1957), Kaufmann, 1921 Geschäftsführer der NSDAP und des *VB*, 1922-45 Direktor des Zentralverlages der NSDAP (Franz Eher Verlag), 1924-33 Stadtrat in München, 1933-45 Präsident der Reichspressekammer.

Gertrud von Seidlitz (1872–1943), finnischer oder baltischer Herkunft, frühe Anhängerin Hitlers, Trägerin des Goldenen Parteiabzeichens, stellte der NSDAP 1923 Devisen zur Verfügung, um den »Völkischen Beobachter« zur Tageszeitung erheben zu können.

Philipp Bouhler (1899–1945), Leutnant a.D., 1922/23 stellv. Geschäftsführer der NSDAP, 1924 Geschäftsführer der GVG, 1925-34 Reichsgeschäftsführer der NSDAP, 1934 Polizeipräsident von München, 1934-45 Chef der Kanzlei des Führers der NSDAP, Vors. der Parteiamtlichen Prüfungskommission zum Schutze des NS-Schrifttums. Bouhler verfaßte eine Napoleon-Biographie (»Napoleon. Kometenbahn eines Genies«). Bevor man ihn verhaften konnte, nahm er sich 1945 zusammen mit seiner Frau das Leben.

»Deutsch-völkische Wanderscholaren.«
Dr. Artur Dinters religions-reformatorische Bestrebungen in der NSDAP

1 Vgl. hierzu A. Hitler, »Mein Kampf«, Band 1, aaO., S. 395 ff. (12. Kapitel »Die erste Entwicklungszeit der Nationalsozialistischen Deutschen Arbeiterpartei«). Hitler nennt seine völkischen Gegner dort »völkische Methusalems«, »Rauschebärte«, »Komödianten«, »völkische Johannesse des zwanzigsten Jahrhunderts«, »Gänsekiele«, »Schlafwandler«, »Quacksalber«, und »völkische Nachtfalter«.

2 Artur Dinter, Mein Ausschluß aus dem Verbande Deutscher Bühnenschriftsteller, München 1917. Vgl. hierzu auch: http://www.bautz.de/bbkl/d/dinter_a.shtml

3 J. Fest, Hitler, aaO., S. 361

4 George L. Mosse, Die völkische Revolution, Frankfurt/Main 1991, S. 156 f.

5 Artur Dinter, Ursprung, Ziel und Weg der deutschvölkischen Freiheitsbewegung, 1924, S. 29

6 Armin Mohler, Die Konservative Revolution in Deutschland 1918–1932. Ein Handbuch, 5. Auflage, Graz 1999, S. 379
7 Brief Winifred Wagners an Helena Boy v. 7.7.1920, zit. nach: Hamann, Brigitte – Winifred Wagner oder Hitlers Bayreuth, München 2002, S. 60
8 Brief Winifred Wagners an Helena Roesener v. 27.3.1927, ebda., S. 153
9 Dieser Wunsch wurde Hitler bekanntermaßen nicht erfüllt; zwischen Schuttbergen und Betonmischmaschinen wurde er unter einem Granattrichter verscharrt, begleitet vom Trommelfeuer sowjetischer Artillerie.
10 Hitler. RSA, Band I, S. 28
11 aus: Die Weltbühne v. 17.3.1925, zit. nach: Der Aufstieg der NSDAP, aaO., S. 249
12 Ernst Röhm (1887–1934), Berufsoffizier, 1919 Führer im Freikorps Epp, 1920 Eintritt in die NSDAP, 1921 Führer der Reichsflagge und Organisator der SA, 1924 wegen Teilnahme am Hitler-Putsch aus der Reichswehr entlassen und zu 15 Monaten Festungshaft auf Bewährung verurteilt, 1924/25 Führer des Frontbanns, 1924 MdR (NSDAP), April 1925 Rücktritt als Führer der SA und des Frontbanns, 1928-30 Militärausbilder in der bolivianischen Armee, 1931 erneut Stabschef der SA, 1934 im Zuge der sog. »Röhm-Revolte« erschossen.
13 Der Frontbann wurde 1924 als große Wehrorganisation von Röhm gegründet; Erich Ludendorff übernahm die Schirmherrschaft.
14 Thüringische Landeszeitung, BA, NS Misch, 1621. Vgl. zur Organisationsgeschichte des NSDAP-Gaues Thüringen auch: Artur Dinter, »Zur Gründungsgeschichte des Gaues Thüringen der NSDAP«, in: Die religiöse Revolution, Nr. 25 (März 1935)
15 Hitler. RSA, Band I, S. 50
16 P. Hüttenberger, Gauleiter, aaO., S. 42
17 Bei der Landtagswahl in Mecklenburg-Schwerin am 6.6.1926 hatte die NSDAP mit nur 4607 Stimmen (1,7%) kein Mandat erlangt.
18 Hitler. RSA, Band II/1, S. 148 f.
19 J. Goebbels, Tagebücher, aaO., S. 269. Gemeint ist wohl der Philosoph Ludwig Klages.
20 CVZ Nr. 19 v. 11.5.1928
21 Houston Stewart Chamberlain widmete dieser Frage im Kapitel »Die Erscheinung Christi« in seinen »Grundlagen des Neunzehnten Jahrhunderts« besondere Aufmerksamkeit und kommt zu dem Schluß: »Die Wahrscheinlichkeit, daß Christus kein Jude war, ist so groß, daß sie einer Gewißheit fast gleichkommt« (»Grundlagen«, Erste Hälfte, S. 256, München 1944).
Adolf Hitler spricht am 21.10.1941 von Galiläa, als einer »Kolonie, in der die Römer gallische Legionäre angesiedelt haben, und Jesus war bestimmt kein Jude. Die Juden nannten ihn ja auch einen Hurensohn, den Sohn einer Hure und eines römischen Soldaten« (A. Hitler, »Monologe«, aaO., S. 96).
22 Vgl. hierzu auch www.bautz.de, aaO.
23 Hitler. Reden und Proklamationen, aaO., S. 704 (anläßlich des Gauparteitages Mainfranken auf dem Residenzplatz in Würzburg).
Einige Beispiele für die religiösen Metaphern in Hitlers Reden sind:
»Mein Wille – das muß unser aller Bekenntnis sein – ist euer Glaube! Mein

Glaube ist mir – genau wie euch – alles auf dieser Welt! Das Höchste aber, was mir Gott auf dieser Welt gegeben hat, ist mein Volk!« (Rede in Berlin v. 1.5.1935)
»Alles, was ihr seid, seid ihr durch mich, und alles, was ich bin, bin ich nur durch euch allein!« (Rede in Berlin v. 30.1.1936)
»Ich gehe mit traumwandlerischer Sicherheit den Weg, den mich die Vorsehung gehen heißt« (Rede in München v. 14.3.1936)
»Deutsches Volk, ich habe dich glauben gelehrt, nun gib du mir deinen Glauben!« (Rede in Hamburg v. 20.3.1936)
»Wie fühlen wir nicht wieder in dieser Stunde das Wunder, das uns zusammenführte! Ihr habt einst die Stimme eines Mannes vernommen, und sie schlug an eure Herzen, sie hat euch geweckt, und ihr seid dieser Stimme gefolgt … Wenn wir uns hier treffen, dann erfüllt uns alle das Wundersame dieses Zusammenkommens. Nicht jeder von euch sieht mich und nicht jeden von euch sehe ich. Aber ich fühle euch, und ihr fühlt mich! … Es ist der Glaube an unser Volk, … der uns Irrende sehend machte und der uns zusammenfügte!« (Rede in Nürnberg v. 11.9.1936)
»Wenn aber diese Allmacht ein Werk segnet, so wie sie unseres gesegnet hat, dann können Menschen es auch nicht mehr zerstören« (Rede in Regensburg v. 6.6.1937)
»Unser Glaube an Deutschland ist unerschütterlich und unser Wille unbändig, und wenn Wille und Glaube sich so inbrünstig vereinen, dann kann auch der Himmel seine Zustimmung nicht versagen« (Rede in Berlin v. 6.10.1936)
»Gott hat dieses Volk gebildet, nach seinem Willen ist es geworden, und nach unserem Willen soll es bleiben und nimmermehr vergehen!« (Rede in Breslau v. 31.7.1937)
»Ich bin einst im Glauben an das deutsche Volk ausgezogen und habe diesen unermeßlichen Kampf begonnen. Im Glauben an mich sind erst Tausende und dann Hunderttausende und endlich Millionen mir nachgefolgt« (Rede in Königsberg v. 25.3.1938)
»Ich glaube, daß es auch Gottes Wille war, von hier (Österreich) einen Knaben in das Reich zu schicken, ihn groß werden zu lassen, ihn zum Führer der Nation zu erheben« (Rede in Wien v. 9.4.1938)
Vgl. zu diesem Komplex auch: Reichelt, Werner, Das braune Evangelium. Hitler und die NS-Liturgie, Wuppertal 1990
24 Werner Kuhnt, »Spuren, die noch nicht verweht sind. Ein ehemaliger HJ-Führer erinnert sich an Adolf Hitler«, in: Adolf Hitler 1889–1989, Deutsche Monatshefte Sondernummer April 1989, Berg am Starnberger See 1989, S. 28
Werner Kuhnt (1911–2000), 1929 Eintritt in NSDAP und SA, 1930 HJ, HJ-Oberbannführer Mittelschlesien, HJ-Obergebietsführer Kurmark (später Wartheland), 1938 MdR (NSDAP), Leutnant der Luftwaffe (EK I). Nach 1945 zunächst Angehöriger der Deutschen Partei, dann der NPD. Von 1969-72 war Kuhnt deren Fraktionsvorsitzender im Landtag von Baden-Württemberg, von 1972-78 auch Landesvorsitzender, Mitglied im Parteivorstand und langjähriger Schriftleiter des Parteiorgans. 1991 Parteiaustritt, Autor eines Buches über die HJ.

25 Karl Wahl, Aus Liebe zu Deutschland. 17 Jahre als Hitlers Gauleiter, Kiel
    1997, S. 64 (früherer Titel »Patrioten oder Verbrecher«, Kiel 1975)
    Karl Wahl (1892–1981), Schlosser, 1910 Eintritt als Freiwilliger beim 2.
    Bayerischen Jägerbataillon, Beginn der Sanitätslaufbahn, Unteroffizier,
    1913 Übernahme der Heeres-Sanitätsschule in Landau, 1914-18 Kriegs-
    dienst (Sanitätsfeldwebel), 1919 Leitung des Garnisonslazaretts in Augs-
    burg, 1922 Eintritt in die NSDAP, SA-Führer von Augsburg, während des
    NSDAP-Verbots im »Völkischen Block«, 1925 Wiedereintritt in die NSDAP,
    Kreisleiter von Augsburg, 1928 MdL in Bayern (NSDAP), Ernennung zum
    Gauleiter in Schwaben, 1933 MdR. Beim Anmarsch der US-Truppen erfolg-
    te am 28.4.1945 die kampflose Übergabe Augsburgs, Wahl stellt sich freiwil-
    lig, 1948 Verurteilung zu dreieinhalb Jahren Arbeitslager, 1949 Entlassung.
    Anfang der 50er Jahre Tätigkeit als Vertreter, dann Leiter der Bibliothek der
    Firma Messerschmidt.
26 Hitler. Reden und Proklamationen, aaO., S. 762
27 Zit. nach: Der Aufstieg der NSDAP, aaO., S. 267
28 Hitler. RSA, Band II/1, S. 158 ff.
    Eitel-Leopold Graf von Goertz-Wrisberg (1890–1952), eigtl: Graf von
    Goertz von Schlitz, gen. von Goertz und von Wrisberg, Hauptmann a.D., Mit-
    glied der Bundesleitung des Frontkriegerbundes in Thüringen.
29 Fritz Sauckel (1894–1946), Matrose und Schlosser, 1919/20 Gauleiter des
    Deutschvölkischen Schutz- und Trutzbundes in Unterfranken, 1923 Eintritt
    in die NSDAP, 1925 Gaugeschäftsführer in Thüringen, 1927-45 Gauleiter von
    Thüringen, 1929-33 MdL in Thüringen und Vors. der NSDAP-Fraktion,
    1932/33 thür. Ministerpräsident und Innenminister, 1933-45 Reichsstatthal-
    ter, 1942-45 Generalbevollmächtigter für den Arbeitseinsatz, 1946 in Nürn-
    berg hingerichtet.
30 aus: Das Geistchristentum, Heft 9/10 (1928), S. 353–356, zit. nach: Hitler.
    RSA, Band III/1 (Zwischen den Reichstagswahlen Juli 1928 – September
    1930), München 1994, S. 23–26
31 In Dinters Antwortbrief vom 19.8.1928 lehnte dieser jede Entschuldigung
    Reventlow gegenüber ab, da er lediglich dessen Bücher kritisiert habe. Diese
    Unterredung fand am 30.10.1928 in Coburg statt.
32 Hitler. RSA., Band III/1, S. 23 ff.
33 Ebda., S. 42
34 J. Fest, aaO., S. 361.
    Vgl. zum Komplex eines NS-Senates als Koordinations- und Kontrollinstanz
    des Dritten Reiches auch W. Bräuninger, »Strahlungsfelder«, aaO., S. 42-48
35 Hitler. RSA, Band III/1, S. 121
36 Ebda., S. 149
37 Erwähnenswert ist in diesem Zusammenhang Dinters Broschüre »Der Kul-
    turkampf gegen Hitler« (Patschau 1931)
38 Münchener Post Nr. 60 v. 12.3.1929
39 Ernst Jünger, Politische Publizistik 1919–1933, hrsg. und komm. von Sven
    Olaf Berggötz, Stuttgart 2001, S. 411
40 Hitler. RSA, Band III/1, S. 428
41 Hitler. Reden und Proklamationen, aaO., S.893.

Vgl. hierzu auch die fundierte Darstellung von Nicholas Goodrick-Clarke »Die okkulten Wurzeln des Nationalsozialismus« (Graz 1997). Weitschweifiger und zuweilen absurd auch Victor und Victoria Trimondi (eigtl. Herbert und Mariana Röttgen) »Hitler. Buddha. Krishna. Eine unheilige Allianz vom Dritten Reich bis heute« (Wien 2002). Ungeachtet seiner Verstiegenheit ist das Buch eine verdienstvolle Fleißarbeit der Autoren.

»*Alles erlogen und erschwindelt.*«
Die Beleidigungsprozesse Hitlers in der »Kampfzeit«
(1919–1933)

[1] Otto Pittinger (1878–1926), Dr. med., Sanitätsrat, 1919 Kreishauptmann der bayerischen Einwohnerwehren, stellv. Reichshauptmann der Organisation Escherich, 1921 Gründer der Geheimorganisation Pittinger, 1922-26 Gründer und Führer des Bundes Bayern und Reich, einer auf die Restauration des Hauses Wittelsbach abzielenden Bewegung.

[2] Gustav Ritter von Kahr (1862–1934), Jurist, 1917-20 und 1921-23 Regierungspräsident von Oberbayern, März 1920 bis September 1920 bayer. Ministerpräsident und bis Februar 1924 Generalstaatskommissar von Bayern, 1924-30 Präsident des Bayerischen Verwaltungsgerichtshofes, 1934 im Zuge der sog. Röhm-Revolte erschossen.

[3] So jedenfalls die Darstellung in E. Kern., aaO., S. 144

[4] Ernst Deuerlein, Der Hitler-Putsch. Bayerische Dokumente zum 8./9. November 1923, Stuttgart 1962, S. 43 f.

[5] Zit. nach: Luedecke, Kurt – I knew Hitler, London 1938, S. 61
Kurt Luedecke, *1890, Kaufmann, 1922 Eintritt in die NSDAP, 1922/23 außenpolitischer Berater Hitlers, 1926-28 in den USA tätig, nach KL-Haft 1934 Emigration in die USA.
Über den Redner Hitler bemerkte er: »Seine Worte waren wie Peitschenschläge. Wenn er von der Schande Deutschlands sprach, fühlte ich mich imstande jeden Gegner anzuspringen. Sein Appell an die deutsche Mannesehre war wie ein Ruf zu den Waffen, die Lehre, die er predigte, eine Offenbarung. Er erschien mir wie ein zweiter Luther. Ich vergaß alles über diesen Mann. Als ich mich umschaute, sah ich, daß seine Suggestivkraft die Tausende in Bann hielt wie einen Einzigen ... Ich hatte ein Erlebnis, das sich nur mit einer religiösen Bekehrung vergleichen ließ« (zit. nach: P. Fabry, aaO., S. 22).

[6] Ebda.

[7] Edmund D. Morel (1873–1924), brit. Politiker und Journalist, 1903-15 Gründer und Chefredakteur der Zeitschrift »African Mail«, 1912-14 Mitglied des Unterhauses (Liberal Party), 1914 Sekretär der Union of Democratic Control und Chefredakteur der Zeitschrift »Foreign Affairs«, 1922-24 abermals Unterhausmitglied.

[8] Textabdruck in *VB* v. 31.10.1923, zit. nach: Hitler. Sämtl. Aufzeichnungen, aaO., S. 1043 f.

[9] Vgl. auch Bayerischer Kurier vom 28.2.1925, »Um die Finanzierung des Hitlerputsches«; *VB* vom 7.3.1925, »Pittingers Abfuhr«.

[10] Vgl. zu den Putschplänen Pittingers im August 1922 und zur Stellung Hitlers: Thoss, Bruno, Der Ludendorff-Kreis 1919–1923. München als Zentrum der mitteleuropäischen Gegenrevolution zwischen Revolution und Hitler-Putsch, München 1978, S. 226 ff.

[11] »Der Vorsitzende verliest einen Artikel der ›Basler Nachrichten‹ vom 23.10.1923, wonach gut unterrichtete englische Parlamentarier, die mit der gleichgerichteten Partei in Paris enge Fühlung haben, zu berichten wissen, daß Hitler Gelder aus französischen Quellen erhielt. Hitler selbst sei über jeden Verdacht erhaben, im Einverständnis mit Frankreich zu sein. Er würde jeden Betrag zurückweisen, an dem der Verdacht hinge, daß er aus Frankreich stamme. Das Frankreich Poincares wolle die Vernichtung Deutschlands. Einen nationalen Durchbruch Hitlers würde Frankreich zum Vorwand zum weiteren Vormarsch nehmen.« (zit. nach: RSA, Band I, S. 11)

[12] Georg Fuchs (1868–1949), Schriftsteller, 1908–1914 Leiter des Münchner Künstlertheaters, 1923 wegen Hochverrat zu 12 Jahren Zuchthaus und einer Geldstrafe von zwei Millionen RM verurteilt, 1927 Begnadigung.
Hugo Machhaus (1889–1923), Kapellmeister, 1921 Redakteur beim »Völkischen Beobachter«, 1923 Selbstmord in Untersuchungshaft.
Augustin Xavier Richert (1879–1975), franz. Offizier, seit 1919 im besetzten Rheinland und im Saargebiet tätig, 1922/23 in geheimdienstlichem Auftrag bei der franz. Gesandtschaft in München. Richert vermittelte, wie das Volksgericht München I in seinem Urteil vom 9.7.1923 im Fuchs-Machhaus-Prozeß feststellte, bayerischen Separatisten erhebliche Finanzmittel, um einen Putsch mit dem Ziel der Lostrennung Bayerns vom Reich zu organisieren. Vgl. Hans Fenske, Konservativismus und Rechtsradikalismus in Bayern nach 1918, Bad Homburg 1969, S. 134 ff.

[13] Völkischer Kurier v. 28.2. und 3.3.1925 (»Hitler gegen Pittinger«), zit. nach: Hitler. RSA, Band I, S. 10 ff.

[14] Vgl. Berliner Tageblatt v. 2.6.1925 (AA), »Die französischen Gelder Hitlers. Die abgewiesene Revision«

[15] Erich Dombrowski (1882–1972), Journalist, ab 1916 politischer Redakteur beim Berliner Tageblatt, zuletzt stellv. Chefredakteur, 1926-36 Chefredakteur des Frankfurter Generalanzeigers, danach Berufsverbot, 1949-62 Mitherausgeber der Frankfurter Allgemeinen Zeitung.

[16] *VB* v. 16.10.1925

[17] Der Oberbayerische Gebirgsbote v. 22.9.1925, »Eine Erklärung Adolf Hitlers«, zit. nach: Hitler. RSA., Band I, S. 159

[18] Völkischer Kurier v. 5.3.1925, zit. nach: Hitler. RSA., Band I, S. 32
Das Gerücht, daß Hitler sich mit Erna Hanfstaengl, der Schwester seines Auslandspressechefs Ernst (»Putzi«) Hanfstaengl, die überdies jüdischer Herkunft gewesen sein soll, verlobt habe, wurde von Hitlers Privatsekretär Rudolf Heß am 15.10.1925 erneut dementiert (vgl. *VB* v. 15.10.1925, »Hitlers Verlobung«)

[19] Rechtsanwalt Cohn war Jude

[20] Cohn plädierte auf Einstellung des Verfahrens mit Berufung auf das preußische Amnestiegesetz und in zweiter Linie auf Freispruch.

[21] Gemeint ist Otto Ballerstedt.

Hans Adam Dorten (1880–1963), Dr. jur., 1902-18 im preuß. Staatsdienst, zuletzt Staatsanwalt in Berlin, 1919-23 Führer des rheinischen Separatismus, Ende 1923 nach Frankreich emigriert.

22 *VB* v. 20.4.1926, »Eine Abrechnung!«, zit. nach: Hitler. RSA, Band I, S. 401 ff.

23 In Plauen fand am 9.7.1926 vor dem Amtsgericht in einer ähnlichen Sache der Beleidigungsprozeß Hitlers gegen Eugen Fritsch statt.

24 Berliner Tageblatt v. 10.7.1926 (MA), »Der Hitler-Prozeß in Plauen. Wer hat französisches Geld genommen?« Laut des Berichtes soll der Verteidiger Paul Levi erklärt haben, daß »Hitler der Anstifter zum Morde an Gareis« gewesen sei. Vgl. Vogtländischer Anzeiger v. 11.7.1926, »Hitler-Prozeß vor dem Plauener Amtsgericht«.
Karl Gareis (1889–1921), Gymnasialassistent, 1919–1921 MdL in Bayern und Fraktionsvorsitzender der USPD, wurde am 9.6.1921 ermordet; der Täter blieb unbekannt.

25 *VB* v. 24.8.1926, »Adolf Hitler siegreich über jüdische Verleumdung. Berufungsverhandlung Adolf Hitlers gegen ›Berliner Tageblatt‹«, zit. nach: Hitler. RSA, Band II/1, S. 47 f.

26 Eugen Fritsch (1884–1933), 1919 Regierungsbeauftragter in Chemnitz, Redakteur bei der Plauener Volksstimme, 1921-33 SPD-Stadtverordneter und Fraktionsvorsitzender in Plauen, 1922-33 Schriftleiter der Volkszeitung in Plauen, 1933 in KL-Haft verstorben.

27 Neue Vogtländische Zeitung v. 10.7.1926, »Prozeß Hitler-Fritsch«, zit. nach: Hitler. RSA, Band II/1, S. 25 ff.
Felix Fechenbach (1894–1933), Journalist, 1912 Gewerkschaftsfunktionär in München, 1918/19 Privatsekretär Kurt Eisners und Mitglied des prov. Nationalrates des »Volksstaates« Bayern, 1922 zu 11 Jahren Zuchthaus wegen Landesverrates verurteilt, Ende 1924 Entlassung auf Bewährung, 1929-33 Redakteur des »Detmolder Volksblattes«, 1933 beim Transport in das KL Dachau ermordet.

28 Vgl. das Kapitel über Otto Ballerstedt in diesem Buch

29 Gemeint ist der anläßlich des »Deutschen Tages« in Nürnberg am 1./2.9.1923 gegründete Deutsche Kampfbund, der von Hitler politisch geführt wurde und die Wehrverbände SA, Oberland und Reichsflagge umfaßte.

30 Der Vogtländische Anzeiger schrieb, daß Hitler gesagt habe »es gebe zwei Lüdeckes, davon sitze einer im Gefängnis und der andere in Amerika«. Die Erklärung Hitlers bezog sich auf einen Dr. H.E. Lüdecke, der wegen Landesverrats verurteilt worden sei. Rechtsanwalt Levi hatte sich jedoch auf Hitlers außenpolitischen Berater Kurt Luedecke bezogen.

31 Emil Gansser (1871–1941), Dr. phil., 1920 Eintritt in die NSDAP. Die Einladung Hitlers in den »Nationalen Klub« in Berlin soll maßgeblich auf Vermittlung Ganssers zurückzuführen sein. Ab 1923 war Gansser für Hitler in der Schweiz tätig, 1924 wurde er MdR (NSFB). Gansser war in der Frühzeit der Partei ein aktiver Geldbeschaffer der NSDAP und trieb für diese zum Teil enorme Summen auf. Wegen seines dubiosen Geschäftsgebarens und seiner Neigung zu prozessieren, hatte Hitler sich jedoch schon Mitte der zwanziger Jahre von Gansser abgewandt.

32 NVZ v. 10.7.1926

[33] *VB* v. 19.5.1927, »Adolf Hitler in Nürnberg«

[34] Vgl. hierzu: *VB* v. 23.4.1927, »Rechtsschutz für Stresemann und Rechtsschutz für Hitler«

[35] Georg Sponsel (1876–1950), 1900 Ordination, 1914 kath. Pfarrer in Ansbach, 1926 Domkapitular in Bamberg, 1929 Dompfarrer, 1943 Domdekan.

[36] Fränkische Zeitung v. 15.6.1927, »Gerichtsverhandlungen«, zit. nach: Hitler. RSA, Band II/1, S. 370

[37] Vgl. hierzu auch den Artikel »Verleumderfreiheit gegen Hitler?« im *VB* v. 6./7.1.1928

[38] Hitler besuchte von 1900 bis 1904 die ersten drei Klassen der Staatsrealschule in Linz/Donau

[39] Zit. nach: Hitler. RSA., Band II/2, München 1992, S. 713 f.

[40] Hermann Friedrich (*1901), Metzger, 1908–1923 Mitglied der SPD, 1923 Übertritt zur KPD, 1927 Eintritt in die NSDAP, Verfasser der Broschüre »Von Hammer und Sichel zum Hakenkreuz«, August 1929 Austritt aus der NSDAP, danach antinationalsozialistische Agitation.

[41] Robert Wagner (1895–1946), Hauptmann, 1924 wegen Teilnahme am Hitler-Putsch zu 15 Monaten Festungshaft verurteilt, Entlassung aus dem Militärdienst, 1925-45 Gauleiter des Gaues Baden, 1929-33 MdL in Baden (NSDAP), 1932 Berufung in die Reichsleitung der NSDAP, 1933-45 Ministerpräsident und Reichsstatthalter in Baden, 1940 Chef der Zivilverwaltung im Elsaß, 1946 hingerichtet. Zur innerparteilichen Auseinandersetzung im Gau Baden vgl. Ernst Otto Bräunche, »Die NSDAP in Baden 1928–1933. Der Weg zur Macht«, in: Die Machtergreifung in Südwestdeutschland. Das Ende der Weimarer Republik in Baden und Württemberg 1928–1933, hrsg. von Thomas Schnabel, Stuttgart 1982, S. 15–48 sowie Johnpeter Horst Grill, The Nazi Movement in Baden, 1920–1945, Capitol Hill 1983

[42] Nach eigenen Angaben war Friedrich unter anderem gegen den Bezirksleiter der NSDAP in Bochum, den späteren Gauleiter Josef Wagner, tätlich geworden. Vgl. die Broschüre von H. Friedrich, Unter dem Hakenkreuz, S. 16

[43] Hitler. RSA., Band III/2, München 1994, S. 293 ff.
In seiner Antwort vom 25.7.1929 erklärte Friedrich seinen Austritt aus der NSDAP.

[44] Fritz Schäffer (1888–1967), Jurist, 1917 Eintritt in den bayerischen Staatsdienst, 1920 Berufung in das Ministerium für Unterricht und Kultus, 1920-33 MdL in Bayern (BVP), 1929-33 deren Vorsitzender, nach 1933 wiederholt verhaftet, Mai bis September 1945 bayerischer Ministerpräsident, 1949-57 Bundesfinanzminister, 1957-61 Bundesjustizminister.

[45] Bayerischer Kurier v. 4.12.1929, »Der Tag der Verantwortung«

[46] J. Goebbels, Tagebücher, aaO., S. 431.
Vgl. das Kapitel über den Grafen Soden in diesem Buch

[47] Zit. nach: Der Aufstieg der NSDAP, aaO., S. 405

[48] Diese Erklärung wiederholte Schäffer am 23.2.1933 in Würzburg

[49] Hitler. Reden und Proklamationen, aaO., S. 214

[50] W. Görlitz, aaO., S. 338

»*Hitler bedroht Kronprinz Rupprecht.*«
Die Auseinandersetzung mit dem Monarchisten
Joseph Graf von Soden-Fraunhofen

[1] André François-Poncet, Botschafter in Berlin 1931–1938, Berlin – Mainz 1962, S. 80 ff.

[2] Rupprecht (1869–1955), seit 1913 bayerischer Kronprinz, 1914 Generaloberst, Oberbefehlshaber der 6. (bayerischen) Armee, 1916-18 Oberbefehlshaber der Heeresgruppe Kronprinz Rupprecht, lehnte beim Tod seines Vaters Ludwig III. 1921 die Ausrufung zum König ab, 1939-45 Exil in Italien.

[3] Alfons Beckenbauer schreibt in seiner Darstellung über den Grafen Soden, daß dieser am 27. September 1923, also sechs Wochen *vor* dem Hitler-Putsch, Pittinger hiervon berichtet habe.

[4] Julius Friedrich Lehmann (1864–1935), Verleger zahlreicher national- und rassepolitischer Schriften und Bücher, Mitglied der Thulegesellschaft, Herausgeber der Zeitschrift »Deutschlands Erneuerung«, 1931 Eintritt in die NSDAP.

[5] Alfons Beckenbauer, »Wie Adolf Hitler durch einen niederbayerischen Grafen zu einem Wutausbruch gebracht wurde. Aus den unveröffentlichten Memoiren des Joseph Maria Graf von Soden-Fraunhofen – zugleich ein Beitrag zur Geschichte des monarchischen Gedankens in Bayern während der Weimarer Zeit«, in: Verhandlungen des Historischen Vereins für Niederbayern 103, Landshut 1977, S. 9

[6] Ebda. S. 14

[7] Beckenbauer nennt Erich Ludendorff in seiner Darstellung fortwährend fälschlich »Luddendorff«!

Max Erwin Ludwig von Scheubner-Richter (1884–1923), Deutschbalte, Angehöriger des Deutsch-Baltischen Selbstschutzes gegen den Bolschewismus, Emigration nach Deutschland, 1914 Kriegsfreiwilliger, Vizekonsul in Erzerum (Türkei), 1915-16 Leiter einer militär-politischen Expedition, danach Einsätze in Stockholm, 1917-18 im OKH in Riga, 1919 von den Bolschewisten verhaftet und zum Tode verurteilt, Intervention des AA, 1920 Teilnahme am »Kapp-Putsch« und Eintritt in die NSDAP, am 9.11.1923 als Teilnehmer des Hitler-Putsches vor der Feldherrnhalle gefallen (Scheubner-Richter marschierte neben Hitler im Demonstrationszug und warf sich beim Fallen der ersten Schüsse schützend vor diesen, der zu Boden fiel und sich eine Luxation des Schultergelenks zuzog). Scheubner-Richter verfügte über vielfältige Kontakte zur Industrie, zum Hause Wittelsbach, zu Großfürst Kyrill sowie zu kirchlichen Stellen. Sein Einfluß auf Hitler war beträchtlich; er hielt Scheubner für »unersetzlich«.

Ernst Pöhner (1870–1925), 1919-21 Polizeipräsident von München, 1921 Rat am Bayerischen Obersten Landesgericht, 1923 Teilnahme am Hitler-Putsch, 1924 Verurteilung zu 5 Jahren Festungshaft, 1924 MdL in Bayern (Völkischer Block, ab Nov. DNVP), 1925 tödlich verunglückt. Bei der Überführung von Pöhners sterblichen Überresten auf Burg Hoheneck am 13.11.1927 war Hitler einer der Redner.

Franz Xaver Ritter von Epp (1868–1947), Offizier, 1904-06 Kompaniechef in der Kaiserlichen Schutztruppe in Deutsch-Südwestafrika, 1919 Führer des Freikorps Epp, »Befreier von München« von der Räterepublik, 1920 Führung der 7. (bayerischen) Reichswehrdivision, 1923 Verabschiedung, 1928 Übertritt von der BVP zur NSDAP, 1928-33 MdR (NSDAP), März 1933 Reichskommissar in Bayern und komm. Ministerpräsident, 1933-45 Reichsstatthalter in Bayern.

[8] Joseph Graf Soden, Memoiren, S. 443 f., zit. nach: A. Beckenbauer, aaO., S. 27

[9] Ebda., S. 469 ff. (S. 16 f.)

[10] Eugen Prinz (seit 1930 Fürst und Herr) zu Oettingen-Oettingen und Oettingen-Wallerstein (1885–1969), bis 1930 Chef der Hof- und Vermögensverwaltung des Kronprinzen Rupprecht, Vorsitzender des Verwaltungsrats des Wittelsbacher Ausgleichsfonds, Vorsitzender der Landesabteilung Bayern der Deutschen Adelsgenossenschaft. Oettingen-Wallerstein, Mitglied in 47 Organisationen wie dem Bayerischen Heimat- und Königsbund und dem Stahlhelm, spielte im Februar 1933 eine wichtige Rolle bei den Staatsstreichplanungen der bayerischen Monarchisten.

[11] Karl Rabe, *1900, Journalist, Mitarbeiter der Münchener Post, Chefredakteur der Münchener Telegramm Zeitung, März bis Juni 1933 inhaftiert.

[12] *VB* v. 8.11.1929, »Der Mißbrauch der monarchischen Idee im Dienste der Young-Front«, zit. nach: Hitler. RSA, Band III/2, S. 430 ff.

[13] Hermann Ritter von Lenz (1872–1959), Chef des Generalstabes der 6. (bayerischen) Armee, 1921 Verabschiedung als Oberst, 1920 Führer der Zeitfreiwilligenverbände in München, 1929-33 Führer des Stahlhelms Bayern.

[14] Mit König Ludwig XVIII. (1755–1824), dem Bruder des 1792 hingerichteten Königs Ludwig XVI. wurde 1814 die Monarchie in Frankreich wieder eingesetzt

[15] Karl Reichel

[16] Etwa Albrecht Ludwig Prinz zu Hohenzollern, Otto II. Fürst und Rheingraf zu Salm-Horstmar und Franz Josef Fürst zu Ysenburg

[17] *VB*-Sondernummer (Nr. 258 a) v. 7.11.1929, »Offener Brief Adolf Hitlers an den Grafen Soden«, zit. nach: Hitler. RSA, Band III/2, S. 440 ff.

[18] Zit. nach: Hitler. RSA, Band III/3, München 1995, S. 23.
Hitler erwähnte noch, daß er im Münchner Café Heck »rein durch Zufall« erfahren habe, daß sich Kronprinz Rupprecht gegen das Volksbegehren ausgesprochen habe. Das Café Heck in der Galeriestraße war in den zwanziger Jahren einer der bevorzugtesten Treffpunkte Adolf Hitlers und seiner engsten Umgebung, wo stets ein Tisch für ihn reserviert war (den es heute noch gibt).

[19] Joseph Graf Soden in einem Manuskript »Der von Hitler bestgehaßte Mann«, zit. nach: A. Beckenbauer, aaO., S. 23 f.
Das Wort vom »bestgehaßten Mann« stammt originär von Kurt Sendtner in »Rupprecht von Wittelsbach. Kronprinz von Bayern«, München 1954, S. 543

20 Alfred Hugenberg (1865–1951), 1888 Dr. rer. pol., 1890 Gründer des Allgemeinen Deutschen Verbandes (seit 1894 Alldeutscher Verband), 1903 Verbandsdirektor der Raiffeisengenossenschaften, 1909-18 Vorsitzender der Friedrich Krupp KG, seit 1914 Inhaber eines einflußreichen Presse- und Medienkonzerns, 1919-33 MdR (DNVP), 1928-33 Vorsitzender der DNVP, Januar 1933 bis Juni 1933 Reichswirtschaftsminister sowie Reichsminister für Ernährung und Landwirtschaft.

21 Hitler. RSA, Band III/3, S. 31

22 August Wilhelm Prinz von Preußen, gen. »Auwi«, (1887–1949), vierter Sohn Kaiser Wilhelms II, 1907 Promotion zum Dr. der Staatswissenschaften, Landrat des Kreises Ruppin, zunächst Mitglied des »Stahlhelm«, seit 1930 Mitglied in NSDAP und SA, MdR. August Wilhelm sprach regelmäßig auf Massenkundgebungen der Partei, 1939 SA-Obergruppenführer. Nachdem er sich 1942 im privaten Kreise negativ über Joseph Goebbels äußerte, erhielt er öffentliches Redeverbot. 1945 Verhaftung durch die Amerikaner und dreijährige Lagerhaft.
Prinz Christoph von Hessen, *1901, verließ das Realgymnasium und eine landwirtschaftliche Hochschule jeweils ohne Abschluß, Praktikant in einer Autoschlosserei, KfZ-Ausbildung bei den Maybach-Werken, Tätigkeit in einer Versicherungsgesellschaft, Heirat mit Sophie Prinzessin von Griechenland. Vor seinem Eintritt in die NSDAP (1931) Auftritte als Turnierreiter und Motorradrennfahrer, 1936 Ministerialrat und SS-Oberführer, dann Ministerialdirektor und Leiter des Forschungsamtes im Reichsluftfahrtministerium. Er fiel im Jahr 1943 im Apennin.
Friedrich Christian Prinz zu Schaumburg-Lippe, (1906–1983), Korpsstudent (Jura), 1927 Heirat mit Gräfin zu Castell-Rüdenhausen, 1928 Eintritt in NSDAP und SA, Außendienstmitarbeiter eines NS-Verlages, Mitarbeiter Robert Leys im Gau Rheinland-Süd, 1933 pers. Adjutant von Dr. Goebbels, Regierungsrat, Referent im RMfVP, 1935 in der Auslandsabteilung des RMfVP, 1943 Panzergrenadier, 1945-48 Internierung, danach freier Schriftsteller. Veröffentlichungen: Zwischen Krone und Kerker (Autobiographie), Wiesbaden 1952, Souveräne Menschen, Leoni am Starnberger See 1962, Verdammte Pflicht und Schuldigkeit. Weg und Erlebnis 1914–1933, Leoni 1966, Als die Goldne Abendsonne. Tagebücher 1933–1937, München 1971, War Hitler ein Diktator?, Witten 1977
Josias Erbprinz zu Waldeck-Pyrmont (1896–1967), Berufssoldat, Teilnehmer am WK I, zuletzt Oberleutnant, Freikorpsangehöriger in Berlin und Oberschlesien, landwirtschaftliche Ausbildung, 1923-27 Mitglied des Jungdeutschen Ordens, 1929 Eintritt in NSDAP und SS, 1930 Adjutant von Sepp Dietrich, 1933 von Heinrich Himmler, 1938-45 Höherer SS- und Polizeiführer in Fulda-Werra, SS-Obergruppenführer und General der Polizei, 1947 im Buchenwald-Prozeß Verurteilung zu lebenslanger Haft, Entlassung 1950.
Erbgroßherzog Friedrich Franz von Mecklenburg, *1910, Enkel der Großfürstin von Rußland, 1931 Mitglied von NSDAP und SS, Legationssekreatär in Dänemark und persönlicher Referent von Reichsstatthalter Dr. Werner Best.

Philipp Landgraf und Prinz von Hessen (1896–1980), Erziehung in England und in Potsdam, zunächst Offizier im WK I, dann Studium an der TH Darmstadt und Architekt, Übersiedlung nach Italien, 1930 Eintritt in die NSDAP, 1931 SA, ab 1933 Oberpräsident in Hessen-Nassau und SA-Obergruppenführer, 1938 in diplomatischer Mission bei Mussolini, um dessen Zustimmung zum Anschluß Österreichs einzuholen, wegen seiner Ehe mit Mafalda, der Tochter des italienischen Königs, wurde er nach der Kapitulation Italiens 1943 zusammen mit seiner Frau in das KL Buchenwald überführt, wo letztere bei einem Bombenangriff ums Leben kam.

Carl Eduard Herzog von Sachsen-Coburg und Gotha (1884–1954), Ausbildung an der Hauptkadettenanstalt Berlin-Lichterfelde, 1904 Leutnant im 1. Garderegiment in Potsdam, seit 1905 regierender Herzog in Sachsen-Coburg und Gotha, 1914-18 General der Infanterie, 1920 Angehöriger der Brigade Ehrhardt, seit 1926 Stahlhelmführer, 1928 dessen »Reichsstaffelführer«, 1929 Gründer und Präsident des Nationalen Deutschen Automobilklubs, 1933 Eintritt in die NSDAP, seit Mai 1933 Ehrenführer des NSKK, 1934 Reichsbeauftragter für das Kraftfahrwesen, 1936 Präsident der deutschen Frontkämpferverbände, 1933-45 Präsident des DRK.

[23] Prinz Bernhard v. Sachsen-Meiningen, 7.11.1931 »an die NSDAP«, neben weiteren Unterlagen in: BAB (BDC), PA: Bernhard Prinz v. Sachsen-Meiningen, 30.6.1901, zit. nach: Malinowski, Stephan – Vom König zum Führer. Sozialer Niedergang und politische Radikalisierung im deutschen Adel zwischen Kaiserreich und NS-Staat, (Elitenwandel in der Moderne, Band 4), Berlin 2003, S. 567

[24] Vgl. A. Hitler, aaO., S. 259 ff. und S. 303 ff.

[25] Hitler. Reden und Proklamationen, aaO., S. 353

[26] Zit. nach: Friedrich Christian Prinz zu Schaumburg-Lippe, »… verdammte Pflicht und Schuldigkeit. Weg und Erlebnis 1914–1933«, Leoni am Starnberger See 1966, S. 214

[27] A. Beckenbauer, aaO., S. 10

»Parteidespotie und verantwortungslose Demagogie.«
Die Rebellion des SA-Führers Walter Stennes

[1] Karl Kaufmann (1900–1969), Landwirt, 1919 Angehöriger der Brigade Ehrhardt, 1920 Mitglied des Stahlhelm, 1921 Eintritt in die NSDAP, 1925-26 Gauleiter des Gaues Rheinland-Nord, 1926 Gauleiter des Gaues Ruhr (zus. mit Goebbels und von Pfeffer), 1929-45 Gauleiter des Gaues Hamburg, 1928-30 MdL in Preußen (NSDAP), 1930-33 MdR, seit 1933 auch Reichsstatthalter in Hamburg. Als Kaufmann im April 1945 Adolf Hitler gegenüber die Verteidigung Hamburgs als Festung angesichts der militärischen Lage als unvertretbar kritiziert und überdies jegliche »Werwolftätigkeit« in Hamburg verbot, verfügt Hitler seine Absetzung als Reichsverteidigungskommissar. Im Januar 1953 im Zusammenhang mit der »Naumann-Affaire« verhaftet.

[2] Zit. nach: Bennecke, Heinrich – Hitler und die SA, München 1962, S. 238

[3] So Peter Longerich in: »Die Braunen Bataillone. Geschichte der SA«, München 1989, S. 59

[4] Niederschrift Heinrich Benneckes über ein Gespräch mit Franz Pfeffer von Salomon am 12.11.1963, zit. nach: Franz-Willing, Georg, »Hitler-Bewegung«, aaO., S. 76

[5] J. Goebbels, Tagebücher, aaO., S. 283

[6] Brief Willi Vellers v. 16.8.1930, zit. nach: A. Tyrell, »Führer«, aaO., S. 297 f.

[7] Hitlers Artikel »Das Braune Haus« erschien im *VB* v. 21.02.1931, in dem er der neu errichteten Parteizentrale der NSDAP im ehemaligen Barlow-Palais einen ungeheuren Stellenwert einräumt. Die erwähnte Passage wurde zit. nach: Hitler. RSA., Band IV/1, S. 214 f.

[8] Zit. nach: G. Franz-Willing, Hitler-Bewegung, aaO., S. 77

[9] Otto Wagener (1888–1971), Hauptmann a.D., 1919 Stabschef der Deutschen Legion im Baltikum, 1920 Teilnahme am Kapp-Putsch, Inhaftierung, 1920/21 Führer der Organisation Escherich in Baden, seit 1920 Direktor einer Nähmaschinenfabrik, 1924 Dr. h.c., Oktober 1929 Mitglied der Reichsleitung der NSDAP, Januar bis Dezember 1930 Stabschef der SA, 1931 Leiter der Wirtschaftspolitischen Abteilung der Reichsleitung der NSDAP, 1932 zbV. im Stab Hitlers, April 1933 bis Juni 1933 Reichskommissar für die Wirtschaft, dann aufgrund diverser Intrigen Absetzung, 1939 Hauptmann d.R., 1945 Generalmajor. Wagener veröffentlichte seine Erinnerungen unter dem Titel »Hitler aus nächster Nähe. Aufzeichnungen eines Vertrauten 1929–1932«, hrsg. von H.A. Turner, jr., Frankfurt/Main – Berlin – Wien 1978

[10] Franz Wilke, *1899, 1925 Eintritt in die NSDAP, 1926 Führer des Bezirks IX des Gaues Groß-Berlin, Kassenwart des Gaues Berlin-Brandenburg, 1932 Angestellter der NSDAP-Reichstagsfraktion, 1932 Parteiausschluß.

[11] Vgl. hierzu auch: Werner, Andreas – SA und NSDAP. SA: »Wehrverband«, »Parteitruppe« oder »Revolutionsarmee«? Studien zur Geschichte der SA und der NSDAP 1920–1933, Diss. Phil., Nürnberg 1964, S. 475 ff. sowie das 1931 von Walter Stennes verfaßte Manuskript »Wie es zur Stennes Aktion kam«, IfZ-Archivalie, Fa 88

[12] Vgl. Hitlers diesbezügliche Verfügung, zit. in: H. Bennecke, aaO., S. 251

[13] Schreiben des Polizeipräsidenten von Berlin, Landeskriminalamt (I A) Nr. 3716 I A 7/1930 an die Polizeidirektion München v. 16.9.1930; StA München Polizeidirektion 6808, zit. nach: Hitler. RSA., Band III/3, S. 379

[14] Ebda.

[15] Karl von Litzmann (1850–1936), General, Sieger in der Schlacht von Lodz (»Löwe von Brzeziny«), 1918 Ruhestand, 1929 Eintritt in die NSDAP, Alterspräsident des Deutschen Reichstages. Litzmann war – wie August von Mackensen – einer der »Vorzeigegenerale« aus der Zeit des Wilhelminismus. 1940 wurde die Stadt Lodz in »Litzmannstadt« umbenannt

[16] J. Goebbels, Tagebücher, aaO., S. 510 f.

[17] Ebda., S. 511 f.

[18] Ebda., S. 519

[19] H. Bennecke, aaO., S. 148

[20] »Stellungnahme zur vorgesehenen Umorganisation der SA-Führung« v. 19.9.1930 (IfZ Fa 107 Bl. 64/73)

August Schneidhuber (1888–1934), Major a.D., Landwirt, 1928 SA-Gruppenführer, 1929-31 OSAF-Stellvertreter Süd (München), 1931/32 komm. Führer der SA-Gruppe West, 1932/33 MdR (NSDAP), 1932-34 Führer der SA-Obergruppe VII, München, 1933 Polizeipräsident von München, 1934 im Zuge der sog. Röhm-Revolte erschossen.

[21] Zit. nach: P. Longerich, aaO., S. 106

[22] Ebda., S. 107

[23] J. Fest, Hitler, aaO., S. 398

[24] P. Longerich, aaO., S. 111

[25] So in »Hitlers Verrat an der SA. Die Wahrheit über die Stennes-Aktion«, hrsg. von der »Unabhängigen Nationalsozialistischen Kampfbewegung Deutschlands«, 1931

[26] Zit. nach: H. Bennecke, aaO., S. 165

[27] DAZ v. 2.4.1931

[28] Wolf Heinrich Graf von Helldorff (1896–1944), 1915 Leutnant, 1919 Abschied als Rittmeister, 1918/19 Angehöriger des Freikorps Roßbach, 1920 Teilnahme am Kapp-Putsch, 1920-24 Exil in Italien, 1925-28 und 1932/33 MdL in Preußen (DVFP, später NSDAP), 1924/25 Mitbegründer des Frontbanns, Gruppe Mitte, 1926 Eintritt in die NSDAP, 1927 Präsident der Landwirtschaftskammer der Provinz Sachsen, 1931 SA-Oberführer, Führer der selbständigen SA-Untergruppe Groß-Berlin, 1933 Polizeipräsident von Potsdam, 1935-44 Polizeipräsident von Berlin, 1938 SA-Obergruppenführer, 1944 wegen Beteiligung an der Verschwörung des 20. Juli hingerichtet.
Hans Peter von Heydebreck (1889–1934), SA-Gruppenführer, MdR (NSDAP), im Zuge der Röhm-Revolte 1934 erschossen.
Karl Ernst (1904–1934), SA-Gruppenführer, 1918-21 Lehre als Exportkaufmann, 1921-23 kfm. Angestellter, danach Hotelpage, 1923 Eintritt in NSDAP und SA, 1931 OSAF von Berlin-Brandenburg, 1932 MdR (NSDAP), 1933 Errichtung eines »wilden« KL, das auf Veranlassung Görings geschlossen wurde. Ernst trat vermutlich in eine homosexuelle Beziehung zu SA-Stabschef Röhm und wurde von diesem protegiert. 1934 als einer der angeblichen Hauptputschisten unmittelbar vor Antritt seiner Hochzeitsreise im Zuge der »Röhm-Revolte« erschossen.

[29] Vgl. hierzu »Hitler. Reden und Proklamationen«, Teil II »Untergang«, Vierter Band 1941–1945, S. 1788, incl. Anm. 506 (Max Domarus: »Hitlers Angst vor den Obergruppenführern war ziemlich unbegründet. Abgesehen von Rudolf Heß (SS-Obergruppenführer) und Dr. Todt (SA-Obergruppenführer) hätte ihm höchstens Graf Helldorff (SA-Obergruppenführer) gefährlich werden können.«)

[30] Dr. Joseph Goebbels übernahm am 1.11.1926 den NSDAP Gau Berlin-Brandenburg

[31] Hitler. RSA, Band IV/1 (Von der Reichstagswahl bis zur Reichspräsidentenwahl Oktober 1930 – März 1932), München 1994, S. 256

[32] Paul Schulz (1898–1960), Oberleutnant a.D., 1919 Freikorps Eulenburg, 1922/23 Offizier der »Schwarzen Reichswehr«, 1927 wegen Fememordes zum Tode verurteilt, dann aber zu lebenslänglichem Zuchthaus begnadigt, 1930 amnestiert und Eintritt in die NSDAP, 1930-32 Stellvertreter und Stabs-

leiter des Reichsorganisationsleiters der NSDAP, 1932 Parteiaustritt, 1934 Emigration.

[33] J. Goebbels, Tagebücher, aaO., S. 575 f.

[34] Ebda., S. 577

[35] Ebda., S. 583

[36] *VB* v. 4.4.1931, »Adolf Hitlers Abrechnung mit den Rebellen«, zit. nach: Hitler. RSA, Band IV/1, S. 248 ff.

[37] *VB* v. 8.4.1931, zit. nach: Hitler. RSA, ebda. S. 273 ff.

[38] In Zusammenarbeit mit Stennes erschien das halb-autobiographische Buch »Als Hitler nach Canossa ging«, Berlin 1982.

[39] Hierzu näheres in: Hitler. RSA, Band IV/1, S. 360 ff.

[40] Interessant zu diesem Komplex auch der bekannte Artikel »Adolphe Légalité« in der Vossischen Zeitung vom 9.5.1931

[41] Hitler. Reden und Proklamationen, aaO., S. 423

[42] Ebda., S. 180 nach *VB* v. 13.1.1933

[43] P. Longerich, aaO., S. 163

[44] Zit. nach: G. Franz-Willing, Hitler-Bewegung, aaO., S. 315

[45] Vossische Zeitung Nr. 34 (AA), S. 1., »Stegmanns Freikorps Franken«

[46] So die Vermutung Peter Longerichs, aaO., S. 164

[47] Ebda.

[48] Hitler. Reden und Proklamationen, aaO., S. 423

[49] Jakob Sprenger (1884–1945), Oberpostinspektor, 1922 Eintritt in die NSDAP, 1925 Ortsgruppenleiter von Frankfurt/Main und Bezirksleiter von Hessen-Nassau-Süd, 1925-29 Stadtverordneter in Frankfurt/Main, 1927-33 Gauleiter von Hessen-Nassau-Süd, 1930-33 NSDAP-Fraktionsvorsitzender im Provinziallandtag von Hessen-Nassau, 1930-33 MdR (NSDAP), 1932 NSDAP-Landesinspekteur Südwest, 1933-45 Gauleiter von Hessen-Nassau und Reichsstatthalter für Hessen. Als sich Ende März 1945 amerikanische Truppen Frankfurt am Main näherten, verließ Sprenger die Stadt in seinem Dienstwagen und beging wenig später mit seiner Frau Selbstmord.

[50] So Franz von Pfeffer in einem Gespräch mit Heinrich Bennecke am 21.4.1963

[51] Goebbels, Band 3, Januar 1942 – März 1942, aaO., S. 548

»Ich will keine völkischen Generalstabsoffiziere, sondern Führer!« Ernst Anrich und die innere Opposition im NS-Studentenbund 1930-31

[1] Ernst Anrich, Prof. Dr., *9.8.1906 in Straßburg, promovierte 1931 (»Die Jugoslawische Frage 1870–1914«), 1932 Habilitation für neuere Geschichte (»Die englische Politik im Juli 1914«), in Folge vielfältige Lehrtätigkeit. Anrichs wiederholte Versuche, wieder in die Partei aufgenommen zu werden, scheiterten allesamt am Veto von Schirachs, selbst ein in diesem Sinne verfaßter Brief des Reichsführers-SS Himmler an Schirach änderte daran nichts (vgl. »Reichsführer! Briefe an und von Himmler«, hrsg. von Helmut Heiber, München 1970, S. 144). In den 30er Jahren trat Anrich als Spezialist

für Fragen der deutschen Westgrenze und als Autor vielbeachteter histori-
scher Werke hervor (»Volk und Staat als Grundlage des Reiches«, »Universitäten als geistige Grenzfestungen«, »Die Geschichte der deutschen Westgrenze«). Nach kurzem Kriegsdienst von 1941-44 Dekan an der
Reichsuniversität Straßburg, 1949 Gründer der renommierten »Wissenschaftlichen Buchgesellschaft« in Darmstadt und 17 Jahre deren leitender
Gestalter. Anrich verfaßte zahlreiche wissenschaftliche und politische
Werke, darunter die monumentale, mehrbändige Darstellung »Die Entstehung der beiden Weltkriege 1914/18 und 1939/45 aus Bedingnissen der deutschen Geschichte« (Seeheim 1997 und 2003), deren zweiter Teil jedoch frag-
mentarisch blieb. Über Jahre war Anrich auch parteipolitisch tätig, so
zunächst in der CDU, seit 1965 in der NPD, deren Cheftheoretiker er war.
1975 verließ er die Partei wieder, da er glaubte, mit ihr keine positive Lösung
für Deutschland mehr erreichen zu können. Ernst Anrich starb am
21.10.2001.
Reinhard Sunkel (1900–1944), Freikorpskämpfer, 1922 Eintritt in die
NSDAP, 1927/28 Mitglied der NSDStB-Hochschulgruppe Kiel, 1928 Wechsel nach Erlangen, 1930/31 Kreisleiter X (Berlin), NSDStB-Organisations-
leiter und Stellvertreter Baldur von Schirachs. Sunkel war der führende Kopf
des NSDStB in Norddeutschland. 1931 Ausschluß aus NSDStB und Ortsgruppenleiter der NSDAP in Kiel, 1932 Kreisleiter, 1932/33 MdL in Preußen,
1933/34 Ministerialrat im preuß. Ministerium f. Wissenschaft, 1934/37 im
Reichserziehungsministerium, zeitweise Vize-Inspekteur der Napolas
(zuständig für »Organisation« und verlor nach der erzwungenen Absetzung
Dr. Haupts sein Amt), 1937 Ruhestand, 1944 Selbstmord.

2   Gustav Adolf Anrich (1867–1930), Theologe, wirkte seit 1894 als Pfarrer in
Lingolsheim und übernahm 1901 die Leitung des Theologischen Studien-
stifts in Straßburg, wo er 1903 ao., 1914 o. Professor und später Rektor wurde.
1919 kam er nach Bonn und lehrte seit 1924 in Tübingen. Anrich war Vorsitzender des Wissenschaftlichen Instituts der Elsaß-Lothringer im Reich an
der Universität Frankfurt/Main. Sein Forschungsgebiet war die alte Kirchengeschichte. Veröffentlichungen u. a. »Hagios Nikolaus. Der Hl. Nikolaus
in der griechischen Kirche« (1913).

3   Aus einem unveröffentlichten Manuskript Ernst Anrichs »Erinnerungen.
Tagebuch eines Lebens«, S. 166, (folgend zit. als »E. Anrich«) welches dieser
dem Verfasser freundlicherweise zur Verfügung stellte.

4   E. Anrich, Erinnerungen, S. 218

5   Dr. Joachim Haupt (1900–1989), norddeutscher Funktionär des NSDStB.
Da er als Gegner Baldur von Schirachs galt, wechselte der preußische MdL
(NSDAP) in das Reichserziehungsministerium unter Rust. Wenig später
avancierte er zum ersten Inspekteur der Napolas, wurde jedoch aufgrund
eines Urteils des Obersten Parteigerichts am 23. Juni 1938 wegen Vorwürfen
im Zusammenhang mit §175 aus der NSDAP ausgeschlossen. Vgl. zur Biographie Joachim Haupts auch W. Bräuninger, »Strahlungsfelder«, aaO.,
S. 59 ff.
Dr. Adrian von Renteln, *1897 in Hosti/Rußland, Journalist, seit 1929 Leiter
des NS-Schülerbunds, von 1931-32 »Bundesführer« der HJ. 1932-33 führte

der MdR (NSDAP) von Renteln den NS-Hago. Er war außerdem Präsident des Industrie- und Handelstages und leitete das Hauptamt »Handwerk« in der Reichsleitung der NSDAP, sowie der DAF. Im Kriege war Renteln Generalkommissar von Litauen; er wurde 1946 hingerichtet.

[6] E. Anrich, aaO., S. 239
Anrich erwähnt in einer Anmerkung: »Ein Manfred Franze behauptet in seiner Doktorarbeit ›Die Erlanger Studentenschaft von 1918–1945‹ 1971, veröffentlicht 1972, S. 124 und aufgenommen in Anselm Faust, Der NS-Studentenbund Band I, 1973, S. 176, Anm. 30, daß ich Hitler habe sprechen lassen wollen, um ihm dabei die Mißstimmung gegen Schirach zu demonstrieren. Dies ist schlicht falsch. Damals hoffte ich, diese Mißstimmung sei voll überwunden.«

[7] Ebda., S. 248
[8] Anrich hatte sich zum Ärger Schirachs in einem Brief auch persönlich an Hitler gewandt
[9] E. Anrich, aaO., S. 257
[10] Ebda., S. 238
[11] E. Anrich, aaO., S. 264 f.
Friedrich Karl Florian (1894–1975), Grubenbeamter in Westfalen, 1914 Kriegsfreiwilliger, Dienst beim Grenadierregiment I in Königsberg, EK II, Jagdflieger im Jagdgeschwader Richthofen, 1918 britische Gefangenschaft, 1919 Rückkehr ins Ruhrgebiet, 1920 bis 1929 Grubenbeamter in Buer, Mitglied des Deutschvölkischen Schutz- und Trutzbundes, aktiver Teilnehmer am »Ruhrkampf«, 1924 Gründer der Ortsgruppe Buer des Völkisch-Sozialen Blocks, 1925 Eintritt in die NSDAP, 1927 Wahl zum Abgeordneten in Buer, 1927 Ortsgruppenleiter in Buer, Kreisleiter Emscher-Lippe, 1929 Bezirksleiter Bergisch-Land-Niederrhein, 1930 Ernennung zum Gauleiter Düsseldorf, 1930 MdR (NSDAP), 1933 Fraktionsführer der NSDAP-Fraktion im Düsseldorfer Stadtrat, 1934 Preußischer Staatsrat, Gründer der »NS-Beratungsstellen«. Ende April 1945 gerät Florian in US-Gefangenschaft, ein Versuch sich durch Gift das Leben zu nehmen, scheitert. Auch der zweite Selbstmordversuch – Florian stürzte sich aus dem Fenster des dritten Stockwerkes einer Göttinger Kaserne – schlug fehl, er trägt schwerste Verletzungen davon. Internierung in etlichen Lagern und Gefängnissen, 1949 Verurteilung zu 6 1/2 Jahren Gefängnis, 1951 Entlassung, danach Tätigkeit als Industrievertreter.

[12] Ebda., S. 266
[13] Ebda., S. 267 f.
[14] Ebda.
[15] Hans Dietrich (1898–1945), Volksschullehrer, 1920-22 Gauwart des Deutschvölkischen Schutz- und Trutzbundes, 1923 Eintritt in die NSDAP, 1924-28 MdR (NSDAP), 1929 Vorsitzender der NSDAP-Stadtratsfraktion in Coburg, 1932/33 MdL in Bayern, 1933 Stadtschulreferent in Coburg, 1933/34 Landesobman der NS-Kriegsopferversorgung in Bayern.
[16] Vgl. hierzu und zur Geschichte des NSDStB: Faust, Anselm, »Der Nationalsozialistische Studentenbund. Studenten und Nationalsozialismus in der Weimarer Republik«, zwei Bde., Düsseldorf 1973

[17] Hans Pohl, Kreisleiter VIII (Deutsch-Österreich) des NSDStB.
Gemeint ist hier das Schreiben Wilhelm Völckers und Reinhard Sunkels an Hans Pohl vom 20.4.1931, welches das Ziel verfolgte, möglichst viele Hochschulgruppen des NSDStB aus Protest gegen die Politik von Schirachs zu einer Austrittserklärung zu bewegen. Darin hieß es »Hitler will keine Menschen, sondern Zahlen«.

[18] Hitler. RSA., Band IV/1, S. 348 ff.

[19] Baldur von Schirach, Ich glaubte an Hitler, Hamburg 1967, S. 88 ff.

[20] Vgl. das Kapitel über Günter Kaufmann und *Wille und Macht*

[21] Zit. nach: Kettenacker, Lothar, »Kontinuität im Denken Ernst Anrichs. Ein Beitrag zum Verständnis und gleichbleibender Anschauung des Rechtsradikalismus in Deutschland«, in: Paul Kluke zum 60. Geburtstag, hrsg. von Dieter Rebentisch, Frankfurt/Main 1968. Im selben Kontext auch Karl-Ernst Jeismann, »Nichts dazu gelernt und nichts vergessen! Zu E. Anrich, Leben ohne Geschichtsbewußtsein«, in: Geschichte, Politik und ihre Didaktik (GPD) 18, 1990, S. 63

[22] E. Anrich, aaO., S. 279

[23] Ernst Anrich, Drei Stücke über Nationalsozialistische Weltanschauung, Stuttgart 1932

[24] Walter Lienau, *1906, Student, 1925 Eintritt in die NSDAP, 1929 NSDStB-Hochschulgruppenführer an der TH München, 1930 Kreisleiter VII der Deutschen Studentenschaft, dann Hochschulpolitischer Referent der Reichsleitung des NSDStB, 1931/32 Erster Vorsitzender der Deutschen Studentenschaft, danach Landwirt, 1939 Eintritt in die Waffen-SS Division »Leibstandarte Adolf Hitler«, 1941 in Griechenland gefallen.

[25] Hitler. RSA, Band IV/2, S. 294

[26] E. Anrich, aaO., S. 323

[27] Ebda., S. 327

[28] Friedrich Oskar Stäbel, (1901–1977), September 1933 Ernennung zum Führer der deutschen Studentenschaft und zum Reichsführer des NSDStB, 1933 MdR (NSDAP), 1934 Leiter der Abt. St (Studentenangelegenheiten) in der RJF, Direktor des Vereins Deutscher Ingenieure und Reichsschulungsobmann des NS-Bundes Deutsche Technik.

[29] Hans-Bernhard von Grünberg (1903–1975), 1922-29 Studium der Volkswirtschaft in Heidelberg und Königsberg, 1923 Lehre der Landwirtschaft (abgebrochen), 1929 Dr. rer. pol., Eintritt in die preuß. Hauptlandwirtschaftskammer in Berlin als Referent, 1/1931 Eintritt in die NSDAP, Redakteur der Preußischen Zeitung in Königsberg, Gauredner, 1931-34 Gaustudentenführer in Ostpreußen, danach Gaudozentenführer, 1933 Gauheimstättenleiter der DAF und Leiter der Landesplanungsstelle beim Oberpräsidium der Provinz Ostpreußen, 1934 Leiter des Instituts für Ostdeutsche Wirtschaft an der Universität Königsberg, a.o. Professor daselbst, 1935 Provinzialrat, 1937 Rektor der Universität Königsberg, 1939 Teilnahme am Polenfeldzug, Verwundung, 1941-43 zur Verwaltung des Reichskommissariats Ukraine abgeordnet. Kurz vor seiner Flucht aus dem belagerten Königsberg im Februar 1945 soll Grünberg den Transport von Teilen des Bernsteinzimmers veranlaßt haben. März 1945 erneuter Eintritt in die Wehrmacht, bis 1949 russische Gefangenschaft,

dann Verurteilung wegen »konterrevolutionärer Tätigkeit« im Lager zu acht Jahren Gefängnis in Riga, März 1950 Entlassung durch Amnestie, Rückkehr in die Bundesrepublik, 1954 Eintritt in die DRP, deren nordrhein-westfälischer Landesvorsitzender er wird, 1964 Mitbegründer der NPD, Verfasser des »Nationaldemokratischen Manifests«, stellv. Landesvorsitzender Nordrhein-Westfalen, langjähriges Mitglied des Parteivorstands, 1974 Parteiaustritt.

[30] Vgl. hierzu die Passage einer Rede Adolf Hitlers vom 20.5.1937, in der er ausführte: »... Wenn manche sagen: Sie sind ein Phantast!, dann kann ich ihm nur antworten: Sie Idiot! Wenn ich nie in meinem Leben ein Phantast gewesen wäre, wo wären Sie, und wo wären wir heute alle? Ich habe immer an die deutsche Zukunft geglaubt. Sie haben damals gesagt: Sie sind ein Phantast. Ich habe immer an die Auferstehung des Deutschen Reiches geglaubt, Sie sagten immer ›Sie sind ein Narr!‹. Ich habe immer geglaubt an die Wiederaufrichtung einer deutschen Macht, Sie sagten immer ich sei wahnsinnig. Ich habe geglaubt an die Beseitigung unserer Wirtschaftsnot, Sie sagten, das sei Utopie. Wer hat nun recht gehabt, der Phantast oder Sie? Ich habe recht gehabt und ich werde auch für die Zukunft recht behalten!«

[31] E. Anrich, aaO., S. 443
Gustav Adolf Scheel (1907–1979), Aktivist der Deutschen Jugendbewegung, 1928 Studium der Medizin, 1930 Eintritt in NSDAP und SA, 1932 NS-Studentenführer in Heidelberg, 1935 Dr. med. und Gaustudentenführer Baden, November 1936 Reichsstudentenführer, 1938 MdR, von 1934-41 auch in hohen Funktionen für den SD tätig, November 1941 Gauleiter und Reichsstatthalter in Salzburg, 1944 Reichsdozentenführer. Als Gauleiter von Salzburg verhinderte Scheel im April 1945 die Sprengung der Brücken und die Zerstörung der Stadt. In Hitlers Testament wird er zum Reichskultusminister ernannt, von 1945-48 Internierung, laut britischem Geheimdienst Mitglied der »Bruderschaft«, einem 1949 in Hamburg gegründeten Geheimbund ehemaliger Nationalsozialisten, Gründer des »Herrenklubs«. Am 15.1.1953 kurzzeitige Verhaftung durch die Briten wegen Zugehörigkeit zum sog. »Gauleiterkreis« von Dr. Werner Naumann, von 1954-79 Arzt in Hamburg. Literatur: Georg Franz-Willing, Bin ich schuldig? Leben und Wirken des Reichsstudentenführers und Gauleiters Dr. Gustav Adolf Scheel 1907–1979. Eine Biographie, Leoni am Starnberger See 1987

»*Solange ich die Partei führe ...*«
Amtsenthebungen, Parteiausschlüsse, Wiederaufnahmen

[1] Fraenkel, Ernst, The Dual State, New York – London – Toronto 1941
[2] Goebbels, aaO., Band 8, März – Juli 1943, München 1993 (Eintrag v. 16.3. 1943)
[3] Reinhard Bollmus, Das Amt Rosenberg und seine Gegner. Zum Machtkampf im nationalsozialistischen Herrschaftssystem, Stuttgart 1970
[4] Gotthard Urban, *1905, Bankangestellter, 1923 Eintritt in die NSDAP, lernte Alfred Rosenberg im Hause des Weimarer Generalintendanten von Schirach (Vater von Baldur von Schirach) kennen. Zunächst Geschäftsführer des

Kampfbundes für deutsche Kultur (KfdK), 1933 MdR, 1934 HJ-Oberbann-führer in der RJF, seit 1934 Stabsleiter des Amtes Rosenberg. Urban fiel im Juli 1941 bei den Kämpfen um den Ilmensee.
Dr. Helmut Stellrecht, *1898, Dipl.-Ing., Weltkriegsteilnehmer und Frei-korps-Kämpfer. Nach Tätigkeit in der Industrie und Promotion an der TH Stuttgart seit 1932 hauptamtlicher Funktionär in der Reichsleitung der NSDAP und maßgeblich am Aufbau des Reichsarbeitsdienstes beteiligt. Von 1933-39 war MdR Stellrecht HJ-Obergebietsführer in der Reichsjugend-führung, leitete dort das »Amt Wehrerziehung« und schied nach Konflikten mit von Schirach aus. Als hauptamtlicher Mitarbeiter des Amtes Rosenberg wurde er Nachfolger Urbans als Stabsleiter. Er veröffentlichte das Buch »Adolf Hitler. Heil und Unheil. Die verlorene Revolution« (Tübingen 1974).
Heinrich Härtle, *1909, Banklehre, Eintritt in die NSDAP 1927, Deutsche Hochschule für Politik in Berlin 1933-36, 1936-39 Hauptabteilungsleiter im Hauptschulungsamt der DAF, 1939-45 Referent, ab April 1941 komm. Leiter des »Hauptamtes Wissenschaft« im Amt Rosenberg (in Vertretung für Alfred Baeumler bzw. Dr. Walther Groß). Nach dem Krieg engagierte sich Härtle für die Deutsche Reichspartei (DRP) als Schriftleiter der Zeitungen »Reichsruf« und »Deutsche-Wochen-Zeitung«. Veröffentlichungen: Nietzsche und der Nationalsozialismus (1937), Die ideologischen Grundlagen des Bolschewis-mus (1944), Freispruch für Deutschland. Unsere Soldaten vor dem Nürnber-ger Tribunal (1965), Amerikas Krieg gegen Deutschland – Wilson gegen Wil-helm II. – Roosevelt gegen Hitler (1968), Großdeutschland. Traum und Tragödie. Rosenbergs Kritik am Hitlerismus (1969), Die Kriegsschuld der Sieger (1971), Deutsche und Juden. Studien zu einem Weltproblem (1977). Härtle bearbeitete die Erinnerungen Alfred Rosenbergs »Letzte Aufzeich-nungen. Ideale und Idole der nationalsozialistischen Revolution« (1955).
Thilo von Trotha, *1909, etwa seit 1932 Privatsekretär Alfred Rosenbergs. Trotha starb 1938 durch einen Autounfall. Einige Bekanntheit erlangte er bis heute durch seine Rezension von Ernst Jüngers »Der Arbeiter. Herrschaft und Gestalt« im »Völkischen Beobachter«, wo er die einprägsame Formu-lierung fand, Jünger habe sich mit seinem Werk in die »Zone der Kopf-schüsse« vorgewagt.

5 Josef Grohé (1902–1987), kaufm. Angestellter, 1919 Eintritt in den Deutsch-völkischen Schutz- und Trutzbund, 1922 Eintritt in die NSDAP, 1924 Gauge-schäftsführer des Völkisch-Sozialen-Blocks, 1925 Wiedereintritt in die NSDAP, stellv. Gauleiter des Gaues Rheinland-Süd (ab 1926 Gau Rhein-land), 1926-31 Hauptschriftleiter des Westdeutschen Beobachters, 1929 Stadtverordneter in Köln, 1931-45 Gauleiter des Gaues Köln-Aachen, 1932/33 MdL in Preußen, 1933 Preußischer Staatsrat, 1944 Reichskommissar für die besetzten Gebiete in Belgien und Nordfrankreich, 1946-50 inhaftiert.
6 P. Hüttenberger, aaO., S. 51
7 Hitler. RSA, Band II/1, S. 333
8 Hanns Rauscher (1897–1961), Uhrmachermeister, 1920 Mitglied im Frei-korps Roßbach, 1921 Eintritt in die NSDAP, 1925 SA-Sturmführer (Sturm I) in München, 1927 Parteiaustritt, 1929 Wiedereintritt in die NSDAP, 1933 SA-Standartenführer, 1939 unehrenhafte Entlassung aus der SA.

⁹ PND-Bericht Nr. 575. o.D.; StA München, Polizeidirektion München 6809, zit. nach: Hitler. RSA, Band II/1, S. 320 ff.

¹⁰ Ebda., S. 421

¹¹ Vgl. hierzu auch: Höffkes, Karl – Hitlers politische Generale. Die Gauleiter des Dritten Reiches, 2. Auflage, Tübingen 1997, S. 246 f.

¹² Hermann Rohst, *1895, Ministerialinspektor in Schwerin, 1929 Eintritt in die NSDAP, 1938 Oberrergierungsrat.

¹³ Hitler. RSA, Band III/3, S. 169 ff.

¹⁴ BDC-Personalakte Friedrich Hildebrandt, zit. nach: Hitler. RSA, aaO., S. 170

¹⁵ Herbert Albrecht (1900–1945), Kriegsfreiwilliger, 1919 Angehöriger des Freikorps Halle, Mitglied des Deutschvölkischen Schutz- und Trutzbunds, 1924 Mitarbeiter des *VB*, 1925 Dr. phil. agr., 1926 Eintritt in die NSDAP, Wahl zum Landtagsabgeordneten der NSDAP im sächsischen Landtag, 1930-33 MdR, 1930/31 komm. Gauleiter des Gaues Mecklenburg, 1933/34 Bevollmächtigter Thüringens zum Reichsrat und Sonderbeauftragter der thüringischen Regierung in Berlin, 1934 Aberkennung aller Parteiämter für die Dauer von 3 Jahren, Delegierter des Aufsichtsrats im Vorstand der reichseigenen Deutschen Revisions- und Treuhand AG.

¹⁶ Hartmann Lauterbacher, Erlebt und mitgestaltet. Kronzeuge einer Epoche 1923–1945. Zu neuen Ufern nach Kriegsende, Preuß. Oldendorf 1984, S. 246 Hartmann Lauterbacher (1909–1988), 1922 Gründung der »Deutschen Jugend«, 1925-29 Ausbildung zum Drogisten, 1927 Eingliederung der »Deutschen Jugend« in die HJ und Eintritt in die NSDAP, Übersiedlung nach Braunschweig, Besuch der Drogistenakademie, 1930 Gauführer der HJ Süd-Hannover-Braunschweig, 1932 HJ-Gebietsführer Westfalen/Niederrhein, 1933 HJ-Obergebietsführer West, 1934 Ernennung zum Stabsführer der HJ und stellv. Reichsjugendführer, 1936 MdR, 1940 Ernennung zum Gauleiter des Gaues Süd-Hannover-Braunschweig. 1944 wird Lauterbacher auf der Fahrt nach Berlin bei einem Fliegerangriff schwer verletzt, Mai 1945 Flucht nach Kärnten, englische Gefangenschaft und Internierung in 27 Gefängnissen und Lagern, 1948 Flucht nach Italien, erneute Internierung und Rückkehr nach Deutschland. 1953 gründete Lauterbacher die Firma Labora, bis 1980 Beratertätigkeiten im Ausland unter anderem in Ghana und im Oman. 1984 erschienen seinen Erinnerungen.

¹⁷ Otto Schmidt-Hannover (1888–1971), Berufsoffizier, 1924-33 MdR (DNVP), 1924-25 Organisator von Hindenburgs Wahlkampf, Vertrauter Alfred Hugenbergs, letzter Fraktionsvorsitzender der DNVP, 1945/45 zusammen mit Hans Zehrer Mitgestalter der »Konservativen Partei«, Verfasser des »Konservativen Manifests«. 1959 erschienen Schmidt-Hannovers Erinnerungen »Umdenken oder Anarchie. Männer – Schicksale – Lehren«.

¹⁸ Albert Krebs, Tendenzen und Gestalten der NSDAP. Erinnerungen an die Frühzeit der Partei, Stuttgart 1948, S. 226

¹⁹ J. Fest, Hitler, aaO., S. 350

²⁰ A. Krebs, aaO., S. 66

²¹ Zit. nach: Jochmann, Werner, Nationalsozialismus und Revolution. Ursprung und Geschichte der NSDAP in Hamburg 1922–1933, Frankfurt/Main 1963, S. 358 f.

22 Wilhelm Kube an Rudolf Heß, Akten der Parteikanzlei. Rekonstruktion eines verlorengegangenen Bestandes. Sammlung der in anderen Provenienzen überlieferten Korrespondenzen, Niederschriften von Besprechungen usw. mit dem Stellvertreter des Führers und seinem Stab bzw. der Parteikanzlei, ihren Ämtern, Referaten und Unterabteilungen sowie mit Heß und Bormann persönlich. Hrsg. vom Institut für Zeitgeschichte. Bearb. von Helmut Heiber u. a., München 1983 ff. Microfiche 117 01263 (folgend zitiert als »Akten der PK«)

23 M. Moll, Sturz, aaO., S. 10

24 Vgl. hierzu: Der »Führerstaat«: Mythos und Realität. Studien zur Struktur und Politik des Dritten Reiches, hrsg. von Gerhard Hirschfeld und Lothar Kettenacker mit einer Einleitung von Wolfgang J. Mommsen, Stuttgart 1981, S. 291 ff. Wilhelm Meinberg (1898–1973), Landwirt, 1919 im Deutschvölkischen Schutz- und Trutzbund, 1929 Eintritt in die NSDAP und in die SA, Parteiredner, 1932 MdL in Preußen (NSDAP), 1933 Präsident des Reichslandbundes und Reichsobmann des Reichsnährstandes, Preußischer Staatsrat und MdR, 1935 landwirtschaftlicher Gaufachberater der NSDAP im Gau Ostpreußen, stellv. Reichsbauernführer. Meinberg übernahm 1955 den Parteivorsitz der Deutschen Reichspartei (DRP), den er bis 1960 innehatte.

25 Zit. nach: »Der ›Führerstaat‹«, aaO., S. 291

26 Ebda., S. 292

27 Vgl. zu diesem Komplex auch: Robert Thévoz/Hans Branig /Cécile Lowenthal-Hensel, »Pommern 1934/35 im Spiegel von Gestapo-Lageberichten und Sachakten« (Die Geheime Staatspolizei in den preußischen Ostprovinzen 1934-36, Köln – Berlin 1974, Band II, S. 31 ff.).

28 Martin Bormann an Alfred Rosenberg am 11.10.1941, Akten PK Nr. 126 02945

29 Vgl. zur Biographie Karpensteins auch K. Höffkes, »Hitlers pol. Generale«, aaO., S. 177

30 Rudolf Heß an alle Reichs- und Gauleiter am 4.12.1934, Akten der PK Nr. 117 01298, zit. nach M. Moll, »Sturz«, aaO., S. 12

31 Udo von Woyrsch (1895–1982), Höherer SS- und Polizeiführer, Sohn eines Rittergutsbesitzers und königlichen Kammerherrn, 1908-14 Kadettenanstalt, 1914 Fähnrich, 1914-18 Kriegsteilnehmer, 1918 russische Gefangenschaft, 1919/20 Grenzschutz Schlesien, 1921 Lehre in der Landwirtschaft, 1923 Übernahme des elterlichen Gutes, 1929 Eintritt in die NSDAP, 1930 SS, 1932 SS-Gruppenführer, 1933 MdR (NSDAP), Führer des SS-Oberabschnitts Südost (Schlesien) in Breslau, 1935 SS-Obergruppenführer. Wegen Woyrschs Verantwortung für zahlreiche Morde an Unschuldigen im Zusammenhang mit der »Röhm-Revolte« Amtsenthebung im Januar 1935 und Zuteilung zum pers. Stab des RFSS, 1939 Führer der »Einsatzgruppe z. B.V.«, die hunderte von polnischen Zivilisten ermordete, 1941 General der Polizei, 1940-44 HSSPF Elbe in Dresden (Amtsenthebung wegen »mangelnder Eignung« und auf geheimen Befehl Himmlers auf sein Gut verbannt), 1945-48 in alliierter Haft, Verurteilung zu 20 Jahren Gefängnis, 1952 Entlassung, im sog. »zweiten Röhm-Prozeß« 1957 zu 10 Jahren Haft verurteilt, 1977 Einstellung der Verfahren wegen Verhandlungsunfähigkeit.

[32] Die Justiz der Bundesrepublik Deutschland belangte in den fünfziger Jahren zahlreiche ehemalige Nationalsozialisten wegen Morden – insbesondere am 30. Juni 1934 – an abtrünnigen Nationalsozialisten.

[33] So jedenfalls Karl Teppe, »Die preußischen Oberpräsidenten 1933–1945«, in: Klaus Schwabe (Hrsg.): Die preußischen Oberpräsidenten 1933–1945 (=Deutsche Führungsschichten in der Neuzeit 15, Boppard am Rhein 1985, S. 227)

[34] Josef Wagner an Staatssekretär Grauert am 2.6.1935, zit. nach K. Teppe, aaO., S. 246 f.

[35] Vgl. zur Biographie Brückners auch K. Höffkes, aaO., S. 41 f.

[36] *VB* v. 30.6.1933
Hermann Cordemann, ehem. kaufmännischer Vertreter der Firma Siemens in Mexiko und Frankreich, war laut Wageners Bericht Fachmann für Handelsfragen in der Wirtschaftspolitischen Abteilung der Reichsleitung der NSDAP. Die erwähnte Erklärung stammt vom 14.12.1963 (IfZ, Sammlung Zeugenschrifttum, Nr. 1862, Bd. 1). In dem Buch »Ich war königlich-preußischer Landrat« (Berlin 1970, S. 205) bezeichnet der Reichskommissar für Arbeitsbeschaffung in den Kabinetten Schleicher und Hitler Günter Gereke Cordemann als seinen »Personalreferenten« im Herbst 1932. Gereke selbst wurde am 27.3.1933 wegen Unterschlagung verhaftet.

[37] Im Gegensatz zu den sog. »Gesprächen mit Hitler«, welche der ehemalige Danziger NS-Senatspräsident Hermann Rauschning mit Hitler geführt haben will und die sich später als plumpe Fälschung herausstellten, sind Wageners Aufzeichnungen – bei aller Übertreibung und Egozentrik – dennoch weitgehend glaubwürdig.

[38] Vgl. hierzu die Einleitung des Herausgebers Henry A. Turner jr. in: Otto Wagener, »Hitler aus nächster Nähe. Aufzeichnungen eines Vertrauten 1929–1932«, Frankfurt/Main – Berlin – Wien 1978, S. 482 (Anm. 6)

[39] Eine Niederschrift Hugenbergs über die genannte Unterredung mit Hitler sowie seine Briefe an Hindenburg vom 26. und 27. Juni 1933 sind veröffentlicht bei Anton Ritthaler »Eine Etappe auf Hitlers Weg zur ungeteilten Macht. Hugenbergs Rücktritt als Reichsminister«, in: VJHfZ (8), Stuttgart 1960, S. 193 ff.

[40] Hitler. RSA, Band I, aaO., S. 100

[41] Hitler. Reden und Proklamationen, aaO., S. 182

[42] Rede vor Kreisleitern am 29.4. oder 23.11. 1937 (Hitler-Jugend. Eine Dokumentation über Jugenderziehung im Dritten Reich. Von Horst Siebecke Ariola-Athena 70060 HW)

[43] »Hitlers politisches Testament«, aaO., S. 87 ff.

[44] B. Mussolini, Opera Omnia, aaO., Band XXI, S. 357 f. und Band XXII, S. 360

[45] Vgl. W. Bräuninger, »Strahlungsfelder«, aaO., S. 42–48

»*Eines Deutschlands Kants und Goethes unwürdig.*«
Von der Ambivalenz des »alten Kämpfers« Wilhelm Kube

[1] Wilhelm Kube an Hitler am 17.10.1928, Bestand Ralf Georg Reuth
[2] Wilhelm Kube an Hitler am. 4.3.1928, Bestand Ralf Georg Reuth

³ So Adolf Hitler am 4.1.1942 während eines Tischgesprächs in seinem Hauptquartier »Wolfsschanze« (vgl. Adolf Hitler. »Monologe im Führerhauptquartier«, aaO., S. 176). In Preußen bestand für Hitler vom 25.9.1925 bis zum 28.9.1928 öffentliches Redeverbot.

⁴ Werner Kuhnt, Spuren, aaO., S. 28 f.

⁵ Rudolf Jordan, Erlebt und erlitten. Weg eines Gauleiters von München bis Moskau, Leoni am Starnberger See 1971, S. 58 f.
Rudolf Jordan (1902–1988), Volksschullehrer, 1925 Eintritt in die NSDAP, 1929 Abgeordneter im Provinziallandtag Hessen-Nassau, Stadtverordneter in Fulda, 1931-37 Gauleiter des Gaues Halle-Merseburg, 1932 Mitglied des Provinziallandtags Sachsen und MdL in Preußen, 1933 Preußischer Staatsrat, 1937-45 Gauleiter des Gaues Magdeburg-Anhalt und Reichsstatthalter in Braunschweig und Anhalt. Im Juli 1946 aus dem US-Internierungslager Dachau an die Sowjets ausgeliefert, verurteilte ihn ein in der Moskauer Lubjanka tätiges Geheimgericht zu der damals üblichen Formalstrafe von 25 Jahren Gefängnis. Nach mehrjähriger Haft in einem Schweigegefängnis bei Moskau wurde Jordan – von einem westdeutschen Gericht inzwischen für tot erklärt – im Herbst 1955 in die Bundesrepublik entlassen. 1971 erschienen seine Erinnerungen »Erlebt und erlitten. Weg eines Gauleiters von München bis Moskau«.

⁶ Hinweise zum Wirken Kubes im NS-Staat finden sich in Gerd Rühle, Kurmark. Die Geschichte eines Gaues, Berlin 1934 sowie Wilhelm Zimmermann, »Der Ehrenbürger. Aus der politischen Biographie des NSDAP-Gauleiters der ›Kurmark‹ und Oberpräsidenten der Provinz Brandenburg Wilhelm Kube«, in: Uckermärkische Hefte, Band 1 (1989), 1. Teil, S. 245–260 und Band 2 (1995), S. 215–247

⁷ Walter Buch (1883–1949), 1904 badischer Leutnant, 1919 Major a.D., Mitglied der DNVP, 1922 Eintritt in die NSDAP, 1923 Teilnahme am Hitler-Putsch, 1928-45 Vorsitzender des Untersuchungs- und Schlichtungsausschusses bei der Reichsleitung der NSDAP, 1928-33 MdR, 1934-45 Leiter des Obersten Parteigerichts, 1949 Selbstmord.

⁸ Rundschreiben von Rudolf Heß Nr. 99/36, o.D. Ein Faksimileabdruck findet sich bei K. Höffkes, aaO., S, 199 f.

⁹ J. Goebbels, Tagebücher, aaO., S. 978

¹⁰ Die Tagebücher von Joseph Goebbels. Sämtliche Fragmente, hrsg. von Elke Fröhlich im Auftrag des Instituts für Zeitgeschichte und in Verbindung mit dem Bundesarchiv, Teil I, Aufzeichnungen von 1924–1941, Band 1 (27.6.1924 – 31.12.1930), München – New York – London – Paris, 1987, S. 658 f. (folgend zitiert als »J. Goebbels. Fragmente«)

¹¹ Siehe M. Moll, »Sturz«, aaO.

¹² Anordnung Nr. 38/38 des Stellvertreters des Führers, gez. Bormann vom 2.4.1939, IfZ-Archivalie FA-223/48

¹³ Schreiben Hitlers an Kube vom 16.10.1936, BA, NA 10/70

¹⁴ Martin Moll erwähnt eine eventuelle Verwendung Kubes im Rundfunk. Vgl. hierzu auch: Helmut Heiber, »Aus den Akten des Gauleiters Kube«, in: Vierteljahrshefte für Zeitgeschichte 1/1956).

¹⁵ Hans Bernhard von Grünberg, »Universitätskurator Friedrich Hoffmann.

Zur hundertsten Wiederkehr seines Geburtstages«, in: Rundbriefe der Gemeinnützigen Gesellschaft Albertinum Göttingen v. 19.01.1975 (zit. nach: Friedrich Richter – 450 Jahre Albertus-Universität zu Königsberg/Pr. 1544 – 1944 – 1994. Berichte und Dokumentationen zu ihrer jüngsten Geschichte. Die 400-Jahrfeier vom Juli 1944. Die wirtschaftlichen Staatswissenschaften 1900–1945, Stuttgart 1994, S. 110

[16] J. Goebbels, Tagebücher, aaO., S. 1037 f.

[17] Freiherr Peter Paul Eltz von Rübenach (1875–1943), 1906 Tätigkeit im Eisenbahn-Zentralamt, 1911-14 techn. Sachverständiger am deutschen Generalkonsulat in New York, reformierte die bulgarische Eisenbahn, im WK I im Großen Hauptquartier, 1918 im Reichsverkehrsministerium, 1924 Präsident der Eisenbahndirektion in Karlsruhe, in der Regierung Papen Reichsverkehrsminister, seit 1940 von der Gestapo überwacht. Im Entlassungsgesuch Eltz' an Hitler hieß es: »Mein Entschluß ist mir unendlich schwer gefallen. Denn ich habe niemals in meinem Leben mit größerer Freude und Genugtuung meinen Dienst getan als unter Ihrer weisen Staatsführung.«

[18] Hitler. Reden und Proklamationen, aaO S. 678

[19] Hinrich Lohse (1896–1964), Bankbeamter, 1920/21 Geschäftsführer der Schleswig-Holsteinischen Landespartei in Neumünster, 1923 Eintritt in die NSDAP, 1924 Vorstandsmitglied des Völkisch-Sozialen Blocks in Schleswig-Holstein, 1924 Übetrtritt zur NSFP, 1924-29 Stadtverordneter in Altona (ab 1925 NSDAP), 1925-45 Gauleiter des Gaues Schleswig-Holstein, 1928-33 MdL in Preußen (NSDAP), 1928/29 komm. Gauleiter des Gaues Hamburg, 1932 NSDAP-Landesinspekteur Nord, 1932/33 MdR, 1933-45 Oberpräsident der Provinz Schleswig-Holstein und Mitglied des Preußischen Statsrats, 1941-44 Reichskommissar Ostland, 1948 zu zehn Jahren Gefängnis verurteilt, 1951 Entlassung.

[20] Erich Koch (1896–1986), Reichsbahnbeamter, 1922 Eintritt in die NSDAP, 1922-28 Mitglied der NSDAP-Gauleitung Ruhr, 1926 Gaugeschäftsführer und stellv. Gauleiter des Gaues Ruhr, 1926 Dienstentlassung wegen politischer Betätigung für die NSDAP, 1928-45 Gauleiter des Gaues Ostpreußen, 1929 Fraktionsvorsitzender im ostpreußischen Provinziallandtag und Vorsitzender der NSDAP-Stadtverordnetenfraktion in Königsberg, 1930-33 MdR, 1933 Mitglied des Preußischen Staatsrats, 1933-45 Oberpräsident der Provinz Ostpreußen, 1942-44 Reichskommissar für die Ukraine, 1959 in Polen zum Tode verurteilt, dann Revision des Urteils zu lebenslanger Haft. Angeblich soll Koch in der Haft seine Erinnerungen verfaßt haben. Er starb am 12.11.1986 im Gefängnis von Barczewo, dem ehemaligen Wartenburg/Ostpreußen. Die erwähnte Äußerung Kochs findet sich in: BA, R6/34a, »Aufzeichnungen des persönlichen Referenten Rosenbergs Dr. Koeppen über Hitlers Tischgespräche 1941«, S. 12–13 (18.9.1941).
Werner Koeppen, *1910, Promotion 1935, hauptamtl. SA-Führer, Adjutant Alfred Rosenbergs von 1937–1945, vertrat Rosenberg von Juli 1941 bis März 1943 im Führerhauptquartier.

[21] Wilfred von Oven, Finale Furioso. Mit Goebbels bis zum Ende, Tübingen 1974, S. 140

22 Christian Gerlach, »Die Wannsee-Konferenz, das Schicksal der deutschen Juden und Hitlers politische Grundsatzentscheidung, alle Juden Europas zu ermorden«, in: Werkstatt Geschichte 18 (1997), S. 17

23 In der Westfälischen Landeszeitung hatte Kube am 19.5.1934 geschrieben: »Was Pest, Schwindsucht und Syphillis für die Menschheit gesundheitlich bedeutet, das bedeutet das Judentum sittlich für die weißen Völker ... Der Pestträger muß ausgemerzt und isoliert werden, und der Kampf gegen Juda bis zur Vernichtung soll ein Teil unseres stolzen Vermächtnisses sein!« (zit nach: http://www.kirchenlexikon.de/bbkl./k/kube_w.shtml)

24 H. Heiber, »Aus den Akten des Gauleiters Kube«, aaO., S. 75

25 Zeugnisse des Universitätsrechtsrates Dr. Schiemann v. 26.5.1950, Prof. Dr. Krauspes v. 30.5.1950 und der Sekretärin des Rektors Frau Schimmelpfennig, im Nachlaß Hans-Bernhard von Grünbergs (erwähnt bei Friedrich Richter, »Hans-Bernhard von Grünberg, letzter Rektor der Albertus-Universität zu Königsberg/Pr. 1937–1945. Biographische Notizen über sein Leben«, in: Preußenland. Mitteilungen der Historischen Kommission für Ost- und Westpreußische Landesforschung und aus den Archiven der Stiftung Preußischer Kulturbesitz, Nr. 1, Jahrgang 32/1994, S. 61

26 Raul Hilberg, Die Vernichtung der europäischen Juden, 3 Bde., überarbeitete Ausgabe der deutschen Übersetzung, 2. erw. Auflage, Band 2, Frankfurt/Main 1990, S. 405, zit. nach: www.kirchenlexikon.de, aaO.

27 So bei M. Moll, »Sturz«, aaO., S. 16, Anm. 90

28 Ebda., (Anm. 91)

29 So bei Alexander Dallin, Deutsche Herrschaft in Rußland 1941-45. Eine Studie über Besatzungspolitik, Düsseldorf 1958, S. 215 f.

30 H. Heiber, aaO., S. 90

31 Willi Krämer, Vom Stab Heß zu Dr. Goebbels, Vlotho/Weser 1979, S. 134 f.

32 W. v. Oven, aaO., S. 140 f.

33 Goebbels, aaO., Band 9, Juli – September 1943, S. 561, München 1993

»Ich sehe dem immer eine gewisse Zeit lang zu.«
Der Sturz des hitlertreuen Gauleiters Josef Wagner

1 Hitler. RSA, Band IV/1, aaO., S. 166

2 H. Lauterbacher, aaO., S. 237

3 Wilhelm Schepmann (1894–1970), Lehrer, Infanterieoffizier im WK I, 1922 Eintritt in die NSDAP, zusammen mit Viktor Lutze Organisator der SA im Ruhrgebiet, 1928 NSDAP-Stadtverordneter und SA-Führer in Hattingen, 1930 MdL in Preußen (NSDAP), 1931 Entlassung aus dem Schuldienst wegen Tätigkeit für die NSDAP, Führer der SA-Untergruppe Westfalen-Süd, 1933 MdR, Führer der SA-Gruppe Westfalen, Polizeipräsident in Dortmund, 1934 Führer der SA-Obergruppe Westfalen/Niederrhein, SA-Führer von Sachsen, 9.11.1943 Ernennung zum Stabschef der SA als Nachfolger Viktor Lutzes. 1949 vom britischen Sicherheitsdienst verhaftet und zu neun Monaten Gefängnis verurteilt, 1952 Einstellung des Entnazifizierungsverfahrens, Verweigerung der Ausübung des Lehramtes, Einzug in den Kreistag

von Gifhorn (BHE), 1956 stellv. Bürgermeister, 1961 Rücktritt nach öffentlichen Anfeindungen.

4 P. Hüttenberger, aaO. S. 87

5 Heinrich Vetter (1890–1969), ungelernter Arbeiter, 1911-13 Militärdienst,
seit 1914 Einsatz an der Westfront, 1917 schwere Verwundung mit Verlust
des rechten Fußes, 1919 als Feldwebel entlassen, Eintritt in die Deutsche
Volkspartei (DVP), 1924 Völkischer Block, 1925 NSDAP, Mitbegründer und
Leiter der NSDAP-Ortsgruppe Hagen, 1926 Bezirksleiter Lenne-Volme,
1929 NSDAP-Stadtverordneter in Hagen und Abgeordneter des westf. Provinziallandtags, 1930 MdR (NSDAP), 1932 Kreisleiter von Hagen, »Reichs-
redner«, 1933 Oberbürgermeister von Hagen, 1934/36 Gauinspektor Westfalen-Süd und stellv. Gauleiter (wegen häufiger Abwesenheit J. Wagners de
facto geschäftsführend). Vetters Alkoholprobleme und seine Amtsführung
begünstigten Korruption und Auswüchse, so daß der Nachfolger Josef Wagners, Albert Hoffmann, 1943 die Absetzung Vetters anordnete; vorzunehmen
in »ehrenvollem Rahmen« nach dem Krieg. 1945 Verhaftung und dreijährige Internierung. In seinem »Entnazifizierungsverfahren« trat Vetter als »kom-
promißloser Anhänger seines Führers« auf. 1952 als Kopf der rechtsextre-
men »Bewegung Reich« verhaftet, bis zu seinem Tod in extremen politischen
Rechtskreisen aktiv. 1992 posthume Veröffentlichung von Vetters Erinnerungen.

6 Martin Bormann an Josef Wagner am 25.2.1935, Akten der PK Nr. 117 0440

7 Vgl. zu diesem Komplex: Stucken, Rudolf, Deutsche Geld- und Kreditpoli-
tik 1914 bis 1953, Tübingen 1953

8 J. Goebbels, Fragmente, aaO., Band 2 (01.01.1931 – 31.12.1936), S. 21

9 Fritz Bracht (1899–1945), Militärdienst und Kriegsgefangenschaft, 1927 Ein-
tritt in die NSDAP, 1928 Ortsgruppenleiter von Plettenberg, 1931 NSDAP-
Bezirksleiter im Sauerland, 1931-35 Kreisleiter in Altena/Lüdenscheid, 1932
MdL in Preußen (NSDAP), 1933 MdR, 1935 stellv. Gauleiter von Schlesien,
Januar 1941 als Nachfolger von Josef Wagner Gauleiter des neugebildeten
Gaues Oberschlesien, 1945 Selbstmord.

10 Martin Mutschmann (1879–1948), Fabrikant, 1919 Mitglied des Deutschvölkischen Schutz- und Trutzbundes, 1922 Eintritt in die NSDAP, 1924 Landesführer des Völkischen Blocks in Sachsen, 1925-45 NSDAP-Gauleiter von
Sachsen, 1930-33 MdR, 1932 NSDAP-Landesinspekteur für Sachsen-
Thüringen, 1933-45 Reichsstatthalter von Sachsen, 1935 Ministerpräsident.
Vor Anrücken der sowjetischen Truppen setzte sich Mutschmann aus seinem
Gau ab. Die weiteren Lebensdaten sind nicht mehr zweifelsfrei zu rekonstruieren, mit großer Wahrscheinlichkeit wurde Mutschmann von den Sowjets verhaftet, gefoltert und schließlich ermordet. Angeblich soll er zuvor,
in einen Käfig gesperrt, durch Dresden gefahren worden sein.

11 Reinhard Heydrich, Wandlungen unseres Kampfes, München – Berlin 1936,
S. 8 f.

12 Jochen von Lang, Der Sekretär. Martin Bormann. Der Mann, der Hitler
beherrschte, Stuttgart 1977, S. 250 f.

13 Ebda., S. 251

14 Karl Hanke, *1903, Müller, 1928 Gewerbelehrer in Berlin, Eintritt in die

NSDAP, nach Entlassung aus dem Schuldienst hauptamtl. Tätigkeit für die NSDAP, 1932 MdL in Preußen und MdR, Hauptamtsleiter in der Reichs-propagandaleitung, 1933 pers. Referent und Sekretär von Joseph Goebbels, 1937 Ministerialdirektor im Reichspropagandaministerium, 1938 Staatsse-kretär, 1938 Kompanieführer im Polenfeldzug, 1941 Gauleiter von Nieder-schlesien. Noch im März 1945 hält Hanke aus der »Festung Breslau« eine Rundfunkansprache im Sinne rigorosen Durchhaltewillens. In Hitlers Testa-ment wird Hanke zum Nachfolger Himmlers als Reichsführer SS und Chef der deutschen Polizei ernannt. Am 5.5.1945 gibt er den Befehl zur Kapitula-tion Breslaus, er selbst verläßt die Stadt mit einem Fieseler Storch. Der wei-tere Lebensweg Hankes ist nur schwer zu rekonstruieren; wahrscheinlich wurde er im Juni 1945 von Tschechen erschlagen.

[15] Hitler. Reden und Proklamationen, aaO., Teil II »Untergang«, Vierter Band 1941–1945, S. 1777

[16] Karl Wahl, Aus Liebe zu Deutschland, aaO., S. 196 f.

[17] J. Goebbels, Tagebücher, aaO., S. 1703 f.

[18] Goebbels, Band 2, Oktober 1941 – Dezember 1941, S. 343, München 1996

[19] Vgl. hierzu den Brief Heinrich Himmlers an Martin Bormann vom 5.3.1942 in »Reichsführer!«, aaO., S. 136 ff.

[20] Mitteilung des ehem. stellv. Gauleiters Leyser an Peter Hüttenberger vom 7.12.1965. Vgl. zu Ernst Ludwig Leyser: Wolfgang Dieter, »Ernst Ludwig Leyser. Stellvertretender Gauleiter der NSDAP in der Saarpfalz. Eine bio-graphische Skizze«, in: JbwestdtLG 14, 1988, S. 209

[21] So in »Großdeutschland. Traum und Tragödie. Rosenbergs Kritik am Hitle-rismus«, hrsg. u. bearb. von Heinrich Härtle, München 1969, S. 132

[22] Franz Schlegelberger (1876–1970), Jurist, 1901 Gerichtsassessor, 1904 Land-richter, 1914 Kammergerichtsrat in Berlin, 1918 Geheimrat, 1920 Ministe-rialrat, 1921 Ministerialdirigent im Reichsjustizministerium (RJM), 1927 Minsterialdirektor, 1931 Staatssekretär, 1938 Eintritt in die NSDAP, von 1941-42 mit der Geschäftsführung des RJM beauftragt, dann Ruhestand, 1947 im Nürnberger Juristenprozeß zu lebenslanger Haft verurteilt, 1950 Entlassung.

[23] Hitler. Reden und Proklamationen, aaO., S. 1857

[24] Eine exakte Darstellung des »Falles Schlitt« wurde von Hermann Georg Mostar in der Zeitschrift »Der Stern«, Hamburg 1954, Nr. 30, mit Urkun-denmaterial veröffentlicht.

[25] Hitler. Reden und Proklamationen, Band 4, aaO., S. 1874

[26] Otto Georg Thierack (1889–1946), Jurist, 1914 Promotion, 1914-18 Kriegs-teilnehmer, zuletzt Leutnant, 1920 Assessor, 1921 Staatsanwalt in Leipzig, 1926 beim OLG Dresden, 1932 Eintritt in die NSDAP, 1933-35 Staatsmini-ster der Justiz in Sachsen, 1935 Vizepräsident des Reichsgerichts, 1936 Präsi-dent des Volksgerichtshofs, 1942-45 Reichsjustizminister und Leiter des Rechtsamtes der NSDAP (Versuch des Aufbaues einer nationalsozialisti-schen Rechtspflege), 1946 Selbstmord.

[27] Hitler. Reden und Proklamationen, Band 4, aaO., S. 1874 f.

[28] Goebbels, Band 4, April 1942 – Juni 1942, S. 586 f., München 1995

[29] Zit. nach: P. Hüttenberger, aaO., S. 124

340

[30] Martin Moll bemerkt zu Recht, daß die höchsten Parteispitzen mitten im Kriege offensichtlich die Muße hatten, sich mit dieser Bagatelle höchstpersönlich zu befassen (M. Moll, »Sturz«, aaO., S. 35, Anm. 252).

[31] H. Lauterbacher, aaO., S. 237

[32] siehe Anm. 19

[33] Hans Speidel, Aus unserer Zeit. Erinnerungen, Berlin – Frankfurt/Main – Wien 1977, S. 224

»Die Bewegung muß eine Minorität kampfbereiter Menschen sein.« Gauleiter Carl Rövers Denkschrift über die Lage der NSDAP (1942)

[1] Carl Röver, Denkschrift an die Partei, 1942, Staatsarchiv Oldenburg, Best. 320-1, Nr. 4; hier verwendet: Carl Röver. Der Bericht des Reichsstatthalters von Oldenburg und Bremen und Gauleiters Weser-Ems über die Lage der NSDAP. Eine Denkschrift aus dem Jahr 1942. Bearbeitet und eingeleitet von Michael Rademacher, Vechta 2000, S. 6 (Einleitung) (folgend zitiert als M. Rademacher, »Röver«).

[2] Zit. nach: Rademacher, Michael (Hrsg.), Kurt Thiele: Aufzeichnungen und Erinnerungen des »Gauleiters Seefahrt« über die Frühzeit der NSDAP in Bremen. Ein Quellenband zur Geschichte der NSDAP in Bremen und Bremerhaven«, Hamburg 2000, S. 17

[3] Artikel Joseph Goebbels »Oldenburg«, in: »Der Angriff« v. 7.5.1931, zit. nach: Joseph Goebbels, Wetterleuchten. Aufsätze aus der Kampfzeit (»Der Angriff«, 2. Band), hrsg. von Georg-Wilhelm Müller, München 1939, S. 147

[4] A. Krebs, aaO., S. 224

[5] Ebda., S. 115

[6] Ebda.

[7] Zit. nach: Schaap, Klaus, Die Endphase der Weimarer Republik im Freistaat Oldenburg 1928–1933, Düsseldorf 1978, S. 192

[8] *VB* v. 1.6.1932

[9] M. Rademacher, »Röver«, aaO., S. 7

[10] H. Lauterbacher, aaO., S. 240

[11] Heinrich Walkenhorst (1906–1972), Kaufmann, 1930 Eintritt in die NSDAP, 1931-33 Kreispropaganda- und Organisationsleiter, 1933-34 Kreisleiter Leer/Ostfriesland, ab 1935 Gauorganisations- und Gaustabsamtsleiter Weser-Ems, seit 1944 als Hauptdienstleiter Leiter des Personalamtes in der Parteikanzlei. Walkenhorst schrieb einen Nachruf auf Röver »Carl Röver, Mensch und Persönlichkeit«, in: Der Oldenburgische Hauskalender 1943, 117 Jg., S. 6 f. Nach 1945 Tätigkeit in der Versicherungsbranche in Oldenburg.

[12] Franz Stapelfeldt, Mein Verhältnis zur NSDAP, Bremen 1946, zit nach: M. Rademacher, »Röver«, S. 9

[13] Aus dem undatierten politischen Lebenslauf Heinrich Walkenhorsts, verfaßt für das Spruchkammerverfahren, Spruchkammerakte Heinrich Walkenhorst, BA Koblenz, Z 42 II/1058

[14] Vgl. zum Komplex »NS-Senat« W. Bräuninger, »Strahlungsfelder«, aaO., S. 42–48

[15] A. Hitler, aaO., S. 514

[16] Hans Mommsen, »Hitlers Stellung im nationalsozialistischen Herrschaftssystem«, in: Der »Führerstaat«, aaO., S. 52. In einer Anmerkung 21 heißt es hier, das »Memorandum« Rövers sei ursprünglich von Paul Wegener verfaßt worden. Mommsen beruft sich auf Dietrich Orlow, The History of the Nazi Party 1933–1945, Pittsburgh 1973, S. 352 f. Dies wiederum verneint Peter Longerich, da der Vergleich der in der Denkschrift enthaltenen Vorschläge mit tatsächlich ergriffenen Maßnahmen eher dafür spräche, die Denkschrift zeitlich vor dem Gauleiterwechsel zu datieren (Peter Longerich, Hitlers Stellvertreter. Führung der Partei und Kontrolle des Staatsapparats durch den Stab Heß und die Partei-Kanzlei Bormann, München – London – New York 1992, S. 191 f.). Reinhard Bollmus schließlich spricht von einem »Funktionär« als Autor der Denkschrift (R. Bollmus, aaO., S. 245).

[17] In der Nähe der Ahlhorner Fischteiche hatte Röver 1936 ein rustikales Holzhaus bauen lassen, in dem er sich mit führenden Parteigenossen, Politikern und Freunden seines Gaues traf.

[18] Zit. nach: M. Rademacher, »Röver«, aaO., S. 11 ff.

[19] Ingo Harms, »Der plötzliche Tod des Oldenburger Gauleiters Carl Röver«, in: Das Land Oldenburg. Mitteilungsblatt der Oldenburgischen Landschaft Nr. 102, I. Quartal 1999, S. 2

[20] So die Schilderung Gustav Richters bei Harms. Röver soll weiter geäußert haben: »Hitler hat so viel gesoffen und gehurt wie wir nimmermehr und als er sein Ziel erreicht hatte, fing er an vegetarisch zu leben.«

[21] Es handelte sich um die Heilpraktikerin Lydia Ritter-Dubbert aus Oldenburg

[22] »Reichsführer«, aaO., S. 148

[23] Vgl. hierzu M. Rademacher, »Röver«, aaO., S. 8. Ingo Harms vetrat gleichfalls die These einer eventuellen Ermordung Rövers, aaO., S. 8

[24] Josef Bürckel (1895–1944), Volksschullehrer, Kriegsfreiwilliger 1914-18, 1923 Beteiligung an Aktionen gegen die separatistische Bewegung in der Pfalz, Herausgeber der Zeitung »Der Eisenhammer«, 1925 Eintritt in die NSDAP, 1926-35 Gauleiter des Gaues Rheinpfalz, 1935-42 der Saarpfalz, 1942-44 der Westmark, 1930-33 MdR (NSDAP), 1934 Saarbevollmächtigter der Reichsregierung, 1935 Reichskommissar für die Rückgliederung des Saargebietes, 1936 Reichskommissar für das Saarland, 1938 Reichskommissar für die Wiedervereinigung Österreichs mit dem Deutschen Reich, 1939/40 Gauleiter des Gaues Wien und Reichsstatthalter in der Ostmark, 1940 kurzfristig Reichsstatthalter im Reichsgau Wien, 1940-44 Chef der Zivilverwaltung in Lothringen, 1941-44 Reichsstatthalter in der Westmark.

[25] Zit. nach: Der Gauleiter. Josef Bürckel: Lebensweg eines Politikers aus der Pfalz, Fernsehdokumentation

[26] P. Hüttenberger, aaO., S. 211

[27] So jedenfalls M. Domarus, in: Hitler. Reden und Proklamationen, Band 4, aaO., S. 1881

[28] F. Stapelfeldt, aaO.

[29] J. Goebbels, Fragmente, aaO., Band 2, S. 205

[30] Die Oldenburgische Staatszeitung schrieb am 24. Mai: »Der Führer nahm Abschied von Carl Röver« und zitierte Hitlers Worte »Du hast das Deinige getan.«

[31] Paul Wegener (1908–1993), Studium an der Kolonialschule, Abschluß als Diplom-Kolonialwirt, 1930 Eintritt in die NSDAP, 1931 Ortsgruppenleiter in Varel, 1933 Kreisleiter in Bremen, 1933 MdR (NSDAP), 1934-36 im Rang eines Reichsamtsleiters im Stab des Stellvertreters des Führers, August 1936 Ernennung zum stellv. Gauleiter der Mark Brandenburg und der Kurmark, Kriegsdienst als Luftwaffen-Kriegsberichterstatter, 1940 Ernennung zum Gebietskommissar in Nordnorwegen und Leiter des Einsatzstabes der NSDAP in Norwegen, als Angehöriger der LAH Teilnahme am Griechenlandfeldzug, Mai 1942 als Nachfolger Carl Rövers Gauleiter des Gaues Weser-Ems, im April 1945 von Großadmiral Dönitz zum Obersten Zivilen Reichsverteidigungskommissar für Norddeutschland ernannt, Mai 1945 Chef von Dönitz' Zivilkabinett im Rang eines Staatssekretärs, Verhaftung mit der geschäftsführenden Reichsregierung Dönitz, 1949 Spruchkammerverfahren und Verurteilung zu sechs Jahren und sechs Monaten Haft, 1951 Entlassung.

[32] P. Hüttenberger, aaO., S. 200

»*Wir wollen keine Rasseideologen dulden.*«
Günter Kaufmann und die Häresie im Führerorgan der HJ

[1] Schriftliche Mitteilung Günter Kaufmanns an Werner Bräuninger vom 16.10.1995. Gustloff wurde am 4.2.1936 von dem 25jährigen Juden David Frankfurter in seinem Haus in Davos erschossen.

[2] Vgl. zu diesem Komplex auch: Herbert Taege, NS-Perestroika? Reformziele nationalsozialistischer Führungskräfte Band 1, Lindhorst 1988

[3] *Wille und Macht*, Heft 22 v. 15. November 1936

[4] Vgl. die Aussage Schirachs vor dem IMT, Protokolle Band XIII, 24.5.1946, S. 464

[5] Vgl. zu diesem Komplex auch das Kapitel »Swastika und Aufgehende Sonne. Der deutsch-japanische Jugendaustausch« in: W. Bräuninger, »Strahlungsfelder«, aaO., S. 82 ff

[6] Schriftliche Mitteilung Günter Kaufmanns an Werner Bräuninger vom 9.7.1995. Hierzu heißt es in einem Umlaufschreiben vom 24.1.1939 des Stabsleiters Urban aus der Dienststelle Alfred Rosenbergs an seine Mitarbeiter: »Die Differenzen zwischen dem Reichsjugendführer und Reichsleiter Rosenberg sind durch eine persönliche Aussprache erledigt worden. Der Reichsjugendführer hat seinen Entschluß, aus den Arbeitsgemeinschaften für die Schulung der gesamten Bewegung und für deutsche Volkskunde auszutreten, zurückgezogen; Reichsleiter Rosenberg hat die Zensur über die Zeitschrift »Wille und Macht« zurückgezogen. Die Zusammenarbeit zwischen unserer Dienststelle und der Reichsjugendführung ist – sofern sie unterbrochen war – wieder aufzunehmen.«

[7] Schriftliche Mitteilung Günter Kaufmanns an Werner Bräuninger vom 11.11.95

[8] Zit. nach: Lang, Jochen von, Der Hitler-Junge Baldur von Schirach. Der Mann, der Deutschlands Jugend erzog, Hamburg 1988

[9] Eberhard Koebel (»tusk«), *1907, Gründer und Führer der »autonomen Jungenschaft d.j.1.11.«. Koebel, den man während einer Skandinavienfahrt »tysk« (deutsch) genannt hatte, führte seitdem den bündischen Namen »tusk« – »der Deutsche«. »Tusk« exerzierte die blau uniformierten Jungen seines Bundes und träumte von einem autonomen »Jungenstaat«, konkrete national-politische Alternativen konnte und wollte er ihnen jedoch nicht anbieten. Voll ehrenhafter und lauterer Absichten blieb »tusk« doch zeitlebens ein politischer Wandervogel. Zur gleichen Zeit, da er seinen Anhängern die Unterwanderung der HJ empfahl, trat er selbst in die KPD ein. Später diente er sich dem Reichswehrministerium und der Reichsjugendführung an – erfolglos. Von der Gestapo verhaftet, unternahm er einen Selbstmordversuch, der jedoch scheiterte. Nach der Entlassung floh er nach London, wo er völlig vereinsamte. 1945 kehrte der Emigrant nach Deutschland zurück, versuchte zunächst im Westteil Fuß zu fassen, ging dann aber in die SBZ, wo er die SED beim Aufbau der FDJ beriet. Doch auch den kommunistischen Funktionären war der fanatische Außenseiter unheimlich. Als »tusk« 1955 starb, hatte man ihn längst aufs Abstellgleis gestellt und mit belanglosen »Wirtschaftsuntersuchungen« beschäftigt.

[10] G. Kaufmann, aaO., 9.7.1995

[11] Ebda.

[12] Goebbels, Teil I, Band 5, Dezember 1937 – Juli 1938, S. 167, München 2000

[13] G. Kaufmann, aaO., 16.10.1995

[14] Vgl. zur Biographie Baldur von Schirachs auch: Kaufmann, Günter – Ein Jugendführer in Deutschland, Füssen 1993

[15] G. Kaufmann, 9.7.1995, aaO.

[16] Brief Martin Bormanns an Baldur von Schirach vom 17.9.1942

[17] Schriftliche Mitteilung Günter Kaufmanns an Werner Bräuninger vom 27.9.1995

[18] Ebda.

[19] Goebbels, Band 1, Juli 1942 – September 1942, S., 567 f., München 1996

[20] Unterstaatssekretär Luther leitete von 1938-43 die Deutschland-Abteilung des Auswärtigen Amtes. Er nahm an der sogenannten »Wannsee-Konferenz« teil. Wegen seiner immer deutlicher zutage tretenden oppositionellen Haltung verbrachte man ihn 1943 in ein KL, wo Luther einen Selbstmordversuch unternahm. Er starb unmittelbar nach der »Befreiung« des Lagers im Mai 1945.

[21] Zit. nach: Thorwald, Jürgen – Die Illusion. Rotarmisten in Hitlers Heeren, München, S. 186 f.

[22] Rudolf Rahn, Ruheloses Leben, Düsseldorf 1949, S. 194

[23] Karl Michel, Ost und West. Der Ruf Stauffenbergs, Zürich 1947, S. 105

[24] Ebda.

[25] G. Kaufmann, 9.7.1995, aaO.

[26] G. Kaufmann, 27.9.1995, aaO.

[27] Artur Axmann, Das kann doch nicht das Ende sein. Hitlers letzter Reichs-jugendführer erinnert sich, Koblenz 1995, S. 444

In diesem Zusammenhang wird oft die Behauptung aufgestellt, Hitler hätte die deutsche Jugend, die er in letzter Stunde noch ins Feuer geschickt habe, in einer unklaren Verantwortlichkeit für Maßnahmen zurückgelassen, die seinen Anordnungen entsprangen und er selbst sei in einen feigen Selbst-mord geflüchtet. Dazu schrieb Generaloberst Jodl aus seiner Nürnberger Gefängniszelle: »Kapitulieren konnte er nicht. Auf Verhandlungen ließ sich keiner der Gegner mehr ein, seit sie die bedingungslose Kapitulation als Kriegsziel vereinbart hatten. Was also sollte Hitler tun? Er konnte nur kämp-fen bis zum letzten oder den Tod suchen. Er ist zeit seines Lebens ein Kämp-fer gewesen, und er wählte das erste. Er hätte im Kampf fallen sollen, statt die Flucht in den Tod zu wählen, sagt man. Er wollte es und hätte es getan, wenn er körperlich noch dazu in der Lage gewesen wäre. So wählte er nicht den leichteren Tod, sondern den sicheren … Er hat sich auf den Trümmern seines Reiches und seiner Hoffnung begraben lassen. Möge ihn deswegen verurteilen, wer mag – ich kann es nicht.« (Percy Ernst Schramm, »Kriegs-tagebuch des Oberkommandos der Wehrmacht 1940-45«, Band IV, S. 1721)

[28] Kaufmann veröffentlichte 2001 das Buch »Ein anderes Drittes Reich. Visio-nen der nationalsozialistischen Jugendbewegung im Spiegel der Dokumen-te«. Er starb im gleichen Jahr.

»*Meisterstück falscher Behandlung.*«
Alfred E. Frauenfeld und die Probleme der Verwaltung
der besetzten Ostgebiete

[1] Karl Seitz (1869–1950), Bürgermeister von Wien 1923-34

Emil Fey (1886–1938, Selbstmord), Offizier, 1931 Landesführer des »Wiener Heimatschutzes« (Gegenspieler von Ernst Rüdiger Starhemberg), 1933-35 Vizekanzler und Minister in den Regierungen Dollfuß und Schuschnigg, war an Auslösung und Niederwerfung der Wiener Februarkämpfe 1934 maßgeb-lich beteiligt, 1936 Ausschluß aus der Heimwehr.

Engelbert Dollfuß (1892–1934), seit 1932 österreichischer Bundeskanzler, enge Anlehnung an Mussolini und das faschistische Italien, 1933 Entmach-tung des Nationalrats und immer autoritärer werdender Regierungsstil, Ver-bot von NSDAP und KPÖ, Gründung der »Vaterländischen Front«, 1934 Verbot der SDAPÖ, Beseitigung der parlamentarischen Demokratie und Ausrufung der »Vaterländischen Front« zur Staatspartei, am 25.7.1934 bei einem Putschversuch österreichischer Nationalsozialisten im Bundeskanz-leramt in Wien erschossen.

[2] Vgl. die diesbezüglichen Schilderungen in Alfred E. Frauenfelds Autobio-graphie »›Und trage keine Reu‹. Vom Wiener Gauleiter zum Generalkom-missar der Krim. Erinnerungen und Aufzeichnungen«, Leoni am Starnber-ger See 1978

[3] A. Hitler, Monologe im Führerhauptquartier, aaO., S. 124

[4] A. Frauenfeld, aaO., S. 217

⁵ Zit. nach der Fernsehdokumentation »Der Gauleiter Erich Koch«. Ein Film von Wilhelm Reschl und Mieczyslaw Siemienski

⁶ Ebda., S. 224

⁷ Ebda., S. 226

⁸ Vgl. zu diesem Komplex A. Dallin, »Deutsche Herrschaft«, aaO.

⁹ DNB-Text v. 17.11.1941

¹⁰ Albert Speer, Erinnerungen, Frankfurt/Main – Berlin – Wien 1969, S. 251

¹¹ »Großdeutschland«, aaO., S. 176

¹² Ebda., S. 177

¹³ Es existiert ein Brief Heinrich Himmlers vom 10.7.1942 an Frauenfeld. Die Südtirol-Denkschrift muß daher schon in diesem Jahr abgefaßt worden sein. Der Brieftext lautet: »Lieber Parteigenosse Frauenfeld! Besten Dank für Ihren Brief vom 10. Juni 1942 und Ihre Denkschrift über die Umsiedlung der Südtiroler nach der Krim. Ich hatte gestern Gelegenheit, mit dem Führer darüber zu sprechen, der diesen Vorschlägen keineswegs ablehnend gegenüber steht. Ich stehe ihnen auch nicht ablehnend gegenüber, doch herrscht Einigkeit darüber, daß mit der Umsiedlung der Südtiroler erst nach Abschluß des Krieges begonnen werden kann. Für Burgund werden wir dann eben einen anderen Volksstamm oder eine andere Bevölkerung finden. Mit den Südtirolern bitte ich jedoch auf keinen Fall über dies Projekt schon zu sprechen. Heil Hitler! Ihr alter gez.: H. Himmler« (»Reichsführer!«, aaO., S. 157 f).

¹⁴ Wilhelm Stuckart, *1902, Jurist, Angehöriger des Freikorps Epp, 1922 Eintritt in die NSDAP, 1926 deren Rechtsberater in Wiesbaden, 1932 wegen Tätigkeit für die NSDAP als Richter abberufen, 1933 Bürgermeister von Stettin, Staatssekretär im Preuß. Kultusministerium, 1934 im Reichswirtschaftsministerium, 1935 im Reichsinnenministerium und Mitverfasser der »Nürnberger Gesetze«, SS-Obergruppenführer, 1942 Teilnehmer der »Wannsee-Konferenz«, in Hitlers Testament Reichsinnenminister der Regierung Dönitz, 1949 Verurteilung zu vier Jahren Gefängnis, Stadtkämmerer in Helmstedt, angebl. Mitglied der Sozialistischen Reichspartei (SRP), 1953 Tod durch Autounfall.

¹⁵ A. Frauenfeld, aaO., S. 239–272

¹⁶ Goebbels, Band 11, Januar 1944 – März 1944, S. 426 f., München 1994

¹⁷ A. Frauenfeld, aaO., S. 274

¹⁸ *Das Reich* v. 25.2.1945

¹⁹ W. von Oven, aaO., S. 637

²⁰ Ebda., S. 295

²¹ Ebda., S. 238

»*Er hat an den Tatsachen vorbeigesehen.*«
Otto Abetz und die Deutsche Botschaft in Paris 1940-44

¹ Otto Abetz, Das offene Problem. Ein Rückblick auf zwei Jahrzehnte deutscher Frankreichpolitik, Köln 1951, S. 23

² Ebda., S. 29

[3] Ebda., S. 33

[4] Carl Nabersberg (1908–1946), bereits als Schüler in der SA, 1925 Eintritt in die NSDAP, 1931 Reichsorganisationsleiter der HJ, 1934 Stabsführer der HJ, Stellvertreter Baldur von Schirachs, seit 01.06.1934 Leiter des Auslandsamts der HJ

[5] O. Abetz, aaO., S. 39

[6] Vgl. zur NS-Außenpolitik auch Hildebrandt, Klaus – »Deutsche Außenpolitik 1933–1945. Kalkül oder Dogma?«, Stuttgart 1971

[7] Ebda., S. 53

[8] Ebda., S. 80 f.

[9] Lothar Kühne, *1908, Aktivist des NSDStB an der Universität Jena, NSDAP Mitglied seit 1931, Angehöriger des Stabes von Reichsleiter Bouhler, Funktionär in SS und SD. Nach dem Kriege bestimmte Kühne maßgeblich die Politik der niedersächsischen FDP mit, bis 1967 war er der erste niedersächsische Landesvorsitzende der NPD.

[10] Gustav Adolf Sonnenhol trat 1930 der SA bei, 1931 der NSDAP. Er war Verbindungsmann der Wilhelmsstraße zum RSHA, seit 1944 Vizekonsul in Genf. Seine Weiterbeschäftigung im Auswärtigen Dienst nach 1945 traf zunächst auf den Widerstand Adenauers. Seit 1968 war Sonnenhol Botschafter in Pretoria.

[11] Roland Ray, Annäherung an Frankreich im Dienste Hitlers? Otto Abetz und die deutsche Frankreichpolitik 1930–1942, München 2000, S. 220

[12] Otto Abetz an das SS-Hauptamt, 20.7.1937

[13] Stellungnahme des SS-Gerichts (München) v. 2.2.1938

[14] R. Ray, aaO., S. 235

[15] Scharfe (SS-Gericht) an Stabsführer v. Humann-Hainhofen, 9.4.1939

[16] v. Woyrsch an Scharfe (SS-Gericht) und an Schmitt (SS-Personalkanzlei), 25.4.1939; an Stabsführer v. Humann-Hainhofen, 27.12.1938 (»können Sie versichert sein, daß ich über diesen Vorgang mehr wie erschüttert bin«.)

[17] Friedrich Grimm (1888–1956), Jurist, 1921 Privatdozent in Münster, 1927 Professor daselbst, Strafverteidiger in politischen und Wirtschaftsprozessen, Vertreter des deutschen Reiches vor internationalen Gerichten, Verteidiger von »Ruhrkämpfern«. Als Schriftsteller auf das deutsch-franz. Verhältnis spezialisiert, Schriften zur Abwehr der franz. Rheinpolitik, 1933-45 MdR (NSDAP), 1945 in franz. Haft, ab 1949 wieder als Rechtsanwalt tätig, zusammen mit Ernst Achenbach einflußreicher Vertreter einer Generalamnestie für NS-Straftäter. Veröffentlichungen: »Mit offenem Visier. Aus den Lebenserinnerungen eines deutschen Rechtsanwalts«, bearb. von Hermann Schild (Leoni am Starnberger See 1961), »Politische Justiz. Die Krankheit unserer Zeit« (Bonn 1953).
Rudolf Schleier (1899–1959), Diplomat, Dienst im AA, Gesandter, 1940-43 an der Botschaft in Paris, Stellvertreter von Abetz.
Friedrich Sieburg (1893–1964), Schriftsteller, Literaturkritiker und Journalist, 1912 Studium der Literaturwissenschaft und Philosophie in Heidelberg bei Max Weber und Friedrich Gundolf mit Verbindung zum George-Kreis, 1914 Infanterist an der Westfront, 1916 Fliegeroffizier, 1919 Promotion, freier Schriftsteller in Berlin, 1923 Auswanderung nach Dänemark, 1926 Auslands-

korrespondent der »Frankfurter Zeitung« in Paris. 1929 erschien Sieburgs bekanntestes Werk »Gott in Frankreich. Ein Versuch«, 1929-32 Korrespondent der »Frankfurter Zeitung« in London, Hinwendung zum Nationalsozialismus, 1933-39 abermals Korrespondent in Paris, Veröffentlichung von Reiseberichten, seit 1939 Berufung in den Auswärtigen Dienst, 1940 in die Informationsabt. und den kulturpolitischen Koordinationsstab der deutschen Botschaft in Paris. Als solcher war Sieburg einer der maßgeblichen Ansprechpartner für die franz. Kollaboration. Seit 1941 Mitglied der NSDAP, 1942 Rückkehr nach Deutschland und bis zu deren Verbot 1943 für die »Frankfurter Zeitung« tätig, danach für die »Börsenzeitung« und Ehrenbegleiter Marschall Pétains. 1945-48 Publikationsverbot der franz. Besatzungsmacht, seit 1948 Mitherausgeber der Zeitschrift »Die Gegenwart«. Werke: Robespierre (1935), Unsere schönsten Jahre. Ein Leben mit Paris (1950), Chateaubriand. Romantik und Politik (1959), Napoleon. Die hundert Tage (1963)
Karl Epting (1905–1979), Romanist, 1924-28 Studium der Germanistik, Romanistik und Geschichte, 1928 Staatsexamen und Promotion, leitete 1934-39 den Deutschen Akademischen Austauschdienst in Paris, seit 1940 Direktor des dortigen Deutschen Instituts, von wo aus Lektoren betreut, Gastvorträge organisiert, Übersetzungen in Auftrag gegeben oder französische Intellektuelle nach Deutschland begleitet wurden. Es fungierte de facto als kulturpolitische Abteilung der deutschen Botschaft und wurde zu einem Forum der Kollaboration. Ziel des Instituts und seiner Publikationen war die moralische Erneuerung Frankreichs aus deutschem Geist. Von Juni 1942 bis Februar 1943 wurde Epting nach Deutschland zurückberufen, 1943 Habilitation für »Französische Volks- und Landeskunde«. Er schrieb unter dem Pseudonym »Mathias Schwabe«. Von 1946-49 war Epting in französischer und amerikanischer Haft, danach Leiter des Greven Verlages in Köln, von 1952-69 Gymnasialdirektor.

[18] Ernst Achenbach (1909–1991), Dr. jur., 1939 Attaché, 1940-44 Gesandtschaftsrat und Leiter der Politischen Abteilung der Deutschen Botschaft in Paris, 1946 Rechtsanwalt in Essen (wo auch Dr. Werner Best und Prof. Dr. Franz Alfred Six Beschäftigung fanden), Anwalt in den Nürnberger Prozessen, seit 1950 MdL in Nordrhein-Westfalen (FDP), Vorsitzender des Außenpolitischen Ausschusses seiner Partei, von 1957-76 MdB, 1962-77 MdEP. Seit 1950 knüpfte Achenbach Verbindungen zu Dr. Werner Naumann, dem ehem. Staatssekretär von Dr. Goebbels und dessen sog. »Gauleiter-Kreis«. Achenbach bemühte sich darum, daß einstige Amtsträger der NSDAP eine neue politische Heimat in der FDP finden konnten. Unter dem Vorsitz des Verlegers Friedrich Middelhauve nahmen zahlreiche hochrangige ehemalige NS-Amtsträger in der NRW-FDP Schlüsselstellungen ein, so etwa die HJ-Führer Wilke und Zoglmann oder der Ministerialrat im Reichspropagandaministerium Wolfgang Diewerge. Ein Parteiausschlußverfahren gegen Achenbach wegen vermeintlicher Beteiligung an der Deportation französischer Juden scheiterte.

[19] Arno Breker, Im Strahlungsfeld der Ereignisse 1925–1965. Leben und Wirken eines Künstlers. Porträts, Begegnungen, Schicksale, Preuß. Oldendorf 1972, S. 151 ff. und Albert Speer, »Erinnerungen«, aaO., S. 185 ff.

[20] Ebda., S. 167
[21] Pierre Laval, *1883, Jurist, Promotion 1909, Eintritt in die sozialistische Partei, 1914 Parlamentsabgeordneter. Als Pazifist lehnte er es ab, in den Krieg zu ziehen. Nach 1918 löste er sich vom linken Spektrum und wurde ab 1925 Minister in verschiedenen Kabinetten. In den 30er Jahren war er zweimal franz. Ministerpräsident, einmal Außenminister. Im Staat von Vichy war Laval bis Dezember 1940 stellv. Ministerpräsident und Außenminister, nach kurzzeitiger Absetzung ab 1942 Regierungschef. Laval war ein berechnender Taktiker, der die Interessen Frankreichs stets zu vertreten wußte. Dies hinderte ihn jedoch nicht daran, in seinen Gesprächen mit Hitler die Errichtung eines »europäischen Staatenbundes« anzumahnen. In einem großen Schauprozeß wurde Laval 1945 schließlich zum Tode verurteilt und am 15. Oktober erschossen. Er starb mit dem Ruf »Vive la France!«
[22] O. Abetz, aaO., S. 151
[23] Ebda., S. 152
[24] Marschall Philippe Pétain, *1856, 1916 Verteidiger von Verdun, 1922-31 Generalinspekteur der Armee. Sofort nachdem Pétain am 16.6.1940 die franz. Regierung übernahm, leitete er Waffenstillstandsverhandlungen mit Deutschland ein. Im Juli 1940 wurde er offiziell Staatsoberhaupt Frankreichs mit Sitz in Vichy. 1945 verurteilte man Pétain in einem großen Schauprozeß zum Tode; de Gaulle wandelte das Urteil jedoch in eine lebenslange Haftstrafe um. Er starb 1951.
[25] Arno Breker, Im Strahlungsfeld der Ereignisse, aaO., S. 161
[26] O. Abetz, aaO., S. 181
[27] Léon Degrelle, Denn der Haß stirbt … Erinnerungen eines Europäers, München 1992, S. 175. »Wenn ich einen Sohn hätte, wünschte ich, daß er so wäre wie Sie«, soll Hitler anläßlich der Verleihung des Ritterkreuzes zu Degrelle gesagt haben.
[28] Gerhard Heller, In einem besetzten Land. NS-Kulturpolitik in Frankreich. Erinnerungen 1940–1944, Köln 1982, S. 208 f.
Gerhard Heller (1909–1982), Romanist, Publizist und Verleger, 1940-44 Sonderführer bei der Propagandastaffel im besetzten Paris und als solcher für Literatur zuständig, Freund Ernst Jüngers, in dessen Tagebuch »Strahlungen« er häufig vorkommt (vgl. etwa Ernst Jünger, »Siebzig verweht III«, Stuttgart 1993, S. 180).
[29] Vgl. hierzu François Dufay »Die Herbstreise. Französische Schriftsteller im Oktober 1941 in Deutschland. Ein Bericht«, Berlin 2001, sowie W. Bräuninger, »Strahlungsfelder«, aaO., S. 169 ff.
[30] O. Abetz, aaO., S. 208
[31] A. Hitler, Monologe, aaO., S. 304
[32] O. Abetz, aaO., S. 266
[33] Henriot wurde am 28.6.1944 von 15 als Milizangehörigen verkleideten Terroristen, die in die Räume seines Ministeriums eingedrungen waren, ermordet.
[34] Ernst Jünger, Strahlungen II. Das zweite Pariser Tagebuch, München 1988, S. 288
[35] O. Abetz, aaO., S. 292

[36] Ebda., 293

[37] E. Jünger, aaO. Vgl. hierin die Schilderung über die Räumung von Paris

[38] Otto Reinebeck (*1883), seit 1937 Gesandter I. Klasse in Guatemala, nach Abbruch der Beziehungen am 20.5.1942 Rückkehr nach Deutschland. Zwischen 1942 und 1944 fand er Verwendung in der Zentrale des AA in Berlin. Am 23.12.1944 wurde er vertretungsweise mit der Leitung der »Botschaft Sigmaringen« beauftragt. Die Dienstgeschäfte nahm er dort am 6.1.1945 auf.

[39] O. Abetz, aaO., S. 316

[40] Ebda., S. 323

[41] Hitlers politisches Testament, aaO., S. 87 ff.

[42] So jedenfalls Abetz in seinen Erinnerungen, aaO., S. 324

[43] Zit. nach: Pringet, Pierre de, Die Kollaboration. Untersuchung eines Fehlschlages, Tübingen 1981, S. 42 f.

»Ein seltsamer Nazi.«
Stuttgarts Oberbürgermeister Dr. Karl Strölin

[1] Friedrich »Fritz« Krebs (1894–1961), Dr. jur., Oberlandesgerichtsrat, 1922 Eintritt in die NSDAP, später Kreisleiter in Frankfurt/Main, 1932-33 MdL in Preußen (NSDAP), März 1933 Oberbürgermeister in Frankfurt/Main. Beim Einmarsch der alliierten Truppen verblieb Krebs in der Stadt. Nach 1945 Stadtverordneter der Deutschen Partei in Frankfurt bis 1952, dann Tätigkeit als Rechtsanwalt. Vgl. hierzu: Friedrich Krebs – »Nationalsozialistischer Oberbürgermeister in Frankfurt am Main. Rekonstruktion eines politischen Lebens«, in: Hessisches Jahrbuch für Landesgeschichte Bd. 42, 1992.
Carl Vincent Krogmann (1889–1978), Reeder, 1932 Mitunterzeichner einer Eingabe von Wirtschaftsführern an Hindenburg, Hitler zum Reichskanzler zu ernennen, 1933 Eintritt in die NSDAP, Bürgermeister von Hamburg, bis April 1948 Internierung, danach zunächst Bauhilfsarbeiter, dann Besitzer einer Holzgroßhandlung. Veröffentlichung: Es ging um Deutschlands Zukunft 1932–1939, Leoni am Starnberger See 1976

[2] Ernst Jünger, In Stahlgewittern, 33. Auflage, Stuttgart 1992, S. 1

[3] Hans Speidel (1897–1984), Teilnahme am WK I, Offizier der Reichswehr, 1925 Promotion zum Dr. phil., 1930 im Generalstab, 1933-35 Gehilfe des deutschen Militärattachés in Paris, 1936 Bataillonskommandeur, 1936/37 Leiter der Abt. Fremde Heere West i.G., im Krieg Chef des Stabes an zahlreichen Fronten, 1944 Chef des Stabes der Heeresgruppe B unter Rommel. Im gleichen Jahre Verhaftung wegen Beteiligung am 20. Juli 1944, Lagerhaft, 1945 von Franzosen befreit. Danach Berater Konrad Adenauers, 1955-57 Generalleutnant, Leiter der Abt. Gesamtstreitkräfte, 1957-63 NATO-Oberfehlshaber der alliierten Landstreitkräfte in Mitteleuropa mit Sitz in Fontainebleau. Speidel war führend am Aufbau der Bundeswehr beteiligt und gilt als einer ihrer maßgeblichen Gestalter.

[4] Möglicherweise handelt es sich hierbei um eine Begebenheit, welche Ian Kershaw in »Hitler. 1889–1936« schildert: »Zu den Opfern der ›Weißen

Garde‹ zählten 53 russische Kriegsgefangene, die mit der Räterepublik nichts zu tun hatten und in einen Steinbruch getrieben wurden, bevor man sie standrechtlich erschoß; Opfer waren einige Erste-Hilfe-Leistende, die die ›Weißgardisten‹ als angebliche Revolutionäre niederstreckten, zwölf zivile SPD-Anhänger im Arbeiterviertel Perlach, die der Denunziation politischer Feinde anheimfielen, und 21 Mitglieder eines katholischen Gesellenvereins, die fälschlicherweise für Spartakisten gehalten wurden« (I. Kershaw, aaO., S. 157).

5   Othmar Spann, *1878, Nationalökonom, Soziologe und Geschichtsphilosoph, Professor der Wirtschafts- und Sozialwissenschaften. Spann entstammte einem alten Wiener Bürgergeschlecht, Studium der Philosophie und der Volkswirtschaftslehre (ohne Matura), 1903 Promotion zum Dr. rer. Pol. bei Friedrich Naumann, 1908 Dozent in Wien, 1911 Ordinarius in Brünn, seit 1914 Kriegsdienst als Infanterieoffizier in Rußland und schwere Verwundung, 1916-18 Einsatz im »Komitee für Kriegswirtschaft« in Wien, 1919 Ordinarius in Wien. 1921 veröffentlicht Spann sein Hauptwerk »Der wahre Staat. Vorlesungen über Abbruch und Neubau der Gesellschaft«. 1929 soll Spann auf der Eröffnungsveranstaltung des neugegründeten »Kampfbundes für deutsche Kultur« in München in Anwesenheit von Hitler und Rosenberg das Hauptreferat gehalten haben. Die versuchte Einflußnahme auf die österreichischen Heimwehren und die NSDAP bleibt ohne Erfolg. Ab 1935 werden Spanns Theorien vom Ständestaat in der NS-Presse immer heftiger angegriffen, 1938 Absetzung als Professor durch die Nationalsozialisten, mehrmonatige Haft im KL Dachau, wo Spann mißhandelt wird und dauerhaft sehbehindert bleibt. Nach der Haftentlassung erhält Spann Lehrverbot. 1946 wird Spann vom neuen österreichischen Staat rehabilitiert, darf jedoch seine Lehrtätigkeit nicht wieder aufnehmen. Spann war zwischen 1925 und 1935 einer der wirksamsten Autoren, Lehrer und Redner der Konservativen Revolution. Er starb im Jahre 1950.

6   Hitler. RSA, Band IV/1, aaO., S. 156 f.

7   Vgl. hierzu Schnabel, Thomas, »Die NSDAP in Württemberg 1928–1933. Die Schwäche einer regionalen Parteiorganisation«, in: Die Machtergreifung in Südwestdeutschland. Das Ende der Weimarer Republik in Baden und Württemberg 1928–1933, Stuttgart 1982, S. 49 ff.

7   Wilhelm Murr, *1888, kfm. Angestellter, Militärdienst, 1914-18 Kriegsfreiwilliger, Einsatz an West- und Ostfront, 1915 bei Arras schwer verwundet, Beförderung zum Vizefeldwebel, 1922 Eintritt in die NSDAP, 1928–1945 Gauleiter von Württemberg, 1930-33 MdR (NSDAP), 1933 Staatspräsident, Innen- und Wirtschaftsminister von Württemberg, 1933-45 Reichsstatthalter von Württemberg. Als Württemberg von alliierten Truppen besetzt wird, setzen sich Murr und seine Frau unter dem Namen »Müller« nach Vorarlberg (Schruns) ab, wo sie auf einer Almhütte leben. Von den Franzosen aufgespürt werden Murr und seine Frau getrennt. Nachdem sich Frau Murr vergiftete wird Gauleiter Murr zur Identifikation herangeholt; angesichts seiner toten Frau wählt auch er den Freitod indem er eine Zyankali-Kapsel zerbeißt. Auf dem Ortsfriedhof von Egg werden beide als »Ehepaar Müller« beigesetzt. Erst 1946 wird das Grab geöffnet und die Leichen von Murrs ehe-

maligem Zahnarzt erneut identifiziert. Vgl. zur Biographie Wilhelm Murrs Paul Sauer, Wilhelm Murr. Hitlers Statthalter in Württemberg, Stuttgart 2000

[8] Heinrich Gauß (1858–1921), Studium der Rechtswissenschaften, Oberamtsrichter in Tettnang, 1894 Gemeinderat in Stuttgart, 1899 Wahl zum Stuttgarter Oberbürgermeister. Gauß widmete sich insbesondere dem Ausbau der kommunalen Selbstverwaltungsbefugnisse. Er war Vorsitzender des Württembergischen Städtetages und vertrat Stuttgart seit 1905 im Deutschen Städtetag. Ab 1906 Mitglied des Landtags. Während seiner letzten Amtsjahre stieß Gauß auf starke Opposition im Gemeinderat, worauf er erkrankte und 1911 sein Amt niederlegte.

Karl Lautenschlager (1868–1952), Studium der Staats- und Rechtswissenschaften, Beschreitung der Beamtenlaufbahn. In Stuttgart Regierungsrat der Stadtdirektion, seit 1911 Oberbürgermeister. Lautenschlager wurde 1921 und 1931 mit großer Mehrheit in seinem Amt bestätigt. Er führte die Stadt durch die Jahre des Ersten Weltkrieges und die folgende Wirtschaftskrise, sorgte für den Beitritt Stuttgarts zur Landeswasserversorgung, forcierte den Bau des Hauptbahnhofs sowie wichtiger großer Straßen. 1933 übergab er sein Amt an Karl Strölin.

[9] Eugen Bolz, (1881–1945), Jurastudium, 1912 MdR (Zentrum), von 1913-33 für die Zentrumspartei im württembergischen Landtag, 1918 Amtsrichter, 1919-23 württemberg. Innenminister. Bolz griff auf den politischen Katholizismus in seinem Wirken zurück. Mit knapper Mehrheit wurde er schließlich 1928 zum württembergischen Staatspräsidenten gewählt, was er bis 1933 blieb. 1933 mehrwöchige KL-Haft, dann Tätigkeit für ein Wirtschaftsunternehmen. Seit 1941 Kontakte zum Kreis um Carl Goerdeler, vorgesehen für das Amt des Reichskultusministers. Nach dem 20. Juli 1944 Verhaftung, zum Tode verurteilt und am 23. Januar 1945 in Berlin-Plötzensee durch das Fallbeil hingerichtet.

[10] Zit. nach: Hitler. Reden und Proklamationen, S. 210 ff.

[11] Joseph Goebbels, Vom Kaiserhof zur Reichskanzlei, München 1936, S. 263

[12] Zit. nach: Nachtmann, Walter, Karl Strölin. Stuttgarter Oberbürgermeister im »Führerstaat«, Stuttgart 1995, S. 96. Nachtmanns Biographie ist die wohl kenntnisreichste Darstellung Karl Strölins. Weiterführende Literatur über Strölin außerdem: Locher, Albert, In memoriam Dr. Karl Strölin. Oberbürgermeister der Stadt Stuttgart von 1933–1945, Stuttgart 1963; Matzerath, Horst, »Oberbürgermeister im Dritten Reich«, in: »Führerstaat«, aaO., S. 228–252; Rebentisch, Dieter, »Die politische Stellung der Oberbürgermeister im Dritten Reich«, in: Oberbürgermeister, hrsg. von Klaus Schwabe, Boppard 1981, S.125–155; Wurm, Theophil, Lebenserinnerungen, Stuttgart 1953

[13] Vgl. hierzu Strölins Bericht »Meine Reise nach den Vereinigten Staaten von Nordamerika.« Vortrag gehalten am 13. November 1936 im Festsaal der Liederhalle zu Stuttgart, in: Der Auslandsdeutsche, Jahrgang 19, 1936, S. 892–909.

[14] Ernst Wilhelm Bohle, *1903 in Bradford/England, 1906 Übersiedlung nach Kapstadt, später Studium der Staats- und Handelswissenschaften in Köln und Berlin, 1923 Diplomkaufmann, 1930 Gründung einer eigenen Firma für

Autozubehör, seit 1931 ehrenamtl. Mitarbeiter der »Auslandsabteilung der NSDAP«, 1932 Eintritt in die NSDAP und Ernennung zum Gauinspekteur des Gaues Ausland der NSDAP, 1933 Ernennung zum Leiter der Auslands-organisation (AO) der NSDAP im Range eines Gauleiters und MdR, 1937 Ernennung zum Chef der AO und zum Staatssekretär im Auswärtigen Amt, erst 1937 Ablegung der britischen Staatsbürgerschaft. 1945 wird Bohle von den Alliierten verhaftet und im sog. »Wilhelmstraßenprozeß« in Nürnberg angeklagt. Bohle bekennt sich dort als einziger Angeklagter für schuldig und wird 1949 zu fünf Jahren Gefängnis verurteilt. Aufgrund eines Gnadenerlas-ses wird Bohle im gleichen Jahr entlassen und arbeitet in den folgenden Jah-ren als Kaufmann in Hamburg. Er stirbt 1960 in Düsseldorf.

[15] Ernst von Weizsäcker (1882–1951), 1900 Seekadett der kaiserlichen Marine, 1901 Besuch der Marineoffiziersschule in Kiel, 1902-05 Stationierung auf dem Großen Kreuzer »Hertha« in Ostasien, Ausbilder von Prinz Adalbert, dem dritten Sohn Wilhelms II., 1905-12 Stationierung in Kiel, 1912 Verset-zung zum kaiserlichen Marinekabinett in Berlin, 1914-18 Kriegsdienst bei der Flotte, 1918 Verbindungsoffizier der Seekriegsleitung bei der Obersten Heeresleitung, Tätigkeit im Reichsmarineamt Berlin, 1919 Marineattaché in Den Haag, 1920 Eintritt in das Auswärtige Amt, 1921 Übernahme des Kon-sulats in Basel, 1924-27 Gesandtschaftsrat in Kopenhagen, 1928 Leiter des Referates Völkerbund im AA, 1931 Gesandter in Oslo, 1933-37 in Bern, 1936 komm. Leitung der Politischen Abt. im AA, 1937 Übernahme, 1938 Staats-sekretär, 1938 Eintritt in die NSDAP, seit 1939 Kontakte zum Widerstand, 1943-45 Botschafter im Vatikan. Als solcher warnte er die Juden Roms vor anstehenden Deportationen. 1945-46 zunächst Gast des Vatikans, dann Rückkehr nach Deutschland, 1947 Verhaftung und im sog. »Wilhelm-straßenprozeß« Verurteilung zu sieben Jahren Haft. Weizsäckers Sohn Richard, der nachmalige Bundespräsident der Bundesrepublik Deutsch-land, beteiligt sich als Rechtsanwalt an der Verteidigung seines Vaters. 1950 wird Ernst von Weizsäcker im Zuge einer allgemeinen Amnestie entlassen und veröffentlicht seine »Erinnerungen«.

[16] Karl Strölin, Stuttgart im Endstadium des Krieges, Stuttgart 1950, S. 29 ff.

[17] Zit. nach: Müller, Roland – Stuttgart zur Zeit des Nationalsozialismus, Stutt-gart 1988, S. 516

[18] Karl Strölin, Verräter oder Patrioten? Der 20. Juli 1944 und das Recht auf Widerstand, Stuttgart 1952

[19] Carl Goerdeler (1884–1945), Jurastudium, 1908 Promotion, 1912-14 Erster Beigeordneter in Solingen, im WK I Offizier und Verwaltungsexperte in Weißrußland, 1920 Mitglied der DNVP, Zweiter Bürgermeister in Königs-berg, 1930-34 Oberbürgermeister in Leipzig, 1931/32 Reichspreiskommissar, 1934 erneute Berufung, 1935 Entlassung als Reichspreiskommissar, 1937 Rücktritt als Leipziger OB aus Protest gegen die Entfernung des Leipziger Denkmals des jüdischen Komponisten Felix Mendelssohn-Bartholdy, beruf-liche Tätigkeit für den Bosch-Konzern. Seit 1939 einer der führenden Ver-treter des konservativen Widerstandes gegen Hitler. Goerdeler war maß-geblich an den Planungen zur Beseitigung Hitlers und dem Staatsstreich des 20. Juli 1944 beteiligt; er selbst war als späterer Regierungschef vorgesehen.

Im Juli 1944 Flucht nach Westpreußen, August Festnahme. Am 8. September 1944 wird Goerdeler vom Volksgerichtshof zum Tode verurteilt, jedoch noch mehrere Monate verhört. Am 2. Februar 1945 wird er in Berlin-Plötzensee hingerichtet.

[20] Robert Bosch (1861–1942), Lehre als Feinmechaniker, diverse Tätigkeiten u. a. bei Siemens, 1884 Tätigkeit in den USA und Großbritannien. 1886 Gründung einer eigenen Fabrik, in der vorwiegend Zündungssysteme für Automobile hergestellt werden (»Bosch-Zündung«). Als erstes Unternehmen lieferte Bosch einheitliche elektronische Ausrüstungen für die Automobilindustrie. In seinem Konzern etablierte Bosch wegweisende Sozialmaßnahmen für die Arbeiterschaft, wie den Achtstundentag und die Fünftagewoche (»der rote Bosch«). Bosch stand der DVP nahe. Dem Nationalsozialismus stand Bosch reserviert gegenüber; er unterhielt lose Kontakte zu Vertretern des liberalen Widerstands. Vgl. hierzu Scholtyseck, Joachim, Robert Bosch und der liberale Widerstand gegen Hitler 1933–1945, München 1999.
Hans Walz (1883–1974), Industrieller, Banklehre, leitende Positionen in verschiedenen Banken, seit 1912 Privatsekretär von Robert Bosch, 1919 im Aufsichtsrat des Unternehmens, 1924 Vorstandsmitglied, 1948 Aufsichtsratsvorsitzender, 1952-63 Geschäftsführer.

[21] Hans Speidel, Invasion 1944, Berlin 1975, S. 81

[22] K. Strölin, Verräter, aaO.

[23] Richard Drauz, *1894, Ingenieur, 1928 Eintritt in die NSDAP, seit 1932 Kreisleiter in Heilbronn, 1932-38 Verlagsleiter des Heilbronner Tagblatts, 1933 MdR (NSDAP), 1943 Oberbereichsleiter und Kreisleiter in Vahingen/Enz und Ludwigsburg. Am 11.12.1945 wurde Drauz von einem US-Militärgericht in Dachau wegen Erschießung eines US-Piloten zum Tode verurteilt und am 4.12.1946 in Landsberg hingerichtet.

[24] Arnulf Klett (1905–1974), Jurastudium, Promotion 1928, 1927-30 Referendar, danach in Stuttgart, 1933 KL-Haft, während des Zweiten Weltkrieges Zivilverteidiger vor Kriegsgerichten in div. Städten Europas. Klett gehörte dem Widerstandskreis um Rudolf Pechel an. Nach 1945 OB von Stuttgart, 1948/54 und 66 als parteiloser OB wiedergewählt. Klett war ein maßgeblicher Gestalter des modernen Stuttgart.

[25] So etwa den Aufsatz »Die Pflicht zum Widerstand«, in: Nation Europa, Jg. 1, Nr. 9, S. 37-42

Schlußbetrachtung – Epitaph eines deutschen Interregnums?

[1] Sebastian Haffner, Anmerkungen zu Hitler, München 1978
[2] Hier handelt es sich um eine Wendung von Theodor Mommsen (Römische Geschichte, Band III, 5. Buch, Kap. 11)
[3] Hitler. Reden und Proklamationen, aaO., S. 730 (Aus der Schlußrede vor dem Parteikongreß in Nürnberg am 13.9.1937)
[4] Sebastian Haffner, aaO., S. 34
[5] Hans-Dietrich Sander, Die Auflösung aller Dinge. Zur geschichtlichen Lage

des Judentums in den Metamorphosen der Moderne, München 1988, S. 162 f.

⁶ Ebda., S. 165. Über Hitler als das »Tier aus der Tiefe« vgl. Jakob Taubes (Hrsg.): »Der Fürst dieser Welt – Carl Schmitt und die Folgen. Religionstheorie und Politische Theologie«, Bd. 1, München – Paderborn 1983, Vorwort.

⁷ »Großdeutschland«, aaO., S. 238

⁸ Vgl. hierzu A. Speer, aaO., S. 453

⁹ Gustave Le Bon, Psychologie des foules, Paris 1895, S. 92 (deutsche Übersetzung »Psychologie der Massen«)

¹⁰ Max Weber, »Die drei reinen Typen der legitimen Herrschaft«, in: Gesammelte Aufsätze zur Wissenschaftslehre, Tübingen 1922.

¹¹ Veröffentlicht im *VB* Nr. 254 v. 11.09.1934

Anhang

Dokument I:
Schreiben Adolf Hitlers an den Vorsitzenden
der BVP, Fritz Schäffer (7.12.1929)

Nummer 281   Beiblatt des „Völkischen Beobachters"   7. dezember 1929

Hitler gegen Schäffer
Offener Brief an den Führer der Bayerischen Volkspartei

Herr Schäffer!
In einer soeben erschienenen und von Ihnen, Herr Schäffer, unterzeichneten Parteiverlautbarung stellen Sie die Behauptung auf, daß die Bayerische Volkspartei als einzige wirklich den Marxismus bekämpfe. Dieser Kampf war, wenn er jemals überhaupt ehrlich geführt wurde, zumindest im Erfolg ein negativer. Die Bayerische Volkspartei, einst ein Teil des Zentrums, hat trotz ihres Kampfes, dessen Existenz ihrer Behauptung nach vorliegen soll [sic!], den Sieg des Marxismus nicht zu verhindern vermocht. Als im Jahre 1918 die sogenannte »Revolution« ausbrach, mußte sie als ein Werk marxistischer Arbeit angesprochen werden. Es ist also zunächst unzweifelsfrei feststehend und vor jeder Verdrehung gesichert: Die Bayerische Volkspartei hat durch ihren angeblichen Kampf gegen den Marxismus die Vernichtung des alten deutschen Reiches durch den Marxismus nicht verhindert!
Daraus kann man zwei Folgerungen ziehen: Entweder der Kampf des alten Zentrums – plus heutiger Bayerischer Volkspartei – war von vornherein nicht ehrlich gedacht oder nicht richtig geführt. Das Resultat ist aber jedenfalls in beiden Fällen das gleiche: Ein großes Reich und ein einst freies stolzes Volk sind zusammengebrochen!
Als ich einst nach schweren inneren Kämpfen mich endgültig entschlossen hatte, parteipolitisch aufzutreten, lag das positive Resultat des Kampfes Ihrer Partei gegen den Marxismus grauenhaft vor uns, Herr Schäffer. Da eine innere Wesensänderung im Zentrum nun nur insoweit erfolgte, als ein Teil, der bayerische, die alte Tradition unter einem neuen Namen – Bayerische Volkspartei – fortzuführen versprach, während der andere als gleichbleibendes Zentrum sich dem

356

behauptungsweise bisher bekämpften marxistischen Feind in engster Umarmung hingab, war nach menschlicher Voraussicht sowohl [sic!], als nach den Gesetzen aller Logik auch für die Zukunft von dem angeblichen »Kampf gegen den Marxismus« nichts mehr zu erwarten. Tatsächlich ist ja auch seitdem der Marxismus weder durch die Tätigkeit des Zentrums noch durch die der Bayerischen Volkspartei auch nur im geringsten wirksam bekämpft worden.

Das Zentrum und die Bayerische Volkspartei haben nicht vermocht, die Anhänger der Marxisten auf ihren Boden herüberzuziehen, sondern im Gegenteil: Sie sind auf den Boden der vom Marxismus geschaffenen Tatsachen getreten. Das Bild des im Jahre 1918 und 1919 vor Augen liegenden Verfalls sowie der Blick in die nach allen Gesetzen der Logik vermutlich gleichlaufende Entwicklung in der Zukunft, veranlaßten mich im Jahre 1919, einer Hand voll Menschen beizutreten mit dem Ziele, eine Bewegung ins Leben zu rufen, die erfüllen soll, was Sie, Herr Schäffer, von der Bayerischen Volkspartei behaupten, in Wirklichkeit aber zumindest bisher erfolglos blieb: Den Kampf gegen den Marxismus.

Es war in diesen Jahren meine heilige Absicht, die ganze Kraft meines kommenden Lebens nur dieser einzigen Aufgabe zu widmen. Ich habe die Existenz der bürgerlichen Parteien vielleicht als bedauerlich, aber noch nicht als verderblich angesehen. Ich hielt sie damals für schlecht geleitet, im Wollen vielleicht gut, im Handeln schwach, im Kampfe für unzuverlässig, um nicht zu sagen feige. Ich habe es damals noch für unmöglich angesehen, daß eine sogenannte nationale oder gar behauptungsweise »christliche« Partei jemals mit dem Marxismus ernstlich paktieren könnte. Ich glaubte damals noch an die Aufrichtigkeit der sogenannten »monarchischen Einstellung« unserer sogenannten bürgerlichen Parteien. Was immer mich daher von diesen Gebilden auch trennen mochte, so glaubte ich doch nie, mich ihnen eines Tages im Kampfe entgegenstellen zu müssen. Und zwar in einem Kampf der Abwehr deshalb, weil dieselben bürgerlichen Parteien sich zu Schützern des Marxismus hergeben würden. Ich habe dann jahrelang gekämpft und dabei die bürgerliche Parteiwelt seitwärts liegen lassen. Ich habe sie nie geschätzt, da der Beweis des geringen positiven Wertes für die Nation auch die Tätigkeit dieser Gruppen für jeden Sehenden klar erbracht worden war. Ich empfand aber keinen Zwang zu einem offenen Streit, da ich es als selbstverständlich ansah, daß im Falle einer Auseinandersetzung der jung emporstrebenden nationalsozialistischen Bewegung mit dem Marxismus, das Bürgertum, unfähig selbst offensiv zu kämpfen, zumindest eine anständige Neutralität wahren würde. Und ich bin blutig enttäuscht worden.

Je mehr der Nationalsozialismus wuchs und je größer seine Gefahr für den Marxismus wurde, um so näher rückten die sogenannten »bürgerlichen«, »nationalen«, »christlichen« Parteien zum Marxismus hin! Gegen den eigenen Willen wurde die nationalsozialistische Bewegung in ihrem Kampf um die deutsche Zukunft von den Parteien angefallen, die eigentlich an ihrer Seite hätten stehen müssen, wenn nicht alle die Behauptungen von »christlich-nationaler« Gesinnung eben reiner, purer Schwindel waren. Es kam die Zeit, in der die bürgerlichen Parteien den marxistischen Reichsverderbern bei jeder Gelegenheit und in jeder kritischen Stunde traurige Handlangerdienste leisteten. Unter Verzicht auf alle in den Programmen versprochenen weltanschaulichen und religiösen Ziele, sahen sie ihre höchste Aufgabe nur in der Erhaltung des gegebenen marxistischen

Zustandes. Wer diesen Zustand bedrohte, wurde gemeinsam mit dem Marxismus als Feind behandelt. Unter dem verlogenen Schlagwort der Ruhe und Ordnung setzte man die Politik der Vorkriegszeit fort: Man knebelte den Widerstand gegen die marxistischen Volksverderber!

Es war in diesen Jahren nie meine Absicht, einen offenen Kampf gegen die bürgerlichen Parteien gleich welcher Art zu führen. Ich wurde aber von ihnen selbst bekämpft und mußte mich endlich verteidigen. Es kam die Zeit, da der Marxismus zu schwach gewesen wäre, sein eigenes Werk zu schützen. Es wurde von bürgerlichen Parteien gerettet! Was aus den Reihen dieser Parteiwelt uns an Verfolgungen zugefügt wurde, nur weil wir uns nicht bereiterklärten, auf den Boden der marxistischen Tatsachen zu treten, ist unerhört. Es gab Zeiten, in denen selbst marxistische Regierungen fast anständiger waren in der Behandlung ihrer politischen Gegner als »bürgerliche« in der Verfolgung der erklärten Feinde des Marxismus. Und Tatsache ist, daß denn auch das Werk des Marxismus, unter dauernder fördernder Beihilfe des restlos auf den Boden der Tatsachen getretenen christlichen und nationalen Bürgertums, immer mehr und mehr stabilisiert wurde und heute bereits als von »Gott gewollt« den frechen Anzweiflern hingestellt wird. So wurde ich durch ewige Angriffe und Verfolgungen von seiten dieser bürgerlichen Parteien oft und oft zur Abwehr gedrängt und gezwungen. Und da allerdings glaube ich auch hier an die Gültigkeit des Satzes, daß die beste Parade dann im Hieb liegt.

Als ich im Jahre 1925 wieder die Führung der Partei übernommen habe, versicherte ich, um nur ja keinen Zweifel über die unverrückbare Zielrichtung meines politischen Wollens aufkommen zu lassen, erneut, den Feind ausschließlich im Marxismus zu erblicken und diesen demgemäß zu bekämpfen. Und ich hatte noch kaum diese klare Feststellung getroffen, als auch schon unter Zuhilfenahme plumper Fälschungen der bürgerliche Kampf gegen mich einsetzte. Ihrem ingeniösen Kopf, Herr Schäffer, ist damals die glänzende Idee entsprungen, meinem Kampf gegen den Marxismus die in ihren Augen wirksamste Fessel des Redeverbotes anzulegen. Dieser Geistesblitz, dessen Wirksamkeit sich nach 5 Monaten ins Gegenteil verkehrte, entsprang also nicht einem marxistischen, sondern einem bürgerlichen Gehirn. Es war für mich ja allerdings eine große Ehre, in solche Behandlung genommen zu werden. Ich bin nach Ihrer heiligsten Überzeugung, weiser Herr Regierungsrat, ja nur ein Esel, aber selbst vor ihm scheint Sie das Gefühl der Inferiorität nicht verlassen zu haben[1]. Sie hatten Angst vor seiner Rede. Es bleibt für ewig ein Ruhmestitel, als bürgerlicher Parteipolitiker seinem politischen antimarxistischen Gegner als erster im neuen Deutschland den Mund verbunden zu haben.

Der von Ihnen, Herr Schäffer, und Ihrer Partei so sehr »bekämpfte« Marxismus hat sich denn auch dankbar beeilt, das vorgezeigte Experiment nachzuahmen. Es kam die Zeit, in der die nationalsozialistische Bewegung sich dank dieser Methode wiederfand. Natürlich haben Sie mich gezwungen, die Verteidigung aufzunehmen. Gegen meinen Willen und gegen meine Absicht wurde ich erneut zu einem Kampf gedrängt, dessen Sinn und Zweck sonst unverständlich wäre. Und heute ist es genauso. Ich hatte nicht die Absicht, persönlich oder gar rednerisch mich im Kampf um das Münchener Rathaus mit den bürgerlichen Parteien abzugeben. Ich wollte mich nur dem Volksbegehren und der Aufgabe

358

widmen, die ich heute und für immer als die Schicksalsfrage des deutschen Volkes ansehe: Kampf dem Marxismus.

Diesen Augenblick, Herr Schäffer, fanden Sie als den richtigen, wieder den Kampf gegen die nationalsozialistische Bewegung und insbesondere gegen meine Person als vordringlichste Aufgabe zu beginnen. Über die Methoden Ihres Vorgehens will ich mich weiter unten auslassen. Zunächst, Herr Schäffer, haben Sie vor aller Welt festgestellt, daß, solange sich die Bayerische Volkspartei unter Ihrer Führung befindet, sie niemals mit Nationalsozialisten zusammenarbeiten werden. Sie haben ausdrücklich diese Feststellung auf unsere Partei beschränkt und damit die Möglichkeit einer solchen Zusammenarbeit mit anderen Parteien für Ihre Person offen gelassen! Herr Regierungsrat! Mit dieser ersten Feststellung haben Sie bewiesen, daß die geistigen Ausmaße, die einen Menschen zum wohlbestallten Regierungsrat zu erheben vermögen, doch nicht immer genügen, einen Politiker daraus zu machen. Ich persönlich halte eine solche Erklärung tatsächlich für eine Eselei!

Sie sollen nun nicht meinen, Herr Schäffer, daß die nationalsozialistische Bewegung Ihnen das Unglück zufügen wird, Sie von Ihrer eingenommenen Stellung wegzudrängen. Sie haben das erklärt und wir nehmen es zur Kenntnis. Ich habe die steigende Tendenz in Ihrer Partei hin zum Zentrum selbstverständlich genauso verfolgt wie alle anderen denkenden Menschen. Ich finde es als natürlich, schon jetzt für diesen Fall festzustellen, daß damit ein Bündnis mit dem Marxismus möglich, mit dem Nationalsozialismus ausgeschlossen ist.

Sie motivieren dies damit, daß der »Sozialismus unchristlich« sei. Mir ist eine große Partei bekannt, die das umgekehrte behauptete. Die christlichsoziale Bewegung in Österreich hat im Gegenteil den wahren Sozialismus als eine eminent christliche Angelegenheit hingestellt und auch in die Namensbezeichnung aufgenommen. Sie lehnen den »Nationalismus« ab. Sie, Herr Schäffer, republikanischer Regierungsrat aus Bayern, dozieren, daß ein Zusammengehen oder Zusammenarbeiten mit dem Nationalismus, weil unchristlich und unkatholisch, nicht in Frage käme. Das Oberhaupt der katholischen Kirche, der Papst, hat hier ebenfalls ersichtlich eine andere Meinung. Das vertragsweise Vergleichen [sic!] mit dem italienischen Faschismus ist die eminenteste Zusammenarbeit der Kirche mit dem ausgeprägtesten Nationalismus, den es heute überhaupt in der Welt gibt². Aber nicht die Kirche ist ja hier entscheidend, sondern Herr Schäffer aus München! Zusammenfassend kann ich hier noch folgendes feststellen: Nach Ihrer endgültigen, für die Bayerische Volkspartei bindenden Entscheidung ist ein Zusammengehen und Zusammenarbeiten dieser Partei kraft Ihres Befehls mit der nationalsozialistischen Bewegung, die prinzipiell auf dem Boden des Gottesglaubens steht und sich zum Christentum bekennt, ausgeschlossen, mit den atheistischen Gottesleugnern des grundsätzlich antireligiösen Marxismus aber zumindest denkbar. Es ist dies Ihrer Überzeugung nach dann der lebendige Ausdruck eines wahrhaft »katholischen Christentums«!

Ich erinnere mich hierbei eines Prozesses, der vor einigen Jahren zwischen Marxisten und Nationalsozialisten in der Au stattfand. Als es zur Vereidigung kam, forderten die Nationalsozialisten den religiösen Eid, die Marxisten lehnten ihn ab und verlangten die weltliche Verpflichtung. Aber dennoch stellen Sie, Herr Schäffer, fest, daß Sie als Christ und Katholik mit den einen niemals zusammen-

arbeiten können, sondern verpflichtet sind, sie auf das furchtbarste zu bekämpfen, während die anderen für Sie als bündnisfähig erscheinen und tatsächlich auch im Zentrum unzertrennliche Bundesgenossen gefunden haben.

Wir sind Ihnen zu Dank verpflichtet, daß Sie diese Ihre innere Überzeugung schon beizeiten vor der Wahl bekanntgegeben haben. Vielleicht wird es Ihren Bemühungen gelingen, in München einem roten Bürgermeister in den Sattel zu helfen oder wenigstens mit dem marxistischen Atheismus zusammen christlich-katholische Politik zu machen. Vielleicht wird es Ihnen auch gelingen, Bayern zu jener sittlich-christlichen Kulturhöhe zu heben, in die Zentrum und Marxismus große Teile des übrigen Reiches, an der Spitze unsere in wahrhaft christlicher Kultur und Moral voranleuchtende Reichshauptstadt, bereits gebracht haben.

Von uns Nationalsozialisten ist Ihnen die Bahn nach Ihrer Erklärung freigemacht! Sie haben, Herr Schäffer, diese allgemeine, grundsätzliche Kampfansage aber auch benützen zu müssen geglaubt, den persönlichen Kampf gegen mich in aller Schärfe aufzunehmen. Ich bin diese Art von Kampf gegen einen politischen Gegner von seiten Ihrer Partei gewöhnt. Es sind Jahre her, seit Ihre Partei mit der Behauptung operierte, ich wäre in meiner Jugend in der »Los-von-Rom-Bewegung« tätig gewesen. Als dieser Schwindel sich nicht mehr aufrechterhalten ließ, zerrte man meinen alten seligen Vater aus dem Grabe und verleumdete ihn, indem nun dieser einer der Führer dieser Bewegung von einst gewesen sein sollte. Gemäß dem Spruch: »Der Apfel fällt nicht weit vom Stamm!«, konnte man hoffen, damit auch meine erblich vorbelastete Minderwertigkeit allgemein sichtbar zu demonstrieren. Nachdem auch dieser lumpenhafte Versuch als erbärmliche verleumderische Erfindung vom Anfang bis zum Ende als unwahr festgestellt werden konnte, verbreitete aber man wenigstens, daß der Geburtsort, von dem ich herstamme – Braunau a. Inn –, einer der berüchtigsten Ausgangsorte der Los-von-Rom-Bewegung gewesen sei!! Nach einiger Zeit allerdings verlor auch dieser himmelschreiende Unsinn seine Wirksamkeit, und man erfand eine andere Möglichkeit der Verleumdung: Ich hätte die Hostie ausgespuckt und dadurch schon mit 13 Jahren bewiesen, wie elend und verkommen meine moralischen Qualitäten seien.

Und es war immerhin reizvoll, daß sich schon dabei die Möglichkeit eines gemeinsamen Kampfes von Marxismus und christlich-katholisch-bayerischer Politik gegen einen politisch verhaßten Katholiken zeigte. Sozialdemokratische Zeitungen wurden plötzlich zu Hütern des Altarsakraments! Und katholische Priester gingen in ihrem politischen Haß soweit, daß sie endlich dieses Sakrament für gerade recht fanden, um zur Vernichtung eines politischen Gegners verwendet zu werden! Auch diese Schurkerei, einen 36jährigen Mann politisch und moralisch zu erledigen, indem man ihm eine nie begangene Tat im Alter von 13 Jahren vorwarf, brach als eine gemeine Lüge zusammen!

Und man suchte weiter! Sie werfen mir heute, Herr Schäffer, vor, meine Behauptung, daß der Artikel der Münchner Telegramm Zeitung, ich hätte den Kronprinzen Rupprecht bedroht, dem Sinn und Inhalte nach eine Unwahrheit sei, wäre eine Lüge[3]. *Es wird im Gerichtssaal bewiesen werden, wer von uns beiden die Wahrheit gesprochen hat: Ich, Herr Schäffer, oder Sie! Sie werfen mir vor, ich hätte mich in der Revolutions- und Rätezeit feige gedrückt*[4]. *Ich freue mich, im Gerichtssaal über Krieg und Revolutionszeit und mein Verhalten in beiden,*

Rechenschaft ablegen zu können! Ich hoffe, daß Sie dies genau so gut vermögen wie ich! Sie behaupten, ich hätte durch den »Putsch« im Jahre 1923 ein gegebenes Ehrenwort gebrochen. Ich werde Ihnen im Gerichtssaal beweisen, daß ein solches Ehrenwort schon seit dem 28. Januar 1923 nicht mehr existierte und im übrigen bereits das Gericht in seinem Urteilsspruch vom 1. April 1924 festgestellt hat:»Was den Einwand der Angeklagten, es habe sich, weil Kahr mit von der Partie gewesen sei, um einen legalen Akt, mindestens um einen vermeintlichen legalen Akt gehandelt, auf alle Fälle habe ihnen das Bewußtsein der Rechtswidrigkeit gefehlt, in subjektiver Hinsicht anlangt, so gesteht das Gericht den Angeklagten zu, daß sie mit Ausnahme von Pernet und Wagner, die sich um diese Dinge bis zum 8. November [1923] kaum viel gekümmert haben werden und von Ludendorff, der, wie noch zu erörtern sein werden wird, eine Sonderstellung einnimmt, bis kurz vor dem 8. Nov[ember] der Meinung waren, auch Kahr, Lossow und Seisser beabsichtigen einen Marsch nach Berlin. Es mag auch sein, daß sie hofften, wenn sie ihrerseits mit dem Beginn des Marsches ernst machten, würden sie die drei wieder auf ihre Seite bringen[5]*. Und es unterliegt nach der Überzeugung des Gerichtes endlich keinem Zweifel, daß sie nach den Vorgängen auf der Tribüne und im Nebenzimmer des Bürgerbräukellers davon überzeugt waren, daß die drei nun auf Gedeih und Verderb mit ihnen gingen. Denn es war ja gerade die Absicht Kahrs, Lossows und Seißers, sie in diesen Glauben zu versetzen. Eine Absicht der Angeklagten, gegen den ernstlichen Willen Kahrs, Lossows und Seissers zu handeln, hat sicher niemals bestanden.«*
Und weiter entschied das Gericht:»Das Gericht kann deshalb auch nicht annehmen, daß der Überfall im Bürgerbräu-Keller einen bewußten Wortbruch seitens der Angeklagten bedeutet. Auch hierin geht es mit der Staatsanwaltschaft einig.«
Ich muß dabei noch einfügen, daß dem Gericht auch das angezogene Ehrenwort eines Ministers Dr. Schweyer durch eine Zuschrift bekanntgegeben worden war! Es stand ganz im Ermessen des damaligen Gerichtes, die Wahrheit über die Vorgänge im November 1923 auf das gründlichste zu erforschen. Denn es sind allein von uns rund 240 Zeugen zur Aufhellung dem Gericht zur Ladung vorgeschlagen worden. Tatsächlich wurden kaum 40 vernommen, darunter eine erdrückende Anzahl von durch den Staatsanwalt vorgeschlagenen Belastungszeugen. Im übrigen waren wir alle überzeugt, daß, wenn die damals unter Ausschluß der Öffentlichkeit stattgehabten Verhandlungen und Zeugenvernehmungen vor den Ohren der Öffentlichkeit erfolgt wären, die öffentliche Meinung sich ein noch ganz anderes Urteil gebildet haben würde, als es so schon der Fall war. Außerdem waren nach der Lage der Dinge die für die letzte Aufhellung in erster Linie in Frage kommenden Zeugen ja leider die Angeklagten selbst. Es wird eine Möglichkeit der Rehabilitierung von uns allen sein, wenn nunmehr endlich in einem Verfahren die Angeklagten von damals als Zeugen die Wahrheit bekunden können!
Sie haben z. B. weiter, Herr Schäffer, in Versammlungen in Würzburg und Ingolstadt erklärt, daß ich mir in Berchtesgaden eine Villa, und zwar für 60.000 Mark gekauft haben soll. Sie taten dies, um mich damit in den Augen der breiten Masse herunterzusetzen. Und Sie haben es getan, obwohl Ihnen 14 Tage vordem von einem sehr angesehenen Mitglied der Bayerischen Volkspartei schon entge-

gengehalten wurde, daß diese Behauptung von Anfang bis zu Ende eine unver-
schämte Lüge sei, nur erfunden, um mich zu schädigen! Sie haben weiter in Ihren
Versammlungen behauptet, daß ich eine 9-Zimmerwohnung bewohnte, obwohl
Ihnen bekannt ist, daß ich allerdings in einer 8-Zimmerwohnung, allein mit zwei
anderen Parteien zusammen lebe, so daß mir persönlich drei Räume zur Verfü-
gung stehen[6]. Ich kenne nicht die Größe Ihrer Wohnung, Herr Schäffer, allein ich
weiß, daß Ihre Partei den wenigsten Grund hätte [sic!], einem politischen Führer
den Besitz von drei Zimmern vorzuwerfen. Ich habe mir nicht 50[.000] oder
80.000 Mark Staatsgelder geholt zur Verschönerung meines privaten Daseins. Sie
haben auch das nur getan, um mich in den Augen der öffentlichen Meinung
schlecht zu machen. Und Sie taten dies, ohne daß ich Sie jemals persönlich ange-
griffen habe! Ich stelle aber, Herr Schäffer, diese Ihre Behauptungen als Ver-
leumdungen fest und werde mir Genugtuung holen! Ich sehe mich nun gezwun-
gen, Ihnen, Herr Schäffer, überhaupt das Recht abzustreiten, als Führer der
Bayerischen Volkspartei über andere Männer zu Gericht zu sitzen.
  Ich verstehe die nervöse Unruhe, die heute Ihre Partei erfaßt hat. Die Bayeri-
sche Volkspartei drückt heute das schlechte Gewissen und die Angst vor der Wahl!
  Zuviel hat Ihre Partei, Herr Schäffer, insbesondere dem bayerischen Volk ver-
sprochen und zu wenig eingelöst, als daß es einem nicht verständlich sein müßte,
weshalb Sie heute zu solchen Mitteln des Kampfes greifen! Sie sind, Herr Schäf-
fer, heute empört über die Haltung der nationalsozialistischen Bewegung zur
Frage der Monarchie oder der Republik. Sie halten es für eine schamlose
Gemeinheit, der Monarchie den Rücken zu kehren. Herr Schäffer, diese scham-
lose Gemeinheit hat aber in erster Linie Ihre eigene Partei betätigt! Die Bayeri-
sche Volkspartei hat sich in Bayern als erste beeilt, die neue Staatsordnung, wel-
che aus der durch Meineid, Lüge und Verrat geborenen Revolution entstand,
feierlichst und bindend anzuerkennen Die Bayerische Volkspartei hat sich als
erste durch eine offizielle Versicherung auf den Boden der Revolution gestellt!
  Die Fraktion der Bayerischen Volkspartei hat als erste die Stellung einer
Opposition gegen das Deutschland aufüsurpierte [sic!] Regiment aufgegeben
und die Verteidigung der Republik übernommen! Oder wollen Sie etwa ableug-
nen, Herr Schäffer, daß die Fraktion der Bayerischen Volkspartei bereits am
5. März 1919 folgende offizielle Erklärung abgegeben hat?: »Die Landtagsfrak-
tion der Bayerischen Volkspartei stellt sich auf den Boden der republikanischen
Staatsform und fordert die Parteivorstandschaft auf, alsbald in einer Landesver-
sammlung einen Beschluß der Gesamtpartei im gleichen Sinne herbeizuführen.«
Und was hat seitdem die Bayerische Volkspartei positiv zur Beseitigung der
Republik und zur Wiedereinführung der Monarchie getan, Herr Schäffer? Sagen
Sie nicht, daß dies nicht Ihre Aufgabe sei. Entweder, das Gerede von der
grundsätzlichen monarchischen Einstellung der Bayerischen Volkspartei ist echt,
oder es ist eine elendige Flunkerei, nur bestimmt, den Wählern Sand in die Augen
zu streuen und sie zur Abgabe eines Stimmzettels zu bewegen, der für andere
Zwecke gedacht ist, als er dann verwendet wird.
  Ich habe persönlich kein Verständnis dafür, sich mit dem Munde für etwas zu
bekennen und in der Wirklichkeit nicht nur nicht dafür zu kämpfen, sondern das
Gegenteil zu stützen! Herr Schäffer, Ihre Partei hat das wunderbare Kunststück
zuwege gebracht, in der Theorie die Monarchie zu verfechten und in der Praxis

die Männer zu verfolgen, die es wagen, sich nicht auf den Boden der bestehenden republikanischen Tatsachen zu stellen. Und Ihre Partei hatte die Stirne, das sogar ganz offen als Grund der Verfolgung anzugeben!

Und wenn Sie versuchen sollten, Herr Schäffer, das zu leugnen, so können Sie doch die Tatsache nicht aus der Welt schaffen: Unter dem Regime Ihrer Partei, Herr Schäffer, ist nicht die Monarchie näher gerückt, sondern unzweifelhaft die Republik von Jahr zu Jahr mehr befestigt worden. Ich verstehe nun, daß ein Mann aus Überzeugung Republikaner sein kann und dennoch aller Ehren wert ist. Ich verstehe, daß ein Mann Monarchist zu sein vermag aus bestem und edelstem Glauben. Aber ich verstehe nicht, daß man in der Theorie für die Monarchie redet und in der Praxis die Republik befestigt. Das alles ist in meinen Augen gesinnungslos. Und ich verstehe es zum Beispiel nicht, Herr Schäffer, daß ein Mann wie Sie die Stirne hat, mir einen Vorhalt [sic!] zu machen wegen meines angeblichen Verhaltens der Monarchie und dem bayerischen Kronprinzen gegenüber, ein Mann, in dessen eigener Partei wirklich erfolgt ist, was man mir unwahrerweise unterschiebt. Herr Schäffer, ich habe niemals die Monarchie beschimpft und nie den bayerischen Kronprinzen beleidigt oder gar heruntergesetzt. Ich sehe mich aber jetzt gezwungen, zur Demonstration des Geistes, in dem Ihr Kampf gegen mich geführt wird, einen Brief Ihres eigenen Parteigenossen Schlittenbauer heranzuziehen, der folgendes besagt:

»Hohenkamm, 3. September 1919.
… Ich will Ihnen auch verraten, daß der größte Teil der Fraktion nicht mehr für monarchistische Bestrebungen zu haben ist, und am wenigsten zugunsten des Prinzen Rupprecht, dessen Leben an der Front durchaus nicht erbauend gewesen ist. Es ist gut, wenn Sie in diesen zwei wichtigen Punkten sich von vorneherein keinen Illusionen hingeben. Was die Frage der Außenpolitik anbetrifft, so bin ich der Anschauung, daß Deutschland sich bestreben muß, mit einem zentralen Europa einen festen Block zu bilden.

Hochachtungsvollst
gez. Dr. Schlittenbauer«[7]

Herr Schäffer, wo bleibt hier Ihre moralische Entrüstung? Hier hätten Sie Grund, gefälligst vor Ihrer eigenen Türe zu kehren und sich nicht in Dinge einzumischen, die Sie weder verstehen, noch Sie etwas angehen! Welche Haltung die Nationalsozialistische Deutsche Arbeiterpartei zur Frage, Monarchie oder Republik, einnimmt und welche Instruktionen sie dabei von mir erhält, geht Sie, Herr Schäffer, um so weniger an, als die von Ihnen selbst geführte Bayerische Volkspartei in ihrer eigenen Haltung wohl das Brüchigste darstellt, was man sich auf diesem Gebiete denken kann. Das Urteil über die monarchische Treue der Bayerischen Volkspartei ist in der Geschichte bereits feststehend. Es kann zu jeder Zeit durch Aussprüche »prominentester« Faktoren erhärtet werden. Ich verstehe aber, wie schon bemerkt, den Angriff Ihrer Partei gegen die nationalsozialistische Bewegung und gegen meine Person vollkommen. Wir sind Ihnen zu geradlinig und zu kompromißabgeneigt.

Wir haben uns allerdings nicht als Partei auf die Monarchie verpflichtet, sondern nur auf das deutsche Volk. Wir sind aber durchdrungen von der Überzeu-

gung, daß der heutige Staat unserem Volke Vernichtung bringt. Und wir ziehen daraus auch klare Konsequenzen. Wir kämpfen gegen den heutigen legalen Zustand mit allen legalen Mitteln in aller Offenheit, weil wir einen anderen wünschen! Ihre Partei, Herr Schäffer, aber behauptet, einen anderen zu wollen, und beschützt und beschirmt den bestehenden und verteidigt ihn gegen jeden, der ihn anzugreifen gedenkt! Ich verstehe weiter, Herr Schäffer, die hysterische Angst Ihrer Presse vor der nationalsozialistischen Bewegung. Denn in den wichtigsten Grundsätzen hat Ihre Partei entgegen ihrem Programm gehandelt.

Ihre Partei, Herr Schäffer, behauptet, eine christliche zu sein Seit vielen Jahren regiert nun Ihre christliche Partei in Bayern, und zwar ausschließlich. Und das Ergebnis? In Theater, Literatur, in der gesamten Kunst, ja, in unserer Kultur überhaupt, zeigen sich unter dem Regiment Ihrer christlichen Partei dieselben Fäulniserscheinungen wie im ganzen anderen Deutschland. Auf der Bühne, in der Zeitung und im Buch kann das Christentum verhöhnt werden, ohne daß Ihre Partei einen Finger rührt, wenn die Schmäher das Glück haben, der Rasse anzugehören, die den Begründer des christlichen Glaubens einst ans Kreuz geschlagen hat.

Herr Schäffer, als in Bayern der verstorbene Polizeipräsident Pöhner noch im Amte war, da wurde von einer Handvoll nationaler Menschen versucht, wenigstens von unseren Bühnen hier den ärgsten Unflat fernzuhalten. Ich selbst empfand es mit als eine Aufgabe, gegen die gemeinsten Aufführungen zu protestieren und sie zu verhindern. Junge Nationalsozialisten haben damals die Bühne einer christlich-deutschen Kultur erhalten wollen. Und das Ergebnis? Herr Schäffer, Ihre Bayerische Volkspartei hat den anständigsten Beamten, den Bayern je besessen hat, zu Fall gebracht und von dem Moment an die Polizei gegen die gehetzt und eingesetzt, die das Abrollen dieser Schandstücke zu verhindern suchten. Im Namen der Erhaltung von »Ruhe und Ordnung« hat Ihre Partei den Widerstand gegen den Schmutz gebrochen. Ihr bayerisch-christliches Staatsregiment hat endlich auch München zum Tummelplatz der jüdischen antichristlichen Kultur gemacht.

Und heute? Heute holt Ihre christliche Partei den Manager eines Stückes wie »Ehen werden im Himmel geschlossen« nach Bayern, nach München, und läßt dem christlichen Volk von dem östlichen Theaterjuden die richtige Kunst beibringen. Alles im Namen der christlichen Gesinnung Ihrer Partei. Wenn aber der Schmutz und die Verhöhnung und Verlästerung von allem, was anderen heilig ist, zu infam wird, und die Stimmen, die nach Abhilfe schreien, trotz allem Wollen nicht mehr überhört werden können, dann, Herr Schäffer, hat Ihre Partei immer noch einen letzten Ausweg: Sie hat dann keine »gesetzlichen Handhaben«, gegen einen solchen Unfug einzuschreiten!

Einen deutschen Dichter und bayerischen Landsmann wie Dietrich Eckart, der nichts verbrochen hat, trotz schwerer Krankheit hinter Zuchthausmauern in Schutzhaft zu setzen, bis er endlich zusammenbricht und hinterher stirbt, dazu hat man gesetzliche Handhaben gehabt; einem deutschen Mann, der für sein Volk kämpft, das Reden zu verbieten, haben Sie gesetzliche Handhaben gefunden. Dem jüdischen, unser Christentum und unsere Kultur verhöhnenden Pestangriff aber stehen Sie hilflos gegenüber! Da legt sich Ihre hofrätliche Denkerstirne in bekümmerte Falten, und so sehr Sie auch wollten, nein, hier können Sie nicht.

Oder ein anderes Beispiel wirklich »christlicher Gesinnung«. Wir haben einen Staat mit einer, wie Sie sagen, von »Gott gewollten Obrigkeit«. Diese Obrigkeit hat zugesehen und hat es nicht verhindert, daß man im Wege einer Inflation Millionen von Menschen langsam systematisch fast um ihr ganzes Eigentum, um ihre blutig zusammengesparten Sparguthaben und vertrauensselig gezeichneten Kriegsanleihen bestahl.

Auch Ihre Partei, Herr Schäffer, war ein Bestandteil, und zwar ein mächtig tragender dieser Obrigkeit. Und auch von diesem wurde ruhig zugesehen, solange, bis endlich das Volk in letzter Not aufschrie und in einem verzweifelten Ausbruch sich seine Unterdrücker vom Hals schaffen wollte. Gegen die Wucherer und Schieber, Herr Schäffer, haben die »christlichen« Parteien keine wirksamen Handhaben gehabt, aber in das sich erhebende Volk schoß man mit Maschinengewehrfeuer dazwischen! Hier war die Handhabe gefunden!

Und dann allerdings, als man unter dem Eindruck stand, daß eine weitere Fortdauer der Inflation zu einer nationalen Revolution führen würde, dann allerdings konnte man im Laufe weniger Wochen plötzlich die Währung stabilisieren. Seitdem, Herr Schäffer, sind Jahre vergangen. Viele Millionen Menschen hat das Inflationsverbrechen um Hab und Gut gebracht. Hunderttausende wurden der bittersten Not ausgeliefert. Zehntausende sind in ihrem Elend, in Nahrungssorgen, in Gram und Unglück zum Selbstmord getrieben worden.

Herr Schäffer, was hat die von »Gott gewollte christliche Obrigkeit« zum Beispiel des bayerischen Staates getan, um die verantwortlichen Verbrecher einer gerechten Sühne zuzuführen? Ihre Justiz läuft jedem kleinsten Vergehen nach; einen Nationalsozialisten, der einen Beamten der Republik beleidigt, sperrt man auf ein halbes Jahr ins Gefängnis! Wer einen Juden anzutasten wagt, kommt vor ein unbarmherziges Gericht! Die aber das Unglück von Millionen Menschen auf dem Gewissen haben, Hunderttausende um ihr Hab und Gut brachten und Irrewerden ließen an jeder Vernunft und an jedem Recht, die haben Sie bis heute weder gesucht, noch gefunden, noch zur Verantwortung gezogen. Wie sagen Ihre »christlichen« Parteien doch da: »Es fehlen uns die gesetzlichen Handhaben.« Ist aber dieses ersichtliche Unrecht, das hier vor sich geht, indem man die kleinsten Diebe, ja, selbst die kleinsten politischen Vergehen unbarmherzig bestraft, die größten Generalverbrecher der Menschheit aber laufen läßt, ist dieses Unrecht vereinbar mit einer wirklich aufrechten christlichen Gesinnung? Oder soll dies denkbar sein in einem wahrhaft christlichen Staat?

Und ein anderes Beispiel, Herr Schäffer, »Du sollst nicht lügen«, heißt es. Wann ist aber jemals ein Volk mehr von oben herunter belogen worden als jetzt? Haben nicht unsere Regierungen in der unverantwortlichsten Weise in unserem Volke immer wieder Hoffnungen erweckt, wo es keinen Zweifel geben konnte über die furchtbaren Folgen ihres Handelns? War es »christlich«, dem Volke vorzumachen, so wie das Ihre Partei getan hat, Herr Schäffer, daß der Dawes-Vertrag der Not einen Riegel vorschieben würde, während er in Wirklichkeit diese Not geradezu züchten mußte[8]? Und ist es christlich, wenn man heute dem Volke wieder dasselbe vom noch schlimmeren Young-Plan vorlügt? Oder ist es christlich, wenn man gegen die mit allen Mitteln des Kampfes antritt, die sich unterstehen, an einer solchen Lüge nicht teilzunehmen, sondern es vorziehen, dem Volke die ungeschminkte Wahrheit zu sagen? Und wohin wird man überhaupt kommen, wenn das Volk langsam die Überzeugung erhält, daß alles, was ihm von oben erklärt und versichert wird, Lüge und Unwahrheit ist?!

Und mit welchem Recht verfolgen Sie dann durch Ihre Justiz irgendeinen kleinen Schwindler, wenn das Volk durch über ein Jahrzehnt im großen den schlimmsten Unwahrheiten mit ihren Folgen ausgeliefert wurde? Ist es aber nun »christlich«, einen solchen Zustand als einen gegebenen einfach hinzunehmen und die zu verfolgen, die ihn ändern möchten? Man soll die Armen kleiden, heißt es, und in Wirklichkeit bedienen sich die Stadträte christlicher Parteien der hierfür vorhandenen Mittel. Oder, man soll die Hungrigen speisen, und Ihre »christliche« Partei, Herr Schäffer, veranstaltet in endloser Folge »Festessen«, deren Kosten in die Hunderttausende gehen und die man dann auf brutalstem Wege den kleinen Steueropfern abpreßt. Ist das alles christlich? Oder in München leben heute zahllose Künstler, denen die Not aus den Augen schaut. Die »christliche« Kommunalverwaltung Ihrer Partei, Herr Schäffer, kann hier nicht helfen. Jedoch dem Juden Reinhardt-Goldmann wirft man als rein persönliches Honorar für noch nicht einmal eine Monatsleistung hunderttausend Mark aus Steuergeldern vor. Ist das nicht ein zum Himmel schreiendes Unrecht?! Aus welchem Grunde darf sich eine Partei, die das verschuldet, noch als christlich bezeichnen?

Zehntausende kleiner Geschäftsleute haben heute schwer zu ringen und können kaum bestehen. Jeder Monat bringt Tausende an den Rand des Ruins. Ungezählte gehen zugrunde. Ihre christliche Partei, Herr Schäffer, aber stellt in derselben Zeit die Konzessionen aus für immer neue Warenhäuser. Ist das christlich? Oder ist es etwa christlicher, wenn man hinterher mit frecher Stirne lügt, daß die Bayerische Volkspartei die Warenhäuser bekämpfe, während sie unter ihrem Regiment doch tatsächlich entstanden sind.

Ich weiß, Sie stöhnen nun wieder, Herr Schäffer, »wir haben keine gesetzlichen Handhaben«. Herr Schäffer, wenn man ein Volk ernstlich vor einer Bedrohung seiner Existenz bewahren will, dann finden sich tausend Wege, um dies zu verhindern. Ihre christliche Partei öffnet dem Karstadt-Judenkonzern, der allein in einem Jahre nahe an eine halbe Milliarde Umsatz hat, die Tore von München und hat es auf dem Gewissen, wenn zehntausend brave christliche Unternehmen an den Folgen eingehen.

Um den Juden nicht wehe zu tun, verlieren zehntausend Christen ihre Existenz! Ist das christlich, Herr Schäffer? Oder wieder ein Beispiel: Tausende, ja, zehntausende Söhne unseres Volkes, die vom Talent begnadet sind, können nicht mehr studieren. Zehntausende unserer eigenen christlichen Intelligenz sind arbeitslos und ohne Verdienst, weil sie keine Stellung finden. Allein zehntausende an Juden nehmen Sie auf und öffnen Ihnen die Posten, die nur für uns Christen bestimmt sein dürften. An unseren Hochschulen, da züchten Sie ein fremdes Volk groß, auf Kosten zahlreicher christlicher Mitbürger. Und wenn wir Nationalsozialisten nun fordern, daß zumindest nicht mehr Juden an einer Universität studieren dürfen als ihr Prozentsatz im deutschen Volke ist, dann nimmt Ihre christliche Partei dagegen Stellung[9]. Der Jude ist Ihnen mehr wert als der eigene Katholik. Ist das christlich, Herr Schäffer?!

Ein anderes Beispiel: Jeder schmutzige und schmierige – und zwar innerlich schmierige – Ostjude erhält durch Ihre christlichen Parteien das Staatsbürgerrecht in Deutschland. Es spielt keine Rolle, ob er Kommunist ist oder Bolsche-

wik. Keine Rolle, ob er wuchert, schiebt oder durch den Unrat seiner literarischen Produktion unser christliches Volk vergiftet: Der Jude wird deutscher Staatsbürger. Wenn aber ein deutscher Katholik, Herr Schäffer, seine Heimat verliert, weil er vier Jahre lang im deutschen Heer gekämpft hat, fast sechs Jahre lang sich im bayerischen Heeresverband befand, Ihnen aber parteipolitisch nicht paßt, dann bleibt der deutsche Christ staatenlos und fremd, der Jude aber ist Ihr Bruder. Herr Schäffer, Führer einer christlichen Partei, haben Sie die Stirne, zu sagen, daß das christlich ist?

Oder: Es liegt im Wesen unseres Christentums, Mitleid zu haben mit jeder Kreatur des Herrn. Das Kind soll schon lernen, kein Tier zu quälen, das hilflos zum Menschen emporsieht und wehrlos seiner Macht untergeben ist. In unseren Schlachthäusern aber, da werden unter Martern schuldlose Tiere geschachtet, die, wenn sie jemals die Öffentlichkeit zu sehen bekäme, eine Revolution hervorrufen würden, die Sie, Herr Regierungsrat, samt Ihrer christlichen Partei wie Spreu wegfegen würde. Selbst die Sozialdemokratie konnte es nicht verantworten, für solch eine unchristliche Quälerei die Stimme zu erheben. Ihrer Bayerischen Volkspartei, Herr Schäffer, blieb es vorbehalten, den Juden das Recht zuzubilligen, einer Kulturschande zu frönen, die jedem christlichen Sinn und Gewissen mit der Faust ins Gesicht schlägt. Christen wollen sie sein und erlauben dem Juden, daß er noch heute wenigstens das Vieh so quält, wie er einst den Herrn gemartert. Und dann, Herr Regierungsrat, wundern Sie sich, daß die Jugend Sie zu fliehen beginnt? Was sie zu uns herzieht ist das, was sie von Ihnen abstößt: Die deutsche Jugend glaubt Ihrer Partei nicht mehr, sondern uns. Sie sieht in Ihrer Partei die Lüge herrschen und sucht die Wahrheit.

Und so, wie das Christentum der Bayerischen Volkspartei brüchig und unwahr ist, so ist es die monarchische Gesinnung. Das alte Zentrum, Ihre einstige Mutterpartei, hat redlich mitgewirkt, der Republik den Einzug zu erleichtern. Denn eines können Sie, Herr Schäffer, nicht aus der Welt schaffen: Als in Deutschland und in Bayern die Monarchie gestürzt wurde, war Ihre damalige Partei tatsächliche Trägerin der Regierungsgewalt. Sie haben den Sturz nicht verhindert – aber Sie sind »monarchisch«. Sie haben als erste die Republik anerkannt – aber Sie sind »monarchisch«. Sie haben sich als erste restlos auf den Boden der Tatsachen gestellt – aber Sie sind »monarchisch«. Sie haben als erste Partei der bürgerlichen Welt mit den republikanischen alten Reichsvernichtern zusammen regiert – aber Sie sind »monarchisch«. Sie haben die Weimarer Verfassung mitgemacht – aber Sie sind »für die Monarchie«! Sie haben das Republikschutzgesetz mit ins Leben gerufen – aber »monarchisch« ist Ihr Herz! Ihre Partei, Herr Schäffer, ist »monarchisch«, und unter Ihrem Regiment hat die Republik die größten Fortschritte gemacht!

Ihre Partei, Herr Schäffer, ist »monarchisch«, aber Sie haben am meisten die verfolgt, die dem Weimarer Staat gefährlich zu werden drohten! Sie sind monarchisch bis in die Knochen, Herr Schäffer, aber die Symbole der Republik hat Ihre Partei als erste eingeführt! Ihr Herz, Herr Schäffer, erglüht vor monarchischer Begeisterung, aber Ihre Partei sitzt in Berlin in den republikanischen Reichsregierungen und hilft dadurch mit, von jedem öffentlichen Bauwerk sorgfältig Wappen und Kronen herunterzukratzen, damit das Auge der neudeutschen Staatsbürger nicht verletzt und übel beleidigt werde. Sie sind »Monarchist«, Herr

Schäffer, aber die republikanische Reichsregierung, in der Ihre neue Bayerische Volkspartei als verläßlichster Mitfaktor sitzt, jagt einen Reichswehrminister zum Teufel, weil ein Prinz sich Manöver ansieht![10]

Das sind lauter Tatsachen, Herr Schäffer. So ist das Verhalten Ihrer Partei, Herr Schäffer. Aber dennoch: Schäffer, der Regierungsrat der Republik, ist Monarchist – republikanischer Monarchist! Nur eine einzige kleine bescheidene Frage, Euer Hochwohlgeboren: Was taten Sie und Ihre Partei denn nun ernstlich, um diese Republik, die Ihnen als Monarchist von gutem, altem Schrot und Korn doch ein Dorn im Auge sein muß, zu beseitigen und die Monarchie wieder einzuführen? Was also, Herr Schäffer, hat Ihre Bayerische Volkspartei, von der Sie mit Kühnheit behaupten, daß sie eine »monarchische Partei« sei, was hat sie getan, um Bayern oder gar Deutschland wieder zur Monarchie zu machen? O Jammer, o Elend! Es ist schmerzlich, eine solche Frage beantworten zu müssen, wo doch jedermann weiß, daß man leider ja auch hier wieder einmal »keine Handhabe hat«, um etwas für die »alten, guten Monarchen« zu tun.

Es ist so schön, Herr Schäffer, unter seiner gestärkten Brust ein monarchisches Herz schlagen zu fühlen, ohne Gefahr zu laufen, die republikanischen Annehmlichkeiten zu verlieren. Stille, mein Herz, nur nicht laut hinausjauchzen; das monarchische Gefühl eines bayrischen Volksparteiführers ist ein so kostbares Gut, daß es nur von Zeit zu Zeit aus dem heiligen Schrein des Busens herausgenommen und gelüftet wird, um dem Volke gezeigt zu werden. Diese Festtage treffen stets bei Wahlzeiten ein. Und daher wird Ihr fassungsloses Beben verständlich über die unerhörten Beleidigungen, ja Bedrohungen, die Ihrem »Allergnädigsten Hohen Herrn, Kronprinzen und König«, zugefügt worden sein sollen! Es wird gut sein, Herr Schäffer, daß die Wahl bald vorbei ist, damit das in monarchischen Aufregungen pumpernde Herz Ihrer Partei die gewohnte republikanische Ruhe zurückerhält! Und Sie wundern sich, Herr Schäffer, wenn dann die deutsche Jugend und wenn Zehntausende u[nd] Zehntausende erwachende Deutsche lieber zu der Partei gehen, die kurz und bündig versichert, daß ihr Kampf der Zukunft des deutschen Volkes gilt, daß sie aber das Novemberverbrechen niemals anerkennen kann, niemals anerkennen wird, und die Verbrecher von einst in der Zukunft einer gerechten Sühne zuzuführen gedenkt!

Herr Schäffer, ich kämpfe nur für Deutschland, kämpfe nur für mein Volk, lehne aber dafür jede Verständigung ab mit denen, die diese mein Volk innerlich und äußerlich zugrunderichten! Sie, Herr Schäffer, sind Monarchist, Ihre Partei aber festigt die Republik. Das Volk soll entscheiden, was die ehrlichere Bewegung ist: Wir, die wir heute kämpfen, oder Sie, die Sie heute regieren. Ihre Partei, Herr Schäffer, ist endlich »föderalistisch«. Es ist ein platonischer Föderalismus, dem wahrscheinlich auch infolge des »Mangels gesetzlicher Handhaben« die praktische Verwirklichung nicht gelingt! Tatsache ist, daß es aber keine zentralistische Regierung in Berlin gibt, in deren warmem Neste nicht die föderalistische Bayerische Volkspartei hockt!

Tatsache ist weiter, Herr Schäffer, daß unter dem Regiment Ihrer föderalistischen Partei Bayern ein Hoheitsrecht nach dem anderen verloren hat. Tatsache ist weiter, daß immer dann, wenn der Kampf um ein solches Hoheitsrecht ernst wurde, Ihre Partei, Herr Schäffer, Ihre »föderalistische« Partei gegen die Dummköpfe Stellung nahm, die dann glaubten, daß Reden und Handeln eins sein müsse! So ist es Tatsache, daß Sie eine Position nach der anderen ohne Erschöp-fung der letzten Widerstandsmöglichkeit preisgegeben haben! Nicht einmal aus einer Regierung sind Sie deshalb ausgeschieden!

Tatsache ist endlich, daß unter der Regierung Ihrer »föderalistischen« Bayer-ischen Volkspartei alle tatsächlichen Widerstandsmöglichkeiten in Bayern end-gültig abgerüstet worden sind. Ihre föderalistische Partei, Herr Schäffer, hat am schärfsten diejenigen verfolgt, die gegenüber der Berliner Judenhabgier eine positive Widerstandsmöglichkeit organisieren oder ergreifen wollten! Es ist wei-ter Tatsache, daß Ihre »föderalistische« Bayerische Volkspartei, Herr Schäffer, eine deutsche Außenpolitik förderte und damit eine Politik verbrach [sic!], die infolge ihrer wahnwitzigen finanziellen Erpressungen zur Vernichtung der Finanzhoheit der Länder führen mußte. Die Bayerische Volkspartei ist, je ver-rückter unsere außenpolitische Einstellung war, um so sicherer hinter den unita-ristischen Rattenfängern des Berliner Auswärtigen Amtes nachgelaufen.

Die Tatsachen sprechen hier für sich. Bayern war nach dem Kriege am stärk-sten in dem Augenblick, in dem die nationalsozialistische Bewegung sich in ihrer höchsten Blüte befand. Sie hatten die Stirne uns vorzuwerfen, daß wir dies zer-schlagen hätten. Herr Schäffer, was im Jahre 1923 in Bayern an vaterländischer, nationaler Kraft vorhanden war, ist in einem ununterbrochenen Kampf gegen die Bayerische Volkspartei entstanden, genau so wie die Heimwehren in Österreich sich gegen die parlamentarischen Parteien des Wiener Bundesparlaments durch-setzen mußten. Und nun, hoher bayerischer Regierungsrat der Politik und Staats-kunst von München und Umgebung, ist das Volk ja allerdings leider mehr als dumm. Aber doch Gott sei Lob und Dank nicht so beschränkt, als daß es nicht endlich doch den Zwiespalt in der Behauptung und im Wollen sowie der Aus-führung unserer Parteien herausfinden würde.

Hunderttausende fühlen sich heute betrogen! Sie glauben nicht mehr an den christlichen Charakter Ihrer Partei, Herr Schäffer, sondern Sie halten das nur für ein äußerliches Mittel, um Wähler zu fangen. Ein Mittel, dessen man sich später nicht mehr erinnert, sondern das dann in die Schublade kommt! Sie glauben nicht mehr an den monarchistischen Charakter Ihrer Partei, oder gar an das monar-chistische Wollen. Hunderttausende sind auch hier überzeugt, daß das alles heute ein leerer Schein ist! Hunderttausende glauben nicht mehr an die ehrliche föde-ralistische Einstellung. Für sie ist erwiesen, daß unter der Herrschaft der Bayeri-schen Volkspartei Bayern in zehn Jahren mehr verloren hat, als es in hunderten aufbauen konnte! Die Nationalsozialistische Bewegung wird demgegenüber unverrückbar und beharrlich ihre Arbeit der inneren Konsolidierung der deut-schen Widerstandskraft fortführen. Ob sie den Marxismus bekämpft oder nicht, das werden ebenso die Taten zeigen, wie die Taten bewiesen haben, daß unter dem Regiment Ihrer Partei der Marxismus Deutschland zerbrach und Bayern ver-nichtete, und heute mit Hilfe »christlicher« Parteien das Reich in immer tieferes Unglück bringt! Sie sollen aber eines wissen, Herr Schaffer, Regierungsrat und Kampfstratege der Bayerischen Volkspartei, daß jeder Versuch eines Angriffs auf unsere Bewegung auf den Angreifer selbst zurückfällt!

Ich hatte gehofft, daß anläßlich dieser Wahl eine Generalauseinandersetzung mit dem Marxismus stattfindet. Dank Ihrem Angriff wurde der Kampf verscho-ben. Wir sind von jetzt ab bereit, mit aller Energie, die uns zur Verfügung steht, die Bewegung zu schützen, indem wir für jeden Hieb auf uns zehn Schläge zurückerteilen. Ich weiß, daß auch diese Ausführungen schon dazu dienen werden, Tausenden die Augen zu öffnen und sie zu bestimmen, bei der am Sonntag stattfindenden Wahl ihre eigenen Konsequenzen zu ziehen[11].

Diese Konsequenzen können nur sein: Keine Stimme den Parteien des heutigen Regiments, der Verjudung und Versklavung Deutschlands, sondern jede Stimme den Trägern der Freiheitsidee, des Kampfes gegen eine unfähige Außen- und Innenpolitik, des Widerstandes gegen eine wahnwitzige innere Erpressung zur Erfüllung freiwillig unterschriebener Diktate, eine jede Stimme den fanatischen Feinden und Bekämpfern des Warenhausschwindels sowie der Vernichtung unseres Mittelstandes, der Verelendung unserer Arbeiter und Proletarisierung unserer Bauern. Jede Stimme den Nationalsozialisten.

Das wird dann auch die beste Antwort sein auf Ihre Angriffslust, Herr Schäffer!

Adolf Hitler

Aus: *Völkischer Beobachter* vom 7.12.1929, *»Hitler gegen Schäffer«.*

[1] Am 5.11.1929 hatte Fritz Schäffer auf einer Wahlversammlung in Würzburg Hitler heftig angegriffen. Vgl. hierzu »Bayerischer Kurier« v. 7.11.1929, »Abg. Schäffer stellt Hitler«.

[2] Bezieht sich auf die von Benito Mussolini und dem Vatikan 1929 geschlossenen Lateranverträge.

[3] Am 5.11.1929 auf einer Wahlversammlung in Würzburg: »Ich erkläre hiermit ausdrücklich, daß, wenn Adolf Hitler die Schilderung der ›Telegramm Zeitung‹ als unwahr bezeichnet, er nach meinen zuverlässigen Angaben lügt.«

[4] »Hitler schweigt, wenn man ihn daran erinnert, daß man zur Zeit der nationalen Gefahr in Bayern, zur Zeit als wir die Revolution und die Räterepublik überwanden, von ihm und seiner Bewegung noch gar nichts zu hören war.«

[5] Heinz Pernet (*1896), Stiefsohn Erich Ludendorffs, Oberleutnant a.D., Bankbeamter, 1924 wegen Teilnahme am Hitlerputsch zu 15 Monaten Haft verurteilt.
Hans (seit 1914 Ritter von) Seisser (1874–1973), 1893 bayerischer Leutnant, 1914 Major im Generalstab, 1919 Oberst der bayerischen Landespolizei, nach dem Sturz der Räterepublik Stadtkommandant von München, 1922-30 Chef des Bayerischen Landespolizeiamts, 1924 zeitweise amtsenthoben, ab 1930 als Unternehmer tätig, 1945 Polizeipräsident von München.

[6] Hitler hatte zum 1.10.1929 in München eine Wohnung am Prinzregentenplatz gemietet, die laut Mietvertrag neun Zimmer, zwei Küchen, zwei Kammern und zwei Badezimmer umfaßte. Vgl. Stadtarchiv München, Akt Hitler.

[7] Sebastian Schlittenbauer (1874–1936), Gymnasiallehrer, 1911 Studienprofessor, 1912 MdL, 1916–1920 Direktor der Landwirtschaftlichen Zentralgenossenschaft Regensburg, 1927 Oberstudienrat, Generalsekretär der christlichen Bauernvereine.

[8] Im Reichstag hatte die BVP am 29.8.1924 dem Dawes-Plan zugestimmt. Vgl.

Schönhoven, Klaus, Die Bayerische Volkspartei 1924–1932, Düsseldorf 1972, S. 109, 131 ff.

[9] Anläßlich der Beratung des Universitätsetats für 1929 im Haushaltsausschuß des Bayerischen Landtags am 12.3.1929 hatte der NSDAP-Abgeordnete Rudolf Buttmann erfolglos die Einführung eines Numerus clausus für Studenten jüdischen Glaubens angeregt, wie er im Sommer 1929 auch von einigen Burschen- und Studentenschaften gefordert wurde. Vgl. Verhandlungen des Bayerischen Landtags. Stenographische Berichte, Nachtrag zur 38. Sitzung vom 5.6.1929, S. 556 f. sowie Heike Ströhle-Bühler, Studentischer Antisemitismus in der Weimarer Republik. Eine Analyse der Burschenschaftlichen Blätter 1918 bis 1933, Frankfurt a. M. 1991, S. 104 ff.

[10] Gemeint ist der Chef der Heeresleitung der Reichswehr, Hans von Seeckt, der Anfang September 1926 in eigener Verantwortung die Teilnahme des Prinzen Wilhelm von Preußen an einer Militärübung erlaubt hatte. Auf Drängen von Reichswehrminister Otto Geßler reichte er daraufhin seinen Abschied ein.

[11] Gemeint sind die bayerischen Kommunalwahlen am 8.12.1929.

Dokument II:
Denkschrift Ernst Anrichs für den Reichsführer des NS-Studentenbunds, Friedrich Oskar Stäbel (November 1933)

1. Zur Lage und Aufgabe: Eine Revolution muß im Geistigen ergriffen werden, soll sie siegen und im Siegen nicht zu etwas anderem werden als sie wollte. – Urteil im Kultusministerium: Der Gestaltung der Universitäten im nationalsozialistischen Sinne fehlt der Nachwuchs, der wirklich das garantieren würde, was wir wollen. Damit ist die eigentliche nationalsozialistische Gestaltung des deutschen Reiches zu einer Generationsfrage geworden, zu der Frage, ob die in den nächsten Jahren in Bildung begriffene Generation wirklich so erfaßt und geschult wird, daß sie einmal in ihrer gesamten Haltung und Tätigkeit den nationalen Sozialismus zum Leben bringt, die neue Reichsgestaltung wirklich füllt, die deutsche Revolution zum vollen Leben vorträgt. Damit diese Revolution durch das Einrücken dieser Generation zu dem wird, was werden soll, damit sie sozialistisch wird, aber deutsch, nicht faschistisch oder marxistisch, daß diese Generation in der Gestaltung des deutschen Rechts usw. das zu heben vermag, was notwendig, deshalb ist erneut, trotz des äußeren Sieges, so notwendig zu sagen, daß diese Generation geistig begriffen haben muß, was die Revolution soll …
Der deutsche Student ist in seiner besonderen Art erzogen bzw. wird erzogen werden müssen durch vier Faktoren (um ähnlich wie Sie zu formulieren): durch das Kameradsein (Bundesbrudersein), das Wehrhaftsein für und mit dem Volksganzen (SA-Dienst), das Studium und die geistige Erfassung und Straffung für die Bewegung von seiner eigenen Formation aus. Alle vier Faktoren bilden zweifellos jeder für sich einen Wert, den eigentlichen können sie aber erst in voller Einheit und Durchdrungenheit bilden. …
2. Das Ziel der Schulungsarbeit: Soll die Schulungsarbeit die Kraft haben, zu

dieser Durchdringung und Verbindung der Faktoren führen, so muß sie aus dem Zentrum heraus angesetzt werden, in dem wirklich dieser Ansatzpunkt des Hebels liegt. Dieser innere Punkt ist das zum Bewußtsein durchgedrungene Erlebnis des Nationalsozialismus oder deutlicher des Nationalismus und Sozialismus als dem Strukturfaktor aller Gestaltung und alles Tuns ... Es können die Studenten nur dann so erfaßt werden, wenn der Nationalsozialismus, wenn der Geist der Zeit das zentrale Bildungserlebnis der Studenten in der für die Anlage des Studiums, für das persönliche Reifen, für das kameradschaftliche Werden, kurz für die gesamte Bildungszeit entscheidenden Zeit wird. Es muß mit allem Ernst darauf aufmerksam gemacht werden; Das Erleben des Nationalsozialismus im politischen Kampf oder in der Kameradschaft der SA und ähnlichen allein reicht bei den meisten nicht aus, denn nur bei einer erstaunlichen Minderheit ist damit auch eine einigermaßen sichere Erkenntnis des Ausmaßes des nationalsozialistischen Strukturfaktors verbunden gewesen oder heute verbunden. Stellt man diese Studenten, bewährte Nationalsozialisten, an geistige Gestaltungsaufgaben – etwa deutsches Recht, Universitäts- oder Studentenschaftsgestaltung –, so ist vielfach ein erschreckendes Unvermögen oder eine unsichere Radikalität die Folge. Dies muß daran liegen, daß eine organische Verbindung zwischen Erlebnis des Nationalsozialismus und geistiger Tätigkeit im Studium nicht eingetreten ist und dazu kommt eines, das direkt schädlich wirkt: Die Parole der Bildungsfeindlichkeit, die von zeitungsschreibenden Kameraden zum Teil als das Neue in robusten Sätzen hingestellt wird. Daß aus der Studentenschaft der deutschen Revolution eine solche Parole herauskommen kann, ist historisch erklärbar, aber schwer hinzunehmen.

3. Die Organisation des Planes: Der Plan von vor drei Jahren, die Schulungsarbeit auf dem Studentenbund und der Erfassung der Studenten in den vom Studentenbund anerkannten guten nationalsozialistischen Korporationen, ist damals nicht versucht worden. Heute ist die Lage eine so völlig andere, daß der größte Teil der damaligen Schwierigkeiten wegfällt. Dadurch, daß heute ohne weiteres auf der ganzen Studentenschaft und in Richtung auf die ganze Studentenschaft aufgebaut werden kann, durch diese ungeheure Vergrößerung ist die ganze Arbeitsmöglichkeit außerordentlich vereinfacht und daraus wieder die Gestaltung des Planes.

Damit ergab sich allerdings auch die Notwendigkeit der Einpassung des ursprünglichen und eigentlich gemeinten Bildungsplanes in die schon getroffenen Strukturen. Das Ergebnis:

a) Erstes und zweites Semester: Einführung in das Wesen des Nationalismus und Sozialismus. Es muß haften bleiben: Der Nationalsozialismus als durchgehendes Strukturelement, die Forderung und Möglichkeit der Bildungseinheit, die Verlebendigung alles Dienstes in SA, Studium usw. Erstes Semester: Darstellung der biologisch-metaphysischen Grundlagen unseres Volksbegriffs. Zweites Semester: von dieser Erkenntnis der Welt Schritt zu dem daraus entspringenden nationalsozialistischen Denken, zum organischen Denken. Von da aus Aufrollung einiger nationalsozialistischer Gestaltungsfragen (Staat, Universität, Wissenschaft ...). Es sei deutlich: Dieser Kurs soll eine Einführung in den Nationalsozialismus als dem Strukturelement des Geistes der Zeit sein. Er soll somit nicht nur eine Einführung in die Partei sein, sondern eine aufrufende und aufschlie-

ßende Einführung in das gesamte Sichbilden und Gebildetwerden des deutschen Studenten auf der deutschen Universität.

Wo es vor 33 und jetzt versucht worden ist, ist dies jeweils daran gescheitert, daß die genügende Zahl der Leute, die diese Themen persönlich so ausfüllen können, daß die gestellte Aufgabe wirklich gelöst wird, in kleineren Kreisen, seien es Korporationen oder Fachschaften, kaum vorhanden ist. Im Rahmen einer ganzen Universität und veranstaltet von der Organisation, die alle erfassen kann, muß diese Zahl von Männern zu finden sein. Deshalb alles in jeweils gerundeten und imperativen Abendvorträgen, nicht in Zirkeln von Fachschaften, Korporationen und Kameradschaftshäusern, sondern vor der Gesamtheit der Anfangssemester.

Daneben muß aber die verlebendigende Ergänzung dieser Erfassung des ganzen Studenten gefunden werden in der Erziehung durch die kleineren bündischen Kreise, durch die Korporationen. In der Korporation, wo das große Ideal nun unterstützt wird durch die besonderen Bündigungsziele, und wo die Erziehung zum Soldaten und Akademiker vor allem unterstützt wird durch die so außerordentlich wichtige Erziehung zu einer geschlossenen Ehrauffassung und Ehrhaltung. Auf die Förderung dieser Seite der Korporationserziehung muß von seiten der Studentenschaftsführung aller größtes Gewicht gelegt werden. Die innere Arbeit der Korporationen darf nicht aus dem großen Plan herausfallen. Deshalb Vorlage der Arbeitspläne der Korporationen am Ende jedes Semesters für das kommende Semester dem Amt für Wissenschaft und Besprechung mit diesem. Korporationen, die eines von beidem – Ehre und Arbeit an der Bildungsforderung der neuen deutsch-revolutionären Studentenschaft – nicht in ausreichendem Maße auszuführen vermögen, müssen ausgeschieden werden. Diese leeren Kreise, die zweifellos innerhalb der Korporationen sich eingenistet und bloß Form und Alkohol übernommen haben, oder bloß clubartige Organisationen exklusiver, sogenannter vornehmer Schichten einer vergangenen Zeit sein wollen, müssen vernichtet werden um der Korporationen willen … Eine ausreichende Probezeit für Um- und Einstellung ist natürlich erforderlich.

b) Drittes und viertes Semester (nun mußte der Einbau in schon in Errichtung Begriffenes gefunden werden): Wendung der Schulung in die vom SA-Hochschulamt geplante besondere Ausbildung der Studenten zu seiner Führungsverpflichtung innerhalb der wehrhaften Volksorganisation.

c) Ab fünftem Semester Vertiefung und Vereinigung des Bildungswillens der deutschen Studentenschaft mit dem wissenschaftlichen Sichbilden und Forschen. Auch hier: Über kleine fachschaftliche Arbeitsgemeinschaften wird dies kaum erreicht werden. Hier wird meist der gute Wille viel größer sein als das Können und die Möglichkeit. Es dürfen nicht Seminare neben Seminaren entwickelt werden. »*Ein Durchgehen der von den Fachschaften gewählten Themata zeigt:*

Die Findung der Themata geschah mir Gewalt als aus innerer Überfülle, es sind meist Seminare neben Seminaren … Für die Überführung in den späteren Beruf wird aber dadurch so gut wie nichts geleistet. Das Schwergewicht des Angriffs kann nicht den Fachschaftsarbeitsgemeinschaften unter loser Führung des Amtes für Wissenschaft übergeben werden. Ändern wir ruhig diesen Gedanken, es ist kein Rückzug. Ich rate dringend dazu, die Grundarbeit auch in der zweiten Hälfte des Studiums möglichst weitgehend auf die ganzen Kreise und damit auf große Themen abzustellen und als innere Richtlinie dieser großen Arbeit und dieser großen Themen gerade den Kampf gegen die Verflachung, den Kampf für das Bildungsideal auch hier aufzunehmen. Das Ausgehen von großen Gestaltungsfragen, die Betrachtung also unter der Aufgabe, wieder zu einem Ganzen zu führen, das bringt die lebendige Fragestellung aus dem Bildungsideal an die Einzelwissenschaften. Fachliche Vermischung, nicht Scheidung gilt es zu unterstützen. Denn eben aus diesem Großen und Zentralen kommen heute die Impulse, weil ein Ganzes wieder aufgebaut und die Wissenschaften wieder eingeordnet werden müssen in einen großen Bereich. Dies fällt der Universität selber noch schwer, hier können wir diese Aufrollung leisten, einfach aus dem zentralen Erleben des Ganzen heraus. Ob dann noch Fachschaftsgruppen daneben arbeiten sollen, kann offen gehalten werden. ... Aber wesentlicher ist, zu sorgen, daß in diesen Semestern die Studenten ruhig persönlich studieren können von diesen großen Impulsen aus und unter Belassung der Zeit, die notwendig ist zum eigenen Eindringen. Wer es dann doch nicht tut, denn kann man ruhig verlorengehen lassen, denn soll aus dieser Verbindung von Idee und Wissenschaft etwas werden, so muß die eigentliche tätige Verbindung von beidem doch selbst vom Einzelnen vorgenommen werden, es kann ihm nicht abgenommen werden.

Diese Wachhaltung des eigentlichen Impulses des Geistes und auch des Wissenschaftsgeistes der neuen Zeit, das ist nach der heutigen Lage der Studentenschaft anheimgegeben, denn dieser Geist ist noch so jung, daß er bis zu einem großen Grade aus ihr kommt und noch nicht allzuweit über ihre Generation hinaus im völligen Sinne lebendig und mächtig ist, und diese Aufgabe kann die Studentenschaft erfüllen.

d) Die Arbeit muß Unterstützung finden durch die Zeischrift und die Zeitung der deutschen Studentenschaft. Deren Gestaltung muß mit den Zielen der Schulung übereinstimmen. Die Oktober-Nummer des »Deutschen Studenten« mit Aufsätzen »wie »Der Urwald kommt« kam aber aus einer völlig anderen Haltung.

e) Eine Unterstützung muß dieser ganze Erziehungswille ferner darin finden, daß dieses Verhausen von Zeit und Geld, das vielfach noch herrscht, ersetzt wird durch einen ganz festen und wohl ausgeglichenen Plan von SA-Dienst, Schulung und Studium. Wir wollen ein ernstes Studium eben um der geschilderten Sache willen, so müssen wir ihm wieder durchaus den Platz sichern, der dazu nötig ist, und die Ruhe, die dazu nötig ist. Der Student muß auch eine größere Zahl freier Abende haben, denn zum Studium gehört nicht nur Paukarbeit. Dabei ist noch soldatische Erfassung genug möglich, so daß keine Gefahr besteht, daß sich der Student im Sinnen verliert. Vieles von den Plänen des SA-Hochschulamtes ist in dieser Hinsicht gut, besonders der Gedanke der Kurzlager unter Entlastung der Abende. Diese Richtung muß noch außerordentlich unterstützt werden, denn vielfach können die übrigen SA-Stellen die Bedingungen des Studiums und Studentseins naturgemäß nicht beurteilen. Hier muß die Studentenschaft an der Führung einen starken Rückhalt haben.

f) Unterstützt muß dieser Bildungsangriff ferner werden durch das Anstreben einer so engen Verbindung dieser Arbeit mit der Universität und der Professorenschaft und den Vorlesungen, wie dies schrittweise das Aufsteigen dieses Geistes in der Universität zuläßt.

4) Die Organisation der Führung dieser Arbeit an der Spitze.

Das bisherige Amt für Wissenschaft und das Amt für politische Bildung müssen vereint werden zum Schulungsamt. Denn der Name des Amtes für Wissenschaft entspricht nicht der Aufgabe dieses Amtes, nicht Wissenschaft, sondern Bildung ist seine Aufgabe. Zu diesem Bildungsamt gehört das Amt für politische Bildung ohne weiteres hinzu. Die Führung der Schulungsarbeit muß bei einem Könnenden und Entschlossenen liegen. Denn mit einer Absorption von 80% muß im Anfang gerechnet werden. Bei dieser Führung des Angriffs der Bildungsforderung aus der Studentenschaft an die Studentenschaft muß sehr viel Beweglichkeit und Vielseitigkeit verlangt werden. Denn es geht darum, nicht nur den einen Führungskreis zu finden, der dann auf den örtlichen Universitäten diese Arbeit leisten kann, sondern es geht auch darum, auf den Universitäten und sonst im deutschen Geistesleben jenen inneren Kreis zu finden von Professoren, Dozenten, anderen und Studenten, die diese Programme wirklich ausfüllen können. Gerade sind vielfach die, die eigentlich dafür in Frage kommen, nicht so bekannt, es stehen vielfach ganz andere im Vordergrund bzw. stellen sich in den Vordergrund. Es ist aber mit eine der über die Studentenschaft und über diesen Angriff hinausreichenden Aufgaben, diesen durch vielfache Gründe, zurückgehaltenen Kreis zu finden und zu aktivieren und an die Stelle zu bringen, wo er hingehört bzw. diese Leute in die Fragenkreise zu bringen, wo sie hingehören. Dadurch ist eine starke Belebung der Professoren- und Studentenschaft durch die Studentenschaft möglich. ... Hier kann die Studentenschaft den Weg freimachen und über einer neuen Gemeinschaft von Lehrern und Lernenden für das Dritte Reich Kräfte wecken, die ihm bisher abseits standen. Dazu müssen Sache und Person des Amtsleiters unbedingten Rückhalt haben am Reichsführer der deutschen Studentenschaft. Sonst ist keine Arbeit zu leisten.

Bis ein fester und wirklich tragender Kreis von örtlichen Schulungsleitern erstellt ist, wird es etliche Anstrengungen kosten. Zu sehr hat seit Jahren im Studentenbund ein solcher Bildungswille gefehlt.

Dokument III
Schreiben Adolf Hitlers an den 1. Bundesführer des »Stahlhelm«, Franz Seldte (1.12.1931)

Sehr geehrter Herr Seldte!
In einem mir unter dem 23. November [1931] geschriebenen und gestern vorgelegten Brief beklagen Sie eine Reihe von Vorkommnissen, die Sie im Interesse reibungsloser Zusammenarbeit und unter besonderer Bezugnahme auf Berliner Besprechungen zwischen Hauptmann Göring und Rittmeister von Morozowicz geklärt und beseitigt wissen möchten.[1] Ich darf Ihnen gleich eingangs dieses Briefes versichern, daß auch ich für diese Wünsche volles Verständnis empfinde. Ich muß aber betonen, daß, wenn in dieser Richtung überhaupt von bedauerlichen Vorgängen gesprochen werden kann, die Schuld wirklich nicht bei meiner Partei liegt. Ich sehe zunächst nicht ohne Erstaunen in Ihrem Briefe einen Hinweis auf

schwere Kränkungen, die dem Stahlhelm in Harzburg zugefügt worden sein sollen dadurch, daß ich die zum Vorbeimarsch angetretenen Kameraden erst 25 Minuten warten ließ und dann die Parade des Stahlhelms verließ.

Erstens hatte ich bis zum Moment des Vorbeimarsches keine Ahnung, daß dieser Nationalsozialisten und Stahlhelm gemeinsam umfassen sollte. Mir wurde in Berlin im Gegenteil erklärt, daß der Stahlhelm überhaupt nur mit ein paar Hundert Mann vertreten sei. Zweitens begab ich mich zum Platze des Vorbeimarsches im selben Augenblick, in dem mir dienstlich das Eintreffen der S.A. gemeldet worden war. Drittens nehme ich an sich grundsätzlich niemals den Vorbeimarsch von Verbänden ab oder nehme an diesem Vorbeimarsch teil, wenn diese nicht mir bzw. meiner Partei unterstellt sind.

Ein Abgehen von dieser Gepflogenheit war in diesem Fall um so weniger geboten, als ich – wie schon betont – vorher überhaupt keine Kenntnis von dem ebenfalls beabsichtigten Vorbeimarsch des Stahlhelms hatte, noch von einem Offizier des Stahlhelms gebeten wurde, bei dem Vorbeimarsch anwesend zu sein. Wäre ein solcher Wunsch mir gegenüber ausgesprochen worden, dann hätte ich die entsprechende Erklärung sofort gegeben. Denn wenn ich schon bei anderen Verbänden die Teilnahme an den Vorbeimärschen bisher abgelehnt habe, dann muß ich es dem Stahlhelm gegenüber um so mehr tun, als mir gar nicht klar ist, in welcher Form ich als Nationalsozialist die vorbeimarschierenden Formationen des Stahlhelms oder ihre Fahnen überhaupt grüßen könnte.

Es dürfte Ihnen, Herr Seldte, vielleicht ganz entgangen sein, daß der zweite Bundesführer des Stahlhelms, Duesterberg, in einem bekannten Führerbrief, der durch einen mir nicht bekannten Vorgang seinen Weg in die ganze Presse gefunden hatte, den Gruß der Nationalsozialisten indirekt so abfällig kritisierte, daß ich es sowohl meiner persönlichen Selbstachtung, als auch der Achtung meiner Anhänger gegenüber ablehnen muß, mich mit diesem also kritisierten Gruß etwa am Ende bloßzustellen[2].

Im übrigen habe ich noch nie Anlaß genommen, das, wie Sie sicher wissen, aus dem Französischen abgeleitete Salutieren meinerseits mit heruntersetzenden Bemerkungen zu versehen. Da Sie nun weiter von Harzburger Vorgängen schreiben, und mir nun durch Parteigenossen ähnliche Briefe vorgelegt wurden, in denen weitere Vorkommnisse als verletzend angeführt erscheinen, so will ich an dieser Stelle auch dazu die nötigen Aufklärungen geben. Es wurde bedauert, daß ich am Vortage statt gegen Abend erst um Mitternacht kam. Der Grund lag in dem Versuch der Berliner Polizeidirektion, mir an diesem Samstag 44 S.A.-Heime zu schließen. Es wären damit über 1.000 Mann meiner treuesten Anhänger obdachlos geworden, während über 4.000 dadurch ihre Verpflegungsmöglichkeit verloren hätten. Ich habe es daher als wichtiger angesehen, in einem solchen Augenblick meinen Kameraden zu helfen, als in Harzburg an der Redigierung eines Aufrufes teilzunehmen, der mir vom ersten Moment an so unmöglich erschien, daß jede noch weiter dafür angewandte Zeit ohnehin nur einen Verlust bedeutet hätte.[3]

Als übles Harzburger Vorkommnis wurde es weiter gedeutet, daß ich nicht an dem gemeinsamen Mittagessen teilnahm. Ich habe nie erklärt, daran teilnehmen zu wollen, und bin persönlich auch nie darum gefragt worden. Hätte man mich persönlich dazu aufgefordert, würde ich abgelehnt haben. Ich kann einen sehr begründeten Widerwillen gegen sog[enannte] gemeinsame Essen bei Anlässen nun einmal nicht unterdrücken, bei denen tausende meiner Anhänger unter sehr großen persönlichen Opfern, ja zum Teil mit hungrigem Magen, Dienst tun. Die Struktur meiner S.A. ist eine andere als die des Stahlhelms. Ich habe in manchen Gebieten durch die ebenso unglaublichen wie schamlosen Terrorakte eines sich zum Teil auch als national gebärdenden Unternehmertums mehr als 80% der Stärke meiner Stürme arbeitslos[4]. Es würde sicher manchem meiner Kameraden wehe tun, wenn er wüßte, daß, während ihm selbst gerade infolge der Ausübung seines Dienstes der Magen knurrt, sein Führer an irgendeiner Tafel sitzt, ganz gleich, wie nun das Essen aussehen mag. Ich hasse alle sog[enannten] gemeinsamen Essen. Die Partei selbst hat niemals derartige Veranstaltungen gemacht. Ich nehme daher auch persönlich an solchen nicht teil.

Weiter wurde mir vorgehalten, daß die gemeinsame Kundgebung durch meine Weigerung zu sprechen um eine halbe Stunde verzögert worden sei. Diese Verzögerung brauchte nicht stattzufinden, denn es waren ansonsten genügend Redner verfügbar. Die Gründe, die mich zunächst zu meiner Weigerung veranlaßten, waren aber einwandfrei, und ich habe später aufrichtig bedauert, daß ich nicht bei meinem Entschluß geblieben bin. Die Art der Aufziehung dieser Tagung [sic!] war für jeden Nationalsozialisten schwer verständlich. Ich gebrauche hier als Führer der größten nationalen Bewegung Deutschlands den mildesten Ausdruck, der mir zur Verfügung steht.

Ich muß mir nach dieser Darstellung nun aber auch noch eine Bemerkung erlauben: Warum hat die Stahlhelm-Leitung, die nach dieser Tagung mich noch in Berlin in meinem Hotel aufsuchte, mit keinem Wort diese Dinge berührt, sondern nur Schreibweise [sic!] und damit mir unerreichbar, und natürlich auch nicht widerlegbar die Weiterverbreitung besorgt? Ich halte gerade ein solches Verfahren im Interesse der gewünschten reibungslosen Zusammenarbeit für sehr bedenklich. Sie beklagen sich nun, Herr Seldte, in Ihrem Brief über eine Ihnen zugefügte Behandlung, die sich der Stahlhelm nicht gefallen lassen will. Zu dieser Bemerkung haben nicht Sie, Herr Seldte, kein Recht, sondern ich und die nationalsozialistische Bewegung.

Als die nationalsozialistische Partei in einem sehr schweren Ringen in Thüringen zum ersten Male einen bewußt deutsch handelnden Minister in die Regierung entsandte, dessen nationale Bedeutung durch nichts besser demonstriert wurde, als durch den fanatischen Widerstand aller marxistisch zentrümlerischen Kräfte in Deutschland, da war es das heutige Stahlhelmmitglied Baum, das in zäher und zielklarer Arbeit den nationalen »Verbündeten« zu Fall brachte. Der Stahlhelm hat einen Mann heute als amtierenden Minister in Thüringen, der mit Hilfe der Sozialdemokratie nationalsozialistische Beamte ihrer Stellung enthebt, sie versetzt, genauso wie er erst den nationalsozialistischen Minister zum Sturz brachte.

Herr Seldte, es ist für uns eine ungeheure Überwindung, überhaupt von »Verbündeten« zu reden, wenn ihr praktisches Verhalten sich so diametral zum Geredeten verhält. Was würde man wohl sagen, wenn wir Nationalsozialisten in einem Land, das wir beherrschen, hohe Beamte nur wegen ihrer Stahlhelm-Zugehörigkeit oder gar, sagen wir, wegen ihrer Zugehörigkeit zur Deutschnationalen Volkspartei von ihren Ämtern entfernen würden? Welches Urteil würde man aber erst dann fällen, wenn diese famose nationale Tat sogar am Ende nur mit Marxisten vollzogen werden könnte. Würde Thüringen nur von Stahlhelm-Leuten beherrscht, dann könnte man mit dem Hinauswerfen nationalsozialistischer Beamter meinetwegen eigene Kraft vortäuschen, aber wenn man sich mit Marxisten verbündet, um die sogenannten nationalen Bundesgenossen auf die Straße zu setzen oder strafweise zu verschieben, dann ist ein solches Gebaren nach meiner Auffassung von Bundestreue einfach erbärmlich.

Nennen Sie mir einen Mann meiner Partei, Herr Seldte, der mit Marxisten zusammen das tut, was Ihr Mann in Thüringen getan hat und auch heute noch nicht lassen will, und ich brandmarke ihn öffentlich und schlage ihn aus meiner Partei hinaus [sic!]. Das Allerbärmlichste [sic!] aber ist es, wenn in einem Lande tatsächlich von heut' auf morgen der Marxismus endgültig gestürzt werden könnte, und dieser Sturz nur deshalb unterbleiben muß, weil sog[enannte] nationale Kräfte lieber mit der Sozialdemokratie paktieren, als den Interessen der Nation zu dienen. Ich unterhalte mich nicht über die zum Teil mehr als verletzenden Briefe, die mir von Parteigenossen zur Verfügung gestellt worden sind und die sie von Stahlhelm-Führern erhalten haben. Aber ich denke, daß Sie zumindest nicht von mir erwarten werden, mich in Korrespondenzen einzumischen, ehe nicht die allerprimitivsten Voraussetzungen hierzu geschaffen sind. Ich möchte allerdings hier noch hinzufügen, daß ich hiermit keine Beschwerde vorbringe. Wir werden trotz des Verhaltens des Thüringer Stahlhelm-Ministers dennoch auch dort den Marxismus aus eigener Kraft überwinden.

Ich darf am Ende des Briefes noch bemerken, daß nicht Hauptmann Göring auf meine Anweisung hin in politische Verhandlungen mit Herrn von Morozowicz eingetreten ist, sondern daß der Vorgang umgekehrt erfolgte. Im übrigen bin ich in den letzten Monaten von der Presse meiner Verbündeten so konsequent und hinterhältig verdächtigt und angegriffen worden, daß es wirklich nur der Beweis für meine grenzenlose Loyalität ist, wenn ich diese kleinen heimtückischen Ehrabschneidereien nicht in der dafür zweckmäßigen drastischen Form zurückgewiesen habe. Man soll sich aber nicht irren: Die nationalsozialistische Bewegung verdankt ihre Existenz nicht der Protektion anderer Verbände. Die Ziele der sogenannten nationalen Opposition, der Kampf gegen das heutige System war unser Programm zu einer Zeit, da so manche der auf der Harzburger Tagung erschienenen Vereinigungen politischer und bündischer Natur noch sehr brav im Lager der Weimarer Demokratie standen.

Am unerbittlichen Kampf meiner Partei gegen das heutige System hat sich nie etwas geändert. Versuche, Einfluß auf die Führung meiner Bewegung in irgendeiner offenen oder vertarnten [sic!] Form zu gewinnen, muß ich allerdings schärfstens zurückweisen. Das besagt aber nicht, daß ich nicht ebenfalls vom aufrichtigsten Wunsch erfüllt bin, eine gemeinsame Kampfbasis mit all den Parteien und Verbänden zu suchen und aufrechtzuerhalten, die das gleiche Ziel verfechten wollen wie wir[5].

München, den 1. Dezember 1931   *Mit deutschem Gruß und Heil!*
                                     Gez. Adolf Hitler

Aus: *Der Stahlhelm B.d.F., Die Bundesführer, Führerbrief* v. 31.12.1931

[1] Wegen verschiedener Querelen zwischen Stahlhelm und NSDAP hatten der 1. und 2. Bundesführer des Stahlhelm, Seldte und Duesterberg, in einem

Schreiben vom 23.11.1931 Hitler um »restlose Aufklärung« und um Stellungnahme zu den Ereignissen in Bad Harzburg gebeten. Der Stahlhelm habe
Hitlers Verhalten »als eine schwere Kränkung und einen Verstoß gegen
beste deutsche soldatische Auffassung« empfunden. »Der Stahlhelm, B. d. F.,
hält den Zusammenhalt der gesamten Nationalen Opposition für notwendiger denn je. Er ist an und für sich bereit, für diese große nationale Aufgabe
auch weiter Opfer zu bringen. Das kann aber nicht dazu führen, daß der
Stahlhelm sich eine Behandlung gefallen läßt, die er bisher nicht erfahren
und anderen Verbündeten gegenüber nicht angewandt hat.« Die laufenden
Verhandlungen zwischen NSDAP und Stahlhelm über eine weitere Zusammenarbeit, wie sie von Göring und dem Landesverbandsführer des Stahlhelm in Brandenburg, Elhard von Morozowicz, geführt würden, erforderten
»eine klare Antwort« Hitlers. Druck: Der Stahlhelm B.d.F., Die Bundesführer, Führerbrief vom 31.12.1931, S. 5; BayHStA. Abt. IV, Stahlhelm, Nr. 12.
Elhard von Morozowicz (1893–1934), 1912 preußischer Leutnant, 1919
Abschied als Rittmeister, Gutsbesitzer, Eintritt in den Stahlhelm, 1924 Landesverbandsführer des Stahlhelm in Brandenburg, 1933 Wehrstahlhelm-
Reichsführer, SA-Gruppenführer im Stab der Obersten SA-Führung, 1934
bei einem Verkehrsunfall ums Leben gekommen. Morozowicz hatte sich
Ende Oktober 1931 bei Gesprächen mit Göring vergeblich darum bemüht,
die Kooperation zwischen NSDAP und Stahlhelm zu verbessern.

2 Der nationalsozialistische Gruß mit erhobenem rechten Arm kann seit dem
»Deutschen Tag« in Nürnberg im September 1923 fotografisch belegt werden. Vermutlich geht er zurück auf das Beispiel der italienischen Faschisten,
die damit an römische Vorbilder anzuknüpfen suchten. Für den Reichsparteitag in Nürnberg 1927 wurde diese Grußform als einheitlicher Gruß in der
NSDAP eingeführt, wobei selbst hier der »Faschisten«-Gruß – so Rudolf
Heß im Juni 1928 im *Völkischen Beobachter* – nicht unumstritten blieb. Die
damit verbundene Grußformel »Heil Hitler« läßt sich bis Mitte der zwanziger Jahre zurückverfolgen und war seit 1930 für die NSDAP verbindlich. Das
Wort »Heil« war der mittelalterlichen Tradition der Fürstenakklamation
entlehnt und wurde im 19. Jahrhundert von der Turner- und Sport- sowie der
Wandervogelbewegung, dann auch von völkischen Gruppen aufgegriffen.

3 Eigentlicher Grund für Hitlers Abwesenheit war seine Unterredung mit Hindenburg und Brüning, die am 10.10.1931 um 19.00 Uhr in Berlin stattfand.

4 Die Arbeitslosigkeit unter den Angehörigen der SA war eminent hoch. Vor
Januar 1933 schwankte die Arbeitslosenquote in der SA zwischen 67 % (Berlin, 1930) und 58 % (Niederbayern, 1932). Die durchschnittliche Arbeitslosenquote unter Männern betrug im Deutschen Reich im Jahr 1931 17,4 %.

5 Mit Schreiben vom 23.12.1931 wies Carl Eduard Herzog von Sachsen-
Coburg und Gotha Hitler darauf hin, »daß die Bundesführer des Stahlhelm
auf eine Antwort, sehr verehrter Herr Hitler, zu einem Ihnen kürzlich zugegangenen Schreiben warten. Soweit ich etwas von den Dingen verstehe, würden Sie mit einer Beantwortung bis zum 28. ds. Mts. nicht nur der nationalen
Bewegung außerhalb der NSDAP, sondern auch dem Nationalsozialismus
selbst einen Gefallen tun. Vielleicht läßt sich eine Formulierung finden, die
die Freundschaft temperiert aufrechterhält.«

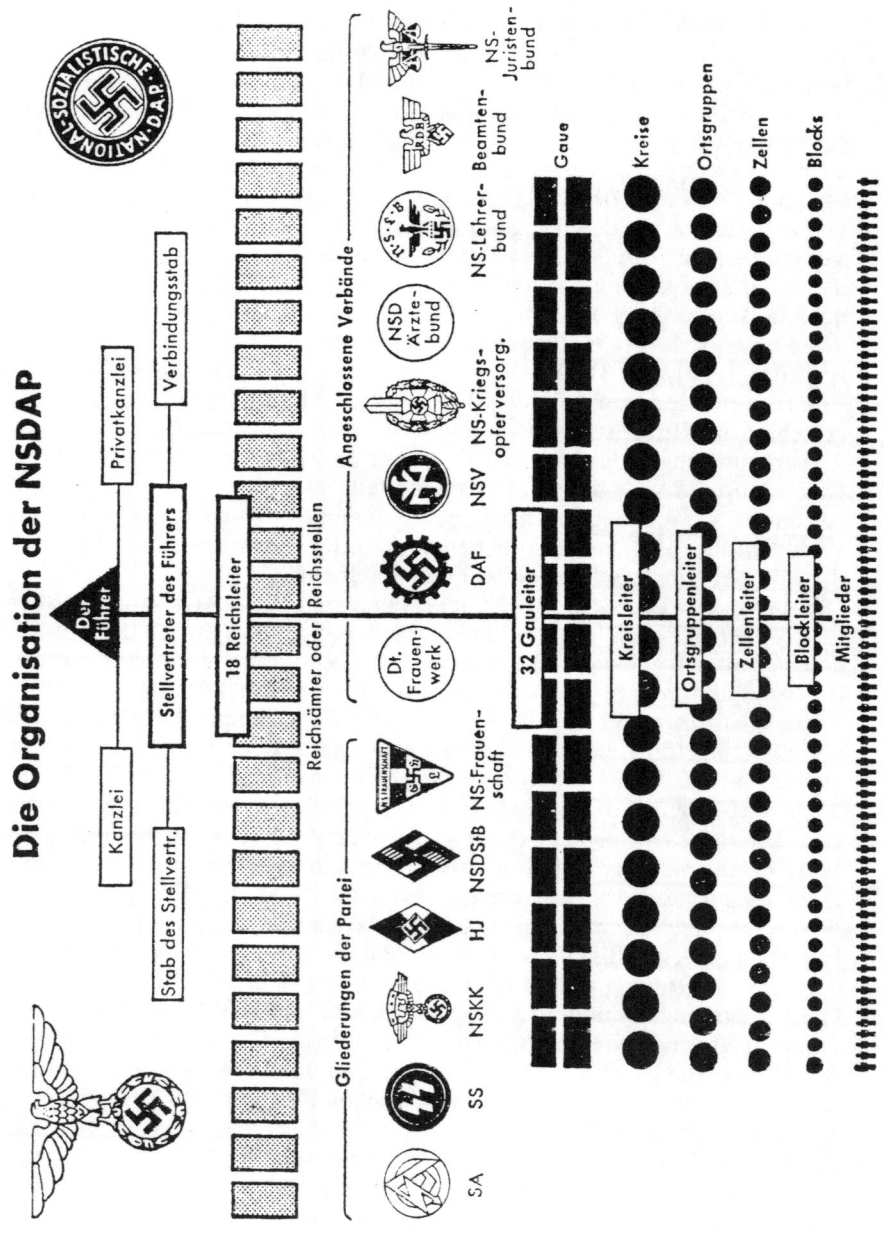

Die Organisation der NSDAP

380

STAB DES STELLVERTETERS DES FÜHRERS

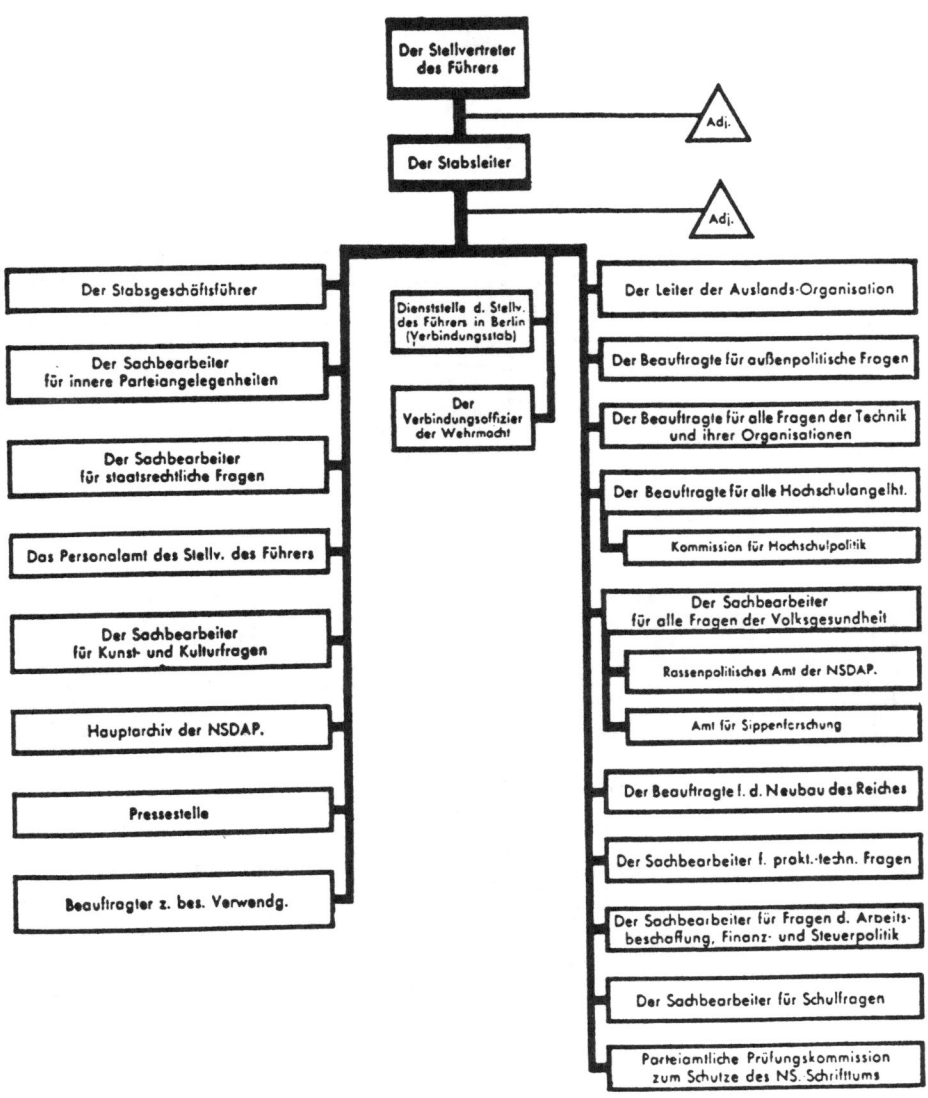

Der Gauleiter der NSDAP.

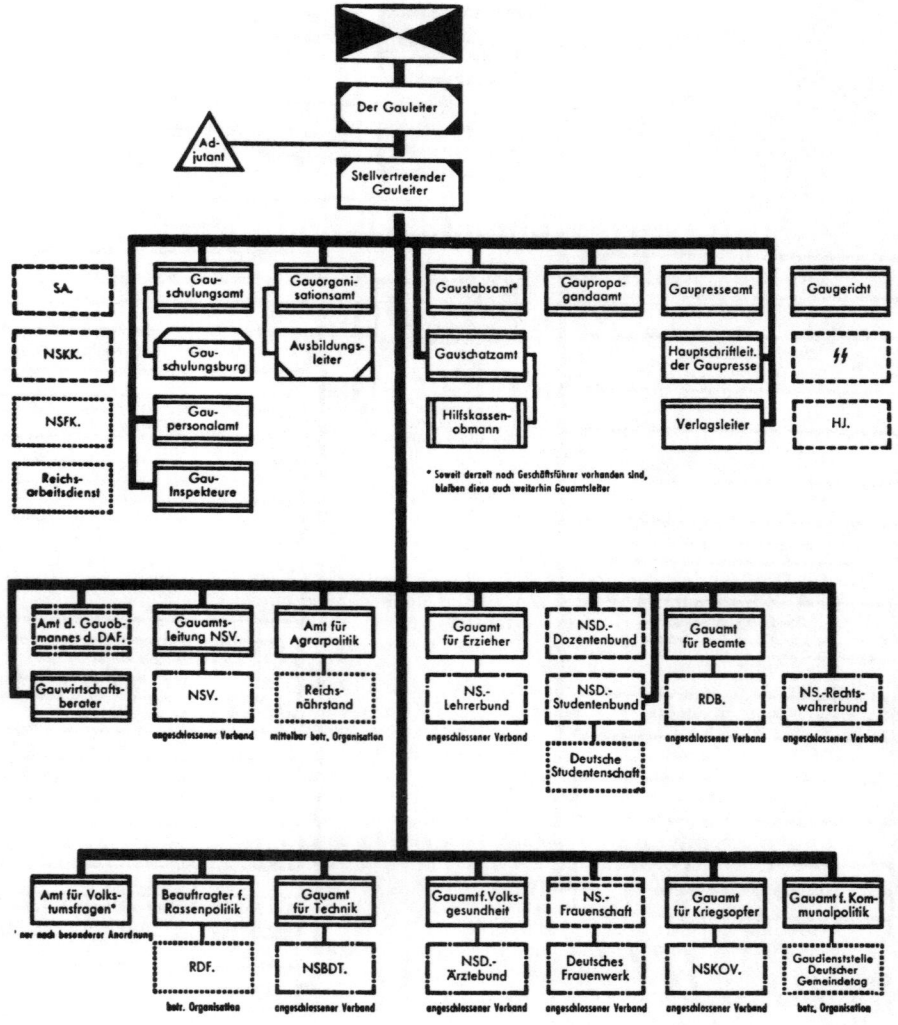

Wille und Macht

führerorgan der nationalsozialistischen Jugend

HERAUSGEBER: BALDUR VON SCHIRACH

| Jahrgang 11 | Berlin, April/Juni 1943 | Heft 4 |

Rufet die Geister!

Wir begaben uns unlängst gemeinsam mit unseren Lesern in den Wald des Freiherrn von Eichendorff, um in seiner würzigen Luft die vom Hauch des Alltags angestaubten Lungen zu öffnen und um in seiner Einsamkeit den ewigen Regungen unseres Herzens und unserer Seele zu lauschen. Was Wunder, daß wir in ihm so recht empfanden, wofür wir kämpfen. Vordem hatten wir den Versuch unternommen, das Buch der Geschichte aufzuschlagen, um aus ihm herauszulesen, wie sehr der Aufstieg oder der Untergang der Völker von der sittlichen Haltung der Frau zu allen Zeiten bestimmt wurde. Doch träumten wir nicht in Eichendorffs Walde, wie wir im Buch der Geschichte nicht um einiger Geistreicheleien willen schmökerten. Wir lebten vielmehr unter dem Erschütterungen von Stalingrad und suchten und suchen nun in der Selbstbesinnung mit den neuen Bedingungen und Gesetzen des Krieges, wie sie nach Tunis offenbar wurden, fertig zu werden. Für den Soldaten heißt das zunächst nicht viel mehr, als den Helm fester zu binden, für den Politiker aber den frischen Wind in die Lungen blasen zu lassen und die Augen auszuwischen.

Wir, die wir gelernt haben, daß die Kunst eine zum Fanatismus verpflichtende Mission ist, wissen, daß es in der Politik nicht anders ist. Ja, für die noch ausstehende Entscheidung des Krieges ruft sie uns, laut und vernehmbar für jeden, der sein Ohr am Herzen der europäischen Völker hat und eine instinktive Witterung für die feindlichen Vorgänge in unserer Welt besitzt, mit aller Leidenschaft auf die Walstatt der globalen Auseinandersetzung. Denn der Krieg wird nicht nur durch Maschinengewehre und Panzer, sondern ebenso durch Ideen und politische Gedanken entschieden. Am Beispiel des Ostens soll daher in diesem Heft von der geistigen Kriegführung die Rede sein, die in ihrer menschlichen Tiefenwirkung und Ausstrahlungskraft ebenso auf den Schultern der jungen Führerschicht ruht wie die bewaffnete Auseinandersetzung der Leiber.

Wegen ihrer körperlichen Frische, Spannkraft und Elastizität steht die Jugend im Felde in vorderster Linie. Diese Eigenschaften zeichnen sie aber auch in der Bewältigung politischer Aufgaben und geistiger Vorgänge aus, denen gegenüber sie sich weniger dogmatisch, frei von Sentiments, unbeschwert von Verkrampfung und unbelastet von den zermürbenden Kämpfen der jüngsten Vergangenheit zeigt. Es ist darum sehr vonnöten, daß die Jugend auch geistig mitkämpft, wenn der Krieg nicht nur den Einsatz neuer Waffen, sondern auch die Gewinnung und Anwendung neuer Erkenntnisse im politischen Bereich verlangt.

Abkürzungen

AA	Auswärtiges Amt
AO	Auslandsorganisation der NSDAP
AstA	Allgemeiner Studentenausschuß
BA	Bundesarchiv
BDC	Berlin Document Center
BHE	Bund der Heimatvertriebenen und Entrechteten
BT	Berliner Tageblatt
BVP	Bayerische Volkspartei
CdZ	Chef der Zivilverwaltung
CVZ	Centralvereinszeitung der deutschen Staatsbürger jüdischen Glaubens
DAF	Deutsche Arbeitsfront
DAP	Deutsche Arbeiterpartei
DAZ	Deutsche Allgemeine Zeitung
DNB	Deutsches Nachrichten Büro
DNVP	Deutschnationale Volkspartei
DRP	Deutsche Reichspartei
DSP	Deutschsozialistische Partei
DVFP	Deutschvölkische Freiheitspartei
DVP	Deutsche Volkspartei
EK	Eisernes Kreuz
FDJ	Freie Deutsche Jugend
FDP	Freie Demokratische Partei
FHQ	Führerhauptquartier
GVG	Großdeutsche Volksgemeinschaft
HJ	Hitler-Jugend
HSSPF	Höherer SS- u. Polizeiführer
IfZ	Institut für Zeitgeschichte
IMT	Internationales Militär Tribunal
KfdK	Kampfbund für deutsche Kultur
KL	Konzentrationslager
KPD	Kommunistische Partei Deutschlands
KPÖ	Kommunistische Partei Österreichs

384

LAH	Leibstandarte Adolf Hitler
MdL	Mitglied des Landtags
MdR	Mitglied des Reichstags
MNN	Münchner Neueste Nachrichten
Napola (auch NPEA)	Nationalpolitische Erziehungsanstalt
NPD	Nationaldemokratische Partei Deutschlands
NSDStB	Nationalsozialistischer Deutscher Studentenbund
NSFB	Nationalsozialistische Freiheitsbewegung
NSFP	Nationalsozialistische Freiheitspartei
NS-Hago	NS-Handwerks-, Handels- u. Gewerbeorganisation
NSKK	Nationalsozialistisches Kraftfahrerkorps
OB	Oberbürgermeister
OKH	Oberkommando des Heeres
OKW	Oberkommando der Wehrmacht
OLG	Oberlandesgericht
OSAF	Oberste SA-Führung
PND	Polizeinachrichtendienst
RFSS	Reichsführer SS
RJF	Reichsjugendführung
RJM	Reichsjustizministerium
RKU	Reichskommissar für die Ukraine
RMfVP	Reichsministerium für Volksaufklärung und Propaganda
RSHA	Reichssicherheitshauptamt
SA	Sturmabteilung
SBZ	Sowjetisch Besetzte Zone
SD	Sicherheitsdienst
SDAPÖ	Sozialdemokratische Arbeiterpartei Österreichs
SED	Sozialistische Einheitspartei Deutschlands
SS	Schutzstaffel
StA	Staatsarchiv
Stapo	Staatspolizei
U.k.	unabkömmlich
Uschla	Untersuchungs- u. Schlichtungausschuß
VB	Völkischer Beobachter
WK	Weltkrieg

Dank

Mein Dank gehört an dieser Stelle einigen Personen, ohne deren Hilfe die Entstehung dieses Buches nur schwer denkbar gewesen wäre. Frau Edith Kaufmann und der Familie Prof. Ernst Anrichs (†) danke ich für die Bereitstellung vieler persönlicher Dokumente und Fotografien. Herrn Joachim Fest habe ich zu danken für bibliographische Hilfen und die Genehmigung aus Korrespondenzen zu zitieren. Dem Archiv des Erzbistums Bamberg danke ich ebenso wie Herrn Archivoberrat Dr. Tröger im Bayerischen Hauptstaatsarchiv, Herrn Major Dr. Andreas Popp vom Militärgeschichtlichen Forschungsamt in Potsdam, Herrn Peter Gohle und Herrn Giles Bennett (M.A.) vom Archiv des Instituts für Zeitgeschichte, Günter Scheidemann (M.A.) vom Politischen Archiv des Auswärtigen Amtes in Berlin, Herrn Archivoberrat Dr. Herbert Schott vom Staatsarchiv Würzburg, Herrn Ministerialrat Dr. Didczuhn vom Bayerischen Staatsministerium der Finanzen, Herrn Dr. Nikolaus von Grünberg sowie den Mitarbeitern der Fernleihe der Stadtbücherei Offenbach am Main. Nicht zuletzt gehört mein Dank meinem Verleger Herrn Dr. Herbert Fleissner und Herrn Rochus von Zabuesnig von der Verlagsgruppe Langen Müller/Herbig, der die Realisierung des Werkes mit Engagement begleitete.
Ein ganz besonderer Dank an V. – sie weiß wofür!

Personenregister

Bildnachweis

Alle Abbildungen aus den Archiven der Buchverlage Langen Müller Herbig, außer:
Archiv Erzbistum Bamberg (10), Institut für Zeitgeschichte, München (12), Sammlung C. Weber (2, 6, 15, 17, 18, 26), Dr. Armin Mohler (4), Familie Anrich (21), Frau Edith Kaufmann (29), W. Bräuninger (30, 31).

20 Der Reichsführer der NSDStB
Baldur von Schirach mit dem italienischen Studentenführer Sandoni
während des Reichsparteitages in
Nürnberg 1929

1 Ernst Anrich unternahm 1930/31
ls Reichsschulungsleiter den vergeb-
chen Versuch den NS-Studenten-
und zu reformieren und wurde aus
er NSDAP ausgeschlossen.

22 Josef Grohé (rechts), Gauleiter des Gaues Köln-Aachen von 1931 bis 1945, mit dem Führer des NS-Lehrerbundes Hans Schemm am 7. Mai 1934 vor deutschen Erziehern in der Kölner Rheinlandhalle

24 Der junge Gauleiter von Pommern, Wilhelm Karpenstein, legte die radikalen Methoden der »Kampfzeit« auch nach 1933 nie ganz ab, predigte von der »zweiten Revolution« und wurde 1934 auf Geheiß Hitlers aus der Partei ausgeschlossen.

23 SA-Obergruppenführer Edmund Heines (links) und Reichsführer SS Himmler. Heines wurde im Zuge der sog. »Röhm-Revolte« am 30. Juni 1934 erschossen.

25 Helmuth Brückner, von 1925–1934
Gauleiter in Schlesien, stürzte 1934 über
eine Intrige des hohen SS-Führers Udo
von Woyrsch.

26 Der »alte Kämpfer« Wilhelm Kube,
Gauleiter der Kurmark, entmachtet 1936,
seit 1941 Generalkommissar in
Weißruthenien

27 Hitler begrüßt den HJ-Obergebiets-
führer im Gau Wilhelm Kubes, Werner
Kuhnt, während des Reichsparteitages in
Nürnberg 1935.

28 Josef Wagner (links) führte die Gaue Westfalen-Süd und Schlesien. 1941 enthob ihn Hitler überraschend aller Ämter und ließ ihn aus der Partei ausschließen.

29 Reichsjugendführer Baldur von Schirach und der Hauptschriftleiter des HJ-Führerorgans »Wille und Macht«, Günter Kaufmann (rechts), auf Rügen (1938)

30 Der Gauleiter Weser-Ems
Carl Röver und der Cheftheoretiker der NSDAP Alfred Rosenberg vor dem im Bau befindlichen »Stedinger Dorf« (1935)

31 Kundgebung der NSDAP
mit Hitler und Röver auf dem
Pferdemarkt in Oldenburg am
10. Mai 1931 (ganz rechts Viktor
Lutze und Rudolf Heß). 1942
legte Röver eine schonungslose
Denkschrift über die Lage der
NSDAP vor, wenige Tage später
starb er unter nie ganz geklärten
Umständen.

32 September 1932: Dr. Goebbels besucht Wien, neben ihm Alfred E. Frauenfeld, Wiener Gauleiter seit 1930. Als Generalkommissar der Krim geriet er wegen seiner moderaten Besatzungspolitik in schärfste Gegensätze zu Reichskommissar Erich Koch.

33 Hitler begrüßt eine Delegation österreichischer Nationalsozialisten unter der Führung E. Frauenfelds.

34 Otto Abetz, deutscher Botschafter in Paris von 1940 bis 1944. Immer wieder ermahnte ihn Hitler zu mehr Härte und warnte ihn vor den Gefahren einer »Gefühlspolitik« Frankreich gegenüber.

35 Der Stuttgarter Oberbürgermeister Dr. Karl Strölin besucht einen bei alliierten Bombenangriffen Verwundeten im Krankenhaus (1941).

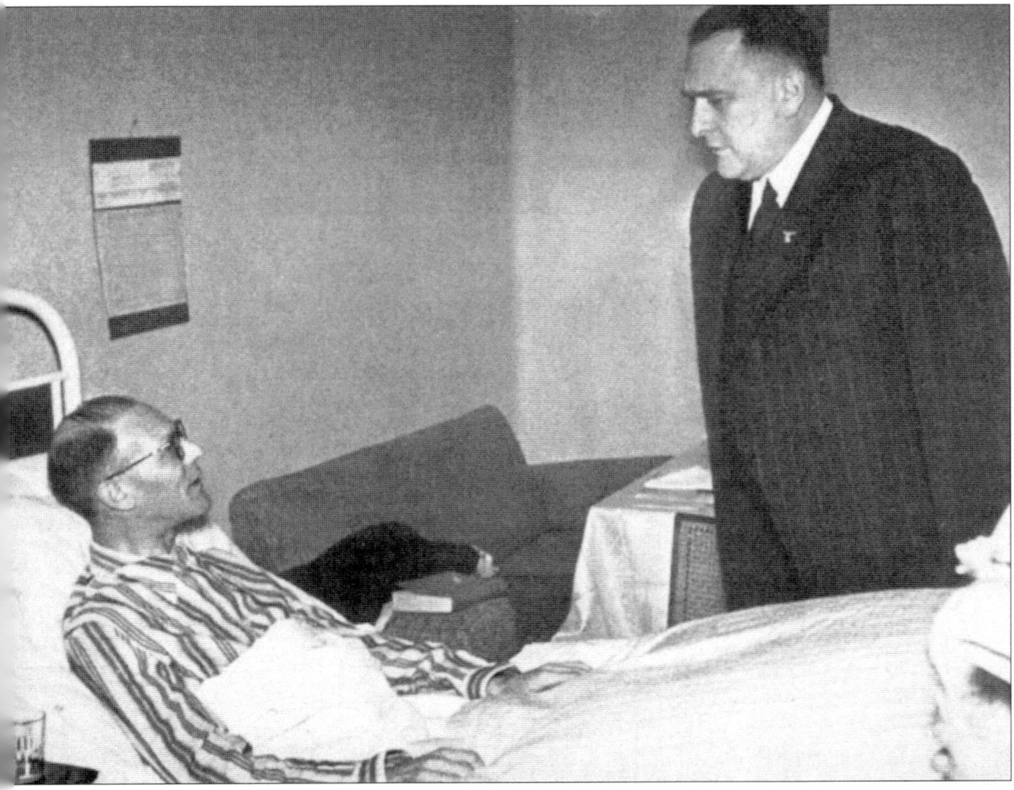

36 Wilhelm Murr, Gegenspieler Strölins, Gauleiter und Reichsstatthalter in
Württemberg, nahm sich 1945 mit seiner Frau das Leben.

37 Hitler verabschiedet sich am 4. August 1944 in seinem Hauptquartier
»Wolfsschanze« von seinen Gauleitern.
Nur einmal noch, anläßlich der 25jäh-
rigen Wiederkehr der Verkündung des
NSDAP-Programms am 24. Februar
1945, sollte er sie in der Neuen Reichskanzlei wiedersehen, um ihnen Weisungen für den rückhaltlosen Einsatz der
Partei in der Endphase des Krieges zu
geben.

18 Der bayerische Kronprinz Rupprecht
als Oberbefehlshaber einer Heeresgruppe
im Ersten Weltkrieg

19 Ein monarchistischer Feind Hitlers:
Joseph Maria Graf von Soden-Fraunhofen, Kabinettschef Kronprinz Rupprechts
von Bayern (Aufnahme 1929)

16 *Der rebellische Berliner SA-Führer Walter Stennes im Gespräch mit Gauleiter Joseph Goebbels auf der NSDAP-Geschäftsstelle in der Hedemannstraße (1930)*

17 *Das Braune Haus, ehemals Palais Barlow, in der Brienner Straße in München, seit 1931 Parteizentrale der NSDAP*

14 Adolf Hitler bei der Beerdigung ums Leben gekommener Nationalsozialisten in Schleswig-Holstein im März 1929

15 Adolf Hitler, Rudolf Heß und der Oberste SA-Führer Franz Pfeffer von Salomon auf einer Kundgebung im Münchner Zirkus Krone (1929). 1941 wurde Pfeffer aus der NSDAP ausgeschlossen und inhaftiert.

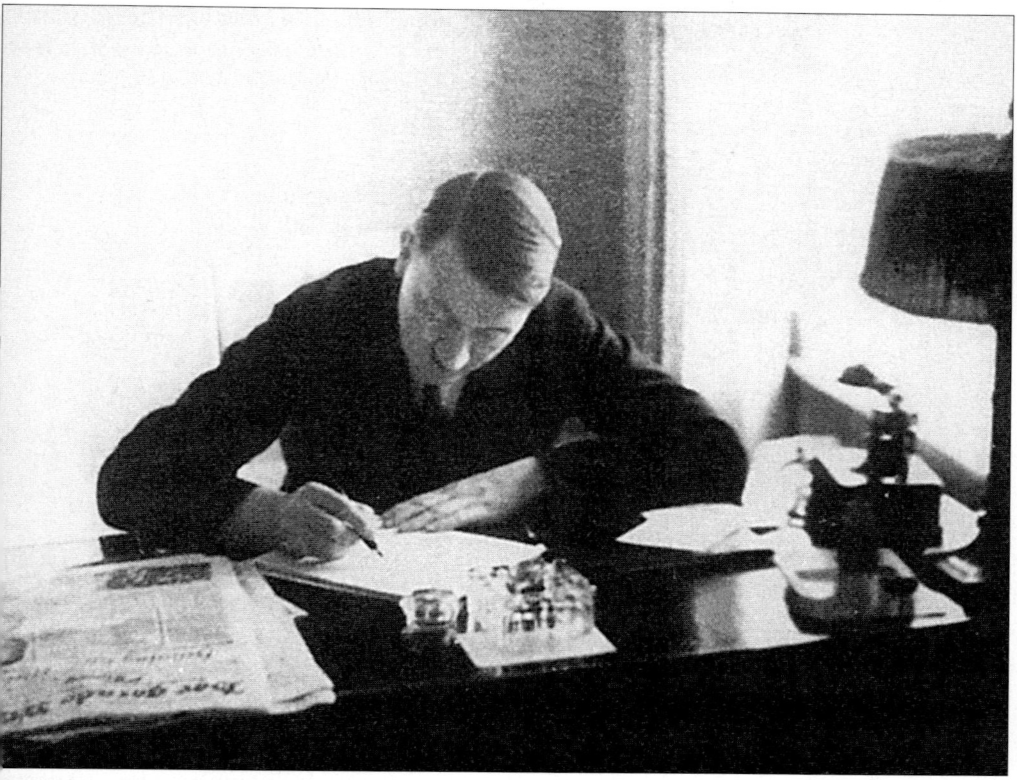

11 *Hitler am Schreibtisch im Berliner Hotel Kaiserhof (1933). Entgegen einer weit verbreiteten Annahme war der Parteiführer ein äußerst produktiver Schreiber.*

2 *»Hitler gegen Schäffer«: Schlagzeile des Völkischen Beobachters« vom 7. Dezember 1929*

3 *Fritz Schäffer, Vorsitzender der Bayerischen Volkspartei, wurde 1929 in einem ngen Brief von Hitler gemaßregelt.*

9 Fahne des Bundes »Bayern und Reich«

8 Ein ernstzunehmender Gegner Hitlers
in der Frühzeit der NSDAP: Dr. Otto
Pittinger, Führer des Bundes »Bayern
und Reich«

10 Der Bamberger Domkapitular Georg
Sponsel behauptete 1924, der Realschüler
Hitler habe eine geweihte Hostie ausgespuckt, worauf der Führer der NSDAP
gegen ihn prozessierte (Aufnahme 1919).

6 Dr. Artur Dinter, Gauleiter in Thüringen
1925 von 1927. Als Vertreter eines »Geist-
Christentums« erörterte er religiöse Fragen
auch innerhalb der NSDAP und stieß
damit auf den erbitterten Widerstand
Hitlers.

7 Zweiter Reichsparteitag der NSDAP
in Weimar 1926: vor Adolf Hitler stehend
Artur Dinter, davor Alfred Rosenberg,
in die Kamera schauend

4 Der Führer der DFVP, Albrecht von Graefe, begibt sich zu einer Sitzung des Reichstags (um 1925).

5 Propagandafahrt der DVFP vor der Reichstagswahl 1924

1 Adolf Hitler auf dem
»Deutschen Tag« in Nürn-
berg, 2. September 1923

Förderer und Mentor
der ersten Stunde: Dietrich
Eckart, dem Hitler den
zweiten Band von »Mein
Kampf« widmete

Der ehemalige Generalquar-
termeister des kaiserlichen
Heeres, Erich Ludendorff,
und seine Frau Mathilde vor
ihrem Haus in Tutzing